A DESCOBE
FRANÇA

A DESCOBERTA DA
FRANÇA

Graham Robb

Tradução de
MARIA TERESA MACHADO

EDITORA RECORD
RIO DE JANEIRO • SÃO PAULO
2010

CIP-BRASIL. CATALOGAÇÃO-NA-FONTE
SINDICATO NACIONAL DOS EDITORES DE LIVROS, RJ

R545d
Robb, Graham, 1958-
A descoberta da França / Graham Robb; tradução Maria Teresa Machado.
– Rio de Janeiro: Record, 2010.
il.

Tradução de: The discovery of France
Inclui bibliografia e índice
ISBN 978-85-01-08422-4

1. Robb, Graham, 1958- – Viagens – França. 2. Viagens em bicicleta – França.
3. França – Descrição e viagens. 4. França – História. I. Título.

CDD: 914.436
10-2625
CDU: 913(443.61)

Texto revisado segundo o novo Acordo Ortográfico da Língua Portuguesa.

Título original em inglês:
THE DISCOVERY OF FRANCE

Copyright © 2007 by Graham Robb

Todos os direitos reservados. Proibida a reprodução, armazenamento ou transmissão de partes deste livro através de quaisquer meios, sem prévia autorização por escrito. Proibida a venda desta edição em Portugal e resto da Europa.

Direitos exclusivos de publicação em língua portuguesa para o Brasil adquiridos pela
EDITORA RECORD LTDA.
Rua Argentina 171 – 20921-380 – Rio de Janeiro, RJ – Tel.: 2585-2000
que se reserva a propriedade literária desta tradução

Impresso no Brasil

ISBN 978-85-01-08422-4

Seja um leitor preferencial Record.
Cadastre-se e receba informações sobre nossos lançamentos e nossas promoções.

Atendimento e venda direta ao leitor:
mdireto@record.com.br ou (21) 2585-2002

Para Margaret

Agradecimentos

Este livro iniciou-se e concluiu-se com a acolhida simpática e a expertise de Andrew Kidd e Sam Humphreys da Picador, Starling Lawrence da W.W. Norton, Gill Coleridge e Peter Straus da Rogers, Coleridge & White, e Melanie Jackson. Em todo o percurso, acumulei dívidas de gratidão com muita gente (inevitavelmente, alguns permanecerão anônimos e meu reconhecimento a outros será expresso apenas pela frequência com que seus nomes figuram nas notas): Morgan Alliche, Jean-Paul Avice, Nathalie Barou, Nicholas Blake, Alain Brunet, Wilf Dickie, Camilla Elworthy, Laurence Laluyaux, Molly May, Claude e Vincenette Pichois, Raymond e Helen Poggenburg, Chas Roberts e sua equipe, Stephen Roberts e Morgen Van Vorst. Agradeço especialmente ao staff das seguintes instituições: Social Science Library da Oxford University, Taylor Institution Modern Languages Faculty Library, Bodleian Library, Bibliothèque Nationale de France, Musée Dauphinois, Musée National des Arts e Traditions Populaires, Bibliothèque Historique de la Ville de Paris e Musée d'Aquitaine.

Sumário

Lista das Ilustrações	11
Mapas	15
Itinerário	19

PARTE UM

1. O Continente Não Descoberto	25
2. As Tribos da França, I	43
3. As Tribos da França, II	61
4. O Òc Sí Bai Ya Win Oui Oyi Awè Jo Ja Oua	77
5. Vivendo na França, I: O Rosto no Museu	99
6. Vivendo na França, II: Uma Vida Simples	119
7. Fadas, Virgens, Deuses e Padres	145
8. Migrantes	173
Interlúdio: Os Outros Sessenta Milhões	203

PARTE DOIS

9. Mapas	227
10. Império	243
11. Viajando na França, I: As Avenidas de Paris	257
12. Viajando na França, II: A Lebre e a Tartaruga	275
13. Colonização	295
14. As Maravilhas da França	325
15. Cartões-Postais dos Nativos	351
16. Províncias Perdidas	375
17. Viagem ao Centro da França	393
Epílogo: Segredos	409
Cronologia	415
Notas	419
Obras Citadas	451
Índice Geral	483
Índice Geográfico	497

Lista das Ilustrações

CADERNO UM

1. "The Belles and Dames of Goust" [As beldades e senhoras de Goust], in Edwin Asa Dix, *A Midsummer Drive Through the Pyrenees* [Atravessando os Pireneus de carro, no pico do verão], 1890. Coleção particular.
2. *Cagot* na Igreja Saint-Girons em Monein (Pyrénées-Atlantiques). Coleção particular.
3. "Men-hir au Champ Dolent, près Dol" [Menir em Champ Dolent, perto de Dol], em *Voyages pittoresques et romantiques dans l'ancienne France* [Viagens pitorescas e românticas na França antiga], prancha 235. Biblioteca Nacional da França.
4. "Les Petits métiers de Paris. Le Montreur d'ours" [Os pequenos ofícios de Paris. O domador de ursos]. Postal, c. 1905. Coleção particular.
5. F. Bernède, "Intérieur dans les Landes (lou pachedeuy)" [Interior nas Landes (lou pachedeuy)]. Museu Nacional das Artes e Tradições Populares. © A. Guey.
6. Charles Nègre. Limpadores de chaminés na borda do Sena. Paris, Museu d'Orsay, © foto RMN / © Todos os direitos reservados.
7. "Bergers à La Mouleyre, Commensacq" [Pastores em La Mouleyre, Commensacq]. Foto. Félix Arnaudin. Museu da Aquitaine, Bordeaux.
8. "Construction de route en Oisans, vers 1918" [Construção de estrada em Oisans, c. 1918]. Coleção Charpenay, Instituto de Geografia Alpina. Museu Dauphinois, Grenoble.

12 A DESCOBERTA DA FRANÇA

9. "Un vieux Chouan" [Velho *chouan*]. Museu Nacional das Artes e Tradições Populares.

10. "Types d'Auvergne. La Bourrée" [Tipos da Auvergne. A *bourrée*]. Cartão-Postal, c. 1905. Coleção particular.

11. Charles Marville, "Haut de la rue Champlain" [Alto da rua Champlain]. Biblioteca Histórica da Cidade de Paris.

12. "M. Barthélemy dans une cour de ferme, Le Coin, Molines-en-Queyras, juillet 1917" [Monsieur Barthélemy num pátio de fazenda, Le Coin, Molines-en-Queyras, julho de 1917]. Foto. Hippolyte Müller. Museu Dauphinois, Grenoble.

CADERNO DOIS

13. B. Nolin, "Les Montagnes des Sevennes ou se retirent les Fanatiques de Languedoc et les Plaines des environs ou ils font leurs courses, avec les Grands Chemins Royaux faicts par lordre du Roy pour rendre ces Montagnes praticabes" (sic) [As montanhas das Cévennes onde se refugiam os fanáticos do Languedoc e as planícies vizinhas aonde eles vão fazer compras, com os grandes caminhos reais construídos por ordem do rei para tornar estas montanhas acessíveis], 2ª edição, Paris, 1703. Biblioteca Nacional da França.

14. Jules Breton, "Le Chant de l'alouette" [O canto da cotovia], 1884. Instituto de Arte de Chicago, Henry Field Memorial Collection, 1894.1033.

15. "Ex-voto, le 22 juillet 1855" [Ex-voto, 22 de julho de 1855]. Museu Nacional das Artes e Tradições Populares. © Danièle Adam.

16. Joseph-Louis-Hippolyte Bellangé, "Le Marchand de plâtres ambulant" [O vendedor ambulante de estátuas de gesso], 1833. Museu Nacional das Artes e Tradições Populares.

17. César-François Cassini de Thury, "Toulon", 1779. Prancha 131 de *Carte de France* [Mapa da França]. Biblioteca Nacional da França.

18. Léon-Auguste Asselineau, "Le Passage du Mont Cenis" [A passagem do monte Cenis], 1868. Biblioteca Nacional da França.

19. Paul Delaroche, "Napoleon Crossing the Alps" [Napoleão cruzando os Alpes], 1850. Walker Art Gallery, Museu de Liverpool / Biblioteca de Arte Bridgeman.

20. Anon. Saint-Pierre de Montmartre e a torre do telégrafo. Biblioteca Nacional da França.

LISTA DAS ILUSTRAÇÕES

21. Pierre Saint-Ange Poterlet, "Chemin creux vers la cité de Carcassonne" [Caminho rebaixado para a cidade de Carcassonne], c. 1859. Biblioteca Nacional da França.

22. Gustave Fraipont, "Chemin de fer du Nord. Pierrefonds, Compiègne et Coucy" [Estrada de ferro do Norte. Pierrefonds, Compiègne e Coucy]. Cartaz, c. 1895. Biblioteca Nacional da França.

23. F. Hugo d'Alési, "Chemins de fer de l'Est. Les Vosges" [Estradas de ferro do Leste. Os Vosges]. Cartaz, c. 1895. Biblioteca Nacional da França.

24. "Chemin de fer de Lyon à St Étienne" [Estrada de ferro Lyon-St Étienne], Biblioteca de Arte Bridgeman.

25. J. Maurel, "Alsace-Lorraine", in Marie de Grandmaison, *Le Tour de France* [A volta da França], 1893. Coleção particular.

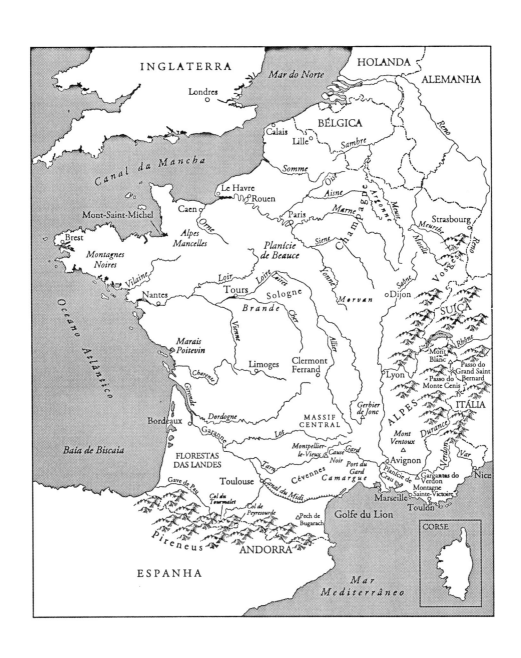

DEPARTAMENTOS EM 1790

Itinerário

HÁ DEZ ANOS comecei a explorar o país em que eu era uma suposta autoridade. Por algum tempo, parecia-me óbvio que a França, cuja literatura e história eu ensinava e estudava, era apenas uma fração do vasto território que eu vira em férias, viagens de pesquisa e aventuras. Meu conhecimento profissional do país refletia a visão metropolitana de autores como Balzac e Baudelaire, para quem o mundo civilizado findava nos bulevares periféricos de Paris. Minha experiência informal era um pouco mais ampla. Vivi numa cidadezinha da Provence e num lugarejo da Bretagne ao lado de pessoas cuja primeira língua não era o francês, mas o provençal ou o bretão, e só comecei a ganhar alguma fluência em francês quando trabalhei numa garagem da periferia de Paris — se não fosse por um berbere argelino das montanhas da Cabília, eu nada teria entendido do dialeto parisiense do encarregado.

O abismo entre o conhecimento e a experiência era ainda maior nos períodos históricos que adotei como minha morada intelectual. Havia a França de sempre, da monarquia e da república, uma costura de províncias medievais reorganizadas pela Revolução e por Napoleão e modernizadas pelas estradas de ferro, pela indústria e pela guerra. Mas havia também uma França em que até pouco mais de cem anos atrás o francês era uma língua estrangeira para a maioria da população. O país ainda carecia de um mapeamento completo e rigoroso. Retrocedendo um pouco mais no tempo, descrições ponderadas retratam um território com divisões tribais arcaicas, redes de comunicação pré-históricas e crenças pré-cristianismo. Historiadores e antropólogos, sem qualquer ponta de ironia, referem-se ao país como "Gália" e citam Júlio César como uma proveitosa fonte de informações sobre os habitantes de um interior não mapeado.

Meus primeiros contatos reais com esta outra França devem-se à redescoberta dessa máquina milagrosa que, em fins do século XIX, franqueou o país a milhões de pessoas. Uma ou duas vezes por ano, eu e a pessoa a quem este livro é dedicado percorríamos a França deslocando-nos à velocidade de uma diligência do século XIX. A bicicleta não só permite uma pesquisa exaustiva da produção agrícola local como também abre um apetite colossal por informações. A mente do ciclista grava com uma clareza inexplicável certas singularidades dos campos, das estradas, dos fenômenos atmosféricos ou dos cheiros que voltam, às vezes anos depois, para denunciar pontos obscuros. De bicicleta, a paisagem descortina-se em panorâmicas de 360 graus e, além de sentir sua mudança nas trocas de marcha e no esforço muscular, o ciclista dificilmente deixa escapar um milímetro do percurso, dos subúrbios de Paris que acabam com os pneus às planícies provençais açoitadas pelo mistral. No caminho, recria a esmo jornadas de eras muito mais remotas — trilhas de transumância, rotas mercantes galo-romanas, rotas de peregrinação, confluências fluviais tragadas por baldios industriais, o movimentado vaivém de mascates e migrantes por vales e estradas serranas. A bicicleta também facilita e até força a comunicação — com crianças, com nômades, com gente que se perdeu, com historiadores amadores locais e, obviamente, com os cães, cujo comportamento coletivo caracteriza a mentalidade de certas regiões com a mesma transparência revelada no passado pelo comportamento humano.

Cada jornada tornou-se um complexo quebra-cabeça quadridimensional. Eu queria poder saber o que me escapava e o que teria visto um ou dois séculos antes. A princípio, a solução parecia ser levar comigo uma minibiblioteca de histórias modernas, antigos guias de viagem e relatos de viajantes impressos em papel-bíblia em caracteres miúdos. Por exemplo, uma coleção dos

ITINERÁRIO

relatórios dos enviados de Napoleão após a Revolução para mapear e descrever as províncias desconhecidas pode ter seu peso reduzido a menos que o de uma câmara de ar sobressalente. Mas não tardou a ficar óbvio que a *terra incognita* era muito mais extensa do que eu imaginara e que seria preciso dedicar muito mais tempo a uma tarefa fisicamente bem mais árdua — a pesquisa sedentária.

Este livro resulta de 22.500 quilômetros no selim e quatro anos na biblioteca. Descreve, de fins do século XVII ao início do século XX, a vida dos habitantes da França — sempre que possível, a partir de seus próprios pontos de vista — e a exploração e colonização de sua terra por estrangeiros e nativos seguindo uma ordem mais ou menos cronológica que vai do final do reino de Luís XIV à irrupção da Primeira Guerra Mundial, com incursões ocasionais pela Gália pré-romana e a França de hoje.

A Primeira Parte descreve as populações da França, suas línguas, crenças, cotidiano, viagens e descobertas, e os demais seres com quem essas populações compartilhavam a terra. A Segunda Parte aborda o mapeamento do país, sua colonização pelos governantes e pelos turistas, sua reformulação política e física e sua transformação num Estado moderno. *Grosso modo*, a diferença entre as duas partes é a mesma que distingue a etnologia da história — o mundo que nunca muda *versus* o mundo que não para de mudar. Tentei, numa analogia com a intrincada movimentação de esferas que giram simultaneamente em órbitas discrepantes, mostrar um país em que as tropas de mulas coexistiram com o trem de ferro e em que feiticeiras e exploradores ainda mantinham seus rentáveis empregos na época em que Gustave Eiffel já alterava o horizonte de Paris. A cronologia incluída após o epílogo talvez seja útil para leitores mais acostumados à autoestrada da história política.

A pretensão deste livro era ser o guia histórico que eu queria ler quando parti para descobrir a França — um livro em que os habitantes não fossem arrancados da terra e transformados em estatísticas, em que "França" e "os franceses" significassem mais que Paris e um punhado de poderosos, e em que o passado não servisse como um refúgio do presente, mas como um meio de compreender e desfrutar o presente. Sua leitura pode ser a de uma história social e geográfica, de uma coletânea de casos e de *tableaux* [quadros], ou de um suplemento a um guia de viagem. O livro oferece uma amostra de itinerário, não um relato definitivo. Cada capítulo teria facilmente virado um volume independente. Mas o livro em si, pelo tamanho, já fica excluído da cestinha da bicicleta. Foi uma aventura escrevê-lo. Espero que mostre o quanto falta descobrir.

PARTE UM

CAPÍTULO 1

O Continente Não Descoberto

Num dia de verão do início da década de 1740, seu derradeiro dia de vida, um jovem parisiense tornou-se o primeiro cartógrafo moderno a avistar o pico chamado Le Gerbier de Jonc. O estranho cone vulcânico avulta-se no meio de um descampado de pastagens e ravinas vergastado por um vento gélido chamado *burle* no maciço que divide as bacias hidrográficas atlântica e mediterrânea, a 560 quilômetros a sudeste de Paris, em um ponto do mapa diametralmente oposto à capital. Na encosta ocidental do pico, num cocho de madeira em que os animais vinham beber, o rio Loire inicia seu curso de 1.020 quilômetros, correndo para norte e depois oeste num grande arco que atravessa os pântanos da Touraine até chegar à divisa com a Bretagne e desaguar no Atlântico. Cinquenta quilômetros a leste, o movimentado rio Rhône fazia o transporte de passageiros e carga até os portos mediterrâneos em viagens de pelo menos três dias por um emaranhado esparsamente povoado de gargantas e derramamentos de lava muito antigos.

Se o tal viajante houvesse escalado esse pico de rocha fonolítica (assim chamada porque o rolar das pedras sob os pés produzia um som de xilofone), teria descortinado um panorama magnífico — a leste, a extensa cortina branca dos Alpes, do maciço do Mont Blanc à proeminência do monte Ventoux, de onde se avistavam as planícies da Provence; ao norte, a crista florestada do

Forez e a bruma baixando do Jura sobre as planícies que se estendiam adiante de Lyon; a oeste, as selvagens Cévennes, o planalto de Cantal e toda a cadeia vulcânica da alta Auvergne. Era o sonho de um geômetra — quase um treze avos da superfície terrestre da França esparramando-se como num mapa.

Do cume, o jovem teria avistado ao mesmo tempo várias pequenas regiões cujos habitantes mal sabiam da existência uns dos outros. Um dia de caminhada em qualquer direção era suficiente para impedir sua interlocução verbal, já que o maciço do Mézenc, onde ficava o pico, também era um divisor linguístico. Os povos que viam o sol se pôr atrás do Gerbier de Jonc falavam um grupo de dialetos, e os da vertente oposta, um outro grupo. Sessenta e poucos quilômetros ao norte, os viticultores e tecelões de seda do Lyonnais falavam uma outra língua completamente diferente, ainda não identificada e batizada pelos especialistas. Na região que o jovem viajante deixara na véspera falava-se ainda outra língua e, embora sua língua materna — o francês — fosse um dialeto dela, o rapaz teria tido dificuldade de entender os camponeses que o viam passar.

O visitante (seu nome não ficou registrado) integrava uma expedição que instalava as bases do primeiro mapa completo e confiável da França. Uma equipe de jovens geômetras montada pelo astrônomo Jacques Cassini fora treinada na nova ciência da cartografia e equipada com instrumentos portáteis e fabricados sob encomenda. O pai de Cassini havia estudado os anéis de Saturno e medido o tamanho do sistema solar. Seu mapa da Lua era mais preciso do que muitos mapas da França, com várias regiões ainda não mapeadas. Agora, pela primeira vez, a França seria vista em todos os seus detalhes, como se de um ponto de observação muito acima da Terra.

Parte da expedição seguiu pelo rio Loire até onde foi possível. Como as estradas e trilhas apareciam e sumiam com as mudanças de estação e, com frequência, atravessavam florestas onde a falta de visibilidade impedia qualquer medição, o rio era o único guia garantido para o interior. Porém, ao sul de Roanne, o Loire corria torrencialmente por entre gargantas estreitas. Em certos trechos, mal se conseguia acompanhar seu curso, quanto mais navegar por ele. O vasto planalto do Massif Central continuava tão inexpugnável como na época em que as tribos arvernas resistiram aos romanos — seus rios não eram navegáveis e praticamente inexistiam ligações com o resto da França. A diligência postal de Paris fazia ponto final em Clermont, com um ramal de serviço que seguia, a duras penas, até Le Puy, a dois dias de distância a sudeste. Depois de Le Puy, nada, a não ser trilhas de mula e descampados. Pedir indicações era inútil — mesmo daí a um século, poucos conseguiam afastar-se muito do torrão natal sem se perder.

Ao alcançar a base da cordilheira do Mézenc, o jovem geômetra estava a dois dias de distância da estrada mais próxima. O único povoado visível num raio de quilômetros era um vilarejo com casebres de basalto negro. Pelo mapa, Les Estables ficava a alguns quilômetros para sudoeste — a rigor, numa trilha que conduzia ao topo do Mézenc. Uma pequena torre facilitaria as observações, caso o tempo continuasse bom, e quem sabe não haveria um padre que falasse francês e fosse capaz de identificar vilarejos remotos e informar os nomes de florestas e rios. De qualquer modo, o povoado era a única alternativa para pernoite.

O aparecimento de um forasteiro na região era um acontecimento. Para aldeões isolados, um sujeito trajado como um estrangeiro e apontando instrumentos misteriosos para paredões rochosos não era digno de confiança. Já se percebera que, depois do aparecimento de um destes feiticeiros, a vida ficava mais dura. As lavouras secavam; os animais ficavam aleijados ou morriam de alguma doença; carneiros estraçalhados por alguma coisa mais feroz que um lobo eram encontrados nas encostas dos morros; e, por razões que permaneciam obscuras, os impostos aumentavam.

Cem anos depois, esta parte da França ainda era remota e perigosa. Um geógrafo do século XIX recomendou que a prospecção da região do Mézenc fosse feita de balão, mas "só se o aeronauta conseguir manter-se fora do alcance de uma espingarda". Em 1854, o *Handbook for Travellers in France* [Manual para viajantes na França], de Murray, alertava turistas e geólogos amadores que pretendessem saltar da diligência em Pradelles e embrenhar-se pelos campos em busca de "vistas selvagens e singulares" que não contassem com uma acolhida calorosa. "Praticamente inexistem acomodações neste trajeto, difícil de fazer em um único dia; quanto às pessoas, são grosseiras e assustadoras." O manual, talvez de caso pensado, não fazia menção a Les

Estables, incrustada na rota, nem à única ocasião em que o povoado garantiu seu lugar na história — um dia de verão, no início da década de 1740, em que a população da terra trucidou um jovem geômetra da expedição de Cassini.

NÃO HÁ NOTÍCIA de que os habitantes de Les Estables tenham sido punidos pelo assassinato do geômetra de Cassini. O homicídio, a julgar por incidentes semelhantes em outros lugares da França, foi fruto de uma decisão coletiva e pautada por leis próprias e informais. Toda espécie de intrusão era percebida como maléfica. No início do século XX, ainda era comum em muitas partes da França uma oração que implorava proteção contra Satã, feiticeiros, cães hidrófobos e a "Justiça".

De todo modo, os habitantes do Mézenc, tal como ocorria em inúmeras outras cidades e vilarejos da França, não se consideravam "franceses". Aliás, poucos conheciam o significado preciso da palavra — seus conhecimentos limitavam-se ao estrito indispensável para sobreviverem às mudanças de estação. Alguns partiam para o sul em busca de trabalho. Negociavam com os vizinhos e arrendavam suas terras a pastores que traziam enormes rebanhos de carneiros — em filas de até 5 quilômetros — para pastarem ali no verão. Mas essa movimentação era regida pela tradição e restrita a rotas antigas e invariáveis. Quando se aventurou pela região em 1859, a escritora George Sand constatou surpresa que "os habitantes locais não têm mais familiaridade com a área do que as pessoas de fora". Seu guia local foi incapaz de dizer-lhe o nome da montanha (Mézenc) "que, desde o dia em que nasceu, estava bem na frente do seu nariz".

Antes e depois da Revolução de 1789, a ignorância dos camponeses era uma das diversões prediletas da minúscula elite instruída. Lendo os relatos sobre trogloditas semi-humanos que rastejavam em suas tocas no mato ou em buracos no chão, a minoria civilizada tinha a sensação de ser sofisticada. Mas a ignorância era de parte a parte. Quarenta anos após a morte do jovem geômetra, os poucos que podiam ter mapas de Cassini ou consultá-los em coleções privadas talvez julgassem que os morros e gargantas da região do Mézenc haviam deixado de ser *terra incognita*. O mapa mostrava Les Estables próximo ao limite sudeste do antigo planalto onde ficavam as nascentes da maioria dos principais sistemas fluviais, sobre uma linha que ia de Bordeaux, no oeste, a uma montanha na base dos Alpes indicada nos mapas como "Mont Inaccessible" [monte Inacessível]. Mas a precisão das casinhas e torres que representavam as povoações humanas era enganosa. Muitas destas haviam sido apenas vislumbradas pelos cartógrafos do alto de árvores ou torres.

Um historiador moderno que saia pela França percorrendo as cidadezinhas tranquilas pelas estradas principais e quase desertas dos séculos XVIII e XIX tem mais a aprender com o guia simples de George Sand do que com a célebre turista. Em muitos sentidos, quanto mais preciso é o mapa, mais enganosa é sua leitura. As subdivisões políticas oficiais do país são na maioria bastante inúteis como descrição da realidade de suas populações. Para quem viaja pelo país, estas subdivisões funcionam, sobretudo, como marcos distantes, que transmitem a sensação reconfortante de que se sabe onde a estrada vai dar.

Cabe, pois, uma descrição provisória da França pré-revolucionária como uma nação composta de várias "*généralités*", ou províncias feudais. Algumas destas províncias, conhecidas como "*pays d'état*", eram dotadas de parlamentos regionais próprios e cobravam elas mesmas seus impostos. Noutras, conhecidas como "*pays d'élection*", os impostos eram cobrados diretamente pelo Estado. Muitas delas integram a França há menos de quatrocentos anos (ver Cronologia, p. 415). Segundo historiadores que tentaram uma descrição geral e abrangente do reino, o labirinto de discrepâncias legais e barreiras aduaneiras internas ainda era um reflexo transparente dos efeitos caóticos da divisão do império de Carlos Magno em 843, e até mesmo das divisões tribais descritas por Júlio César.

A trapalhada de antigos feudos era, porém, controlada por uma monarquia ambiciosa e cada vez mais poderosa. Se a Gália Romana era voltada para o Mediterrâneo, o centro do poder político e econômico estava agora firmemente plantado no norte. Em 1682, Luís XIV transferiu sua corte para a orla de uma floresta de caça a 20 quilômetros a sudoeste de Paris. Pouco a pouco, as avenidas de Versalhes e os bulevares de Paris disseminaram-se por todo um reino que, aos olhos da população instruída, era obra da providência divina.

30 A DESCOBERTA DA FRANÇA

As fronteiras da França eram quase todas demarcadas por acidentes naturais — o oceano Atlântico a oeste; os Pireneus e o Mediterrâneo ao sul; os Alpes, o Jura e o rio Reno a leste; o canal da Mancha ao norte. A única fronteira aberta, a planície a nordeste, consolidou-se com a conquista do Artois e da Flandre. Mais tarde, a anexação da Lorena conferiu ao reino seu conveniente formato. Um guia de 1687 destinado a viajantes de dentro e de fora do país pintava um retrato familiar e reconfortante de uma nação "com todas as suas partes e províncias integradas e unidas", "assentada no meio da Europa", "de formato ovalado, quase redondo".

A França descrita nesse guia do século XVII era uma nação densamente povoada, onde praticamente não havia terras não cultivadas, e dotada de um sistema de transporte de alta velocidade e de uma extensa rede de hotéis confortáveis e de preço moderado — miragem gloriosa talvez surgida nos céus de verão sobre a impecável floresta de Versalhes. Este será por algum tempo nosso último vislumbre de um país ordenado e compreensível.

EM JUNHO DE 1837, 150 ANOS depois que Colbert, o principal ministro de Luís XIV, sonhou com um sistema de estradas que uniria e daria novo vigor ao reino, Henri Beyle — futuramente conhecido como Stendhal — sentiu-se invadido por uma sensação de "total isolamento" ao descer da diligência para esticar as pernas no minúsculo posto de parada de Rousselan, a 20 quilômetros da cidade de Bourges. (Vale ressaltar que Beyle conhecia as infindáveis estepes russas, que cruzara arrastando-se durante a retirada do exército de Napoleão.) A não ser pelo posto de parada e pelas torres da catedral de Bourges, avistadas ao horizonte por sobre a planície coberta de bosques, não havia o menor sinal de vida humana. Horas mais tarde, depois de transpor uma faixa pantanosa de lavouras de repolho, os únicos rostos que viu na própria Bourges foram os de um grupo de soldados e de um sonolento empregado no hotel.

A cidade, que ficava no centro geográfico da França, parecia morta. Já em La Charité-sur-Loire, cidade que Stendhal deixara nessa mesma manhã, o movimento era tão pouco que, mesmo antes de ter trocado uma única palavra com alguém, todos sabiam para onde ele ia e por que fora obrigado a parar ali (um eixo quebrado). Stendhal tinha pela frente oito horas de viagem na diligência noturna para Châteauroux, a 65 quilômetros a oeste. Partiu de Bourges às 9 da noite. À meia-noite, chegou a Issoudun, cidade que tinha tanto orgulho de seu marasmo que pleiteara o deslocamento do traçado da estrada Paris-Toulouse para 20 quilômetros a oeste, saindo vencedora na luta pela preservação de sua estagnação social e econômica. A grande honra de Issoudun era ter sido escolhida por Napoleão para ali cumprir seu exílio dentro do país. Cinco horas depois, a diligência entrou estrepitosamente em Châteauroux, capital do departamento de Indre e maior cidade da ex-província de Berry.

Não há nada fora do comum nessa descoberta da solidão por Stendhal. Para viajantes entorpecidos por horas e horas de monotonia e desolação, uma pequena cidade de província como Châteauroux era um oásis de desconfortos barulhentos e multicoloridos. Futuros turistas em busca de um isolamento pitoresco ficariam espantados com o alarido de lugarejos minúsculos, que desfraldavam seus ruidosos baluartes num desafio ao silêncio circundante — sinos badalando ao mais leve pretexto, bombas manuais rangendo por falta de lubrificação, pessoas conversando normalmente aos berros, num volume que hoje seria considerado propositalmente ofensivo. Às portas de Châteauroux iniciava-se uma região de brejos e charnecas conhecida como Brande. Alguns habitantes mais jovens da Brande jamais haviam visto uma estrada calçada, quanto mais um coche chacoalhando pelos campos como uma casa encantada sobre quatro rodas. Padres apóstatas que haviam buscado refúgio na Brande durante a Revolução entregaram-se de livre e espontânea vontade ao fim de alguns dias.

Fora das praças, monumentos e salões de Estado que serviram de pano de fundo à maior parte da história francesa havia um mundo de antigas tribos e imensos espaços vazios. Qualquer um que tomasse a estrada Paris-Toulouse no sentido norte gastava no mínimo 11 horas para atravessar uma região pestilenta, não drenada, com lagoas de água parada e matas retorcidas, chamada Sologne — "uma área desolada, numa estrada deserta, arenosa, difícil; a distância, nem um único castelo, fazenda ou vilarejo que seja, apenas alguns casebres solitários e miseráveis". A principal estrada a leste de Paris, que levava a Strasbourg e à Alemanha, cruzava as planícies da Champagne, quase desprovidas de acidentes geográficos e tão inabitadas que qualquer arbusto espinhoso era preservado como um marco precioso.

Ao enunciar seu desejo aparentemente antirromântico "Nunca me deixem a sós com a natureza", o poeta romântico Alfred de Vigny encarnava alguém bastante viajado pela França. Sologne, Champagne, Dombes, Double, Brenne e Landes eram nomes que provocavam nos viajantes os mesmos arrepios de horror que os mais perigosos desfiladeiros dos Alpes ou Pireneus. Até mesmo os escritores mais prolixos pelejavam para achar algo a dizer sobre estas regiões desoladas. A observação "nada digno de nota" era comum em guias e relatos de viagem.

De Esterel no sudeste da Provence, um ermo pedregoso e vermelho, à Bretagne, em grande parte um mar de tojo, giesta e urze, a França era um país de desertos. As Landes (cujo nome significa "charneca", ou "descampado") eram o maior deles. Quase 8 mil quilômetros quadrados de cerrado, pinheirais e areia preta ocupavam no sudeste da França um triângulo limitado pelo rio Garonne, os contrafortes dos Pireneus e as gigantescas dunas movediças de Mimizan e Arcachon. Logo abaixo de Bordeaux começava a zona do silêncio, em que nunca se ouvia o canto dos pássaros, e que se prolongava por dois dias de viagem até que a faixa de areia movediça, que às vezes servia de estrada, alcançasse a periferia de Bayonne. Alguns relatos de viajantes mencionam ter avistado figuras altas e espigadas andando no horizonte, um ou outro antigo forno de oleiro, casebres dilapidados de pau a pique, e pouquíssimo a mais.

Em 1867, já transcorrido mais de um século de melhoramentos agrícolas, um recenseamento nacional estimou que "as forças da natureza dominavam" 43% da terra cultivável com pastagens, florestas e charnecas. Lobos ainda ameaçavam algumas regiões centrais, inclusive a Dordogne, em fins do século XIX. Em 1789, quando o parlamento revolucionário discutia a divisão das velhas províncias em departamentos e comunas, pairou certo receio de que estivessem criando distritos fantasmas com prefeitos inexistentes governando populações hipotéticas.

Este mundo absurdamente espaçoso, cujos habitantes começam a desfilar no próximo capítulo, é quase inimaginável sem um drástico reescalonamento da escala populacional e do isolamento. Os mais de 500 mil quilômetros quadrados do maior país da Europa pareciam ter-se ampliado na era medieval. Às vésperas da Revolução Francesa, a França media três semanas no eixo norte-sul (de Dunkerque a Perpignan) e três semanas no eixo leste-oeste (de Strasbourg a Brest). O tempo de viagem mantivera-se praticamente inalterado desde os romanos — na época, os mercadores de vinho levavam menos de um mês para ir dos portos mediterrâneos ao canal da Mancha. O aumento da velocidade em fins do século XVIII só beneficiou uma meia dúzia de ricos, sendo a sorte uma variável da maior importância. Marseille ficava a menos de duas semanas de Paris, mas isso dependia das condições do tempo, do estado de conservação da estrada, de se viajar num coche moderno com suspensão em todas as rodas, da saúde dos cavalos e de um cocheiro veloz, mas cuidadoso, que jamais se rendesse à sede ou provocasse um acidente. Este tempo de viagem, além do mais, só vale para o transporte de passageiros. O transporte de mercadorias era ainda mais lento e menos previsível. Em 1811, a expectativa de chegada a Paris de produtos agrícolas que viessem do exterior e entrassem na França pelo porto de Nantes era de pelo menos três semanas. Um comerciante de Lyon se espantaria ao ver a mercadoria chegar em menos de um mês.

A França era, de fato, um vasto continente ainda a ser colonizado em sua plenitude. Qualquer um que percorresse o país por estradas secundárias não teria a menor dificuldade de acreditar que Júlio César conseguiu marchar dias e dias pela Gália no comando de um exército sem ser percebido pelo inimigo. As viagens empreendidas por fugitivos parecem hoje inacreditáveis. Em 1755, durante a perseguição oficial dos protestantes no Languedoc, o pastor Paul Rabaut, um dos homens mais procurados da França, viajou de Nîmes a Paris e depois a l'Isle-Adam para um encontro secreto com o príncipe de Conti, e voltou ao sul sem ser capturado ou visto. Por ocasião das represálias monarquistas conhecidas como o Terror branco, um advogado republicano que fugiu para salvar a pele trocou a estrada Paris-Lyon pelos montes e florestas a oeste do Rhône, de onde voltou em segurança a Paris pela principal estrada de saída da Auvergne. Esta rota atravessava a floresta de Bauzon, na prática um principado separado, comandado havia séculos por uma sucessão de reis bandoleiros conhecidos como os "capitães de Bauzon".

O tenebroso isolamento em que alguns seres humanos sobreviviam como animais selvagens dá uma ideia da solidão que podia haver numa área remota. Nos montes cobertos de florestas do Aveyron, em que um simples filete de fumaça traía a presença humana, o menino que seria conhecido como Victor do Aveyron viveu anos e anos sozinho até ser capturado por camponeses em 1799 e exibido como uma aberração da natureza. A "menina selvagem" da floresta de Issaux ao sul de Mauléon, no Pays Basque, perdeu-se na neve quando brincava com amigos. Vagou oito anos na escuridão do deserto verde até ser encontrada por pastores em 1730 — viva, mas muda. Mais para oeste, na orla da floresta de Iraty, um homem nu e peludo, que corria como um cervo e que mais tarde seria considerado remanescente de uma colônia de Neandertal, foi entrevisto várias vezes em 1774 entregue a seu passatempo favorito — dispersar rebanhos de carneiros. Quando os pastores tentaram capturá-lo, ele fugiu, rindo. Nunca mais foi visto.

Mesmo em áreas aparentemente civilizadas, podiam-se percorrer grandes distâncias sem ser detectado. Em meados do século XVIII, o bandido Louis Mandrin vagueava com seu bando de trezentos contrabandistas por uma área que se estendia da Auvergne ao Franche-Comté (equivalente a um quinto do tamanho da França), atacando cidades grandes e escapulindo de três regimentos até acabar capturado um ano e meio depois, ao ser delatado pela amante. Anos e anos após a Revolução, o banditismo continuava sendo um problema no departamento de Somme. Até a década de 1830, até mesmo os departamentos setentrionais, relativamente industrializados, eram um paraíso para os ladrões.

A tendência é associar os casos de isolamento e ignorância a exceções espetaculares e a regiões que não fazem parte da "grande bacia parisiense", como a denominaram alguns historiadores franceses — um enorme paralelogramo que corresponde a mais de um terço do país e se estende de Lille a Clermont-Ferrand e de Lyon a Le Mans. Dali, "homens, ideias e mercadorias" (todos identificável e ciosamente franceses) supostamente faziam o sistema funcionar desde o Ancien

Régime. Dentro desta perspectiva, a França moderna existiria virtualmente há muito tempo — uma imensa periferia parisiense à espera apenas de que a bicicleta, a máquina a vapor e o automóvel a trouxessem à vida.

Se uma musa da História, de brincadeira, despejasse um grupo desses historiadores à beira de uma *route nationale* [estrada nacional] num momento qualquer entre 1851 e 1891, eles veriam uma média de menos de dez veículos por hora trafegando a uma velocidade entre 5 e 20 quilômetros horários. Retrocedendo um pouco mais no passado, a influência dessas cidades, pequenas ou grandes, seria quase imperceptível, pois não há levantamentos precisos disponíveis sobre o tráfego em períodos anteriores. Mas, como em fins do século XVIII o sistema rodoviário nacional era usado apenas por algumas centenas de veículos particulares, dificilmente teriam ocorrido engarrafamentos.

Entre 1787 e 1788, o agricultor inglês Arthur Young constatou assombrado que "o trecho de quase 500 quilômetros de descampados, desertos, charneca, urze, tojo, giesta e charcos" ia até "5 quilômetros da grande cidade comercial de Nantes!". A periferia de Toulouse não era menos erma — "a população ali não era maior do que em locais a 150 quilômetros de distância de qualquer cidadezinha". Decerto, calculou Young, a capital, "confluência de tantas grandes estradas", comprovaria que, mesmo o corpo sendo indolente, pelo menos o coração batia. Mas, numa manhã de maio, nos 15 primeiros quilômetros da grande estrada de Orléans para o sul, contou ao todo duas diligências postais e "pouquíssimas" liteiras. E, aproximando-se de Paris pela estrada de Chantilly para o norte, "na aflição de encontrar a multidão de carruagens que, perto de Londres, emperram a viagem, montei guarda em vão, pois comparativamente a estrada é um deserto absoluto até bem perto dos portões".

IMPÕE-SE ENTÃO UMA PERGUNTA aparentemente ridícula — onde estava a população do país mais populoso da Europa?

Contrariamente à impressão de muitos viajantes, a maioria da população francesa não habitava as cidades. Na época da Revolução Francesa, quase

36 A DESCOBERTA DA FRANÇA

quatro quintos da população era rural; mais de meio século depois, mais de três quartos ainda habitavam comunas de menos de 2 mil habitantes (assim se definia "rural" em 1846). Mas as pessoas nem sempre sabiam da existência umas das outras. A comuna não é um vilarejo, nem uma pequena cidade, mas uma área controlada por um prefeito (*maire*) e uma câmara, que é presidida pelo prefeito.* Algumas comunas, como a de Arles na planície da Camargue, abrangiam regiões extensas e de população esparsa. Outras, como Verdelot, em Brie, a 65 quilômetros a leste de Paris, eram aglomerados de dezenas de assentamentos minúsculos — nenhum deles poderia ser descrito como uma cidade pequena ou mesmo como um vilarejo de porte.

Depois da Revolução, quase um terço da população (cerca de 10 milhões de pessoas) morava em fazendas ou casas isoladas, ou em lugarejos com menos de 35 habitantes (que muitas vezes não passavam de 8). Uma jovem camponesa que fosse trabalhar em Paris veria, pela janela da copa, mais gente na rua de uma só vez do que a soma de todos os seus conhecidos da vida inteira. Em 1830, na Dordogne, muitos recrutas não souberam informar seus sobrenomes ao sargento encarregado do recrutamento, pois jamais haviam precisado deles. Até a invenção das bicicletas de baixo custo, o universo conhecido, para muitos, restringia-se a um raio inferior a 25 quilômetros e a uma população que caberia facilmente num pequeno celeiro.

A distinção entre "urbano" e "rural" poderia fazer crer que ao menos parte dos cidadãos manteria algum tipo de ligação com o resto do mundo. Na realidade, o que havia era uma fluidez de limites entre a maioria das pequenas cidades e o campo à sua volta. O vaivém de pessoas e animais entre as ruas e o campo prolongava-se até a noite, quando os portões eram fechados. O enlameado calçamento de pedras era uma miniatura da geografia dos morros e ravinas. Vinhedos, hortas, chiqueiros, cercados para éguas e potros e os montes de esterco indicavam a presença da agricultura dentro da cidade.

Para muitos, a distinção demográfica mais clara não era entre "urbano" e "rural", mas entre "parisiense" e "da província". Em 1807, ao viajar pela França

---

*A comuna é a menor das divisões administrativas introduzidas em 1790. Hoje, há 36.565 comunas, 3.876 cantões (*cantons*), 329 distritos (*arrondissements*), 96 departamentos (*départements*), entre os quais quatro no exterior, e 22 regiões (*régions*).

O CONTINENTE NÃO DESCOBERTO

"por uma rota jamais percorrida até então", o tenente Ninian Pinkney, dos North American Native Rangers, mal saiu de Paris sentiu-se de volta à fronteira ("tão isolado como no canto mais remoto da Inglaterra") e constatou em seguida que, "definitivamente, não há na França cidades do interior como Norwich, Manchester ou Birmingham". As barreiras aduaneiras confinavam e sufocavam as pequenas cidades francesas e a população manteve-se praticamente estática do início do século XX até depois da Primeira Guerra Mundial.

Mesmo antes de tornar-se a meca da maioria dos migrantes internos, Paris parecia drenar o país. Em 1801, a população residente em Paris (perto de 550 mil habitantes) era superior à do conjunto das seis outras cidades mais populosas (Marseille, Lyon, Bordeaux, Rouen, Nantes e Lille). Em 1856, Paris teria superado o conjunto das oito outras cidades mais populosas e, em 1886, o conjunto das 16 outras cidades mais populosas. No entanto, até 1852, Paris reunia menos de 3% da população e, até 1860, ocupava uma área de apenas 34 quilômetros quadrados, menos que o dobro da área da Eurodisney.

Era óbvio que, da janela de um coche, não se tinha acesso à população oculta da França. Era preciso que os coletores de impostos, os missionários e os pioneiros da etnologia se embrenhassem por trilhas inacessíveis a qualquer coche. Mesmo assim, sem a visão de raios X panorâmica de um estatístico ou de um poeta, os sinais de vida podiam ser escassos. A descrição de Victor Hugo do oeste da França poderia fazer lembrar uma antropologia de ficção científica. Mas Hugo percorrera a pé mais quilômetros do que qualquer historiador da França e sabia decifrar uma paisagem:

> Essas florestas bretãs são difíceis de retratar como eram na realidade — pequenas cidades. Nada mais secreto, silencioso e selvagem que esses emaranhados inextricáveis de espinhos e galhos. Vastos matagais, em que a imobilidade e o silêncio se entocavam. Jamais deserto algum assumiu tanta aparência de morte e sepulcro. Apesar disso, caso se pudesse abater, como um raio, todas essas árvores de uma só vez, teria surgido à sua sombra um formigueiro de seres humanos.

Algumas estatísticas curiosas permitem entender a poderosa organização da grande revolta camponesa. Em Ille-et-Vilaine, na floresta de Le Pertre... havia

38 A DESCOBERTA DA FRANÇA

6 mil homens sob a liderança de Focard, mas sinal algum de vida humana. Em Morbihan, a floresta de Molac abrigava 8 mil homens, mas não se avistava vivalma. Nenhuma dessas duas florestas está entre as maiores da Bretagne.

O mapa (ver p. 40) confirma a visão fantástica de Hugo de um deserto densamente povoado. A população, como seria de prever, parece ser mais densa ao longo dos principais corredores de comércio — o vale do Rhône e a Renânia, a Flandre e o litoral da Mancha, Paris e sua zona de abastecimento, alguns poucos portos mediterrâneos e o fértil vale do Garonne, entre Toulouse e Bordeaux. Mas algumas concentrações populacionais curiosamente altas se repetem em áreas que, a muitos viajantes, pareceram quase desabitadas.

Era perfeitamente possível atravessar certas regiões densamente povoadas sem avistar um único ser humano, mesmo passando tão perto que se conseguia sentir o cheiro dos porcos. Jacques Cambry, que explorou a Bretagne em 1794-95 ("pois ninguém, creio eu, jamais foi à Bretagne para estudá-la, ou por mera curiosidade"), afirmou que apenas um punhado de caçadores avistara "aquelas casas escondidas atrás de valas ou do emaranhado de árvores ou arbustos, sempre nas partes mais baixas, para que a água se acumule e ajude a apodrecer a palha, a vegetação enfezada e o tojo usados como esterco". A eficácia da lama e dos espinhos para manter os assentamentos isolados não era menor que a dos desfiladeiros e penhascos.

Ao sul do Loire, na Vendée, o arvoredo formava verdadeiros túneis por onde corriam centenas de quilômetros de trilhas não mapeadas. Uma vista aérea mostraria campos compartimentados por sebes vivas, altas e espessas, numa paisagem típica do que se conhece em francês como *bocage*. Era um labirinto de solo lamacento dentro de uma mata fechada e sem fim, por onde o viajante poderia caminhar horas e horas num dia de sol aberto e sair dali descorado como um fantasma. Para vedar quaisquer aberturas na sebe, usavam-se tapumes do mesmo material — o camponês podia assim esgueirar-se até seu campo sem deixar o mais leve rastro de sua passagem, bastando-lhe para isso fechar a frondosa porta.

A Vendée tinha 170 mil habitantes que viviam em grupos de 15 pessoas, em média Havia 20 mil lugarejos no departamento de Ille-et-Vilaine, o mesmo número na Sarthe, 25 mil em Finistère. Na montanhosa região das Cévennes, algumas paróquias congregavam mais de cem lugarejos. Isso explica o fato de o extermínio dos protestantes em fins do século XVII ter sido tão demorado e tão difícil nas Cévennes, tendo exigido um exército grande e o maior programa de construção de estradas desde a conquista romana. Explica também como os rebeldes monarquistas da Vendée conseguiram resistir tanto tempo às tropas republicanas mandadas para "sanear" o oeste da França. Até ser criada a cidade lúgubre e retilínea de Napoléon-Vendée como posto avançado do imperialismo, o departamento tinha apenas uma cidade acima de 5 mil habitantes.

Os milhões de habitantes sem rosto que ocupavam esta região vasta e em grande parte não descoberta estavam numa etapa de civilização anterior à das cerca de trezentas pessoas que integram o elenco principal da história francesa dos séculos XVIII e XIX. Seus padrões de assentamento eram garantia de ignorância e analfabetismo, pois era tão difícil educar uma população dispersa como conquistá-la. Mas, afinal de contas, eram eles os habitantes da França.

Mesmo hoje, é frequente ver os trabalhadores, camponeses donos de terra, artesãos e mulheres e crianças não categorizadas que integram os três quartos "rurais" da população descritos coletivamente, como se fossem protofranceses, ou seja, seres longínquos e nebulosos demais para sentirem os efeitos gravitacionais da centralização. A categoria só se tornou alvo de atenção — não da Antropologia, mas da História — quando seus integrantes passaram a se considerar franceses, ouviram falar de Paris e tiveram vontade de conhecer a capital, ou quando afirmaram uma identidade regional e desejos separatistas, o que equivale a reconhecer a primazia efetiva da França parisiense. Uma das citações de uso mais frequente para evocar esta massa populacional é uma descrição de 1688 de Jean de La Bruyère, de "animais selvagens avistados no campo" — selvagens torrados pelo sol, independentemente de serem homens ou mulheres, "apegados à terra que cavam teimosamente": "Os sons que emitem lembram a fala articulada, e quando se põem de pé seu rosto é humano. (...) À noite, enfurnam-se em tocas onde se alimentam de pão preto, água e raízes."

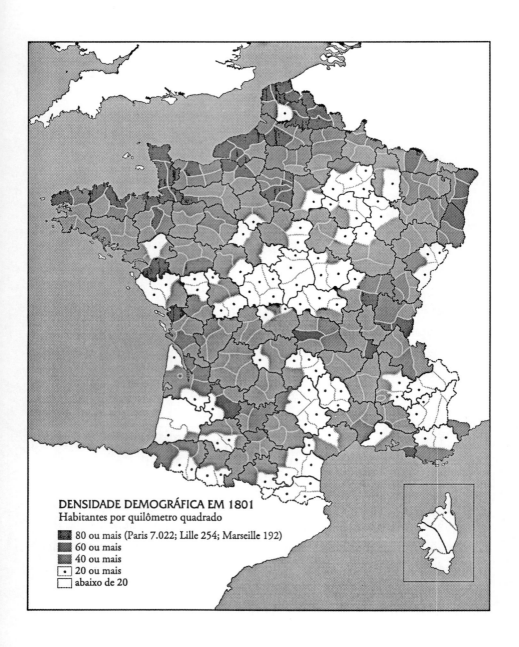

O CONTINENTE NÃO DESCOBERTO

Há centenas de descrições parecidas dos deploráveis selvagens da Gália moderna. Alguns destes insultos pitorescos são mais conhecidos que os fatos mais fundamentais do cotidiano dos séculos XVIII e XIX. Eles fazem parte da história desse racismo interno que continua desempenhando papel de destaque na sociedade francesa. Estes milhões de seres inconvenientes do ponto de vista administrativo fazem parte da história francesa tanto quanto os índios americanos fazem parte da história americana. Nem todos eram peões cobertos de lama. Havia aristocratas da província e chefes tribais, prefeitos e vereadores, trabalhadores migrantes, comerciantes, mágicos, eremitas, até mesmo historiadores locais.

Quando trucidou o jovem geômetra da expedição de Cassini, o povo de Les Estables agiu com ignorância, mas não com irracionalidade. Defendia-se de um ato de guerra. Se um feiticeiro local houvesse mostrado no espelho d'água de um lago ou nas chamas de uma fogueira o que seria da sua terra no século XXI — uma estação de esqui de segunda, "na divisa de três lindas regiões", "a 30 quilômetros do hospital mais próximo", "à sua espera para seduzi-lo com sua hospitalidade e seus costumes" —, o povo de Les Estables teria ficado perplexo com a misteriosa configuração que sua punição assumira.

CAPÍTULO 2

As Tribos da França, I

NO EXTREMO SUL de um dos encantadores vales planos que se irradiam dos Pireneus como a luz do sol, avista-se, quando o nevoeiro permite, o povoado de Goust num terraço rochoso 500 metros acima do balneário gelado de Eaux-Chaudes [Águas Quentes]. Até o início do século XX, Goust era uma espécie de república autônoma. A menor nação extraoficial da Europa resumia-se a 12 casas de granito e a cerca de setenta habitantes, governados por uma assembleia de anciãos. Não havia mendigos, nem empregados, nem contribuintes, para delícia e inveja dos viajantes que descobriam este Xangri-lá espartano.

O povoado nação de Goust é conhecido pelo menos desde o século XV, mas seus habitantes — "uma tribo inteiramente isolada, que conservou seus costumes simples e primitivos" — sempre foram deixados em paz. A estrada que leva ao povoado, pedregosa e íngreme de dar medo, tem menos de quarenta anos. Em 2005, Nathalie Barou, bisneta de uma das mulheres que aparecem na foto de 1889 (ver a figura 1), mostrou-me acima da porta a inscrição no lintel medieval com o nome original da família — Baron. Sabe-se que existiu um barão de Goust no século XVI. Quem sabe um de seus ancestrais, empobrecido pelas cruzadas, não tenha vendido a terra a seus servos, que nunca viram a menor necessidade de filiar-se às confederações que comporiam a futura província do Béarn e acabariam integrando a França.

Em Goust, não havia nem igreja, nem cemitério. Quando alguém morria, o caixão era baixado por cordas até o vale. Quando o tempo estava bom, os vivos empreendiam a difícil descida da montanha para vender leite e verduras, batizar os filhos ou olhar as damas que vinham em busca das águas de Eaux-Chaudes. A partir de 1850, com a abertura de uma estrada no desfiladeiro abaixo do povoado e a reconstrução em pedra da precária "Ponte do Inferno" de madeira, Goust passou a ser uma excursão pitoresca para um punhado de inválidos sem assunto e escritores de viagens. Não fosse por eles, o lugarejo talvez houvesse caído no esquecimento como as centenas de outras "repúblicas autônomas" que a França abrigava dentro de suas fronteiras.

Goust foi uma exceção, sobretudo porque era relativamente conhecido e porque um motivo geográfico de força maior preservou sua postura patriarcal até a era do vapor já estar bem avançada. Em comparação com outros lugares pequenos e remotos, Goust desfrutava de boas conexões com o mundo exterior. Seus setenta habitantes — dizia-se que alguns deles chegaram a comemorar seu centenário de nascimento — dificilmente teriam prosperado em isolamento total. Em seu tesouro comunal havia lã de Barèges e fitas da Espanha. Também em seus genes devia haver recordações de viagens ao mundo lá fora. Até os mortos de Goust eram, comparativamente, bastante viajados. Nos vilarejos alpinos mais elevados, os aldeões que batessem as botas durante os seis ou sete meses de isolamento eram levados para o telhado da casa e ali mantidos sob a proteção de um cobertor de neve até o degelo da primavera liberar o corpo para o sepultamento e permitir que um padre alcançasse o povoado.

Locais espetaculares como Goust desempenhariam um papel crucial na criação de uma identidade nacional francesa. Na cabeça de quem comprava cartões-postais já tendo no bolso seu bilhete de volta à civilização moderna, as tribos pertenciam a lugares remotos que, quanto mais distantes da cidade, mais longínquos estavam no passado. Vilarejos encarapitados no perímetro rochoso da França, como Goust nos Pireneus ou Saint-Véran nos Alpes, eram as reservas e os parques nacionais da imaginação instruída. A verdade não tardou a ficar esquecida quando as viagens baratas e os jornais de circulação nacional compactaram a visão do país e apagaram as velhas divisões tribais. Na França dos séculos XVIII e XIX, Goust era, em muitos aspectos, uma comunidade

AS TRIBOS DA FRANÇA, I

normal. Como relata o economista Michel Chevalier aos leitores de um jornal parisiense após uma visita a Andorra e aos Pireneus orientais em 1837:

> Cada vale continua a ser um pequeno mundo que se distingue do mundo em seu entorno como Mercúrio de Urano. Cada vilarejo é um clã, uma espécie de estado com sua forma peculiar de patriotismo. A cada passo, encontram-se tipos e personalidades diferentes, opiniões, preconceitos e costumes diferentes.

Se Chevalier tivesse viajado a pé, e não por uma estrada moderna dentro de uma diligência de alta velocidade, talvez houvesse constatado que sua descrição se aplicava à maior parte do país.

Visitar estes clãs e miniestados pressupõe uma longa jornada pela França não descoberta, das cidades e vilarejos aos povoados e outras formas de assentamento mais difíceis de definir. A França em si começa a dar a impressão de ser uma divisão quase arbitrária da Europa Ocidental. Mais tarde, distinguem-se padrões nacionais e constata-se que os habitantes têm em comum algo mais que a proximidade geográfica. Mas, se coubesse aos marcos miliários históricos das gerações mais recentes a tarefa de nortear o percurso do início ao fim, a maior parte do país e de seus habitantes continuaria tão obscura como as origens de Goust.

ANTES DE O TREM DESFOCAR a paisagem e reduzir os habitantes a rostos ou figuras entrevistos de relance na plataforma ou no meio de um campo, o viajante costumava ficar intrigado com as mudanças bruscas que notava na população. Bastava vadear um rio ou dobrar num cruzamento e os passageiros de um coche podiam se ver cercados de pessoas de aparência radicalmente distinta, com uma língua própria, um estilo de vestuário e arquitetura e um conceito de hospitalidade próprios e peculiares. A cor dos olhos e do cabelo, o formato da cabeça e do rosto, e até o modo de acompanhar com os olhos a passagem de um coche podiam mudar de modo ainda mais súbito que a vegetação.

46 A DESCOBERTA DA FRANÇA

Com a velocidade exagerando as diferenças, as fronteiras entre as tribos eram muitas vezes de uma obviedade assombrosa. Na margem esquerda do rio Adour, na região de Chalosse, a leste de Bayonne, a população local era alta, forte, bem nutrida, acolhedora. Já a da margem direita era franzina, macambúzia, desconfiada. O clima, a água, os hábitos alimentares, as migrações (antigas e modernas), as rivalidades entre os clãs, e toda a inexplicável variação dos costumes e da tradição podiam transformar as áreas mais diminutas num labirinto de fronteiras não demarcadas. Quando um império caía, até mesmo regiões supostamente civilizadas eram retalhadas como se fossem províncias. Segundo Restif de la Bretonne, a dessemelhança entre os vilarejos vizinhos de Nitry e Sacy, na Bourgogne, era de tal ordem (cortesia *versus* grosseria, respectivamente) que ambos foram "escolhidos a dedo" por um certo conde de S* para, "sem viajar para muito longe [cerca de 5 quilômetros], poder conhecer o país o suficiente para produzir uma descrição sucinta da vida rural em todo o reino". A mãe de Restif, que era de um vilarejo da outra margem do rio Cure, a 16 quilômetros a oeste de Nitry, sempre foi tratada ali como forasteira. "Conforme o costume, seus enteados não gostavam dela e ninguém tomava seu partido no vilarejo, por ela ser de fora."

É fácil imaginar a perplexidade dos viajantes urbanos endinheirados quando saíam para descobrir seu país e se deparavam com uma paisagem humana alucinada de tribos e clãs. Até numa viagem rápida pelo norte da França podia ser impossível formar uma impressão nítida sobre os "franceses". Em Dieppe, os pescadores *polletais* falavam um dialeto difícil de reconhecer como uma variante do francês. Os turistas que atravessavam a Mancha para comprar entalhes de marfim ficavam embasbacados com as mulheres de anáguas arregaçadas e saias na altura dos joelhos — imaginavam por que sua aparência seria tão diversa da do resto da população. (Até hoje, ninguém sabe.) Em Le Portel, na periferia de Boulogne-sur-Mer (que ficava mais adiante litoral acima), uma população distinta de cerca de 4 mil pessoas destacava-se pela estatura elevada e pela beleza e vigor físicos. Em 1866, um antropólogo sugeriu que a população de Le Portel seria de origem andaluza. Mas seu estudo da cabeça, mãos, pés e seios da população feminina (a masculina estava fora, no mar) resultou inconclusivo. A 50 quilômetros para o interior, em Saint-Omer, as "*îles flottantes*" [ilhas flutuantes] a leste da cidade eram cultivadas por uma comunidade com leis, costumes e língua próprios, que habitava as casas baixas junto ao canal nos subúrbios de Hautpont e Lysel, até hoje um enclave flamengo numa cidade francesa.

Para muitos viajantes, as várias populações da França pareciam ter pouco em comum além de sua natureza humana. Até nisso havia dúvidas. Na divisa entre a Bretagne e a Normandie, há relatos de fins do século XIX sobre diferentes tribos autônomas. Dizia-se que na Côte d'Azur, nas elevações ao fundo de Cannes e Saint-Tropez, havia selvagens que desciam às cidades mercados vestindo peles de cabra e falando uma língua própria e incompreensível. Em 1880, nos arredores de Villers-Cotterêts (onde nasceu Alexandre Dumas), a 70 quilômetros a nordeste de Paris, um antropólogo descobriu na floresta "alguns vilarejos afastados cujos habitantes são completamente diferentes dos habitantes dos vilarejos das redondezas; a julgar por seus traços, parecem pertencer a uma raça específica, anterior à época das invasões cimerianas que deram início à nossa era histórica".

Agora que mais um século se passou e que as excursões à floresta de Villers-Cotterêts, a 45 minutos de trem da Gare du Nord no centro de Paris, são objeto de intensa propaganda junto aos parisienses, o mistério da população "pré-histórica" jamais se resolverá. Para a antropologia francesa, a pré-história só chegou ao fim com a Revolução Francesa. Até então, a diversidade étnica e cultural das massas não era assunto de interesse do Estado. As estatísticas são escassas até Napoleão e, mesmo em sua época, não são confiáveis. A evolução das ciências que permitiriam analisar as populações por seus traços físicos e culturais só ocorreu quando as tribos que seriam estudadas já se transformavam em cidadãos franceses modernos. Os viajantes inquisitivos, porém, pelo menos faziam a pergunta espinhosa — quem eram os habitantes da França?

NA HISTÓRIA POLÍTICA, a resposta parece bem simples. As populações de Dieppe, Boulogne, Goust e Saint-Véran pertenciam todas à mesma nação. Respondiam perante os parlamentos provinciais e, em última instância, ao rei. A maioria pagava impostos, seja com dinheiro, com trabalho (na conservação das estradas e pontes) e depois, quando o sistema de recrutamento militar obrigatório foi introduzido em fins do século XVIII, com vidas humanas. As autoridades eram nomeadas localmente — um agente coletava os impostos e um guarda fazia o policiamento da comunidade. Mas as leis, sobretudo as relacionadas a heranças, eram em geral ignoradas e o contato direto com o poder central era extremamente limitado. O Estado era percebido como uma maldita encrenca — seus emissários eram soldados que precisavam ser alimentados e hospedados, bailios que confiscavam bens, e advogados que resolviam disputas patrimoniais e ficavam com a parte do leão. Ser francês não era motivo de orgulho pessoal. Quanto mais esteio de uma identidade comum. Até meados do século XIX, pouca gente vira um mapa da França ou ouvira falar em Carlos Magno e Joana d'Arc. Na verdade, a França era uma terra de estrangeiros. Segundo um romancista camponês do Bourbonnais, a situação na década de 1840 era a mesma de antes da Revolução:

> Não tínhamos a mais leve noção do mundo exterior. Fora dos limites do cantão e do raio das distâncias conhecidas, havia terras misteriosas cheias de perigos e habitadas por bárbaros.

Talvez fosse o caso de procurar nas grandes catedrais da França, com seu incontável rebanho de paróquias, um fator de coesão mais poderoso. Quase 98% da população era católica. Na realidade (como se verá mais adiante), a prática religiosa variava enormemente. O cosmopolitismo não era maior entre os entes celestiais que entre seus devotos. Um vilarejo não admitia que sua efígie do santo ou da Virgem Maria fosse o mesmo santo ou a mesma Virgem do vilarejo vizinho. Os traços comuns entre o cristianismo e as crenças e práticas centradas em pedras pré-históricas ou em poços mágicos não poderiam ser mais tênues e remotos. Podia até ser que o padre local tivesse alguma utilidade, por ser relativamente instruído. Mas ele precisava comprovar seu valor como autoridade religiosa concorrendo com curandeiros, videntes, exorcistas e gente que parecia ser capaz de influir nas condições meteorológicas e de ressuscitar crianças mortas. A moralidade e o sentimento religioso independiam da doutrina da Igreja. Para a maioria, o fato de a Igreja ter conservado seu direito de tributar até a Revolução importava muitíssimo mais que sua inútil condenação ao controle da natalidade.

As unidades menores do reino traçam uma imagem diferente, porém não mais confiável, da população. Por muito tempo, as províncias da França pareceram ser a pista para a compreensão da identidade nacional — haveria alguma correlação entre estas divisões históricas e políticas e certos traços humanos, como os segmentos do crânio de um frenologista.

François Marlin, um comerciante de Cherbourg que usou seus negócios com suprimentos navais como pretexto para explorar sua terra natal e percorreu mais de 30 mil quilômetros entre 1775 e 1807, deixou em seus relatos de viagem algumas pérolas desta abordagem geopopulacional: "A população do Périgord é cheia de vida, alerta e sensível. A do Limousin é mais indolente e mais contida em seus movimentos." Não lhe foi mais difícil estabelecer distinções entre os caixeiros viajantes que ceavam na taverna de Auch do que entre diferentes raças de cães:

O *lyonnais* [lionês] tem o rei na barriga, fala com voz clara e firme, é espirituoso, apesar de arrogante, e tem a boca suja e atrevida. O *languedocien* [languedociano] tem um ar franco e é gentil e cortês. O *normand* [normando] ouve mais do que fala. É desconfiado e inspira desconfiança.*

No entanto, como Marlin constatou, a maioria resistia a identificar-se com áreas tão extensas mesmo que os pressupostos fossem lisonjeiros. As pessoas eram ou de uma cidade pequena, ou de um subúrbio, ou de um vilarejo, ou de uma família — não de uma nação ou de uma província. A herança cultural comum a certas regiões era mais óbvia para os de fora do que para seus habitantes. Seriam necessárias sucessivas subdivisões para que o território da Bretagne significasse alguma coisa para seus habitantes.

---

*Até hoje, estes mapas morais da França são bem populares e ainda mais implausíveis que no século XVIII. Vejamos algumas amostras tiradas do *Guide Bleu* [Guia Azul] de 1997: "A imprevisibilidade climática talvez explique as respostas cautelosas do normando." "Os bretões costumavam usar um chapéu redondo [alusão a uma canção injuriosa]; até hoje, são cabeça-dura." "Na terra das touradas e do rúgbi [o Languedoc], as paixões sempre têm a última palavra."

Enquanto os bretões orientais falavam um dialeto do francês chamado *gallo* ou *gallot*, os bretões ocidentais falavam diferentes variantes do bretão. Os casamentos entre ambos os grupos eram raríssimos. As populações de Armor ("A Terra junto ao Mar") e de Argoat ("A Terra das Florestas"), ambas do oeste da Bretagne, pouco tinham a ver entre si. Por sua vez, tal era a diversidade e antagonismo entre as subpopulações de Armor que vários autores atribuíram suas origens a tribos semitas, aos antigos gregos ou fenícios, à Pérsia, à Mongólia, à China ou ao Tibete — todos muito distantes da costa do granito.

COMO A FRANÇA ERA UMA COSTURA de tratados e conquistas e como dois terços do território era francês há menos de 350 anos, a inexistência de um senso arraigado de identidade nacional não chega a ser surpreendente. Antes da Revolução, "França" era um nome frequentemente reservado à pequena província em formato de cogumelo da qual Paris era o centro. Na Gascogne e na Provence, qualquer um que viesse do norte era um "franchiman" ou "franciot" (nenhum dos dois termos constava do dicionário oficial da Academia Francesa). Por sua vez, o senso de identidade regional também era reduzido. A identidade política das populações bretã, catalã, flamenga e provençal da França só se desenvolveria muito mais tarde, como reação à identidade nacional que lhes havia sido imposta. Os únicos que aparentemente se uniram contra o mundo exterior foram os bascos; mas não eram os franceses ou espanhóis que encarnavam o mal em suas *masquérades* [mascaradas] públicas, e sim os ciganos, latoeiros, médicos e advogados. Jogos interregionais de pelota suscitavam paixões mais violentas que as vitórias e derrotas de Napoleão.

Devido à incansável promoção da unidade nacional francesa desde a Revolução, demora algum tempo para se perceber que praticamente não há relação entre as divisões tribais e as fronteiras administrativas da França. Nenhum motivo óbvio teria levado estes povos a formarem uma única nação. Em 1981, referindo-se à extrema variedade das estruturas familiares na França, Hervé Le Bras e Emmanuel Todd afirmaram que, "do ponto de vista antropológico, a França não deveria existir". Do ponto de vista étnico, sua existência é igualmente improvável. As origens das tribos celtas e germânicas que invadiram a antiga Gália e das tribos frâncicas que atacaram a província romana já abalada eram quase tão distintas como as da população da moderna França. O único grupo coerente e autóctone que um partido do Front National [Frente Nacional] poderia representar com alguma consistência histórica seria o primeiro bando nômade de primatas a ocupar esta fração do istmo da Europa ocidental.

François Marlin, o mercador de Cherbourg, descobriu que a melhor maneira de responder à pergunta "Quem são os habitantes da França?" era não responder. Marlin queria que seus relatos de viagem funcionassem como um antídoto a todos os guias de viagem escritos por plagiadores refestelados em suas poltronas. Assim, Marlin buscou simplesmente observar diferenças físicas que refletissem mudanças na paisagem. A compilação de observações suas e de outros viajantes resultaria num mapa da França — impublicável — dividido em zonas de fealdade e beleza. As mulheres bascas eram "todas limpas e bonitas". "Orléans parece encerrar todos os aleijados, caolhos e corcundas." "As mulheres bonitas são raridade na França, sobretudo aqui na Auvergne; mas não faltam mulheres robustas." "Brest reúne os olhos mais lindos das províncias, mas as bocas não são tão atraentes: naquele departamento, o ar marinho e uma boa dose de desleixo não tardam a manchar o esmalte dos dentes."

Isto dificilmente satisfaria a antropologia histórica, além de transmitir apenas uma vaguíssima noção da geografia social da França. Impossível dizer se as diferenças físicas sinalizariam origens arcaicas ou se seriam simples consequências do trabalho das pessoas e de sua alimentação. Mas, pelo menos, Marlin viu a população (ou a parte dela que habitava próximo à estrada) com seus próprios olhos:

> Aprecio bastante a maneira como as mulheres e crianças correm para ver um viajante passar. Isto permite que um homem curioso veja todas as beldades de um lugar, e eu saberia dizer exatamente quantas mulheres bonitas há em Couvin.

52 A DESCOBERTA DA FRANÇA

Para Marlin, este era o gênero de testemunho ocular que valia a pena ter à mão dentro da diligência. Os demais guias de viagem, com sua erudição de araque, podiam ir na capota, sob a lona frouxa, ensopados pela chuva até serem levados pelo vento.

PRATICAMENTE QUALQUER LUGAR ou época serviria como ponto de partida para uma expedição pela França tribal. O topo de um morro no Aveyron, por exemplo, em que as mesetas calcárias dos Causses dão lugar a um relevo de rochedos e gargantas. O ano é 1884. O padre de Montclar descobriu um passatempo emocionante para distrair-se do cotidiano enfadonho de uma pequena cidade. Na mira de seu telescópio, um campo de batalha no vale lá embaixo. Um exército de homens, mulheres e crianças avança sobre o vilarejo de Roquecezière brandindo porretes e arrastando cestos de pedras. Mas há olheiros, e um outro exército já saiu de Roquecezière e se prepara para defender seu território.

Na rocha nua que domina o vilarejo, dando as costas para a batalha, há uma colossal estátua em ferro fundido da Virgem Maria. A estátua, financiada por subscrição pública — um verdadeiro milagre nesta região empobrecida —, foi instalada recentemente no alto do rochedo para comemorar o êxito de uma missão.

Os invasores, indignados porque a efígie sagrada está de costas para seu vilarejo, apontando-lhe o traseiro, vêm para virá-la ao contrário. Depois de horas de batalha, com feridos graves, os invasores rompem as linhas dos moradores de Roquecezière e desviram a estátua, colocando-a de frente para seu vilarejo. Na tentativa de impedir uma guerra desenfreada, as autoridades eclesiásticas encontram uma solução conciliatória — girar a estátua 90 graus, de modo que cada vilarejo supostamente veja metade do rosto da Virgem. Mas assim a estátua ficaria voltada para nordeste, na direção de Saint-Crépin, que contribuiu com mais da metade do custo da estátua. Além disso, continuaria de costas para o pequeno aglomerado de casas a seus pés.

A batalha de Roquecezière, assim como milhares de outros pequenos conflitos, não é mencionada em nenhuma história da França. Guerras entre vilarejos não eram percebidas como ameaças à segurança nacional. Muitas vezes, tinham causas antigas e obscuras. Mas, até bem tarde no século XIX, eram acontecimentos comuns na vida de muita gente. Nos arquivos do departamento de Lot, uma "pasta gordíssima" contém descrições de arruaças entre vilarejos entre 1816 e 1847 — "cenas sangrentas, combates, tumultos, ferimentos graves, tratados de paz e boatos de guerra". Em vez de perder tempo e jogar dinheiro fora apelando à justiça, os moradores dos vilarejos acertavam suas diferenças em batalhas campais. Disputas territoriais e insultos já semiesquecidos culminavam em incursões para apossar-se do milho ou dos sinos da igreja de cidades vizinhas. Às vezes, nomeavam-se paladinos — seus combates eram lendários. Em geral, não bastava um único confronto. Os vilarejos de Lavignac, Flavignac e Texon no Limousin estavam em guerra há mais de quarenta anos. Texon deixou de existir como comuna em 1806, mas este tecnicismo burocrático não o impediu de comportar-se como Estado independente.

Muitos viajantes devem ter tomado a célebre descrição de César sobre a Gália como um país "tripartite" como uma simplificação exagerada e leviana. Mas César prossegue observando que a Gália também se subdividia em incontáveis microrregiões: "Não só toda tribo, todo cantão e toda subdivisão de cantão, como quase toda família divide-se em facções rivais." A divisão básica era o *pagus* [pago], a área controlada por uma tribo. Dois mil anos depois da conquista da Gália, o *pays* (pronuncia-se pê-í) ainda era uma realidade reconhecível. A palavra *pays* — que normalmente se traduz por "país" — referia-se não ao conceito abstrato de nação, mas à "terra", ou seja, a região concreta e ancestral que a população reconhecia como seu lar. O *pays* era a área em que tudo era familiar — o som da voz humana, a orquestra dos pássaros e dos insetos, a coreografia dos ventos e as misteriosas configurações das árvores, rochas e poços mágicos.

O *pays*, para alguém sem maior experiência do mundo, podia ser medido em campos e lavouras — para alguém que estivesse longe de casa, talvez toda uma província. Desde então, o termo adquiriu um significado mais preciso e pitoresco. Foi ressuscitado na década de 1960 para promover o turismo e o desenvolvimento local ("Pays de la Loire", "Pays de Caux", "Pays de Bray" etc.). São áreas geográficas, versões ampliadas das "Petites Régions Agricoles"

54 A DESCOBERTA DA FRANÇA

[Pequenas Regiões Agrícolas] criadas em 1956 como base para as estatísticas agrícolas. O Instituto Nacional de Estatística lista atualmente 712 dessas regiões. A região de Brie, por exemplo, divide-se em "florestada", "central", "Champagne" (três zonas, diferenciadas pelo código postal), "oriental", "francesa" (duas zonas) e "úmida"; a parte da Champagne conhecida como *pouilleuse* (miserável, ou, ao pé da letra, piolhenta) deixou de ter existência oficial.

O general de Gaulle pensava neste quebra-cabeça de microprovíncias quando fez a pergunta "Como esperar que se governe um país que tem 246 tipos de queijo diferentes?". Sua tirada célebre, hoje em versão ampliada — "um queijo para cada dia do ano" —, foi incorporada ao catecismo não oficial do orgulho nacional e, mesmo em regiões dominadas por um único queijo de grande vendagem, é com frequência recitada para visitantes estrangeiros. Hoje em dia, porém, o quebra-cabeça seria de fácil solução para qualquer alto funcionário de uma junta comercial. Antigamente, ninguém seria capaz de informar com precisão quantos eram os *pays* da França. Mesmo em 1937, quando Arnold van Gennep publicou seu *Manuel de folklore français contemporain* [Manual do folclore francês contemporâneo] com uma longuíssima lista de *pays*, alertou que a lista era incompleta, pois "alguns *pays* ainda são desconhecidos". Durante todo o século XIX, em todos os escalões da administração, os funcionários reclamavam desta fragmentação do território sem o menor vestígio de ironia. A pátria do bendito camponês era o *pays*, e não o Estado.

Relatórios militares reservados das décadas de 1860 e 1870 mostram que o "patriotismo" em escala nacional significava muito pouco para os nativos de um *pays*. Na maior parte da Auvergne, o exército só obtinha colaboração "mediante pagamento, requisição ou ameaças" (1873). Numa cidade próxima a Angers, os homens só entravam em combate perto de casa — "Eles ainda se consideram angevinos, e não franceses" (1859). "Os camponeses da Brie são medrosos e ingênuos; seria fácil quebrar qualquer resistência de sua parte" (1860). É provável que os relatórios dos espiões ao retornarem ao acampamento de César às margens do Saône em 58 a.C. fossem muito semelhantes.

COM O AUXÍLIO DE DIFERENTES mapas e sensores, ainda é possível explorar o labirinto de microrregiões sem se perder. A pé ou de bicicleta, consegue-se, em certas horas do dia, detectar as fronteiras aproximadas de um *pays* mesmo que as divisas sejam invisíveis. A área em que se ouve um sino de igreja soar mais forte e destacado que outros sinos da região é provavelmente uma área cujos habitantes tinham os mesmos costumes e língua, as mesmas lembranças e temores, e o mesmo santo local.

Os sinos demarcavam o território local, conferindo-lhe uma voz. Durante a fabricação do sino por algum fundidor itinerante, os habitantes do vilarejo juntavam ao metal objetos herdados — antigas placas, moedas, castiçais —, o que transformava o sino na preciosa materialização da alma do vilarejo. O sino informava a hora do dia e anunciava acontecimentos anuais, como o início e o fim da colheita e a partida dos rebanhos para pastagens mais altas. Alertava sobre invasões e ameaças. Na década de 1790, os sargentos incumbidos do recrutamento percorreram a Sologne orientados pela sobreposição dos círculos sonoros. A cada vilarejo em que chegavam, constatavam o sumiço generalizado dos rapazes. O número de pessoas eletrocutadas segurando a ponta da corda de um sino explica-se pela crença de que os sinos dissipavam a trovoada e as tempestades de granizo que destruíam as lavouras. Como os sinos afugentavam as feiticeiras que pilotavam as nuvens de chuva e convocavam os anjos, as orações rezadas concomitantemente com as badaladas do sino — como mostra o quadro *O Ângelus*, de Millet — eram mais eficazes. Debaixo de nevoeiro, o badalar dos sinos de resgate era um guia para viajantes que talvez estivessem perdidos.

A quantidade de sinos e o tamanho do campanário costumavam ser uma indicação razoavelmente precisa da densidade populacional. Praticamente ninguém se queixava de badaladas em excesso, mas havia incontáveis reclamações de que não se ouviam os sinos nos campos dos arredores. Quando os migrantes falavam saudosos de seu longínquo *clocher* [campanário] natal, referiam-se não apenas à sua presença arquitetônica na paisagem, mas também a seu raio de audição.

Um mapa destas esferas de influência pelo raio de audição daria uma ideia muito mais precisa do tamanho diminuto dos domínios tribais do que um mapa das comunas. Um estudo das comunas de Morbihan (sul da Bretagne) no século XIX é sugestivo de uma população assaz aventureira. Em 1876, mais de metade da população casada de Saint-André havia nascido em outra comuna — mas, quase sempre, vizinha. Segundo o estudo, apesar de uma possível influência de "determinantes sentimentais" (o amor), a maioria casava-se para consolidar direitos de herança à terra, mesmo que isto significasse casar-se com algum primo-irmão. O arcaico sistema de povoados, cujas divisas (elevações do terreno, valas, córregos) ou desapareceram ou se tornaram imperceptíveis, norteava a escolha do cônjuge. Fronteiras oficiais não representavam muito mais que cercas de jardim para os pássaros.

Nota-se em toda a França a mesma ocupação agorafóbica dos espaços abertos. Em 1886, mais de quatro quintos dos habitantes ainda eram descritos como "quase estacionários", i. e., continuavam habitando o departamento natal, sendo que mais de três quintos continuavam habitando a comuna natal. Mas nem os que se haviam expatriado em outros departamentos estavam necessariamente desgarrados do torrão natal — a linha de divisa entre dois departamentos podia simplesmente estar separando dois povoados vizinhos.

Algumas comunidades talvez se vissem forçadas, devido à população reduzida ou a rixas locais, a procurar casamento um pouco mais longe. Mas nem assim iam muito longe. Em *La mare au diable* [O charco do diabo], romance de 1846 de George Sand, a ideia de ir buscar uma nova esposa num outro *pays* a três léguas (13 quilômetros) de distância causa arrepios ao lavrador que enviuvou. Os *cagots* perseguidos, que em sua maioria habitavam povoados dispersos (ver p. 69), poderiam em caso extremo encontrar marido ou esposa a pelo menos um par de dias de caminhada. Mas isto era extremamente incomum. Registros de 679 casais de *cagots* entre 1700 e 1759 mostram que quase dois terços das noivas vinham de locais ao alcance de um grito e as restantes de tão perto que não causavam maiores transtornos aos convidados da boda. Em Saint-Jean-Pied-de-Port, apenas quatro de 57 mulheres casaram-se a mais de oito quilômetros de casa. Só duas das 679 constavam como sendo "de fora". Não que fossem de outro país; só "não eram da região".

MESMO COM AS ESTATÍSTICAS e uma noção de escala adequada, a experiência de baixar numa terra com centenas e centenas de *pays* é desconcertante. Os padrões mais genéricos acabam vindo à tona, mas não são muito evidentes. A esperada anarquia também não. Constata-se que muitos locais são jurisdições em pleno funcionamento, dotadas de constituições não escritas e parlamentos próprios. Em praticamente todo vilarejo — sobretudo em *pays d'état* como a Bourgogne, a Bretagne e a Provence em que a influência do rei sempre fora débil — havia algum tipo de assembleia formal. No sul, onde a taxação era baseada na terra, a necessidade de medir e registrar o patrimônio dera origem a algumas instituições locais bastante sofisticadas que não só regulavam o uso das terras comuns como também administravam os ativos e executavam um orçamento. Quando agentes da Revolução chegaram para socorrer vilarejos e cidades supostamente agonizantes da França provincial, encontraram o doente em surpreendente boa forma.

A França ainda era uma monarquia absolutista e alguns destes vilarejos e cidades já eram prósperas democracias. Ao percorrer a Picardie em 1789, François Marlin foi parar num desses lugares, o vilarejo de Salency, conspicuamente asseado e caprichado que, como soubera, era governado por um velho padre. As crianças jamais precisavam partir em busca de emprego e não podiam contrair matrimônio com alguém de fora da paróquia. Havia 600 habitantes e apenas três sobrenomes. Todos eram considerados iguais. Todos trabalhavam a terra, não com arados, mas com pás de cavar. Consequentemente, as colheitas eram abundantes, os filhos (e filhas) da terra aprendiam a ler e escrever com um mestre-escola assalariado e sua esposa, e todos eram saudáveis, tranquilos e bem-apessoados. "A própria noção de crime lhes escapa... O caso de uma menina que pecasse contra a modéstia soaria a seus ouvidos como uma história inventada por um mentiroso."

O retrato é típico de um vilarejo autogovernado. A autoridade máxima, como em Salency, costumava ser um padre, que funcionava mais como um administrador que como um agente da Igreja Católica. Nas ilhas bretãs de Hoedic e Houat, o padre, o prefeito, o juiz, o chefe da aduana, o chefe dos correios, o coletor do dízimo, o professor, o médico e o parteiro eram todos uma única pessoa. Na década de 1880, a chegada de dois vice-prefeitos — um para cada ilha — não fez a menor diferença. Havia lugares administrados por conselhos que eram réplicas em miniatura da administração nacional. Até a Revolução, a cidade de La Bresse, situada num vale dos Vosges ocidentais, tinha legislatura e judiciário próprios. Segundo a afirmação de um geógrafo em 1832, "os juízes da cidade, apesar de sua falta de tato e aparência

58   A DESCOBERTA DA FRANÇA

comum, demonstraram enorme bom-senso". O tribunal multou um advogado visitante que usara citações em latim na defesa "por lhe ter passado pela cabeça dirigir-se a nós em língua desconhecida" e lhe deu 15 dias para inteirar-se da legislação de La Bresse.

A área de alguns vilarejos estados abrangia muitos quilômetros quadrados. Um clã de nome Pignou ocupava diversos povoados próximos a Thiers no norte da Auvergne. Os Pignou tinham até uma cidade deles, que aparentemente desfrutava de todos os confortos da civilização moderna. Embora todos fossem conhecidos pelo nome de batismo, conferiu-se o título de "Maître [mestre] Pignou" ao líder eleito por toda a população masculina acima de 20 anos de idade. Se Maître Pignou demonstrasse inépcia, era substituído. Não havia propriedade privada. Todas as crianças eram criadas por uma mulher conhecida como Laitière [leiteira], que também se ocupava da leiteria comunitária. As meninas, em vez de trabalharem no campo, eram mandadas para um convento — as despesas eram custeadas por toda a comunidade. Os casamentos fora do clã eram punidos com exílio perpétuo. Mas todos acabavam suplicando para serem readmitidos.

O que levou tantos lugarejos minúsculos a declararem independência na época da Revolução foi já serem em parte independentes. Sua meta não era desenvolver a economia local e incorporar-se a uma sociedade mais ampla. Qualquer tipo de mudança geralmente implicava desgraça ou perigo de fome. A maioria das comunidades sonhava cortar os laços, isolar o vilarejo ou cidade, o que em parte explica a variação das unidades de medida de uma cidade para outra — a padronização facilitaria a entrada de gente de fora para concorrer com os produtores agrícolas locais.* A intenção era refinar e depurar o grupo. A bravata de que ninguém se casava fora da tribo era tão comum na França como na maioria das sociedades tribais. As lendas locais continham múltiplas referências a uma dispensa especial do papa (ou, mais provavelmente,

---

*Mesmo depois de introduzido o sistema decimal em 1790, uma *pinte* [pinta] equivalia a pouco mais de 1 litro num vilarejo do Limousin e a bem mais de 2 litros noutro. No departamento de Nord, havia 35 medidas de capacidade diferentes, todas com o mesmo nome. Os viajantes vindos do norte viam suas "léguas" encompridarem cada vez mais na medida em que avançavam para sul. Em certos pontos, ainda não haviam sido adotados os sistemas mais antigos, que o sistema decimal supostamente viera substituir. Em 1807, o mesmo Champollion que decifrou os hieróglifos egípcios constatou que a população rural de Isère "continua usando os numerais romanos".

do bispo local) autorizando o casamento entre parentes próximos. A prudência na gestão dos recursos do vilarejo poderia evitar que a população abandonasse a pequenina pátria. Às vezes, pagava-se às filhas, e também aos filhos, para que eles não fossem embora. A tribo *chizerot* das margens do Saône na Bourgogne mantinha um fundo comunal que provia as moças pobres de um dote para que elas não precisassem buscar marido fora.

O autogoverno não era um sonho pueril. Era a realidade inescapável do cotidiano. Populações que raramente viam um policial ou um juiz tinham bons motivos para criar sistemas de justiça próprios. Os governadores provinciais, fortemente pressionados, também tinham bons motivos para fecharem os olhos. Segundo a maioria dos relatos, a justiça local era uma mescla eficaz de força e manipulação psicológica. Nos vilarejos dos Pireneus, do Atlântico ao Mediterrâneo, as disputas eram resolvidas em três audiências sucessivas. Na primeira delas, ambas as partes eram obrigadas a permanecerem caladas. Era raro um caso chegar à terceira audiência. Em Mandeure, próximo à fronteira suíça, toda vez que ocorria algum roubo convocava-se uma reunião na praça principal. Os dois prefeitos seguravam as duas pontas de uma vara para que toda a população, de algumas centenas de pessoas, passasse por baixo dela e comprovasse assim sua inocência. Ladrão algum jamais ousara passar sob a vara. "Caso passasse, e um dia fosse descoberto... seria evitado como se fosse um animal selvagem e sua desonra se estenderia à família."

ESTES SISTEMAS LOCAIS de justiça talvez expliquem o fato aparentemente bizarro de que, segundo certas estatísticas criminais do século XIX, quase toda a população da França era cumpridora da lei. Havia departamentos em que o crime parecia ter desaparecido por completo. Às vezes, havia "sessões brancas", em que os tribunais se reuniam, mas não ouviam caso algum. Em 1865, no departamento de Aveyron, palco da batalha de Roquecezière, houve oito condenações por crimes contra a pessoa e 13 por crimes contra o patrimônio. No departamento de Cher (336.613 habitantes), houve, respectivamente, três e zero condenações. No país inteiro (Paris excluída), os dados de 1865 sugerem que a proporção era de um criminoso para cada 18 mil pessoas.

60 A DESCOBERTA DA FRANÇA

Não é preciso ser cínico para suspeitar que a maioria das descrições dos vilarejos repúblicas é um retrato esfumado da realidade. É claro que havia ladrões, assassinos e estupradores. Era difícil François Marlin não ficar impressionado com Salency depois de ter percorrido tantos locais imundos e negligenciados pela Igreja. Mas o asseio e a ausência de crimes eram a face pública de um governo necessariamente despótico. A virtude autoproclamada do povo de Salency deve ter destruído a vida de muita gente — "forasteiros", homossexuais, "feiticeiras" e, talvez mais que qualquer outra categoria de indesejáveis, mães solteiras. O número de filhos ilegítimos nascidos em Paris era cerca de dez vezes superior ao de nascidos em qualquer outro lugar, não porque as parisienses fossem mais promíscuas, mas porque as moças que "pecavam contra a modéstia" eram em geral obrigadas a deixar seu *pays*.

A justiça dos vilarejos nem sempre era benigna ou justa. O mais leve desvio da norma — um homem ou mulher que se casasse com alguém mais jovem, ou em segundas núpcias, ou com alguém de fora, um homem que surrasse a esposa ou admitisse ser surrado por ela — seria provavelmente punido com um "charivari", uma procissão ou serenata ruidosa, humilhante, não raro sangrenta. Segundo um antropólogo, o adúltero, na Bretagne, era "objeto de degradantes bombardeios de hortaliças". A vítima era posta sobre uma carroça que percorria todos os vilarejos vizinhos, expondo-a ao ridículo perante todo o universo conhecido. As estradas ruins que impediam o escoamento da produção agrícola regional também impediam que o medo e a inveja se evaporassem num mundo mais amplo.

Aos olhos da minoria instruída, não havia diferença de fato entre a justiça dos vilarejos e a justiça das massas. Quando uma "feiticeira" foi queimada viva em 1835 com a conivência das autoridades locais de Beaumont-en-Cambrésis, no industrializado departamento de Nord, não parecia que a Idade Média chegara ao fim. Mas a justiça imperial francesa podia parecer tão chocante e incongruente para quem viveu a vida toda num vilarejo ou numa cidadezinha como para a população das colônias do norte da África.

CAPÍTULO 3

As Tribos da França, II

A SENSAÇÃO DE IDENTIDADE vinculada a estes pequenos *pays* era mais forte do que qualquer futura sensação de ser francês. Os *paysans* [habitantes dos *pays*, ou, na tradução mais corrente, camponeses] não tinham nem bandeira nem história escrita, mas isto não os impedia de expressarem seu amor à pátria exatamente como as nações — denegrindo os vizinhos e exaltando sua própria nobreza.

A melhor evidência remanescente deste orgulho subnacional é o repertório vasto e vulgar de epítetos aplicados aos vilarejos e a seus habitantes. Alguns são lisonjeiros e foram adotados oficialmente, como no caso de Colombey-les-Belles, cuja origem é hoje atribuída às mulheres locais (e não às vacas, como é mais provável). Caso todos os epítetos houvessem sido adotados, o mapa da França seria hoje um catálogo de obscenidades e gracejos incompreensíveis. Uma pequena região da Lorena reunia os "lobos" de Lupcourt, cujo padroeiro local era são Lobo; os "jaquetas verdes" de Réméréville, cujo alfaiate certa vez confeccionara um lote de jaquetas de pano verde que jamais se puíam; e os "bolsos grandes" de Saint-Remimont, em que os casacos que o alfaiate confeccionava eram muito mais compridos que o normal. Havia ainda os "bundas sujas" ("*culs crottés*") de Moncel-sur-Seille, cuja lama era especialmente viscosa; os "metidos a sebo" ("*haut-la-queue*") de

62 A DESCOBERTA DA FRANÇA

Art-sur-Meurthe, que ficava perto da cidade de Nancy; e os "dorminhocos" de Buissoncourt-en-France, que cavaram um enorme fosso em torno do vilarejo e viviam felizes e isolados, protegidos por sua ponte levadiça.

Alguns dos epítetos aludiam a acontecimentos célebres na história do vilarejo, como os "*rôtisseurs*" [churrasqueiros] de Ludres, que certa vez acorreram em massa para ver o padre adúltero ser queimado na fogueira, ou os "*poussais*" [perseguidores] de Vigneulles, que, munidos de forcados, desbarataram os vizinhos de Barbonville que vinham roubar-lhes a estátua milagrosa da Virgem. A maioria dos epítetos era deliberadamente ofensiva. Os "*oua-ouá*" (pronuncia-se uá-uá) de Rosières-aux-Salines tinham um defeito da fala decorrente de um problema tireoidiano local, considerado hilariante. Alguns desses epítetos sobreviveriam até o século XX. É provável que não haja registro dos mais pesados, a não ser em pichações posteriores à introdução do ensino no vilarejo. Em 2004, em Lautenbach, na Alsácia, na base do monte Grand Ballon, lia-se num ponto de ônibus a inscrição "Les mangeurs de merde [os comedores de merda] de Lautenbach".

Num mundo em que se convivia com a imundície à porta de casa e as atuais odisseias dos resíduos humanos pelos subterrâneos eram inconcebíveis, a coprofilia era um tema corriqueiro. Os habitantes de Saint-Nicolas-de-Port eram chamados de "linguarudos". O grande prazer de seus vizinhos de Varangéville, na margem oposta do Meurthe, era juntar-se à beira do rio e bombardeá-los com o seguinte coro:

> Booyai d'Senn'Colais
> Tend tet ghieule quand je...*

Se os insultos eram a língua da política externa do vilarejo, a propaganda interna proclamava a honra impoluta da tribo. Muitas comunidades gabavam-se do prestígio de seus ancestrais. O poderoso clã Pignou de Thiers sustentava que sua árvore genealógica remontava a um único ancestral onisciente que, no ano de 1100, estabelecera todas as regras que continuavam em vigor.

---

*Linguarudo de são Nicolá / Abre o bocão quando eu sento pra... (no dialeto local da Lorena).

(O mais provável é que isto tenha ocorrido no ano de 1730.) Em Mandeure, que se orgulha de seu anfiteatro romano, o grupo dominante acreditava descender de um general de Roma. A prova seriam os entalhes nos lintéis e os mosaicos. Qualquer um que viesse de fora e tentasse instalar-se em seu território era rechaçado como bárbaro. Em Issoudun, explica Balzac em *Os dois irmãos* (1841), uma parcela da população, visivelmente distinta do resto, alardeava uma antiga e nobre progênie:

> O nome do subúrbio é "Faubourg de Rome" [Bairro de Roma]. Seus habitantes, de fato distintos na raça, no sangue e na fisionomia, alegam descender dos romanos. São quase todos viticultores e de notável inflexibilidade moral, sem dúvida devido à sua origem e quem sabe também à vitória sobre os *cottereaux* e os *routiers*,* por eles exterminados no século XII na planície de Charost.

Algumas destas pretensões à eminência étnica tinham fundamento histórico. A população *foratin*, do Berry, descendia de mercenários escoceses que Carlos VII presenteara com áreas de floresta entre Moulins e Bourges no século XV. (Alguns visitantes do século XIX afirmam ter detectado um leve sotaque.) Há, até hoje, um povoado, um castelo e uma clareira na floresta com o nome de "Les Écossais" [Os escoceses]. Por sua vez, a pequena cidade de Aubigny-sur-Nère promove anualmente um festival "franco-escocês" no Dia da Bastilha. Os *gavaches* ou *marotins* constituíam uma subpopulação à parte da Gironde, a leste de Bordeaux, que contava cerca de 80 mil pessoas em fins da década de 1880; trazidos de Poitou e Anjou no século XVI para repovoar uma região devastada pela peste, conservaram sua individualidade até o século XX.

A maioria dessas pretensões — sobretudo as relacionadas aos romanos — era pura fantasia. O sangue dos romanos não teria fluído sem mistura por cinquenta gerações. Na imaginação popular, os "romanos" eram os aristocratas, os governantes perdidos que obviamente teriam sido muitíssimo melho-

---

*Aventureiros e bandidos a soldo de Henrique II da Inglaterra.

64 A DESCOBERTA DA FRANÇA

res que o senhor local. Algumas de suas pontes continuavam sendo usadas e suas construções não raro eram as mais imponentes da cidade. Inspirando-se nos romanos, muitos vilarejos do sul deram o nome de "cônsul" às suas autoridades locais. Em parte, foi graças a esta presumida genealogia que as ruínas romanas de Orange, Nîmes e Arles foram preservadas, numa época em que os monumentos antigos eram tratados como convenientes depósitos de materiais de construção. Nada disso tinha muita relação com a história propriamente dita. No Tarn, confundiam-se "os romanos" com "os ingleses". Em partes da Auvergne, falava-se do "*bon* [bom] *César*", esquecendo-se que ele havia torturado e massacrado seus ancestrais gauleses. Outros grupos — a população de Sens, os habitantes dos pântanos de Poitou e a casa real de Savoie — foram buscar suas raízes em passado ainda mais remoto, em tribos gálicas que jamais se submeteram aos romanos.

É pouco provável que essa tradição oral fosse muito antiga. São raras as histórias locais que remontam a mais de duas ou três gerações. As lendas dos vilarejos e das cidades pequenas caracterizavam-se por seu viés tosco e caseiro, bem diferente da herança rica e erudita posteriormente atribuída à França provincial. A maioria das informações históricas repassadas pelos postos de informação turística modernos seria irreconhecível para as populações locais dos séculos XVIII e XIX. Ao fim de uma expedição de quatro anos pela Bretagne, um folclorista voltou a Paris em 1881 para relatar que não havia um único camponês bretão que já ouvira falar em bardos e druidas — o que certamente frustrou os devotos românticos da enevoada península armoricana.

ESTAS LENDAS LOCAIS começaram a desaparecer justo quando cresciam as chances de serem registradas por escrito. Uma região acessível a turistas e etnólogos também o seria ao ensino e aos jornais, que viriam uniformizar o modo como a maioria das pessoas via o passado e dar às velhas histórias um sabor risivelmente local. Isto explica por que a voz da história tribal só seria ouvida em regiões relativamente remotas e com tradição de hostilidade aos governos e cordialidade com estranhos.

Até hoje, um longo trecho da costa atlântica francesa que abrange as ex-províncias de Aunis, Saintonge e Poitou é um fim de mundo de mangues parcialmente drenados e infestado de maruins. Duzentos anos atrás, o Marais Poitevin era conhecido como um ermo pantanoso de águas paradas, povoado por criminosos, desajustados e desertores dos exércitos de Napoleão que haviam seguido para oeste e se refugiado em barcos dilapidados no meio dos manguezais, jamais retornando à civilização. Os poucos visitantes que desafiaram as febres palustres surpreenderam-se ao encontrar sinais de uma sociedade ativa e organizada — cabeças de gado flutuando serenamente contra a absoluta planura do horizonte; famílias saindo para a igreja em embarcações de fundo chato, leves o suficiente para serem transportadas debaixo do braço; crianças que dormiam em camas pernaltas que a água lambia na maré alta e que aprendiam a velejar quase que antes de falar. O mais surpreendente era que estas pessoas, autodenominadas *colliberts*, pareciam felizes em suas casas aquáticas e até se recusaram a serem removidas quando os construtores do canal lhes ofereceram casas "no seco".

Os *colliberts* também eram conhecidos depreciativamente como "*huttiers*" [moradores de choças] porque os casebres em que viviam mais pareciam ilhas semissubmersas no pântano. De seus telhados revestidos de colmo saía uma fumaça almiscarada de esterco secado ao sol. Mesas e cadeiras eram fabricadas com feixes de colmo e de junco. Uma rede de canais conectava os mangues ao seco e ao mar aberto. Muitos *colliberts* sobreviviam da venda de peixe em Les Sables-d'Olonne. Eram mais numerosos do que se supunha; no início do século XX, a frota do mangue de Poitou totalizava quase 10 mil pessoas.

Infelizmente, há poucas descrições detalhadas da vida dos *colliberts*; sabe-se, porém, que eles tinham história e tradições próprias. Um *collibert* instruído, de nome Pierre, contou a história tribal a um visitante na década de 1820. É possível que Pierre, ou seu entrevistador, tenha adicionado alguns toques românticos, ossiânicos, mas os elementos históricos são típicos e convincentes.

Nasci *collibert*, que é o nome dado a uma classe de homens que nascem, vivem e morrem em seus barcos. Eles só vão ao seco para vender seu pescado e comprar artigos de primeira necessidade.

Somos uma raça à parte e nossas origens remontam aos primeiros dias do mundo. Quando Júlio César despontou nas cabeceiras do Dive e do Sèvre, nossos ancestrais, os agesinates cambolectros, aliados dos pictavos, ocuparam o território que depois integraria o Bas-Poitou, e que hoje todos conhecem como Vendée.

O conquistador romano, sem ousar pôr os pés em nossas florestas, deu-nos por derrotados e seguiu em frente.

Segundo o folclore *collibert*, godos e citas que lutaram nas legiões romanas casaram-se com agesinates, mais civilizados e que já cultivavam a terra.

O jeito de se livrarem dos antigos habitantes, que continuavam levando sua existência nômade, foi caçá-los e expulsá-los do *bocage*, escorraçando-os para os mangues junto ao oceano e encurralando-os entre o seco e o mar revolto...

Deram-nos o nome de *collibert*, que significa "cabeça livre". Nossos conquistadores nos roubaram as nossas florestas, mas não a nossa liberdade... Nossos pais, no entanto, sempre que vagavam pelo litoral e pelos mangues, viam diante de si a terra que lhes foi subtraída. A visão sofrida despertou nos desafortunados *colliberts* um ódio implacável pela raça humana...

Foi desta raça que nasci. Nosso modo de vida não mudou desde os primeiros dias do nosso exílio; é hoje tal como era no século IV. Os tristes resquícios dos antigos agesinates cambolectros perpetuaram-se quase sem mistura nos nossos casamentos consanguíneos.

A perda da terra e o exílio, a segregação radical do mundo exterior, o orgulho por manter um modo de vida inalterado, a antiga pureza racial — tudo isto é típico do folclore tribal. Invariavelmente, as origens remontam ao raiar dos tempos; às vezes, isto se mantém até hoje.* Em geral, estas lendas eram uma espécie de colcha de retalhos de antigas histórias e pílulas de informações históricas colhidas em almanaques ou ouvidas de viajantes. A história dos agesinates vem de Plínio, o Velho, e não da memória coletiva. Na

---

*Em 2002, ouvi o seguinte de um homem da província basca de Soule: "Era uma vez, o mar cobria a terra até San-Sebastián, e, quando o mar recuou, lá estavam os bascos."

realidade, o mais provável é que os *colliberts* fossem servos libertos que cultivaram os primeiros mangues drenados do Poitou no século XIII.

As terras alagadas continuam lá, mas a população local nem se apresenta mais como *colliberts*, nem vai buscar suas origens numa tribo pré-histórica.

SE TODAS AS HISTÓRIAS TRIBAIS houvessem sobrevivido, uma história completa dos franceses, baseada em sua autoimagem, resultaria numa vasta enciclopédia de microcivilizações. Na maioria dos casos, só restam os esqueletos. Provavelmente, centenas de subpopulações jamais foram descritas. Quase todos os lugares mencionados neste capítulo ficam próximos às principais rotas comerciais e turísticas. No interior mesmo — as áreas da França não cortadas por estradas ou canais —, os espaços são praticamente ermos.

Não tem cabimento considerar estes grupos como atrasados pelo simples fato de que sua forma de civilização estava para mudar. Eles não eram planetoides informes à espera de serem engolidos por um estado gigante. Assim como Goust, não eram casos extremos. Os casos extremos, a rigor, eram quase impossíveis de qualificar como comunidades, mas comuns o bastante para perfazerem um percentual significativo da população. Os pequenos povoados improvisados chamados *lieux-dits* [plural de *lieu-dit*, ou "lugar dito"] continuam hoje bem numerosos. Alguns são integralmente rurais; outros parecem seções isoladas de uma favela. Dependendo do mapa, podem situar-se um pouco mais para cá ou um pouco mais para lá em seu entorno. Muitos têm nomes como Californie, Canada, Cayenne ou Le Nouveau Monde [Califórnia, Canadá, Caiena ou Mundo Novo] — são como longínquos postos avançados de microimpérios, fundados por miseráveis, estrangeiros, misantropos ou proscritos que foram buscar sua subsistência na orla de uma floresta ou num manguezal.

Em muitos casos, o nome, muitas vezes amargamente literal ou irônico, é tudo que resta de sua identidade. A localidade chamada Loin-du-bruit [Longe do barulho] é uma minigleba de trailers parados e abrigos de lata agachados à beira do tráfego infernal dos caminhões que seguem pela N137 em direção a La Rochelle. Há dezenas de Tout-y-faut [Falta tudo ali], Pain perdu [Pão perdido], Malcontent [Macambúzio], Gâtebourse [Um estrago para o bolso] e Gâtefer [Um estrago para o ferro], sendo este último nome uma referência ao efeito do solo pedregoso no arado. Há umas trinta localidades conhecidas como Perte-de-temps [Perda de tempo], muitas delas hoje desertas, o que não é estranho. A precariedade destas comunidades é um lembrete de que a França moderna não resulta apenas de tradições ininterruptas, mas também de desaparecimentos e extinções.

Quando a história tribal nada deixa além de breves marcas na paisagem, é difícil decifrá-la; mesmo assim, pode-se intuir seu universo. Os *lieux-dits* costumam ficar em locais em que as circunstâncias são especialmente adversas — um vento que de repente sopra gelado, uma paisagem que de súbito perde todo e qualquer encanto. Às vezes, seus nomes aparecem em pequenas placas azuis postadas na grama à margem da estrada ou em painéis complicados que o viajante precisa decorar como se fosse uma fórmula mágica antes de embrenhar-se pelo emaranhado de pistas. Frequentemente, são nomes que evocam um alerta, um queixume, uma previsão meteorológica — Le Loupgarou [Lobisomem], Prends-toi-garde [Olho vivo!], La Sibérie [Sibéria], Pied-Mouillé [Pé molhado], Parapluie [Guarda-chuva], Mauvais-vent [Vento ruim] ou La Nuaz [Nuvem], sendo este último o de um povoado dos Alpes de Beaufortain literalmente impossível de avistar, pois fica a uma altitude em geral encoberta por uma camada de nuvens.

SERIA DIFÍCIL EMBRENHAR-SE ainda mais pela *France profonde* [França profunda] sem as fontes de informação secarem de vez. É quase hora de voltar a Paris e ao relativo conforto burocrático. Mas seria uma pena desperdiçar a oportunidade de sentir-se perdido na França tribal. Basta fugir das estradas principais para, por acaso, descobrir itinerários mais antigos — trilhas de peregrinos ou rebanhos, pequeninos vales fluviais, rotas percorridas por algum santo ou por suas relíquias, "estradas romanas" que, muito antes dos romanos, já cortavam em linha reta a paisagem. Começa a delinear-se um padrão em locais que aparentemente não teriam o menor interesse — um ponto nos

AS TRIBOS DA FRANÇA, II

arredores de uma cidade em que ninguém pararia a não ser em caso de última necessidade; uma matinha ao fim de um atalho que não leva a lugar algum; a margem sombreada de um córrego; um canto batido pelo vento e coberto de espinhos e entulho em que no passado havia uma construção gaulesa ou um casebre.

Uma das maiores tribos da França habitava lugares assim, espalhados por uma área imensa que vai do noroeste da Espanha ao canal da Mancha. Esta tribo nos conduzirá de volta, por um caminho inesperado, a um mundo mais familiar.

O registro mais antigo referente aos *cagots*, nome pelo qual esta população é conhecida, remonta ao ano 1000. Durante mais de 900 anos, havia *cagots* em pequenas comunidades de todo o oeste da França, onde eram conhecidos por diferentes nomes — *agotac* no Pays Basque, *gahets* ou *gafets* na Gascogne, *capots* em partes do Languedoc e de Anjou, *caqueux* ou *cacous* na Bretagne. Havia *cagots* nas periferias barra-pesada de Bordeaux, Toulouse, Rennes e Quimper, nos arredores de quase toda cidade ou vilarejo do sudoeste da França, e ainda no noroeste de Navarra, do outro lado da fronteira espanhola, agrupados em algumas poucas comunidades isoladas.

Até hoje restam vestígios dos *cagots* nos topônimos, em rostos carcomidos entalhados em pedra em lintéis de portas, em portas e pias batismais anãs presentes em cerca de sessenta igrejas entre Biarritz e a vertente ocidental do passo de Peyresourde. Na maioria das vezes, essas portas anãs ficam à esquerda do pórtico, pois os *cagots* não estavam autorizados a sentar-se junto ao resto da congregação — ao entrarem na igreja, deviam sentar-se imediatamente nos bancos dispostos junto à parede da fria fachada norte.* Ao comungarem, recebiam a hóstia na ponta de uma vareta. Também não tinham

---

*Consta que a altura excepcionalmente reduzida destas portas teria sido proposital, para humilhar os *cagots*. Mas a altura dos exemplos sobreviventes (Duhort, Monein, Navarrenx etc.) é bem superior à da média da população, tanto da época quanto de hoje. Nada indica nenhum esforço para encobrir o preconceito. Em Monein, o lugar reservado aos *cagots* é marcado por uma figura meio anã na base de uma coluna da fachada norte (ver a figura 2 das ilustrações). No vilarejo de Bielle, nos Pireneus, vê-se sob o parapeito de uma janela uma cabeça de pedra pouco maior que uma bola de tênis em que praticamente nada restou dos traços faciais. Uma outra cabeça *cagot* sobreviveu em Hagetmau até 2004, quando um bairro de casas velhas e semiabandonadas conhecido como Les Cagots foi demolido.

permissão para andarem descalços em público, nem para encostarem as mãos nuas no parapeito das pontes. Até o século XVII, não pagavam impostos, pois seu dinheiro era considerado sujo, e eram dispensados do serviço militar, pois lhes era vedado portar armas.

Os ofícios de carpinteiro e de cordoeiro eram os únicos franqueados aos *cagots* do sexo masculino. Na cidade de Hagetmau, ex-polo de convergência de várias comunidades *cagots*, ainda encontramos vestígios desta especialização forçada — quase metade da população trabalha na indústria moveleira. Muitas mulheres atuavam como parteiras — acreditava-se que elas conheciam remédios e sortilégios secretos. Como os *cagots* eram exímios carpinteiros, sua mão de obra era muito valorizada por alguns aristocratas e pessoas ilustradas, que consideravam o preconceito absurdo. Em 1681, o parlamento de Rennes decretou como ilegal a discriminação a qualquer pessoa pelo fato de ser *cagot*. Isto não teve grande repercussão no cotidiano deles. No início do século XVIII, um *cagot* endinheirado das Landes foi visto servindo-se da pia de água benta destinada às pessoas "limpas". Um soldado decepou-lhe a mão, subsequentemente pregada à porta da igreja. Em 1741, um *cagot* de Moumour que tivera a ousadia de cultivar a terra teve os pés perfurados com pontas de ferro em brasa.

Outros preconceitos e discriminações apareciam e desapareciam. A igreja católica de Navarrenx virou protestante e depois católica de novo, mas a porta dos *cagots* continuou lá. Às vésperas da Revolução, alguns padres ainda se recusavam a permitir o acesso dos *cagots* à nave da igreja e a enterrá-los junto a outros cristãos. Em vez da pia de água benta, o cura de Lurbe obrigava-os a servir-se de uma tina. O mesmo cura tentou processar o irmão mais velho que desposara uma *cacouse*. Isto em 1788, quando os *cagots* já eram mais raros nas áreas urbanas. Em 1810, porém, eles ainda continuavam em Brest, formando uma comunidade à parte. A discriminação local prolongou-se por gerações. Na década de 1840, um historiador que fez uma pesquisa sobre as "raças malditas" da França e da Espanha identificou cerca de 150 cidades e vilarejos onde viviam pessoas classificadas como *cagots*. Em 1830, o prefeito de Borce foi deposto do cargo — era um *cagot*. Em Aramits, os *cagots* tinham dificuldade de encontrar bons partidos para as filhas. Em 1847, em

Dognen e Castetbon, continuavam sendo sepultados em cemitérios à parte. Muitos cemitérios *cagots* eram reservados a forasteiros que morressem na comuna. Um padeiro de Hennebont no sul da Bretagne perdeu toda a sua clientela da classe trabalhadora ao casar-se com uma *cacouse*. Em 1964, um professor de Salies-de-Béarn, onde os contrafortes dos Pireneus iniciam sua descida mais suave em direção às Landes, constatou que algumas famílias continuavam sendo vítimas de chacota por descenderem de *cagots*.

Não se sabia — e não se sabe até hoje — por que os *cagots* eram excluídos e discriminados. O único motivo para constarem como *cagots* na certidão de nascimento e em outros documentos legais era o fato de os pais também serem *cagots*. Até a década de 1890, há relatos de características genéticas estranhas, associadas a acontecimentos nebulosos do passado — orelhas sem lóbulos, unhas que cresciam para dentro, olhos de um azul vivo ou cor de azeitona, pele amarelada, presença de pregas interdigitais nos pés e nas mãos, adultos com cabelos de recém-nascido. Era comum no sudoeste a crença de que os *cagots* descendiam de visigodos derrotados pelo rei Clóvis no século VI. Seu nome seria derivado da expressão "cão godo" em latim ou bearnês, embora seja mais provável que derive de algum termo associado a excremento. No século XVI, um grupo de *cagots* encaminhou uma petição ao papa Leão X, afirmando descender de hereges cátaros exterminados nas cruzadas albigenses no século XIII. Mas os *cagots* são anteriores aos cátaros e não há em sua religião indício algum de heterodoxia. Uma outra teoria do gênero sustenta que eles teriam sido os primeiros cristãos convertidos da Gália (uma das variantes de *cagot* era "*chrestiens*") e que o antigo preconceito pagão teria sobrevivido à cristianização do país. Em certas épocas e locais, eram confundidos com leprosos, mas a França já tinha colônias de leprosos séculos antes das primeiras "*cagoteries*" conhecidas. Os primeiros editos mencionam os leprosos e os *cagots* como categorias à parte de indesejáveis.*

---

*Como demonstrado, por exemplo, pela sessão de 14 de maio de 1578 do parlamento de Bordeaux, que instrui as "autoridades e cônsules de Casteljaloux e todas as demais localidades" a exigirem que "ladrões e leprosos" e "*capots e gahets*" (*cagots*) portem "os tradicionais signos do passado: os primeiros, uma matraca; os últimos, o símbolo de um pé de pato em vermelho ao peito".

A DESCOBERTA DA FRANÇA

Quase todas as teorias, antigas ou modernas — legionários romanos leprosos mandados para estâncias de cura na Gália, cruzados que retornaram à França contaminados pela doença, sarracenos que haviam colaborado com Carlos Magno e fugido para a França após a derrota em Roncesvales —, são insatisfatórias. Finalmente, tornou-se óbvio que o verdadeiro "mistério dos *cagots*" era o fato de eles absolutamente não apresentarem traço distintivo algum — falavam o dialeto da região, seus sobrenomes não eram especificamente peculiares aos *cagots* e, contrariando a crença de muitos bretões, não sangravam pelo umbigo na Sexta-Feira da Paixão. A única diferença real, depois de oito séculos de discriminação, era sua tendência a demonstrar mais competências e mais engenho que as populações à sua volta e emigrar para a América. Eram temidos, pois, sendo perseguidos, talvez buscassem vingança. As canções e ditos acerca dos *cagots* nem se preocupavam em justificar o preconceito:

A baig dounc la Cagoutaille!	Abaixo a "cagotalha",
Destruisiam tous lous Cagots,	Liquidemos todos os *cagots*!
Destruisiam la Cagoutaille,	Liquidemos a "cagotalha",
A baig dounc tous lous Cagots!*	Abaixo todos os *cagots*!

A teoria mais promissora sobre sua origem ainda não está comprovada, mas pode finalmente ser uma boa explicação. Além de haver uma concentração de comunidades *cagots* nas principais rotas de peregrinação a Compostela, esta concentração se intensifica na medida em que as diversas rotas convergem no sudoeste da França. É possível que o tal pé com pregas interdigitais em vermelho que às vezes os *cagots* eram forçados a usar tenha sido o símbolo de uma guilda de carpinteiros que se tornou poderosa na Idade Média durante o *boom* da construção civil na rota de Compostela. Até fins do século XIX, evidências convincentes corroboram as profundas lealdades tribais de certas guildas; por sua vez, sua curiosa e ampla dispersão por regiões distintas do ponto de vista cultural e geográfico faz pensar nas redes transnacionais de

---

*Em bearnês. Registrado perto de Oloron-Sainte-Marie, c. 1844.

aprendizes itinerantes. A presença de uma população alienígena e seminômade conhecida por suas misteriosas competências e que dava emprego a habitantes das florestas locais certamente teria sido percebida como ameaçadora. Até hoje se nota algo deste mal-estar no Roussillon, em vilarejos sem nenhum interesse pelo mundo exterior situados em trechos isolados da rota de Compostela, nos quais placas proibindo o "*camping sauvage*" [acampamento na natureza] concorrem com as placas de divulgação das "Rotas de Santiago". Peregrinos e demais estranhos são vigiados das janelas dos vilarejos e estimulados a apertar o passo pela cachorrada à solta.

O problema de todas as teorias é que a distribuição dos *cagots* não reflete primordialmente um padrão populacional, mas o rastro de um preconceito. A zona *cagot* do sudoeste da França acompanha muito de perto as fronteiras históricas da Gascogne, o que sugere que a tolerância oficial ao preconceito teria tido maior peso como determinante da distribuição dos *cagots* do que a movimentação de um determinado grupo de pessoas.

A única certeza é que os *cagots* foram identificados como um grupo à parte e obrigados a viver em lugarejos ou periferias lúgubres. Quase tudo que se sabe a respeito deles tem a ver com discriminação. Há pouquíssimas informações sobre sua vida e suas práticas, mas tudo aponta para uma forte identidade coletiva. Em 1600, um grupo de *cagots* de Toulouse exigiu que seu sangue fosse examinado para provar que eram iguais às outras pessoas. Quando veio a Revolução, os *cagots* invadiram prédios municipais para destruir seus registros de nascimento. Infelizmente, a memória local foi suficiente para preservar a tradição. Canções longuíssimas e rimadas garantiram a preservação dos nomes de *cagots* para as gerações futuras com a mesma eficiência dos livros de registro da burocracia.

Uma canção autobiográfica de 1783, composta em basco por um jovem pastor poeta *cagot*, sugere um longo aprendizado nas ironias da discriminação. Sua namorada, uma pastora, vem, com "seus belos olhos em lágrimas", contar-lhe que o pai a transferira para uma outra pastagem. Alguém contara à família dela que o noivo era *agot* (*cagot*, em basco). Neste trecho da canção, é a moça quem fala primeiro:

"Jentetan den ederrena ümen düzü agota:
Bilho holli, larrü churi eta begi ñabarra.
Nik ikhusi artzaiñetan zü zira ederrena:
Eder izateko aments agot izan behar da?"

"So' izü nuntik ezagützen dien zuiñ den agota:
Lehen sua egiten zaio hari beharriala;
Bata handiago dizü, eta aldiz bestia
Biribil et'orotarik bilhoz üngüratia."

"Hori hala balimbada haietarik etzira,
Ezi zure beharriak alkhar üdüri dira.
Agot denak chipiago badü beharri bata,
Aitari erranen diot biak bardin tüzüla."

"Dizem que o *agot* é o homem mais bonito do mundo:
Cabelos louros, pele branca, olhos de anil.
Você é o pastor mais bonito que eu conheço:
Para ser bonito, é preciso ser *agot*?"

"É assim que se reconhece um *agot*:
Primeiro, pelas orelhas;
Uma grande demais, a outra
Redonda e cabeluda."

"Se for assim, você não é *agot*.
Suas duas orelhas são iguaizinhas, formam uma parelha perfeita.
Se um *agot* sempre tem uma orelha menor que a outra,
Vou já dizer ao meu pai que você tem as duas iguais."

UMA TRIBO PERSEGUIDA disposta a destruir sua própria identidade tribal não
era uma relíquia de uma era bárbara. Os misteriosos *cagots* eram cidadãos
franceses da modernidade, precursores de um estado em que a justiça seria

mais forte que a tradição. Um dia, como o final da canção sugere, o desenvolvimento econômico erradicaria a diferença: "Se eu fosse rico como você, seu pai não diria que sou *cagot.*"

Mesmo assim, é incrível como as identidades tribais resistiram à legislação, à prosperidade e ao passar do tempo, revelando-se imunes à industrialização, à migração urbana e até, em certos lugares, a meio século de televisão e de autoestradas. A comunidade welche, que habitava a crista da cordilheira dos Vosges e cujo dialeto românico já foi uma ilha linguística num oceano germânico, ainda opera um sistema de clã que arranja empregos para os jovens e impede a comunidade de descer para a planície alsaciana. Descendentes dos *hautponnais* e *lyselar* habitam até hoje os subúrbios pantanosos de Saint-Omer. A própria casta dos *cagots* parece perpetuar-se de modo inconsciente. Recentemente, rastreando em documentos oficiais a linhagem de famílias de ascendência *cagot*, um antropólogo constatou que até entre famílias sem a menor consciência desta linhagem mantém-se a tendência aos casamentos consanguíneos e à prática dos ofícios tradicionais.

A vontade política não é uma força suficientemente poderosa para transformar numa nação única um formigueiro de reinos microscópicos. A seiva da França tribal era a discriminação. Mas a discriminação também foi um dos fatores que levariam à consolidação da identidade da nação moderna. Em 1780, quando se deparou com uma grande comunidade de párias na cidade de Metz, François Marlin jamais poderia adivinhar que ali vislumbrava o futuro distante.

> Foram apinhados aqui no alto, numa ruela, onde são trancados à noite como presidiários. Para distingui-los dos outros, exigem que os desgraçados vistam casaco preto e braçadeira branca. Também são reconhecíveis pela barba e pelo ar de reprovação estampado no rosto, não pelo crime supostamente cometido, mas pela degradação em que vivem.

Fora da Renânia, a população judaica da França era minúscula, em alguns departamentos até inexistente. O caso Dreyfus, porém, dividiria a nação com contundência equivalente à do confronto que levou dois vilarejos do Aveyron a se confrontar por causa da Virgem de Roquecezière.

76 A DESCOBERTA DA FRANÇA

Antes de haver uma população judaica e nas regiões não familiarizadas com os *cagots*, um dos insultos tribais mais comuns era o de "sarraceno", aplicável a dezenas de grupos diferentes — do Pas-de-Calais ao vale do Loire e à Auvergne, da extremidade da península da Gironde aos Alpes da Savoie. As tribos *burhin* e *chizerot* das margens do Saône na Bourgogne eram consideradas sarracenas por terem estatura baixa e compleição morena, e por tratarem doenças com uma massagem especial do tipo "oriental". (Os relatos de que usariam turbantes e calças turcas e jurariam por Alá não são muito confiáveis.) A população de olhos e cabelos escuros do extenso vale d'Ajol perto de Plombières-les-Bains também era qualificada como sarracena. Um dos clãs era célebre por tratar fraturas ósseas e deslocamentos dos membros. Às vezes, seus filhos eram vistos à porta de casa brincando com esqueletos desmontados.

É possível que as colônias árabes que surgiram ao longo das rotas de invasão do século VIII tenham emprestado características físicas, palavras e até competências à população local. Mas, quando todas as tribos "sarracenas" da França são assinaladas num mapa, fica óbvio que elas se distribuem praticamente pelo país inteiro, exceto onde se acreditaria encontrar uma forte influência árabe.

A identidade local emanava, em última instância, não das origens étnicas, mas da circunstância fortuita de uma comunidade estar onde estava, e não em outro lugar. Neste âmbito local, a história é um rio que corre devagar, repleto de contracorrentes e sumidouros escondidos. No verão de 2004, as encostas rochosas da estrada íngreme que segue do vale d'Ajol para norte estavam cobertas de cartazes políticos que conclamavam uma população antes considerada como sarracena a dizer "Não à islamização da França". Para alguns de seus habitantes, a França tribal ainda é uma terra perigosa e dividida.

CAPÍTULO 4

O Òc Sí Bai Ya Win Oui
Oyi Awè Jo Ja Oua

NO DÉCIMO SEXTO DIA de prairial do ano II da República Francesa "una e indivisível", ou seja, em 4 de junho de 1794, um deputado pelo departamento de Loir-et-Cher abria caminho para chegar à Convenção nacional numa cidade dilacerada por algo pior que a guerra tribal. Nesse dia, o cidadão Robespierre seria eleito presidente da Convenção e, nas sete semanas seguintes, a guilhotina governaria a França. Mas o abade Henri Grégoire vinha preocupado com assuntos mais sérios. Quatro anos antes, enviara a prefeituras de toda a França um questionário sobre o patois* cujas principais perguntas eram: A região tinha seu próprio patois? Ele servia para expressar conceitos intelectuais ou resumia-se a obscenidades e xingamentos? A população rural era dotada de patriotismo? E, a mais importante, como fazer para destruir seu patois?

O abade Grégoire não era um terrorista linguístico. Fizera campanha pela abolição da escravatura e da pena de morte, defendia a concessão de cidadania plena aos judeus e tentava salvar tesouros nacionais do "vandalismo" (pala-

---

*Patois era um termo depreciativo que designava quaisquer outros dialetos que não o idioma oficial do Estado em sua variante padrão. Definido na *Encyclopédie* como "(l)íngua corrompida falada em quase todas as províncias... A 'língua' propriamente dita só é falada na capital".

vra cunhada por ele) revolucionário. Seu desejo era encher o país de bibliotecas e escolas, mas não acreditava que isso fosse possível sem uma língua comum. Sem uma língua comum, não haveria nação.

Grégoire vinha de uma família pobre da Lorena. Sabia como era fácil explorar uma população ignorante e dividida. Para ele, o patois era a voz da superstição e da subserviência. Nas palavras de um correvolucionário, a diversidade linguística era "um dos mais resistentes esteios do despotismo". O governo já gastara uma pequena fortuna mandando traduzir seus decretos em catalão, basco, bretão, provençal e alsaciano, mas, no entender de Grégoire, a única solução duradoura seria silenciar de vez essas antigas línguas.

O questionário obteve respostas pingadas de deputados, prefeitos, advogados, clérigos e de um agricultor semianalfabeto da Bretagne. Algumas regiões — a Picardie, o centro da França, boa parte da Auvergne e a maior parte da Bretagne — simplesmente não responderam, ou porque ninguém tinha a informação necessária, ou porque ninguém dava a menor bola para a incompreensível algaravia dos camponeses. Mas o material recebido foi suficiente para fornecer ao abade Grégoire o melhor quadro da fragmentação nacional até aquele momento.

Em seu relatório sobre "A Necessidade e os Meios para se Exterminar o Patois e Universalizar o Uso da Língua Francesa", o abade Grégoire pintou um retrato alarmante de uma terra ainda infestada pela ignorância medieval. Já se sabia que nas regiões limítrofes da França imperavam línguas bastante distintas do francês — o basco, o bretão, o flamengo e o alsaciano. Mas também se constatou que as duas línguas românicas faladas na maior parte do país — o francês no norte e o occitano no sul — eram uma babel de dialetos incompreensíveis. Em muitos lugares, bastava cruzar a divisa do vilarejo para o dialeto mudar. Segundo várias respostas, as diferenças eram perceptíveis à distância de uma légua (menos de 5 quilômetros), em certos casos de até alguns metros, como explica o escritor do Périgueux: "O domínio do patois acaba no rio Nizonne. É incrível que baste cruzar este riacho para ouvir na outra margem um patois inteiramente diferente, muito mais parecido com o francês." No Jura, "o número de patois era quase igual ao número de vilarejos". Até as plantas e as estrelas eram designadas por termos locais, como se cada pequena região vivesse sob um céu diferente.

Tudo isso confirmava os temores do abade. Os camponeses de Armagnac eram "ignorantes demais para serem patrióticos". As notícias sobre acontecimentos importantes e decretos governamentais saíam da capital pelo rio largo da língua francesa e acabavam encalhadas nos córregos lamacentos do patois. Segundo um proprietário de terras de Montauban, a mesma assombrosa ignorância repetia-se em Quercy — os camponeses até podiam discorrer sobre a Revolução e a constituição, mas quando se perguntava a eles que causa apoiavam, "respondem sem piscar: 'a do rei'". Se essa gente achava que o rei ainda estava vivo e no trono, como lhe ensinar os princípios da liberdade e da igualdade?

Na medida em que chegavam as respostas, a impressão era de que a visão republicana de um país unido era uma fantasia de uma pequena elite parisiense. Havia grandes porções da França que mal poderiam ser consideradas francesas. Visitantes estrangeiros frequentemente dizem achar o latim um idioma mais útil que o francês. Nas fronteiras, os falantes do espanhol e do italiano jamais se preocuparam em aprender francês porque suas línguas eram facilmente compreendidas por seus vizinhos. Mais para o norte, em áreas como o Limousin, onde os dois principais grupos linguísticos — o francês e o occitano — se superpõem, desenvolvera-se uma caótica língua franca. A bem da clareza, foi necessário persuadir camponeses "francófonos" a retomarem o patois. "A confusão é tamanha que o único capaz de entender a oração recitada pelo pai à noite, quando a família se reúne, é o Ser Supremo."

Para piorar o quadro, o patois não parecia estar confinado ao campo. Tampouco era falado exclusivamente por camponeses. Uma barreira linguística dividia a cidade de Salins (hoje Salins-les-Bains) em Norte e Sul. A cidade de Lyon era uma colmeia de microdialetos. "A população ribeirinha, os açougueiros, os sericicultores, as peixeiras, os vendedores de ervas, cada um tem sua língua própria e exclusiva." Em algumas regiões meridionais, os ricos, os padres, os estudiosos, os advogados e os comerciantes falavam todos o dialeto local e se "sentiam pouco à vontade" ao falar francês. Caso o questionário houvesse chegado a certos quarteirões de Paris, o abade agregaria as comunidades de trabalhadores migrantes que viviam na capital e cujos dialetos exerciam influência perceptível na fala dos trabalhadores parisienses.

As informações, embora truncadas e incompletas, eram prova suficiente — pelo menos no entender do abade — da fragilidade da nação. O país da liberdade mais parecia um corpo em que a conexão dos membros envelhecidos e meio entrevados com o cérebro já era precária. Em 1539, a Ordenança de Villers-Cotterêts adotara o dialeto de Paris e da Île-de-France — o francês atual — como a língua dos documentos oficiais, rebaixando a dialetos outras variantes que já haviam sido dominantes — o normando, o picardo e o *champenois*. A promulgação de decretos semelhantes sucedeu-se à anexação de territórios diversos — Flandre, Alsácia, Roussillon, Lorena e Corse. No entanto, jamais alguém tentara interferir na língua das massas. O levantamento do abade foi uma revelação. Segundo sua estimativa, mais de 6 milhões de cidadãos franceses ignoravam totalmente a língua nacional. Outros 6 milhões mal conseguiam manter uma conversação em francês. Mesmo sendo a língua da Europa civilizada, o francês tinha na própria França apenas 3 milhões de falantes "puros" (11% da população), sendo que muitos deles eram incapazes de redigir em francês correto. O idioma oficial da República Francesa era a língua de uma minoria. "Na liberdade, somos a vanguarda das nações. Na língua, paramos na Torre de Babel."

Comparadas a expurgos linguísticos posteriores (ver p. 378), as propostas do abade Grégoire para homogeneizar a Torre de Babel eram extraordinariamente brandas: aceleração dos processos que induziam a população a aprender francês (construção de mais estradas e canais, difusão de notícias e orientações agrícolas); atenção especial às fronteiras celtas e "bárbaras", nas quais grassava a contrarrevolução (Pays Basque, Bretagne e Alsácia); e, acima de tudo, simplificação da língua francesa, com a abolição dos verbos irregulares — medida que salvaria incontáveis alunos do despotismo de pedagogos implacáveis.

Com a Revolução abrindo caminho a ferro e fogo na antiga selva linguística, poderia se ter a impressão de que a nação inteira não tardaria a falar com uma só voz. Mas as grandes surpresas ainda estavam por vir. É quase certo que os números do abade tenham sido subestimados. Setenta anos depois, as estatísticas oficiais consideravam apenas uns poucos dias de escola ou um francês meramente arranhado como evidência da capacidade de falar a

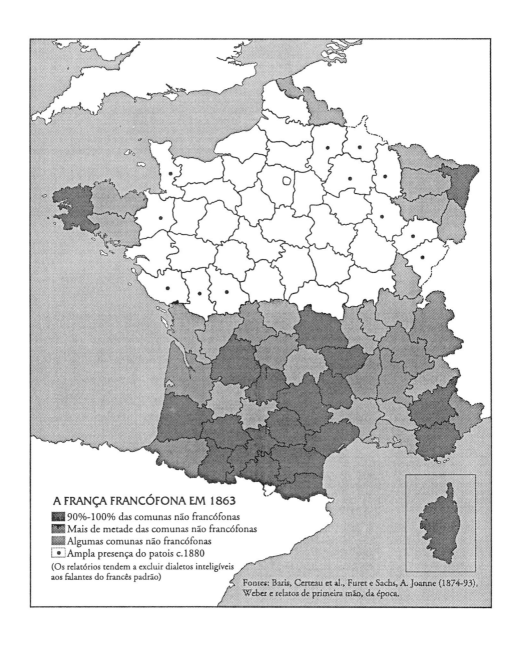

língua — no entanto, em 53 dos 89 departamentos a maioria ou pelo menos grande parte das comunas não se qualificava como francófona. Em 1880, estimou-se em cerca de 8 milhões (pouco mais de um quinto da população) o número de pessoas que se sentiam à vontade falando francês. Em certas regiões, os prefeitos, médicos, padres e policiais pareciam autoridades coloniais, atordoadas com a população local e tendo que recorrer a intérpretes.

A verdade, que começava a vir à tona, era mais complexa e teria deixado o abade Grégoire horrorizado, perplexo ou, quem sabe, até consolado. Sua tentativa de solapar a Torre de Babel viera revelar os primeiros indícios claros de uma divisão cultural mais profunda e duradoura que a unidade política.

NA ÉPOCA, nem de longe era óbvio que o emaranhado de dialetos seria uma das chaves da identidade da França. A expedição do abade ao interior linguístico da França demonstra o pouco que se sabia acerca destas línguas. Antes — e durante muito tempo depois — do seu relatório, a elite francófona via os dialetos como desvios do francês. Embora alguns poetas e estudiosos os valorizassem como curiosidades históricas — as línguas "trovadorescas" da Provence e do Languedoc, o "antigo francês" da Normandie e da Paris proletária, as "préhistóricas" línguas mães do basco e do bretão —, a maioria dos estudiosos via nos dialetos apenas um inconveniente risível ou irritante, ou um ardil do camponês para passar a perna no viajante e divertir-se às custas dele.

Como o abade assinalou, a própria Convenção nacional era uma minibabel de sotaques regionais. Os deputados, porém, eram homens instruídos que haviam progredido em parte porque sabiam francês. É provável que todo e qualquer outro dialeto fosse tido como um idioma corrompido e arcaico. O francês padrão fora domesticado e regulado, sobretudo pela Academia Francesa. O porte do dicionário oficial da Academia (cerca de 15 mil palavras, contra 40 mil do dicionário de Furetière, de 1690) demonstrava seu empenho em erradicar a maçaroca de sinônimos, onomatopeias e vulgaridades. O francês seria produto da racionalidade, um belo patrimônio garimpado em meio à selva de sons bizarros e de obscenidades. Os dialetos eram considerados excrescências naturais da paisagem. Na descrição da enciclopédia Larousse do século XIX, o dialeto limusino era a configuração audível da apatia camponesa (excesso de diminutivos e monossílabos); o *poitevin* era "agreste, como o solo"; em Bourg d'Oisans, no maciço alpino de Écrins,

> a língua é arrastada, pesada e não figurativa, devido à falta de saúde física e moral dos habitantes e à natureza da região, coberta de montanhas nuas e elevadas.

Até hoje vemos reflexos desta geografia político-linguística nos equivalentes de uma palavra como "algaravia" — *charabia* (de *charabiat*, trabalhador migrante natural da Auvergne); *baragouin* (do bretão *bara*, "pão", e *gwin*, "vinho"); e "*parler comme une vache espagnole*" ("falar como uma vaca espanhola" — originalmente, "vaca" era sinônimo de "basco").

Na época da Revolução, a maioria dos dialetos não tinha escrita; para os que tinham, a grafia era em grande parte ditada por preferências pessoais. Eram raros os dicionários de línguas regionais levados a sério, inclusive por seus autores — até meados do século XIX, eram apresentados como manuais para os habitantes da província que quisessem falar certo e não parecerem ridículos quando fossem a Paris. Em 1753, Marie-Marguerite Brun redigiu um dicionário bilíngue francês-*comtois* (língua falada em Besançon e Franche-Comté) "para ajudar meus compatriotas a reformar sua língua". *Língua chula* é o título de uma obra muito popular sobre a língua de Lyon (4ª edição, 1810) voltada para "quem não tem a sorte de viver numa sociedade seleta". O próprio grande dicionário francês-languedociano compilado por Boissier de Sauvages (1785) alardeava ser "Uma Coleção dos Principais Erros de Dicção e de Pronúncia Francesa Cometidos pelos Habitantes das Províncias Meridionais".

Embora comprovasse por si só a riqueza e a vitalidade do patois e o empobrecimento do francês oficial da Academia Francesa, seu vocabulário foi tratado como um recurso natural a ser pilhado pela língua dominante. Palavras em dialeto como "*affender*" (partilhar uma refeição com um visitante inesperado), "*aranteler*" (remover teias de aranha), "*carioler*" (gritar durante o parto), "*carquet*" (vão secreto entre os seios e o espartilho), "*river*" (desfolhar um galho com as mãos) e mil outros achados preciosos foram trazidos de fora como troféus e depurados de seu contexto original. Nenhum deles foi incorporado ao dicionário da Academia. Quando autores linguisticamente onívoros como Balzac publicaram obras com palavras em dialeto, foram acusados de conspurcar a língua da civilização.

O mundo a que estas palavras pertenciam só seria mapeado em sua plenitude no século XX. Na cabeça da maioria das pessoas — se é que elas pensavam nisto —, o mapa linguístico tinha mais lacunas que qualquer mapa da África na época. Os viajantes instruídos surpreendiam-se constantemente ao se darem conta do quanto seu francês era inútil.

> Jamais consegui me fazer entender pelos camponeses que encontrava pela estrada. Falava com eles em francês; no meu patois regional; tentava o latim; tudo em vão. Finalmente, quando me cansava de falar sem ser entendido, eram eles que falavam comigo numa língua totalmente incompreensível para mim.

O autor deste trecho foi um padre dos Alpes provençais que percorreu a região de Limagne, na Auvergne, em fins da década de 1770. Existem relatos parecidos em todo o período que vai do *Ancien Régime* [Antigo Regime] à Primeira Guerra Mundial. A desorientação de Jean Racine ao ver-se perdido entre as línguas da Provence em 1661 ainda era, dois séculos depois, uma experiência comum em algumas partes da França. Em carta ao amigo La Fontaine, Racine relata uma viagem à casa do tio em Uzès, a cerca de 25 quilômetros ao norte de Nîmes (o relato de Racine precede de alguns anos as peças que seriam aclamadas como a mais pura expressão do francês clássico).

> Quando cheguei a Lyon, a língua local já se tornava ininteligível, e eu também. O infortúnio agravou-se em Valence, e Deus quis que, quando pedi um urinol à criada, ela trouxesse um braseiro e o enfiasse em minha cama. Mas neste *pays* ficou ainda pior. Juro que minha necessidade de um intérprete equipara-se à de um moscovita em Paris.

Dias depois, contou a outro correspondente: "Não consigo entender o francês desta região, nem ninguém consegue entender o meu."

Se um homem ilustrado com parentes na Provence era incapaz de pedir um urinol em Valence e se sentia tão analfabeto mais para o sul que nem conseguira identificar a língua que ouvia, não é de espantar que o conceito de "França" soasse às vezes um tanto abstrato.

NO SÉCULO XXI, uma imagem por satélite da distribuição linguística da França mostra claramente que a língua que Racine ouvia na casa do tio não era em absoluto uma variante do francês. Muito antes de chegar a Uzès, Racine havia cruzado a grande linha divisória entre o *oïl* setentrional, i. e., as línguas francesas, e o *oc* meridional, i. e., as línguas occitanas (assim designadas na Idade Média, quando as palavras *oïl* e *óc* equivaliam a "sim"). Só em 1873 uma expedição heroica de apenas dois homens começaria a traçar essa linha divisória entre o *oïl* e o *oc* entrevistando centenas de pessoas em vilarejos minúsculos. Depois de percorrer um terço da distância que separa o Atlântico dos Alpes, um destes exploradores morreu e o outro perdeu um olho. Até então, supunha-se que a linha divisória acompanharia o rio Loire. Na verdade, ela fica muito mais ao sul — sai da extremidade do estuário da Gironde e acompanha a vertente setentrional do Massif Central, passando por uma estreita zona mista conhecida como "*Croissant*" [crescente], onde ficam Limoges, Guéret e Vichy. Uns 70 quilômetros antes do vale do Rhône, separando o *oc* e o *oïl*, há um terceiro grupo de dialetos românicos, impropriamente conhecido como franco-provençal (o provençal propriamente dito pertence ao grupo occitano). As línguas d'oïl, d'oc e franco-provençal, juntas, representam cerca de 94% do território.*

---

*Atribui-se a "descoberta" do franco-provençal ao linguista italiano G.-I. Ascoli, que o descreveu em 1873. Desde a década de 1820, porém, o marceneiro itinerante Agricol Perdiguier — e presumivelmente a maioria dos artesãos e mercadores itinerantes — já conhecia "um patois que não é nem a língua d'oc nem a língua d'oïl"; Perdiguier refere-se a ele pelo nome "*allobroge*", tirado da tribo [alóbroges] que no passado ocupara a região de Genève, Grenoble e Vienne.

LÍNGUAS E DIALETOS

OÏL Língua / Grupo linguístico
Normand Grande dialeto
Cauchois Dialeto local

Os nomes de todas as línguas e dialetos estão em francês padrão

FLAMAND

FRANCIQUE

ALLEMAND

Palatin
Bas-Alsacien
Yiddish
Alsacien
Haut-Alsacien
Welche
Bâlois
Ajulot
Pontissalien

Luxem-bourgeois
Longovicien
Lorrain francique
Messin
Nancéien
Lorrain roman
Déodatien
Spinalien
Dialetos do Saône
Franc-Comtois (Jurassien)
Dialetos do Doubs

Wallon
Chtimi
Rouchi
Ardennais
Vermandois
Porcien
Laonnais
Rémois
Argonnais
Champenois
Perthois
Dervois
Vallage
Bassignot
Langrois
Morvandiau
Auxois
Dijonnais
Beaunois
Bourguignon

Dunkerquois
Hautponnais
Calaisien
Boulonnais
Ternois
Marquenterre
Arrageois
Picard
Amiénois
Vimeu
Brayon
Roumois
Vexinois
Noyonnais
Briard
Troyen
Sennonais
Auxerrois
Nivernais

Français (French)
Saint-André
Thimerais
Chartrain
Percheron
Orléanais
Blésois
Tourangeau
OÏL
Haut-Berrichon
Berrichon

Cauchois
Lieuvin

Calvadosien
Normand
Falaisien
Hiémois
Virois
Avranchin
Varenne
Bocage
Mayennais
Manceau

Cotentinais
Coutençais
Malouin
Rennais
Gallo
Châteaubriantais
Angevin
Nantais
Maraîchin

Guernesiais
Jersiais
Anglo-Normand
Batz
Goelo
Trégorois
Vannetais

Léonais
BRETON
Cornouaillais
Uchant
Molène
Sénan
Groix
Houat

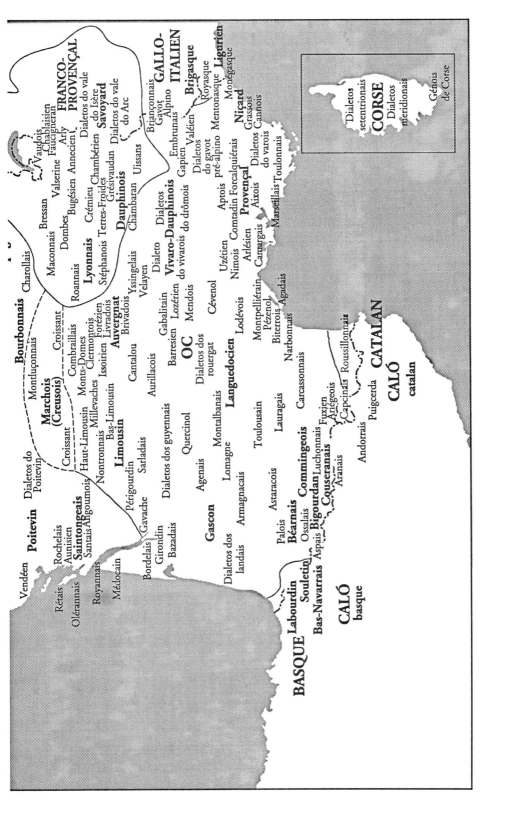

88 A DESCOBERTA DA FRANÇA

Na casa do tio em Uzès, quatro ramificações haviam distanciado Racine do francês — ele estava no território do occitano, na área dominada pelo provençal, mais especificamente pelo provençal rodânico (ou seja, do Rhône), que por sua vez abrangia cinco grandes dialetos, um deles o falado em Uzès.

Era o que se sabia, pelo menos entre os estudiosos, em fins do século XIX. Havia cerca de 55 dialetos e centenas de subdialetos identificados, que pertenciam a quatro grupos linguísticos distintos — românico (francês, occitano, franco-provençal, catalão e as línguas itálicas faladas na Corse e na fronteira italiana); germânico (flamengo, frâncico e alsaciano); celta (bretão); e euscárico (basco), um grupo isolado. Os inúmeros outros ou eram desconhecidos, ou não eram reconhecidos. O shuadit ou judeo-provençal era uma língua à parte falada pelos judeus no enclave papal de Vaucluse; considerada extinta em 1997, sobrevive apenas em textos litúrgicos. O zarfático ou judeo-francês era falado na Moselle e na Renânia até a Segunda Guerra Mundial; seus últimos falantes pereceram em campos de concentração. O caló, língua dos ciganos espanhóis, tinha duas variantes principais na França — o basco e o catalão —, mas pouco se sabe acerca dessa população e menos ainda de sua língua.

Mesmo lugares acessíveis a forasteiros podiam ter uma língua secreta. O vilarejo de Aas nos Pireneus, na base do passo d'Aubisque, acima da cidade balneária de Eax-Bonnes, tinha uma língua de assobios desconhecida até mesmo nos vales vizinhos até ser mencionada num programa de televisão em 1959. Pastores que passavam os meses de verão em abrigos solitários haviam desenvolvido uma língua ensurdecedora (100 decibéis), capaz de garantir a comunicação a distâncias de até 3 quilômetros e que também era usada pelas mulheres que trabalhavam nos campos dos arredores; no início do século XX, sua versatilidade parece ter sido suficiente para irradiar o noticiário local. Seu último uso conhecido foi durante a ocupação nazista, quando pastores ajudaram refugiados judeus, membros da Resistência e pilotos ilhados a cruzar a fronteira espanhola. Alguns habitantes de Aas ainda se lembram de ouvir essa língua, mas ninguém é capaz de reproduzir seus sons, e ela jamais foi gravada. Se uma língua tão extraordinária não foi detectada, é provável que inúmeros outros dialetos menos ruidosos tenham se extinguido antes de serem identificados.

O ÒC SÍ BAI YA WIN OUI OYI AWÈ JO JA OUA

É POSSÍVEL ESTABELECER com precisão como todos os dialetos conhecidos da França ramificam-se em sua árvore linguística. Isto vale inclusive para a língua de assobios de Aas, uma ramificação do dialeto bearnês local. Naturalmente, para o viajante que percorria o país de ponta a ponta e saltava de ramo em ramo, o efeito era a obscuridade e o caos. O presente capítulo traz à guisa de título uma enumeração de alguns dos principais equivalentes da palavra "*oui*" [sim] listados no sentido horário, da Provence à Savoie. Mesmo isto, porém, é uma simplificação. Na Bretagne de meados do século XIX, alguém que percorresse a pé os 8 quilômetros que separam Carnac de Erdeven ouviria três pronúncias diferentes de *ya* — *iê*, *iá* e *iô* [sim]. Na Côte d'Azur, na linha entre Menton (perto da fronteira italiana) e Mons (a oeste de Grasse), o termo correspondente a "pai" variava a cada 16 quilômetros — *paire*, *père*, *pa*, *péro*, *papo*. Em Franche-Comté, o sol também cruzava os céus mudando de nome — *souleil*, *soulet*, *soulot*, *s'lot*, *soulu*, *sélu*, *slu*, *séleu*, *soureil*, *soureuil*, *sereil*, *s'reil* e *seroille*.

O emaranhado dos termos locais e a impossibilidade de entender os camponeses levavam à loucura os autores de relatos de viagem e de relatórios oficiais. Assim como as gravuras dos artistas românticos mostravam os campanários cercados de morcegos e aves predadoras, o retrato do Continente Sombrio que esses autores pintavam ficava ainda mais sombrio com as histórias de ignorância e isolamento. Mais tarde, linguistas profissionais confirmariam as impressões da elite monoglota identificando variantes de subdialetos em áreas minúsculas, às vezes num único vilarejo e, num caso isolado, dentro de uma única família. Tais descrições eruditas, porém, transmitiam apenas uma pálida ideia de algo que, afinal de contas, era um meio de comunicação.

Mais difícil ainda foi descrever o panorama linguístico tal como visto pelos próprios falantes, mesmo que os primeiros levantamentos já configurassem alguns de seus contornos e perspectivas (o questionário do abade Grégoire foi apenas o primeiro de muitos relatos gerados na fronteira linguística). Em 1807, o ministro do Interior de Napoleão ordenou que cada departamento lhe encaminhasse uma tradução da parábola do filho pródigo no patois local. (A história de um guardador de porcos que volta à civilização provavel-

90 A DESCOBERTA DA FRANÇA

mente pareceu adequada.) Como era previsível, o resultado comprovou a existência de enormes diferenças entre noventa patois distintos, inclusive entre dialetos de um mesmo grupo. Como amostra ilustrativa destas diferenças, apresentamos abaixo uma sequência de frases que acompanha o arco formado pela costa mediterrânea entre os Pireneus orientais e Marseille, uma faixa litorânea de 60 quilômetros de largura em que a distância média entre uma versão e outra é de 75 quilômetros.

Un home tingue dos fills. Y digue lo mes jove de ells al pare: Pare, daii me la part de be que me pertoca. (Pireneus catalães)*

Un hommé abio dous mainachés. Et lé pus joubé diguec à soun païré: Moùn païré, dounatz-mé la partido dal bé qué me rébén. (Carcassonne)

Un home abio dous éfans. Lous pus jouine diguet à soun péra: Moun péra, douna me la part de bostre bianda que me coumpeta. (Lodève)

Un ome avié dous efans. Lou mendre li diguet: Paire, bailo-mi ce que deu mi reveni de toun be. (Lasalle)

Un homé avié dous garçouns. Et lou cadè dighé à soun péro: Moun péro, beïla-mé la par que deou me révéni de vastè ben. (Nîmes)

Un homo avié dous eufans. Lou plus jouiné diguet à soun péro: Moun péro, douna mi ce que deou mé revenir de vouestre ben. (Marseille)

O fato evidente para os falantes destes dialetos teria sido que as semelhanças superavam as diferenças. A norma era a compreensão mútua, não o isolamento. O raio de alcance de alguns dialetos é impressionante. Os "Amigos da Constituição" que escreveram de Carcassonne ao abade Grégoire mencionaram a "infinidade" de dialetos existentes nos vilarejos e cidades, mas também ressaltaram que uma pessoa podia percorrer 20 ou 30 léguas (de 90 a 130 quilômetros) e "entender estes múltiplos dialetos, embora só soubesse um deles". Nas Landes, onde até hoje sobrevivem variações do *landais* ou do *"gascon noir"* [gascão negro] de uma cidade para outra, um escritor de Mont-de-Marsan garantiu ao abade que "de Bayonne aos confins do Languedoc"

---

*"Um homem tinha dois filhos. E o mais moço disse ao pai: Pai, dá-me a parte dos bens que me pertence." (Lucas 15:11-12)

— ou seja, num raio de aproximadamente 400 quilômetros — "todos os gascões se entendem sem precisarem de intérprete".

Nem as montanhas e gargantas eram barreiras intransponíveis. Era mais provável haver bilinguismo num vilarejo isolado, do qual se era obrigado a sair em busca de provisões, do que numa comunidade autossustentável. Os professores itinerantes do Dauphiné e da Provence que perambulavam pelas feiras no meio do gado com um tinteiro pendurado na botoeira e berrando "*Maître d'école!*" [mestre-escola] costumavam vir da área montanhosa em torno de Briançon, onde a migração sazonal dera origem a uma população poliglota. Os pastores provençais que percorriam a pé os mais de 300 quilômetros que separavam Arles da região de Oisans conseguiam conversar com a população local ao longo de todo o trajeto e, chegando aos Alpes, negociar o arrendamento de pastagens estivais com pessoas que, para o linguista, falavam outra língua.

A NOÇÃO DE QUE o francês não demorou a tornar-se a língua comum e a suplantar outras línguas é uma meia verdade. Antes da Revolução, pessoas de todos os extratos sociais do centro (mas não da periferia) de cidades comerciais como Bordeaux e Marseille conseguiam conversar com falantes do francês vindos do norte. No Périgord, falar francês (ou "*francimander*", termo de época depreciativo) não era mais visto como uma afetação tola, embora muitos se recusassem a isto temendo cometer erros e fazer feio. Nos Alpes Provençais, onde o francês não tinha grande utilidade prática no cotidiano, falar a língua nacional era equivalente a envergar trajes domingueiros, tal como deve ter ocorrido com o latim séculos antes.

Paralelamente, algumas outras línguas da França, longe de sucumbirem ao francês, desabrocharam. Se a melhoria das comunicações difundiu o uso do francês, por outro lado ampliou o raio de alcance de alguns dialetos. O abade Grégoire teria ficado desolado ao saber que habitantes francófonos de pequenas cidades da Bretagne aprendiam o bretão. Segundo o fazendeiro que lhe escreveu de Tréguier, o bretão "tornara-se necessário aos habitantes das cidades que precisavam negociar diariamente com os camponeses ao com-

92   A DESCOBERTA DA FRANÇA

prar seus produtos". O bretão era "agora mais familiar à população urbana que o francês". Em Avignon e Carpentras, segundo um relatório oficial de 1808, "pessoas instruídas e endinheiradas" eram "obrigadas não só a saber patois, como a usá-lo a toda hora" para se entenderem com a mão de obra, os comerciantes, a criadagem. Os sermões dos padres e as oitivas das testemunhas pelos magistrados eram em provençal. (Presumivelmente, o mesmo motivo teria levado a Virgem Maria a revelar-se a Bernadette Soubirous em 1858 no dialeto local de Lourdes.) "Assim sendo", dizia o relatório, "o francês que se fala e até o francês que se ensina nesta região é não só deselegante como incorreto." Noutras palavras, o francês importado pelas províncias não era como um baú de mercadorias, mas como uma planta, que era preciso aclimatar e hibridizar. Até hoje, cerca de vinte variantes regionais do francês são reconhecidas como dialetos distintos.

Na França setentrional, onde as estatísticas parecem indicar a vazante progressiva do flamengo em face da maré montante do francês, muitos francófonos demonstravam o mesmo empenho dos falantes do flamengo na aquisição de uma segunda língua. Na faixa limítrofe com o domínio do flamengo, quase toda a população das cidades — Lille, Douai, Cambrai e Avesnes — era bilíngue. No departamento de Lys, desmembrado da Bélgica em 1795, o programa de aprendizado de línguas era anterior à Revolução. Agricultores e comerciantes promoviam um intercâmbio de seus filhos na faixa etária de 8 a 10 anos. "O objetivo é familiarizar um grupo de crianças com o francês e o outro com o flamengo. A emigração dura poucos anos; depois, a criança volta ao país." Segundo relatos posteriores à Revolução, o mesmo ocorria na Alsácia e na Lorena.

As estatísticas oficiais — que até o século XX são muito pouco detalhadas — não teriam como refletir arranjos privados do gênero. Certamente, como ocorre até hoje, os relatórios subestimavam o uso das línguas minoritárias. Mesmo hoje, há franceses que, sem se darem conta, falam alguma outra língua que não o francês. Um estalajadeiro idoso de Villard, situada na base do passo do Petit St. Bernard, contou-me que ele e um amigo foram punidos na escola no início da década de 1940 por não falarem bem o francês, mas ele não tinha bem certeza se a língua que usavam era o dialeto da Savoie (*savoyard*) ou uma variante patois do francês.

Apesar das flagrantes discrepâncias entre os dados da atualidade, até as estimativas mais conservadoras sugerem que, em certas situações, uma grande minoria continua usando línguas que no século XIX já eram consideradas em extinção — pelo menos 2 milhões de falantes das diversas variantes do occitano; 1,5 milhão do alsaciano; 500 mil do bretão; 280 mil do corso; 80 mil do basco e 80 mil do flamengo (só na França); 70 mil do franco-provençal. Embora não haja dados disponíveis para dialetos importantes como o arverno, o normando e o picardo, eles continuam sendo usados no cotidiano.

Há dois séculos, estas línguas e dialetos coabitavam com o francês e muitas vezes prescindiam inteiramente dele. Em 1863, dizia-se que um quarto dos recrutas do exército só falava patois. Em certas áreas, o próprio francês parecia em declínio. Inspetores escolares constataram que, mal saíam da escola, as crianças do Lauragais, a sudeste de Toulouse, esqueciam o pouco francês que sabiam: "A marca deixada pelo francês em suas mentes não é maior que a marca do latim na mente dos universitários." Os professores de línguas da Cerdagne, nos Pireneus orientais, criaram sem querer um bizarro pidgin escolar que mesclava latim, francês e catalão. Ao retornarem do serviço militar, os homens retomavam imediatamente a língua materna. Poucos dias depois de voltar para casa em Cellefrouin, perto de Angoulême, em 1850, um homem que passara sete anos no exército e trinta anos na América já retomara o patois de sua infância. Se o alistamento obrigatório contribuiu para difundir a língua nacional, também ajudou a preservar as variantes mais antigas de patois, sendo que alguns recrutas jamais aprenderam uma única palavra de francês. Há relatos de soldados bretões na Primeira Guerra Mundial que foram fuzilados por seus camaradas por terem sido confundidos com alemães ou por terem deixado de cumprir ordens que não conseguiam entender.

Muitos dos que entraram nas estatísticas como francófonos só teriam falado francês em certos momentos da vida — quando aprendizes, quando iam às feiras, ou enquanto trabalhavam na cidade. A latência da língua local podia dar a impressão — não raro falsa — de que ela estaria desaparecendo. Nestes últimos 150 anos, os exemplos "puros" de patois foram recolhidos de pessoas invariavelmente descritas como "idosas", como se uma espécie à par-

94 A DESCOBERTA DA FRANÇA

te, senescente, de algum modo reproduzisse a si mesma e à sua língua sem jamais rejuvenescer. Geração após geração, inúmeras pessoas repetem o mesmo refrão — agora, só os velhos falam a antiga língua. Ouvi isto (em francês) em 2004, na cidadezinha alsaciana de Thann, de uma mulher que deve ter nascido por volta do início da década de 1970. Acontece que, em casa, com a filhinha, ela falava alsaciano. Com ela estava uma mulher mais jovem que me foi apresentada — e se apresentou — como um exemplo da geração que praticamente esqueceu a língua e que será testemunha da extinção de seus derradeiros falantes, mas que também falava alsaciano com a mãe e a avó. Além disso, muitas das disciplinas que ela cursava na escola eram dadas em alsaciano. Pouco faltou para ela me dizer, em alsaciano, que o alsaciano era uma língua em extinção.

A CRENÇA DE QUE há alguma correlação entre a proliferação de dialetos distintos e o atraso econômico e cultural de uma região tornou-se insustentável. A declaração de 1972 do presidente Pompidou de que "[n]ão há espaço para línguas regionais numa França destinada a deixar sua marca na Europa" parece hoje pertencer a um passado longínquo. É possível que áreas montanhosas como o Cantal, terra natal de Pompidou, tenham sido um formigueiro de microdialetos, mas o mesmo se aplica a algumas das áreas mais vibrantes e industrializadas da França — Normandie, Flandre, Alsácia, além de partes da costa mediterrânea.

A intenção do abade Grégoire e de todos os políticos e professores que tentaram erradicar o patois era impor uma língua única. Em geral, todos tendiam a ver no francês a língua da autoridade e, em todas as demais, indício de caos, barbárie, rebelião. Levantamentos oficiais, porém, revelaram um quadro inesperado e ordeiro. A França, longe de ser uma página em branco na qual se inscreveriam os modernos princípios de liberdade e igualdade, parecia ter sido dividida muitíssimo antes, não por reis e exércitos, mas por processos antigos e inescrutáveis que não seria fácil alterar com um decreto parlamentar. A Revolução criou uma nação nova e um calendário novo, mas também descobriu um país — ou uma série de países — que já se configurava mesmo antes de se dar um nome à nação, ou da invenção do calendário cristão.

Uma espécie de linha de falha cortava o país de ponta a ponta. O abade Grégoire enxergou, mas apenas em parte, esta fissura — a cisão entre as línguas d'oc e d'oïl —, e atribuiu a culpa à "prévia dominação feudal". De fato, a divisão curiosamente nítida entre o *oc* e o *oïl* parece acompanhar as fronteiras das províncias medievais durante parte do seu trajeto, mas também coincide com algumas outras antigas divisões. Ao norte da linha, os telhados em geral apresentam inclinação de 45 graus e cobertura de telhas planas ou de ardósia; ao sul, a inclinação é de 30 e as telhas são abauladas. Ao norte da linha, a prática agrícola — três lavouras por ano e o uso do arado — diferenciava-se da prática ao sul — lavouras bienais e o uso do *araire* (arado primitivo, sem rodas e fácil de desmontar). Ao norte, prevalecia a lei consuetudinária, ao sul, a lei romana.

Ninguém conhece exatamente a origem desta linha divisória. Ela pode decorrer da influência de povos frâncicos vindos do norte e povos burgúndios vindos do leste, ou talvez do estabelecimento mais perene do jugo romano no sul (o occitano é mais próximo do latim do que o francês*). Ou pode ainda evidenciar a fronteira entre territórios tribais em passado muito mais remoto. Estudos mais recentes demonstram que ao sul da linha divisória os olhos e os cabelos são em geral mais escuros. Tais estudos também sugerem que os meridionais eram menos instruídos e mais propensos a se negarem a combater pelo país.

Um estudo de fotos aéreas e da toponímia identificou uma possível zona fronteiriça que abrange a maioria da ex-província de La Marche e que corresponde ao "*Croissant*", onde os dialetos têm elementos tanto do *oc* quanto do

---

*Uma amostra ilustrativa:

(latim)	aucellus	caballus	aqua	pera	maturum
(occitano)	aucel	caval	aiga	pera	madur
(francês)	oiseau	cheval	eau	poire	mûr
(português)	ave	cavalo	água	pera	maduro

96 A DESCOBERTA DA FRANÇA

oïl. É possível que, no passado, esta *limes* defendesse as tribos lígures dos invasores celtas e, mais tarde, os romanos dos bárbaros. Uma importante estrada romana, a Via Agrippa, que liga Lyon a Bordeaux via Clermont e Limoges, acompanha de muito perto a linha divisória linguística; é quase certo que, tal como a maioria das estradas romanas, esta tenha sido construída em cima de outra muito mais antiga.

Ainda hoje se pode acompanhar esta linha divisória por terra. Em 2005, percorri de bicicleta trechos — cerca de 80 quilômetros, ao todo — da fronteira *oc-oïl-Croissant*, em meio a vilarejos e cidades identificados pela expedição de 1873 como linguisticamente distintos. Por uns 30 quilômetros, a linha segue por uma crista estreita onde corre uma estrada que, embora de pouca serventia para o tráfego atual, é evidentemente um caminho vicinal. Noutros pontos, a linha divisória *oc-oïl* percorre áreas ainda não povoadas ou de mata num terreno pantanoso e traiçoeiro usado principalmente para treinamento militar. É curioso que, onde as duas línguas antigamente se superpunham formando "ilhas" linguísticas ao longo dos vales do Dronne e do Vienne que mesclavam o *oc* e o *oïl*, preponderam hoje vilarejos e cidades franco-britânicas bilíngues (com destaque para Aubeterre), em que se observa a evolução de variantes locais do pidgin francês.

Usando os dados de 1873, consegue-se localizar o ponto de interseção do *oc* com o *oïl* e com o *Croissant*. Este ponto de inflexão dos três grupos linguísticos, que fica numa estradinha de nada a nordeste de Angoulême, onde a floresta de Braconne acaba de repente e se abre para as planícies e vales da Charente, é um dos lugares mais obscuros e mais relevantes da geografia histórica da França; por obra do acaso, a paisagem organiza-se para compor uma ilustração didática da divisa Norte-Sul — do lado do *Croissant*, uma floresta; para norte, do lado do *oïl*, um campo de trigo; e para sul, do lado do *oc*, um vinhedo.

SUCESSIVOS GOVERNOS tentariam suprimir esta linha divisória Norte-Sul, ou melhor, fazer de conta que ela não existia. Uma das inovações mais duradouras da Revolução foi retalhar o país em departamentos, o que ocorreu em janeiro de 1790. Os departamentos seriam todos mais ou menos do mesmo tamanho, de modo que o centro jurídico e administrativo ficasse à distância de no máximo um dia de jornada para todos os seus habitantes. Quase todos foram batizados ou a partir de algum acidente geográfico — montanhas (Basses-Alpes, Cantal, Vosges etc.), rios (Dordogne, Haut-Rhin, Vendée etc.) —, ou a partir de sua situação geográfica (Nord, Côtes-du-Nord). Posteriormente, com a expansão do império, a Savoie meridional tornou-se "Mont-Blanc", o Jura suíço, "Mont-Terrible" e Luxemburgo, "Forêts". Apenas uma cidade foi agraciada com um departamento próprio — Paris, descrita no debate parlamentar sobre a questão dos departamentos como "a mais bela cidade do mundo", "a pátria das artes e ciências", "a capital do império francês".

A ideia era que a lógica atemporal da natureza prevalecesse sobre as velhas divisões feudais e tribais. Os tiranos eram passageiros, mas os Alpes eram eternos. Assim se varreriam do mapa "preconceitos, hábitos e instituições bárbaras consolidados por 14 séculos de existência". As barreiras linguísticas foram explicitamente ignoradas, apesar de algumas câmaras (como a de Saint-Malo, próxima à divisa da Bretagne) terem objetado que com isto teriam de trabalhar com pessoas que falavam "línguas anteriores à conquista de César".

Os novos departamentos suscitaram uma objeção aparentemente menor, mas importante — as pessoas ficariam privadas de seus nomes gentílicos. Bretões, burgúndios, gascões e normandos deixariam de existir oficialmente, restando-lhes apenas uma identidade nacional. Os novos nomes eram demasiado descritivos para se aplicarem a indivíduos — ninguém se apresentaria como "Bouches-du-Rhônien" [bocas-do-rodaniano] ou Mont-Blancois [monte-branquense].

O êxito da reinvenção igualitária da França pela Revolução dependia, ironicamente, da ascensão da classe média urbana, menos apegada a velhas fronteiras e identidades locais. As divisões históricas da França acabariam sendo associadas aos pitorescos provincianos e aos primitivos camponeses. Apesar de todas as suas virtudes práticas, a divisão da França em departamentos contribuiu para acelerar um processo que, na melhor das hipóteses, pode ser descrito como de antidescoberta. Ignorar o cotidiano fora das cidades grandes e estar familiarizado com os monumentos e as personalidades de Paris

98 A DESCOBERTA DA FRANÇA

seriam indícios de uma modernidade iluminista. As províncias seriam recriadas como o reino grandioso do inconsciente — *la France profonde*, uma mina de contos de fada, maravilhas naturais, e ameaças à civilização.

A celebração do aniversário nacional, até hoje um traço marcante da vida pública francesa, também representa uma obliteração de acontecimentos e culturas que não convém lembrar. Este processo de apagamento da memória foi uma das grandes forças sociais na formação da França moderna. As crianças de classe média perderiam a lembrança das línguas da província aprendidas com as amas e a criadagem, ou se recordariam delas apenas como uma imagem pitoresca do passado. As crianças do campo seriam alvo de cascudos e chacota caso falassem na escola a língua dos pais. A maioria dos descendentes desses abençoados milhões citados no relatório de "erradicação" do abade Grégoire trocaria a fala tribal de seu *pays* por uma língua estranha, altamente formal e codificada, conhecida como francês — língua que, segundo um grande número de seus falantes, quase ninguém fala corretamente. Na terra de mil línguas, o monolinguismo tornou-se a marca do indivíduo instruído.

CAPÍTULO 5

Vivendo na França, I:
O Rosto no Museu

HOJE EM DIA, QUASE TODA CIDADE DA FRANÇA tem seu museu do "cotidiano" ou de "artes e tradições populares". Na maioria deles, o acervo, se não estivesse ali, teria desaparecido ou se transformado em acessórios caros para casas e restaurantes. As arcas singelamente decoradas, os cestos e os batedores de manteiga e as mesas de madeira com cavidades lisas em formato de cuia para servir a sopa testemunham a resiliência de seus donos. A dignidade desses objetos está em terem compartilhado uma vida humana. Cada um deles encerra o espectro de um gesto que foi repetido um milhão de vezes. Eles ajudam a imaginar uma vida metódica e de muito trabalho.

É claro que os artefatos são os melhores exemplares disponíveis — o berço pesado, o arado caro com componentes de metal e a marca do fabricante, o avental bordado do enxoval de uma noiva conservado dentro da arca e que nunca passou perto do chiqueiro nem da lavoura. Sendo sobreviventes, inspiram pela capacidade de resistência. Outros companheiros do cotidiano são impossíveis de expor, como a cama caindo de podre, o precioso monte de esterco, o ar impregnado pelo bafo asfixiante e fétido de homens e animais capaz de apagar uma vela acesa.

Às vezes, o falecido dono dos objetos aparece ali no meio e a foto de um rosto desfeito pela dureza da vida contradiz o capricho com que seus antigos pertences estão expostos. Não raro, o rosto expressa alguma desconfiança, ou medo, ou pura exaustão. É como se o mero fato de imaginar como teria sido a vida desses objetos fosse uma intrusão indecorosa. A expressão facial parece dizer que é mais difícil entender o cotidiano do que as ferramentas e utensílios de cozinha obsoletos, e que, caso fosse possível recriar a dieta básica de uma vida passada, com seus hábitos, suas sensações, seus cheiros, ela teria um sabor mais estranho que o mais exótico dos pratos regionais.

A mesma sensação luminosa de determinação e progresso perpassa inevitavelmente as descrições escritas do cotidiano, que atravessam anos de experiência de vida como se fossem viajantes despreocupados, condensando mudanças que só uma longa memória seria capaz de perceber. Vez por outra, porém, um simples fato provoca o mesmo efeito da fotografia no museu. Em fins do século XVIII, médicos constataram que, da urbana Alsácia à rural Bretagne, fome e doença não eram as principais causas dos altos índices de óbito. O grande problema eram as pessoas, que, mal adoeciam, enfiavam-se na cama com a esperança de morrer. Em 1750, o marquês d'Argenson percebeu que os camponeses que cultivavam suas propriedades na Touraine "buscavam não procriar": "Seu único desejo é morrer." Mesmo nas épocas de fartura, o maior desejo dos idosos que já não conseguiam manejar uma pá ou segurar uma agulha era morrer o quanto antes. Um dos maiores pavores da vida era "viver demais". Em geral, os inválidos inspiravam rancor em quem cuidava deles. Foi preciso um subsídio especial do governo, instituído em 1850 nos departamentos de Seine e Loiret, para convencer as famílias pobres a manterem os familiares enfermos em casa, em vez de mandá-los para a fria antecâmara do túmulo, o asilo municipal.

Quando a comida mal dava para alimentar os vivos, a boca de um moribundo era uma indecência. O romancista camponês Émile Guillaumin descreve um lar relativamente harmonioso da década de 1840 em que a família especula abertamente na presença da avó acamada (mas não surda) de Émile: "Eu queria saber quanto tempo isto vai durar." Outro responde: "Não muito, espero." Assim que o peso morto deu seu último suspiro, toda a água da casa que estava armazenada em panelas ou bacias foi descartada (pois a alma, ao deixar a casa, poderia ter se lavado nela ou, se fosse para o inferno, tentado autoaniquilar-se) e a vida prosseguiu como se nada fosse.

A expressão "feliz como um cadáver" era comum nos Alpes. Em vilarejos dos Alpes da Savoie, dos Pireneus centrais, da Alsácia e Lorena e de partes do Massif Central, os visitantes costumavam horrorizar-se ao ver as populações silenciosas de cretinos com medonhas deformidades tireoidianas. (A correlação entre o bócio e a carência de iodo na água só obteria amplo reconhecimento no início do século XIX.) Quando o explorador alpino Saussure foi pedir informações num vilarejo do vale d'Aosta numa hora em que a maioria dos aldeões estava fora, trabalhando no campo, fantasiou que "um espírito malvado havia transformado os habitantes do infeliz vilarejo em animais sem fala, preservando em seus rostos traços humanos apenas suficientes para mostrar que no passado eles já haviam sido homens".

A enfermidade que Saussure interpretou como maldição era uma bênção para a população local. Acreditava-se que o nascimento de um bebê portador de cretinismo trazia sorte à família. A criança cretina jamais teria de trabalhar ou sair de casa para ir ganhar dinheiro e pagar ao coletor de impostos. Estas criaturas horrendas e boçais já nasciam meio curadas da vida. Até a morte de uma criança normal podia ser um consolo. Se o bebê tivesse chegado a ser batizado, ou se fosse ressuscitado por um instante e salpicado com água benta por uma feiticeira expedita, a alma do bebê rezaria pela família no paraíso.

ESTAS SITUAÇÕES EXTREMAS parecem contradizer — assim como o rosto no museu — o progresso material retratado por tantas histórias da época. Ocorre que todo relato autobiográfico do cotidiano na França dos séculos XVIII e XIX provém dos primeiros capítulos das memórias de homens excepcionais que fizeram carreira nas forças armadas ou na Igreja, tornaram-se escritores célebres, ou tiveram algum protetor, ou amante, ou, finalmente, um eleitorado que os resgatou do obscurantismo. Poucos homens e ainda menos mulheres tiveram meios ou vontade para escrever um livro sobre "Minha fracassada tentativa de superar minhas modestas origens". Afora as incontáveis histórias

102 A DESCOBERTA DA FRANÇA

escritas por aristocratas sobre gente que já nasceu rica e ficou ainda mais rica, a tendência de quase toda história de vida conhecida é a de uma escalada social atípica — Restif de la Bretonne (filho de fazendeiro), Diderot (filho de cuteleiro), Rousseau (filho de relojoeiro), e o corso caçula Napoleone Buonaparte.

Sucessos retumbantes como estes são mais característicos de tendências de longo prazo que de vidas individuais. "Camponeses", "artesãos" e "pobres" são categorias que reduzem a maioria da população a borrões indistintos no meio da multidão — por mais que se amplie a imagem, jamais se distinguirá seus rostos. Evocam um contingente amplo e desafortunado que serviu de pano de fundo a acontecimentos importantes e cuja participação no desenvolvimento histórico da nação resumiu-se a sofrer e a engajar-se num simulacro de atividade econômica.

Até mesmo no curto prazo, tais categorias são enganosas. Tanto os ricos podiam ficar pobres quanto os camponeses podiam ser ricos e poderosos. Muitos camponeses moravam na cidade e todo dia iam e voltavam do campo. Muitos eram artesãos, comerciantes, autoridades locais. Por sua vez, muitos dos ditos aristocratas eram fazendeiros semianalfabetos. As estatísticas, que se baseiam em levantamentos, recenseamentos e "chutes", dão uma visão aparentemente equilibrada da totalidade da população. Em 1789, três quartos da população era descrita como "agrícola". Um século depois, a população agrícola recuara para cerca de 48%, enquanto 25% trabalhava na indústria, 14% em comércio e transporte, 4% em administração e serviços públicos, 3% em profissões liberais, e 6% viviam de renda. Mas, por motivos que ficarão claros, estes percentuais sempre exageram a exatidão das divisões demográficas e subestimam o contingente populacional que tentava tirar seu sustento da terra.

Neste capítulo e até o final da primeira parte deste livro veremos cenas do cotidiano em que os habitantes da França descobrem pouco a pouco sua própria terra, incluindo espaços reais e imaginários que jamais seriam mapeados por historiadores e administradores. Primeiro, porém, é preciso traçar seu retrato em sua imobilidade anistórica, nas sombras do inverno e no silêncio das pequenas cidades e do campo. Se as próximas páginas derem a sensação de que nada de mais acontece, é porque iluminam como um relâmpago o que para muita gente representou a metade de sua existência humana. Na prática, o problema de uma história social em que o tamanho dos capítulos coincidisse com o tempo gasto em cada atividade é que, embora precisa, ela seria insuportavelmente enfadonha. Noventa e nove por cento de todas as atividades humanas descritas neste e em outros relatos ocorrem entre o fim da primavera e o início do outono.

QUANDO A NOITE AINDA era iluminada pelas estrelas e planetas, e as noites nubladas e sem lua eram negras como minas de carvão abandonadas, o viajante conseguia orientar-se em certas épocas do ano por fogueiras acesas no topo dos morros. As fogueiras marcavam os dois grandes momentos do calendário — dos Vosges aos Pireneus, do Canal da Mancha aos Alpes. Em certos lugares, ocorriam no pico do verão e no Natal; noutros, no Carnaval e na Quaresma. Tais celebrações, a que os estudiosos dão o nome de solstício, eram associadas a efeitos mágicos variados, sobretudo à fertilidade dos campos, dos animais e dos seres humanos. As fogueiras rarearam na segunda metade do século XIX, substituídas por fogos de artifício e festas seculares, como o dia da Bastilha e o dia de são Napoleão, e abafadas pela incredulidade, pelas normas de controle de incêndio e talvez, acima de tudo, pelo fato de a divisão do ano em duas metades ter deixado de ser clara.

Para os milhões de pessoas que dançavam em volta da fogueira e depois espalhavam as cinzas em seus campos, o ano tinha 12 meses e duas estações — a estação do trabalho, quando mesmo os dias mais longos eram curtos demais, e a estação do ócio, quando o tempo começava a arrastar-se até quase parar de vez. Como se dizia em Queyras, nos Alpes, "Sete meses de inverno [novembro a maio], cinco meses de inferno [junho a outubro]". Nos Pireneus orientais, quando nevava, ou na estação chuvosa, "a indolência dos homens era tal que eles mais pareciam marmotas". (A marmota é um roedor das montanhas grande e molengo que hiberna em tocas e nem é preciso caçar — basta pegar, jogar numa sacola e cozinhar na panela, às vezes ainda adormecida.) O relato do homem que compara os conterrâneos a marmotas é da década de 1880, quase um século após a derrubada da monarquia, mas déca-

104 A DESCOBERTA DA FRANÇA

das antes de a tirania do clima ser amenizada pela tecnologia com estradas, iluminação e o luxo inimaginável do aquecimento a carvão ou a gás.

A indolência sazonal era uma tradição antiga e tomava conta de tudo. As regiões montanhosas baixavam as portas em fins do outono. Vilarejos dos Pireneus inteiramente construídos de madeira, como Barèges, na encosta ocidental do passo de Tourmalet, eram abandonados à neve e resgatados das avalanches no final da primavera. Outras populações dos Alpes e dos Pireneus deixavam-se simplesmente sepultar até março ou abril, com um depósito de feno ao alto, um estábulo ao lado e a encosta da montanha ao fundo. Segundo um relato de um geógrafo (1909), "os habitantes saem da toca na primavera, desgrenhados e anêmicos". Mas a hibernação não era exclusiva das grandes altitudes. Regiões mais temperadas também se refugiavam na trincheira do sono. Um manto funéreo de ócio e torpor recobria as áreas bem cultivadas do Berry, onde as variações sazonais são discretas e a temperatura raramente cai abaixo de zero. A visão de um campo impecável que parecia cultivado por fantasmas fazia o marido de George Sand trocar sua habitual fleugma por "algo semelhante ao medo". Os campos da Flandre permaneciam desertos durante boa parte do ano. Um relatório oficial de 1844 sobre o Nièvre descreve como os trabalhadores autônomos da Bourgogne se transformam depois de recolherem a safra e queimarem as videiras:

> Feitos os necessários reparos em suas ferramentas, estes homens vigorosos passam o dia na cama, colados o mais possível uns aos outros para se manterem aquecidos e comerem menos. Definham de propósito.

A hibernação humana era uma necessidade física e econômica. A redução preventiva do metabolismo impedia que, com a fome, os suprimentos se esgotassem. Na Normandie, segundo registros do diário de Jules Renard, "o camponês em casa mexe-se pouco mais que o bicho-preguiça" (1889); "no inverno, dormem o tempo todo, enrolados como caracóis" (1908). Mesmo no verão, as pessoas arrastavam-se e embromavam. Comiam mais devagar do que se come hoje em dia. A expectativa de vida de um recém-nascido, comparada aos dias de hoje, era tão curta que chega a ser deprimente — 40 anos

VIVENDO NA FRANÇA, I: O ROSTO NO MUSEU

e poucos meses em 20 departamentos, menos de 30 anos em Paris e Finistère, e 37 anos e 2 meses na média nacional (dados de 1865). Aos 5 anos de idade, a expectativa de vida era de 51 anos. Apesar disso, havia muito mais gente queixando-se da duração excessiva da vida do que de sua brevidade. A lerdeza nada tinha a ver com curtir a magia de um momento. Um lavrador levava horas para chegar a uma lavoura fora da cidade, não necessariamente porque vinha contemplando o efeito da névoa matutina nos sulcos deixados pelo arado, ou o vapor exalado pelo rebanho à contraluz do amanhecer, mas porque tentava poupar suas parcas forças para conseguir resistir a um dia inteiro de trabalho, como uma carroça de esterco que precisa render o suficiente para adubar uma extensa lavoura.

O visitante de um *château* talvez notasse que o sol nascia mais cedo nos campos, que as árvores se cobriam de folhas e que os animais se agitavam, sem, todavia, perceber grandes diferenças na esfera dos seres humanos. Depois da Revolução, as autoridades da Alsácia e de Pas-de-Calais reclamaram que, nas estações mais pachorrentas, fazendeiros e viticultores independentes, em vez de se dedicarem a "alguma atividade sedentária e pacata", "entregam-se a um ócio obtuso". A culpa pela transformação da classe rija dos pequenos proprietários rurais em seres abúlicos seria das inovações modernas — no caso, a maior eficiência dos arados. A rigor, a renda parecia exercer um papel inibitório. Todo verão, de 22 de julho a 1º de agosto, acontecia em Beaucaire, no baixo Rhône, a maior feira da Europa. Nesses 11 dias, a população local ganhava dinheiro suficiente para mandriar o resto do ano, deixando que o parque de exposições, agora deserto, se desmantelasse pouco a pouco ao seu redor: "Os homens de Beaucaire passam o resto do ano fumando, jogando cartas, caçando e dormindo."

Estas sestas que se perpetuavam por toda uma estação mortificavam os economistas e burocratas, que invejavam a efervescência industrial da Grã-Bretagne. O pior eram as moradias troglodíticas, que pareciam a materialização da letargia francesa. Na Dordogne, no Tarn, no vale do Loire e no cinturão de calcário e arenito que vai das Ardennes à Alsácia, milhares de pessoas viviam em encostas de penhascos, como andorinhas, ou em cavernas e jazidas de giz, como tribos pré-históricas. À beira do Loire e de seu afluente

106 A DESCOBERTA DA FRANÇA

Loir, havia vilarejos inteiros de trogloditas. De Anjou a Poitou, filetes de fumaça subiam dos campos como se saídos de vulcões liliputianos. No meio dos vinhedos, abriam-se pedreiras que iam sendo escavadas lateralmente por debaixo das parreiras. Esses prédios de apartamentos subterrâneos chegaram a ter vários andares e a abrigar centenas de moradores.

Em Arras e outras cidades da Flandre, até um terço da população — artesãos e trabalhadores — habitava cidades subterrâneas escavadas em pedreiras medievais. Mais tarde, estas "*boves*" (antigo termo francês para "caverna") serviriam como santuários, abrigos antibombas, passagens secretas para o front na Primeira Guerra Mundial e, mais recentemente, restaurantes à luz de velas e atrações turísticas. Hoje em dia, pouco se fala ou se sabe se ainda são utilizadas como áreas residenciais. Para quem não tinha sua vida pautada pelas estações do ano, estas acomodações pareciam uma moradia improdutiva e lúgubre:

> O ar ambiente está permanentemente viciado com o bafo de oito a dez pessoas que passam de 12 a 15 horas por dia entulhadas num cubículo com uma única saída de ar.

Para o autor deste relatório de 1807, esta meia-vida tétrica era um sintoma de deficiência moral — os artesãos de Arras não seriam "lá muito empreendedores" e os trabalhadores autônomos seriam "apáticos". Mas para a população que vivia debaixo da terra, a salvo, no lusco-fusco propício ao sono, o negócio era sobreviver, e não promover o crescimento econômico. Muitos tinham meios para sair dali, mas preferiam ficar onde era fresco no verão e tépido no inverno. Quando os trabalhadores de Lille foram removidos de seus porões anti-higiênicos por reformistas filantrópicos, a penosa subida de seis lances de escada para chegar a seus cômodos no sótão foi considerada tão deprimente como uma descida para a masmorra.

OS LIVROS DE HISTÓRIA não costumam dar destaque a homens e mulheres que passam boa parte do ano sem fazer quase nada, e é natural que estudos e museus ressaltem a capacidade empreendedora e desconsiderem a arte de permanecer ocioso por meses a fio. Assim, os lugares da França onde o inverno é mais prolongado dão a impressão de serem excepcionalmente operosos. No século XXI, muitas das "tradicionais" indústrias da baixa estação dão uma relevante contribuição à economia local. É o caso dos artesanatos de cachimbos de urze-branca ["briar"] do Jura, brinquedos de madeira de Queyras, sandálias de esparto dos Pireneus bascos, luvas de couro do Aveyron, facas de Aubrac e tamancos de madeira de quase todos os lugares, da Bretagne aos Vosges.

Atualmente, algumas destas manufaturas são tão intensivas e cheias de expertise que causariam perplexidade nos artesãos originais. Não é difícil encontrar um bem-sucedido ceramista ou cesteiro que largou um emprego bem pago em Paris em troca de uma caverna de troglodita na província. A bem da verdade, muitas "competências perdidas" jamais existiram e jamais sustentaram uma economia pujante. Na maioria destas regiões, pouca gente mantinha-se ocupada o ano todo. No final do século XX, quando o turismo nos Alpes abriu um novo mercado para os brinquedos de madeira, ainda havia em Queyras apenas alguns fabricantes de brinquedos. O casulo do ócio parecia ser mais seguro. Como explicou, na década de 1880, o filho de um camponês dos Pireneus, "além de não terem quase nenhum espírito empreendedor, eles tinham pavor de complicar uma vida que já era dura de suportar".

Os economistas que estranhavam este desperdício de capital humano ignoraram o fato de que o impulso de fazer negócios não vinha, em geral, de um desejo de acumular riqueza. Do contrário, um camponês que demorasse dias e dias para levar um cesto de ovos até um mercado distante e não computasse o tempo de deslocamento no cálculo do lucro deveria ser encarado como um negociante extraordinariamente inepto, e não como alguém que aprendeu a ajustar seu passo a seu ritmo da vida.

Até fins do século XIX, o dinheiro na França, além de escasso, era pouco usado por quem não fosse nem dono de terra nem contribuinte. Tudo, exceto o sal e o ferro, podia ser pago em espécie e não havia grandes motivos para se trabalhar mais que o estrito necessário. A indústria relojoeira da Renânia e dos Alpes, mesmo contando com mão de obra altamente especializada e conectada a uma rede de compradores e comerciantes internacionais, não foi mera antecessora caseira da produção em larga escala — seis ou sete meses do ano dedicados à criação e ao aperfeiçoamento de mecanismos minúsculos faziam o tempo andar mais depressa. Simplesmente, alguns homens e mulheres achavam mais interessante fabricar relógios do que passar a vida jogando cartas. Além disso, os relógios eram a comprovação viva do passar do tempo. Talvez não seja por coincidência que algumas das principais regiões relojoeiras mantiveram suas festividades pagãs para comemorar o momento em que, depois de cem dias de escuridão, o sol voltava a iluminar os vales mais profundos.

Um barômetro econômico sensível talvez registrasse tais atividades como contribuições ao produto nacional bruto, mas isto criaria uma impressão falsa da mentalidade dos produtores. Em partes da Auvergne, as mulheres reuniam-se ao fim da tarde, às vezes até o início da madrugada, para costurar e tricotar roupas posteriormente vendidas aos mascates por dois tostões. Tecnicamente, era uma forma de empreendimento industrial. Mas sua principal motivação para costurar não era gerar um excedente. Era simplesmente ganhar dinheiro suficiente para custear o óleo da lâmpada que permitia que elas se reunissem.

O tédio era uma força tão poderosa como a necessidade econômica. Ajuda a explicar tantos aspectos do cotidiano, em todas as épocas do ano, que poderia servir de base a uma disciplina acadêmica — as indústrias caseiras e a hibernação, as lendas e crenças bizarras, a experimentação sexual, a política local, a migração, até mesmo as aspirações sociais. Nas comunidades pequenas e desconfiadas, em que vizinhos competiam entre si, o tédio era um dos principais elementos de coesão social, unindo as pessoas e neutralizando os efeitos da pobreza e da rivalidade de classes. Até mesmo no universo dos romances de Balzac, com sua energia insana, o tédio — do fastio dourado dos apartamentos parisienses ao silêncio monástico das pequenas cidades de província — é um dos princípios norteadores da sociedade francesa:

> A vida e a movimentação são tão silenciosas que um estranho talvez julgasse tratar-se de casas inabitadas se seus olhos de repente não se deparassem com a expressão pálida e fria de uma figura imóvel cujo rosto meio monástico assomou ao peitoril da janela ao ouvir o som de passos desconhecidos.

VIVENDO NA FRANÇA, I: O ROSTO NO MUSEU

DOIS MESES ANTES da queda da Bastilha, um assunto novo animava as rodas de conversa nas tranquilas cidades da Touraine de Balzac e nas casinhas de basalto negro em que as mulheres da Auvergne costuravam para poderem manter as lamparinas acesas. Ocorrera uma conjunção rara entre o momento histórico e o cotidiano. Em 5 de maio de 1789, numa reunião dos Estados gerais*, as cidades e as paróquias da França foram convidadas a listar suas queixas. A simples ideia de que alguma coisa pudesse mudar as condições de vida era, em si, uma revolução. Pela primeira vez, parecia haver plateia para o sofrimento e algum sentido para a alfabetização.

Os cerca de 60 mil Cahiers de Doléances [livros de reclamações] foram obviamente redigidos por pessoas alfabetizadas ou semialfabetizadas — muitas vezes, o advogado local. As listas de queixas, toscamente esboçadas, eram repassadas a comitês mais amplos, que preparavam relatórios mais resumidos e corteses destinados aos Estados gerais. Mas o número de versões mais rústicas dos Cahiers que sobreviveram é suficiente para se reconstruir um panorama detalhado do cotidiano na França.

A maioria dos Cahiers lista as mesmas queixas. Os impostos. A *corvée* (colaboração forçada na conservação das estradas). As estradas intransitáveis com pontes quebradas. Os hospitais, em geral fisicamente inacessíveis embora pagos com os impostos. A obrigação de alojar e alimentar as tropas e seus cavalos famintos. A falta de representação. A arbitrariedade e o custo inacessível da justiça. A ineficácia do policiamento. A proliferação de impostores. Cirurgiões sem credenciamento. Mendigos — tanto os da terra, que não tinham o que comer, quanto intrusos agressivos. E, naturalmente, os privilégios eclesiásticos e senhoriais. O ponto mais sensível eram os direitos de caça — a visão daquele banquete peludo correndo pelo campo sabendo que sua captura podia levar à forca era demais para um camponês faminto. Quando o senhor local passava o tempo todo na cidade ou não era chegado a caçadas, podia ocorrer uma superpopulação de cervos, javalis, lebres, coelhos e pombos. Para muitos viajantes estrangeiros, o som característico da Revolução

---

*Estados gerais: congregação dos três "estados" — clero, nobreza e comuns — num desarticulado predecessor do parlamento nacional.

Francesa era o crepitar constante dos mosquetes no campo, exterminando animais que até então haviam desfrutado de imunidade aristocrática.

Nos *Cahiers* rascunhados pelos minicomitês de paroquianos, a queixa preponderante era invariavelmente o sofrimento e a consumição da vida na natureza. A ambição da maioria não era ter seus direitos humanos protegidos por uma constituição magnífica. Era livrar-se do solo ruim e do tempo inclemente, das ventanias, dos temporais de granizo, dos incêndios e enchentes, dos lobos, do frio, da fome. Muitas cidades e vilarejos descreviam suas atribulações como se fossem estados ilhas, alijados do mundo exterior.

> Esta comunidade fica situada no canto mais atroz e abominável do mundo. Seus únicos bens — se é que se pode chamá-los assim — são rochedos rugosos e montanhas quase inacessíveis... A distância até as cidades vizinhas de Cahors e Figeac é de dez horas de caminhada extenuante. Nem a cavalo se consegue percorrer as trilhas, quanto mais a pé. (Cabrerets, departamento de Lot)

> De um lado, um descampado assolado por tempestades de areia provocadas pelos ventos mortíferos de norte e de oeste e temporais para os quais só se encontra abrigo nas ilhas de Jersey e Guernsey. Do outro lado, multidões de coelhos que devoram os diversos produtos do solo. Uma outra aflição da paróquia é a voracidade dos pombos de três pombais, que aparentemente se juntam para devorar toda espécie de sementes (...) Na paróquia não há bosques, nem plantas, nem pastagens, nem comércio. (Rozel, departamento de Manche)

O homem que se dirigiu diretamente ao rei de Catus ("cidade cuja própria existência, sire, lhe é desconhecida"), no Quercy, sugeriu, não sem alguma justificativa, que "conhecer nossa cidadezinha é conhecer a província de Quercy e toda a França". Na miséria, o reino era unido:

> *Se pelo menos o rei soubesse!* bradamos mil vezes das profundezas de nosso abismo. Hoje, o rei sabe, e a esperança volta a correr em nossas veias como um bálsamo curativo (...) Nosso único desejo é preservar o que é de primeira necessidade para nossos pais decrépitos, nossas esposas queixosas, nossos tenros filhos.

A 13 quilômetros do palácio do rei em Versalhes, numa região em que menos da metade da população era dona de alguma terra, a paróquia de Saint-Forget era gêmea de Catus na miséria. Bastava qualquer escassez de trabalho transitória, qualquer nevasca, ou alguns dias de chuva ou de doença, para precipitar Saint-Forget na "mais extrema penúria". Não havia recursos para manter um mestre-escola, e os agricultores não lavravam a terra por "falta de ânimo". Em anos de vacas magras, morria-se de fome. Em anos de vacas gordas, vivia-se com fome, pois não havia como transportar e vender a produção agrícola, que, entretanto, era taxada.

As numerosas evidências dos *Cahiers de Doléances* não são 100% confiáveis. Alguns lugares, na esperança de escaparem dos impostos, descrevem o solo como um deserto árido, ou uma planície aluvial infestada, ou um caos improdutivo de rochedos e rios torrenciais, assolado por ervas daninhas e animais selvagens. Caso conseguissem provar que a terra era imprestável para a lavoura, conseguiriam isenção dos impostos. O vilarejo de Sexey-les-Bois (Meurthe-et-Moselle) alegou que dois terços de seus habitantes eram viúvas e que todas as pessoas fisicamente aptas — taxadas em 20% — haviam "vendido a pouca mobília que tinham e partido para a floresta". Alguns vilarejos tentavam transferir o ônus tributário para vizinhos supostamente mais afortunados. Os *Cahiers* da província de Quercy dão a impressão de que todo o solo da região em torno de Cahors havia sido levado fazia muito tempo. O vilarejo de Escamps descreveu seus infortúnios com palavras quase idênticas às de muitos outros *Cahiers*:

> Os velhos pobres, a quem a idade e o trabalho pesado roubaram as forças para sair pedindo esmolas a almas caridosas, gemem de fome. Todo dia, uma multidão de criancinhas, apesar da vigilância [sic] dos pais, também geme de fome. Este é o triste estado desta infeliz comunidade que, sem a menor hesitação, pode afirmar ser a mais desgraçada de todos os tempos.

Uma certa desconfiança maldosa em relação a este passado de agruras ressaltou a natureza repetitiva e suspeita destes *Cahiers*. Os comitês centrais sugeriam frases feitas que eram copiadas pelos comitês locais. Um vilarejo encontrava uma boa fórmula para expressar seu sofrimento e os comoventes detalhes eram repetidos por outros vilarejos — crianças comendo grama, o pão umedecido pelas lágrimas, agricultores com inveja de seus animais e por aí afora. Mas a imagem de crianças comendo grama obviamente não era uma figura de linguagem — a colheita de 1788 havia sido mais fraca que o normal, e os *Cahiers* foram redigidos nos perigosos meses de escassez em que os suprimentos do ano anterior já estavam quase no fim e o milho do ano ainda não estava maduro. É claro que a cidade relativamente próspera de Espère nada teria a ganhar por mencionar as cidades vizinhas:

> Até hoje não vimos nossas crianças mascarem grama como nas cidades vizinhas, e quase todos os nossos velhos, mais afortunados que muitos outros das cercanias, sobreviveram aos rigores de janeiro passado. Só uma vez passamos pela angústia de ver um dos nossos morrer de fome.

Se alguns destes relatos soam inconvincentes, é em parte porque resultam de horas e horas de esforço intelectual. Na luta para encontrar as palavras certas, seus redatores pintavam a miséria nos trajes engomados de quem vai em visita à cidade. O exagero não era um estratagema malicioso, mas um jeito de sobreviver. Inspetores fiscais percorriam os vilarejos acompanhados de regimentos armados atentos a indícios de ganhos recentes, como penas de aves domésticas à soleira da porta, roupas novas, recentes reparos em celeiros ou paredes caindo aos pedaços. Muitas vezes, os coletores de impostos, recrutados na comunidade, mal sabiam fazer as quatro operações numéricas. Se a quantia prescrita não fosse coletada, podiam acabar na prisão.

Nem mesmo o camponês próspero vivia tranquilo e imune a eventuais catástrofes. Poucos estavam livres de sofrer um súbito revés. Todo ano, incêndios consumiam vilarejos e distritos urbanos. Um viajante inglês que atravessou o Jura de Salins a Pontarlier em 1738 foi informado de que "em toda esta área, praticamente não há vilarejo que não seja consumido pelas chamas pelo menos uma vez a cada dez anos". A própria Salins foi quase totalmente destruída em 1825 por um incêndio que durou três dias. A cidade de Rennes desapareceu em 1720 e boa parte de Limoges em 1864. O colmo, um mate-

VIVENDO NA FRANÇA, I: O ROSTO NO MUSEU

rial barato (catado nos campos após a colheita de outubro), tinha o inconveniente de abrigar enormes populações de insetos e pegar fogo com a maior facilidade, a não ser quando totalmente revestido de uma camada de argila, cal virgem, esterco equino e areia. (Em certos lugares, o uso do colmo em construções novas foi proibido por lei em meados do século XIX. Passou-se a usar ferro corrugado vermelho que se acreditava daria à paisagem um agradável toque colorido.) Muita gente morria queimada dentro de casa ou soterrada por seu súbito desabamento. Era corriqueiro alguém se ver arruinado por montes de esterco ou de feno que entravam em combustão; não raro, a culpa era atribuída a vizinhos invejosos ou a bruxas piromaníacas.

Depois do fogo, as calamidades mais frequentes eram as geadas, as enchentes e as doenças do gado, mas a causa das maiores catástrofes naturais era o granizo. Dez minutos de um temporal de granizo conseguiam aniquilar o trabalho de uma geração inteira, demolindo telhados, desfolhando árvores, acabando com lavouras e deixando no solo um tapete de gravetos, folhas e passarinhos mortos. Em 1789, a cidade de Pompey perto de Nancy ainda se recuperava dos efeitos de um temporal de granizo que havia dizimado sua lavoura 12 anos antes. Em 1900, quarenta anos depois da devastação provocada por uma tempestade de granizo num vale do Bourbonnais, os telhados de algumas casas ainda eram metade de telha, metade de ardósia, pois o estoque local de telhas se esgotara. Não espanta que o principal motivo da decepção com o padre local fosse sua incapacidade de evitar os temporais de granizo (ver p. 161). Cidades e vilarejos mais progressistas confiavam nos efeitos duvidosos dos canhões "antigranizo", disparados para o céu quando a camada de nuvens escuras e compactas que eram prenúncio de tempestade encobria os campos.

Afora uma minoria ínfima da população, tais catástrofes afetavam todo mundo. Nesse país composto de pequenos e vulneráveis *pays*, a parcela da população designada pela cômoda expressão "os pobres" conseguia de uma hora para outra inchar de maneira desmesurada. Na época da Revolução, quase metade da população da França faria jus à descrição de pobre ou indigente. Dependendo da região, de 50% a 90% das famílias ficaram incapacitadas de tirar seu sustento da terra que possuíam e foram obrigadas a vender seus ser-

114   A DESCOBERTA DA FRANÇA

viços para não serem esmagadas pelo rolo compressor das dívidas. A imagem da arraia-miúda traçada por Hippolyte Taine em *Origens da França Contemporânea* (1879) talvez soe melodramática se comparada à marcha firme do progresso econômico, mas coincide com evidências singelas do cotidiano em toda a França:

> O povo é como um homem que vadeia um lago com água pelo pescoço. À mais leve depressão do terreno, à menor ondulação da água, ele perde o pé, afunda, sufoca. A caridade à antiga e a onda humanitária tentam resgatá-lo, mas o lago é fundo demais. Até surgir um ponto de escoamento e o nível da água baixar, o desgraçado pode apenas tomar fôlego de vez em quando, correndo a todo instante o risco de afogar-se.

O retrato alarmante de Taine de uma população naufragando na penúria refere-se ao final do século XVIII, mas aplica-se perfeitamente a períodos muito posteriores.

A VIDA DA MAIORIA DAS pessoas — mesmo sendo empreendedoras, inteligentes e escolarizadas, e mesmo tendo nascido na agitação mais intensa do século XIX — era como brincar de *snakes-and-ladders*, um jogo de tabuleiro infantil em que os dados determinam se o jogador cai numa casa com uma rampa ou com uma escada, mas, no caso, com escadas muito curtas e rampas muito compridas. O que levou o camponês bretão Jean-Marie Déguignet (1834-1905) a escrever suas memórias foi nunca ter lido, exceto em romances, sobre alguém como ele. Na biblioteca pública de Quimper, Déguignet via uma parcela ínfima da vida francesa feericamente iluminada por um punhado de egos, enquanto o grosso da humanidade ficava relegado à obscuridade. O relato puramente factual de sua própria vida é um bálsamo de objetividade:

> *1834, julho.* Nasce em Guengat, na baixa Bretagne. Colheitas fracas e animais doentes obrigam seu pai, fazendeiro arrendatário, a mudar-se para a cidade.

VIVENDO NA FRANÇA, I: O ROSTO NO MUSEU

1834, setembro. Aos dois meses de idade, muda-se para Quimper com algumas tábuas e um pouco de palha, um caldeirão rachado, oito tigelas e oito colheres de madeira. Sua lembrança mais antiga: observar a mãe catando piolhos da cabeça de sua irmã morta.

1840. Mora no vilarejo de Ergue-Gabéric. Toma um coice de cavalo na cabeça e fica seriamente desfigurado. Durante anos, padece de um abscesso repugnante.

1843-44. Uma velha costureira ensina-o a ler em bretão; aprende a "nobre profissão" de pedir esmolas.

1848-54. Trabalha como vaqueiro, como lavrador de uma fazenda modelo patrocinada pelo Estado e como criado do prefeito de Kerfeunteun, subúrbio de Quimper. Aprende a ler o jornal em francês.

1854-68. Depois de alistar-se no exército, serve na Crimeia, na Argélia e no México.

1868-79. Volta à Bretagne, casa-se com uma moça jovem e arrenda um lote do proprietário do *château* em Toulven. Apesar da oposição às suas técnicas agrícolas "metidas a modernas" (drenar o pátio do celeiro e desinfetar a casa, assinar um periódico agrícola, e ignorar as fases da lua e os conselhos da sogra), monta uma fazenda de enorme sucesso.

1879. A casa da fazenda sucumbe a um incêndio e o proprietário recusa-se a renovar o arrendamento. "Mais 15 anos da minha vida jogados fora. Depois de tanto trabalho para melhorar aquela fazenda, agora era preciso deixá-la."

1880-82. Esmagado por uma carroça, fica semialeijado; encontra trabalho como vendedor de seguros contra incêndio. A esposa alcoólatra é mandada para o asilo.

1883-92. Consegue licença para vender tabaco em Pluguffan, perto de Quimper. Arrenda uma lavoura e começa a reconstruir sua fortuna. Sustenta a si mesmo e aos três filhos.

1892-1902. Forçado a vender sua tabacaria e renegado pelos filhos, mora em favelas e em águas-furtadas, fica cada vez mais pobre e escreve suas memórias "quando o clima deixa".

1902. Expulso de seu "buraco" alugado devido a denúncias de falta de higiene. Sofre alucinações paranoicas e tenta suicídio. Internado no manicômio de Quimper. Morre em 1905, aos 71 anos de idade.

116 A DESCOBERTA DA FRANÇA

O perfil de Déguignet, camponês bretão alfabetizado e ateu, entusiasta das inovações agrícolas, não era dos mais típicos, mas o mundo que acabou com ele era familiar a milhares de pessoas — a precariedade da fortuna conquistada a duras penas e a fragilidade dos vínculos familiares perante a adversidade. A moderna edição das memórias de Déguignet apela para uma noção confusa de nostalgia pelo campo, sugere que o tema do livro é "O Definhar da França Rural", e descreve o autor como testemunha dos "primórdios do esfacelamento da sociedade bretã tradicional". Na realidade, suas memórias descrevem exatamente o oposto. A sociedade em que Déguignet nasceu sempre esteve à beira do colapso — não só devido à guerra ou à anarquia, mas também devido à fome, à doença, ao clima ruim, à falta de sorte, à ignorância e à migração. A pobreza jogou sua família na rua; o medo e a inveja transformaram seus vizinhos em inimigos; o fogo e o privilégio feudal destruíram seu meio de vida.

A carreira circular de Déguignet tem algo de lindamente apropriado. O menino que começou sua vida profissional como pedinte e a encerrou como vendedor de seguros é um símbolo melhor de sua era que todos os célebres arrivistas que deixaram a terra natal e voltaram — quando voltaram — décadas depois, como um busto na prefeitura ou uma estátua na praça. Como pedinte, Déguignet trabalhou para uma única patroa, viveu da mão para a boca e explorou as superstições de seus clientes, que lhe davam a costumeira medida de farinha de aveia ou de trigo-sarraceno porque "estavam convencidos de recebê-la de volta centuplicada", não no paraíso, mas literalmente, nas próximas semanas ou meses. Como vendedor de seguros contra incêndio, Déguignet trabalhou para uma companhia com escritórios na cidade, seguiu procedimentos estabelecidos e explorou os temores racionais de sua clientela.

Foi graças a inovações como o seguro que as famílias conseguiram planejar o futuro e tratar a geração seguinte como algo mais valioso que uma mina de mão de obra barata. Na sociedade "tradicional", os contos de fada tratavam o trabalho infantil como uma coisa normal e necessária. Em *The Three Spinners* [As três fiandeiras], um pai toma a decisão bastante justa de livrar-se da filha, pois "ela comia [crepes], mas não trabalhava". Histórias lacrimosas de crianças devotadas e reuniões familiares eram populares entre os leitores

VIVENDO NA FRANÇA, I: O ROSTO NO MUSEU 117

burgueses porque refletiam aspirações, não porque fossem fiéis à realidade. Na Bourgogne, segundo um historiador local, até as vésperas da Primeira Guerra Mundial as relações entre pais e filhos eram nitidamente desprovidas de sentimentalismo: "Em geral, o filho era tratado como um criado, sem o salário." Até a Segunda Guerra Mundial, não havia fotografias de crianças nos álbuns dos camponeses.

Déguignet teve a sorte de ter pais que o queriam. Milhares de crianças — como o Pequeno Polegar, do conto de fadas francês — eram abandonadas a cada ano. Em Provins, entre 1854 e 1859, 1.258 crianças foram depositadas na roda instalada no muro do hospital geral (e hoje exibida no museu local). Estas *tours d'abandon* [torres do abandono], equipadas com uma cama de enxerga e algumas mantas, permitiam que as mães abandonassem seus bebês de modo anônimo e seguro. Em 1861, foram legalmente proscritas como afronta pública, o que significou apenas um maior número de bebês abandonados à sorte à soleira das portas. Em 1869, mais de 7% dos nascidos na França eram filhos ilegítimos, um terço dos quais abandonados. A cada ano, 50 mil seres humanos na França começavam a vida privados dos pais. Muitos eram mandados para mulheres empreendedoras, conhecidas como "fazedoras de anjos", que faziam o que pode ser descrito com o máximo de sutileza como abortos pós-parto. Segundo um relatório sobre o abrigo de Rennes, eram "mulheres que — sem ter leite e sem dúvida em troca de uma taxa — cuidam criminosamente de diversas crianças ao mesmo tempo. As crianças morrem quase imediatamente".

Antes de 1779, as freiras que administravam o abrigo parisiense para crianças abandonadas eram obrigadas por lei a aceitar o chorrilho de recém-nascidos gerados nas províncias. Este dispositivo emergencial fez surgir um dos mais estranhos fenômenos já vistos nas principais estradas da França — jumentos provenientes de locais tão distantes como a Bretagne, a Lorena ou a Auvergne que se dirigiam à capital carregados de cestos abarrotados de bebês. Os carroceiros iniciavam sua viagem de mais de 350 quilômetros com quatro ou cinco bebês por cesto, mas seguiam pelas cidades e vilarejos do percurso fechando negócio com parteiras e pais. Em troca de uma pequena taxa, mais e mais bebês eram enfiados no cesto. Para acalmar seu carrega-

118   A DESCOBERTA DA FRANÇA

mento e poupar os ouvidos, davam aos bebês não leite, mas vinho. Aqueles que morriam eram largados à beira da estrada, como maçãs podres. Em Paris, o carroceiro era pago por cabeça; é evidente que a entrega era compensadora. Mas, a cada dez bebês vivos entregues na capital, apenas um sobrevivia mais de três dias.

A viagem épica dessas criaturinhas, minúsculas e bêbedas, deixa no chinelo qualquer viagem da maioria dos adultos. O papel que elas desempenhariam na história da França é microscópico e imenso. Das poucas sobreviventes, algumas se juntariam ao exército de vagabundos e de trabalhadores que superlotariam a periferia de cidades industriais e contribuiriam para dar maior estabilidade à economia francesa. A vida desses sem-terra da indústria seria ainda mais precária que a de seus pais no campo.

CAPÍTULO 6

Vivendo na França, II: Uma Vida Simples

OS POUCOS VIAJANTES que visitaram esta sofrida terra de vilarejos estados fragmentados inevitavelmente se perguntaram como a entidade geográfica conhecida como França poderia funcionar como unidade política e econômica. Quem sabe, afinal de contas, a situação não fosse tão ruim como parecia. Como os historiadores franceses vêm ressaltando desde que o agricultor inglês Arthur Young empreendeu seus giros agrícolas pela França em 1787, 1788 e 1789, nem todo mundo vivia na miséria. Nem toda cidade francesa era cheia de "ruas tortas, sujas e fétidas" (Brive) e "becos que eram puro esgoto" (Clermont-Ferrand). Em algumas delas, como Young observou, havia "calçadas de pedestres", ou *trottoirs* (Dijon e Tours). Nem todo banheiro de taberna era um "templo de abominações" e nem toda criada um "monte de bosta ambulante". Às vezes, o viajante era poupado do desconforto de comer em cadeiras de espaldar reto e assento de palha, ou de perder subitamente o apetite ao entrever uma cozinha engordurada e emporcalhada pelos cães. Muitas das casas rurais tinham janelas, um bom número de camponeses andava de sapatos e meias, e as mulheres do Languedoc, apesar de em geral circularem descalças, tinham pelo menos o "esplêndido consolo" de fazê-lo por estradas novas e magníficas.

120 A DESCOBERTA DA FRANÇA

A importância perene dos relatos de Arthur Young — traduzidos e muito lidos em francês — decorre do fato de Young ter confrontado suas teorias agronômicas com suas evidências sensoriais. A descoberta da França por pessoas letradas permitiu enxergar a frágil existência da maioria da população dentro de um contexto mais amplo, embora muitas vezes o colorido de uma vida individual se perdesse no quadro geral da abstração econômica. Os tais "montes de bosta ambulantes" eram, afinal, seres humanos que viviam conforme os hábitos e as crenças de uma sociedade específica que, por mais implausível que fosse, sobrevivera por séculos a fio. Esta sociedade talvez não atendesse às aspirações e convicções de observadores da classe média, mas era dotada de lógica e eficiência próprias. A população da França jamais foi uma massa informe de matéria-prima humana à espera de ser processada pela máquina gigantesca e mutante da interferência política e transformada no povo convenientemente conhecido como "francês".

O AZAR DE Arthur Young foi ter, por acaso, escolhido o Château de Combourg na Bretagne como protótipo da ignorância e do desperdício. Tal escolha prejudicaria sua reputação na França. Young não poderia prever que um garoto que havia crescido no alto das torres do castelo se tornaria um dos maiores escritores românticos da França — François-René de Chateaubriand.

> 1º DE SETEMBRO [1788]. A caminho de Combourg. A região é agreste; agricultura, pelo menos no quesito proficiência, não muito mais avançada que a dos huronianos, coisa inacreditável em áreas cercadas; gente quase tão selvagem como a região, e a cidade de Combourg um dos lugares mais brutalmente imundos que se possa encontrar; casas de barro, sem janelas, calçamento tão esburacado que não só não facilita como impede a passagem de qualquer viajante — mesmo assim, ali há um *château*, e inabitado; quem será este Monsieur de Chateaubriand, o proprietário, com estômago para manter uma residência no meio de tanta imundície e miséria?

Anos depois, Chateaubriand comentaria o trecho em suas memórias: "Este M[onsieur] de Chateaubriand era meu pai. O refúgio que pareceu tão medonho ao destemperado agrônomo era uma moradia excelente e nobre, embora escura e solene." Nada, porém, sobre a descrição de Young sobre o vilarejo.

Não era apenas uma questão de orgulho pessoal. No fundo, o problema era a França, assim como outros países, ser julgada por seu grau de adequação aos padrões da classe média. Como se a nação não fizesse jus à identidade adulta até ter ruas e cidadãos limpos e desfrutar das benesses do comércio internacional. Até então, as massas pertenceriam mais à espécie vegetal que à humana:

> Cada família camponesa é quase autossuficiente, produzindo por si só e em seu próprio lote de terra a maior parte do que consome e, assim, extraindo sua subsistência mais das trocas com a natureza que da interação com a sociedade. (...) A grande massa da nação francesa é, pois, constituída pelo simples somatório de entidades homólogas, do mesmo modo como um saco de batatas consiste em muitas batatas guardadas num saco. (Karl Marx, *O 18 Brumário de Luís Bonaparte*)

Arthur Young era um sujeito perceptivo e com bom conhecimento prático do assunto. Em Nangis, mostrou ao marquês de Guerchy no gramado do castelo como se devia empilhar o feno. Seus erros são iguais aos da maioria dos observadores, franceses e estrangeiros, que interpretaram a lógica obscura do cotidiano como sinal de ignorância e exageraram a precariedade da vida da massa para demonstrar o quanto ela se beneficiaria da civilização. Eles observavam, mas nem sempre percebiam o que viam.

Os ricos das cidades setentrionais compadeciam-se da metade da França em que o arado pré-histórico não era muito mais que uma enxada — mas insubstituível naquele solo raso e pedregoso. Compadeciam-se das massas amontoadas cujas janelas eram buracos na parede ou placas de papel embebido em óleo — muito embora, no clima mais quente do sul, para muita gente o vidro não só não fazia muita falta como ainda se poupavam os custos do imposto sobre a janela e das vidraças finas que o vento e o granizo estilhaçavam. Olhavam de cima para baixo os camponeses desdentados e raquíticos do "cinturão da castanha" que preferiam o fruto carnudo de suas preciosas florestas à batata insossa e verruguenta, e que habitavam casebres enfumaçados junto com os animais, que lhes proporcionavam companhia e calor. Sentiam-se patrioticamente vexados quando viam seus compatriotas a caminho da igreja ou do mercado com os sapatos atados por um fio em volta do pescoço, ou os lavradores que preferiam as solas macias dos pés descalços a tamancos enlameados, duros e pesados.

Isto era simplicidade, e não privação; chegava a ser uma espécie de vacina contra a verdadeira miséria. A maioria, escaldada, já antevia a desgraça. Expressões como "com a sorte que eu tenho" eram um freio ao desvario de empenhar-se a fundo e exagerar nas expectativas:

"Por mais lindo que esteja o dia, sempre há uma nuvem."
"Se você escapou do lobo, não vai escapar da loba."
"As ervas daninhas não morrem nunca."
(Vosges)

"A doença chega a cavalo e vai embora a pé."
(Flandre)

"O pão do pobre sempre queima no forno."
"Quando a sopa sai boa, o diabo vem e caga nela."
(Franche-Comté)

"Se pelo menos Deus fosse um sujeito decente."
(Auvergne)

Comparados às filigranas morais dos epigramatistas parisienses, estes provérbios são pedras brutas, mas que expressam a experiência de toda uma nação e não apenas as neuroses de uma elite minúscula. Aliás, nem a própria elite estava imune às traquinices do demônio. Certa noite do verão de 1791, dois anos depois do último giro de Arthur Young pela França, uma grande carruagem verde deixou Paris pela porta do Leste. Levava um criado de quarto que se apresentava como Monsieur Durand, algumas mulheres e crianças e uma espantosa quantidade de bagagens. Ao fim de uma noite e um dia de viagem, a carruagem chegou à cidadezinha de Sainte-Menehould na orla da floresta

VIVENDO NA FRANÇA, II: UMA VIDA SIMPLES   123

de Argonne. Enquanto se fazia a troca dos cavalos, o filho do encarregado da estação de muda espiou pela janela os ocupantes da carruagem. Em seguida, olhou a moeda que tinha na mão e reconheceu aquele rosto. Trinta quilômetros adiante, em Varennes, a carruagem foi parada e a família real foi escoltada de volta a Paris.

A derrocada meteórica do rei Luís XVI e de Maria Antonieta seria vista como uma exceção deplorável na história francesa. O filho pequeno do casal, o Delfim, foi encarcerado na prisão de Temple [Templo] em Paris, sofreu maus-tratos de seus carcereiros e morreu em infame obscuridade. Apesar disto, a história de seu martírio tornou-se um mito nacional, não por ser tão fora do comum, mas por expressar um medo e uma realidade coletivos. Qualquer um, até mesmo um príncipe da realeza, podia ver-se reduzido às rações de um presídio e ser apagado da face da Terra.

O MISTÉRIO DE como uma sociedade reconhecivelmente francesa conseguiu sobreviver e por fim prosperar em tais condições não se resolveria e, a rigor, nem seria percebido, enquanto os historiadores não se dispusessem a sacrificar o panorama grandioso avistado de Paris, trocando-o pelos horizontes mais modestos de suas cidades ou vilarejos natais. Talvez a pergunta devesse ter sido outra — a sociedade francesa terá sobrevivido, ou será sua continuidade, em detrimento da sociedade bretã, burgúndia, mediterrânea ou alpina, uma ilusão histórica?

Mesmo desconsiderando-se as lealdades tribais da população, suas diferentes línguas e a extensão continental do território, a base política da união era notavelmente frágil. Houve colapso total da ordem civil no oeste da França durante a Revolução, em partes da Provence durante a epidemia de cólera de 1832-35, e na própria Paris a intervalos quase regulares. Lyon rebelou-se em 1831 e 1834 e precisou ser contida por tropas do governo. Em 1841, um recenseamento suscitou boatos de que tudo seria taxado — dos móveis a filhos ainda no ventre. Seguiram-se distúrbios. Durante várias semanas perdeu-se o controle em boa parte do país, de Lille a Toulouse. Em 1871, Paris proclamou-se uma república popular autônoma, o governo do país foi transferido para Bordeaux, e sete outras cidades de grande porte declararam-se independentes.

A própria Revolução não foi uma tempestade súbita e passageira, mas um terremoto que coincidiu com linhas de falha muito antigas. Em 1793, quando a nação corria o perigo de resvalar para a anarquia, o exército republicano precisou retomar as cidades de Arras, Brest, Lyon, Marseille e Nantes e tratá-las como colônias rebeldes:

DECRETO DA CONVENÇÃO NACIONAL
[*Paris, 12 de outubro de 1793*]

A cidade de Lyon será destruída...

... De agora em diante, o conjunto de habitações remanescente será chamado de Ville-Affranchie [cidade libertada].

Para divulgar para a posteridade o crime e o castigo dessa cidade, será erguido sobre as ruínas de Lyon um obelisco contendo a seguinte inscrição:

"Lyon declarou guerra à liberdade. Lyon não existe mais."

Napoleão Bonaparte, seu governante estrangeiro de maior êxito, não via a "França" como um fato consumado. Em 1814, quando cruzou o país como prisioneiro dos aliados, foi aclamado até Nevers, vaiado em Moulins, aclamado de novo em Lyon e escapou por pouco de ser linchado na Provence, onde se disfarçou de lorde inglês e depois de oficial austríaco. No entender de Napoleão, o rei restaurado, Luís XVIII, deveria governar o país como um conquistador despótico, "ou jamais conseguirá fazer nada". É possível que houvesse algo chamado sociedade francesa, mas seus traços são difíceis de discernir na história do estado.

Se alguém se instalasse no interior da França na primavera, quando as cidades e vilarejos ressurgem, e se mantivesse atento às idas e vindas e às conversas da população, talvez conseguisse definir a identidade francesa de modo mais convincente.

A escolha de onde se instalar, a princípio, apenas realçaria a confusão. A França rural divide-se, *grosso modo*, em três zonas — os descampados do norte e noroeste, com seus vilarejos compactos que são polos de irradiação das lavou-

VIVENDO NA FRANÇA, II: UMA VIDA SIMPLES

ras; o *bocage* do oeste e do centro, com seu mosaico de campos delimitados por sebes ou trilhas; e, no sul e sudeste, povoados esparsos e terrenos pedregosos. Mas, dentro de cada zona, as cidades e vilarejos tomam formatos os mais variados. A cidade viticultora de Riquewihr, na Alsácia, por exemplo, enclausurada no interior de sua cercadura de vinhedos amealhando sombra para suas adegas. O vilarejo provençal de Bédoin, enroscado como um caracol para proteger-se das ondas de choque do mistral. O "vilarejo rua" de Aliermont, com seus 16 quilômetros de casas alinhadas à margem da antiga estrada entre Neufchâtel a Dieppe, para tirar proveito do vaivém comercial, como pescadores postados à beira do rio à espera do peixe. Com tempo para familiarizar-se com a geometria peculiar ao local, o morador temporário talvez escolhesse um dos remotos e silenciosos povoados da Beauce, um borrão de telhas castanhas na planície em que se entremeiam pátios de fazenda, casas e repentinas panorâmicas dos campos espraiados à distância. Ou talvez até mesmo alguma colônia daquelas que se dispersam pelo Forez e pela Auvergne oriental, cujos vilarejos parecem ter brotado aos pedaços em antigas clareiras da floresta, sendo o vínculo de cada pedaço com o campo à sua porta mais forte que o vínculo com a igreja arbitrária ou a indiferente sede da prefeitura.

A diversidade destes tipos de assentamento implica diferenças, embora não profundas, de modo de vida. Todos são moldados pelo entorno geográfico imediato e só tangencialmente pelos parceiros comerciais mais próximos. Muitos conservam uma aparência defensiva, embora seu raio de atuação tenha extrapolado de muito os antigos anéis concêntricos de barreiras aduaneiras, jardins e campos de trigo no contorno e florestas ao fundo. Excetuadas as fortificações e portões da cidade restaurados, tudo que resta do aparato defensivo são os latidos dos cães, os quebra-molas e os avisos aos motoristas de cuidado com as crianças. Quase todos estes lugares tornaram-se porosos e suburbanos. Entre 7 e 9 da manhã, Aliermont é drenada por Dieppe e pela usina mecânica local, o tráfego da turística "Route des Vins" [Rota dos Vinhos], onde fica Riquewihr, engrossa em direção a Colmar e Mulhouse, e a criançada de Bédoin segue para a escola em Carpentras a bordo de um ônibus expresso que vai a toda por estradas secundárias. Dois séculos atrás, nos dias de feira, o tráfego vinha no sentido oposto, trazendo minúsculos carregamentos de verduras ou combustível, um animal para vender e uma sede enorme de notícias e fofocas. O rush matinal começava antes do amanhecer. Em Mars-la-Tour, na estrada para Metz, Arthur Young ouviu a trompa do pastor do vilarejo soar às 4 da manhã — "e foi divertido ver todas as portas se abrirem e despejarem seus porcos, carneiros, até cabras, e o rebanho ir se formando enquanto avançava".

Sempre que via o chorrilho de gente que vinha para a feira entrar na cidade com seus "mirrados carregamentos" — um cesto de maçãs, um tabuleiro de queijos bichados, um repolho solitário — Arthur Young tinha plena consciência de estar testemunhando os efeitos da doença nacional — "um perverso estilhaçamento do solo". Contudo, a fragmentação do solo também era fator de sua unificação. A Revolução ensinara a estes micromundos que eles faziam parte da mesma terra ancestral; apesar disto, o "perverso estilhaçamento do solo" talvez tenha sido sua salvação.

O MELHOR MIRANTE para se observarem os efeitos dessa fragmentação talvez seja uma pequena cidade mercado na divisa oriental da Normandie — pois seu fundador queria que ela fosse típica. Yonville-l'Abbaye, do romance de Gustave Flaubert sobre a "vida provinciana" *Madame Bovary*, espicha-se ao comprido à beira de seu riacho "como um vaqueiro na hora da siesta". É um aglomerado minúsculo de casas com telhado de colmo e pátios atulhados de prensas de sidra, abrigos para carroças e árvores frutíferas que jamais viram uma poda. No centro da cidade há um ferreiro, uma oficina de fabricação e conserto de rodas e outros equipamentos de madeira, uma casa com gramado pintada de branco ("é a casa do tabelião, a melhor do *pays*"), uma igreja embolorada, a sede da prefeitura "projetada por um arquiteto de Paris", um galpão coberto sobre pilotis que abriga o mercado, a estalagem Lion d'Or [leão de ouro] e umas poucas lojas. A loja de tecidos e a farmácia são metidas a elegantes; as demais provavelmente não passam de oficinas ou "portinhas".

O novo médico mora numa "das casas mais confortáveis de Yonville", equipada com sua própria lavanderia, copa e cozinha separadas, salão de visitas, depósito de maçãs, e um caramanchão no fundo do jardim. O projeto desta admirável residência é de um médico polonês dado a "extravagâncias", que fugiu e nunca mais foi visto. A esposa do novo médico, Emma Bovary, é neta de pastor e filha de fazendeiro, mas, educada num convento, tem mania de grandeza e acha a casa acanhada e deprimente.

Desde 1835, uma estrada liga Yonville ao mundo lá fora. Às vezes, as carroças que trafegam entre o porto de Rouen e a Flandre passam por ela para cortar caminho. Há até uma diligência diária para Rouen — um "baú amarelo" enganchado sobre rodas gigantescas que atrapalham a vista e sujam os passageiros de lama. O cocheiro da "L'Hirondelle" [andorinha] complementa seu salário com um rudimentar serviço de frete — traz da cidade couro para o sapateiro, chapéus para a loja de tecidos, ferro para o ferreiro e arenques para a amante. Apesar destes sinais de progresso, a cidadezinha é uma prisioneira voluntária de sua geografia. Situa-se entre terras aráveis e pastagens, mas,

em vez de melhorarem a terra, insistem nas pastagens, por mais desvalorizadas que estejam, e a cidadezinha preguiçosa, de costas para a planície, mantém seu crescimento natural em direção ao rio.

O farmacêutico da cidade, Monsieur Homais, um burguês progressista que não depende diretamente da terra, pode dar-se ao luxo de achar graça da estupidez dos camponeses: "Quem dera nossos fazendeiros fossem farmacêuticos treinados ou pelo menos dessem mais ouvidos aos conselhos da ciência!" Contudo, melhorar a terra sai caro e os animais são uma tranquilidade. O camponês talvez pudesse investir em fertilizantes e aumentar a produção de grãos. Mas por que arriscar o pão de cada dia num mercado volátil? O preço do grão é ainda mais incerto que o tempo. Um porco na pocilga vale mais que a promessa de um comerciante da cidade.

Só quem dispõe de mais de uma fonte de alimento usaria a palavra "caturra" como insulto. Os pequenos proprietários de Yonville tinham bons motivos para serem cautelosos. Por volta da época em que transcorre o romance, uma mulher da cidadezinha-mercado de Ry, que Flaubert teria usado

128 A DESCOBERTA DA FRANÇA

como modelo para Yonville-l'Abbaye, foi queixar-se às autoridades de que ela e os filhos estavam morrendo à míngua.

A escassez e a preocupação teriam sido ainda maiores se as ligações entre Yonville (ou Ry) e a cidade de Rouen — por sua vez ligada a Paris e aos portos da Mancha pelo Sena — fossem melhores. Em épocas tumultuadas, cidades e vilarejos situados na zona de abastecimento de alguma cidade grande eram sugados até a última gota por militares comissionados e pela população civil. O progresso agrícola conseguia gerar superávit e estimular o investimento, mas também poderia dar origem a um excesso de demanda e a uma rede de transporte para acelerar o escoamento da produção agrícola da região. Triticultores e viticultores, embora tivessem mais vivência do mundo lá fora, eram ainda mais vulneráveis a mudanças. Nas áreas mais pobres da França meridional, o transporte da castanha, a cultura de base, era caro e a demanda baixa. Assim, o estoque para o inverno ficava na região, em segurança. Áreas isoladas como Gâtine, no Poitou, não eram tão ingênuas como pensavam as autoridades governamentais pós-Revolução quando vieram reconstruir a infraestrutura dos distritos e constataram que, "mal uma *bourgade* [um vilarejo de porte] ou até uma cidade sentia-se ameaçada, demolia todas as suas pontes".

Até surgir o trem, o isolamento econômico era, ao mesmo tempo, uma força e uma vulnerabilidade. Por ser fragmentado e tribal, o campo conseguia resistir à sua cíclica desintegração parcial. O próprio Flaubert morava numa mansão em Croisset, às margens do Sena, 5 quilômetros a jusante de Rouen. Croisset situava-se numa das principais rotas da história da Europa. Por ali haviam passado missionários cristãos, invasores vikings e piratas normandos. Passou o barco que trouxe as cinzas de Napoleão de volta à França em 1840. De seu pavilhão à beira do rio, Flaubert observava os barcos de turismo no Sena e os barcos a vapor e barcaças que seguiam para Paris e Le Havre. Um dia, no inverno de 1870, viu "a ponta de um capacete prussiano faiscando ao sol no caminho de sirga de Croisset". Durante um mês e meio, soldados prussianos ocuparam sua casa, beberam seu vinho, leram os livros de sua biblioteca. Para Flaubert, a Guerra Franco-Prussiana foi uma catástrofe tanto pessoal quanto financeira — tendo emprestado parte significativa de sua herança ao marido de uma sobrinha, um importador de madeira de Rouen cujo negócio foi duramente afetado pela guerra, morreu quase falido.

Nesse intervalo, na cidadezinha de Ry, a vida prosseguia como sempre. Na época em que os prussianos invadiram a casa de Flaubert, Ry tinha agência de correios, uma pequena usina de algodão e um *bureau de bienfaisance* [agência de caridade] para distribuir esmolas aos pobres. Tinha até uma "Instituição Rural", fundada pelo farmacêutico local, Monsieur Jouanne, que ensinava às crianças os rudimentos da agricultura — "A composição do fertilizante é um mistério para o homem do campo", afirmou Monsieur Jouanne num jornal progressista de ciências sociais. "Ele jamais ouviu falar em física e química agrícola; desconhece até mesmo suas noções mais elementares." Mas o progresso não perturbaria a paz da cidadezinha. Sempre haveria gente como a velha camponesa de *Madame Bovary* que trabalhava há mais de meio século numa mesma herdade e cuja noção de um bom investimento era dar dinheiro ao cura para ele rezar missas por sua alma.

AGORA QUE MUITAS pequenas comunidades buscam proteger-se dos efeitos do comércio globalizado e da migração econômica, a ideia de que a atividade de formiguinha dos pequenos proprietários rurais contribuiu mais para a união da França que os grandiosos esquemas de Napoleão Bonaparte, Napoleão III ou François Mitterrand nada tem de implausível. Muito antes dos bombásticos projetos de recuperação do Segundo Império (ver p. 315), a terra já vinha sendo trabalhada e colonizada, passo a passo, pela maioria da população que vivia como fazendeiros, meeiros, trabalhadores autônomos e catadores de restolhos.

Os milhões de pessoas consideradas tão turronas e ineficientes pelos administradores empenhavam-se na misteriosa atividade conhecida como "ir levando". Na terminologia econômica, o equivalente mais próximo é provavelmente "subvenção cruzada". Com exceção dos ferreiros, poucos conseguiam viver de uma atividade única. Um fazendeiro podia ser dono de um lote de terra e trabalhar para outro como autônomo. Um viticultor podia ser também tecelão. Nos Alpes, cultivando lotes pequenos em altitudes diferentes e

130 A DESCOBERTA DA FRANÇA

em épocas distintas do ano, um único camponês podia ser hortelão, fruticultor, viticultor, criador de ovelhas e negociante de madeira ou de couro e chifre. Pastores e pastoras dispunham de tempo para todo gênero de atividades — fazer queijo (alguns fazem até hoje), tecer chapéus de palha, costurar, entalhar madeira, caçar, fazer contrabando, criar cães, garimpar pedras preciosas, atuar como guia de soldados, exploradores e turistas, compor canções e histórias, tocar instrumentos musicais (o que "diverte os carneiros e mantém os lobos a distância") ou ainda, a exemplo de Joana D'Arc e Bernadette de Lourdes, servir de intermediário entre este mundo e o próximo.

Cada cidade ou vilarejo era uma enciclopédia viva de ofícios e ocupações. Em 1886, a cidadezinha de Saint-Étienne-d'Orthe, situada no alto de uma pequena elevação próxima ao rio Adour, totalizava 824 habitantes, dos quais a maioria era constituída por fazendeiros e seus dependentes. Da população ativa de 211, 62 exerciam outros ofícios — 33 costureiras e tecelãs, seis carpinteiros, cinco pescadores, quatro estalajadeiros, três sapateiros, dois pastores, dois ferreiros, dois moleiros, dois pedreiros, um padeiro, um *rempailleur* (estofador ou empalhador de cadeiras) e uma feiticeira (potencialmente útil na falta de um médico). Afora duas mercearias, nada de comércio, nem mesmo um açougueiro. Além das ocupações locais e dos serviços oferecidos pelos mascates (ver p. 182), a maioria dos lugares também tinha quem caçasse cobras, ratos (com o auxílio de furões treinados) e toupeiras (com armadilhas ou na tocaia, armados de pá). Havia os *rebilhous*, que soavam as horas à noite; as "cinderelas", que recolhiam e vendiam as cinzas usadas na lavagem da roupa; os chamados *tétaïres*, homens que funcionavam como bombas de tirar leite, ou seja, sugavam o peito das mães para fazer o leite fluir; e todos os demais especialistas arrolados no censo sob as rubricas "ofício ignorado" ou "desocupado", o que em geral significava cigano, prostituta ou mendigo.

Como o camponês bretão Déguignet constatou em prejuízo alheio, a mendicância era uma profissão como outra qualquer. Mendigas saíam pelas ruas espalhando comentários chulos e comprometedores sobre pessoas respeitáveis para depois lhes vender seu silêncio. Tomavam emprestadas crianças doentes ou com deformações. Fabricavam, com gema de ovo e sangue seco, feridas que pareciam verdadeiras — para obter o efeito de crosta, aplicavam a gema sobre eventuais arranhões. O relatório de um juiz de Rennes, em 1787, faz menção a "um velho embusteiro" de corcunda falsa e pé para dentro, a um outro que conseguia se passar por cego escurecendo o olho para provocar a impressão mais pavorosa e chocante possível, e a um terceiro que sabia imitar todos os sintomas de epilepsia. "Mendigo ocioso" era uma contradição em termos. Como Déguignet insiste em suas memórias, não era fácil, escondido detrás de uma sebe, fabricar um coto ou uma "perna monstruosamente inchada e coberta de carne gangrenada".

Estas toscas ocupações também existiam nas cidades grandes. Na década de 1850, um dos primeiros antropólogos amadores de Paris, o escritor caribenho Privat d'Anglemont, resolveu explicar como 70 mil parisienses começavam o dia sem saber como iriam sobreviver "e mesmo assim acabavam comendo, mais ou menos". O resultado foi um valioso compêndio de ocupações pouco conhecidas. D'Anglemont descobriu um homem que colecionava no sótão cadáveres de cães e gatos que lhe rendiam iscas de pescaria, mulheres que trabalhavam como despertadores humanos (sendo rápidas e num *quartier* densamente povoado, conseguiam atender até vinte clientes), "anjos da guarda" pagos pelos restaurantes para levarem os clientes bêbedos para casa, um exterminador de gatos que havia sido caçador de ursos nos Pireneus, e um pastor de cabras do Limousin que mantinha um rebanho de cabras no quinto andar de um cortiço do Quartier Latin.

Quando se passou a exigir que as pessoas declarassem sua profissão na certidão de nascimento ou no formulário de recenseamento, era como se a população fosse organizada, eficiente e altamente especializada, distribuindo seus esforços conforme necessário. Mas isto implicaria um grau de coesão econômica praticamente inexistente até a Primeira Guerra Mundial. A proliferação das ocupações podia sinalizar a pujança de uma cidade mercado, mas também a necessidade de produzir tudo no local e a incapacidade de arcar com o imposto a não ser com a venda de artigos feitos à mão. A grande indústria estava confinada a umas poucas regiões e a vales enegrecidos pelo carvão (ver p. 312). Até fins do século XIX, a visão das infernais conurbações industriais da Grã-Bretanha dava ao visitante francês a sensação de viajar em outro planeta. Em meados do século XIX, a maioria das fábricas da França era um negócio familiar, a maioria das fundições de ferro ficava em vilarejos, e a maioria das tecelagens era manual. Já se estava na década de 1860, e a proporção era de cerca de três artesãos para cada operário de fábrica.

A verdade é mais caótica do que faz crer o formulário de recenseamento. "Ir levando" envolvia doses cavalares de imperícia, improvisação, artimanha e embuste. Um professor de história que percorreu seu próprio departamento, o Aveyron, em 1799, constatou que a arte da cerâmica ainda "estava nos cueiros". As pessoas teciam, mas dificilmente se qualificariam como tecelãs. Os construtores eram pau para toda obra, mas não faziam nada direito. Havia carpinteiros que jamais haviam visto uma grosa ou um bedame, ferreiros que não só se metiam a consertar relógios como também ferravam as mulas com ferraduras pesadas (o que as fazia mancar), pastores que marcavam as ovelhas com um corante indelével, e cozinheiras cuja única receita era temperar com sal e condimentos a maior quantidade de carne possível.

O compasso destas ocupações, assim como da maior parte do trabalho agrícola, não era o da linha de produção. O que definia o horário de trabalho era a luz do dia e a estação do ano. Um peão chegava a trabalhar 15 horas por dia na época da colheita, e no máximo oito nos meses restantes. No Indre, na estação do crescimento, o campo fervilhava das 6 da manhã às 7 da noite, exceto durante três horas no meio do dia, quando ficava às moscas. A siesta não era exclusiva do sul ensolarado. O trabalho árduo e incessante era raro, e, a julgar pela alimentação, fisicamente inviável para a maioria (ver p. 347).

O calendário semanal, mensal e anual não era uma prisão murada com minúsculas aberturas de folga. Em geral, o trabalho na terra não consumia mais que duzentos dias por ano. O operário de fábrica raramente trabalhava mais de 260 dias. O ano típico incluía várias festas religiosas (Semana Santa, Semana de Páscoa, Solstício de Verão, Todos os Santos, Natal, Ano-Novo e os três dias do Carnaval), um piquenique peregrinação anual, o dia do santo local, que podia prolongar-se por vários dias, o dia do santo do vilarejo vizinho, mercado e feira pelo menos uma vez por semana, e uma dúzia de reuniões familiares, em média. Na maior parte da França, havia a superstição de que a sexta-feira era um dia em que o melhor era ficar quieto. Qualquer coisa que se fizesse numa sexta-feira — iniciar a colheita ou alguma construção nova, acertar um negócio, semear, matar um porco, aumentar o rebanho, limpar o estábulo, cavar um túmulo, trocar os lençóis, lavar a roupa, fazer pão, sair de viagem, rir, dar à luz — era garantia de encrenca. Uma camisa lavada numa sexta-feira se transformaria em mortalha. Domingo, é claro, era dia de repouso absoluto. Se um homem saísse para pescar no domingo, seus filhos podiam nascer com cabeça de peixe.

Um versinho ouvido em Matignon na Bretagne sugere que a combinação certa de desculpas na época certa do ano podia fazer toda a semana de trabalho sumir no ar como um ladrão:

Lundi et mardi, fête;	Segunda e terça, dia santo;
Mercredi, je n'pourrai y être;	Quarta, não posso estar lá;
Jeudi, l'jour Saint-Thomas;	Quinta, dia de são Tomé;
Vendredi, je n'y serai pas;	Sexta, também não estarei lá;
Samedi, la foire à Plénée:	Sábado, feira em Plénée,
Et v'là toute ma pauv' semaine passée!	E lá se foi minha pobre semana!

BOA PARTE DESTE LIVRO daria aos habitantes de certos *pays* a impressão de ser uma história do mundo em que seu vilarejo aparece de relance e por acaso. Mas se alguém do século XXI voltasse ao passado e caísse num certo *pays* e num certo momento antes da Primeira Guerra Mundial, talvez compartilhasse da mesma desorientação.

Um viajante de hoje que se sentasse para descansar à beira de uma lavoura e acordasse dois séculos antes veria quase a mesma paisagem, mas com uma aparência de prolongado abandono. A lavoura não seria tão alta, haveria muito mato e restolho, além de aves e insetos em abundância. A estrada seria uma trilha irregular ladeada por valas e mais ou menos apontando para o campanário mais próximo, mas seria difícil distingui-la de todas as demais trilhas que serpenteavam pelos campos. Haveria menos florestas compondo quadriláteros uniformes. Sebes, lagos e povoados estariam dispostos de modo mais desorganizado. A cena talvez evocasse a atenção de uma dona de casa aos espaços pequenos, e uma maior vulnerabilidade às forças da natureza. Sem a

134 A DESCOBERTA DA FRANÇA

geometria grandiosa de caixas d'água verticais, silos, cabos de transmissão de energia e esteiras de vapor, a habitação humana daria a sensação de agachar-se na paisagem.

Em vez do trator solitário, figuras cor de terra trabalhando em compasso de rebanho. Em close, as máquinas humanas não aparentam bom estado de conservação. Impossível adivinhar suas idades. Em meados do século XIX, mais de um quarto dos rapazes que se perfilavam nus diante das juntas de recrutamento militar eram considerados inaptos devido a "enfermidades" como "constituição frágil", um membro imprestável ou faltando, cegueira parcial ou doença da vista, hérnia ou problema genital, surdez, bócio, escrofulose, problema respiratório ou torácico. De um contingente típico de 230 mil, cerca de mil eram descartados por deficiência mental ou insanidade, 2 mil por serem corcundas e quase 3 mil por terem pernas arqueadas ou pés voltados para dentro. Outros 5% eram muito baixos (menos de 1,5 metro) e cerca de 4% sofriam de problemas não especificados que provavelmente incluíam disenteria e virulentas infestações de piolhos. Por razões óbvias, os portadores de doenças infecciosas não eram examinados e não entram nas estatísticas.

Esta parcela da população — rapazes de seus vinte e poucos anos — era a mais saudável. A condição física de todos os demais faria o viajante questionar seriamente as informações colhidas em livros, museus e quadros, mesmo que fossem de artistas da escola realista. O *Semeador*, de Jean-François Millet, é um atleta olímpico, e o *Homem com a Enxada*, curvado sobre sua ferramenta, parece mais cansado que incapacitado. Toda trabalhadora de Jules Breton tem tornozelos bem torneados, belos seios, saias engomadas. Os *Cortadores de Pedras* de Gustave Courbet, lindamente esfarrapados, não perderam a vista com as lascas de pedra, suas juntas resistiram às horas e horas de golpes estridentes e seu ambiente de trabalho é livre de poeira. Os quadros invariavelmente retratam o camponês como alguém à altura de sua tarefa. Não há lavradores aleijados, ferreiros raquíticos, costureiras míopes. Obviamente, não retratam o fedor de suor e lã molhada, de queijo ou repolho estragado, nem toda a topografia de odores frescos e fétidos que permitia a um cego orientar-se até o vilarejo mais próximo e saber quando estava se afastando de seu *pays*.

À primeira vista, as figuras impressionam mais no campo do que nos quadros. Têm força suficiente nos quadris para empurrar uma vaca pelo lombo

VIVENDO NA FRANÇA, II: UMA VIDA SIMPLES

e musculatura nos braços e no pescoço para carregar mais de 30 quilos. (Dizia-se nos Alpes que duas mulheres conseguiam carregar o mesmo que uma mula.) Mas esta força é enganosa. É função do hábito e da repetição de uns poucos gestos. Quando se vê o rosto, é outra história. Se uma dessas figuras humanas se virasse de frente, o viajante veria o que o tenente Pinkney chamou impiedosamente de "uma Vênus com a cara de um macaco velho".

A julgar pelas reações de viajantes da época, a maior surpresa era a preponderância feminina no campo. Até meados ou fins do século XIX, em praticamente toda a França, excluído o litoral (mas não o interior) da Provence, o nordeste e uma faixa estreita entre o Poitou e a Bourgogne, pelo menos metade dos que trabalhavam ao ar livre eram mulheres. Em muitos lugares, o trabalho pesado parecia ser feito pelas mulheres.

É um fato simples, mas que não tardou a ser apagado das histórias da França por autores que jamais viram o campo com seus próprios olhos, ou que acharam supérfluo distinguir entre as batatas do saco (ver p. 123). Do vale do Loire aos Alpes e à Corse, as mulheres aravam, semeavam, ceifavam, joeiravam, debulhavam, respigavam, catavam lenha, cuidavam dos animais, faziam o pão com que alimentavam os homens e as crianças, cuidavam da casa ("mal", segundo um relatório de 1802 sobre o sul da Normandie) e davam à luz mais bocas famintas. De suas tarefas, a mais leve era cuidar da casa. É significativo que, sobretudo na Provence, onde um maior número de mulheres dedicava-se às atividades do lar, as casas eram assombradas por espíritos lépidos que lavavam a louça, faziam as camas e esvaziavam os penicos.* O mundo dos espíritos relegava o trabalho ao ar livre para os seres humanos. Em todo o litoral atlântico, viam-se mulheres arando o campo, matando os animais e serrando madeira, enquanto os homens, deitados sobre montes de urze, tomavam sol. Na Auvergne, as mulheres acordavam mais cedo e iam deitar mais tarde que os homens para limpar a neve, ordenhar as vacas, alimentar os porcos, buscar água, fazer o queijo, pelar e ferver as castanhas e fiar o pano.

---

*Em 1887, um padre perto de Toulon recomendava, como forma prática de exorcismo, espalhar lentilhas pelo chão e deixá-las ali até a manhã seguinte. Aparentemente, catar lentilhas do chão era enfadonho demais, até para um ser sobrenatural.

136 A DESCOBERTA DA FRANÇA

Algumas tarefas, como buscar água, eram consideradas exclusivas das mulheres. Pouquíssimas tarefas eram consideradas exclusivas dos homens. Em Granville, na península de Cotentin, as mulheres pescavam, consertavam os barcos e trabalhavam na estiva ou como carpinteiras. Nos Alpes, eram atreladas a um asno ou ao arado. Às vezes, eram emprestadas a outros fazendeiros. Antes do início do degelo, eram vistas espalhando terra preta para que a neve derretesse mais depressa, ou arrastando cestos de terra morro acima até campos tão íngremes que o vento chegava a derrubar os animais.

O relatório sobre o sul da Normandie traz a cruel insinuação de que as mulheres eram tratadas como bestas de carga porque o trabalho árduo roubava sua beleza. Uma criatura artrítica e crestada de sol dificilmente seria um bibelô; o melhor era pô-la para trabalhar. Em lugares de sociedade patriarcal, como o sul da Auvergne, as mulheres pareciam pertencer a uma outra casta. Praticamente não há referências à justiça tribal em registros oficiais, mas os casos permitem inferir a maior vulnerabilidade de mulheres nascidas no Velay, no Vivarais ou no Gévaudan a serem impunemente espancadas e estupradas, e até vendidas como escravas a um marido visando à consolidação de propriedades agrícolas. Mais ao norte, as formas de tratamento refletiam o status das mulheres — o marido tratava animais, filhos e esposa por "*tu*" [tu], mas esta se dirigia a ele usando o tratamento mais formal "*vous*" [vós]. Em muitos lugares, o nascimento de um menino era saudado por tiros e pelo badalar de sinos, enquanto o nascimento de uma menina era um fiasco constrangedor.

Por toda a França, centenas de provérbios misóginos pareciam confirmar a impressão de que se estava diante de uma sociedade selvagem de valentões parasitas e sarcásticos:

"Dar aveia às cabras e vinho às mulheres é jogar dinheiro fora."
(Vosges)

"Case sua filha bem longe e mantenha seu monte
de esterco perto de casa."
(Vexin, Normandie)

VIVENDO NA FRANÇA, II: UMA VIDA SIMPLES

"Uma esposa falecida, um cavalo vivo, um homem rico."
(Bretagne)

"O homem só tem dois dias bons na vida:
O dia do casamento e o do enterro da esposa."
(Provence, Languedoc, Gascogne, Pays Basque)

Não se conhecem equivalentes femininos desses ditos misóginos. O que não é estranho, já que quase todos foram registrados por homens. Outros provérbios denotam um certo incômodo com a solidariedade entre as mulheres: "No poço, na moenda, no fogão e na pedra de lavar roupa, as mulheres dizem tudo o que pensam"; "Ao voltar da beira do rio [onde se lava a roupa], a mulher quer mais é esganar seu homem."

Qualquer uma dessas mulheres do campo explicaria que nada disto corresponde exatamente à verdade. As mulheres trabalhavam porque os homens estavam fora, ou nas altas pastagens estivais, ou no mar, ou girando pela França para vender badulaques levados dentro de um cesto de palha numa viagem de até sete meses de duração. Quando os homens chegavam de volta ao porto ou às montanhas, as mulheres, naturalmente, estavam no comando, cuidando da organização da fazenda, dos reparos nas construções, das negociações com o dono da terra e as autoridades, dos acordos com os comerciantes. Não raro, as mulheres eram as primeiras a migrarem para a cidade grande ou a planície, e as primeiras a criarem uma economia industrial com a venda de suas tralhas a mascates. Muitas delas careciam de bons motivos para aguardarem a volta dos homens. Até hoje, na França, a associação da mulher com um marido e filhos é automática, em revistas, em anúncios, em conversas informais. Contudo, os censos do século XIX mostram que mais de um terço delas era solteira e que, na faixa acima de 50 anos de idade, 12% jamais se casaram.

O hábito de referir-se a toda a população como "*les hommes*" [os homens] é de uma inadequação clamorosa. Não é exagerado afirmar que as mulheres sustentavam e, em larga escala, geriam a economia predominantemente rural da França. Isto explicaria por que motivo o poder da mulher, que ganhava a metade do que um homem ganhava pelo mesmo serviço, era com frequência

138 A DESCOBERTA DA FRANÇA

considerado excessivo na França, e por que motivo as reformas antifeministas dos governos de Napoleão e da Restauração foram tão draconianas. O código civil de 1804 negava à mulher casada o direito de controlar o próprio patrimônio. O código penal de 1811 justificava o assassinato da esposa adúltera. Não surpreende que muitas mulheres trabalhadoras jamais se casassem com o companheiro e que muitas comunidades tolerassem o sexo antes do casamento. "Uma moça jamais levou uma casa à desonra por deixar lhe arregaçarem as saias." (Savoie)

Os mal-entendidos eram inevitáveis. O observador burguês via aquelas mulheres sujas de esterco cavoucando no campo de cabeça baixa e traseiro empinado no ar. Cego à beleza da robustez, comparava-as à própria esposa, espigada e cheirosa. Achava estranho que os casais de namorados manifestassem seu afeto trocando socos e jogando pedras um no outro. Daria risada com os termos "carinhosos" que os casais costumavam usar. Num raro bilhete de amor que chegou até nós, escrito num postal, em ortografia praticamente indecifrável, na primeira década do século XX, um camponês da Vendée diz à noiva: "És tão linda e viçosa que só consigo comparar-te a um campo de repolhos novinhos antes de virem os gafanhotos."*

Tal como até hoje muitos na França imaginam que a maior parte da violência contra as mulheres é perpetrada pelos imigrantes, o observador patriótico culpava as influências externas pelos aparentes maus-tratos às mulheres. Sua visão era distorcida pela ignorância do cotidiano em seu próprio país. O fato de a esposa bretã permanecer de pé enquanto o marido comia não fazia dela uma escrava — ocorre que a refeição de panquecas de trigo-sarraceno fica ainda mais intragável quando se levam à mesa todas as panquecas ao mesmo tempo. E não era por serem segregadas que as mulheres ficavam até à noite no celeiro, trabalhando juntas, mas por apreciarem a companhia e a eficiência umas das outras. Segundo o escritor bretão Pierre-Jakez Hélias, criado em Finistére junto à população *bigouden*, uma mulher de guarda-chuva na mão e carregada de sacolas andando na rua dois passos atrás do marido

---

*"[...] d'ine si baëlle fraichur qu'y paeu ja meille t'quimparerr qu'à t'chié chimps d'junes chaoux avin qu'les ch'neuilles y seillejin passerr." (Em *maraîchin*, um subdialeto do *poitevin*.)

não era uma criada acompanhando o patrão, mas uma vaqueira que mantinha o animal na linha e assegurava que ele não se desgarrasse para ir juntar-se aos amigos no bebedouro.

O camponês bretão Déguignet presenciou pela Bretagne afora cenas fortemente sugestivas de que nem todas as mulheres eram submissas e vítimas de maus-tratos. Na época do ano em que a atividade no campo fervilhava e "os melhores homens estavam por ali", as mulheres brincavam do que chamavam "aplicar o *coz* e o *goaskerez* aos grandalhões". No meio do dia, enquanto os homens dormiam, quatro ou cinco mulheres procuravam um que estivesse sozinho, o imobilizavam e enchiam-lhe as calças de lama ou bosta de vaca.

> Chamada de *laka ar c'hoz* (encher de caca), [a brincadeira] não causava grandes males à vítima. Mas havia outra pior. Nesta, uma das mulheres, a que conseguisse se manter à solta, abria a ponta de um toco de madeira, separava as duas metades com as mãos como quem arma uma ratoeira, e ajustava-as ao *organis generationis ex pace per hominis*. A brincadeira, chamada de *lakad ar woaskeres* (aplicar um pinçamento), acontecia em plena luz do dia e ao ar livre, à frente de todos, inclusive das crianças, que riam e batiam palmas.

Sem as convenções sociais que impediam os pintores de retratarem um grupo de mulheres "aplicando um pinçamento", os museus do cotidiano talvez fossem menos melancólicos.

CENAS ASSIM SÃO LEMBRETES auspiciosos de que encontros fortuitos podem ser mais reveladores do que centenas de estatísticas e relatórios. Infelizmente, quase todas as figuras a distância mencionadas em relatos de viajantes — às quais bastariam algumas palavras para liquidar impressões falsas — não passam de ciscos na paisagem. Mas, às vezes, uma dessas figuras aproxima-se o suficiente para ser vista e ouvida.

É o caso da mulher sem nome de quem temos notícia por meio de uma breve troca de palavras e uma descrição de seu rosto. Mas a época e o local

140 A DESCOBERTA DA FRANÇA

são conhecidos — início do verão de 1789, uma comprida elevação próximo à cidadezinha de Dombasle, perto da floresta de Argonne. A região é uma das fronteiras internas naturais da França, no ponto em que o planalto da Champagne desce suavemente em direção à Lorena e em degraus para o vale do Rhône. Antigamente, a Argonne separava as terras de uma tribo gálica das tribos vizinhas. Mais tarde, demarcaria a borda ocidental do reino da Lotaríngia, desmembrado do império de Carlos Magno pelo tratado de Verdun em 843. Agora, em fins do século XVIII, havia trechos da antiga floresta abertos e drenados por fabricantes de vidro, carvoeiros, madeireiros e fabricantes de telhas, mas seus gigantescos valões e diques continuavam representando uma barreira de 16 quilômetros de largura entre a França e seus inimigos do leste.

A mulher é da parte miserável da Champagne, conhecida como *pouilleuse* [piolhenta]. Sua instrução provavelmente se resume ao catecismo e a algumas orações e lendas aprendidas com uma velha que vivia da caridade dos vizinhos. Desde os 7 anos de idade, cuidara dos animais na fazendola dos pais. Talvez aos 19 ainda não estivesse pronta para procriar; antes de completar 20, estava grávida.

Algumas mulheres jamais se casam. Muitas vivem com um homem que é marido em tudo, exceto no nome. Casamentos e documentos oficiais são caros e uma jovem pode enfrentar dez anos de servidão no esforço de montar um pequeno enxoval — móveis, roupas de cama e mesa, algumas moedas de prata. Há casos de moças do campo que foram para a cidade, moraram em sótãos, porões e até armários, e voltaram com um bebê sem pai. Alguns patrões mandam a criada embora no outono, antes do vencimento do salário anual. É frequente o magistrado deixar para interrogar a jovem solteira e grávida na hora do parto, pois as dores provavelmente a induzirão a revelar a verdadeira identidade do pai.

Por estas e outras razões, a mulher sem nome se casa, praticamente sem dote. Na noite de núpcias, os jovens do vilarejo do marido arrombam a porta, como manda a tradição, fazem o casal beber vinho quente no penico e inspecionam os lençóis em busca de sinais de que o casamento será abençoado. A criança nasce antes de o buquê de noiva, de frutos e espinhos, virar pó. Como diz o provérbio, "As mulheres dão à luz ao fim de três meses, mas só da primeira vez".

Mora o resto da vida numa casa, baixa e escura, de pedra branca. O telhado é largo e coberto de telhas. Um pilriteiro afasta os raios. Fora de casa, usa saia comprida, de flanela verde, e touca pontuda. É mais fecunda que o campo, que não produz mais que uma única colheita de cevada ou centeio a cada dois anos. Assim como a maioria das mulheres, tenta restringir os efeitos dos arroubos amorosos do marido, mas há apenas um método confiável, e qualquer um que tenha voltado para casa no escuro pelo caminho à beira do lago já terá ouvido o triste rezingar das Lavadeiras da Noite, condenadas a lavar as mortalhas e os corpos das crianças que mataram.

Quando o senhor local aumenta o aluguel do campo, vai a Verdun e volta com o bebê de uma burguesa ao colo. Pelos próximos quatro anos, será mãe do filho de outra pessoa. Se for flagrada com algum de seus próprios filhos ao peito, perderá o dinheiro e o marido será multado pelos tribunais em valor equivalente a vinte dias de trabalho na época da colheita.

Um dia, ao subir o morro perto de casa, vê um cavalheiro logo ali adiante na estrada e aperta o passo. A história de um estranho é sempre bem-vinda. Sempre se pode contá-la mais tarde, nas longas noites em que as mulheres sentam-se em roda debulhando ervilhas, cardando lã ou costurando um vestido branco para a festa da cidade. O homem está bem vestido, parece estrangeiro, mas viaja só, sem carruagem. Segura as rédeas de uma égua que o segue a passo, os cascos ressoando na estrada branca e pedregosa. A égua está cansada e meio cegueta, mas é mais alta que a raça local e evidentemente bem tratada, já que o cavalheiro desmontou para poupá-la na subida.

A mulher caminha ao lado dele até o alto do morro. Dali, as pesadas ondulações do maciço de Argonne escorrem em direção às florestas a oeste e pelo outro lado até o vale do Meuse e a ponte, em Verdun. A descrição mais recente da estrada, em *Complete Itinerary of France* [Itinerário Completo da França], de 1788, faz referência ao local: "Subida íngreme. Travessia da grande cadeia primitiva que separa as bacias fluviais da marítima."

"Que país triste", ela diz, "e que tempos difíceis." O cavalheiro, delicadamente inquisitivo, quer saber os motivos do desabafo. No claro dialeto *champenois*, ela explica que o marido tem pouquíssimas posses — "um pedacinho de terra, uma vaca, e um pobre cavalinho". Ela tem sete filhos, e "o leite da vaca ajuda na sopa".

— Mas por que, em vez do cavalo, vocês não têm mais uma vaca?
— Ah! Sem o cavalo, meu marido teria muito mais dificuldade para transportar sua produção agrícola; e os jumentos não são muito usados por aqui.

Semanas antes, ela pouco teria a acrescentar, mas está impressionada com as ordens para se listarem as queixas e com os boatos que correm pela estrada de Paris. Recentemente, ouviu dizer que "uns maiorais vão fazer alguma coisa pelos mais pobres, mas não sei quem, nem como; mas espero que Deus nos ajude, pois estamos enforcados com os dízimos e os impostos".

Seu rosto atesta a veracidade de suas palavras, exceto num único detalhe. Nessa noite, ao redigir seu relato em Mars-la-Tour, o viajante relembra aquele rosto: "Ao primeiro olhar, nota-se o trabalho árduo e estafante. Tendo a crer que trabalham mais do que os homens." "Esta mulher era tão curvada e seu rosto tão vincado e empedernido pelo trabalho que, a uma distância não muito grande, aparentava ter seus 60 ou 70 anos — mas ela disse ter apenas 28."

A data está registrada no diário: 12 de julho de 1789. Dois dias depois, em Paris, uma turba invade e destrói a Bastilha. Dias mais tarde, quando as notícias chegam a Argonne, o encarregado da estação de muda ou um cocheiro explica o que é a Bastille e o que ela significa. O cavalheiro estrangeiro, Arthur Young, recebe a notícia em 20 de julho, ao chegar à hospedaria em Strasbourg: "A deposição absoluta do antigo governo!" "Que grande espetáculo para o mundo será ver, nesta era iluminista, os representantes de 25 milhões de pessoas discutirem a construção de uma nova ordem e estrutura da liberdade, melhor que qualquer outra oferecida pela Europa até hoje."

De Paris, onde a nova Assembleia Nacional está reunida, os "maiorais" emitem proclamações e os boatos deflagram uma enxurrada de notícias. Não é preciso esperar pela diligência postal de Paris. As notícias são transmitidas aos gritos, de campo em campo, como antes da construção da estrada. Um

VIVENDO NA FRANÇA, II: UMA VIDA SIMPLES

dia, a 16 quilômetros ao norte, o rei e a rainha são presos e levados de volta a Paris. Mesmo com os portões da cidade fechados, o inacreditável relato chega ao lado oposto de Verdun antes do anoitecer. Pela estrada que atravessa Dombasle, homens e mulheres postados à porta de casa observam os passantes indagando-se se já viram aqueles rostos em almanaques, e atentos aos sinais que vêm do céu.

Quando as grandes herdades dos *châteaux* e mosteiros são postas à venda, o marido da mulher compra mais um pedacinho de terra. Mas os "cidadãos", como devem ser chamados agora, continuam "enforcados com os dízimos e os impostos". Um campo que, antigamente, podia ser arrendado de um senhor ou de um abade está agora sujeito à cobrança de imposto, e, como diz o povo, "o dinheiro é caro". Alguns dos vizinhos ficaram mais pobres agora, que são donos de terras, do que antes, quando eram trabalhadores.

Vinte anos depois, o marido morreu e a vida dela parece interminável. A Argonne testemunhou a passagem dos exércitos de Napoleão, depois dos prussianos, dos austríacos, dos cossacos famintos. A mulher tem menos filhos cultivando a terra. Alguns morreram lutando, outros foram embora para trabalhar em tecelagens no oeste. No mercado, ouve-se às vezes falar em mudanças, o que em geral significa que o pessoal de Paris voltou a lutar entre si. Mas o senhor está de volta a seu *château* e o prefeito, dono do maior vinhedo da região, fundou sua própria dinastia. Parte das terras comuns está lacrada e há regras sobre a quantidade de madeira e folhas mortas que se pode tirar da floresta.

Notam-se maiores mudanças nas lavouras que nas pessoas. Agora, há batatas (desconhecidas, quando ela era criança), alcachofras para os animais, beterraba, colza e umas poucas videiras para render dinheiro, e trevo. Isto significa menos tempo gasto arrastando cestos de esterco morro acima. Seus filhos terão acesso a supérfluos. O filho joga bilhar no café de Dombasle e fuma cachimbo. A filha usa saia-balão e passa o dia todo dentro de casa.

Um dia, já velha, a mulher está sentada em frente de casa, olhando fixo para uma figura com a cabeça coberta por um grande capuz negro. Não se sabe se terá sido um dos primeiros etnólogos a fazer o levantamento e registro das cidades e vilarejos da Argonne, ou um fotógrafo de Paris em busca de camponeses "típicos". A lente enquadra um rosto tão eloquente como uma paisagem. Seus vincos sobreviverão à decomposição química do albúmen.

Ao morrer, a enxerga em que dormia é queimada. A mulher é enrolada num lençol e acomodada entre tábuas ásperas cuja única serventia é mesmo virar caixão. Por motivos que ninguém consegue lembrar, sua mão é fechada segurando uma moeda. A mulher é enterrada no cemitério da igreja, onde no dia de Finados os vizinhos vêm fazer piquenique e rezar pelos mortos.

A foto ainda existe. Um século depois, restaurada e ampliada, está em exibição num museu do cotidiano — representa todos os seus conterrâneos, como uma santa local, ou como um encontro fortuito na estrada.

CAPÍTULO 7

Fadas, Virgens, Deuses e Padres

ALGUMAS PAISAGENS FRANCESAS quase não sofreram mudanças em 2 mil anos. O golfo de Lion, com seu rosário de lagoas e o delta marinho da Camargue, não causaria estranheza a um marinheiro romano, a não ser talvez a sensação de orientar-se não pelos faróis das tribos massilienses, mas pelas chaminés de uma fábrica de cimento ou pelas torres de um condomínio de prédios residenciais à beira-mar. Adiante dos pântanos, a leste de Arles, a Grande Crau ainda é a mesma "planície pedregosa" vista por Plínio, o Velho, salpicada dos imensos calhaus que Zeus varejou nos inimigos de Hércules. O geógrafo Strabo, ao subir o vale do Rhodanus em direção ao monte Cemmenus (as Cévennes) lutando com o Bóreas Negro (o mistral), constatou que "acaba-se a terra plantada de oliveiras e que dá figos [e], quanto mais se sobe, maior a dificuldade da videira em concluir o ciclo de amadurecimento de seu fruto".

Por mais preservada que seja a paisagem, enxergá-la pelos olhos dos habitantes de eras passadas exigiria, é claro, total transferência telepática. A paisagem percebida como "vista" seria, na mente de um nativo, um microcosmo de passagens secretas e criaturas esquisitas, porém familiares. O espaço seria percebido em sua dimensão vertical, e não horizontal. O parâmetro de medida seria a densidade, e não a distância. As elevações no horizonte podiam não

146 A DESCOBERTA DA FRANÇA

ter nomes, mas o entorno imediato abrigaria um maior número de lugares que os sinalizados em mapas viários da França contemporânea.

Algumas pessoas descobriram a região em épicas viagens sazonais seguindo rotas estabelecidas há muito tempo (ver capítulo 8). Mas as primeiras viagens de descoberta eram invariavelmente empreendidas dentro do pequeno *pays*, em jornadas que raramente superavam um dia e meio de caminhada em qualquer direção. As percepções locais destes mundos eram com frequência descartadas como sendo fantasias supersticiosas, ou citadas como prova de que a religião dos druidas não estava extinta. Mas estas crenças primitivas não eram nem o legado carcomido de uma era pré-histórica, nem exclusivas do campo e dos camponeses. Eram o meio pelo qual a maioria descobria, explicava e até desfrutava de seu mundo.

CERTA MANHÃ, já perto do final do inverno de 1858, uma menina de 14 anos deixou a cidade suja e miserável dos Pireneus em que foi criada e partiu pela margem do rio torrencial chamado Gave de Pau. A asma crônica não a impediu de caminhar 16 quilômetros até finalmente chegar a uma ponte coberta de hera, isto depois de passar pelo limo escorregadio das grutas calcárias, moinhos d'água, capelas, um povoado erguido por uma colônia de *cagots* e as fundições de uma fábrica de pregos em Saint-Pé. Do outro lado da ponte, havia uma grande igreja cinzenta e um bosque que abrigava uma feira permanente. Uma multidão festiva e barulhenta comprava bolos e rosários, entoava canções com os olhos pregados em imagens vistosas da Santa Virgem, de judeus malvados e de soldados romanos, e ouvia, meio desatenta, a pregação em bearnês de padres que gesticulavam muito. Para a menina, o santuário de Bétharram ficava além do fim do mundo. Foi justo o tempo de rezar no santuário, comprar um rosário e voltar para casa antes do anoitecer.

Exatamente como os milhares de outros peregrinos que iam a Bétharram todo ano — muitos deles a pé e esfarrapados, como a menina, mas alguns de carruagem e em trajes deslumbrantes —, a menina contava com um milagre. A família fora despejada pelo novo dono do moinho depois que o pai perdera um olho rusticando uma mó com um cinzel. Um ano antes da visita de

FADAS, VIRGENS, DEUSES E PADRES

Bernadette a Bétharram, o pai fora acusado de roubar dois sacos de farinha. Era difícil achar trabalho no inverno e a família vira-se obrigada a trocar o antigo bairro dos *cagots* pela prisão medieval usada como abrigo de indigentes. Padeciam de frio, de fome e de desespero. Havia outros santuários muito mais próximos, mas a Virgem de Bétharram era sabidamente a mais poderosa e profícua de todas.

As grutas de Bétharram já eram um lugar sagrado desde muito antes da chegada dos cultos à Virgem Maria aos Pireneus, na Idade Média. Mas seu renome nacional datava do início do século XVI, quando dois pastores viram uma luz no meio de uns arbustos e encontraram uma pequena estatueta de mulher. Nos primeiros 22 anos, a estatueta fez mais de vinte milagres por ano. O nome, "Beth-Arram" ("belo ramo"), alude ao galho que surgiu milagrosamente quando uma pastora caiu no rio. Bernadette Soubirous, a menina que visitou o santuário naquele dia de fevereiro, também era pastora — sua esperança de merecer um favor especial da Virgem era razoável.

Dias depois, Bernadette, sua irmã e uma amiga catavam lenha e ossos junto ao rio que corria entre a floresta e a cidade. A água criara ali um emaranhado de grutas e estranhas formações estalactíferas. As grutas eram associadas a oráculos e demônios. Rochas entalhadas, pontas de flechas, até mesmo ossos humanos, haviam sido encontrados no local. Mas as grutas também atraíam turistas em busca de belezas naturais. George Sand havia estado lá em 1825:

> A entrada destas grutas é admirável. Adiantei-me sozinho e fiquei maravilhado quando me vi dentro de um magnífico salão sustentado por enormes massas rochosas que pareciam pilares góticos.

As belezas naturais das grutas de Lourdes eram um recurso precioso para a cidadezinha molambenta. Lourdes ficava na rota dos peregrinos que seguiam para Bétharram e na rota turística que levava às estâncias hidrominerais. Desde a época de Napoleão, os guias de viagem mencionavam o farmacêutico local e seus deliciosos xaropes e confeitos de chocolate. Mas, fora isso, a única atração de Lourdes era uma lúgubre fortaleza. Além de não ter águas curativas

148   A DESCOBERTA DA FRANÇA

que atraíssem inválidos ricos, sua rival, Argelès, vencera a disputa para sediar o centro administrativo da região.

As três meninas chegaram ao local em que corria um pequeno canal que desaguava no rio e onde ficava a gruta chamada Massabielle, ou "Rocha Antiga". Eram terras comuns, frequentadas por pobres que vinham à cata de combustível e guardadores de porcos com seus animais. Enquanto tirava as meias para atravessar o canal, Bernadette ouviu uma súbita rajada de vento que vinha de dentro da gruta. Olhou para o alto e, um pouco acima da entrada dela, viu uma pequena figura vestida de branco, da mesma altura que ela (1,40 metro), com uma faixa azul na cintura e uma rosa amarela em cada um dos pés. "*Uo pétito damisèla*" (em francês, *une petite demoiselle* [uma pequena donzela]). A figura era parecida com uma conhecida de Bernadette, uma menina de 12 anos que costumava vestir-se de branco.

A região, como costumava ocorrer quando havia uma aparição da Virgem, foi tomada de grande comoção. Nas seis semanas seguintes, na companhia de uma multidão cada vez maior, Bernadette reviu a *demoiselle* mais 17 vezes. A aparição revelou a Bernadette que havia uma nascente no chão da gruta e deu instruções para que a capela fosse construída exatamente ali. Na décima sexta visita, a menina foi persuadida a indagar da figura quem ela era. A resposta, no dialeto local, foi "*Que soy era immaculada councepciou*". Bernadette não fazia a menor ideia do significado das misteriosas palavras, embora devesse tê-las ouvido nas aulas de catecismo. (Isto foi em 1858. A doutrina da Imaculada Conceição havia sido proclamada pelo papa Pio IX em 1854 e promulgada em Lourdes em 1855.)

Algumas pessoas acharam que sabiam o que a menina havia visto melhor do que ela mesma. O jornal local chamou a aparição de "dama", o que fez surgir a hipótese de que a pequena indigente ficara impressionada com uma turista elegante ou com alguma das beldades locais — quem sabe a noiva do editor do jornal ou a esposa do farmacêutico, conhecida como "*la Belle Chocolatière*" [a Bela Chocolateira], pois suas roupas vinham de Paris. Mas a imagem da criatura que a menina trazia gravada na cabeça era muito diferente. Mais tarde, Bernadette ficou muito brava quando a aparição miúda, de

FADAS, VIRGENS, DEUSES E PADRES

aparência infantil, foi retratada por pintores e escultores como uma dama alta e bem nutrida, de espartilho e crinolina, muito longe da puberdade e com cara de quem se sentia mais à vontade num salão parisiense do que numa gruta úmida da província.

Para Bernadette e a população local, "*damisèla*" tinha uma conotação específica. *Demoiselles* era o nome dado às fadas da floresta, que se vestiam de branco e desapareciam se alguém se aproximasse demais. A seus pés, nasciam flores. Eram capazes de produzir um vento súbito do nada e amainá-lo com igual rapidez. Moravam em cavernas e grutas e eram associadas a nascentes e à água corrente. Também eram conhecidas por tomarem o partido dos pobres e por reagirem com violência a qualquer injustiça cometida. Ali mesmo, nos Pireneus, quando o Código Florestal de 1827 restringiu o que se podia extrair de alimentos e combustível das antigas terras comuns, figuras brancas e fantasmagóricas aterrorizaram os guardas-florestais e as indústrias carvoeiras. Incêndios consumiram suas cabanas e eles foram ameaçados de mutilação. A "guerra das *Demoiselles*" atingiu o auge no início da década de 1830, mas prosseguiu de modo intermitente até a década de 1870. As *demoiselles* deste movimento rural de Resistência eram, afinal, homens da terra fantasiados de fadas, mas o modelo para seu comportamento eram espíritos sobrenaturais (a crença em sua existência durou até a década de 1950).

Os acontecimentos de Lourdes acabariam sendo interpretados como um confronto entre céticos e crentes, mas algo muito mais antigo e profundo separava as autoridades e a população. A mente do camponês convivia bem com mistérios e contradições. A aparição era, ao mesmo tempo, a Virgem Maria e um espírito pagão. A Virgem e a fada local intercambiavam-se nos contos folclóricos que circulavam em muitas partes da França. Quatro séculos antes, Joana d'Arc e as crianças de seu vilarejo dançavam em volta da "Árvore Encantada" e teciam guirlandas para a estátua da Virgem. O xis da questão não era o status metafísico do ser, mas suas ações e empatias.

Tal como as fadas da floresta e a maioria das demais Virgens dos Pireneus, a Virgem de Lourdes apareceu em terras comuns. Era bondosa com os pobres, mas não custava a humilhar os céticos, e precisava ser

150   A DESCOBERTA DA FRANÇA

apaziguada com oferendas. Acima de tudo, não pertencia à Igreja Católica. Como é costume em tais casos, as autoridades da Igreja optaram pelo ceticismo — como o prefeito local, preocupavam-se com os prejuízos à lei e à ordem. Viam em Bernadette uma camponesa simplória, e nas 20 mil pessoas que vinham depositar velas e oferendas na gruta um transtorno e uma ameaça à saúde pública.

Doze anos antes, numa encosta erma de La Salette, na diocese de Grenoble, a Virgem aparecera a dois pastores — uma menina macambúzia e um menino cuja capacidade de concentração era tão reduzida, que ele desatou a jogar pedras enquanto a Virgem ainda transmitia sua mensagem. A aparição da Virgem de La Salette era muito mais duvidosa que a da Virgem de Lourdes, mas, premida pelo entusiasmo popular, a Igreja fora forçada a validar as curas milagrosas realizadas por ela.

Quatro anos se passaram até que a Igreja endossasse a visão de Bernadette, mas a esta altura sua família e a cidade já tinham encontrado a salvação. Lourdes não tardou a atrair mais visitantes que as estâncias hidrominerais mais requintadas dos Pireneus. O valor das propriedades na estrada que levava ao santuário disparou. Lojas brotavam como as flores aos pés das fadas. "A parentela da célebre criança consegue transformar esse parentesco em dinheiro anunciando no alto de suas lojas, em letras garrafais, 'Tia de Bernadette' etc." (Henry Blackburn, *The Pyrenees: a Description of Summer Life at French Watering Places* [Os Pireneus: uma descrição da vida em estâncias hidrominerais francesas no verão], 1881). Independentemente do que as pessoas instruídas quisessem acreditar, não se tratava de cinismo oportunista. A arraia-miúda conquistara uma grande vitória e entendia que era certo e justo lucrar com o presente da Virgem. A *demoiselle* escolhera Lourdes, e não Bétharram ou Argelès. Um dia, haveria mais hotéis em Lourdes que em qualquer outro lugar, à exceção de Paris, e Bétharram ficaria deserta. Como observou, com um pouco de dor de cotovelo, a senhoria de Blackburn em Argelès, "Lourdes tirou a sorte grande".

FADAS, VIRGENS, DEUSES E PADRES

OS ACONTECIMENTOS DE LOURDES foram espetaculares, mas não excepcionais. Inserem-se numa velha história que remonta à Gália romana, até antes disso, a épocas sem registro histórico, anteriores ao nascimento de Cristo.

Um mapa da França e uma lista de topônimos ajudam a decifrar alguns trechos iniciais desta história. Assinalando-se no mapa todos os topônimos derivados de nomes de santos, nota-se um padrão distinto — a concentração de "santos" ("Saint" ou seus antecessores "Dam-" e "Dom-", de *dominus*) no centro e no oeste do país, e sua relativa escassez em amplas áreas do norte, nordeste e extremo sudoeste. O padrão reflete variações no grau de assentamento e de estabilidade da população no início da Idade Média — a probabilidade de uma cidade ou vilarejo bem estabelecido ter seu nome trocado devido ao surgimento da nova religião era muito menor que num povoado disperso cuja aglutinação só ocorreria mais tarde, em torno de uma igreja. Mesmo em eras tão remotas, distinguem-se pequenos detalhes. A incidência do topônimo Saint-Martin [São Martinho] (o soldado romano que se tornou bispo de Tours e evangelizou a Gália no século IV) tende a concentrar-se no eixo das estradas romanas e seria reveladora das rotas de difusão da nova religião. Já o topônimo Saint-Bonnet [São Bonitus] — ressalvados os "Bonnets" derivados do nome do deus celta Belenos — traça uma linha errática que atravessa o país da Savoie à Gironde, e seria indicativo da rota tomada pelo santo. (Bonitus morreu no século VII, quando voltava de Roma para Clermont-Ferrand, mas prosseguiu viagem até o litoral atlântico, ou desencarnado, ou transportado num relicário.)

Este padrão toponímico específico é curiosamente reminiscente de uma antiga tendência conhecida por geógrafos e historiadores como a linha Saint-Malo-Genève (ver p. 371), uma linha imaginária que cruza o país na diagonal da península de Cotentin, no canal da Mancha, aos Alpes franceses setentrionais. Pelo menos até fins do século XIX, o padrão manifesta-se com regularidade assombrosa quando vários conjuntos de dados são plotados no mapa — ao sul e a oeste da linha, as pessoas costumavam ser mais baixas e ter cabelos e olhos mais escuros; eram menos alfabetizadas, moravam em lugares mais acanhados, tinham menos renda tributável e maior probabilidade de trabalhar na agricultura.

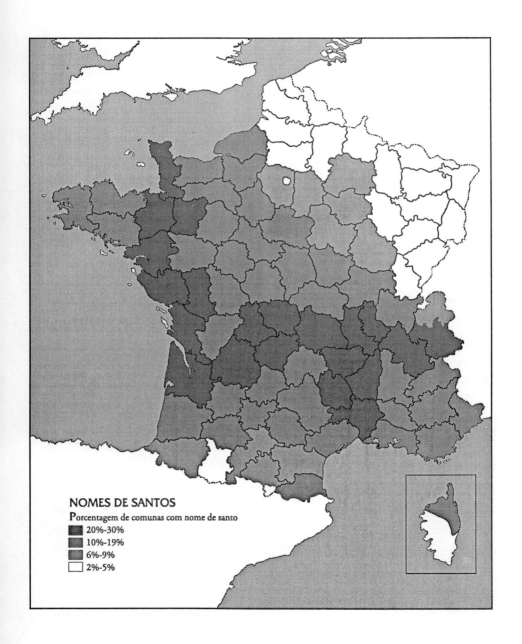

FADAS, VIRGENS, DEUSES E PADRES

É possível que a linha Saint-Malo-Genève seja anterior à divisão norte-sul (ver p. 95) e reflita movimentações populacionais arcaicas, das quais seria o único vestígio remanescente. Ela talvez seja o "atrator estranho" de um processo caótico que engloba fatores como geografia e clima, invasão e migração, iniciativa e inércia. Sugere, no mínimo, que a cristianização da França foi subordinada a outras realidades e tendências, e suscita algumas perguntas delicadas. A Igreja consolidou a nação criando paróquias e dioceses ou simplesmente impondo-se — como em Lourdes — a sociedades e crenças já existentes? O Império Romano e a Igreja Católica Romana criaram ou apenas conquistaram a Gália moderna? A "superstição" e a religião popular eram a repaginação dos despojos do druidismo ou um sistema coerente de crença?

O desconforto da Igreja em face da visão de Bernadette em 1858 trai um medo da insignificância quase tão antigo como a Igreja em si. Desde o século IV ou V, a Igreja vinha erradicando e se apossando dos sítios pagãos. Às vezes, santos eram inventados para substituir os antigos deuses. Santa Minerva tomou o lugar de Minerva, Marte virou são Mard ou são Maurício. Antigos sítios religiosos foram convertidos e revestidos de um perfil de cristandade. Sant'Ana é a santa padroeira da Bretagne, não por ter estado lá, mas por ser o equivalente mais plausível para a deusa celta Ana e os pântanos sagrados que faziam a ponte entre este mundo e o além. (*Ana* ou *anam*, em gaulês, equivalia a pântano.)

Os sítios sagrados trocavam de nome, mas raramente eram abandonados. A capela de santa Águeda no vale do Vilaine na Bretagne meridional remonta à era galo-românica. Há ali um afresco que retrata Eros cavalgando um golfinho, e uma mulher nua — que tanto pode ser Vênus quanto a fada local — penteando os cabelos à beira d'água. Antes do século IX, a capela foi dedicada a um certo "são Vênus", do sexo masculino, posteriormente rebatizado de são Vénier [Sancti Veneris]. No século XVIII, quando os antigos santos milagrosos foram substituídos pelos santos da Contrarreforma, a siciliana santa Águeda foi importada para substituir são Vénier, que sempre desfrutou da reputação de fazer as mulheres estéreis engravidarem.

Trinta anos após a visão de Bernadette, a Igreja persistia em seu obstinado afã de semear cruzes pelos sítios sagrados, com o propósito de "transferir para a cruz o privilégio do respeito e dos sentimentos religiosos associados ao sítio". A cruz interceptaria as orações à divindade local e as redirecionaria para o paraíso cristão. Práticas e crenças tidas como absurdas se dissipariam e as pessoas seriam persuadidas a abandonar seus cultos fetichistas e adorar um deus cujo filho nasceu de uma virgem.

As estradas secundárias da França são pródigas em evidências de que esta guerra espiritual continuava sendo travada até bem recentemente. É comum encontrar cruzes comemorativas de missões de fins do século XIX junto a placas de sinalização, subestações elétricas e depósitos comunitários de lixo. Às vezes, nota-se no frontão de pedra da cruz um marco de triangulação de algum cartógrafo. Não costuma ser óbvio que estas cruzes são monumentos a uma luta muito antiga. Em geral, acredita-se que elas estão ligadas ao processo de "descristianização" da França pela Revolução e subsequente reconversão do país ao catolicismo. A cruz parece declarar simplesmente que a França é um país cristão, assim como as grandes catedrais góticas parecem ser o polo de onde se irradia todo o sistema viário da França.*

As cruzes à beira da estrada fazem parte da mesma longa história que desemboca em Lourdes. Em geral, erguem-se em antigos sítios sagrados de alguma outra tradição religiosa que tem sua própria, e decrépita, rede de monumentos. A pré-histórica "pedra do cravo" da catedral de Laon, que atestava a inocência do homem capaz de cravar nela um prego, sucumbiu às melhorias urbanas do início do século XIX. Mas a catedral de Le Mans ainda serve de apoio a um grande menir, que se recosta ali como uma velha turrona que não arreda pé de um canto da sala de estar da casa da filha. A maioria dos monumentos, mutilados pelo tempo e por um permanente processo de desconsagração e reconsagração, fica em locais afastados (que a rigor nem merecem ser chamados "locais") — à beira de antigas rotas hoje reduzidas a vestígios esparsos, interrompidas por rodovias e ferrovias e tão erráticas que não se prestam a quem viaja com pressa de chegar ao destino.

---

*Desde 1768, todas as distâncias são medidas a partir de um marco situado na esplanada em frente à catedral de Notre-Dame, em Paris. O atual "Marco Zero", uma placa octogonal em latão, substituiu a pedra triangular anterior que tinha no pilar as armas de Notre-Dame de Paris.

FADAS, VIRGENS, DEUSES E PADRES

São pedras avistadas de repente com o rabo do olho, como figuras numa paisagem que um segundo antes parecia deserta. Numa estradinha lamacenta perto de Flers, na Normandie, há uma pedra pré-histórica cujas quatro faces foram entalhadas em formato de cruz cristã há cerca de três séculos. É um sítio pré-histórico típico — deserto, mas com vestígios recentes de piqueniques e outras atividades mais íntimas. Uma vala de concreto faz crer que havia ali um olho d'água ou um pequeno córrego subterrâneo. Junto à pedra, há dois imensos carvalhos, separados por pouco mais de 1 metro de distância. O carvalho era uma árvore sagrada para os druidas; resistiu até o século XIX e a crença de que passar entre dois carvalhos, ou por uma fenda em seu tronco, tinha poderes mágicos, em geral associados à fertilidade. Era costume, nos sítios sagrados, replantar as árvores que morriam — assim, é provável que os dois carvalhos junto à pedra ocupem o mesmo lugar de seus ancestrais pré-históricos.

Estas pedras (as que não foram arrancadas e usadas na construção das estradas) sobrevivem, não por terem sido preservadas pelo governo, mas porque até muito recentemente atraíam mais devoção popular que igrejas ou catedrais — em geral, havia menos familiaridade com os evangelhos do que com as histórias associadas às pedras. É provável que a pedra entalhada perto de Flers tenha alguma relação com outra pedra de maior porte que se ergue na vertical, a 8 quilômetros a leste, do outro lado do vilarejo de Sainte-Opportune. Este rochedo de granito, levemente adernado, que fica junto a um salgueiro e a um charco onde há um olho-d'água, seria a pedra de afiar usada por Satanás, ou por Gargantua, ao disputar com são Pedro quem arava melhor o solo. Em outra versão, Gargantua teria levado um cascudo de santa Oportuna, que o flagrara dormindo em vez de arando o campo e, mal-humorado, desfez-se da pedra, jogando-a longe.

Embora os cartógrafos costumassem usar sítios pré-históricos para fazer suas medições geodésicas e montar seus instrumentos no alto das pedras, os mapas só passariam a indicar estes monumentos religiosos — inclusive os gigantescos alinhamentos megalíticos de Carnac — no século XX. A essa altura, muitos haviam sido depredados por vândalos em trânsito e caçadores de tesouros. A maioria deles ainda não é reconhecida como patrimônio nacio-

156   A DESCOBERTA DA FRANÇA

nal, e nem todos constam dos mapas. Um dos maiores dolmens da Europa, o de Bagneux no vale do Loire, antigo cenário de festejos e danças, foi engolido pelos subúrbios de Saumur — em 2006, estava à venda como parte de um lote que incluía dois apartamentos e o café-bar "Le Dolmen".

ESTAS PEDRAS OBSTINADAS fornecem pistas tanto para o passado pré-histórico quanto para um mundo mais recente.

A um dia de viagem de Lourdes para leste — 50 quilômetros em linha reta ou 80 quilômetros pela estrada —, próximo ao passo de Peyresourde, hoje duplamente famoso como um dos obstáculos de praxe da competição ciclística Tour de France e como locação de cenas de um filme de 007 que se passam nos Himalaias, há uma série de pequenos povoados aglomerados junto à autoestrada transpirenaica.

Nos morros que cercam esses povoados, há um grupo de pedras. Algumas delas foram arrastadas por geleiras ou avalanches, outras foram colocadas ali de propósito, dispostas em círculo ou em linha. Acima do vilarejo de Poubeau, uma estrada sobe em espiral e uma trilha dá numa clareira depois de atravessar o que resta de um bosque. Dali não se avista o vilarejo lá em baixo, mas o panorama das montanhas é magnífico. Na clareira, junto a um bloco de granito de quase 2 metros de altura conhecido como "Cailhaou d'Arriba-Pardin" ("Pedra que Veio de Deus"), que reagia ao toque com um levíssimo tremor, havia no passado uma pedra menor, hoje soterrada, de cerca de 1 metro de altura, em formato de pênis. Meninas e mulheres montavam na rocha fálica ou ajoelhavam-se numa placa colocada diante dela. O fato era corriqueiro em muitas partes da França, talvez corriqueiro demais, dependendo da interpretação dada a frases de relatórios oficiais como "asqueroso demais para ser descrito". Na véspera da Terça-feira Gorda, acendia-se uma fogueira junto à pedra e se encenavam danças "obscenas".

Os "ritos de fertilidade" ainda eram correntes no vilarejo de Poubeau em 1875, quando um antropólogo apareceu para investigar, acompanhado por um guia local:

O espírito que habita a pedra não desfruta de uma reputação imaculada na região, o que não o deprecia aos olhos dos habitantes. Os encontros junto à pedra resultaram em tantas uniões felizes e abençoadas pelo matrimônio e pelo nascimento de numerosas proles que tanto os jovens quanto os velhos guardam dele as melhores lembranças. Todos idolatram a pedra e estão preparados para defendê-la, caso necessário.

Na década de 1810, a pedra foi usada como pedestal para uma cruz de ferro; a cruz foi destruída por um raio, o que reforçou o prestígio da pedra. Em 1835, operários enviados para removê-la foram atacados por gente do vilarejo. Seguiram-se acidentes inexplicáveis. Uma pedra caiu e matou um padre local. Finalmente, em 1871, um outro padre ergueu a cruz que enferruja até hoje no alto da pedra. Depois disso, a população do vilarejo teria abandonado o culto, restringindo-se a sair em procissão até a pedra no domingo anterior à festa da Ascensão para pedir uma boa colheita. No entanto, o rubor nas faces de meninas entrevistadas pelo antropólogo em 1875 fazia crer que a pedra ainda não estava inteiramente reduzida ao celibato.

O Cailhaou Arriba-Pardin e suas vizinhas eram os arquivistas e contadores de histórias da comunidade. Além do Cailhaou havia a "peyre-hita", que em 1877 continuava sendo "tocada de uma certa maneira" pelas mulheres locais. Havia no passo um outro grupo de pedras onde, anos antes, Jesus teria ficado tão indignado com um pastor que se recusara a atender a seu pedido de algo para comer que transformara o pastor, seu cachorro e seus carneiros em pedra. Perto de uma gruta atopetada de ossos, ficava a "pedra pé de valsa", antigamente dotada de um apêndice fálico. Junto a Peyrelade, a enorme "pedra de fogo" era palco da celebração do solstício de verão. E logo acima de Jurvielle, na nascente de um riacho, ficava a assombrosa pedra falante.

Na pedra falante morava uma *incantada*, que entrava e saía por uma porta entalhada no granito. Colando o ouvido a uma pequena cavidade, dava para ouvir suas mensagens sussurradas. As *incantadas* eram anjos que, quando eclodiu a guerra entre Deus e o Mal, optaram pela neutralidade. Na época, Deus era misericordioso, mas pelo menos por ora não queria que se soubesse disso — baniu as *incantadas* para a Terra, onde elas tinham de banhar-se o tempo todo até ficarem suficientemente limpas para poderem voltar ao paraíso. Era um ponto ideal para banhos. O branco das roupas lavadas na pedra falante era mais branco.

As veneradas pedras nada tinham a ver com os objetos sobrenaturais cultuados pelos neodruidas. Ao contrário do que acreditavam os padres e os antropólogos do Romantismo, não havia o "culto à pedra". As pedras faziam parte do cotidiano. Demarcavam as divisas do *pays* e personificavam a vida comunitária — as celebrações sazonais, o rito de contar histórias ou de lavar a roupa, o sexo, o desafio às autoridades. Eram espíritos terrenos que davam vida à paisagem e embelezavam a natureza. As pedras ameaçavam mais a Igreja Católica que a Revolução Francesa. Não era graças à Igreja, mas aos espíritos, que a população local tinha onde dançar e celebrar os antigos festejos, e um lugar secreto em que os jovens podiam romper as barreiras da virgindade, observados apenas por picos nevados.

De todas as esferas concêntricas que demarcavam os limites para a exploração do mundo, as menores eram monumentos como as pedras do passo de Peyresourde. A maioria dos espíritos não era vinculada a um *pays*, mas a um sítio específico, e seu raio de influência raramente superava umas poucas dezenas de centímetros. Nestes universos minúsculos e mágicos, o mundo intercontinental da doutrina teológica era inteiramente sem sentido. Em 1890, em Bérou, na Normandie, um pregador missionário afirmou a seu rebanho que havia apenas uma Virgem Maria. Ouviu-se uma mulher dizer entre dentes, "Velho bobo! Como se todo mundo não soubesse que a filha está aqui e a mãe em Revercourt" (a 3 quilômetros de distância).

Os santos mais populares não gostavam de viajar. Invariavelmente, uma estátua ou estatueta transferida para uma igreja voltava misteriosamente ao local onde fora descoberta por milagre — o laguinho, ou a vala, ou o tronco de árvore que crescera ocultando-a num nicho de madeira até a árvore ser ceifada. Era com estes silenciosos atos de resistência que o santo reivindicava uma capela exclusiva, mesmo que isto não fosse da conveniência dos seres mortais. Até fins do século XIX, contava-se como a população de Six-Fours,

FADAS, VIRGENS, DEUSES E PADRES

Reynier e Toulon tentara seduzir sua Virgem com belos santuários, mas depois que todos foram rejeitados acabou sendo preciso entronizá-la no alto do monte Sicié, com linda vista para a Côte d'Azur. Até recentemente, não havia como visitá-la a não ser a pé. Outras Virgens provençais tornavam-se tão pesadas quando eram transportadas que os seres humanos que as carregavam eram obrigados a desistir e largá-las ali mesmo, onde haviam sido originalmente encontradas.

Os atos sobrenaturais de objetos inanimados deram uma enorme contribuição ao desenvolvimento social e político da França. A teimosia dos santos em permanecer nas terras comuns ajudou não só a proteger os direitos de coleta e de pastagem, como também a criar vínculos entre as comunidades. Enquanto os santos teimassem em ficar ali, seus devotos mortais percorriam grandes distâncias em busca de seus conselhos e ajuda. As peregrinações promoviam a aproximação dos habitantes de todo um conjunto de vilarejos, ou de dois vales distintos. Na montanhosa diocese de Le-Puy-en-Velay, no departamento de Haute-Loire, 63 estátuas da Virgem Maria atraem grandes peregrinações anuais até hoje. O guia diocesano discorre com muita propriedade sobre certas Marias que promovem a "drenagem" de determinadas regiões. Muitas ocupam posições geográficas chaves. Não raro são encontradas na linha que separa as bacias hidrográficas, com esplêndidas vistas para todos os lados.

As lojas de suvenires, os ônibus de excursão e o estabanado exército amador de trailers de camping que hoje parecem devastar os altos desfiladeiros dos Alpes e dos Pireneus são brincadeira perto das favelas de peregrinos que brotavam todos os anos. Houve época em que a peregrinação a Notre-Dame de Héas, num ermo desolado dos Pireneus, atraía 12 mil pessoas de uma só vez. Os peregrinos chegavam a pé, acampavam em barracos fétidos, bebiam a noite inteira e contavam histórias de Nossa Senhora de Héas e de como os pedreiros que construíram a capela sobreviviam do leite de cabras que fugiam misteriosamente antes de virarem churrasco. Ao amanhecer, rezava-se a missa e o sacristão precisava de uma vara para afastar a turba do altar. Enquanto isso, outros peregrinos apinhavam-se no topo da pedra onde se dera a aparição da Virgem tentando arrancar a marteladas algum fragmento sagrado que, depois de moído, era ingerido com água benta.

160   A DESCOBERTA DA FRANÇA

Reiteradas iniciativas tentaram pôr fim a estes turbulentos festivais. Uma multidão de carolas em férias capaz de lotar uma cidadezinha era uma ameaça óbvia à ordem pública. Três vezes, entre 1798 e 1800, policiais e soldados foram chamados para vedar o poço sagrado de santa Clotilde, construído no sítio de um dólmen em Les Andelys às margens do Sena. Todo ano, em 2 de junho, a cidadezinha era invadida por uma "horda selvagem" de peregrinos vindos de toda a Normandie. Os peregrinos tiravam a roupa e caíam na água — sempre agarrados a seus cestos e guarda-chuvas, pois santa Clotilde também atraía ladrões. Depois de se banharem, arrancavam gravetos em chamas da fogueira, o que às vezes resultava em queimaduras graves. Sabia-se de crianças que haviam morrido ao caírem nas águas gélidas da nascente curativa. Na última tentativa para fechar o santuário, 2 mil banhistas armados de pedras puseram os soldados para correr, desbloquearam a nascente e chapinharam na água "com urros frenéticos de vitória".

Independentemente de seu valor terapêutico, estas peregrinações eram vitais para a prosperidade e a felicidade de muitas regiões. Embora, em princípio, a frequência das feiras fosse masculina, as peregrinações congregavam comunidades inteiras. Era uma oportunidade de dar e receber notícias, conhecer outro lugar, e tirar um dia de folga, o que em parte explica por que a população de Lourdes sempre ia se curar com a Virgem Maria noutro lugar. Antes das bicicletas e do trem, as peregrinações expandiram e consolidaram áreas mercantes, quem sabe o motivo de tantas Virgens aparecerem entre duas ou mais regiões com diferentes ofertas de produtos agrícolas. Se as feiras propiciaram a melhora dos rebanhos, o mesmo se deu no rebanho humano com as peregrinações (ou "orgias", segundo a crua descrição de alguns observadores). Na peregrinação a Sainte-Baume na Provence meridional, embora cada vilarejo tivesse seu próprio acampamento defensivo na floresta, os amantes circulavam à noite e a reputação da santa como casamenteira jamais foi seriamente abalada.

Uma peregrinação era acima de tudo um rito de passagem e uma lembrança a ser guardada com orgulho. Restif de la Bretonne era de uma parte da Bourgogne em que um menino que jamais houvesse ido ao Mont-Saint-Michel (a 500 quilômetros de distância) "era considerado um frouxo", e uma

FADAS, VIRGENS, DEUSES E PADRES

menina que jamais houvesse visitado o túmulo de santa Rainha (a 60 quilômetros a leste) "parecia carecer de modéstia" — aquela talvez fosse a única viagem longa que fariam na vida. Nas montanhas provençais, montinhos de pedras e oferendas votivas espalhados pelo ermo desértico resistiram séculos a fio como marcos de viagens que jamais se repetiriam no resto da vida. Agora, com a maioria dos sítios de peregrinação reformada e em ordem, o melhor posto de observação do efeito pessoal e pungente destas oferendas são as encostas lunares do topo do monte Ventoux — durante todo o verão, procissões de ciclistas depositam, em silenciosa comoção, garrafas d'água, câmaras de ar ou pedras aos pés do memorial ao ciclista britânico Tom Simpson, que passou mal e morreu exatamente ali durante o Tour de France de 1967. A camiseta que Simpson vestia na ocasião está em exibição entre outras relíquias numa capela de Armagnac dedicada a Notre-Dame des Cyclistes [Nossa Senhora dos Ciclistas].

QUEM VISITA ESTA TERRA de peregrinos e santos independentes teria bons motivos para perguntar: E onde ficava a Igreja nisto tudo? Que fim levou aquela era de ouro da religião em que camponeses humildes buscavam no padre aconselhamento e salvação?

O amado padre do vilarejo, personagem indefectível da ficção romântica, era uma espécie raríssima. Na cabeça da maioria dos aldeões, a figura de preto devia servir para alguma coisa, tal como o médico, o caçador de serpentes, a feiticeira. Devia estar disposto a dizer inverdades em cartas de recomendação, a ler o jornal, a explicar os decretos governamentais. Devia ter influência no mundo dos espíritos e na meteorologia. Devia curar pessoas e animais vítimas de hidrofobia. (Assim se explica, em parte, o status quase divino de Louis Pasteur, que desenvolveu uma vacina contra a raiva em 1885.) Naturalmente, isto punha o padre numa sinuca de bico — caso se recusasse a soar os sinos para impedir uma tempestade de granizo, seria inútil; caso tocasse os sinos e assim mesmo o granizo caísse, seria inepto. Em 1874, o cura do vilarejo de Burgnac, no Limousin, recusou-se a participar de uma procissão "pagã" pela colheita. Choveu granizo, a safra se perdeu, e foi preciso resgatar o cura da fúria da multidão. O meeiro pobre que liderou o linchamento não conseguia entender este gênero de conduta: "Por que um padre que prega a religião tentaria acabar com ela?"

Caso seus poderes mágicos deixassem a desejar, o padre seria tachado de enxerido e desmancha-prazeres. Ninguém via com bons olhos um forasteiro que tentava impedir que a população festejasse no cemitério, conversasse e perambulasse pela igreja durante a missa, e trouxesse seus animais para serem abençoados ali dentro. O cura d'Ars, Jean-Marie Vianney (1786-1859), que se tornou objeto de romaria, foi o único que conseguiu convencer seus paroquianos a renunciarem à dança e à bebida. Vianney não se tornou o santo padroeiro dos padres de paróquia por ter sido típico. A maioria dos padres que conquistava o coração de seus paroquianos o fazia mediante um acordo silencioso com o mundo pagão. Como os padres eram, em sua maioria, filhos de artesãos e camponeses, muitos deles compartilhavam os temores e os pontos de vista de seu rebanho. Na década de 1770, ouviu-se um cura perto de Auch exigir, antes de rezar a missa — "Feiticeiros e feiticeiras, bruxos e bruxas, saiam da Igreja antes de iniciarmos o Santo Sacrifício!" Ao que alguns membros da congregação levantaram-se e saíram.

Ninguém sabe exatamente o que a Igreja representava para pessoas que viviam assustadas com espíritos malvados, acendiam velas para seu santo e aspergiam suas lavouras com água benta. O mapeamento estatístico da vida espiritual da França parece indicar um padrão persistente. Em 1790, os padres foram obrigados a jurar lealdade à Constituição e reconhecer que, em primeiro lugar e acima de tudo, eram funcionários do Estado. Mais da metade dos padres de paróquia fez o juramento, mas havia regiões em que mais de três quartos se recusaram a isso, presume-se que com o apoio de seus rebanhos. As áreas de maior resistência — o oeste da França, da Vendée a Calvados, o norte e o nordeste, a parte meridional do Massif Central e grande parte do sul — coincidem com as áreas em que, cem anos mais tarde, o comparecimento à igreja era mais elevado.

As implicações para a Igreja, porém, estão longe de serem óbvias. O simples comparecimento a um serviço religioso não era, mais do que é hoje, um atestado de fervor religioso. No Var, no sudeste da Provence, muitos padres

FADAS, VIRGENS, DEUSES E PADRES

haviam jurado lealdade ao Estado e, embora o quórum fosse fraco na igreja, era elevadíssimo nas festas populares e peregrinações. No departamento vizinho, Basses-Alpes, o comparecimento à igreja era alto, mas, levando-se em conta o comportamento da congregação, só um bispo muito otimista veria ali um sinal da devoção popular à Igreja. Em 1759, um capelão de Ribiers ameaçou os paroquianos de excomunhão caso eles não cooperassem com uma investigação policial. As mulheres da congregação invadiram o altar, arrancaram a peruca do capelão, despedaçaram as cruzes de procissão e o espancaram com o que restara delas. Aparentemente, as pessoas não estavam preocupadas com a eternidade da alma, mas com o possível efeito desta mágica sacerdotal na colheita. Nem toda violência anticlerical era perpetrada por revolucionários ateus.

Aparentemente, a única coisa certa é que a França era um país católico, ou seja, não protestante. Nem mesmo esta distinção é tão esclarecedora como parece.* A campanha militar contra os protestantes das Cévennes depois da revogação do Édito de Nantes (1685) contou com certo apoio popular. Na época da Revolução, acreditava-se nas regiões de Toulouse e Nîmes que o Édito de Tolerância (1787) e o juramento à Constituição (1790-91) faziam parte de um complô protestante. Cinquenta anos depois, em Nîmes e Montpellier, sobretudo entre os burgueses, a antiga divisão religiosa influía na lealdade política, no local de residência e na escolha do cônjuge. Mas os indícios de indiferença e tolerância religiosa são igualmente numerosos. Logo no início do século XIX, os padres do Bordelais e do Périgord viam apreensivos católicos e protestantes "demonstrarem afeto mútuo". Na década de 1860, ainda havia na Alsácia igrejas "mistas", em que o coro, reservado aos católicos, era isolado por uma cortina ou uma grade durante o serviço protestante. Quando a Igreja se revelou exigente, intrometida e dispendiosa demais, várias comunidades católicas da Auvergne, do Limousin e do Périgord converteram-se ao protestantismo do dia para a noite.

---

*Em meados do século XIX, aproximadamente 2,2% da população da França era protestante, o que equivale a pouco mais de 833 mil pessoas, das quais 80% concentradas na Alsácia e nos arredores de Montbéliard (luteranos), na região de Nîmes e na Provence ocidental, e numa estreita meia-lua entre Montpellier e La Rochelle e Poitou (calvinistas ou "huguenotes").

164 A DESCOBERTA DA FRANÇA

Na história da perseguição há datas, além de cenas memoráveis. Já a história da indiferença é mais difícil de acompanhar, a não ser mediante observações esparsas de forasteiros. Em 1878, Robert Louis Stevenson chegou com seu jumento a Florac (Lozère), que na época da perseguição aos protestantes era uma cidade de fronteira. Vindo de uma terra em que a violência sectária era comum, Stevenson ficou impressionado com a conjugação de tolerância religiosa com uma memória prodigiosa de fatos do passado:

Notei que protestantes e católicos interagiam com grande facilidade e fiquei surpreso ao ver como ainda era vívida a lembrança da guerra religiosa (...)

Mais tarde, no mesmo dia, um dos pastores protestantes teve a bondade de vir me fazer uma visita (...) Florac, disse-me ele, é em parte protestante, em parte católica; e a cisão religiosa em geral se repete na política. Dá para imaginar minha surpresa (...) quando me disseram que a população convivia na maior paz e que até famílias separadas pela dupla cisão trocavam cordialidades (...) Todos haviam trocado golpes de espada e tiros, incendiado, pilhado, assassinado, consumidos de paixão e indignação; e agora, passados 170 anos, o protestante que continua protestante e o católico que continua católico vivem em tolerância mútua e tranquila harmonia.

NEM TODOS OS MISSIONÁRIOS que, no início da Idade Média ou no início do século XX, propuseram-se a "reconverter" a população partiram da premissa automática de que a França era um país cristão. Os romanos haviam erradicado a religião conhecida como druidismo, ao menos em sua forma institucional, mas os deuses "pagãos" — deuses do *pagus*, ou *pays* — pareciam estar tão vivos como antes. Mesmo na Bretagne, suposto baluarte do catolicismo, a Igreja representava mais ou menos o mesmo que um shopping para os consumidores — a clientela não estava interessada em quem era o fundador ou o dono do shopping, mas nos santos, que vendiam seus artigos em pequenas capelas em torno da nave. No século XIX, em total desrespeito aos dogmas da Igreja, não paravam de surgir novos santos — o cadáver preservado de uma esposa que passara por um longo período de sofrimento, uma

FADAS, VIRGENS, DEUSES E PADRES

vítima da sublevação dos *chouans* que morrera em missão suicida, um eremita lanzudo que morava no alto de uma árvore, e até alguns padres muito queridos sobre cujas lápides tinha-se por costume deitar as crianças enfermas. Mais recentemente, as ruínas da câmara pré-histórica da floresta de Paimpont na Bretagne foram transformadas em sítio religioso e promovidas junto aos turistas como o "túmulo de Merlin". Papeluchos contendo orações ao mago Merlin costumam ser depositados em volta do túmulo e enfiados num vão da rocha.

Estas crenças proliferavam na Igreja estabelecida como a erva-de-passarinho num carvalho. Não tinham instituições religiosas próprias, mas eram suficientemente sólidas, em toda a França e em grande parte da Europa Ocidental, para serem descritas como uma forma de religião. A fé que não tinha nome tomou emprestados elementos do cristianismo, mas descartou a maioria de seus fundamentos teológicos e morais e reorganizou a hierarquia dos seres sagrados. A Virgem Maria era invariavelmente mais importante que Deus, que, como seu Filho, não oferecia nem redenção, nem perdão. Sabia-se que, por pura autoafirmação, Ele destruíra cidades e causara acidentes graves na estrada. Sua popularidade não era maior que a de um bispo. Em 1872, pediram a uma mulher que estava atrapalhando a passagem de uma procissão em Chartres para abrir caminho para "*le bon Dieu*" [o bom Deus]. A mulher retrucou: "Hã! Não foi por causa *dele* que vim aqui, foi por causa *dela*" (apontando para a Virgem).

O Diabo era quase tão poderoso como Deus e muito mais indulgente. Nem todas as 49 "Pontes do Diabo" existentes na França faziam as pessoas terem medo dele. Todo golpe de sorte — encontrar um tesouro enterrado, ganhar uma herança, não perder um único animal numa epidemia, deparar-se com uma providencial passagem sobre o rio devido a uma pedra que rolou — era provavelmente obra do Diabo. Apesar de seu poder, o Diabo, que em geral assumia a aparência de um cavalheiro ou de um fazendeiro abastado, era um trouxa de carteirinha que já havia sido induzido a construir igrejas e abadias, e que erguera a maioria de suas pontes fiando-se na promessa de que lhe dariam a primeira alma a cruzar a ponte, só para ser ludibriado com um gato.

166 A DESCOBERTA DA FRANÇA

Jesus Cristo era uma figura relativamente secundária. Num passado que nem era tão remoto assim, vagara pela terra distribuindo conselhos práticos. Sabia-se que fora um mendigo, o que explicava sua criatividade e astúcia. Nas pseudo-histórias dos evangelhos — e contadas como se fossem acontecimentos locais — Jesus tentaria martelar algum bom-senso em seu apalermado escudeiro, são Pedro: "Seu estúpido! Na feira, nunca se fala dos defeitos de um animal antes de fechar a venda e estar com o dinheiro na mão!"

Deus, o Diabo e Jesus eram, tal como Gargantua e a fada Melusina, protagonistas de contos de fadas que haviam participado de um passado recente, e principal assunto de conversa das *veillées* [serões] e *chambrées* [noitadas], os encontros informais em que os aldeões se juntavam para assustar uns aos outros ou para afastar o medo da noite com histórias de seres bizarros — a caçada celeste, que passava voando e soltando gritos estranhos depois do anoitecer; o lobisomem; o bicho-papão; a *vouivre* (serpente voadora com um furúnculo no lugar do olho); o *lupeux* (criatura deformada, em geral avistada sentada num tronco de árvore retorcido); homens com chifres que roubavam mocinhas porque não havia mulheres com chifres; homens com rabo de peixe que furavam as redes de pescar; homens verdes, mas inofensivos; e, naturalmente, a Fera do Gévaudan, que de fato existira.* A grande diferença entre as figuras do cristianismo e as fadas pagãs era a expectativa generalizada de que as fadas voltariam no século seguinte ou assim que o cristianismo passasse.

Os santos superaram espetacularmente, em quantidade e em desempenho, estas figuras lendárias ou semilendárias. Ao contrário de Deus e das fadas, os santos faziam parte do cotidiano. Em seu próprio território, eram mais eficazes que Deus. Como relatou ao bispo o cura de Étaples, próximo a Le Touquet, referindo-se ao santo milagroso local: "Em Étaples, há dois 'amados Senhores': o verdadeiro e são Josse, e não garanto que são Josse não venha em primeiro lugar."

---

*A Fera do Gévaudan foi um lobo especialmente feroz e ousado que rondava por uma área escassamente povoada de mais de 2 mil quilômetros quadrados, fez pelo menos vinte vítimas fatais em dois anos (1764-65), e deu origem a duas peregrinações. Hoje em dia, a Fera do Gévaudan contribui em escala relevante para a economia turística da Auvergne meridional, além de ser responsável pela reintrodução controlada dos lobos na região.

FADAS, VIRGENS, DEUSES E PADRES

Os santos eram associados a coisas concretas, seja por alguma peculiaridade, seja pelo nome. Santo Antônio, frequentemente retratado em companhia do porco, símbolo do glutão, ganhou popularidade entre os guardadores de porcos. Já são João Batista, que tinha ao colo o Cordeiro de Deus, tornou-se o preferido dos pastores. Acreditava-se que são Pissoux [mijão] era bom para as infecções urinárias, são Bavard [tagarela] para os mudos e são Clair [claro] para os míopes. Na falta de um nome apropriado, criava-se um novo santo. "São Sourdeau" cuidava dos surdos, "são Plouradou" [chorão] das crianças manhosas e "são Sequayre" (de *sec* [seco]) fazia os inimigos definharem até morrer. Na Normandie, acreditava-se que recitar o serviço de Toussaint [Todos os Santos] era bom para resfriados, pois *Toussaint* lembra *tousser* [tossir].

A grande vantagem dos santos é que eles existiam de fato no mundo material. Alguns podem ser vistos até hoje em igrejas, onde não raro atraem dois públicos diferentes — os paroquianos ou peregrinos, que se comunicam com um ser real, e os turistas, que contemplam uma peça de arte religiosa. O santo não era um conceito teológico nem uma representação artística. A estátua ou estatueta *era* o santo. Eis por que as pessoas ficavam tão indignadas quando o cura tentava substituir um toco de madeira imundo, informe, às vezes parcialmente queimado, por um santo novo e reluzente, recém-saído da fábrica. Em Notre-Dame de Brusc, perto de Grasse, o novo santo Aygulf — divindade pagã cristianizada, capaz de fazer chover e cujos devotos sempre traziam o guarda-chuva quando vinham rezar — tinha, além de bochechas coradas, um báculo dourado, um manto e um lírio, mas era inteiramente inútil. A nova Virgem Negra de Le Puy-en-Velay sabidamente fazia menos milagres que a antiga, apesar da denúncia de que a original era uma estátua de Ísis, trazida pelas Cruzadas.

O físico da efígie, como era lógico, determinava a biografia do santo. A estátua fúnebre de um senhor de Bourbon-l'Archambault dera origem a um certo são Greluchon. (Outros Greluchons ou Guerlichons — nome derivado de uma palavra que designa o pênis infantil — gozavam de enorme popularidade em todo o Berry e o Bourbonnais.) As mulheres inférteis raspavam os genitais do santo e bebiam as raspas diluídas num pouco de vinho branco. As mais decididas, que queriam ter gêmeos, vinham munidas de limas e facas. Depois de darem cabo dos genitais, atacaram o queixo e, quando o santo foi transferido para o museu local em 1880, reduzia-se a um busto mutilado. Mais tarde, uma funcionária do museu foi mandada embora por raspar o queixo restaurado.

Centenas de figuras de pedra devotamente mutiladas são evidências concretas destes cultos locais. Em geral, embora muitas igrejas culpem a Revolução Francesa pelos danos, é fácil distinguir entre vandalismo e as consequências de passar séculos a fio sendo esfregado e raspado. O nariz, as mãos e os pés são as partes mais comumente atrofiadas ou ausentes. Em Le Vigeant, no vale do Vienne, há uma efígie de um cavaleiro que já perdeu a maior parte de seus pés para mães que recolhem e guardam o pó nos sapatos dos filhos que estão dando os primeiros passos, para ajudá-los a aprenderem a andar.

Os santos faziam curas milagrosas, mas à custa de adulações e vigilância cerrada, como se fossem funcionários públicos mandriões. Em Tréguier, segundo Ernest Renan, as orações a santo Ivo eram desafiadoras: "Vivo, o senhor foi um homem justo; prove que continua sendo." Depois disso, "podia-se ficar tranquilo que o desafeto não duraria até o fim do ano". Quando criança, o pai de Renan havia sido levado à capela do santo que curava febres.

> Veio também um ferreiro, munido de forja, cravos e tenazes. Acendeu a forja, aqueceu as tenazes e, brandindo uma ferradura em brasa junto à cara do santo, exigiu: "Acabe com a febre desta criança ou eu vou ferrá-lo como a um cavalo." Imediatamente, o santo fez como lhe foi ordenado.

Caso se recusasse a cooperar, o santo poderia sofrer punições. Em Haudiomont, quando as videiras congelaram em 25 de maio, dia de santo Urbano, a efígie do santo foi arrastada por entre as urtigas que cresciam em volta da igreja. Em Mouzon, nas Ardennes, quando a epidemia de filoxera acabou com as videiras, a população jogou a estátua do santo no rio Meuse. Havia até comunidades religiosas em que os santos eram humilhados caso não atendessem às orações. Em 1887, um visitante de um convento numa cidade provençal de porte razoável reparou que são José estava de cara para a parede. Explicaram-lhe que o santo estava "de castigo" por não ter conse-

FADAS, VIRGENS, DEUSES E PADRES

guido convencer um proprietário de terras a legar em testamento um determinado terreno para o convento. Em caso de novo fracasso, tomaria uma surra no porão.

A Virgem de Lourdes jamais foi tratada assim, mas nem ela escapou de um teste. Na segunda aparição da Virgem, Bernadette derramou sobre a efígie uma garrafa de água benta, dizendo: "Se a senhora foi enviada por Deus, pode ficar; senão, pode ir embora." Como a aparição da Virgem foi no alto da gruta, a aspersão não deve ter sido sutil ou ritual. Foi um teste de bom-senso de uma menina que vivia num mundo em que os espíritos eram tão reais como a polícia, os padres e os cobradores de dívidas.

OS ADORADORES DOS SANTOS pagãos não sumiram de uma hora para outra e se evaporaram como as fadas. Transformaram-se na população da França atual. Vale lembrar que, mesmo com a Igreja Católica do século XIX tomando invariavelmente o partido dos regimes autoritários, os governos que supostamente secularizaram a França eram eleitos de modo democrático. Representavam uma população cujas preocupações eram avassaladoramente práticas e cujas crenças tinham mais raízes na realidade que as paixonites das classes superiores pelo mesmerismo, pela astrologia, pelo tabuleiro *ouija*.

A experiência coletiva demonstrava que rezar não surtia o menor efeito no mundo físico. A doença era de verdade e exigia um remédio de verdade. As curas "milagrosas" baseavam-se em noções que constituíam uma preparação mental para a era científica melhor que abstrações teológicas vazias que escapavam à compreensão de muitos padres e mais ainda dos paroquianos. Acreditava-se que para tudo havia uma causa específica, ou conhecida, ou passível de ser conhecida. Quase sempre, a cura em si implicava alguma atividade física ou substância concreta. Isto explica a fácil adaptação dos charlatães e sua clientela ao novo mundo da medicina científica, e a rapidez com que o ensino erradicou conceitos equivocados sem jogar a população num abismo de incerteza religiosa. A diferença entre as gerações que ingeriam as cinzas dos santos e as que consultam um médico qualificado não é de ordem mental, é de informação.

Naturalmente, a listagem das crenças ridículas é infindável. Muitos achavam que os doentes não deviam usar roupas limpas e que os piolhos contribuíam para o crescimento das crianças. Na Bretagne, queimava-se o porco-espinho porque se acreditava que ele sugava o leite das vacas e comia os patos. O sacrifício de animais para curar doenças era comum, o que demonstra que não eram só os pobres que lançavam mão de simpatias. No final do século XIX, ainda havia nas classes altas quem recorresse a uma popular receita caseira para curar pneumonia — abrir ao meio uma pomba branca viva e colocar as duas metades pulsantes sobre o peito do paciente. A crueldade com os seres humanos não ficava atrás. A crença em simpatias era uma desculpa frequente para se perseguirem forasteiros ou excêntricos. Os relatos de bruxas queimadas na fogueira cessam em 1862, mas não as tentativas de processar pessoas que teriam lançado mau-olhado sobre o rebanho. A combinação de miséria e ignorância também era uma mina de ouro para os viganistas. Os vendedores ambulantes conseguiam ganhar rios de dinheiro vendendo segredos de araque como, por exemplo, a localização da erva mágica luminescente que blindava para sempre seu possuidor contra falcatruas.

No entanto, a "simpatia" tinha sua lógica, mesmo que esta fosse inconcebível para uma pessoa instruída. Em 1876, havia na França um médico para cada 2.700 pessoas. Mas a maioria dos médicos não aceitava produtos agrícolas como pagamento, só dinheiro. Além disso, os remédios custavam caro. Daí o médico só ser chamado em situações desesperadoras, o que contribuía para sua fama como portador da morte. Neste contexto, a credulidade não era destituída de valor terapêutico. Algumas simpatias tinham efeitos psicossomáticos evidentemente benéficos. Dois estudiosos que estão trabalhando na compilação de uma lista completa dos tratamentos caseiros usados na França no século XIX imaginam chegar a um total de 20 a 30 mil simpatias diferentes. Descartando-se por eliminação a maioria dos venenos mortais, era inevitável que algumas das simpatias restantes fossem ou eficazes ou inócuas o bastante para permitir que a fé operasse milagres. As mais radicais, como raspar a boca de um paralítico com uma navalha e depois esfregar com sal, teriam servido no mínimo para dissuadir os hipocondríacos e os que pretextavam doenças para fugir do batente.

FADAS, VIRGENS, DEUSES E PADRES

A fé nas simpatias nem sempre era infundada, nem mesmo pelos padrões científicos. Os curandeiros da Auvergne conhecidos como *rabouteurs* (curiosos que reduziam fraturas e deslocamentos) e *metzes* (doutores ou mágicos) tinham noções básicas excelentes de medicina e eram capazes de tratar queimaduras, extrair projéteis e estancar hemorragias (problema comum na época da poda das videiras). Alguns conseguiam diagnosticar doenças pela simples inspeção da urina. Ao contrário da maioria dos médicos, nem sempre exigiam pagamento. Muitos também trabalhavam como ferreiros — ofício tradicionalmente associado à magia — e faziam acompanhamento pré-natal. Algumas mulheres sofriam menos no parto depois de sessões regulares na oficina do ferreiro, que as punha deitadas sobre a bigorna, que vibrava e soltava faíscas sob suas marteladas. Neuróticos em crise de pânico eram livrados das maldições e cercados de atenção durante algum tempo. No final do século XIX, 8 mil pessoas por ano chegavam à estação de trem de Aumont para consultar-se com uma pessoa da equipe de conservação das estradas de Nasbinals que, nas horas vagas, fazia curas milagrosas.

Longe das principais estradas da história francesa, barulhentas e pródigas em carnificinas, o quadro é inesperadamente tranquilo e evoca mais a conciliação e a tolerância que o ódio e o temor — padres lideram romarias a santuários galo-romanos e paroquianos praticam ritos pagãos sob as barbas do pároco do vilarejo. As imagens mais conhecidas da história religiosa da França são de sangue e de violência — o massacre da noite de são Bartolomeu, a destruição da fachada oeste da catedral de Notre-Dame em Paris, padres guilhotinados, o expurgo da palavra "santo" de todo nome de logradouro ou cidade da França. Mil outras imagens, demasiado antiquadas e alheias ao mundo de hoje para acorrerem facilmente à lembrança, dão uma ideia mais verdadeira do passado pagão mais recente — em Clermont d'Excideuil (Dordogne), uma mãe sem leite segura um queijo cremoso junto ao seio enquanto o cura lê uma passagem do evangelho e depois recebe o queijo que lhe é dado como pagamento; na igreja de Darnac no Limousin, peregrinos com reumatismo tentam acertar com bolas de lã, e no ponto equivalente ao do membro reumático, um santo protegido por uma gaiola de ferro; o padre recolhe essa lã e tricota para si mesmo agasalhos para o inverno.

As mudanças duradouras que afetaram o mundo dos santos e das fadas ocorreram depois que a população deixou de estar exposta a microcosmos isolados e amedrontadores, nos quais criaturas desconhecidas viviam vidas complexas e privativas. O grande símbolo da França secularizada não é a sala de cirurgia ou a urna eleitoral. São os vastos alinhamentos megalíticos das autoestradas que passam ao largo das cidades e dos vilarejos e mal deixam entrever aqui e ali uma torre de catedral que desliza veloz pela paisagem. Novas estradas, de alta velocidade, deram cabo dos espíritos pagãos eliminando a familiaridade com os espaços em que eles viviam. Mas os espaços em si continuam ali e, quando a estradinha sinalizada no mapa vira uma trilha, e o céu desafia a previsão meteorológica, é preciso um ato de fé para acreditar que seus habitantes sagrados jamais existiram.

CAPÍTULO 8

Migrantes

PASSADAS TRÊS OU QUATRO DÉCADAS da Revolução de 1789, os espaços vazios e as cidades silenciosas que vimos nas primeiras páginas deste livro pareciam ser a norma. Ao voltar de Madri para Paris em 1826, o economista Adolphe Blanqui passou por cidades de porte em que a vida "definhava ou até andava para trás por falta de ímpeto" — Angoulême e seu mísero rio com navegação restrita a barcos pequenos, Poitiers e suas tortuosas ruas medievais, e Tours com seus conventos e seminários, mais numerosos que suas fábricas. Os únicos sinais de vida, na opinião de Blanqui, estavam "no centro, que para mim significa Paris, e em alguns poucos pontos do litoral" — Rouen, Bordeaux e Marseille. As demais cidades eram todas como microssistemas de asteroides nos primórdios do universo:

> Em Blois, assim como em muitos outros lugares... ou ninguém se mexe, ou se sente forçado a girar na órbita do planeta enviado de Paris. O policial rural gira em torno do prefeito municipal, que gira em torno do subprefeito departamental, que por sua vez gira em torno do prefeito departamental. Cada qual destes entes tem um número considerável de satélites. O resultado é uma monotonia que qualquer pessoa acostumada a viver em Paris acha difícil entender.

Nesta segunda parte do livro prevalecerão formas de vida mais fáceis de reconhecer como modernas. As cidades da França se agitarão com atividades novas. Ensino compulsório, investimento industrial, canais e estradas de ferro e de rodagem transitáveis quase o ano todo trouxeram mudanças tão drásticas que a França do passado parecia estar dominada por uma inércia irresistível, aguardando em seus vilarejos lamacentos e seus ermos não indicados nos mapas que administradores, médicos, professores e curiosos viessem conduzi-la em meio ao nevoeiro e despertá-la de um feitiço imemorial. O morador da cidade grande logo custaria a acreditar que já houve época em que uma burguesia quase estacionária vivia enclausurada em seus burgos e suas casas — "como Robinson Crusoe em sua ilha" —, enquanto uma multidão de camponeses e trabalhadores perambulava pelo país.

JÁ VIMOS DE PASSAGEM parte da ampla minoria que perambulava pelo interior não mapeado — peregrinos irrefreáveis, mascates, mendigos, bandidos. Os outros, que ainda não vimos, são muito mais numerosos. Seus movimentos são difíceis de serem detectados por sensores desenvolvidos para um mundo posterior, com todas as estradas levando a Paris, o comércio fluindo por rotas indicadas nos mapas e quase ninguém viajando sem pagar passagem.

Seria demorado e infrutífero aguardar postado à beira de uma estrada importante que estes migrantes apareçam em escala estatisticamente representativa. Um ponto de partida melhor seriam as surpresas comuns na vida de um viajante, sobretudo de viajantes aparentemente inexplicáveis, ou desimportantes. O que remete a dois fatos específicos. O primeiro deles diz respeito à natureza curiosamente rocambolesca das viagens até o século XX.

No outono de 1834 (apenas para dar um exemplo, dentre tantos existentes), o crítico de arte Auguste Jal viajava com a esposa numa diligência pública que sacolejava descendo o vale do Rhône rumo a Marseille. Chovia, mas o serviço de barco a vapor, mais rápido e mais confortável, ainda não fora retomado, pois a estiagem de verão mal acabara e o rio ainda não estava cheio o suficiente. Mais cinco pessoas apinhavam-se na diligência — um membro da Académie de Marseille, um advogado de Paris com dois jovens amigos que iam visitar os estaleiros de Toulon e um negociante de sedas simplório que, "entre 11 e 13 de outubro — o tempo que levamos para ir de Lyon a Marseille — voltou com assiduidade um pouco exagerada a seu assunto predileto: a tina em que se tingem as echarpes". Encontraram a estrada deserta durante boa parte do percurso, a não ser por "umas poucas carroças puxadas por um boi ou uma vaca arreado como um cavalo".

Em Orange, Jal ficou horrorizado com a pífia restauração do arco romano. Anotou em seu diário: "Qual será a opinião de Monsieur Prosper Mérimée, que acaba de passar por nós na diligência conversando com Monsieur Fauriel?" Referia-se a Mérimée, o novo inspetor do governo para o patrimônio histórico, e a Claude Fauriel, o crítico e historiador polímata.

A importância deste encontro está em sua trivialidade. Jal não achou nada de mais ver duas caras conhecidas, pela janela da diligência, a 700 quilômetros de Paris. Só fez menção ao fato porque naquele momento, por acaso, pensava no patrimônio histórico. As coincidências forjadas pelos romancistas para amarrar seus enredos e subenredos nem sempre soavam implausíveis aos leitores da época — as coincidências eram fatos normais da vida. O universo do camponês confinava-se a um diâmetro que, na média, raras vezes superava 20 quilômetros — aproximadamente o dobro do tamanho de Paris no século XIX. Mas, na verdade, o de um viajante de posses também não ia muito além disto. O camponês movimentava-se em círculos, quase sempre partindo de um mesmo ponto. O burguês — quando se movimentava — provavelmente o fazia em linha reta, por corredores fixos. Se quisesse sumir, bastava-lhe simplesmente abandonar o sistema de corredores e escorregar para outra dimensão.

O segundo fato da vida na estrada é mais difícil de explicar. Muito antes das estradas de ferro e do telégrafo moderno (ver p. 297), as notícias importantes conseguiam correr o país com uma rapidez assombrosa — uma velocidade de 6 a 11 quilômetros por hora era normal em percursos que chegavam a mais de 150 quilômetros. A notícia da queda da Bastilha, ocorrida no final da tarde de 14 de julho de 1789, chegou ao Havre na madrugada de 17 de julho. Em boas condições, levava-se 54 horas para ir a cavalo de Paris a Brest, na ponta da península bretã. Em percursos mais longos, que exigiam a troca de cavalos e de cocheiros, a velocidade média caía drasticamente, mesmo pelas

176   A DESCOBERTA DA FRANÇA

estradas de posta. Béziers, que ficava a quase 840 quilômetros de Paris pelas estradas de posta, só saberia da queda da Bastilha quase sete dias depois (o que dá uma velocidade média inferior a 6 quilômetros por hora). As cidades menores podiam estar fisicamente mais próximas, mas exigir mais horas de viagem, a não ser que um habitante local trouxesse a notícia, como ocorreu em Vitteaux — a leste de Dijon, na região de Auxois, a 265 quilômetros de Paris — que soube da queda da Bastilha por um alfaiate local que viajou sem parar dois dias e duas noites, a uma velocidade média superior a 5,6 quilômetros por hora. Nas viagens de longa distância, nem mesmo os velozes estafetas a serviço de grupos de comerciantes superavam a média de 11 quilômetros por hora.

Apesar disto, há exemplos comprovados de notícias que correram o país a velocidades muito superiores. A notícia da prisão da família real em Varennes, na Argonne, chegou a Quimper, no extremo oposto da França, às 7 da manhã de 24 de junho de 1791. A distância de Varennes a Quimper pelas estradas de posta era de 870 quilômetros, ou seja, a notícia alcançou este ponto remoto e isolado da França a uma velocidade média de quase 18 quilômetros horários, mantida durante dois dias e duas noites ininterruptos. Ou seja, ainda mais rápido que a notícia da batalha de Waterloo, trazida pelos soldados em retirada. Em Villers-Cotterêts, o jovem Alexandre Dumas considerou extraordinária a velocidade deles, de 1,5 légua por hora (cerca de 6,5 quilômetros por hora): "Os mensageiros da desgraça parecem ter asas."

Segundo Honoré de Balzac, a maior autoridade do século em telecomunicações pré-industriais e mexericos, a velocidade de propagação dos boatos seria superior a 14 quilômetros por hora. O trecho abaixo, extraído de *As Maranas*, diz respeito ao modorrento enclave provinciano no coração de Paris em que o silêncio foi preservado até meados do século XIX pelas pontes com pedágio:

Não indague sobre a localização desse misterioso telégrafo que, num piscar de olhos, transmite para todo lado, ao mesmo tempo, uma história, um escândalo ou uma notícia. Não pergunte quem opera o telégrafo. Resta ao observador apenas notar seus efeitos. Esse telégrafo é um mistério social. Dá para citar alguns exemplos inacreditáveis. Basta um: o assassinato do duque de Berry na Ópera [em 1820] foi reportado, dez minutos depois do crime, nas profundezas da ilha Saint-Louis.

Estas velocidades, de fato, eram inatingíveis pelos meios convencionais de transporte de longa distância. Até meados do século XIX, qualquer velocidade superior a 16 quilômetros horários em distâncias longas geralmente pressupõe algum meio de transmissão remota, como os pombos usados por alguns especuladores da bolsa para informar os preços das ações. Ou os mensageiros estacionários que repassaram, aos gritos, a notícia da vitória de César em Cenabum (Orléans) até a terra dos arvernos, a quase 250 quilômetros de distância, a uma velocidade de cerca de 20 quilômetros por hora. (Uma experiência realizada no século XIX demonstrou que, por este método, bastavam 352 pessoas para repassar uma mensagem de Orléans às fronteiras da Auvergne.)

Uma oferta inesgotável de dados permite formular explicações lógicas para velocidades fora do comum. Para trazer a notícia da prisão do rei a Quimper, um cavaleiro veloz teria deixado Paris mal a notícia chegou de Varennes; teria ou cavalgado duas noites inteiras, ou sido substituído por outros cavaleiros noturnos; por uma vez na vida, todas as estradas estariam dando passagem e com todas as pontes intactas; a cada etapa, não só haveria cavalos disponíveis para o revezamento (de outras raças que não os pequeninos bretões), como todos eles já estariam esperando alimentados e arreados.

Nada disto extrapola os limites do possível. O que de fato chama atenção na difusão das notícias é, na verdade, sua imprevisibilidade e sua aparente independência das redes de transporte conhecidas. Em 1932, Georges Lefebvre pesquisou o alastramento do "Grande Medo", que tomou conta de dois terços do país em fins de julho e início de agosto de 1789. A Revolução plantou em meia dúzia de lugares boatos de invasão por tropas estrangeiras e de destruição da colheita por bandidos contratados por aristocratas ávidos por vingança. Era o tipo de pânico capaz de levar uma pessoa lúcida a confundir um rebanho de vacas com um bando de saqueadores facínoras — o que de fato aconteceu. Ao reconstituir a trajetória de cada um dos boatos, Lefebvre revelou as artérias até então insuspeitadas de um gigantesco formigueiro.

178 A DESCOBERTA DA FRANÇA

Os mapas do Grande Temor parecem revelar um sistema de comunicação que, estranhamente, independia de qualquer infraestrutura. O papel de Paris nessa rede de boataria foi zero, assim como o de rotas naturais como os vales do Rhône e do Garonne. O sistema de estradas também foi irrelevante. Nos morros do Languedoc, o mesmo boato surgiu, num único dia, em lugares separados por mais de 30 quilômetros de distância e sem nenhuma estrada de ligação entre eles. O Grande Temor alastrou-se pela Vendée, pela Normandie, pela Picardie e pela Champagne à mesma velocidade inexplicável. Irromperam distúrbios. Castelos incendiados ruíram. Partindo da região de Troyes, a onda de rumores ignorou o rio Saône e alcançou o Franche-Comté pelas montanhas do Jura. O Vercors, empoleirado em seu planalto como o Mundo Perdido de Arthur Conan Doyle, um ponto vazio no mapa das migrações humanas, parecia de repente dotado de conexões trepidantes com o mundo lá fora.

O relevo elevado atrasou, mas não impediu a propagação dos rumores. O sobranceiro Massif Central, transposto pelos aprendizes em suas viagens estágios, por reis, companhias de teatro em turnê e Napoleão Bonaparte, por epidemias diversas e pelo Tour de France (até o ano de 1951), foi infiltrado pelo norte, pelo leste e pelo oeste. De um dia para o outro, um boato de invasão pelo rei da Sardenha saiu de Briançon, transpôs o passo d'Izoard, a 2.500 metros de altura, e entrou por Queyras e Ubaye, de onde invadiu a Provence mediterrânea e, inacreditavelmente, os vales apertados e escarpados a oeste. A boataria só morreu quando se deparou com a conjunção da passividade de uma população esparsa com a difícil topografia (o planalto de Millevaches, alguns dos maciços alpinos mais elevados, a Sologne, o planalto de Dombes e as Landes).

Esta rede misteriosamente eficaz continuava funcionando após a queda de Napoleão. Em 1816, correu que o imperador deposto fugira de Santa Helena e voltara a Paris. O boato surgiu — simultaneamente, ao que tudo indica — em Nemours e em partes da Bourgogne e do Bourbonnais. Compreensivelmente, as autoridades suspeitaram de uma ação orquestrada. Havia, sim, agentes provocadores, mas não necessariamente neste caso. Em vez de se deslocarem de A para B, as notícias espalharam-se como água, inundando áreas imensas em pouquíssimo tempo. A dispersão das fontes da onda de boataria que alcançou a pequena cidade mercado de Charlieu nas elevações entre Forez e Beaujolais (conforme relatado em assembleia pública em 28 de julho de 1789) indica um perímetro de captação de quase 8 mil quilômetros quadrados — uma área que reunia cinco ou seis grandes dialetos e os três principais grupos de línguas da França. Nenhum pombo, cavalo ou locomotiva teria sido capaz de difundir as notícias com tamanha rapidez.

As andanças dos milhares de trabalhadores migrantes pelo país talvez possam explicar em parte estas coincidências e correlações.

O aspecto de seu mundo que hoje mais salta à vista como exótico só seria oficialmente constatado e descrito no início do século XIX. Quando fizeram o primeiro levantamento estatístico do departamento de Finistère, no extremo oeste da Bretagne, os enviados de Napoleão constataram com assombro que quase um quinto (ou seja, 20%) de todo o solo era cortado por "estradas e sendas" — picadas, trilhas, trilhas de carroça, e grandes corredores de terra revolvida que não serviam para a agricultura e muitas vezes nem davam passagem. Paradoxalmente, esta parte inacessível da França era toda cortada por estradas. Estas informações incríveis foram comprovadas em estudos suplementares. Embora Finistère fosse um caso extremo, constatou-se que muitos outros departamentos eram coalhados de pequeninas estradas, como Bas-Rhin (12%), Vienne (4%), Nord (3%), Haute-Marne (pouco menos de 2%) e Pas-de-Calais (1,4%). Até hoje, o fenômeno pode ser observado em algumas partes da França. Tantas estradas diferentes ligavam Beauvais a Amiens no passado que seis delas continuam lá, todas mais ou menos cobrindo uma mesma distância (de 56 a 63 quilômetros) e às vezes tão próximas que se pode acenar de uma delas para alguém que segue pela outra.

A imensa discrepância entre o tráfego insignificante nas estradas principais e o volume de mercadorias entregue em mercados e portos sugere que, no início do século XIX, três quartos de todo o comércio passavam por esta teia que tomava conta de tudo. Era por este sistema de frágil capilaridade que os boatos e as notícias eram veiculados. Muitos destes caminhos eram invisí-

180 A DESCOBERTA DA FRANÇA

veis, até mesmo para alguém que estivesse pisando num deles. O termo francês *route*, que tanto significa "rota" quanto "estrada", preserva a ambiguidade. Certas *routes*, como as rotas de contrabando na Bretagne e no Pays-Basque, pouco mais eram que uma memória transmitida de geração em geração. Um pasto indistinto nas planícies elevadas da Provence, em que um estranho veria apenas uma campina açoitada pelo vento, podia ser um entroncamento da maior importância entre os Alpes, o Mediterrâneo, o vale do Rhône e o norte da Itália. Em 1878, em sua árdua travessia a pé de Le Monastier a Saint-Jean-du-Gard, ao sul, pelas Cévennes, Robert Louis Stevenson imaginou-se a uma centena de quilômetros da civilização:

> Minha estrada corria por uma das terras mais miseráveis do mundo. Pior que a pior das Terras Altas escocesas; fria, nua, e ignóbil, carente de vegetação, de urze, de vida. O interminável descampado só era quebrado por uma estrada e algumas cercas, com a linha da estrada demarcada por pilares que, na neve, servem de balizamento.

A verdade é que boa parte da "Stevenson Trail" [trilha de Stevenson], como é hoje conhecida, corre paralela a uma estrada de 225 quilômetros, que tem um trecho conhecido como Voie Regordane (a origem do nome é obscura). A Voie Regordane já era uma rota norte-sul importante desde antes do aparecimento do homem, quando uma linha de falha fez surgir uma sucessão de desfiladeiros ligando o Massif Central ao Mediterrâneo. Em meados do século XVIII, era percorrida com regularidade por uma centena de condutores de mulas com suas ruidosas tropas, que desciam levando carregamentos de metais e outros materiais até o porto fluvial de Saint-Gilles e subiam carregados de cestos e sacolas de couro de cabra abarrotados de produtos agrícolas para a Auvergne e a estrada principal para Paris. É possível que algumas dessas desoladas cidades das terras altas tenham abastecido Stevenson de vinho, azeite, peixe salgado, amêndoas, laranjas, figos e passas, sem falar em sal, sabão, papel e uma boa albarda para seu jumento.

Na realidade, Stevenson conheceu uma parte relativamente dinâmica da Auvergne. Pagou pelas coisas em dinheiro e hospedou-se em estalagens equipadas com relógios que funcionavam. Tomou lautos desjejuns, com chocolate, conhaque e cigarros. Ao caminhar pela estrada, ouviu o vento assobiar nos fios do telégrafo. Os bandos de ceifeiros o observavam passar enquanto trabalhavam na colheita. Os únicos outros viajantes que Stevenson avistou nos 20 quilômetros da estrada principal entre Le Bouchet-St-Nicolas e Pradelles foram "um grupo de senhoras cavalgando em selas masculinas e uma dupla de estafetas"; mas avistou também alguns dos milhões de capilares da outra rede, pelos quais o grosso do tráfego circulava:

> As pequenas trilhas de gado, verdes e pedregosas, entremeavam-se, ramificavam-se em três ou quatro, desapareciam nos brejos e ressurgiam esporadicamente nas encostas dos morros ou na orla de um bosque.
>
> Não havia estrada direta para Cheylard e não era fácil abrir caminho neste terreno irregular e por este labirinto intermitente de trilhas.

Era este labirinto que simultaneamente isolava e interligava as cidades e vilarejos da França. Mercadorias e produtos agrícolas trafegavam pelo sistema de trilhas e pequenas estradas numa espécie de movimento browniano, trocando de mãos lentamente enquanto percorriam grandes distâncias. O melhoramento das estradas principais e a construção das estradas de ferro drenaram o comércio desta rede de capilares, romperam as ligações e deixaram uma grande parcela da população mais isolada que antes. O atual sistema do TGV [*Train de grande vitesse*, ou trem-bala] teve o mesmo efeito em muitas regiões.

A MOVIMENTAÇÃO DA população migrante por este labirinto de trilhas exigiria um milhar de mapas avulsos, mas qualquer fotografia por satélite ou qualquer mapa topográfico de larga escala proporciona uma ótima visão panorâmica.

Nessas imagens vistas do alto, distingue-se uma linha diagonal entre os Pireneus ocidentais e os Vosges que demarca a cota mais elevada e, *grosso modo*, corta o país em dois. Enquanto os animais transumantes subiam para as montanhas, os migrantes do sul e do leste da linha desciam das terras altas como as águas no degelo. Um dito do Languedoc ocidental resume bem o processo: "*Crabas amont, filhas aval*" (Cabras para cima, meninas para baixo). Neste corte transversal pelo meio da França, a grande divisória de águas é o Cantal, antigo vulcão extinto que ocupa uma área de quase 2.500 quilômetros quadrados, o que faz dele a maior estrutura vulcânica da Europa. Do departamento que recebeu o nome do Cantal, milhares de homens, mulheres e crianças desciam a cada ano para as planícies da Gascogne e da Espanha, para o Mediterrâneo e Marseille, para Lyon e o vale do Rhône, e para Poitou e a bacia parisiense.

Esta era a zona de migração de longo alcance. A norte e a oeste da linha, o alcance da migração sazonal tendia a ser mais reduzido. A população desta metade da França tinha mais chances de morrer vendo o campanário de seu vilarejo, e de ter um conhecimento mais passivo do mundo fora dali. Os acontecimentos chegavam a seus ouvidos pela população seminômade que transitava pelo *pays* — fundidores de sinos, afiadores de facas, destiladores e mercadores ambulantes; corretores de vinho e de trigo; cantores itinerantes, grupos de saltimbancos, e charlatães; compradores de cabelos que vinham em busca de matéria-prima para fabricantes de perucas; fabricantes de tamancos que se instalavam na floresta em povoados provisórios; e mendigos que garantiam sua boa acolhida trazendo notícias, fofocas e, vez por outra, cartas de amor. Um manual do exército (1884) lista alguns destes nômades de curto alcance como uma fonte de informação vital para a região:

Desertores, forasteiros de passagem, moradores de rua presos pela polícia (...) caçadores, inclusive os ilegais, pastores, carvoeiros, madeireiros (...) O melhor é detê-los em bando e interrogá-los em separado (...) Contrabandistas e mercadores ambulantes costumam sair-se excepcionalmente bem como espiões.

Nesta metade do país, de terras baixas, as movimentações em massa eram comparativamente modestas, embora não deixassem de ser grandes odisseias para quem as empreendia. Na primavera, longas procissões de mocinhas acompanhadas de tropas de burros que levavam as bagagens e as esfalfadas dirigiam-se às regiões de Brie, Beauce e Gâtinais, onde trabalhavam na capina antes de retornar à Bourgogne em tempo para a vindima. Os campos de trigo da bacia parisiense também atraíam verdadeiras hordas de lavradores da França setentrional. Até hoje, no fim do verão e início do outono, a colheita atrai grupos de migrantes que vêm de caminhão ou de trailer e instalam-se com seus varais de secar roupas e antenas parabólicas na orla dos vinhedos, conferindo-lhe um aspecto de minissubúrbio. De vez em quando, vê-se uma família de lavradores migrantes caminhando em fila, atentos à estrada à sua frente e andando a um passo que a distância — mas só a distância — parece lento.

A presença destes migrantes sazonais já foi mais conspícua, tanto nas cidades quanto no campo. Em certos dias, as praças principais das cidades, pequenas e grandes, já amanheciam lotadas por centenas de famílias que haviam caminhado a noite inteira com suas foices enroladas em mudas de roupas. Essas feiras de mão de obra temporária eram conhecidas como *loues* ou *louées*. Diferentes símbolos identificavam os diferentes tipos de mão de obra — sabugos de milho para ceifeiros, tufos de lã para pastores, chicotes enrolados no pescoço para carroceiros, buquês de flores ou folhagens para criadas domésticas, vestidas com suas melhores roupas. O empregador fazia-os andar de lá para cá para comprovar que não eram aleijados, e inspecionava suas mãos em busca dos calos que eram a prova de que pegavam no pesado. A moeda depositada na palma da mão selava o contrato. Com o passar das horas, a multidão de esperançosos tornava-se cada vez mais minguada, mais idosa, mais decrépita. Os que sobravam ao fim do dia talvez optassem por participar da colheita assim mesmo, catando o restolho; caminhavam centenas de quilômetros em um ou dois meses até voltarem para casa.

Na outra metade da França, a das terras altas, o comércio de seres humanos assumia formas mais dramáticas. Já perto do fim do século XIX, o viajante que seguisse para leste durante o outono veria grandes bandos de crianças — meninos e algumas meninas disfarçadas de menino — vestidas de roupas de um tecido pardo grosseiro, chapéus de abas largas e botas cardadas, marchando do Dauphiné, Savoie e Piedmont para Paris. Algumas dessas crianças não tinham mais de 5 anos de idade. Eram conhecidas na capital como "andorinhas do inverno", pois surgiam nas ruas mal começavam o frio e a migração das aves para o sul.

Um mês antes, crianças de diferentes vilarejos reuniam-se nas planícies aos pés dos Alpes. Os pais davam-lhes alguns tostões, duas ou três camisas entrouxadas num lenço, uma côdea de pão preto duro como pedra, um passaporte e, às vezes, um rabisco tosco indicando a moradia de parentes ou amigos ao longo da estrada. As crianças caminhavam até 80 quilômetros por dia, dormiam em celeiros e suplementavam o pão, que não acabava nunca, com ovos e maçãs roubados. No longo percurso da Savoie para Lyon e dali para Paris e o norte, conseguiam tempo para ensaiar suas canções e pregões e quem sabe alguns truques de ilusionismo. Os meninos do Piedmont costumavam trazer um triângulo ou um realejo; outros traziam uma marmota numa gaiola, ou um furão para caçar ratos. O destino da maioria dos meninos da Savoie nos dez anos seguintes seria limpar a fuligem das chaminés parisienses ou subir aos apartamentos carregando água em baldes de alumínio. Outros trabalhariam como mensageiros, engraxates e entregadores de lojas.

Embora até a década de 1870 não houvesse uma legislação efetiva, a migração infantil acabaria sendo vista como uma forma de escravidão e uma ameaça à ordem pública. Para a população, era uma atividade altamente organizada, respeitável e necessária. Nos vilarejos do Dauphiné em que a terra e os recursos eram escassos, muitas crianças eram arrendadas a empregadores que pagavam aos pais de 50 a 80 francos por ano. Os meninos precisavam se virar para chegar à cidade — Paris, Lyon, Marseille, às vezes Turim ou Milão. Em Paris, acabavam chegando à esquálida área em torno da Place Maubert no Quartier Latin, ou à rua Guérin-Boisseau nas proximidades da Porte Saint-Denis. Ali, recebiam uma cama e instruções sobre a arte de mendigar. Na manhã seguinte, saíam em grupos de três ou quatro com suas marmotas e suas cestas de pedinte. Esta seria sua vida nos três a seis anos seguintes, conforme o contrato assinado pelos pais. Se voltassem à noite para o albergue com menos de 1 franco, não recebiam nada, mas qualquer quantia acima de 1 franco valia uma comissão de 10% ou 20%. Como parte do acordo, tinham aulas de leitura e catecismo toda tarde. Os parisienses de classe média estavam a par destes arranjos, em geral considerados — até a mão de obra imigrante tornar-se um problema político — um meio correto de ajudar estas criaturinhas dos confins mais remotos da França.

Para os limpadores de chaminé da Savoie, o regime era um pouco diferente. Ao chegarem à cidade, subdividiam-se em grupos conforme o vilarejo de origem. Cada grupo tinha seu próprio dormitório e refeitório. Um espartano prédio de uma determinada rua podia até ter um ar parisiense, mas na realidade era uma colônia da Savoie controlada por um limpador mestre saboiano que, além de vender louças e panelas, ou peles de coelho, ficava de olho nos meninos quando estes saíam pela cidade gritando, "*Haut en bas!*" [de alto a baixo]. Se algum menino roubasse dinheiro ou se comportasse mal, era castigado segundo a tradição saboiana. Quem fugia para a rua sempre era encontrado — os limpadores de chaminé conheciam a cidade tão bem como qualquer policial e melhor que a maioria dos parisienses. Nos casos graves, o culpado era expulso da comunidade.

Mesmo banido, o garoto talvez conseguisse achar serviço munindo-se de suas joelheiras e de sua raspadeira e juntando-se à multidão de moleques desempregados que se reuniam na Porte Saint-Denis e na rua Basse-du-Rempart, local da futura Place de l'Opéra. Se tivesse sorte, poderia ser adotado por uma sociedade beneficente e encaminhado para algum treinamento decente como aprendiz. Caso contrário, treinado e vestido por um cafetão, talvez se transformasse num das centenas de "*petits jésus*" [garotos de programa] que faziam ponto nos Champs-Élysées e em outras áreas do perímetro urbano.

Os limpadores de chaminé que não sucumbissem à asfixia, a doenças pulmonares, à cegueira ou a uma eventual queda de algum telhado talvez se estabelecessem um dia por conta própria, com a instalação de fogões. Quase todos voltavam para casa para casar. Seu vínculo com a terra natal jamais se rompia. Ao emergir de uma chaminé no topo do telhado de um prédio de apartamentos parisiense, o limpador saboiano sempre conseguia avistar os Alpes.

OS BANDOS DE CEIFEIROS e os exércitos de meninos perfazem algo como 15% das cerca de meio milhão de pessoas que circulavam pelo país. Sua migração era relativamente concentrada e gregária. Já outros migrantes, como os mascates e contrabandistas mencionados no manual do exército, esquadrinhavam o território mais pormenorizadamente, percorrendo o labirinto como a seiva corre no interior da árvore.

Até a década de 1870, milhares de *colporteurs* [mascates] partiam a cada ano de seus vilarejos nas montanhas levando às costas quase 50 quilos de cestos ou caixotes de pinho e, no traseiro, uma vara que lhes permitia descansar sem ser preciso descarregar. A carga era arrumada em cestos menores e coberta por mudas de roupas. O peso era, obviamente, um fator crucial. Os cestos dos mascates eram obras-primas da arte da embalagem. Em 1841, um desses cestos continha 9.800 alfinetes, 6.084 fusos de tear, 3.888 botões, 3 mil agulhas, 36 dedais, 36 pentes, 24 novelos de linha, 18 caixas de rapé, 96 lápis e canetas, duzentas penas de escrever, quarenta pares de tesouras e uma miscelânea de colchetes, facas, cadernos, suspensórios e barras de sabão. Também faziam sucesso artigos religiosos, ervas medicinais, qualquer coisa de seda e sementes e plantas alpinas, tão logo este mercado se abriu com os turistas interessados em botânica. Um *colporteur* da baixa Normandie que morreu em 1788 em Longpont na Perche havia deixado seu baú aos cuidados de um cura. O baú, de 90 por 45 centímetros e equipado com alças para pendurar nas costas, era subdividido em sete caixas e sete gavetas (duas delas vazias); ali dentro havia 382 amostras de 41 itens diferentes, entre eles correntes de relógio, tesouras, sinetes, brincos, óculos, navalhas, facas, fitas, luvas, meias e uma promissória de venda de um relógio de prata.

Algumas das mercadorias mais rentáveis não pesavam nada. Ambulantes que percorriam longas distâncias aproveitavam-se da crença de que o povo das montanhas era dotado de poderes mágicos. Uma invocação mágica enunciada num dialeto estranho e ininteligível podia ser muito convincente. Alguns ofereciam serviços médicos e veterinários. Furavam orelhas, extraíam dentes, liam a sorte. Mesmo depois de uma lei de 1756 que proibiu essa prática, ambulantes bearneses castravam, na Espanha, meninos cujos pais tinham esperanças de garantir para eles uma vaga no coro de alguma catedral. Na viagem de retorno, caso voltassem pelas rotas de Santiago de Compostela que passavam por Rocamadour e Le Puy-en-Velay, podiam fingir-se de peregrinos e angariar esmolas de abadia em abadia até chegarem em casa.

O cambalacho era uma grande especialidade entre os ambulantes da Auvergne. Eles conseguiam trabalhar uma temporada inteira com uma única peça de tecido, vendendo-a com o compromisso de que um alfaiate viria no dia seguinte e faria as roupas de graça. O alfaiate vinha, tirava as medidas, levava o pano e nunca mais aparecia. O vendedor trapaceiro tinha a desvantagem de ser obrigado a percorrer distâncias muito maiores que um mascate que ganhava a confiança da clientela.

A tramoia conhecida como "*la pique*" era uma verdadeira indústria. Um pároco bondoso de um vilarejo qualquer escrevia uma carta relatando que o portador sofrera calamidades terríveis e merecia um ato de caridade — um incêndio destruíra sua fazenda, os animais estavam doentes, a esposa estava à morte e todo seu dinheiro fora roubado. Parte dos rendimentos ia para quem assinava a carta. Aparentemente, quem melhor redigia essas cartas eram as mulheres idosas. Um padre interrogado após a prisão de dois ambulantes flagrados na *pique* admitiu sem rodeios ter assinado o documento fajuto. Os detalhes eram falsos, mas a miséria era real, e um homem que se dispunha a caminhar centenas de quilômetros para garantir seu sustento valendo-se da solidariedade dos outros no mínimo aliviava a demanda sobre os recursos do vilarejo.

SE A LEI FOSSE CUMPRIDA à risca por toda a população, boa parte da França teria ficado isolada do mundo exterior. A indústria do contrabando, que em algumas áreas era praticamente a única, também mantinha os microcanais de comunicação abertos. A população de cidades de fronteira como Le Pont-de-Beauvoisin, situada bem na fronteira da França com a Savoie, pouco fazia além de contrabando. Alguns vilarejos provençais trocaram a agricultura pelo contrabando. O estoque de bebidas alcoólicas e tabaco de alguns mosteiros chegava a ser suspeito. Nice, que até 1860 foi um Estado autônomo, exportava tanto para a Itália, a leste, quanto para a França, a oeste, na outra margem do rio Var.

A fronteira entre a França e a Espanha era uma peneira. No oeste, as montanhas do País Basco eram cortadas por uma fina teia de trilhas de

188 A DESCOBERTA DA FRANÇA

contrabando (futuramente usada pela guerrilha, pela Resistência e pelo terrorismo basco). No leste, os habitantes da Catalunha e do Roussillon geriam uma próspera economia do crime. Segundo um relatório de 1773 ao Ministério das Relações Exteriores, "não há como dar um passo sem se deparar com bandos de contrabandistas armados". Os contrabandistas não eram figuras furtivas que se esgueiravam pela vegetação rasteira, mas pelotões de cinquenta pessoas, seguidos na retaguarda por um segundo pelotão, de suporte — eram alimentados, assalariados e divididos em postos hierárquicos, como os soldados.

Na Bretagne, milhares de mulheres fingindo estar grávidas entravam no Maine carregadas de barras de sal e manteiga extrassalgada. Em 1773, em Laval, o tribunal do sal julgou por contrabando mais de 12 mil crianças, total que incluía apenas as flagradas com, no mínimo, 7 quilos de contrabando. Ao crescerem, algumas dessas crianças ingressaram no que era, na prática, um mercado comum anglo-francês. Marinheiros bretões levavam conhaque para Plymouth, e marinheiros da Cornualha traziam tabaco para Roscoff. Nas rotas marítimas usadas pelos mercadores galo-romanos e pelos invasores normandos, o tráfego manteve-se inalterado, sobretudo na vigência do Sistema Continental imposto por Napoleão (1806-13). Consta que a gíria dos contrabandistas era a mesma dos dois lados da Mancha. Os contrabandistas de Saint-Malo e de Granville conseguiam comunicar-se em francês normando com os ilhéus anglo-normandos. Em 1807, um americano em viagem à França setentrional encontrou sinais suspeitos de que as relações mercantes de Calais e Boulogne com Dover e Hastings seriam excelentes, apesar de Napoleão:

> Parecia haver grande fartura de ovos, bacon, aves e verduras que, ao que pude depreender, garantiam o jantar dos camponeses pelo menos duas vezes por semana. Fiquei surpreso com a evidente abundância numa classe em que eu não esperava ver isso. Temo que seja em parte consequência dos lucros extraordinários do contrabando que é praticado na faixa litorânea.

Tudo isto sugere que, embora sufocassem o comércio, as barreiras aduaneiras não necessariamente reforçaram o isolamento. A "fortaleza" da França era extraordinariamente porosa. Os contrabandistas e mercadores ambulantes que ajudaram a manter as fronteiras abertas deveriam ser lembrados em qualquer comemoração da unidade europeia.

SE A INDUSTRIALIZAÇÃO e o investimento definem o bem-estar de uma nação, então o vaivém e a sovinice de meio milhão de trabalhadores migrantes e de pequenos criminosos seriam a mirrada atividade de uma economia atrasada. Mas, considerando-se a totalidade do território continental, isso parece indicar uma saúde que a França jamais recuperou por completo. O mapeamento demográfico por departamento parece mostrar a entrada do país numa nova Era das Trevas em fins do século XIX. Entre 1801 e 1911, a França como um todo apresentou um crescimento demográfico superior a 10 milhões. Mas, em 19 departamentos, alguns próximos a Paris, a população caiu, e em outros 14 cresceu menos de 50 mil. Hoje, 36 departamentos, que representam 40% da superfície da França, têm menos habitantes que um século e meio atrás. A migração sazonal, embora talvez restrita a menos de 2% da população, teve o efeito vital de permitir que a riqueza chegasse às partes menos produtivas, impedindo assim a hemorragia da terra.

Os resultados ainda são perceptíveis em algumas partes da França — as "*maisons de lait*" [casas de leite] dos vilarejos da Bourgogne, sobrados de dois andares construídos com o dinheiro ganho pelas amas de leite; as casas de veraneio de aguadeiros aposentados no remoto Cantal; as mansões despropositadamente faustosas que começaram a surgir em Barcelonnette e Aiguilles com o regresso aos Alpes dos vendedores de guarda-chuvas que voltavam da América do Sul, e quando os queijos locais começaram a chegar ao Mediterrâneo e até a cruzar o Atlântico em caixas forradas de chumbo.

A atividade de formiga da minoria migrante não só difundiu a riqueza, como também retardou o crescimento das cidades grandes. Até fins do século XIX, quando a norma passou a ser a migração definitiva, Paris não detinha o monopólio de centro gravitacional da França. Embora a capital fosse bem servida pelos principais rios do nordeste da França — Yonne, Sena, Marne, Aisne e Oise —, não o era pelos rios que nascem no Massif Central. Todas as melhores estradas que saem da Auvergne levavam ao sul. Era preferível tomar uma rota mercante para Bordeaux, Toulouse, Montpellier ou Marseille, movimentada pelo trânsito dos peregrinos e das tropas de mulas, do que uma trilha obscura que levava ao norte, a terras onde se falava outra língua. Até mesmo no início do século XX, muitos vilarejos do Périgord e da Auvergne meridional tinham ligações mais estreitas com a Espanha que com a metade setentrional da França. As chances de uma família basca ter parentes em Buenos Aires e, mais tarde, em Manhattan eram as mesmas de ter parentes em Paris.

Caso fosse possível plotar todas estas rotas num mapa, o resultado lembraria mais a Gália romana que os sistemas rodoviário e ferroviário do século XXI, que se irradiam de Paris. O mesmo padrão inesperado repete-se nos primeiros mapas de letramento. Algumas regiões supostamente distantes das luzes da civilização revelaram possuir índices de letramento elevados — Cantal, Isère, Drôme, os departamentos alpinos e Savoie. A descrição que Balzac faz, em *O médico do campo* (1833), de um missionário cultural que contribuía para "melhorar um canto inculto do mundo [no Dauphiné] e civilizar seus habitantes privados de inteligência" denota que o autor transpõe sua província natal de Touraine, em grande parte analfabeta, para os Alpes, que mal conhecia. Fazia décadas que muitos vilarejos alpinos geriam suas próprias escolas, voltadas não para o ensino geral, mas para o treinamento de uma geração de mercadores itinerantes. Ali se ensinavam aritmética, contabilidade e francês comercial. Na região de Oisans, a leste de Grenoble, a criançada copiava e memorizava cartas-modelo como o exemplo abaixo, apropriado a um ambulante bem-sucedido que se esbaldava na capital, livre das amofinações de casa:

> E como pode ver, meu caro amigo, temos aqui muito mais distrações do que em casa, onde só o que fazemos é sair de parente em parente dando bom-dia. Insisto vigorosamente que venha morar em Paris para poder saborear suas delícias.

Até hoje, a ideia de que a salvação das comunidades depende de esforços de ordem individual e escala modesta permeia as políticas agrícolas da França. Algumas atitudes aparentemente provincianas e protecionistas refletem uma percepção justa da história, não parisiense, mas francesa. Na Inglaterra vitoriana, a catastrófica conjunção urbanização-industrialização gerou vastas zonas poluídas de miséria e de doença. Na França, a maior parte da mão de obra industrial era ou doméstica, como os tecelões da Normandie e de Lyon, ou sazonal, como os montanheses que durante seis ou sete meses suavam a camisa nas fábricas de óleo, sabão e perfume de Aix e Marseille para depois voltarem para casa e comprarem um lote de terra. Até 1874, a lei do trabalho infantil aplicava-se apenas a oficinas com mais de vinte empregados e a maioria das fábricas era pequena o suficiente para ignorá-la. Ao contrário da indústria britânica, a indústria francesa dedicava-se predominantemente à produção dos chamados *articles de Paris* [artigos parisienses], ou seja, artigos de luxo como relógios, joias, móveis, acessórios de moda, utensílios domésticos e flores artificiais. Como se gabou o dicionário Larousse em 1872, a França podia não chegar aos pés da Inglaterra e da Alemanha na indústria pesada, "mas é imbatível em todas as indústrias que exigem elegância e graça e valorizam mais a arte que a manufatura".

Afora algumas poucas cidades como Roubaix e Montluçon (ver p. 311, 401) que passaram por um boom industrial, as cidades francesas não se expandiram além de suas antigas muralhas. Em 1860, quando a cidade de Paris expandiu seu perímetro e anexou alguns vilarejos dos arredores como Montmartre, Grenelle e Vaugirard, entre outros, Honoré Daumier publicou uma caricatura de um casal de camponeses grandalhões e desajeitados, de tamancos e avental, postados no meio de um campo arado vendo-se ao fundo o recorte dos prédios de Paris no horizonte. "Quem diria que agora somos parisienses!", dizia o casal. O lamaçal suburbano e a minúscula cidade-ilha não eram tão exagerados assim. Na maioria dos lugares, o barulho das solas de botas tacheadas no calçamento de pedras denunciaria a entrada na cidade de um trabalhador migrante. Em 1839, Balzac descreveu a chegada de um aprendiz de 16 anos em sua viagem à cidade de Provins (Seine-et-Marne), numa manhã de outubro. Provins, que ficava à beira de uma das principais estradas para leste, tinha fábricas, curtumes, olarias e uma destilaria de açúcar de beterraba; produzia rosas para as escolas maternais e os farmacêuticos (que usavam as pétalas em tônicos e loções) e tinha um saudável comércio de

192   A DESCOBERTA DA FRANÇA

grãos, farinha, vinho, lã e água mineral; promovia quatro grandes feiras por ano e ficava a apenas sete horas de Paris pela diligência postal.

> Ele parou numa pequena praça na parte mais baixa de Provins. A essa hora do dia, conseguia examinar, sem ser visto, as diversas casas da praça, que era retangular e comprida. À beira dos rios de Provins, os moinhos já estavam funcionando. A harmonia entre o som de suas rodas, cujo eco ressoava na cidade alta, e o ar cortante e a luz radiosa da manhã apenas reforçava o silêncio que permitia ouvir, lá em cima na estrada, o estrépito de uma diligência a uma légua de distância (...) Não havia sinais de comércio, e pouquíssimos desses faustosos portões de acesso para carruagens nas casas ricas. Os poucos que havia raramente giravam em seus gonzos, a não ser os de Monsieur Martener, um médico que, por necessidade, mantinha uma carruagem e fazia uso dela.

Com efeito, as cidades francesas eram em sua maioria conurbações imensas e esparsamente povoadas de alguns milhares de quilômetros quadrados, de onde as pessoas partiam em migrações pendulares que podiam durar dias, semanas ou meses. Mesmo quando o "dia" de trabalho perdurava por alguns anos, quase sempre acabava numa volta ao *pays*. Tanto Nîmes quanto Lyon atraíam mão de obra têxtil de muito longe, dos vilarejos das montanhas. O grosso da migração era rural, e a maioria dos migrantes que ia para as cidades não virava suco em fábricas demoníacas — fornecia serviços e era autônoma. Em 1838, apenas 2 mil dos quase 23 mil migrantes saboianos na França trabalhavam em fábricas — de seu ponto de vista, locais aquecidos e secos, com cama, comida e salário fixo.

Nos dias de hoje, um estrangeiro que vai morar numa cidade francesa geralmente traz a expectativa de integrar-se e ser aceito pela comunidade. A população francesa não costumava preocupar-se com isto. Em meados do século XIX, metade da população de Paris já era de gente da província, mas a maioria não se considerava parisiense. Fora de casa, o migrante gastava o mínimo possível. Mentalmente, jamais se desvinculava do *pays*. Mantinha-se isolado ao longo de todo o percurso e, ao chegar à cidade, instalava-se numa versão em miniatura de sua terra, como os limpadores de chaminés. Em determinadas ruas de Paris, os sons e os cheiros de vilarejos e cidades do interior abafavam os sons e cheiros da capital. O único francês que muitos falavam resumia-se aos pregões de rua. Latoeiros e sucateiros de um vale específico do Cantal concentravam-se no entorno da Rue de Lappe, perto da Bastilha. Aguadeiros e trabalhadores de um vale vizinho moravam no mesmo *quartier*, mas separados de seus conterrâneos por uma rua, em vez de pelo rio Jordanne no *pays* natal. *O conde de Monte Cristo* de Alexandre Dumas baseou-se numa conspiração em que todos os envolvidos eram da mesma parte de Nîmes e habitavam o mesmo *quartier* de Paris, entre a Place du Châtelet e Les Halles. Seu ponto de encontro e de troca de notícias era um café da Place Sainte-Opportune gerenciado por um conterrâneo. Estes vilarejos urbanos deixaram vestígios que persistem até hoje, sobretudo próximo às grandes estações de trem — o nome de um café ou restaurante, um prato regional, o sotaque de um garçom ou a fotografia de uma vaca numa pastagem montanhosa.

A França em si era como uma cidade gigantesca em que cada circunscrição tinha uma especialidade própria. Negociantes de cavalos da Normandie, caçadores de toupeiras e seus aprendizes do Orne, fabricantes de renda de Caen e Beauvais, camareiras da Bretagne e da Guyenne. Na Paris do século XVIII, era comum ver os toucados engomados e esculturais das mulheres da Normandie no entorno da Repartição das Amas de Leite, na Rue Sainte-Apolline, substituídos no século XIX pelos capuzes negros das mulheres da Bourgogne, que vinham do Morvan acompanhando a descida das toras de madeira na correnteza do rio.

Para a maioria destes migrantes, Paris ficava a poucos dias de caminhada. Outros — carregadores e chaveiros (e, presume-se, arrombadores) de Lyon; negociantes de roupas de segunda mão da Alsácia; cantores de Haute-Marne; porteiros da Suíça (conhecidos como "*suisses*"); vidraceiros do Piedmont; cozinheiros de Montpellier; domadores de ursos e amoladores dos Pireneus — caminhavam semanas. Da Auvergne vinham chapeleiros e serradores de madeira do Forez; trapeiros de Ambert e Le Mont-Doré; peleteiros de Saint-Oradoux, que andavam pelas ruas cobertos por pilhas de peles de coelho, assustando as crianças e esfolando os gatos de rua; e carvoeiros, ou *bougnats*, que desciam de barco pelo Allier e pelo canal de Briare e, em sua maioria, também vendiam vinho. Alguns dos cafés mais conhecidos de Paris — Le Flore, Le Dôme, La Coupole, Les Deux Magots — foram fundados por *bougnats*. Até hoje, há donos de bar que vendem carvão e quase três quartos dos *cafés-tabacs* [cafés-tabacarias] de Paris ainda são comandados por gente da Auvergne ou seus descendentes.

Não parece haver lógica no mapa das migrações. Uma vez aberta a rota, instalada a colônia e formada a clientela, estes ofícios ganhavam um ímpeto que garantia sua sobrevivência no longo prazo. A clientela passava a associar o produto ou serviço a determinado traje regional e a determinado sotaque. Mas há poucos sinais de sensibilidade à mudança econômica. Em fins do século XVIII, sapateiros famintos, em sua maioria carentes de matéria-prima e de competência, inundaram cidades próximas às fronteiras da Lorena — Strasbourg, Troyes e Dijon. Regiões pobres como o Vercors e os "pré-Alpes" entre Digne e Grasse, que poderiam ter-se beneficiado da migração, permaneceram isoladas até fins do século XIX, quando, de uma hora para outra, suas populações começaram a partir definitivamente. Ninguém sabe por que, a cada ano, milhares de pedreiros e operários da construção civil deixavam o Limousin. Não faltavam terras e suas competências eram necessárias na região. O único motivo evidente é que os homens que haviam estado fora eram melhores partidos — tinham mais dinheiro, mais prestígio e, acima de tudo, mais histórias interessantes para contar.

EM GERAL, O DESEJO DE DESCOBRIR o país é associado a exploradores, pesquisadores, turistas, mas não à mão de obra migrante. É evidente, porém, que um dos principais impulsos que levavam à migração era a curiosidade. Numa época em que a maioria das pessoas tinha medo de pôr o nariz fora de casa depois do anoitecer, as rotas abertas pelos migrantes proporcionaram uma passagem comparativamente segura para o mundo que existia fora do *pays*.

O exemplo clássico desta descoberta organizada da França é o Tour de France [Volta da França], uma viagem-estágio que fazia parte da formação de um aprendiz. A expressão remonta ao início do século XVIII, mas a prática é muito mais antiga. O Tour de France, a princípio restrito à Provence e ao Languedoc e depois ampliado para incluir o vale do Loire, Paris, Bourgogne e o vale do Rhône, descrevia uma espécie de hexágono em torno do Massif Central que excluía a Bretagne (à exceção de Nantes), a Normandie, o norte e o noroeste, e as montanhas. Cada ofício tinha sua própria sociedade e uma rede de "Mães" que fornecia acomodações e oportunidades de emprego em cada cidade do itinerário.* Depois de ganhar um nome novo, ligado a seu *pays* — "Libourne", "Bordelais", "Landais" etc. —, o aprendiz passava algumas semanas ou meses na cidade, trabalhando até altas horas, adquirindo técnicas locais e aprendendo a trabalhar com materiais locais. Tinha também a obrigação de aprender as leis secretas da Ordem ou "Devoir" à qual sua guilda era afiliada. Na hora da partida, uma ruidosa procissão acompanhavao ao som de tambores e violinos até a saída da cidade.

Um Tour típico (como informa um "Roteiro Normal do Tour de France" publicado em 1859 por um padeiro de Libourne) durava quatro ou cinco anos, percorria mais de 2 mil quilômetros (em geral no sentido horário), e incluía 151 cidades diferentes. Determinadas cidades eram obrigatórias e, para pedreiros e carpinteiros, determinadas obras de arte de abadias e catedrais. Durante o Tour, o aprendiz era acolhido como membro da guilda. Tornavase então um "Compagnon [companheiro] du Tour de France" e recebia um segundo nome, que refletia sua qualidade oficial — "Lyonnais-la-Fidélité" [fidelidade], "L'Estimable-le-Provencel" [apreço], "Angoumois-le-Courageux" [coragem] etc. Agricol Perdiguier, um marceneiro dos subúrbios de Avignon que publicou suas memórias do Tour em 1854, ganhou o nome de Avignonnaisla-Vertu [virtude]. O Compagnon também era presenteado com um cajado especial, decorado com fitas, para ser reconhecido na estrada. Ao concluir o Tour e voltar para casa, recebia um certificado e permanecia Compagnon pelo resto da vida.

---

*Até hoje, aprendizes da França e de outras partes da Europa cujo ofício tenha a ver com a transformação de matérias-primas (carpinteiros, pedreiros, encanadores, padeiros etc.) empreendem um Tour de France, hospedando-se em albergues comandados por "Mães". Partidas de futebol substituem as batalhas campais. Há três ordens: Compagnonnage du Devoir, Compagnonnage du Devoir de Liberté e Union Compagnonnique des Devoirs Unis [respectivamente, Associação Operária do Dever, Associação Operária do Dever de Liberdade e União Operária dos Deveres Unidos].

196   A DESCOBERTA DA FRANÇA

Com o Tour de France, as rivalidades e rixas entre os vilarejos ganharam a estrada. Quando membros das diferentes ordens se encontravam na estrada, ou quando uma guilda tentava instalar uma nova "Mãe" numa cidade, engalfinhavam-se a sério, para nocautear os adversários. Os aprendizes aprendiam num triz a manejar suas ferramentas como armas. Um manual de leis e regulamentos para trabalhadores, capatazes e Compagnons publicado em 1833 dedica sete de suas trinta páginas a tumultos em assembleias, insultos e difamação, perjúrio, ameaças, danos corporais e homicídio. Quando, em 1840, o padeiro de Libourne interrompeu seu Tour para visitar o venerável eremita barbado no maciço Sainte-Baume, é compreensível que tenha ouvido do eremita poucas e boas a respeito do Tour de France.* O eremita via na agressão sectária um sinal de atraso e mencionou o fato de que três de cada quatro Compagnons que o haviam visitado em sua gruta não sabiam assinar o nome em seu livro de visitantes.

Mesmo assim, estas refregas sangrentas criavam um forte espírito de grupo, tal como ocorria com as canções compostas por Compagnons poetas. Um dia, a força de trabalho se concentraria em fábricas e cidades grandes e enfrentaria o inimigo sem cara da mudança econômica e da repressão política. Em tais circunstâncias, a solidariedade seria uma arma preciosa. A visão das "andorinhas do inverno" como estrangeiros e subversivos, antes peculiar aos secretários de segurança, seria adotada pela população como um todo. A mentalidade de vilarejo que açulava *pays* minúsculos uns contra os outros seria aplicada a nações — Itália, Espanha, Portugal e Argélia — e a sinistra viagem de alguns trabalhadores migrantes — travessias do Mediterrâneo em barco a remo e viagens dentro de caminhões frigoríficos ou pendurados debaixo de trens de alta velocidade — teria chocado seus predecessores do século XIX.

---

*Uma das três grandes ordens de Compagnons acreditava ter sido fundada por um francês que ajudou a construir o Templo de Salomão em Jerusalém e se retirou para Sainte-Baume. Até hoje, os Compagnons saem em peregrinação à gruta no mês de julho. Ali perto, na basílica de Saint-Maximin, há um relicário com relíquias de sua santa padroeira, Maria Madalena; logo à entrada da basílica, ainda é possível ver pichações de Compagnons do século XIX nas paredes e colunas.

MIGRANTES

PARECE SER UMA LEI da história social que, quanto maior o número de pessoas compartilhando de uma determinada experiência, menor o número de evidências deixadas pela experiência. Há centenas de relatos de turistas cheios de minúcias inúteis sobre suas triviais viagens de coche, mas as odisseias empreendidas pelos migrantes evaporaram-se no ar como a maioria das rotas percorridas por eles.

Uma exceção de valor inestimável é o relato deixado por um dos milhares de pedreiros que, a cada ano, partiam do Limousin. Martin Nadaud, que mais tarde se tornaria um político socialista, descreve em suas memórias sua extenuante viagem para Paris. O relato é breve, sobretudo depois de Orléans, mas outras fontes permitem recriar as cenas que Nadaud testemunhou pelo caminho.

Nascido num lugarejo do Limousin chamado Martineiche, Nadaud saiu de casa aos 14 anos na companhia do pai e do tio. No dia da partida (26 de março de 1830), a mãe, chorosa, enfarpelou-o com cartola, sapatos novos e um terno de lã de carneiro, duro feito tábua por ser confeccionado em droguete, um tecido vagabundo e barato hoje usado na fabricação de tapetes de qualidade inferior. Martin faria a maior parte do percurso até Paris a pé, mas era preciso manter um ar respeitável como quem desce a rua principal — no caso, uma rua com quase 400 quilômetros.

No primeiro ponto de parada, Pontarion, juntaram-se a eles outros migrantes de quase toda a Creuse. Tomaram um vinho e os homens mais velhos que os haviam acompanhado nesse primeiro trecho da viagem voltaram para casa, "dizendo-nos que sempre nos comportássemos bem e cultivássemos as boas lembranças do *pays*".

Pouco depois, já não se viam mais as "pedras druidas" no alto do morro detrás do vilarejo. Estas pedras, para Nadaud, representavam seu *pays* e os pedreiros gauleses que haviam "retomado a pátria" do jugo romano. A rota seguia por trilhas lamacentas dentro da floresta, pois ainda não havia estrada para Guéret. Os pingos de chuva que caíam dos galhos deixaram-nos encharcados até os ossos. Ao chegarem a Bordessoule na divisa do departamento, os jovens pedreiros tinham os pés feridos e ensanguentados — o pai de Nadaud ajudou-o a tirar as meias e massageou as solas de seus pés com gordura. A estalagem era a típica espelunca para migrantes — barata, hospitaleira e imunda. Em todas elas, os lençóis eram trocados em novembro e depois só em março. O jeito era enrolar a cabeça num pano e enfiar-se, inteiramente vestido, naquele envelope encardido. O sono vinha logo, apesar das pulgas.

A longa marcha para o norte foi, em si, um aprendizado — como caminhar com os pés molhados e cheios de bolhas no passo dos migrantes mais velhos, como engolir comida mofada estando morto de cansaço e, acima de tudo, como defender a honra do *pays*. Ao amanhecer, os migrantes saíam dos vilarejos cantando e gritando como se estivessem num baile campestre. Era assim que mantinham o moral e se impunham à população local. Às vezes, travavam-se batalhas campais cujo resultado não tardava a ser conhecido em todas as rotas de migração e até na colônia dos pedreiros em Paris. Muitas vezes, nos serões (*veillées*) do vilarejo, o jovem Nadaud ouvira falar nessas batalhas; assim, quando eram provocados da beira da estrada por camponeses locais que os xingavam de gansos e perus, "eu ficava mais curioso que indignado... Os valentões de nosso bando se juntavam e via-se pela cara deles que os insultos não sairiam barato".

No terceiro dia, em Salbris, havia guardas à sua espera para escoltá-los até a espelunca. No quarto dia, depois de vencerem com dificuldade as pedras e as poças da triste Sologne, avistaram as torres da catedral de Orléans na outra margem do rio Loire. Dali, seguiriam de coche.

Com 40 mil habitantes, Orléans era a maior cidade já vista pelos jovens pedreiros, que talvez nem entendessem onde estava a graça da velha piada do camponês que foi a Poitiers, mas não chegou a ver a cidade, "escondida pelas casas". Era a primeira vez que testemunhavam o estranho fenômeno de uma multidão de pessoas que faziam coisas diferentes e caminhavam em direções diferentes. Aquilo fazia parte do mundo novo que ajudariam a construir. Em Orléans, sinais animadores indicavam um boom da construção. Urbanistas vinham travando uma guerra com o passado que já durava quarenta anos. Já não se viam fortificações e portões medievais. Praticamente não restavam vestígios da salvadora da cidade, Joana d'Arc. A nova Rue Jeanne d'Arc pusera abaixo um aglomerado de antigas favelas, mas proporcionava uma vista magnífica da catedral.

Os escritórios da companhia de coches estavam abarrotados de migrantes que iam para Paris. Empregados de libré torciam o nariz para o cheiro dos campônios meridionais. Nunca havia assentos disponíveis para eles nos coches. Viajavam empilhados em coches de menor porte conhecidos como *coucous*, provavelmente por se assemelharem a imensos relógios cucos. Os *coucous*, também conhecidos como "penicos", eram famosos por seus cavalos asmáticos e pelo sarcasmo de seus cocheiros. Sacolejavam tanto que volta e meia um passageiro era cuspido para fora. A maioria destas armadilhas mortais trafegava em alta velocidade pelas estradas próximas a Paris e atravancava a Place de la Concorde. O *coucou* não costumava fazer viagens muito longas. Orléans ficava a 120 quilômetros de Paris — nos dias bons, oito horas de viagem pela diligência postal. Numa engenhoca desengonçada como o *coucou*, com um cocheiro cabeça-dura que parava em cada estalagem para um gole e não admitia ser pressionado para ir mais depressa, era uma sorte os pedreiros partirem ao amanhecer e chegarem ainda com o dia claro.

Os *coucous*, tal como hoje em dia os *matatus* do Quênia, não tinham lotação máxima. Levavam passageiros extras amontoados no banco do cocheiro e amarrados na traseira — os primeiros eram os "coelhos", os últimos, os "macacos". O *coucou* de Orléans era mais elástico ainda. Quatro jovens pedreiros ocuparam juntos a "terceira classe", um cesto de vime pendurado sob o coche, supostamente destinado às bagagens.

De Orléans em diante, pouco se via. Através da cortina de respingos de lama e de saibro, a carga humana mareada nada veria além dos muros de Orléans que se estendiam por mais de 3 quilômetros. Depois, a estrada deixava o vale do Loire, subia até o povoado de Montjoie e entrava na floresta de Orléans. O cheiro do povoado dos madeireiros em Cercottes talvez tenha chegado às suas narinas, mas provavelmente não viram uma única árvore, pois uma larguíssima faixa da floresta junto à estrada fora desmatada para dificultar a vida dos salteadores.

Saindo da floresta, rodaram horas por planícies arenosas e sob o vento dos trigais da Beauce. Seguiram aos solavancos pela estrada romana no trecho entre Sens e Chartres. Surgiam sinais de riqueza — um pomar bem cuidado, uma alameda que levava a um *château*. Atravessaram Arpajon e

200   A DESCOBERTA DA FRANÇA

Longjumeau, ensurdecidos pelo eco das rodas nos paredões em túnel, depois Antony e Sceaux, onde o gado se reunia antes de ser recolhido ao interior da cidade. Sempre que via um passageiro aguardando na beira da estrada, o cocheiro gritava "*Encore un pour Sceaux!*" [mais um para Sceaux], na realidade um trocadilho com "*Encore um pourceau!*" [mais um porco]. Depois de Bourg-la-Reine, famosa por suas cerâmicas, e Arcueil, por seu aqueduto, o piso da estrada melhorava e o tráfego engrossava. Em Montrouge, as estradas de Versalhes e do oeste juntavam-se à de Orléans. Cocheiros ensonados deixavam Paris em direção ao campo em pesadas carroças.

Chegaram à orla da cidade pela Barrière d'Enfer [barreira do inferno]. A entrada em Paris não foi propriamente triunfal. Do cesto, debaixo do coche, viram uma confusão indistinta de botas, pés descalços, rodas de carruagem, charretes, e a parte inferior de cartazes que anunciavam leilões, livros, banhos e tratamento dental. Desceram ruidosamente até o Pont Neuf [ponte nova] pela Rue Saint-Jacques, passando pelo Observatório e pela Sorbonne. De repente, um cheiro de rio, depois saias, anáguas e botas de couro na mais salubre Rive Droite [margem direita], a cacofonia dos pregões de rua em dezenas de sotaques diferentes, cheiros de fritura, e todo o luxo multicor do lixo urbano — fragmentos de papel, pedaços de buquês, miolos de maçãs, caules de repolhos e esterco de cavalo suficiente para manter um vilarejo por um ano.

Ao descerem do *coucou*, os pedreiros, além de trôpegos, deviam estar brancos como fantasmas. Nadaud seguiria viagem até Villemomble, nos subúrbios da periferia leste, onde trabalharia no canteiro de obras do tio. Primeiro, foi levado pelo pai até a beira-rio junto ao Hôtel de Ville para lavar na água do Sena as mãos enegrecidas. Em ambas as margens, até onde a vista alcançava, corria uma parede de casas espigadas, cravejadas de chaminés. Cada prédio destes — dilapidados, porém majestosos — abrigava mais gente que um povoado do Limousin. Por algumas janelas, entreviam-se luzes mortiças, como se uma infinidade de minisserões se desenrolasse no interior de uma infinidade de minúsculos cômodos.

Do outro lado do rio, no topo da colina denominada Montagne Sainte-Geneviève, a cúpula cinzenta do Panteão destacava-se contra as nuvens do horizonte, sobranceando os telhados do Quartier Latin como um farol não iluminado. Até a conclusão da Torre Eiffel em 1889, o Panteão era o ponto mais elevado de Paris. Todo pedreiro que chegava à capital sabia que este monumento impressionante e espectral era obra de seus compatriotas. A partir de 1855, seu nome ficou conhecido graças à canção entoada pelos pedreiros como um hino nacional:

...
Les canaux et les ponts
De la Seine à la Meuse
Pourraient citer les noms
Des maçons de la Creuse.

Voyez le Panthéon,
Voyez les Tuileries,
Le Louvre et l'Odéon,
Notre-Dame jolie.

De tous ces monuments
La France est orgueilleuse,
Elle en doit l'agrément
Aux maçons de la Creuse.

Os canais e as pontes
Do Sena ao Meuse
Poderiam citar os nomes
Dos pedreiros da Creuse.

Vejam o Panteão,
Vejam as Tuileries,
O Louvre e o Odéon,
A Notre-Dame tão linda.

Todos estes monumentos
São o orgulho da França,
Que deve seu encanto
Aos pedreiros da Creuse.

O Panteão — originalmente uma igreja dedicada a santa Genoveva, padroeira de Paris, cuja campanha de orações no século V levara Átila, o Huno, a passar direto por Paris e ir atacar Orléans — ficou pronto em 1789. Imediatamente, o governo revolucionário dedicou-o aos heróis seculares do Estado moderno. As gigantescas letras que proclamavam a gratidão da pátria aos "grandes homens" sepultados em sua cripta — "AUX GRANDS HOMMES LA PATRIE RECONNAISSANTE" [Aos Grandes Homens, a Pátria Reconhecida] — haviam sido entalhadas por pedreiros da Creuse.

Do alto do Panteão, por cima dos telhados de ardósia que corriam para o horizonte como uma sucessão de morros perfilados, os pedreiros avistavam dezenas e dezenas de povoados urbanos cujos habitantes falavam dezenas e dezenas de línguas diferentes e pouco sabiam da vida uns dos outros. O panorama estava impregnado da dolorosa consciência de tudo que os separava de casa — as estradas que se entrecruzavam na divisa da cidade, os trigais da Beauce e as planícies da margem oposta do Loire, com suas trilhas pedregosas e tribos hostis, e, mais adiante, a cinco dias de viagem para o sul, as ondulantes terras altas onde pedras druidas entalhadas por pedreiros gauleses montavam guarda sobre a paisagem do planalto do Limousin e das montanhas da Auvergne.

O trem não tardaria a encurtar estas distâncias. Pedreiros, amas, camareiras e mascates seriam transportados de uma ponta a outra do país como que por encanto, e os recantos em que os santos mandavam e desmandavam em seus reinados minúsculos desapareceriam de vista. Novos mistérios, mais incompreensíveis que os milagres, substituiriam os antigos. Mais que nunca, as pessoas partiriam em grandes aventuras e nunca mais voltariam para casa.

INTERLÚDIO

Os Outros Sessenta Milhões

EXATAMENTE COMO OS ESPÍRITOS da pedra e as fadas (ver o capítulo 7), uma população imensa desapareceu quase que por completo do cotidiano. Algumas espécies já fizeram breves aparições em capítulos anteriores. Muitas outras aparecerão nos próximos. Mas, sem este interlúdio, elas talvez se evaporassem na paisagem como um rebanho de camurças nas grandes altitudes dos Alpes. Segundo o censo de 1866, 60 milhões de mamíferos domésticos e uma infinidade de animais selvagens compartilhavam a terra e a vida das pessoas e exerciam uma influência profunda, embora impossível de calcular, na existência humana. Esses animais também descobriram a França e possibilitaram sua exploração. Muitos deles apressaram as mudanças que os excluíram da história francesa.

O CENÁRIO É PÉRONNE, uma cidade fortificada à margem do rio Somme, poucos anos antes da Revolução. Numa casa nas franjas da cidade, uma matilha pequena e bem treinada ultima os preparativos para uma viagem longa e perigosa. Cada um dos membros da matilha traz amarrado ao dorso um fardo muitíssimo bem embalado. A única lei que a matilha conhece é a da obediência cega. Nada sabe daquela que estão para infringir pela enésima vez.

O líder da matilha estagiou como aprendiz e ganhou o direito de viajar sem o fardo. Suas responsabilidades já são um fardo. As normas operacionais são poucas e simples, mas exigem perícia, experiência e coragem. Neste sentido, a pequena matilha faria inveja a qualquer comandante militar. Apesar dos perigos que os esperam, todos abanam o rabo.

A caravana de cães contrabandistas parte ao estalo de um chicote. O dono torna a entrar em casa e vai dormir. Em algum lugar durante a noite, na divisa da Picardie com o Artois, a matilha vai cruzar uma das fronteiras que dividem a França em zonas fiscais. Nas barreiras, cobra-se um imposto de consumo sobre quase tudo que atiça a cobiça dos seres humanos — tabaco, álcool, couro, sal e ferro. As divisas são patrulhadas por guardas. Se um homem for apanhado fazendo contrabando, é mandado para as galés. Se for uma mulher ou criança, vai para a cadeia. Os cães são executados no ato.

O cão líder segue farejando a rota. Se farejar gente, a instrução é enfiarem-se numa vala e aguardarem escondidos até a patrulha passar. Se farejar cão — talvez um cão treinado pelo fisco —, o negócio é mudarem de rota, seguirem pelos brejos ou se dispersarem no mato.

Ao fim de horas de emoções e atrasos, a expedição chega ao outro vilarejo. Entra em operação a segunda parte do plano. Os cães carregadores escondem-se no meio dos trigais e das sebes. O cão líder segue até uma casa e arranha a porta de leve. O dono da casa não está sozinho. Sabe-se que os fiscais costumam aparecer para visitas noturnas, procurando contrabando e fuçando cada cantinho ou fresta. A porta se abre. O cão atravessa o cômodo como se fosse o animal de estimação da família e enrosca-se diante do fogo. O visitante acaba indo embora. Passam-se alguns minutos. O dono da casa espia lá fora na escuridão e assobia. Cães cobertos de lama e carrapichos entram correndo. Com o pouco fôlego que lhes resta, pulam no homem, cumprimentando-o pelo sucesso de mais uma missão. Já que comem o que as pessoas comem, os cães terão um banquete bem merecido e um longo dia de preguiça pela frente.

INTERLÚDIO

Os CÃES CONTRABANDISTAS do norte da França são uma raça extinta tanto do ponto de vista social quanto do ponto de vista genético. O número de cães de estimação na França é hoje maior que em meados do século XIX — um para cada sete pessoas, hoje, contra um para cada 17, na época. Mas, apesar da imensa variedade de raças, a esfera de ação dos cães do século XXI é minúscula. Antes da Segunda Guerra Mundial, a população canina podia ser agrícola ou industrial, ociosa ou autônoma. Atuava no funcionalismo público, nos transportes, no entretenimento, na segurança, no crime. Com alguma imaginação e a longevidade canina normal, um cão podia virar herói de um romance pedagógico do século XIX trocando uma vida de sarna e mendicância por um cargo de responsabilidade em alguma fábrica rural ou atividade urbana, até, por fim, caso o negócio prosperasse, conquistar uma aposentadoria burguesa de ócio e luxos, limitando-se a ir buscar o jornal de vez em quando e desfrutar do alto do balcão a vista do bulevar lá embaixo, onde seus ex-colegas puxavam carroças, passavam o chapéu para os pedintes, exibiam suas habilidades e reviravam o lixo na entrada de serviço dos restaurantes.

Em muitas partes da França, a mão de obra canina foi vital para a primeira fase da revolução industrial. Uma das indústrias caseiras mais importantes das Ardennes era a fabricação de pregos; um passante que olhasse dentro das casinholas de pedra e de teto baixo dos fabricantes de pregos veria um cão de pequeno porte trotando dentro de uma roda para manter os foles assoprando. No Jura, os vilarejos sem abastecimento de água recorriam à tração canina para acionar as máquinas. Em geral, o turno de trabalho era de duas horas, ao fim das quais o cão, um tanto chamuscado pelas fagulhas, ia acordar seu substituto e ficava livre para fazer o que bem entendesse. As pessoas, que trabalhavam até 15 horas por dia, costumavam ser mirradas, míopes e ter os dedos em garras. Os cães pareciam mais bem adaptados ao trabalho. Assim como a mão de obra autônoma, o treinamento corria por sua conta. Os cães mais velhos ensinavam os mais novos. As cadelas amamentavam seus filhotes que, apressando-se para acompanhar a velocidade da roda, aprendiam o ofício da família. Estes cães de trabalho eram membros importantes da família, que muitas vezes fazia questão de incluí-los nas fotos familiares.

A outra grande atividade canina era puxar pequenas carroças. Muito depois de alguns departamentos banirem a tração canina, carrocinhas puxadas por cães continuavam entregando leite, frutas e verduras, pão, peixe, carne, correspondência e, às vezes, crianças de escola. A carrocinha de cão era a bicicleta ou o automóvel do pobre. Até 1925, bem mais de mil cães de tiro circulavam pelo departamento de Loiret, ao sul de Paris. Quanto mais plano o terreno, maior a quantidade de carrocinhas de cão (a prática se espalhara a partir dos Países Baixos). Na Primeira Guerra Mundial, elas foram usadas no transporte de metralhadoras para as trincheiras e na remoção dos feridos. Assim como outros meios silenciosos de transporte, a carrocinha de cão foi expulsa das estradas pelo automóvel. Nem o mais bem treinado dos cães resistia ao ronco súbito e inesperado de um motor.

Hoje, o cão urbano é visto principalmente como uma praga excrementícia. Na França, mais de 8 milhões de cães — dos quais 200 mil em Paris — produzem 80 toneladas de excrementos por dia e provocam milhares de fraturas ósseas. Na época em que o esterco valia ouro, isto não suscitaria maiores queixas. A própria presença dos cães alegrava a vida urbana. Até o esteta Charles Baudelaire, que tinha adoração pelos gatos, apreciava observar os cães de trabalho em ação, "movidos a pulgas, paixão, necessidade ou dever" — "atrelados a carrocinhas, esses vigorosos cães (...) demonstram com latidos triunfantes sua satisfação e orgulho por competirem com os cavalos". O "heroísmo da vida moderna" não era exclusivo da raça humana:

> Tiro o chapéu para esses desventurados caninos que vagueiam solitários pelos grotões tortuosos de cidades imensas, ou que, com olhar lampejante e inteligente, dizem ao homem abandonado: "Leva-me contigo, e talvez possamos tirar alguma felicidade de nossas agruras conjuntas!"

ESSA FRÁGIL FELICIDADE era mais comum naquela época do que nos tempos da criação de animais em linha de produção. Vacas e cavalos viviam parede e meia com seus donos. Às vezes, abriam-se grandes vãos na parede entre a casa e o estábulo para o animal poder ver o que se passava lá dentro e as pessoas poderem conversar com seus colegas de trabalho. Os suínos altos e

INTERLÚDIO

eriçados da Bretagne tinham nome e brincavam com as crianças. Em 1815, na França central, o escritor escocês Sir Archibald Alison ficou pasmo ao encontrar em todas as casas "um conjunto de seres altamente heterogêneo e promíscuo": "Os porcos daqui parecem tão acostumados a serem bem recebidos dentro de casa que, quando por acaso são excluídos, batem impacientes com o focinho à porta."

Não chega a surpreender que animais que eram batizados, vestidos para irem à igreja e acolhidos dentro de casa fossem bem tratados, ou pelo menos não pior do que seus donos tratavam a si mesmos. Muitos animais que sobreviviam depois de esgotada sua vida útil no campo eram alimentados até o fim de seus dias. De todo modo, seu esterco valia mais que sua carne. Seus donos conversavam com eles e cantavam para eles. Havia lugares em que se ouviam cânticos estranhos enquanto se aravam os campos. Um bom lavrador mantinha o passo dos bois entoando canções antigas, tão antigas que pareciam desafinadas — como fecho de cada frase, notas longuíssimas e tremulantes, um quarto de tom acima.

Embora a cantoria em si fosse muito parecida nas diferentes regiões, era conhecida pelos mais variados nomes — *kiauler, tioler, brioler, hôler, roiler, bouarer, arander*. Nenhum desses nomes constava dos dicionários. Em fins do século XIX, quando seu uso já estava restrito a regiões "atrasadas" como o Berry e o Morvan, a palavra *quiaulin* (de *kiauler*) equivalia a "matuto". Tudo isto sugere uma origem muito antiga, talvez os derradeiros sons humanos sobreviventes da Gália pré-romana. A popular ideia de que houve época em que os animais conversavam com os seres humanos não era tão absurda assim.

Das criaturas que compartilharam a vida dos seres humanos, a mais extraordinária foi o urso pardo dos Pireneus. Nos remotos vales da região de Couserans, o visitante não raro se assustava ao ver as crianças brincando com filhotes de urso. Os filhotes eram invariavelmente órfãos. O caçador armava-se de uma faca bem comprida e se enrolava numa tripla camada de peles de ovelha. Quando o urso ficava de pé e agarrava aquele ser humano felpudo, o caçador afastava para o lado a mandíbula do urso com uma das mãos e, com a outra, esfaqueava-o nos rins, mantendo-se abraçado a ele até o urso cair. Os filhotes eram levados para o vilarejo, onde eram criados com as crianças e os animais até terem idade para serem adestrados. O urso cativo não hibernava, mas comia surpreendentemente pouco e sua manutenção era barata.

Os ursos do Jardin des Plantes [jardim botânico] de Paris eram treinados por uma multidão cosmopolita e executavam uma vasta e espantosa gama de habilidades. O repertório dos ursos dançantes dos Pireneus era mais modesto. Eles dançavam com a ajuda de uma equipe de apoio e às vezes encenavam pequenos quadros — uma parada militar, ou um esquadrão de tiro. Os camponeses dos vales de Couserans, que haviam aprendido, provavelmente com os ciganos, a fazer o urso obedecer ao som de um flajolé (uma pequena flauta de registro agudo), acrescentaram pequenos aperfeiçoamentos ao número original. O vilarejo de Ercé teve até uma escola local para ursos, em que um urso mais velho atuava como "monitor". O adestramento demorava cerca de um ano. Como cerimônia de formatura, amarrava-se o urso a uma árvore e trespassava-se sua mandíbula com um anel de ferro, pegando por detrás dos dentes.

Alguns desses espécimes trôpegos e de focinheira, paródias do ser humano, viajavam até lugares terrivelmente distantes, como a Alemanha, a Grã-Bretanha, até mesmo a América do Sul. Para o espectador destas tristes apresentações, parte da atração estava sem dúvida no próprio domador, exemplar de uma espécie primitiva dos confins da França. A expressão "tem o porte de um domador de ursos" designava proverbialmente um sujeito franzino e desmazelado.

As pessoas davam mais importância a este gênero de relacionamento, feudal e unilateral, do que à receita irrisória proporcionada pelo urso. Em cidades e vilarejos isolados durante parte do ano e acuados pela ameaça das avalanches e pelo peso acachapante do tédio, até um animal selvagem e perigoso era uma companhia bem-vinda. Em visita a um vilarejo nas montanhas dos Pireneus, uma autoridade foi levada para visitar uma idosa carente. Ela e o marido haviam criado um urso dançante, mas os ursos são dados a acessos de fúria e o marido sofrera um ataque letal.

— Não tenho nada, senhor, absolutamente nada, nem mesmo um teto para mim e meu animal.

— Seu animal? Quer dizer, o que comeu o seu marido?

— Ah, senhor, é tudo o que me resta do pobre homem.

INTERLÚDIO

EM MEADOS do século XIX, começou a prevalecer uma visão sentimental do reino animal, centrada no bicho de estimação. Com ela, surgiu a noção de que os camponeses que dependiam dos animais na vida cotidiana invariavelmente os tratavam com crueldade. Decerto, a crueldade de rotina era coisa comum. Galinhas e gansos eram usados para treinar a mira em jogos sangrentos. O tratamento das aves em geral parece ter sido o mesmo reservado atualmente aos insetos. Cavalos trabalhavam em minas de carvão como as de Rive-de-Gier, a nordeste de Saint-Étienne, um vale enegrecido conhecido na época como "purgatório dos homens, paraíso das mulheres (que ficavam em casa) e inferno dos cavalos". Os cães contrabandistas da Bretagne e do Maine não eram tão bem tratados como seus colegas da Picardie. No Maine, onde o sal era taxado, a família largava seu cão com outra família, na Bretagne, onde o sal era isento de taxas. O cão ficava acorrentado, sem comida, e depois era solto com um pacote de sal. Só o mais intrépido dos fiscais ousaria interceptar um cão bravo e esfaimado que voltava para casa. Até 1850, em Paris, toda tarde de domingo ou feriado promoviam-se rinhas de cães com quaisquer outros animais disponíveis — touros, ursos, lobos, cervos, javalis, asnos, além de outros cães. As rinhas aconteciam na Place du Combat [Praça do Combate], na margem decadente do Canal Saint-Martin, diante de bárbaros que faziam apostas e vibravam com a carnificina. No mercado Saint-Germain — a feira de cães mais barra-pesada de Paris —, vendiam-se vira-latas para experimentos na École de Médecine [Escola de Medicina] ali perto.

As percepções do que seja sofrimento alteram-se de uma geração para outra e de um país para outro. Muitos visitantes estrangeiros ficavam atônitos com a brandura dos cocheiros das carruagens na França e chegavam a insultá-los por não chicotearem os cavalos e fazê-los galopar. O sofrimento do cavalo decorria mais de estupidez, ignorância e ineficiência que de crueldade proposital. No caso das carruagens que saíam em viagens longas para o sul, os robustos cavalos percherões, para os quais os gigantescos veículos eram projetados, eram trocados por cavalos leves, que mal suportavam aquele peso mastodôntico. A mesma fatalidade acometeu os cavalos cossacos de pequeno porte que as invasões aliadas de 1814 e 1815 largaram para trás. Era normal que os cavalos compartilhassem do desconforto do dono. As pacientes éguas

A DESCOBERTA DA FRANÇA

dos horticultores de Roscoff no litoral da Bretagne, conhecidas como "bestas das 30 léguas" por transportarem as couves-flores e alcachofras por 30 léguas (133 quilômetros) sem uma única pausa para descanso, ficavam sem comer, exatamente como seus donos, até que todo o carregamento fosse vendido em Rennes ou Angers.

O camponês brutal, que maltratava o cavalo, era mais um mito da moral burguesa que uma realidade. Desde meados do século XVIII, tratar bem os animais era um preceito padrão incutido pelos livros infantis. A preocupação não era com o bem-estar do animal, mas com o prestígio social da criança. A lição era de que uma criança bem-educada não se comportava como um camponês vulgar, que dormia com seus animais e os obrigava a trabalhar em troca do sustento.

Os animais eram descritos como santas criaturas, que existiam para a edificação moral do Homem. Publicações populares como *Le Magasin pittoresque* [O magazine pitoresco] publicava histórias comoventes de animais altruístas — "A destreza de uma cabra" (1833), "O afeto dos animais pelos pobres" (1836), "Pessoas alimentadas por animais" (1841), "O amor maternal entre os gatos" (1876), "A linguagem das orelhas [das mulas]" (1844) etc. "Moralizar as classes trabalhadoras" era o objetivo da Sociedade pela Proteção dos Animais, fundada em 1848, 16 anos antes da Sociedade pela Proteção das Crianças. A primeira lei contra a crueldade com os animais, a Lei Grammont de 1850, proibiu as rinhas em todas as cidades, não propriamente pelo sofrimento infligido aos animais, mas pela crença de que os esportes violentos instilavam no proletariado um gosto pela revolução sangrenta.

O fato de trazer na janela um adesivo do WWF (World Wildlife Fund) não impede que um automóvel deixe atrás de si um rastro de cadáveres esborrachados no asfalto.* Do mesmo modo, o sentimentalismo coexistia sem

---

*A mortandade provocada pelo excesso de velocidade dos veículos afeta significativamente as populações animais. O necrotério zoológico, totalizando quase 1 milhão de quilômetros de comprimento, abriga espécies relativamente raras ou difíceis de serem avistadas, como víboras, gaviões e martas. Os animais de maior porte, como javalis, cervos e, obviamente, seres humanos, são removidos da estrada. Uma lei de 1791, há muito revogada, multava os proprietários de carruagens que atropelassem animais por excesso de velocidade. A primeira referência ao morticínio em larga escala nas estradas parece ser uma entrada do diário de Jules Renard (8 de outubro de 1906): "O automóvel nutre-se dos animais da estrada, sobretudo galinhas: a cada 50 quilômetros, consome no mínimo uma galinha."

INTERLÚDIO 211

problemas com a crueldade inconsciente. Os passageiros burgueses divertiam-se atirando do navio nos golfinhos do Mediterrâneo. O sadismo dos caçadores em férias ao descartar suas presas era indescritível. A ideia de que os caçadores tinham um conhecimento especial dos animais que caçavam é extremamente dúbia. Em fins do século XIX, alguns caçadores ainda acreditavam que as marmotas rebocavam umas às outras como carroças, e que as camurças e cabritos monteses (íbices) balouçavam-se no abismo presos pelo chifre fincado no solo. Grande parte dos habitantes selvagens da França era tão desconhecida como os habitantes humanos das colônias francesas.

EMBORA A MORTANDADE NAS ESTRADAS e a expansão urbana sejam inovações modernas, dois séculos atrás já havia indícios de que a descoberta e a colonização da França significariam devastação e morte para os animais. A Lei Grammont protegia os animais domésticos nas cidades, mas, para os animais selvagens, a única proteção eram as restrições ocasionais à caça, sendo que a maioria dos caçadores via nelas apenas um reforço extra à emoção da caçada.

No início da década de 1780, com a monarquia ameaçada por roncos surdos e agourentos, o geólogo Horace-Bénédict de Saussure foi um dos primeiros a dar-se conta de uma catástrofe silenciosa no reino animal. Na década de 1760, Saussure empreendera uma série de ousadas expedições aos maciços alpinos. Ao retornar, vinte anos depois, constatou que o espírito felpudo, ubíquo nas montanhas, era agora raridade:

> Embora com lucro irrisório, a população de Chamouni dedica-se com fervor à caça da marmota, o que vem reduzindo notoriamente a população destas criaturas. Em minhas primeiras viagens, eram tantas as marmotas que o eco de seus assobios nas montanhas e seus saltos e corridas para os esconderijos sob as pedras eram uma fonte constante de diversão. Este ano, cheguei a ouvir assobios ocasionais e espaçados, mas não avistei uma única marmota. Os cabritos monteses, antes comuns naquelas montanhas, já foram inteiramente exterminados ou afugentados pelos caçadores de Chamouni. É provável que em menos de um século seja impossível avistar tanto camurças quanto marmotas.

212   A DESCOBERTA DA FRANÇA

Este foi um dos primeiros sinais de que alguém lamentava o desaparecimento de uma espécie. A ideia aparentemente óbvia de que uma espécie poderia extinguir-se, levantada pela primeira vez por Georges Cuvier em artigo de 1796 sobre o mamute, permaneceu obscura e hermética por muito tempo. Em 1825, aos 21 anos de idade, sem demonstrar qualquer preocupação especial, George Sand anotou em seu diário dos Pireneus: "Estamos vivendo à base de urso e de camurça, mas quase não os vemos." (Provavelmente, o que ela comia era cabrito disfarçado.) A camurça contribuíra sem querer para a exploração dos Alpes. Em 1844, ao ver uma camurça desaparecer no alto de uma crista distante, um botânico descobriu um desfiladeiro desconhecido entre o Simplon e o Grand Saint Bernard.* Se, cem anos antes, era comum avistar rebanhos de camurças, agora eles só eram avistados no verão, de luneta, na orla de geleiras e campos nevados, exatamente como a camurça dos Pireneus. Em meados do século XIX, nos Pireneus, o cabrito montês já estava praticamente extinto, confinado às encostas do pico de Maladetta. A não ser na Corse, era cada vez mais raro avistar-se o argali — o carneiro selvagem com imensos chifres em espiral. Em 1800, já quase não havia ursos no Jura. No final do século XIX, já se importavam ursos da Rússia e dos Bálcãs para se apresentarem em espetáculos nos Pireneus.

É provável que algumas subespécies tenham se extinguido antes de serem descobertas. Pouco antes da Revolução, caçadores capturaram um lince jovem perto de Luz-Saint-Sauveur, depois de matar a mãe. Até então, poucos suspeitavam que os linces conseguissem viver tão ao sul, nos Pireneus. Em 1820, no Vercors, esses animais ainda eram caçados, mas desapareceram antes do final do século XIX. Surpreendentemente, os gatos selvagens, já raros na década de 1830, eram comuns no Bois de Boulogne, na extremidade de Paris. Em 1840, os castores do Rhône — e os chapéus de castores criados em cativeiro — estavam à beira da extinção.

A erradicação das espécies mobilizou mais astúcia e persistência que o extermínio dos protestantes nas Cévennes. Os caçadores de águias desciam

---

*Rion (a que se deu o nome de passo de Severen, provavelmente o passo de Louvie, ao norte do Grand Saint Bernard).

INTERLÚDIO

pendurados em balanços até a altura dos ninhos, matavam o pai ou a mãe com uma tocha em chamas e depois recolhiam os filhotes, enfiando-os num saco. Em 1803, quando Chateaubriand chegou à base do passo do Mont Cenis, ofereceram-lhe um filhote de águia órfão:

> Um camponês segurava-o pelas pernas (...) morreu dos maus-tratos recebidos antes que eu pudesse libertá-lo. Lembrou-me o pequeno Luís XVII, pobrezinho (...) Quão depressa a majestade sucumbe ao infortúnio!

Por toda a Gascogne e a Provence, as aves migratórias comestíveis eram capturadas com redes. Em fins de setembro, época em que os pombos migravam da Escandinávia e do Jura para o País Basco, as populações dos vilarejos dos Pireneus erguiam mastros gigantescos. Um homem, empoleirado numa minúscula vigia no alto do tripé formado pelos mastros, perscrutava o horizonte. Os outros ficavam escondidos atrás da folhagem. O homem da vigia segurava nas mãos um sarrafo de madeira que reproduzia o perfil de uma ave predadora em pleno voo. Quando a revoada de aves chegava a uns 100 metros de distância, ele arremessava no ar o pássaro de madeira; a revoada mergulhava e caía nas redes. A matança cabia às mulheres, que em poucos minutos conseguiam exterminar centenas de aves mordendo-lhes o pescoço.

Na Provence, rouxinóis e toutinegras eram vendidos na feira, amarrados pelos bicos — o ensopado de aves canoras era considerado uma iguaria. Acreditava-se que as aves devoravam as azeitonas e outras lavouras. Até meados do século XIX, com as campanhas de informação ao público e a lei de 1862 que proibiu roubar ovos de aves e destruir seus ninhos, ninguém parecia ter percebido que as aves alimentavam-se de insetos nocivos. Havia quem plantasse moitas de frutos silvestres à porta de casa para poder, pela janela, matar as aves com um porrete. Em 1764, em viagem pela França meridional, Tobias Smollett observou uma espécie de catástrofe ecológica:

> Consegue-se cruzar todo o Sul da França, inclusive a municipalidade de Nice, onde não faltam bosques, florestas e lavouras, sem escutar o canto do melro, do tordo, do pintarroxo, do pintassilgo ou de qualquer outro pássaro. É tudo

silêncio e solidão. A selvageria das pessoas, que perseguem as pobres aves para matá-las ou capturá-las para comer, acaba por exterminá-las ou enxotá-las para outros países. Raro é o pardal, o sabiá, o chapim ou a cambaxirra que consegue escapar das armas ou das armadilhas destes passarinheiros incansáveis.

A maioria dos grandes mamíferos selvagens já estava condenada muito antes do crescimento demográfico humano. O desmatamento e os rudes invernos afugentaram imensas matilhas de lobos das florestas e das montanhas para locais supostamente domesticados e civilizados. Como os lobos andavam em fila, ficava difícil calcular seu número pelos rastros na neve. No final do verão de 1842, os lobos invadiram a península criada pelos meandros do Sena entre Rouen e Jumièges, na Normandie; podia-se ouvi-los nos morros que ficavam acima da cidade industrial.

As histórias de lobisomem refletiam temores reais. Em *Madame Bovary*, um dos motivos pelos quais a jovem Emma considera o interior "não tão divertido" são os "lobos correndo à noite pelos campos". Uma lei promulgada após a Revolução estabelecia um preço para cada lobo, a ser pago ao caçador no ato da entrega da cabeça do animal ao prefeito municipal — 20 libras por um filhote, 40 por um adulto, 50 por uma fêmea prenhe e 150 por um animal que sabidamente houvesse matado um ser humano. Na década de 1880, mais de mil lobos continuavam sendo mortos a cada ano. Grupos de paróquias organizavam batidas no mato, golpeando a vegetação rasteira com varas pontiagudas de madeira ou de metal para afugentar os lobos e porcos selvagens. Estas batidas prosseguiram mesmo depois de desaparecida a ameaça e até hoje são acontecimentos sociais importantes — no outono, em alguns vilarejos do Jura, pode-se ver toda a população do sexo masculino postada morro acima, a intervalos regulares, numa estrada cheia de curvas, de arma na mão, à espera que o javali saia, escorraçado, de dentro da floresta.

NAS MONTANHAS, a maior ameaça aos animais selvagens não era a autodefesa ou a sociabilidade, mas a propensão humana à autodestruição. Os caçadores de camurças eram, claramente, uma espécie de viciados. "Mesmo quando não estão vestidos a caráter, destacam-se na multidão pelo ar selvagem e desvairado. Provavelmente, é esta fisiognomonia malvada que leva alguns camponeses supersticiosos a tomá-los por feiticeiros" (Saussure). Tal como o caçador de pedras preciosas e cristais, que revolvia desabamentos recentes, os caçadores de camurças arriscavam a vida por quase nada. Iniciavam a subida da montanha quando já estava escuro e transpunham penosamente as geleiras, com seus estalos surdos, no esforço de chegar acima dos bandos de camurças antes do amanhecer. Alguns desses caçadores, atraídos cada vez mais longe pelas camurças que fugiam pelos descampados cobertos de neve, ficavam fora dias e dias, tendo no bolso apenas queijo e um pouco de pão. Não raro, a escalada era tão longa e tão árdua que a única coisa que conseguiam trazer de volta era a pele do animal.

Todo ano, havia mortes — os homens ou caíam no abismo, ou sucumbiam ao gelo. Alguns eram encontrados, perfeitamente preservados, anos depois. A maioria já imaginava que teria uma morte precoce. Saussure conheceu um caçador de Sixt, na Savoie, cujo pai e avô haviam morrido caçando e que se referia à sua sacola de caça como "mortalha". Dois anos depois, despencou no abismo. Embaixo, no vilarejo, esposas assustadas faziam força para passar as noites em claro, pois havia uma crença de que os caçadores mortos na montanha apareciam em sonhos, pedindo a seus entes queridos que lhes dessem um enterro decente.

Alguns animais selvagens conseguiram sobreviver porque era do interesse dos seres humanos mantê-los selvagens, ou porque eram julgados pequenos e trabalhosos demais para serem amansados. Foi o caso dos touros negros da Camargue, cujo valor de mercado cresceu em meados do século XIX com o apoio dado pela imperatriz Eugênia, esposa de Napoleão III, à tourada espanhola, e também dos velozes cavalos brancos de pequeno porte, que viviam em manadas de trinta ou quarenta animais nas dunas desérticas das Landes, no delta marítimo da Camargue e nas planícies próximas a Fréjus.

Em 1840, quando as terras virgens já estavam sendo comidas pelas estradas, pinhais e canais de irrigação, restavam nas Landes apenas algumas centenas de cavalos selvagens. Teria a ameaça de extinção aguçado sua inteligência, ou simplesmente os mais inteligentes seriam mais longevos? Um cavalo, conhecido nos vilarejos da bacia de Arcachon pelo nome de "Napoléon", fugira, depois de dois anos de cativeiro, para as dunas entre o mar e os pântanos onde o capim era fino e transmitira à sua manada as habilidades aprendidas com os seres humanos. A manada de Napoléon precavia-se contra os invasores montando vigia do alto das dunas. À aproximação de caçadores, subia para uma crista mais elevada, que os cavalos domesticados, trazendo montaria e atolados na areia, eram incapazes de galgar. Caso se visse cercada em sua fortaleza de areia, a manada adotava a formação em cunha — potros à frente e éguas atrás — e arremetia morro abaixo contra o ponto mais frágil do círculo.

Nada mais se sabe deste movimento de resistência animal. Napoléon pode ter morrido nas dunas, ou pode ter terminado seus dias numa cidade. Em meados do século, já havia mais cavalos brancos trabalhando no exército ou puxando táxis em Paris do que soltos e livres nas Landes.

ESTAS MUDANÇAS FORAM tão rápidas que não deixaram marcas expressivas na população humana. Mais que uma consternação pela possível extinção de espécies, ocorreu uma desilusão gradual e insidiosa, uma vaga consciência de que bastava descobrir a vida selvagem para ela desaparecer. Em 1910, na primeira vez em que o percurso do Tour de France incluiu os altos Pireneus, ocorreu aos repórteres dos jornais, não sem uma ponta de esperança, que a presença de ursos na região talvez influísse no resultado da corrida, caso um urso comesse um ciclista. Os competidores esfalfaram-se, mas venceram as montanhas. Já fazia muito tempo que os ursos haviam abandonado as estradas rochosas e desertas.* Na sétima etapa do Tour, em Nîmes, um cão travesso provocou um acidente sério, mas a única baixa fatal ocorreu em Nice, no dia de folga, causada por uma água-viva.

Na medida em que minguava a influência coletiva da espécie animal na sociedade humana, o heroísmo individual dos animais era alçado ao primeiro plano. A projeção de características humanas nos animais substituiu o re-

---

*Segundo estimativas, 15 ursos pardos sobrevivem nos Pireneus, em sua maioria importados da Eslovênia. Caçadores de javalis mataram a tiros em Urdos, em outubro de 2004, a última fêmea de pura extração pirenaica.

lacionamento solidário com outras espécies. O êxodo da população para as cidades ocorreu paralelamente ao êxodo dos animais para o campo. As milhares de pessoas nascidas em meados do século XIX seriam a primeira geração que raramente teria a oportunidade de ver uma vaca viva.

Esta colonização do reino animal produziu, como o mais célebre de seus heróis, o cão Barry, que trabalhava no mosteiro do passo do Grand Saint Bernard. Desde o século VIII, o são-bernardo era treinado para localizar viajantes perdidos no nevoeiro e na neve. Sua atividade paramédica insere-se, pois, entre as mais antigas da Europa. Em 1820, uma epidemia matou todos os são-bernardos, menos um. Este único sobrevivente foi cruzado com uma raça aparentada ao pastor dos Pireneus. Ao contrário da maioria dos cães, os são-bernardos ficavam indóceis para sair quando uma tempestade se armava ou quando o vento fazia a neve acumular-se reforçando as paredes cinzentas de sua fortaleza. Não só faziam o patrulhamento do passo e socorriam viajantes em apuros, como também atuavam de modo preventivo — conheciam-se casos em que haviam seguido gente que passara pelo mosteiro e, na avaliação canina, não parecia capaz de chegar ao fim de sua jornada.

Na maioria das imagens, os são-bernardos são retratados com um simpático barrilete de conhaque pendurado na coleira. Na realidade, carregavam um kit de sobrevivência completo — um cesto de comida, uma cabaça de vinho e uma trouxa de cobertores de lã. Muito antes de qualquer mapeamento rigoroso, conheciam perfeitamente toda a região e eram capazes de buscar socorro no vilarejo mais próximo, caso este ficasse mais perto que o mosteiro.

A rigor, Barry, cujo nome significa "urso", era suíço-italiano, mas nasceu durante o Império francês e se tornou um herói nacional francês. Salvou um monge alertando-o sobre uma avalanche; resgatou um menino, persuadindo-o a montar em seu lombo e trazendo-o assim até o mosteiro; em 1800, quase mudou o curso da história europeia quando recusou passagem aos soldados de Napoleão até que eles depusessem os mosquetes. Em 1900, 86 anos depois de sua morte, foi homenageado com um esplêndido memorial na entrada do cemitério de cães de Asnières-sur-Seine, na orla de Paris. Seu epitáfio: "Salvou a vida de quarenta pessoas. Foi morto pela 41ª." Este derradeiro resgate transformou-o em mártir canino. Certa noite de inverno, um homem no fim de suas forças tentava subir a montanha quando viu um animal forte e gigantesco avançar para ele em meio à nevasca. O homem conseguiu rachar-lhe o crânio com o cajado. O animal chegou a ser socorrido e atendido, mas morreu logo depois.

Esta é a lenda do são-bernardo Barry. Na realidade, Barry foi levado para Berna em 1812, onde curtiu uma aposentadoria tranquila até morrer de velhice dois anos depois. Como homenagem pela extraordinária carreira, foi empalhado e entronizado em lugar de honra no Museu de Berna, dentro de uma vitrine acolchoada de arminho e tendo ao alto uma coruja com as asas abertas. Mais tarde, seu crânio foi modificado para ficar mais parecido com um são-bernardo moderno, exatamente como teve seus feitos manipulados para torná-lo o mais humano possível. Tendo trabalhado sob as intempéries da natureza, Barry tornou-se, depois de morto, herói da era dos animais de estimação. Demonstrava-se assim que era possível treinar os animais, tal como os selvagens e os camponeses, para aceitarem os valores morais da civilização francesa.

O Cemitério dos Cães de Asnières-sur-Seine foi fundado em 1899 quando uma nova lei permitiu enterrar os animais a "100 metros de habitações humanas e à profundidade mínima de 1 metro". Hoje, o monumento a Barry sobressai-se a todas as Fifis, Kikis e Poopys que, em vez de leite, calor e esterco, contribuíam com apoio psicológico e que, em vez de criaturas da terra indomável, eram "humanimais". Já naquela época, havia vagões especiais em que os cães franceses endinheirados podiam viajar. Em 1902, o depósito pestilento em que se transformara o abrigo parisiense para cães doentes foi substituído por um hospital veterinário decente em Gennevilliers, na saída da cidade. Três anos depois, os cães de Paris passaram a dispor de ambulância própria. O ano de 1903 viu surgir uma Sociedade contra a Vivissecção. Em 1905, surgiu nas ruas de Paris um dos símbolos mais altivos da nova relação entre os animais e os seres humanos — viajando no banco de passageiro dos automóveis, cães com óculos de proteção especiais.

INTERLÚDIO

LONGE DA PARIS moderna e de suas ruas cobertas de sujeira de cachorro, ainda resta algo daquele mundo em que pessoas e animais viviam em harmoniosa independência.

Sessenta mil cavalos, vacas e ovelhas ainda migram na primavera para os Pireneus. No outono, avistam-se grandes rebanhos descendo dos Alpes para as planícies da Provence. A transumância — a transferência de animais domésticos para pastagens estivais ou invernais — é hoje vista como um lembrete precioso de um passado heroico. O governo oferece financiamento a criadores que levam seus rebanhos para outras pastagens. No entanto, nos dias de hoje, as ovelhas alpinas raramente caminham mais de 8 quilômetros em sua descida das pastagens elevadas; depois disso, são embarcadas em caminhões. Costumam sofrer com a mudança brusca de temperatura.

Um século atrás, estas viagens podiam levar semanas a fio. O que determinava a extensão da viagem era a configuração geográfica. As elevadas pastagens estivais do Jura e dos Vosges e os planaltos ermos do Aubrac e dos Causses ficavam a poucos dias de viagem de cidades e vilarejos. Mas eram muito mais longas as viagens das Landes meridionais e da Espanha setentrional para os Pireneus, do Languedoc para as Cévennes, ao norte, e da Provence para os Alpes.

A principal bacia de distribuição animal era a Provence. Do deserto de Crau, irradiavam-se, como numa bacia fluvial, rotas muito antigas. Algumas delas iam para oeste, para o Languedoc, onde se arrendavam pastagens depois de concluída a vindima. Outras subiam para as Cévennes e o Cantal, percorrendo distâncias superiores a 300 quilômetros. A maioria das rotas provençais levava aos longínquos Alpes — subindo o Rhône e cruzando a ponte do Gard para depois dobrar para leste, em direção às geleiras de Oisans; circundando o monte Ventoux pelo norte, ou subindo o vale do Durance em direção a Gap; seguindo para leste pelas planícies selvagens do Var em direção a Digne, ou então ainda mais ao sul, pelo litoral, via Nice, até o Piedmont.

Estas rotas são provavelmente as mais antigas da França. As trilhas de gado (*drailles*) eram zonas de trânsito, mais do que estradas. Algumas chegavam a ter mais de 30 metros de largura. No século I d.C., Plínio, o Velho, observou que "milhares de ovelhas de regiões remotas vêm pastar o tomilho que cobre as planícies pedregosas da Gallia Narbonensis". A paisagem já havia sido moldada pelos animais, que muito antes de ganharem a companhia dos macacos eretos haviam aberto uma rede de trilhas de longa distância. É provável que algumas das rotas de peregrinação sejam mais antigas que os santos. Muito antes das visitas a santuários e estâncias hidrominerais, milhares de criaturas já eram atraídas pelo milagre anual da rebrotação.

Quando o sol começava a crestar o capim, quase um milhão de ovelhas, cabras e vacas partiam das planícies da Provence. As imensas caravanas viajavam em meio a uma nuvem de poeira e deixando em seu rastro uma vegetação meio comida, ambiente característico de sua movimentação. O deslocamento de milhares de ovelhas e cabras, durante duas a três semanas, a uma velocidade média inferior a 1,5 quilômetro por hora, conseguia parar grande parte do país. As companhias de transporte alteravam os horários de partida dos coches para evitar os rebanhos, que conseguiam interromper o trânsito numa ponte durante metade de um dia, ou lotar o estreito corredor às margens do Rhône.

Os relatos sobre a transumância tendem a ressaltar conflitos dramáticos. Vilarejos hostis, que viam seu solo ser devastado por ovelhas famintas e pelo pisoteio das vacas, pagavam a *gardes champêtres* [guardas campestres] para caminharem ao lado dos animais até eles deixarem a região. Caso alguma epidemia impedisse a viagem dos pastores, havia fazendeiros que aravam as trilhas na tentativa de apossar-se das terras. Mas, no início do século XIX, quando surgiram propostas para impor restrições legais aos tropeiros, constataram-se pouquíssimas evidências de animosidade. Os benefícios proporcionados às comunidades situadas ao longo destas rotas ainda são evidenciados pelos 109 topônimos que contêm o termo *fumade* (a área adubada pelo esterco do gado) — todos eles designam locais situados ao longo das trilhas de gado e das zonas de transumância que ligam o Languedoc e a Provence à Rouergue e à Auvergne.

Mesmo sem o pedágio do esterco, a transumância não era vista como uma praga. A visão dos rebanhos navegando na paisagem como transatlânticos era magnífica. No Museu Nacional de Artes e Tradições Populares de Paris há uma bela coleção de badalos e coleiras bordadas (recolhidos numa missão aos Alpes no início do século XX) que eram usados pelas ovelhas que seguiam à frente dos rebanhos transumantes. Quando partiam para as montanhas ou eram levados à igreja para serem abençoados, os melhores animais eram enfeitados e paramentados. As vacas eram adornadas com adereços de cabeça, flores, flâmulas e, às vezes, pequenas torres de madeira com sininhos que supostamente protegeriam o rebanho dos raios.

Embora algumas ovelhas e vacas desgarradas invadissem campos e jardins, os rebanhos transumantes não eram desordeiros. A ordem era rígida. À frente, iam os bodes castrados (*menoun*), depois, formando blocos, as cabras de pelo longo, as incontáveis ovelhas ou vacas e por fim os magníficos cães pastores brancos — "que é um privilégio conhecer", como se dizia. Fechando a procissão vinham os jumentos, carregando os pertences dos pastores, e os cordeiros pequenos demais para acompanharem o passo das mães.

Nas pastagens estivais, os pastores habitavam pequenas choças ou cabanas de pedra denominadas *burons*, em sua maioria abandonadas quando as práticas pré-históricas foram aposentadas pela irrigação, pelo uso das rações no inverno e pela introdução de raças mais especializadas. Ainda se veem muitos *burons* de pedra, mas o tipo de abrigo mais comum entre os pastores — uma barraca em cone sobre duas ou três rodas, da altura de um homem e pouco mais larga, coberta de palha e com uma haste vertical pousada sobre uma forquilha — desapareceu por completo. Este monte de feno giratório permitia que o pastor vigiasse os animais com a espingarda engatilhada. Às vezes, inseria-se no rebanho uma ovelha solitária, na esperança de que os lobos se contentassem com a presa fácil e deixassem as vacas em paz. Mas, com frequência, ao farejar um lobo, o rebanho formava um círculo defensivo em torno da ovelha sacrificial. Segundo os relatos, as próprias ovelhas não eram as criaturas desorientadas e erráticas de nossos tempos, mas animais rijos, ossudos, de lã áspera, que sabiam defender seu território na montanha. Nos desfiladeiros elevados acima de Chamonix, contavam-se casos de rebanhos de ovelhas que adotavam formação de batalha e investiam contra o rebanho inimigo em ataques selvagens.

No início do outono, os rebanhos voltavam à Provence, iluminando com "um sorriso de vida a imensidão do deserto" (Mariéton). Nos Pireneus, os pastores, "bronzeados de sol e com uma aparência mais árabe que francesa, marchavam em grupos envergando seus trajes pitorescos" (boina folgada, colete ou cinto de um vermelho vivo, túnica de monge ou uma grossa pele de ovelha), "com pôneis ou mulas carregando seus equipamentos — cobertores, cordas e correntes, e aqueles tachos grandes de cobre reluzente em que o leite é recolhido e coalhado" (George Sand).

A descida das montanhas era o único momento em que o caos rondava os rebanhos. Seria o primeiro contacto dos animais nascidos nas pastagens elevadas com o mundo dos seres humanos. Ao se afunilarem no labirinto fervilhante de um vilarejo, entravam em pânico e saíam desembestados pelas ruas. A descoberta da civilização era traumática até para os cães pastores dos Pireneus, conhecidos por investirem até contra ursos. Em 1788, em viagem de exploração aos Pireneus, o estudioso e político Jean Dusaulx estava prestes a partir do vilarejo de Barèges quando foi convidado a presenciar uma cena típica. Haviam acabado de trazer um cão pastor de um distrito remoto:

> Forçado pelo dono a entrar na casa de marcha a ré, o belo animal parecia ter entrado numa armadilha. Vimos quando ele cravou as unhas no chão, desnorteado, olhando fixo e apavorado para as janelas, para as paredes, para tudo à sua volta (...) Parece que os selvagens experimentam a mesma sensação na primeira vez que entram em nossas moradias artificiais.

O instinto nômade era mais forte que o medo. O sol caindo no horizonte e alongando as sombras era um pastor a quem era preciso obedecer cegamente. Nas montanhas do Jura e dos Vosges, onde se arrendavam vacas na temporada da fabricação de queijo, costumava-se dizer que os animais sabiam a hora exata de partir. Para os moradores das cidades, acostumados à docilidade dos rebanhos setentrionais ou que nunca haviam visto mais de meia dúzia de animais juntos, isto não passava de uma pitoresca lenda de camponês. No entanto, a quantidade e a riqueza de detalhes de descrições de rebanhos que não precisavam ser tangidos sugerem que os animais estavam mais familiarizados com a geografia e o clima do que a maioria dos seres humanos.

INTERLÚDIO

No mês de outubro, quando o ar já estava mais frio e o capim menos tenro, chegava uma manhã em que uma vaca tomava a iniciativa de descer a montanha. O vaqueiro arrumava seus pertences e pendurava sua trouxa nos chifres do animal em que depositava mais confiança. Uma das vacas assumia a liderança e as outras a seguiam, sem tentarem passar à sua frente. Na medida em que o rebanho ia chegando aos vales e começavam a surgir trilhas de um lado e outro, os animais desgarravam-se e tomavam o caminho de seus povoados. Com o rebanho reduzindo-se cada vez mais, o vaqueiro ia em frente com os animais de seu vilarejo. E assim sucessivamente, até cada animal chegar em casa e entrar no lugar reservado a ele no interior da moradia, como um fazendeiro voltando de um longo dia no campo, para aquecer a casa no inverno e fazer companhia às pessoas, mascando, mugindo e exalando seu odor intenso, resignado a meio ano de ócio e ruminação até algo lhe dizer que um verde suculento tornava a cobrir as montanhas.

PARTE DOIS

CAPÍTULO 9

Mapas

AO CAIR DA TARDE DE 10 de agosto de 1792, no campanário da igreja colegiada de Dammartin-en-Goële, um homem de 42 anos trabalhava sem parar cercado de equipamentos científicos variados. Torcia para ninguém na praça lá embaixo olhar para o alto e ver algum reflexo de luz no vidro ou no metal. Não havia tempo a perder. A igreja de Dammartin, assim como milhares de outros monumentos à tirania e à superstição, fora vendida pelo Estado. A qualquer hora, poderiam reduzi-la a uma pilha de pedras e antiguidades.

No alto do campanário condenado, o homem encostou um olho azul e curiosamente desprovido de cílios no telescópio e perscrutou, na mancha longínqua de Paris, o espaço hoje ocupado pelo aeroporto Charles de Gaulle. A esta altura, seu assistente já teria saído da cidade e escalado os vinhedos e pedreiras até chegar ao observatório situado num telhado no meio dos moinhos de vento de Montmartre. Vista a 30 quilômetros de distância, a colina de Dammartin seria uma ilha minúscula na planície que escurecia. Agora, o assistente acenderia uma chama que um espelho parabólico do tipo recém-instalado no farol de Cordouan na foz do Gironde se encarregaria de projetar no espaço entre os dois pontos.

Anoiteceu, mas nada da luz. Não era um bom começo para uma das grandes expedições da nova era. Havia, sim, uma luz, mas avermelhada e difusa

228   A DESCOBERTA DA FRANÇA

demais, além de excessivamente ao sul, para vir de Montmartre. Era um incêndio no coração da cidade. Um exército de aprendizes, artesãos e milicianos da Guarda Nacional, incitado por boatos de conspiração e invasão e estimulado pelo apoio do cidadão Robespierre, marchara do Faubourg Saint-Antoine e das ruínas da Bastilha até o palácio das Tulherias. O pátio do palácio estava ficando abarrotado de lanças e boinas vermelhas quando tiros disparados das janelas transformaram a manifestação em massacre. Oito mil guardas suíços, empregados do palácio e aristocratas foram assassinados. O fogo irrompera nas Tulherias e o céu rubro espalhara sua mensagem indecifrável pelos campos em volta. Em tais circunstâncias, acender uma chama em Montmartre seria um ato de loucura. Poderia ser interpretada como um sinal de que o exército invasor de prussianos e austríacos reunia-se em massa nas colinas ao norte de Paris.

Depois de ordenar o cessar-fogo à sua guarda, o rei descera os degraus do jardim nos fundos do palácio e se entregara à Assembleia Legislativa. Acatando o desejo evidente do povo, a Assembleia licenciou-o da função. Essa "Segunda Revolução Francesa" foi o fim da antiga monarquia. Cinco meses depois, em janeiro de 1793, logo ali ao fundo, abaixo de seus jardins, Luís XVI seria decapitado na Place de la Concorde.

QUATORZE MESES ANTES, um pequeno grupo de cientistas e cartógrafos reunira-se numa sala do palácio das Tulherias. Luís XVI sabia que esta reunião talvez fosse a sua última. O coche que o levaria, com sua família, a um destino seguro vinha sendo preparado em segredo por alguns criados de confiança. No dia seguinte, partiriam para a Lorena. Mas um hobby absorvente tinha uma noção de oportunidade peculiar. O rei era um exímio relojoeiro. Fascinado pela precisão dos mapas e pela moderna arte da cartografia, tinha consciência da importância duradoura do projeto.

Os cientistas estavam ali para explicar e buscar a aprovação de Sua Majestade para um ato verdadeiramente revolucionário. Um deles, Charles de Borda, inventara um círculo repetidor — dois pequenos telescópios fixados em anéis rotatórios independentes — que tornava possível medir o ângulo entre dois pontos com precisão inédita. Com este instrumento, o meridiano do Obser-

MAPAS

vatório de Paris seria submetido a uma nova medição de Dunkerque a Barcelona. Bastaria determinar pela observação astronômica as latitudes dos pontos de partida e de chegada para se obter o tamanho da própria Terra. Pela primeira vez na história, haveria um padrão universal de medida. Este santo graal da Era da Razão seria o presente da França para o mundo — uma unidade de medida única que, como assinalou Condorcet, seria "para toda a humanidade, por todo o sempre". O metro corresponderia exatamente a um décimo milionésimo da distância entre o Polo Norte e o Equador. O "pé do rei" e todas as demais medidas esdrúxulas que variavam de um vilarejo para outro seriam varridos para sempre. O mundo livre e toda sua produção, manufaturada ou agrícola, teriam como medida única as leis eternas da Natureza, em vez do comprimento do braço de um homem, o apetite de uma vaca ou a decisão arbitrária de um déspota. Luís XVI concedeu sua bênção ao projeto e retornou a seus preparativos para a fuga.

O homem de pé no campanário de Dammartin naquele fim de tarde de agosto de 1792 era um astrônomo de Amiens (por acaso, situada próximo ao meridiano). Jean-Baptiste Delambre fora nomeado líder da parte setentrional da expedição, o trecho de Dunkerque a Rodez (750 quilômetros). Seu colega, Pierre Méchain, se encarregaria do levantamento de Rodez a Barcelona (330 quilômetros), trecho mais curto, porém mais montanhoso e apenas em parte mapeado. Caberia aos dois determinar o meridiano por triangulação. O princípio, assentado na trigonometria elementar, é simples. Tomam-se três pontos claramente visíveis — no caso, o campanário de Dammartin, um telhado em Montmartre e a igreja de Saint-Martin-du-Tertre. Com o círculo repetidor, determinam-se os ângulos deste triângulo e, com réguas, mede-se a distância entre dois destes pontos ("linha base"). A partir desta linha base e dos três ângulos do triângulo, calcula-se o comprimento dos outros dois lados do triângulo.* Determinado o primeiro triângulo, visadas obtidas de um quarto ponto de observação permitem calcular o triângulo adjacente seguinte. Traça-se então sobre a linha do meridiano uma rígida cadeia dos triângu-

---

*Delambre usou como linhas bases as convenientes retas da estrada entre Lieusaint e Melun (perto de Paris) e entre Le Vernet e Salses (alinhadas à Via Domitia romana perto de Perpignan).

230   A DESCOBERTA DA FRANÇA

los justapostos por um lado em comum até a outra extremidade, quando se mede, de novo com réguas, uma segunda linha base para aferir os resultados.

Infelizmente, como Delambre constatou, a Natureza mascarava suas leis imutáveis sob o manto da mudança e usava os seres humanos para apagar seus rastros. Variáveis como altitude, refração atmosférica e a contração e expansão dos instrumentos no calor e no frio pouco significavam em face do caos humano. A deambulação circular inicial de Delambre em torno de Paris, num raio de 25 a 30 quilômetros do centro, fez cair a ficha sobre as dificuldades que enfrentaria. O interior da França, supostamente inalterável, estava em permanente mudança — muitos dos pontos de triangulação estabelecidos por expedições anteriores haviam sumido; árvores agora crescidas impediam a visão; construções haviam mudado de lugar; nas torres dos castelos, as escadas haviam desmoronado; igrejas haviam sido vedadas com paredes de tijolo ou demolidas.

O maior obstáculo era o fato de pouca gente entender a natureza fraterna e igualitária do projeto. Em Montjay, a plataforma de observação de Delambre foi posta abaixo por cidadãos que exerciam seu novo direito democrático de destruir qualquer novidade. Na floresta de Orléans, Delambre só conseguiu construir a plataforma porque a população local estava em outro lugar da floresta, ocupada em demolir "uma pirâmide de pedra chamada de Meridiano, construída pelos antigos senhores como marco de sua grandeza". (Tratava-se de um obelisco comemorativo ao levantamento feito por Cassini em 1740.) Delambre foi obrigado a improvisar palestras públicas para explicar sua missão — ele não era prussiano, seus binóculos não eram de espionagem, e as cartas de credenciamento que traziam o timbre real não eram mensagens secretas do Cidadão Capeto (antes conhecido como Luís XVI). Em Saint-Denis, onde os reis da França estavam enterrados, uma multidão arrombou sua carruagem e encontrou a coleção de objetos mais suspeita já vista.

> Os instrumentos foram expostos na praça, e eu fui obrigado a reiniciar minha palestra sobre geodesia... À meia-luz, praticamente não se enxergava nada. A plateia era imensa. As primeiras fileiras ouviam sem entender; as outras, mais para trás, ouviam menos ainda e não viam nada. A impaciência alastra-

MAPAS

va-se e ouviam-se murmúrios da multidão. Algumas vozes propunham um desses meios rápidos e eficientes, de uso tão corriqueiro na época, que acabavam com todas as dificuldades e punham fim a todas as dúvidas.

Mais para o sul, as mudanças e a decadência haviam varrido a terra como uma enxurrada. Os vestígios deixados pelos geômetras anteriores eram quase tão escassos como os de Arne Saknussemm em *Viagem ao centro da terra* de Julio Verne. Alguns idosos lembravam-se de ver Cassini passar por seus vilarejos, fazia muitos anos, mas as plataformas e pirâmides de madeira que ele construíra como pontos de triangulação haviam sido desmontadas para aproveitamento da madeira ou destruídas por servirem de sinalização do inimigo. As planícies em torno de Bourges haviam sido tosadas de todas as suas saliências — dizia-se que um representante do povo "demolira todos esses campanários presunçosos que se erguiam mais alto que as humildes moradas dos sans-culottes". O único ponto de triangulação original que restara no Aveyron fora o Templo da Razão, em Rodez, antes conhecido como catedral. Quanto mais remota a área, mais tênue a conexão com a verdade científica. Em Bort-les-Orgues, dizia-se que o marco de Delambre, situado acima da cidade no bizarro paredão rochoso em formato de tubo de órgão, causara um desbarrancamento que enchera as ruas de lama até a altura dos joelhos. Quase todo ano havia algum desbarrancamento, mas, dessa vez, a causa era óbvia. A casa coberta de palha construída com três troncos de árvore de 7 metros de comprimento acima de Salers, no cume enevoado do Puy Violent, teria sido a culpada pela morte de algumas vacas, além de uma série de acidentes menores.

Sete anos e milhares de quilômetros depois — em que enfrentou condições de tempo atrozes, estradas intransitáveis, camponeses intratáveis, doença, plataformas instáveis que o vento sacudia porque os carpinteiros haviam economizado nos materiais, o colapso mental de Méchain e um ataque de cães selvagens que espalharam as réguas meticulosamente dispostas ao longo da linha base perto de Perpignan —, Delambre apresentou seus resultados à primeira conferência científica internacional de todos os tempos, realizada em Paris em 2 de fevereiro de 1799. Em abril, uma barra de platina pura, de 1 metro de comprimento, foi apresentada à Assembleia Nacional. A barra

232   A DESCOBERTA DA FRANÇA

constituiria o metro padrão permanente "para toda a humanidade, por todo o sempre", embora ainda fosse preciso um século para convencer o país inteiro a adotar o sistema decimal.

Posteriormente, levantamentos por satélite demonstraram que o metro oficial, supostamente equivalente a 10 milionésimos da distância entre o Polo Norte e o Equador, tem uma diferença a menor de aproximadamente 0,23 milímetros. Por ironia, o metro provisório que a Académie des Sciences fora obrigada a apresentar em 1793, mesmo sendo uma estimativa baseada em levantamentos anteriores, é cerca de 0,1 milímetro mais preciso. Mas o mètre de Delambre e Méchain tinha a autoridade da experiência. A barra de platina foi um monumento a uma das grandes expedições da era. Como em todas as grandes expedições, a viagem ao longo do meridiano levou a descobertas que superaram de muito as metas originais dos exploradores. Os valores em que a República supostamente se assentaria — liberdade, igualdade, fraternidade e rigor matemático — revelaram-se extraordinariamente elusivos. Dois homens com seus assistentes haviam levado sete anos para concluir o levantamento de uma estreita faixa de terra. Em vez de reduzirem o país à dimensão de um mapa e a uma tábua de logaritmos, eles revelaram o quanto restava descobrir da França.

A VIAGEM DE DELAMBRE e Méchain foi apenas um dos episódios de uma grande odisseia iniciada muito antes de seu nascimento e que prosseguiu até muito depois de sua morte. Quando os dois retornaram a Paris em 1799, embora mais de meio século houvesse transcorrido desde que o jovem geômetra da expedição de Cassini fora massacrado e morto pelos nativos de Les Estables, o mapa da França ainda não estava publicado na íntegra. Mesmo nas pranchas já publicadas, o mapeamento de certas áreas não passava de ficção. O que não é de espantar. Nada assim fora tentado antes. Aquele era o primeiríssimo mapa integral e detalhado de um país a ser feito com base em levantamentos extensos e coordenados. Como Cassini III* observou em sua introdução à primeira prancha (Paris), publicada em 1750:

---

*Por conveniência, numeram-se os Cassinis como se faz com os reis, Cassini I, II, III e IV, respectivamente Jean-Dominique (1625-1712), Jacques (1657-1756), César-François Cassini de Thury (1714-84), que adotou o nome do castelo da família na Normandie, e Jacques-Dominique (1748-1845).

MAPAS 233

Quando se pensa na quantidade de anos, viagens, esforços, investigações, instrumentos, operações e observações necessários a uma descrição rigorosa de um país, não espanta que uma obra de tal escopo, que depende de medidas tiradas em campo, progrida em ritmo tão lento e cauteloso.

A longa aventura iniciara-se num campo da Flandre em 1746, durante a guerra da Sucessão da Áustria. Enquanto a terra era arrasada pelos exércitos franceses e austríacos, César-François Cassini de Thury registrava-a em belos mapas dos acampamentos e dos campos de batalha. Para ele, não havia nada demais nisto, era o negócio da família. O avô e o pai haviam feito o levantamento do meridiano em 1700. O envolvimento do próprio César-François com este trabalho remontava à infância. Ele havia crescido no Observatório de Paris, onde o avô descobriu quatro das luas de Saturno. Aos 18 anos, juntou-se à expedição que traçou uma perpendicular ao meridiano, de Saint-Malo no oeste a Strasbourg no leste. Aos 19, deu uma palestra na Académie des Sciences sobre a importância das medições geodésicas.

O homem que nascera na intersecção do meridiano com a linha oeste-leste conhecia o país melhor que ninguém. Ninguém empreendera viagens tão longas guiando-se, não pelos rios ou estradas, mas pela linha invisível da verdade geométrica. Ninguém fizera o levantamento do terreno a partir de tantos pontos de observação. De andaimes montados nas florestas e planícies, Cassini avistara panoramas inéditos. Ouvira dialetos que os lexicógrafos desconheciam. Conhecia queijos como ninguém — da Auvergne (insalubres) ao Jura (deliciosos).

Mal viu os mapas dos campos de batalha de Cassini, Luís XV reconheceu sua importância militar. Haviam dito a Cassini que trouxesse com ele alguns instrumentos astronômicos para entreter Sua Majestade. Além de entretê-lo, Cassini também o convenceu a aprovar um projeto tão grandioso e tão caro que a viagem de sete anos a Saturno da sonda que leva o nome de seu avô parece comparativamente modesta. Cassini foi oficialmente incumbido de fazer um mapa completo e em escala tal que dele constassem os lugarejos mais insignificantes do reino.

234   A DESCOBERTA DA FRANÇA

Agora que contava com fundos para bancar um mapa completo da França, Cassini podia recrutar uma pequena equipe de *ingénieurs-géographes* [engenheiros-geógrafos] que precisavam ser mentalmente sãos, fisicamente aptos e, de preferência, descomprometidos; ter conhecimentos de astronomia e trigonometria; saber projetar e construir uma plataforma de observação; e, como os seis meses propícios ao mapeamento coincidiam com a temporada das campanhas militares, estar sempre pronto para entrar em ação. Quanto aos geômetras do exército, deveriam "ler e escrever línguas estrangeiras e saber nadar, para que nada obstasse a execução de reconhecimentos urgentes e importantes". Estes atléticos cientistas foram os astronautas do século XVIII, salvo certas diferenças óbvias — eram mal pagos, não podiam aspirar à glória pessoal, passariam longos períodos isolados e com certeza topariam com alienígenas hostis.

PARA A PRIMEIRA EXPEDIÇÃO (1748-49), Cassini recrutou cerca de vinte rapazes de seus 20 e poucos anos. Todos foram equipados com instrumentos em miniatura que, embora menos precisos que os de tamanho normal, eram suficientemente pequenos para serem carregados nas costas até o alto de um campanário ou de uma montanha. Afora algumas províncias que já dispunham de mapas próprios e de qualidade, grande parte do território a ser explorado pela equipe de Cassini jamais fora mapeada. Até então, a maioria dos cartógrafos limitava-se a copiar mapas anteriores, perpetuando velhos erros. Certos mapas dos Alpes mostravam uma planície entre as montanhas próximas a Chamonix e um pico gigantesco chamado "La Mont Maudite [sic]" [A Montanha Maldita] a 50 quilômetros a oeste do verdadeiro — o Mont Blanc. Mesmo em 1792, quando a Savoie foi anexada e rebatizada de departamento de Mont Blanc, o mapa oficial, do governo, mais parecia uma ficção científica delirante que um registro da realidade — dele constavam uma estrada que circundava a base do Mont Blanc e mais outra que cortava o passo do Iseran com seus quase 3 mil metros de altura (a primeira travessia do passo por estrada só ocorreria em 1937). Os geômetras de Cassini partiriam do zero.

MAPAS 235

A tarefa dos geômetras era muito mais complicada que a de Delambre, de fazer a triangulação do meridiano. Toda vez que o geômetra chegava a um lugar novo, procurava o cura, o senhor ou o representante da assembleia local (síndico). Caso o sujeito estivesse fora, no campo ou no mercado, isto poderia levar o dia todo. Depois de obter autorização para subir ao campanário ou à torre, o geômetra fazia o levantamento topográfico e um esboço preliminar. Procurava então saber do cura, do senhor ou do síndico o nome — em francês — dos vilarejos, lugarejos, fazendas, castelos, abadias, rios, bosques, e a localização das estradas, pontes, vaus, eclusas, moinhos de vento, moinhos d'água, patíbulos. Em regiões como a Champagne ou as Landes, em que os marcos geográficos eram escassos, o jeito era registrar os mais insignificantes — uma árvore solitária, alguma olaria abandonada, até mesmo a pirâmide temporária de onde se faziam as medições.

À noite, o geômetra inscrevia esses nomes em sua prancha e fazia um esboço de morros e vales, tentando manter o velino limpo enquanto a população local espiava por cima de seu ombro ou se reunia para decidir o que fazer com ele.

O processo todo foi uma curiosa mescla de rigor e estimativas. Um padre do Berry recorda a visita do cartógrafo em 1756:

Sempre acompanhado por mim, ele montou três estações em minha paróquia. Anotava tudo o que via — lugarejos, fazendas, estradas principais, árvores, torres, campanários etc. Para aferir seus cálculos, fazia seu criado medir com os pés as distâncias até certos pontos. Lembro-me de um dia em que seu pequeno pedômetro informou-lhe o número exato de pés entre Issoudun e Graçon [sic, Graçay: 24 quilômetros]. É bem verdade que, para certas coisas que não conseguia avistar, como uma propriedade situada num vale, indagava qual era sua distância do campanário (...) Se todos os engenheiros forem tão confiáveis em suas operações como este que vi em ação, os mapas produzidos por seus escribas devem ser muito regulares.

Informar o nome de todos estes lugares e marcos geográficos era, em si, um quebra-cabeça. Não havia nem lista completa das cidades e vilarejos, nem consenso ortográfico. Muitos dos nomes locais jamais seriam registrados, ou sobreviveriam apenas de forma truncada. Como Cassini explicou, alguns proprietários de terras viram neste processo de atribuição de nomes uma oportunidade esplêndida para recriar o espaço geográfico à sua própria imagem. Não viram motivo algum para identificar a fazendola obscura e o lugarejo decadente que não tardariam a ser engolidos por seu novo e magnífico parque, ou as ruínas medievais que não tardariam a dar lugar a seu novo e simétrico *château*:

> Era preciso atribuir nomes a estes novos objetos e os senhores julgavam-se no direito de fazê-lo. Alguns reuniam sob uma denominação única propriedades ou feudos diversos, cada qual dotado de seu próprio nome, ainda usado pela população local.

Apesar das ordens escritas do rei, alguns padres recusaram-se a franquear o acesso ao campanário e algumas assembleias municipais recusaram-se a cooperar. Mais para o sul, com a expedição aproximando-se da Provence e do Languedoc, ficou óbvio que seria preciso ter cartas de apresentação de autoridades mais locais que um rei que vivia em Versalhes. Um sujeito que trabalhava aos domingos e nada tinha para vender bem poderia ser um coletor de impostos, um espião ou um ladrão de sinos contratado por um vilarejo rival. Os traços delgados e símbolos rúnicos desenhados na prancha não necessariamente esclareciam seus objetivos. A população das montanhas, habituada a ver os morros e as planícies espraiarem-se a seus pés, em geral tinha alguma noção de topografia, mas para quem habitava terras baixas ou vales fechados, a representação bidimensional da Terra a partir de um ponto imaginário no espaço era um mistério insondável. O próprio ato de desenhar não raro despertava assombro. Até bem tarde no século XIX, viajantes munidos de blocos de desenho e cavaletes atraíam multidões vindas de longe. Prosper Mérimée alcançou instantaneamente o posto de maior celebridade de Vézelay assim que começou a desenhar a basílica com o auxílio de uma câmara lúcida. Ao percorrer a Bretagne em 1818, o artista inglês Charles Stothard pediu licença para desenhar uma menina em trajes locais.

Alguns bretões, sentados no chão, observavam o movimento da mão de Mr. S., enquanto outros se apinhavam à sua volta, tentando inclusive tocar o lápis que ele manejava, para conferir, imagino eu, o que poderia ser aquele pequeno e mágico implemento.

Houve lugares em que a chegada de um estranho com ferramentas extravagantes e um plano ininteligível foi um acontecimento histórico memorável. Índices toponímicos e guias de viagem publicados décadas depois citavam as "ruínas de uma pirâmide erguida por Cassini" como a única coisa digna de menção ali. Em alguns pequenos vilarejos, a novidade passou dos limites. Em 1773, no coração do Tarn, um jovem geômetra de Issoudun foi jogado da torre da igreja em ruínas de Saint-Martin-de-Carnac perto do vilarejo de Cuq. A região fora afetada por uma epidemia, o que deixara a população local atemorizada e ressentida. O rapaz foi atacado com porretes e facas. Sabe-se lá como, escapou. Mais tarde, no mesmo dia, um homem com fratura de crânio e as mãos sangrando foi visto a 1,5 quilômetro ao sul de Cuq, arrastando-se pela estrada que ia de Castres a Lavaur. Ninguém teve a ousadia de socorrer o feiticeiro em fuga. O geômetra finalmente chegou a uma estalagem de beira de estrada comandada pela "Viúva Jullia", que mandou buscar um médico e um cirurgião. O rapaz sobreviveu, mas foi obrigado a aposentar-se (com direito a pensão).

Mesmo antes de estar concluído, era óbvio que o mapa da França, com sua ortografia padronizada e símbolos homogêneos, era muito mais coerente que o país em si.

O ENORME CUSTO DA CATASTRÓFICA Guerra dos Sete Anos (1756-63) interrompeu o financiamento do mapa da França pelo Tesouro. Com o apoio da amante do rei, Madame de Pompadour, Cassini montou uma companhia com cinquenta acionistas. A primeira prancha do mapa, publicada em 1750, funcionou como isca. Representava o centro de Paris — de Dammartin, no canto superior direito, a Rambouillet, no canto inferior esquerdo — em escala suficiente para mostrar a divisão em *quartiers* [bairros]. A prancha, tal

238 A DESCOBERTA DA FRANÇA

como as 180 subsequentes, media pouco mais de 1 m x 70 cm numa escala de 1:86.400 (uma linha para 100 toesas*). A prancha de Paris era mais detalhada, com trilhas florestais escolhidas a dedo, em parte para atrair subscrições, em parte por incluir as propriedades de muitos dos nobres patrocinadores. O tom da epígrafe, extraída da *História natural* de Plínio, o Velho, um prévio explorador da Gália, é de um pessimismo sensato: "Mesmo que a tentativa não alcance êxito, a simples disposição para empreendê-la é em si honra e glória suficiente."

Ao ver uma história confiável do país ilustrada por um diagrama minucioso da França, ninguém adivinharia que a publicação do mapa de Cassini levou quase setenta anos e que as últimas pranchas (Bretagne e o litoral das Landes) só saíram em 1815, depois da queda de Napoleão. Pouquíssimas histórias fazem menção ao mapa de Cassini, quanto mais aos homens que fizeram o levantamento. Dos 95 geômetras cujos nomes constam das pranchas, apenas uma dezena deixou algum vestígio. Eis um verbete típico sobre um deles, extraído da *Biographie universelle* [Biografia universal] de Michaud, de 1855:

> Dupain-Montesson [nome de batismo ignorado]: modesto e incansável estudioso, esquecido até agora em todas as biografias; só foi possível obter informações fragmentadas.

Dois dos cartógrafos recrutados por Cassini interromperam carreiras promissoras como pintores. Outro largou a batina para integrar-se à expedição. Ainda outro desistiu de ser dramaturgo. Alguns se tornaram professores do ensino fundamental ou superior. Um chegou a general. Mais tarde, o que largou a batina morreu de uma doença contagiosa no sul da Califórnia, onde fora observar um trânsito de Vênus em 1769. O "modesto e incansável" estudioso ensinou a arte da cartografia ao futuro Luís XVI, contribuindo assim para garantir o suporte real à expedição de Delambre e Méchain ao longo do meridiano.

---

*Doze linhas (*lignes*) correspondiam a uma polegada (*pouce*), 12 polegadas a um pé (*pied*), 6 pés a uma toesa (*toise* — pouco menos de 2 metros) e 2 mil pés a uma légua (*lieue*).

MAPAS   239

É triste, mas não despropositado, que a equipe que inseriu no mapa meio milhão de lugarejos obscuros tenha sido varrida dos registros da história francesa. Suas aventuras não deixaram traço algum, a não ser no próprio mapa. Com uma lente de aumento, vê-se no mapa da Lua de 1679 de Cassini I uma mensagem secreta a uma mulher, provavelmente sua esposa — um acidente em forma de coração no Mar da Serenidade e um rosto belo e angelical com cabelos soltos composto pelas montanhas do Promontorium Heraclides. O mapa da França não esconde segredo algum desse gênero. Nada indica, por exemplo, que o vilarejo de Les Estables levou o homem que o incluiu no mapa ao túmulo.

SE TODAS AS AVENTURAS dos geômetras de Cassini houvessem sido registradas, os setenta anos de confecção do mapa poderiam ser as *Mil e uma noites* da exploração da França. Dariam uma ideia real do tamanho e da imprevisibilidade do país. A exemplo do mapa em si, que assinalou cada fazenda e lugarejo na mesma escala usada para a capital e as propriedades do rei, mostrariam que as províncias não eram apenas o interior de Paris.

Nem todo episódio seria de ignorância e hostilidade. A 113ª prancha do mapa de Cassini mostra uma igreja chamada Saint Cirice na região em que o menino selvagem, Victor do Aveyron, foi descoberto em 1799 (ver p. 34). A torre que representa a igreja foi colocada no alto de um promontório hachurado e sombreado entre uma floresta em verde-escuro e uma curva do rio Tarn. A agitada paisagem de fazendas e vilarejos é enganosa. Os efeitos da revogação do Édito de Nantes ainda eram evidentes. A maioria da população protestante fugira e mais da metade dos habitantes da região habitava choupanas e lugarejos isolados; caso conseguissem decifrar o emaranhado de pictogramas e ler os nomes dos lugares, teriam ficado abismados ao constatar que viviam cercados por tamanha quantidade de lugares dos quais jamais haviam ouvido falar — quase 3 mil, apenas nesta prancha.

Alguns desses lugarejos não existem mais, mas o cemitério de Saint Cirice continua ali, suspenso num penhasco entre Broquiès e Brousse-le-Château, acima de um túnel sem iluminação construído no final do século XIX para

240   A DESCOBERTA DA FRANÇA

uma ferrovia que jamais saiu do papel. Ali, o rio Tarn escavara uma profunda ravina no calcário. No outono e no inverno, caminhando-se pela margem norte se veria um rio nevoento da largura do Rhône correndo tranquilo por entre pomares e vinhedos; mas, na medida em que o sol aquecia o vale e dissipava o nevoeiro, o rio lá embaixo tornava-se caudaloso. Às vezes, após uma chuva torrencial, rochas calcárias soltavam-se e rolavam até o fundo do desfiladeiro.

Na beira do precipício, montada sobre duas lápides, de costas uma para a outra, há uma cruz de ferro com uma caveira e dois ossos em cruz. No pequeno cemitério, algumas inscrições contêm erros de ortografia — até hoje, o francês é uma língua estrangeira e difícil para parte da população local. Mas a ortografia deste memorial específico é impecável. Ali estão inscritos os nomes de um homem e de uma mulher, mortos em 1843 com um mês de intervalo. Um dos nomes é pomposo e francês demais para ser de alguém da região. Jacques-François Loiseleur-Deslongchamps era de uma família de comerciantes de tecidos da simpática cidade-mercado de Dreux, a um dia de caminhada puxada de Paris. O rapaz chegou à região na primavera de 1769, com 22 anos. Sua jornada acabou 16 quilômetros ao norte do rio Tarn, junto a uma pequena casa de fazenda na base do monte Lagast.

Apesar de remota, a elevação era muito conhecida entre os geômetras. De seu cume relvado, podiam-se avistar os vulcões do Cantal ao norte, a Montagne Noire [Montanha Negra] ao sul e, ao longe, a névoa azulada de um céu mediterrâneo. Em 1739, durante o levantamento do meridiano de Paris por Cassini II, um marco fora erguido ali. A primeira tarefa de Deslongchamps foi construir um novo marco. Atualmente, o cume ostenta uma reconstituição — um estrado de tábuas sobre quatro estacas de madeira formando uma pirâmide anã. Ao lado, uma antena de rádio cuja armação de alumínio range ao sabor dos fortes ventos e da estática no espaço.

O levantamento da área consumiria semanas de trabalho. O vilarejo de Saint-Martin-de-Carnac, onde poucos anos antes um dos colegas de Deslongchamps fora vítima de selvagem agressão, ficava detrás dos morros cobertos de tojo, em outro *pays*, a cerca de 65 quilômetros de distância. A população de Lagast, embora o marco original houvesse sido destruído, era um pouco menos intratável. Um fazendeiro de nome Boudou, que vivia no sopé do monte, na propriedade de Le Vitarel, ofereceu hospedagem e comida ao estranho. Conversar seria um problema, pois ninguém da região falava francês, mas talvez o visitante do norte tivesse histórias interessantes para contar e sempre era bom contar com mais uma mão. Para Deslongchamps, o levantamento da Rouergue (o nome pelo qual o Aveyron era conhecido antes da Revolução) foi como uma viagem ao passado. Naquele mundo, não havia relógios nem calendários, e as mulheres, com suas capas, sobrecapas e tamancos pontudos, eram parecidas com Joana d'Arc.

Nesse longo verão, Deslongchamps passou a conhecer o relevo da área melhor que qualquer um dos habitantes locais. Também conheceu a filha de Boudou, Marie-Jeanne, que cuidava do rebanho de ovelhas do pai. Marie-Jeanne via o hóspede fazer medições, manejar instrumentos que nem por um instante poderiam deixar de estar impecavelmente limpos, cuidar de suas pranchas de papel como um sacerdote. Quem sabe não terá mostrado ao rapaz os dolmens que serviam de abrigo nas tormentas e como eram deliciosas as castanhas do ano anterior quando cozidas com sal e folhas de figueira, ou misturadas numa vasilha com ameixas e peras secas, nabos e batatas. O rapaz ensinou-lhe os nomes de coisas que ela só conhecia como a floresta, o rio, a pilha de pedras. Um pontinho na lente do telescópio era a catedral de Rodez. A Estrela Polar indicava a direção de Paris. O morro atrás da casa em que ela nascera era um marco de uma estrada invisível que dava a volta na Terra.

Numa terra em que as meninas eram pouco mais que criadas e em que as senhoras da cidade sentavam separadas dos maridos na igreja, uma pastora com conhecimentos de triangulação e graus de latitude era uma criatura rara e antinatural. Não surpreende que os dois se tenham apaixonado. Ao fim de duas temporadas ocupado com o levantamento da região, Deslongchamps, que devia ser bom alpinista, foi transferido para os Pireneus e depois para os Alpes, onde ajudou a mapear as geleiras e os vales cobertos de neve. Mas então, sem dúvida a seu próprio pedido, foi transferido de volta para a Rouergue em 1774 e encarregado do levantamento da região um pouco a montante do Tarn, em torno de Nant e Millau — perto o suficiente de Lagast para uma visita ocasional à fazenda. Aparentemente, ele levou tanto tempo para mapear esta área quanto as elevadas montanhas na fronteira italiana.

242 A DESCOBERTA DA FRANÇA

Cinco anos depois de ter posto os pés na Rouergue pela primeira vez, Jacques-François Loiseleur-Deslongchamps desposou Marie-Jeanne Boudou, que acabara de completar 18 anos. O casal comprou uma pequena propriedade a 16 quilômetros ao sul na linha do levantamento do meridiano, às margens do Tarn e próximo à igreja de Saint Cirice. Mais tarde, com a morte do pai de Marie-Jeanne, seu marido tornou-se o proprietário da fazenda na base do morro de Lagast. A sede da fazenda continua lá, isolada, não restaurada, inabitada.

Pouco se sabe da longa vida em comum do casal. Deslongchamps envolveu-se na política. Sobreviveu à Revolução e voltou ao Tarn, com seus invernos longos, verões secos, e solo pedregoso, propício às videiras. Quando o assistente de Méchain na expedição do meridiano chegou ao morro de Lagast em 1797, ficou encantado ao constatar que o dono da fazenda era o cartógrafo veterano Deslongchamps, então com 55 anos. Qualquer historiador trocaria de bom grado anos de pesquisa pelas histórias trocadas aquela noite na casa da fazenda.

Aos 90 anos, ainda vivendo com a esposa em Puech Cani, Deslongchamps inventou um barômetro portátil que foi levado a François Arago, Diretor de Observações do Observatório de Paris. A longevidade de Deslongchamps permitira-lhe ver as últimas pranchas do mapa de Cassini saírem publicadas. As pranchas de metal em que a casa da esposa fora gravada estavam quase imprestáveis e faziam-se novos mapas. Mas Deslongchamps sabia que ainda faltava muito para a conclusão do mapeamento completo da França. O barômetro media a pressão atmosférica, o que permitia calcular a altitude. Com um barômetro portátil, mas preciso, seria possível acrescentar uma terceira dimensão ao mapa — a altitude das montanhas, que era tão perene como o meridiano. Finalmente, os pontos inacessíveis da França seriam mapeados para as gerações futuras, muito embora a terra que os seres humanos habitavam se modificasse com o passar dos anos e transformasse até o mapa mais confiável num retrato do passado.

CAPÍTULO 10

Império

EM 1804, OS HORRORES DA Revolução já eram águas passadas — a guilhotina fora substituída pela máquina de guerra. Napoleão estava na iminência de coroar-se imperador. No intervalo entre a Guerra dos Sete Anos e a venda da Louisiana em 1803, a França perdera a maior parte de seu império colonial na América do Norte e nas Índias Ocidentais, mas expandia-se pelo continente europeu, agora para norte, para leste e para sul. Aos 83 departamentos originais haviam-se somado novos departamentos, alguns dos quais receberam nomes que sugeriam colônias distantes, mais do que Estados vizinhos — Mont-Terrible [Monte Terrível], de Mont Terri na Suíça, era uma interpretação equivocada; Jemmapes, da cidade belga Jumape (em picardo) ou Jemappes (em francês), um erro de ortografia, e Forêts [Florestas], que designava uma área correspondente ao ducado de Bouillon e uma parte densamente florestada de Luxemburgo, era pitoresco, mas sem imaginação.

No apogeu do império, a França tinha 130 departamentos, que se estendiam de Hamburgo (departamento de Bouches-de-l'Elbe) a Roma (departamento de Tibre). Quando foram publicados, os mapas da Europa já estavam defasados. Napoleão sabia perfeitamente que o território não ficaria parado, imóvel, à espera de ser mapeado pelos cartógrafos. O detalhamento de Cassini talvez não acompanhasse a escala dos mapas de levantamento cadastral, que demarcavam linhas de divisa de propriedades, e responsabilidades fiscais, porém mais valia ter um mapa completo que uma colcha de retalhos com alguns retalhos faltando e outros bordados em filigrana. Como escreveu Napoleão ao general Berthier em 26 de outubro de 1804:

> A instrução que vem sendo dada aos engenheiros-geógrafos é fazer cadastros e não mapas militares, ou seja, em vinte anos, nada teremos (...) Se nos houvéssemos limitado a fazer mapas na escala de Cassini, já teríamos toda a fronteira do Reno (...) Os geômetras iniciaram um cadastro na Corse, trabalho considerado pela população local como muito malfeito (...) Tudo fica por conta dos executores do levantamento. Só o que pedi foi que se completasse o mapa de Cassini (...) A experiência mostra que tentar fazer demais é o pior dos erros na administração geral. O resultado é que não se tem o essencial.

Napoleão sabia, é claro, que Cassini não era infalível e que, enquanto os geômetras trabalhavam na fronteira desfigurada pelas batalhas, parte do coração do império continuava não mapeada. Meses antes, sua esposa comprovara a condição insatisfatória do mapa nacional. Nesse verão, o norte do império parecia estar suficientemente tranquilo para permitir que Josefina partisse para uma estação de águas em Aix-la-Chapelle. Napoleão pensava em usar Aix, a capital de Carlos Magno, como cenário de sua coroação e Josefina poderia conseguir alguma informação útil no trajeto. Napoleão planejou o itinerário pelo mapa — Josefina seguiria para nordeste até Sedan e dali para Liège pelo departamento de Forêts depois de transpor o monte Le Dos du Loup [O Dorso do Lobo].

A rota do século XIX continua lá. Correndo a algumas centenas de metros a leste da autoestrada N58, a velha estrada cruza dentro da floresta a linha não demarcada da fronteira da Bélgica e depois desce para Bouillon por uma pirambeira de meter medo. No mapa de Cassini, a rota vem indicada por duas linhas sombreadas ladeadas em ambos os lados por um pontilhado — símbolo, na época, de uma estrada pavimentada e margeada por árvores. Anos e anos depois, o camareiro do imperador ainda se lembrava da viagem:

IMPÉRIO

Nas Ardennes, corremos perigo. Nosso itinerário fora planejado pelo imperador. Infelizmente, a estrada só existia no mapa. A situação ficou tão ruim que, numa descida especialmente íngreme, fomos obrigados a usar cordas para segurar as carruagens. Apavorada, Josefina decidiu abandonar o coche, apesar da chuva e da lama (...) A carruagem que levava a primeira dama de companhia, Madame Saint-Hilaire, virou. Madame chegou a Liège um dia depois do resto da comitiva. Cavaleiros da escolta foram despachados para apurar as causas do atraso e oferecer proteção. Mas estas atenções pareceram insuficientes a Madame Saint-Hilaire, que ficou ofendidíssima pelo fato de sua ausência não ter causado rebuliço na corte.

Uma boa representação da França de 1804 poderia ser a imagem de Napoleão na catedral de Notre-Dame de Paris tomando sua coroa das mãos do papa Pio VII, ou dos 100 mil soldados da Grande Armada na costa de Boulogne à espera da ordem para invadir a Inglaterra. Mas a imagem da comitiva imperial patinhando num atoleiro em algum ponto ao norte de Sedan seria igualmente boa.

O país já estava mapeado há muito tempo e a experiência de perder-se ou ficar preso no coração do império francês continuava sendo corriqueira. É possível reconstituir dezenas de viagens de pesadelo comparando-se os relatos da época com as pranchas de Cassini. Em 1795, Paul Thiébault, um jovem oficial do exército que estava na multidão que invadiu as Tulherias em 1792, fez uma viagem de Paris a Millau na companhia de dois colegas. Eis como ele relata sua chegada a um ponto indicado no mapa como "estrada de cascalho, margeada de árvores":

Não havia passagem alguma a não ser pelo leito de rios torrenciais, e nenhuma habitação à vista; perdemo-nos depois de cruzarmos o ponto em que, segundo informou nosso guia, haviam matado a Fera do Gévaudan.* Nesse meio-tempo, escurecia, e já começávamos a imaginar como passaríamos a noite no meio desses morros áridos quando vimos uma casa no extremo oposto de uma estreita garganta.

---

*A Fera do Gévaudan jamais chegou tão ao sul. O guia talvez se referisse à estridente Fera das Vaissettes, que vivia num lago próximo, em Le Bouquet, e cujo barulho à noite podia ser ouvido num raio de quilômetros.

A casa, cujo nome era La Bastide, consta do mapa de Cassini — uma pequena construção quadrada num trecho de estrada isolado e assinalada como "la Bastide — *cabaret*". Mesmo sem o telhado, arrancado em 2004 por uma forte ventania, ainda se podem ver as abóbadas de pedra sob o andar originalmente térreo. Foi ali que Thiébault e seus camaradas passaram a noite. A estalagem estava deserta, a não ser por duas mulheres com ar velhaco. Depois de descobrirem um alçapão no chão do quarto de dormir, os oficiais trancaram-se lá dentro, protegidos por uma barricada, e dormiram vestidos. Ao amanhecer, pediram a conta. Cobraram-lhes 1 luís (24 francos) pelo leito e por um minguado omelete. (Com 24 francos, comprava-se leite de vaca para um ano inteiro.)

— Um luís! Perderam o juízo?
    — De fé, não há motivo para se queixarem. Ninguém lhes fez mal algum.
    — Diacho, quem falou em fazer mal? Eu me referia ao preço.
    ... Saíamos do pátio pelo portão quando demos de cara com dois homens armados que vinham pelo caminho por onde havíamos chegado na véspera. Atrás deles, a uma distância de mil passos, vinham outros homens, também armados... Esporeamos os cavalos e partimos em trote acelerado. Com as paredes da casa encobrindo nossa retirada, estávamos fora de alcance antes que eles conseguissem decidir o que fazer.

Mesmo retratando o sistema viário de modo enganoso e potencialmente letal, Cassini sofreu críticas — presumivelmente de gente que jamais saiu de casa — por indicar apenas as estradas principais, e nenhuma das secundárias. Cassini explicou que as estradas "alteravam-se com as estações". Um mapa que garantisse dar todas as indicações seria uma ameaça pública, pois estimularia os viajantes a aventurarem-se por lugares em que não se devia ir sem um guia indicando "os valões e os precipícios". Mesmo assim, era óbvio que os geômetras de Cassini haviam pecado por excesso de otimismo. Quem viajava de Toulouse a Bordeaux devia perguntar-se o que fora feito das pontes (fictícias) de Verdun e de Tonneins. Nos Alpes, alguns viajantes devem ter se decepcionado ao constatar que o único jeito de prosseguir pela estrada assinalada

IMPÉRIO

como "Grand Chemin de France au Piémont" [Grande Caminho da França ao Piémont] era transportando a carruagem desmontada em lombo de mula.

NO RAIAR DO SÉCULO XIX, a situação visível da França era, pois, a de uma obra-prima cartográfica ligeiramente falseada e produzida por expedições que haviam partido de Paris mais de meio século antes. Cassini IV jamais teve a oportunidade de fazer a revisão do mapa que consumira parte da fortuna de sua família. O governo revolucionário confiscou e jamais devolveu as pranchas usadas para imprimi-lo. Cassini foi expulso de sua casa, o Observatório, sob a acusação de apontar canhões (telescópios) contra a população de Paris, e preso. Da prisão, se autodescreveria como "ex-ser vivo". Talvez concordasse com Baudelaire que "as nações só têm grandes homens a despeito de si mesmas".

O Estado havia expropriado o mapa da França, mas não demonstrava maior interesse em mapear seus domínios. A principal preocupação dos militares que participaram do levantamento era com as fronteiras do país. Isto deu origem a dois problemas sérios. O primeiro era a ausência de medições de altitude confiáveis. A paz dos Pireneus, de 1659, definira "a crista dos Pireneus" como a fronteira da França com a Espanha, mas se passariam mais de dois séculos até que os cumes nevados fossem medidos com rigor e as populações dos altos Pireneus ficassem sabendo se eram francesas ou espanholas.

O segundo problema era o medo que os mapas de fronteira entregassem as chaves da fortaleza aos inimigos da França. Isto explica a abrupta interrupção do mapa de Cassini nas antigas fronteiras, excluindo Nice (terra natal de Cassini I), a Savoie, a Corse e a ilha de Yeu, que não coube na prancha por situar-se longe demais da costa da Vendée. A França em si parece uma ilha. Além da fronteira, apenas algumas Nossas Senhoras flutuando no espaço, um cabo minúsculo rotulado "Douvres" (Dover), algumas estradas prolongando-se a esmo, e mais nada. Nos Alpes, os confins do mundo são arrematados por montanhas. Os indícios de que, lá fora, o mundo continua resumem-se a algumas legendas enigmáticas: "[passo de] Traversette: vão escavado por seres humanos, à mão, trespassando a montanha." Nos Pireneus, a terra despenca

248   A DESCOBERTA DA FRANÇA

de repente num abismo sem fundo e picos pontiagudos enfileirados como os mourões de uma cerca montam sentinela na fronteira.

No entanto, comparadas às falhas de mapas anteriores, estas eram triviais. Apesar da interferência oficial e da falta de financiamento, o mapa de Cassini era um patrimônio nacional. Iluminou o interior obscuro do país e exerceu enorme influência sobre a sociedade francesa. A imagem que os parisienses tinham na cabeça, de uma vastidão indistinta de campos e florestas, foi substituída por uma noção romântica da *France profonde*. O mapa abriu o país à imaginação e forneceu pistas sobre os mundos existentes fora da rede viária. Antes de Cassini, a maioria dos mapas para viajantes cobria apenas uma faixa estreita de terra — 3 quilômetros de largura, no máximo — margeando um rio ou estrada. Em sua maioria, mostravam pouco mais do que o viajante veria pela janela da carruagem num dia chuvoso, exatamente como a "descrição histórica e topográfica" Paris-Reims, de 1775. O propósito era simplesmente proporcionar alguma distração e instrução durante a longa viagem. Não se admitia que o mapa falasse por si. O mapa era uma mera ilustração do texto:

> Aubervilliers: Devido à proximidade de Paris, a população decidiu que a rentabilidade das verduras seria maior que a do vinho. Assim, quase todo seu solo é cultivado (...) A população é muito trabalhadora.
> Vaubuin [Vauxbuin, subúrbio de Soissons]: Pode-se dizer que sua situação é até certo ponto aquática, pois está cercado de montanhas [sic] por quase todos os lados.
> Sermoise e arredores: A vista mal tem tempo de fixar-se num detalhe da paisagem e já surge outra coisa não menos digna de atenção.

Em geral, a "vista" avistava pouquíssimo do que o mapa indicava. Até Cassini, muito do que se acreditava conhecer das províncias era baseado em relatos de segunda mão. Até para planejar suas viagens de inspeção na década de 1830, o inspetor do governo para o patrimônio histórico, Prosper Mérimée, precisou confiar no que ouvia dizer:

IMPÉRIO

Ouvi falar muito de um monumento antiquíssimo que fica em algum ponto das montanhas a sudoeste de Perpignan. Para uns, é uma mesquita, para outros, uma igreja dos templários. Também já me disseram que é uma construção em tão mau estado que ninguém consegue dizer de quando é. Seja como for, deve merecer uma excursão de três ou quatro dias a cavalo.

Graças a Cassini, Mérimée pôde ao menos confirmar a existência do misterioso templo e conferir sua localização. (Era a igreja de Planes, do século XI, em formato de estrela, conhecida no local como "a mesquita".)

Ter o mapa de Cassini era, na verdade, um luxo para poucos — além do custo altíssimo,* a tiragem de cada prancha não ultrapassava algumas centenas de cópias. Saber ler um mapa era uma competência rara — se o autor de uma obra geográfica fizesse a ressalva de que dois lugares muito próximos no mapa poderiam na realidade estar a horas de viagem de distância um do outro ninguém veria nisso uma afronta à sua inteligência. O importante era saber que o mapa existia. Muitos dos exploradores profissionais ou acidentais que encontraremos mais adiante neste livro investigaram os rios em seus inúmeros meandros, decifraram os nomes desconhecidos e debruçaram-se sobre os pequenos símbolos. Algumas pranchas foram cortadas em retângulos e coladas em pedaços de pano dobráveis. Assim, podiam ser guardadas na estante, em pequenas caixas. A biblioteca do Château de Vizille perto de Grenoble tem uma coleção completa das pranchas, enfileiradas na estante como se fossem livros. As pranchas dobráveis também podiam ser levadas em viagem. Num relato de sua viagem à Renânia em 1839, Victor Hugo menciona com orgulho seu Cassini portátil: "Tomei a diligência para Soissons. Que estava bastante vazia, o que, cá para nós, não me desagradou. Pude abrir minhas pranchas de Cassini no assento do cupê."

Numa mente de poeta, o mapa em si era uma paisagem radiante. Não fossem as pranchas de Cassini, o relato de Hugo talvez carecesse de alguns de seus detalhes pitorescos. A prancha de Soissons indicava pelo nome o minús-

---

*Em 1756, cada prancha custava 4 *livres* (libras francesas) e o mapa completo, 500 *livres* (o que equivalia ao salário de um mestre-escola de vila bem remunerado, ou à receita anual de um fazendeiro bem-sucedido).

culo povoado de La Folie [A Loucura]. Mostrava também a curva cinza-azulada do rio Aisne e os pequenos grânulos de tinta vermelha que davam a Soissons a aparência de uma flor exótica. Na estalagem, ao redigir seu relato à luz de uma vela, a paisagem entrevista no lusco-fusco crepuscular pularia do mapa como uma visão:

> Na chegada a Soissons, escurecia. A mão da noite já se abria liberando a bruma sobre aquele vale encantador em que a estrada mergulha depois do povoado de La Folie (...) Mesmo assim, em meio à névoa que se adensava por todo o campo, ainda se conseguia avistar Soissons com seu aglomerado de muros, telhados e prédios, semi-incrustada na meia-lua de aço do Aisne como um feixe que a foice está prestes a decepar.

Os geômetras de Cassini marcaram o fim da fase pioneira da exploração da França e contribuíram para deslanchar a era da descoberta em massa. Tal como a heroína em fuga de *Nanon*, de George Sand, que antes de aventurar-se no sertão de Brande memoriza o mapa de Cassini que encontrou numa casa de Limoges, os viajantes poderiam agora sair pelo país sabendo mais ou menos para onde se dirigiam. Lacunas e erros inspiraram novos mapas. Em meados do século XIX já havia indícios de uma febre por mapas, com revistas populares trazendo explicações sobre como cartografar o próprio recanto no mundo. A França aderia ao hábito inglês de vagar pelo campo, curtindo o prazer de sentir-se perdido em meio às sebes.

Os campanários dos vilarejos não eram mais apenas os pilares totêmicos de *pays* insignificantes, mas coordenadas de uma rede que ia além do horizonte e marcos de uma interação mais viva da paisagem com a mente. O campanário de Illiers na planície a sudoeste de Chartres, que no início da década de 1750 era um dos pontos de triangulação, ressurgiria na fictícia Combray de Marcel Proust. A triangulação traçara novas linhas no solo e preparara o caminho para outras explorações, menos palpáveis:

> Numa curva da estrada, senti-me de repente tomado daquele prazer especial e único quando vi os dois campanários de Martinville iluminados pelo sol

IMPÉRIO 251

poente e parecendo mudar de lugar conforme o balanço de nossa carruagem e as inúmeras voltas da estrada, e depois o campanário de Vieuxvicq, que parecia estar bem ao lado, embora ficasse numa elevação a distância e separado dos outros por um morro e um vale.

Ao apreender e assimilar o formato de suas flechas, de suas linhas cambiantes, de sua superfície iluminada pelo sol, tive a sensação de não estar explorando a fundo minhas impressões, e de que havia algo por detrás daquele balanço e daquela luz — algo que parecia a um só tempo encerrar e ocultar.

AO CONTRÁRIO DESTAS VIAGENS TOPOGRÁFICAS internas, nada se conhece das grandes expedições científicas que se seguiram às de Cassini e Delambre a não ser seus resultados — mapas da atividade agrícola nos diferentes *pays* da França, coleções de canções folclóricas e narrativas tribais, catálogos de etnias (ver p. 369). O botânico suíço Pyrame de Candolle passou seis anos (1806-12) estudando a flora da França e descobriu centenas de plantas até então desconhecidas no país, além de centenas de outras até então desconhecidas no mundo. Charles de Tourtoulon e o poeta languedociano Octavien Bringuier percorreram mais de 2 mil quilômetros em círculos e por caminhos sem saída (entre um povoado perto de Soulac, na costa atlântica, e a região de Guéret, no itinerário dos pedreiros que seguiam para Paris) para conseguirem desenhar um trecho de 400 quilômetros da linha fronteiriça entre o Oc e o Oïl (ver p. 88).

As sete décadas de levantamento de Cassini seriam sucedidas pela maior de todas as expedições — em tamanho, se não em brilho. Em 1818, deu-se início ao levantamento militar para o novo mapa da França, conhecido como *Carte de l'état-major* [Mapa do estado maior] e equivalente ao Ordnance Survey [Serviço Oficial de Topografia do Reino Unido], que iniciara suas atividades em 1791. A equipe de levantamento compunha-se de 75 oficiais e um pequeno exército de desenhistas, gravadores e, mais tarde, fotógrafos. A primeira prancha, de Paris, saiu em 1821; a última, de Corte, na Corse setentrional, saiu em 1880, quando as primeiras já estavam defasadas. Os oficiais do exército não eram tão vulneráveis como os pioneiros de Cassini, pois

252   A DESCOBERTA DA FRANÇA

trabalhavam em equipes e num ambiente um pouco mais cosmopolita. Mas, como muitos deles foram escalados a contragosto, o empreendimento não foi menos heroico — enfrentaram nas Landes o calor agravado pela ausência de árvores e observaram com os olhos semicerrados dunas de areia que, além de encobertas pela névoa, mudavam de lugar de mês para mês; acamparam a céu aberto em montanhas geladas, aguardando que o nevoeiro se dissipasse; foram acometidos por disenteria e febre em verdadeiros fins de mundo; e dedicaram meses a um trabalho de medição que sabiam perfeitamente talvez deixasse a desejar no quesito precisão. Nem todos esses exploradores experimentaram a satisfação de um trabalho benfeito.

Uma certa expedição daria um livro se houvessem restado informações suficientes. Em 1843, oito anos após a conclusão do levantamento básico, a expedição foi descrita em termos justificadamente épicos:

> Avançando sempre a pé, independentemente das condições meteorológicas e sujeitos a todo tipo de adversidades, rastreando a volúvel trilha dos estratos subterrâneos e impossibilitados de planejar seu itinerário segundo a disponibilidade de acomodações como o turista comum, até os mais intrépidos exploradores de minérios sentiam-se exauridos ao fim de alguns meses deste árduo empreendimento. Os senhores Dufrénoy e Élie de Beaumont suportaram dez anos de provações, de 1825 a 1835, com uma única pausa no inverno para organizar seus materiais. Em suas minuciosas investigações, percorreram mais de 20 mil léguas [90 mil quilômetros] em solo francês. E não só estudaram a França até os limites de seu território, como também rastrearam formações minerais que extrapolam nossas fronteiras e entram pelos países vizinhos — Inglaterra, Bélgica, Alemanha, Itália e Espanha.

O ponto de partida do mapa geológico da França foi uma descoberta levemente inquietante do naturalista Jean-Étienne Guettard. Na década de 1740, Guettard notara semelhanças entre a "geografia subterrânea" da França setentrional e a da Inglaterra meridional. O canal da Mancha não era, a rigor, a grande barreira que parecia ser. Guettard formulou então uma hipótese ousada — os terrenos setentrionais constituiriam "bandas largas e contínuas organizadas concentricamente em torno da capital". "Caso esteja certo em minha conjetura, devo encontrar noutras províncias, mais ou menos equidistantes de Paris, o que encontrei no baixo Poitou e nas províncias interpostas."

Uma série de viagens em círculos a partir da capital confirmou a teoria de Guettard. Seu mapa mineralógico, a *Carte minéralogique* de 1746, era uma descrição parcial da inesperada coerência no mundo subterrâneo. O mapa apresentava dois largos cinturões denominados "Bande marneuse" e "Bande sablonneuse" [respectivamente, banda de marga e banda de areia] que cruzavam o canal da Mancha entre Bayeux e Boulogne. No mapa de Guettard, Paris parece ser a capital de um reino subterrâneo cuja extremidade setentrional fica em Londres.

Paris de fato situa-se no coração de bandas concêntricas de escarpamentos e rochas sedimentares, mas a formulação tão precoce da hipótese Paris-cêntrica de Guettard é significativa. Igualmente significativo é o amplo descaso pelas constatações do geólogo belga Omalius d'Halloy que, a pedido de Napoleão, passou seis anos mapeando o subsolo do Império Francês. Apesar de um possível desprezo das formações geológicas pelas fronteiras políticas, o mapa em si tinha implicações nacionais. A École des Mines [Escola de Minas] de Paris acabou dando seu apoio ao projeto, não porque ele talvez mostrasse por onde os preciosos veios de carvão da Bélgica e da Sarre entravam pela Flandre e pela Lorena francesas, mas por uma questão de brio patriótico. Em 1822, a Inglaterra produziu o primeiro mapa geológico completo e confiável de um país. Só então se aprovou a proposta feita 11 anos antes pelo professor catedrático de geologia Brochant de Villiers e se deu início à expedição dos 90 mil quilômetros.

A *Carte géologique de la France* de Dufrénoy e Élie de Beaumont, com seus mais de 2 metros quadrados e codificação em cores, saiu publicada em 1841 — na avaliação da enciclopédia Larousse, "um dos maiores monumentos científicos que fazem o orgulho de nosso país". Em sua introdução, os autores tiram algumas conclusões reconfortantes. As antigas províncias e *pays* não eram divisões arbitrárias, mas verdades muito antigas, inerradicáveis. Era um consolo, para gerações que haviam testemunhado o fim da monarquia e a queda do império, saber que a França e sua capital seriam eternas.

Os limites destas regiões naturais mantêm-se inalteráveis em meio às revoluções políticas e podem perfeitamente sobreviver a uma revolução do planeta que viesse a modificar os limites do Oceano e alterar o curso dos rios, pois são profundamente inerentes à estrutura da Terra.

Com estradas e ferrovias alastrando-se por todo o país, "os subúrbios de Paris se estenderiam às fronteiras do próprio reino" e "permitiriam apreender melhor as peculiaridades" de cada *pays*. O tema — a celebração da diversidade interna e a suprema importância de Paris como guardiã e reguladora dessa diversidade — se faria cada vez mais presente no desenvolvimento da identidade nacional.

A DIMENSÃO DA TAREFA de mapear a França havia extrapolado quaisquer expectativas — setenta anos para o mapa de Cassini e mais setenta para produzir um mapa notoriamente incompleto. Meio século depois de traçadas as primeiras linhas do mapa do estado-maior, ainda faltavam informações básicas. As ferrovias eram traçadas a esmo, as estradas estavam fora do lugar, e os detalhes que faltavam eram tirados de levantamentos cadastrais pautados por parâmetros diferentes. As altitudes eram representadas, com frequentes imprecisões, por tracejados grosseiros, em vez de curvas de nível. Em 1865, o nivelamento (operação que determina a altura de objetos e pontos) só fora executado em dois dos departamentos, Cher e Sena. Era inevitável que engenheiros civis obrigados a fazer sozinhos os levantamentos locais escolhessem às vezes o lugar errado para a passagem de uma nova estrada ou ferrovia.

O formato hexagonal da França já era uma imagem corriqueira, mas poucas pessoas tinham uma noção clara da topografia do país. Em 1837, na tentativa de montar um quadro mental coerente, Stendhal pôs no papel uma descrição das "cinco cordilheiras da França". "Só depois de redigir estas páginas para mim mesmo foi que entendi o solo da França." Mas, plotadas sobre um mapa da França, a precisão das cordilheiras de Stendhal não é maior que a de um mapa medieval.

Em 1838, o estado do conhecimento geográfico era tal que a Société de Géographie houve por bem enviar uma delegação de especialistas à Chaussée du Maine, nº 8, na periferia sul de Paris, onde um professor aposentado, Monsieur Sanis, esmerara-se na criação de uma miniatura tridimensional da França num terreno de 100 mil metros quadrados. Afora maquetes do relevo dos Alpes encomendadas por turistas britânicos endinheirados, a iniciativa era inédita. Precursora do parque temático "France Miniature", a maquete ostentava leitos de rios entalhados em pedra e um complicado sistema de irrigação. Duas chatas, com capacidade para seis passageiros cada, navegavam num Mediterrâneo de 1 metro de profundidade — reforçando o realismo, encalhavam de vez em quando nas rochas da costa bretã. Havia mudas de macieiras na Normandie e de pinheiros nas Landes. Fendas do tamanho de um polegar, guarnecidas por Monsieur Sanis com pedaços de carvão, cubos de turfa ou algum outro espécime adequado, representavam a geologia. As montanhas, de terra, precisavam ser refeitas a cada temporal. O relatório da Sociedade ressalta, sem muita necessidade, que, "[r]eduzidos a miniaturas, os Vosges, as montanhas da Auvergne, os Pireneus e os Alpes perdem seus efeitos pitorescos". Monsieur Sanis pretendia refazê-las em asfalto, acrescidas de estradas, divisas e disposição das ruas. A Sociedade sugeriu que tal proliferação de detalhes poderia "prejudicar o quadro geral", mas elogiou-o por demonstrar tanto "zelo pelo progresso da ciência".

Monsieur Sanis, cujo heroico projeto de aposentadoria repousa hoje em algum lugar do subsolo da Gare [estação ferroviária] Montparnasse, demonstrou muito mais zelo que os governos do século XIX, com sua surpreendente incúria. À ânsia da descoberta parecia contrapor-se uma força igual e oposta. Só em 1857 uma outra expedição épica começaria a espalhar pelo país inteiro — incrustadas no parapeito de uma ponte, num muro de igreja ou no pedestal de uma cruz de beira de estrada — placas metálicas redondas que parecem marcos numéricos de uma megacaça ao tesouro. Eram os marcos imprescindíveis à realização de um levantamento geodésico completo. A expedição foi chefiada por Paul-Adrien Bourdaloue, responsável pelo levantamento do Canal de Suez. Em oito anos, marcos dispostos a intervalos de mil

256 A DESCOBERTA DA FRANÇA

metros um do outro formavam uma rede preliminar de 15 mil quilômetros, a esta altura, o governo francês cortou 50% da verba.

Napoleão não se surpreenderia ao saber que as consequências da indiferença oficial à realidade geográfica foram catastróficas. Na enevoada manhã de 1º de setembro de 1870, tropas francesas comandadas pelo general Ducrot batiam em retirada, sob fogo cerrado, pela estrada que vitimara a carruagem da imperatriz Josefina em 1804. Napoleão III, sobrinho de Napoleão Bonaparte, perdera a batalha de Sedan mesmo antes de se dispararem os primeiros tiros. Uma das causas da humilhante derrota da França pela Prússia teria sido a escassez de mapas e a inadequação do mapa do estado-maior. Impossível saber pelo mapa, por exemplo, se os bosques que a artilharia prussiana vinha devastando e reduzindo a um lodaçal eram, originalmente, cerrados ou lavouras, perenifólios ou decíduos.

Doze anos depois, a lição em nada servira. Um correspondente da Sociedade Geográfica de Bordeaux transpunha a pé os morros da região de Entre-Deux-Mers ao norte de Saint-Émilion. O exército francês fazia um exercício de treinamento. No meio do campo totalmente encoberto pela fumaça do tiroteio, o geógrafo viu homens de quepes e calças vermelhas andando de um lado para outro, confusos, buscando identificar morros e vales pelo mapa. Só quem conseguia orientar-se eram os soldados originários da região. Alguns tentavam orientar-se pelas estradas. Mas o tempo passara desde o levantamento original e havia grandes chances de um simples exercício de treinamento tornar-se uma viagem de descoberta. "Neste particular", diz o geógrafo, "o mapa é absolutamente incompleto. Rigorosamente nada mudou."

CAPÍTULO 11

Viajando na França, I:
As Avenidas de Paris

A NÃO SER PARA FUGITIVOS, exércitos e exploradores profissionais, descobrir a França — com ou sem mapa — era, sobretudo, uma questão de dominar a rede de estradas, rios, canais e estradas de ferro. Visto hoje em retrospecto, o progresso parece ter seguido uma linha contínua, com maior velocidade nas viagens, pessoas e mercadorias circulando pelo país com facilidade cada vez maior e a mudança social e econômica chegando de carruagem ou de locomotiva em vez de trazida por um mascate ou em lombo de mula. No século que se seguiu à Revolução, o tamanho da rede nacional de estradas praticamente dobrou e o da rede de canais quintuplicou-se. De 22 quilômetros de estradas de ferro em 1828 saltou-se para 35 mil em 1888. Em meados do século XIX, um veículo utilitário de alta velocidade chegava a percorrer 80 quilômetros por dia. Em superfícies com boa conservação, a eficiência dos animais de trabalho aumentava a cada ano — em 1815, a carga média puxada por um cavalo era de 650 quilos; em 1865, era de 1.300 quilos.

As estradas não melhoravam com tanta rapidez desde a conquista da Gália. O zigue-zague das trilhas pelos campos, que fazia lembrar um camponês voltando de uma festa, foi retificado. Encostas íngremes foram aplainadas mediante curvas fechadíssimas. Rios turbulentos foram domesticados ou desviados e transformados em plácidos canais. Chegaria o dia em que seria preciso viajar centenas de quilômetros para sentir a emoção de atravessar uma pinguela precária ou ver a roda da carruagem derrapar na beira de um precipício. Observando a fumaça de uma máquina a vapor que se deslocava na paisagem a quase 5 quilômetros por hora, o poeta Alfred de Vigny temeu um futuro de mudança incessante e previsível, em que "todos se deslocarão suavemente em fila" e uma monotonia baça encobriria o mundo — "Adeus às viagens lentas e aos sons distantes", "às curvas e volteios de montes variados", "aos atrasos provocados pelo eixo", "ao encontro inesperado com um amigo e às horas que voaram", "à esperança de chegar tarde num lugar selvagem".

Vigny escreveu seu poema "La Maison du Berger" [A casa do pastor] em 1844. Morava num apartamento em Paris, a poucos minutos a pé de diversas linhas de ônibus, de três estações de trem* e de um dos rios mais movimentados da França. Precisava ter cuidado ao atravessar a rua. O fato de imaginar-se viajando com a amante num "perfumado" casebre de pastor sobre quatro rodas sugere que Vigny já perdera a noção do mundo fora da cidade. Vigny vivia na França metropolitana, cujos canais e estradas expressas eram maravilhas da engenharia admiradas no mundo inteiro, e não na outra França, que ainda convalescia da queda do Império Romano.

A expansão da infraestrutura acelerou as mudanças na sociedade francesa descritas na segunda parte deste livro, mas não havia uma correlação aritmética entre a experiência das pessoas e as estradas mais longas e tempos de viagem mais curtos. Os dramas históricos costumam exibir a tecnologia mais eficiente da época — cavalos saudáveis puxando carruagens luzidias por estradas levemente trepidantes. Mas não mostram o cotidiano mais comezinho, cenas como uma vaca mascando sossegada numa estrada principal nas proximidades de uma cidade grande, duas carruagens paradas frente a frente durante horas numa estrada tão estreita que mal dava para abrir as portas, um cavalo sendo içado de um atoleiro pela barriga com sarrafos de madeira, um lavrador arando a estrada para o plantio de suas batatas e trigo-sarraceno.

---

*Ligação Paris-Le Pecq inaugurada em 1837, saindo da Rue Saint-Lazare 124, Paris-Versalhes inaugurada em 1840, saindo do Boulevard Montparnasse 44, e Paris-Corbeil-Orléans inaugurada em 1843, saindo do Boulevard de l'Hôpital 1 / "Jardin des Plantes".

VIAJANDO NA FRANÇA, I: AS AVENIDAS DE PARIS

UM DOS MELHORES GUIAS de viagem sobre a experiência de se viajar na França pós-revolucionária é um manual de conversação francês-alemão publicado em 1799 por Caroline-Stéphanie-Félicité Du Crest de Saint-Aubin, mais conhecida como Madame de Genlis. A veia pedagógica de Madame de Genlis revelou-se aos 6 anos, quando, do balcão do *château* da família perto de Autun, ela fez uma série de preleções aos camponeses locais. Mais tarde, foi preceptora do futuro rei Luís Filipe. Era exímia costureira, cirurgiã, amazona, harpista e jogadora de bilhar. Seus romances históricos são decididamente inexatos, mas seu *Manual do viajante para franceses na Alemanha e alemães na França* é um documento histórico de primeira. As frases abaixo foram extraídas das seções "Planejamento da viagem", "Conversas com os postilhões durante o trajeto" e "Conversas em postos de muda de cavalos enquanto os cavalos são arreados". Os diálogos talvez soem um pouco melodramáticos, mas versões equivalentes eram usadas cotidianamente nas estradas da França.

> Ouça, postilhão, se conduzires em velocidade quando a estrada estiver boa, e devagar ao passarmos por curvas, pontes, cidades e vilarejos, receberás uma boa gorjeta. Do contrário, verás apenas o valor da passagem.
>
> Teu coche está pesado e sobrecarregado.
> De modo algum. Garanto-vos que ele não está nem pesado nem sobrecarregado.
> Este cavalo não presta. É agitado. É arisco. Decididamente, não o aceito. Queira, por gentileza, dar-me outro cavalo.
>
> Pode-se levar no bagageiro uma harpa em seu estojo?
>
> Como é a estrada?
> É muito arenosa.
> É pedregosa.
> É cheia de montanhas, florestas e precipícios.
> É preciso evitar passar por florestas no lusco-fusco ou à noite.
>
> Postilhão, não quero sair da estrada principal. Oponho-me a isto terminantemente.
> Mas a areia deixa meus cavalos exaustos.

Não quero deixar a estrada principal e não podes fazê-lo sem minha permissão; a diligência postal deve seguir pela estrada principal, a não ser que os passageiros concordem.

Postilhão, para; é preciso pôr os freios.
A descida é muito íngreme, quero que se ponham os freios.
Verifica, por gentileza, se o baú está bem amarrado e se nada se soltou.
Creio que as rodas estão pegando fogo. Olha e verifica.

Postilhão, um homem acaba de subir na traseira do coche. Faça-o descer.
Postilhão, deixa este pobre homem subir à boleia.
Ele está tão cansado! Deixa-o em paz. É um velho!
Suba, amigo. Suba, homem.
Não adormeça na boleia, homem, podes cair... Fica acordado.

O pino mestre caiu.
A suspensão quebrou.
O coche capotou.

Os cavalos desfaleceram.
Há feridos?
Não, graças a Deus.
O cavalo está muito ferido. Está morto.

O postilhão desmaiou, aplica-lhe *eau* de Luce.*
Com todo cuidado, tira o postilhão de debaixo do cavalo.
Ele tem na cabeça um grande galo. Não seria bom aplicar uma moeda para o galo sumir?
De maneira alguma. O que estais propondo é perigosíssimo. Jamais se deve fazer isto.
Simplesmente aplicarei à contusão água com sal, ou água de colônia diluída em água.

Pobre homem! Podes contar com minha solidariedade a teu padecimento.

---

*Óleo de âmbar, amônia cáustica e álcool.

VIAJANDO NA FRANÇA, I: AS AVENIDAS DE PARIS   261

A maioria das estradas que serviam de cenário a estes pequenos dramas havia sido construída com trabalho escravo. Até a Revolução, o principal esquema de construção de estradas era a temida corveia, instituída em 1738. Embora a média nacional de trabalho na corveia fosse de uma semana por ano, havia lugares em que quase toda a população do sexo masculino de 12 a 70 anos de idade (numa época em que a expectativa de vida não chegava a 40 anos) era obrigada a dar até quarenta dias de trabalho nas estradas por ano. Os únicos isentos da obrigação de quebrar pedras, retirar o entulho e cavar valas eram os senhores, o clero e seus criados, além de algumas atividades essenciais, como professores, médicos e pastores comunitários. Os inválidos eram dispensados, mas, caso tivessem dinheiro, tinham de pagar por um substituto. Se a equipe tivesse um homem a menos, duas mulheres o substituíam. Cavalos e carroças podiam ser obrigados a percorrer até 4 léguas (cerca de 18 quilômetros) até o local de trabalho. Gazeteiros eram punidos com multa, prisão, trabalho extra ou escolta armada até o local de trabalho.

A clamorosa injustiça da corveia era uma fonte de irritação permanente. As carruagens dos ricos trafegavam pela estrada a toda velocidade, danificando seu leito e seguindo caminho sem o mais leve constrangimento. Muitos dos que construíam as estradas jamais as usavam e não faziam a menor ideia de onde elas levavam. Os principais beneficiários eram os comerciantes e os nobres. Ao viajar pelo norte e leste da França em 1832, Fenimore Cooper acertou na mosca ao associar a corveia à visita do senhor local:

Assim, sempre que Monsieur le Marquis [o Senhor Marquês] dignava-se a visitar o *château*, fazia-se um mutirão para permitir que ele e os amigos chegassem em segurança à casa e aproveitassem a estada; depois, tudo revertia ao domínio da natureza e do acaso. Com franqueza, as estradas secundárias que vemos neste velho país são às vezes tão ruins como as piores das nossas estradas nos assentamentos mais recentes.

Os efeitos da influência aristocrática ainda são visíveis no desvio inesperado que obriga a estrada a passar por um *château*, no atalho aparentemente desnecessário de onde se descortina uma vista esplêndida do palácio de um bispo. A facilidade de acesso aos castelos do Vale do Loire pelas estradas secundárias explica-se em parte pela competência de seus proprietários em tirar partido do trabalho escravo.

Seria difícil exagerar a ineficiência da corveia. Era comum subdividir a estrada em trechos e entregar a responsabilidade às respectivas paróquias, o que significava que a estrada só podia ser usada depois de todas as paróquias concluírem seus trechos. Por sua vez, algumas paróquias subdividiam seus trechos em setores individuais, transformando a estrada numa corrida de obstáculos pelos minicanteiros de obras. Um buraco persistente e um camponês procrastinador com uma pá quebrada conseguiam obstruir o trânsito de uma região inteira durante anos. Mal encerravam o trabalho do verão, muitos vilarejos permitiam que sua obra fosse dilapidada. Uma estrada em boas condições talvez animasse produtores de cidades vizinhas a aparecerem na feira para competir no preço com os agricultores locais. A despesa com a corveia aleijava o vilarejo, mesmo que ele tivesse utensílios e produtos agrícolas para exportar. O vigoroso lobby dos magistrados de La Souterraine, na Creuse, em nome da população da cidade conseguiu que o traçado da estrada Toulouse-Paris fosse alterado. La Souterraine situa-se até hoje a cerca de 10 quilômetros da estrada principal, o que a obriga a um leve retoque no mapa para poder promover-se como "a cidade por natureza empreendedora que fica na confluência dos principais eixos de comunicação".

Com poucas exceções espetaculares, as estradas eram construções toscas — em geral, duas faixas laterais aterradas e separadas por uma faixa central revestida de pedras grandes e mais ou menos planas, recobertas por pedra britada, revestida por sua vez de uma terceira camada de brita mais fina ou cascalho. O resultado era um bloco espesso e instável de entulho. Em 1775, o engenheiro limusino Pierre Trésaguet reduziu a espessura desse bloco à metade (10 a 20 centímetros), mas sua inovação permaneceu praticamente ignorada até a década de 1830, quando foi adotada junto com outros aperfeiçoamentos inventados pelo engenheiro escocês John Loudon McAdam. A maioria das estradas francesas era projetada não por engenheiros de estradas, mas por arquitetos. Muitas das pontes, até desabarem, eram belíssimas obras de arte. Havia a École des Ponts et Chaussées [Escola de Pontes e Calçadas], fundada em 1791, pública e gratuita. Mas não havia como criar da noite para o dia uma expertise em escala nacional. Um século depois, o professor da disciplina de estradas da Escola ainda patinava no bê-á-bá:

A não ser nas profundezas do mar, coberto pelas águas, a superfície da Terra apresenta um grande número de elevações separadas por depressões chamadas *vales*. As elevações recebem o nome de *montanhas* quando se erguem mais de 500 ou 600 metros acima do nível da base em que estão assentadas, e *montes* ou *morros* abaixo disso. Estes termos são relativos: uma montanha da Beauce dificilmente seria considerada um morro nos Alpes...

A estrada é dita *en rampe* [em aclive] na subida e *en pente* [em declive] na descida. Estes termos estão relacionados à suposta direção em que se segue pela estrada. Caso se dê meia-volta e se tome a estrada na direção inversa, as *pentes* viram *rampes*, e vice-versa.

COM DEFICIÊNCIAS TÉCNICAS, falta de expertise e uma mão de obra que sabotava o próprio trabalho, não admira que a construção de estradas fosse tão penosamente lenta. Em 1777, na Généralité de Rouen (que engloba a Seine-Maritime mais parte dos departamentos adjacentes), 37 mil trabalhadores não remunerados e 22 mil cavalos contribuindo cada um com sete dias de trabalho construíram 32 quilômetros de estrada — o que foi considerado rápido. Nas Landes, onde carruagens afundavam na areia até o eixo, o engenheiro Chambrelent calculou que, depois de atingir um determinado comprimento, a estrada seria destruída pelo processo de construção: "O transporte de um metro cúbico de pedra ou de cascalho até o ponto em que será usado para prolongar a estrada provoca na estrada um desgaste superior a um metro cúbico de estrada." No caso, a realidade física coincidia com a mais perversa das superstições — quanto mais se trabalhava numa estrada, mais curta ela ficava.

Antes de surgir a estrada de ferro, o principal problema dos construtores de estradas era a dependência de materiais locais. Em fins do século XVIII, era obrigatório que as carroças que transportavam vinho de Orléans para Paris contribuíssem com a conservação da estrada voltando carregadas de placas de arenito. Mas a estrada Paris-Orléans era excepcionalmente bem conservada. Em regiões calcárias como a Bourgogne e o Languedoc, pessoas e animais cobertos de poeira trafegavam por estradas de brancura ofuscante. Em regiões graníticas como a Bretagne e a Auvergne, mais valia prosseguir pelo solo não pavimentado que pela estrada de pedras pontiagudas e inquebráveis. Quanto mais rico o solo, pior a estrada. Com a chuva, as estradas poeirentas viravam atoleiros em que os sulcos abertos pelas rodas das carruagens e depois endurecidos pelo sol formavam um caótico relevo de cordilheiras e vales em miniatura. Às vezes, o único chão por onde jamais se trafegava era a própria estrada. Em 1788, ninguém teria estranhado a visão da estátua equestre de Luís XIV, atravessando campos e sebes a caminho da praça principal de Beauvais.

O magnífico sistema de estradas que acabaria surgindo foi uma vitória de administradores que haviam trabalhado em condições equiparáveis às de uma guerra de trincheiras. Nas décadas de 1850 e 1860, grande parte de Paris foi posta abaixo e Paris transformou-se numa cidade higiênica com bulevares largos e esgotos amplos e de escoamento rápido. O responsável por isto foi o barão Haussman, depois de penar anos como subprefeito departamental na província. Passara um ano em Poitiers, onde uma pirambeira, um calçamento de pedras que machucava os pés, a iluminação deficiente e a falta de táxis praticamente dividiam a cidade ao meio. Depois fora transferido para Yssingeaux, no Haute-Loire, a seis dias de viagem por uma sucessão de coches cada vez mais antiquados. Em 1833, assumira o *arrondissement* [distrito] de Nérac, cujos atoleiros sabidamente tragavam os cavalos e cuja rede de estradas não chegava a 50 quilômetros. "Pensei, sim, voltar a Paris e indagar: 'Não haveria como me transferirem para outro lugar?'"

Eis por que uma parte tão grande da infraestrutura romana continuava em uso no raiar da era industrial. Desde o século XVII, os mapas assinalavam determinadas estradas romanas, não por serem interessantes como antiguidades, mas por serem as melhores disponíveis. Tais estradas eram localmente conhecidas como "*camin ferrat*" ou "*chemin ferre*" [caminho de ferro], "*chaussée*" [calçada], "*chemin de César*" ou "*chemin du Diable*", pois só César ou o diabo para conseguir construir uma estrada tão durável. Como o marquês de Mirabeau observou em 1756, as estradas romanas foram "construídas para a eternidade", mas bastava um ano para "uma colônia de toupeiras de tamanho moderado" dar cabo de uma estrada típica francesa.

A profusão de lugares batizados como "Le Grand Chemin" ou "La Chaussée" demonstra que a contribuição romana ao desenvolvimento da França moderna não se limitava às rotas mercantes que cruzavam a Provence ou o vale do Rhône. Nas estradas de Arles a Aix, de Clermont-Ferrand a Limoges, de Arcachon a Bordeaux, no velho caminho do sal de Saintes a Poitiers, na margem esquerda do Lot entre Aiguillon e Lafitte, e na estrada que subia tortuosa da planície da Alsácia ao Mont Sainte-Odile havia longos trechos de camada base ou superficial romana com um incrível calçamento de pedras quadradas e bem aparadas. Havia estradas romanas em áreas remotas do Poitou, da Champagne e do Morvan. Em 1756, o trecho da estrada Besançon-Langres "entre Chalindrey e Grosses-Saules" era "tão completo e tão sólido... que resistia impávido ao peso e ao tráfego das carruagens". Em 1839, Mérimée constatou que esta mesma estrada tinha muito movimento e "condições bem razoáveis, embora jamais tenha sofrido reparos". Até o início do século XX, continuava-se a usar o "chemin de la duchesse Anne" [caminho da duquesa Ana] ao norte de Quimper, na Bretagne. A admiração popular pelo "bom e velho César" não era inteiramente descabida.

ATÉ O SÉCULO XVIII, as melhores estradas modernas eram as que serviam ao rei — a "Route du Sacre" [Estrada da Coroação] para Reims e as estradas calçadas de Paris para Versalhes e Marly, conhecidas como "as avenidas da cidade de Paris". Colbert, o principal ministro de Luís XIV, desenvolvera o que parecia ser uma política lógica de centralização. Em 1680, instruíra os intendentes dos *pays d'élection* (as províncias taxadas diretamente pelo Estado) a "considerarem a principal estrada de ligação das províncias com Paris como a de maior importância... pois Paris é de fato o centro de todo o consumo". Era mais fácil obter financiamento para uma estrada que levasse direto à capital do que para uma estrada de ligação com a cidade mais próxima.

Os efeitos desta obstinada política de centralização são visíveis nos mapas que acompanham a evolução da rede viária. A metade inferior destes mapas parece pertencer a outro país e a outra era — enquanto Paris se cercava de artérias como um ovo fecundado, Lyon, Marseille, Montpellier, Toulouse e Limoges, centros urbanos mais antigos, praticamente se mantinham inalteradas. Em meados do século XIX, uma pessoa em Moulins via as montanhas da Auvergne, mas não conseguia chegar a qualquer cidade da região, pois quase todas as diligências já saíam de Paris lotadas. Até hoje, planejar um itinerário norte-sul ou oeste-leste que saia de um porto da Mancha e não passe pela capital — sobretudo se for de trem — requer horas de criatividade e afinco. A única cidade da França impossível de ser cruzada a bordo de um trem de longa distância e na qual nenhum viajante pode prosseguir viagem sem pôr os pés em seu solo é Paris. (É difícil entender por que a proposta de prolongar o Boulevard Saint-Michel até o mar — apresentada pelo candidato a presidente Ferdinand Lop, derrotado repetidas vezes nas décadas de 1920 e 30 — teria sido tão ridicularizada, quando seguia apenas a política nacional.)

Um édito de 1607 estipulou para as estradas reais uma largura mínima que equivale à de uma autoestrada moderna com seis pistas de rolamento — 22 metros. As estradas reais corriam por largos corredores descalvados. De cada lado da estrada, uma faixa suplementar de 18 metros de largura era roçada a cada seis meses de toda e qualquer vegetação. O fato de Luís XIV só viajar acompanhado de sua equipe de conservação de estradas é um indicador eloquente do estado normal destas *routes royales* de cascalho. O mesmo édito estipulou que todas as junções fossem sinalizadas por cruzes, marcos verticais ou pirâmides. Em geral, as cidades preferiam os marcos verticais e os vilarejos preferiam as cruzes. São desta época muitas das cruzes de pedra antigas que vemos em junções e entroncamentos no interior rural da França. A tradição local poderia tê-las transformado em monumentos religiosos, mas elas surgiram como marcos de sinalização viária e continuam sendo bastante úteis à navegação.

A primeira tentativa séria de criar uma rede viária integrada é de 1738, quando o Ministro das Finanças, Philibert Orry, e o futuro diretor de Pontes e Calçadas, Daniel Trudaine, lançaram um programa de construção de estradas baseado na corveia. Construir estradas novas com pistas de mão única separadas por um canteiro central, em vez de simplesmente consertar as estradas antigas, permitiria realizar obras de conservação sem interromper o tráfego. As estradas francesas dotadas de retas intermináveis, normalmente atribuídas aos romanos, são na maioria desta época. Com frequência, eram margeadas por árvores, não, como reza a lenda, para proporcionar sombra às tropas em marcha, mas por uma questão estética. As árvores não eram nada práticas — impediam a estrada de secar, obstruíam as valas e davam guarida a salteadores. Na Normandie, era comum o viajante se emaranhar nos galhos das macieiras. Mas as belas alamedas de olmos, freixos, sicômoros e faias aliviavam a atroz monotonia das retas a perder de vista. No século XIX, estas alamedas foram replantadas e alamedas novas foram criadas com o plantio de choupos e plátanos a intervalos de 10 metros. Hoje em dia, muitas delas estão sendo derrubadas por ensejarem eventuais colisões automobilísticas.

É irônico que os grandes avanços que deram à França as melhores estradas da Europa tenham surgido em províncias que futuramente sofreriam com o crescente centralismo de Paris. O governo provincial do Languedoc já havia mostrado que o financiamento local era mais eficaz que o trabalho escravo. Em Toulouse, entre 1750 e 1786, os gastos com as estradas saltaram de 1.200 *livres* [libras francesas] para 198 mil *livres* por ano. Na virada para o século XIX, as alamedas de olmos de Toulouse chegavam à base dos Pireneus e das Cévennes. Os pequenos comerciantes de grãos e suas estrepitosas tropas de mulas foram substituídos por carroças pesadas e velozes e por um serviço comercial de correios que cobria um raio de cerca de 150 quilômetros a partir da cidade.

A Flandre, em parte graças a incentivos fiscais que estimulavam o uso de veículos com rodas de aro largo, também contava com algumas estradas de calçamento impecável. Na Alsácia e Lorena, cuja economia dependia em larga escala do frete, coches leves com quatro rodas seguiam para Strasbourg em disparada, a mais de 12 quilômetros por hora. Mas o exemplo para o resto do país era o Limousin, onde o economista Turgot, adepto do livre comércio, criou com seu engenheiro-chefe Trésaguet as estradas consideradas por Arthur Young como de "incomparável excelência, mais semelhantes a aleias de um jardim bem cuidado que a uma estrada comum". Os viajantes que cruzavam a província assolada pela miséria surpreendiam-se com a belíssima estrada,

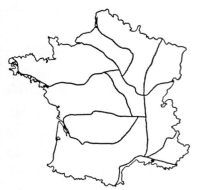
Principais estradas da Gália romana

Estradas postais, 1643

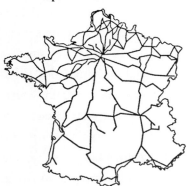
Estradas postais, 1748

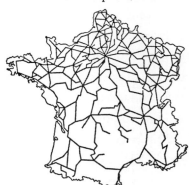
Estradas postais, 1810

Estradas de ferro, 1854

Autoestradas, 1986

em que os mínimos sulcos eram cobertos com mármore britado do tamanho de uma noz. Em 1789, o contraste deixou François Marlin exasperado:

> Logo depois de Bourganeuf, uma irritante placa de sinalização informa em letras garrafais que se está deixando a Généralité de Limoges (...) Qual a serventia desta placa? O mais reles dos carroceiros dificilmente deixaria de perceber que já não rodava por uma estrada do Limousin.

Quando se tornou Ministro das Finanças em 1774, Turgot defendeu a abolição da corveia (enfim abolida no reino todo em 1787). Em 1775, franqueou às carruagens públicas — mas não às particulares — o uso do sistema de estações de muda, até então reservado à posta real. Agora, além de se poder estimar de antemão o custo da viagem, os passageiros viajavam com a tranquilidade de estar no máximo a 30 quilômetros de distância de uma nova muda de cavalos. O resultado foi um pequeno aumento da velocidade média em percursos longos — a primeira acelerada significativa desde a Idade Média.

TURGOT FOI DEPOSTO DO CARGO, mas antes disto ainda supervisionou os dois avanços mais contundentes da engenharia de estradas. Seu engenheiro-chefe no Limousin, Pierre Trésaguet, insistia que era necessário limitar os gradientes. As estradas do início do século XVIII, com suas retas intermináveis, eram insuportavelmente enfadonhas no plano e um pesadelo nos trechos de serra. Até hoje, a antiga estrada a leste de Morlaix apresenta um desnecessário grau de inclinação de 15% (1 em 7), pois o inepto governador militar da Bretagne, o duque d'Aiguillon, preferia as retas às curvas mais confortáveis da velha estrada que corria a seu lado. Em parte graças a Trésaguet, é raro nos dias de hoje encontrar uma inclinação superior a 8% (1 em 12) — o maior gradiente que uma mula carregada supostamente conseguiria enfrentar.* Na

---

*A julgar pelo manual do exército de 1884, é uma sorte que a construção de estradas tenha ficado em sua maior parte a cargo de engenheiros civis:
Gradiente em que as tropas ainda conseguem manter-se em marcha ordenada: 25% (1 em 4)
Gradiente máximo para cavalos com montaria e carruagens leves: 33% (1 em 3)
Gradiente máximo para mulas: 50% (1 em 2)
Aclive que um membro da infantaria ainda consegue vencer com o auxílio das mãos: 100% (rigorosamente a prumo).

270   A DESCOBERTA DA FRANÇA

Inglaterra, as estradas serranas tendem a subir em degraus, como pirâmides escalonadas. Na França, as estradas chegam a altitudes muito maiores, mas as subidas são mais suaves, o que permite a um ciclista carregado manter seu ritmo por horas a fio.

A singela inovação revolucionou as viagens. Relatos de viajantes mencionam reiteradamente os nomes de certas elevações como se fossem monstros da *Odisseia* — "a famosa encosta do Reventin [próximo a Vienne], que costumava deter as grandes carroças provençais durante horas"; "a tenebrosa ribanceira de Laffrey" perto de Vizille, de onde Napoleão discursou para o regimento enviado para detê-lo em seu retorno de Elba, até hoje assinalada como "perigosa"; e o sinistro monte Tarare, situado numa das principais rotas — a mais curta — de Paris para Lyon e o sul. Subir ou descer o Tarare levava no mínimo duas horas. As carruagens, por menores que fossem, precisavam ser inteiramente descarregadas e puxadas por bois morro acima. Durante séculos, os viajantes não escapavam de um batismo de lama quando entravam no vale do Rhône. Os engenheiros que aplainaram estes monstros foram aclamados como heróis nacionais. A estrada que transpunha o passo de Saverne na principal rota da França para a Alsácia virou atração turística, embora nenhuma de suas 17 pontes fosse visível da pista:

> A estrada que desce dos Vosges ao Saverne está entre as obras-primas da humanidade (...) Ziguezagueando com perícia pelo vertiginoso despenhadeiro, seu declive suave e imperceptível parece zombar das íngremes escarpas rochosas e consolar o viajante pelos obstáculos com que a natureza tentou estragar seu prazer. (Joseph Lavallée, *Voyage dans les départements de la France*, 1792.)

O maior destes "obstáculos" eram os Alpes. A rota percorrida por Aníbal e seus elefantes em 218 a.C. era um dos temas mais comuns das especulações arqueológicas por um motivo puramente prático — até 1810, a única rota possível para transpor os Alpes num veículo de rodas era o passo de Tende no extremo sul, onde havia casos de mulas e seus condutores que despencaram no abismo, derrubados pela força do sibilante mistral. Em 1800, depois de perder muitos equipamentos no caminho, Napoleão transpôs os Alpes pelo Grand Saint Bernard — não no cavalo branco e fogoso retratado no quadro de David (1801) ao lado dos nomes de Napoleão e Aníbal entalhados na rocha, mas numa mula emprestada por um camponês local. Após a batalha do Nilo, com o bloqueio da frota inglesa aos portos mediterrâneos, o passo do monte Cenis tornara-se a principal rota de acesso à Itália. Em 1810, com a abertura de uma nova estrada, carroças e carruagens substituíram a procissão de liteiras, padiolas e mulas. Até o fim da guerra e o restabelecimento da rota marítima, cerca de cinquenta veículos por dia faziam o trajeto até o topo do monte Cenis (2.083 m) na rota entre Lyon e Turim — quase 10 quilômetros de uma subida cheia de curvas e gradiente de 7%. A abertura do passo foi anunciada no boletim oficial *État général des routes de poste de l'Empire Français* [Estado geral das rotas de posta do Império Francês] para estimular seu uso pelos mercadores:

> Em cumprimento às ordens de Sua Majestade, o passo do monte Cenis tornou-se viável e conveniente. Carruagens podem transpor a montanha em qualquer estação e sem risco. Vinte e cinco refúgios foram construídos em diversos pontos e ocupados por cantoneiros, que atuam como estalajadeiros e vendem comestíveis e outros artigos a preços fixados pelo prefeito de Mont-Cenis (...) Alguns são permanentemente contratados para percorrer a estrada mantendo-a desobstruída e prestando assistência aos viajantes no que for necessário.

O quadro posterior de Delaroche, de Napoleão atravessando os Alpes no lombo de uma mula ensopada (ver a figura 19), não é menos heroico que o do cavalo mítico de David, mas seu charme teria ficado irremediavelmente comprometido por uma paisagem alpina de lanchonetes e lojas de suvenires com listas de preços regulamentados. Napoleão, que sabia do valor econômico das belezas naturais, não teria ficado surpreso com a proliferação de estações de esqui nos Alpes modernos. Uma de suas primeiras instruções ao prefeito do departamento de Hautes-Alpes foi "encomendar desenhos das vistas mais bonitas de vossos Alpes para a fábrica de porcelana de Sèvres".

272 A DESCOBERTA DA FRANÇA

Encerrada a guerra, iniciou-se no passo o vaivém de ambulantes e mendigos italianos que perseguiam os turistas estrangeiros e garantiam o comércio que manteria as artérias do império livres e desimpedidas.

A outra grande inovação de Turgot e Trésaguet foram os cantoneiros, incumbidos de conservar a estrada e patrulhar o passo. Cada cantoneiro era responsável por cerca de 5 quilômetros de estrada. As normas do século XIX exigiam sua presença na estrada doze horas por dia de abril a setembro, e do amanhecer ao anoitecer nos outros seis meses. As refeições deviam ser feitas na estrada, em horários predeterminados. "Chuva, neve e outras condições adversas de tempo" não justificavam sua ausência, mas o cantoneiro estava autorizado a construir um abrigo "contanto que este não obstruísse a via pública e fosse visível da estrada, para que a presença do trabalhador pudesse ser registrada a qualquer hora". As ferramentas de trabalho corriam por sua conta, mas ele recebia um anel especial de aço para conferir se a brita que revestia o leito da estrada estava dentro do tamanho regulamentado. O diâmetro deste anel — 6 centímetros — corresponde aproximadamente à regra de McAdam de que todas as pedras, sem exceção, deveriam caber dentro da boca do cantoneiro.

Afora sua evidente importância, o cantoneiro foi um achado que revigorou o cotidiano da França rural. Uma espécie de eremita equipado de pás e carrinho de mão, ele foi um colonizador de áreas remotas. Em muitas estradas, ainda se podem ver pequenas choças de pedra redondas e casebres solitários com o letreiro CANTONNIER [cantoneiro] com a pintura já meio desbotada. Como eram assalariados, os cantoneiros contribuíam para gerar atividade econômica nos vilarejos. Atuavam como mensageiros e difundiam as novidades. Para viajantes burgueses e reformistas sociais, aqueles homens à beira da estrada ensopados de chuva e lutando com a natureza munidos de balde e pá personificavam a miséria proletária. Mas, para os próprios cantoneiros, a segurança e a autoestima, sem falar na jaqueta azul e na placa de bronze do chapéu com a inscrição "Cantonnier", eram um privilégio inestimável. Quando Napoleão perguntou a um granadeiro do Vivarais que se destacara na travessia do Beresina durante a retirada de Moscou em 1812 o que ele queria como recompensa, a resposta foi: "Bem, sire, já que isto está a

VIAJANDO NA FRANÇA, I: AS AVENIDAS DE PARIS 273

vosso alcance, depois da guerra eu gostaria de ser nomeado cantoneiro vitalício no meu *pays*." Ao contrário dos oficiais, Napoleão não fez troça da solicitação do homem.

Foi Napoleão que consolidou os avanços dos engenheiros do século XVIII ao centralizar o controle de todas as 229 *routes impériales* [estradas imperiais] nas mãos do Estado. Mais tarde, em 1836, o Estado assumiu a responsabilidade pela conservação dos tortuosos *chemins vicinaux* [caminhos vicinais] que interligavam os vilarejos. Este sistema de estradas pouco mudou até a década de 1960. Um mapa dinâmico da rede ao longo de dois séculos mostraria um espessamento gradativo das principais estradas interurbanas e, entre elas, uma massa intermitente de vias menores. Quatorze estradas "de primeira classe", numeradas no sentido dos ponteiros do relógio, irradiavam-se de Paris ligando a capital às fronteiras. Estas grandes "avenidas" não só contribuíram para que o crescimento de Paris superasse o de qualquer outra cidade da França, como propagaram o império parisiense por toda a França e o Império Francês por toda a Europa. Contribuíram também para que o país fosse subjugado pelos aliados em 1814 e para que o imperador deposto fosse levado de carruagem ao porto mediterrâneo de Fréjus em sete dias exatos. De Fréjus, Napoleão seguiu de barco para seu minúsculo reino na ilha de Elba. Ali, chocado ao ver os morros que as mulas mal conseguiam escalar e decidido a transformar a ilha num "entreposto do comércio universal" e num "ponto de contato para todas as nações", prontamente lançou um programa de construção de estradas no valor de 60 mil francos.

CAPÍTULO 12

Viajando na França, II:
A Lebre e a Tartaruga

MESMO OS CONSTRUTORES de estradas mais entusiásticos ficariam surpresos se vissem o quanto o país foi dominado e sufocado pelas estradas. Até o surgimento das estradas de ferro, muita gente acreditava que a chave para a prosperidade nacional estava nos canais e nos rios canalizados. A "harmoniosa disposição" dos rios da Gália mencionada por Strabo em sua *Geografia* no século I a.C. não saía da cabeça dos progressistas. O célebre trecho parecia prognosticar um futuro supereficiente para a França e sugeria que, passados quase dois milênios, o país ainda não cumprira seu destino:

> O país inteiro é irrigado por rios: alguns descem dos Alpes, os demais do Cemmenus [Cévennes] e dos Pireneus; alguns desembocam no oceano, os outros no Nosso Mar [o Mediterrâneo](...) Os cursos dos rios são, por natureza, tão bem posicionados entre si que viabilizam o transporte entre ambos os mares; pois o transporte das cargas só é feito por terra em distâncias curtas, quando as planícies facilitam o trânsito, mas na maior parte do trajeto é fluvial — por determinados rios em direção ao interior, pelos demais em direção ao mar

A França tinha mais de 6 mil quilômetros de rios navegáveis. Também tinha canais — quase mil quilômetros de canais na época da Revolução, e perto de 5 mil quilômetros em fins do século XIX. Mais mil quilômetros de rios eram considerados navegáveis, embora apenas numa direção. Boa parte da madeira usada para construir e aquecer Paris viera do Morvan navegando na correnteza, conduzida por *flotteurs* [balseiros] de aspecto selvagem que usavam chapéus de palha e casacos de pele de lobo e falavam um dialeto peculiar ao rio. A madeira destinada a Bordeaux vinha da Auvergne em plataformas flutuantes calafetadas com musgo que resistiam às torrenciais enchentes da primavera até chegarem a Libourne, onde eram vendidas como lenha.

Riachos, usados hoje em dia apenas para pesca de linha e uma tímida canoagem, eram singrados por balsas — a água era tão rasa que os balseiros conseguiam caminhar a seu lado dentro do rio. Um relatório de 1810 sobre o departamento de Dordogne descreve o curso de 38 rios, acrescentando que havia mais 560 "cursos d'água principais" e 850 "cursos d'água de pequeno porte". Até mesmo *rivierettes* [arroios] que mal eram visíveis eram tratados como rotas mercantes importantes e tinham suas margens conservadas e reforçadas. Até hoje, nas áreas rurais, há muitos córregos tranquilos revestidos de tijolos e pedras como se, no passado, houvessem atravessado cidades industriais. Para muitos vilarejos dos departamentos de Lot e de Tarn, o rio era a única via de comunicação. Miniatracadouros e cais enfileiravam-se ao longo de suas margens como entrepostos de trocas do rio Amazonas. Certos rios de porte médio, como o Vienne, são como autoestradas abandonadas de uma civilização anterior. Pequenas vielas dão acesso exclusivo ao rio e a um aglomerado de casas frequentemente denominado "Le Port" [o porto].

O fato de 61 dos 83 departamentos originais terem sido batizados com nomes de rios — mesmo quando o rio era torrencial e destruidor, ou quando rochedos e cataratas obstruíam seu curso — demonstra a importância atribuída ao transporte fluvial. Os estudos estatísticos dos novos departamentos geralmente dedicavam dez vezes mais espaço aos cursos d'água que às estradas. Os rios e os canais suscitavam grandes expectativas de riqueza e vitalidade, inspirando os engenheiros com alguns exemplos espantosos, como a Pont du Gard romana e o sistema de aquedutos que abastecia Nîmes até o século IX, ou os

VIAJANDO NA FRANÇA, II: A LEBRE E A TARTARUGA   277

80 quilômetros do aqueduto inacabado de Maintenon (1685-88), projetado para abastecer as fontes de Versalhes com as águas do rio Eure.

Versalhes, com seus 200 quilômetros de canais aquáticos, era em si um mostruário de maravilhas hidráulicas. Enquanto a população da cidade precisava contentar-se com lagoas salobras, trazia-se água importada a peso de ouro para prolongar a Galerie des Glaces [Galeria dos Espelhos] com espelhos d'água e criar fontes para guarnecer o ar de arabescos musicais. A natureza foi obrigada a reconhecer o centro político. O Sena foi desviado pela gigantesca bomba em Marly conhecida como "a Máquina". O Eure seria trazido de Maintenon. Planejou-se até trazer a água do longínquo Loire. Nos jardins do palácio, os grandes rios da França estavam representados por estátuas de gigantes deitados placidamente na companhia de pequenos afluentes querubíneos.*

De todos os projetos, o mais grandioso foi o Canal du Midi, o mais antigo canal da Europa hoje em funcionamento. O canal, com 63 eclusas e 130 pontes, percorre 210 quilômetros de Sète, no Mediterrâneo, ao centro de Toulouse, via Béziers, Carcassonne e a falha geológica entre os Pireneus e a Montagne Noire [montanha Negra] conhecida como Seuil de Naurouze [Passo de Naurouze]. O idealizador deste magnífico museu ao ar livre de obras-primas da engenharia foi Pierre-Paul Riquet, um coletor aposentado de Béziers que, depois de gastar ali toda a fortuna que acumulara coletando o imposto do sal, morreu de exaustão oito meses antes da abertura do canal em 1681. O canal empregou simultaneamente até 10 mil pessoas de ambos os sexos e plantou 45 mil ciprestes e plátanos na planície de Lauragais, além de milhões de íris para proteger e embelezar suas margens. Foi uma das maiores movimentações de pessoas e de plantas de toda a história em tempos de paz.

Barcaças rebocadas por cavalos e carregadas de laranja, vinho e azeite da Itália e da Espanha, grãos e algodão do Languedoc, e drogas e especiarias do Levante e da costa da Berberia eram descarregadas em Toulouse e suas mercadorias eram transferidas para chatas menores, que conseguiam trafegar por

---

*Sena e Marne, Loire e Loiret, Rhône e Saône, Garonne e Dordogne. A escolha do minúsculo Loiret — que corre ao sul de Orléans e tem pouco mais de 10 quilômetros — como companheiro do Loire, em vez do Allier (412 quilômetros) ou do Cher (320 quilômetros), que nascem na Auvergne, espelha o viés setentrional.

278 A DESCOBERTA DA FRANÇA

entre os moinhos d'água e bancos de areia do baixo Garonne. Em Agen, embarcavam-se ameixas e outras frutas secas destinadas aos navios oceânicos em Bordeaux. De Bordeaux, as barcaças retornavam carregadas de açúcar, café e tabaco das Américas. O sonho era que um dia o istmo francês se transformasse numa ilha, com todas as vantagens que isso implicava. Se o Garonne pudesse ser saneado e canalizado, os barcos oceânicos poderiam chegar diretamente do Mediterrâneo ao Atlântico, sem contornar toda a Península Ibérica. O Languedoc e a Aquitaine ficariam no cerne de um comércio fluvial global e transformariam em realidade a descrição de Strabo de um sistema fluvial interoceânico eficiente por natureza.

Em 1839, durante a Monarquia de Julho (1830-48), período em que se construiu a maior quantidade de canais de todos os tempos, as obras finalmente se iniciaram no canal que recebeu o insípido nome de Canal Latéral à la Garonne. O trecho entre Sète e Bordeaux, chamado de Canal des Deux Mers [Canal dos Dois Mares], foi concluído em 1857, quando também entrou em serviço a nova estrada de ferro Bordeaux-Sète. A concessão do canal do Garonne foi comprada pela companhia ferroviária, cujas tarifas extorsivas estrangularam o canal e o comércio fluvial. O Canal du Midi havia acabado com as devastadoras enchentes anuais, transformando as regiões de Lauragais e Toulouse no celeiro do sul e abrindo novos e vastos mercados em conjunção com o sistema viário. Os especuladores de grãos haviam plantado trigais e *châteaux* por todo lado. Mas, com a estrada de ferro, o trigo da bacia parisiense ficara de repente mais barato que o trigo local. Durante séculos, o Seuil de Naurouze servira como via de acesso para os invasores. Depois dos celtas, dos romanos, dos visigodos, dos árabes, dos cruzados albigenses, do Príncipe Negro [Eduardo Plantageneta] e do duque de Wellington, agora era a vez do capitalismo moderno, o hipócrita alienado que dava com uma mão e tirava com a outra.

OS CANAIS, ANTES considerados como autoestradas que levariam a civilização a áreas remotas, passaram a ser símbolos de morosidade e confinamento. No poema de Rimbaud, "Le Bateau Ivre" (1871), o barco ébrio só inicia sua

VIAJANDO NA FRANÇA, II: A LEBRE E A TARTARUGA   279

aventura quando seus rebocadores são massacrados e ele sai dos "rios imperturbáveis" para mar aberto. Muitas das histórias da era heroica da construção dos canais e da domesticação dos rios jamais serão contadas. O esquecimento quase absoluto envolve até mesmo a travessia pioneira do barão Boissel de Monville, a primeira pessoa na história a descer o Rhône da fronteira suíça até onde o rio volta a ser navegável, no intuito de demonstrar que o Rhône poderia ser um elo comercial importante com a Savoie e a Suíça. No outono de 1794, durante o Terror, o barão, disfarçado de camponês, transpôs as cataratas em seu barco blindado. Mas, antes de chegarem à Perte du Rhône, ponto em que o rio desaparecia no subsolo tragado por um sumidouro, a tripulação apavorada abandonou o barco, que ressurgiu destroçado 100 metros adiante. Duas semanas depois, o barão reconstruiu o barco e concluiu o percurso fluvial até Surjoux.

Esta exploração, uma façanha inspiradora, mas inútil,* pertence a uma era em que, sempre que viável, os viajantes davam preferência ao transporte fluvial nas viagens mais longas, confiando que a travessia seria uma aventura interessante. Metade do trajeto de quem saía para um giro pela França costumava ser feito por rios e canais. Partindo-se de Paris, seguia-se de carruagem até Chalon-sur-Saône, onde se tomava o barco de passageiros que descia o Rhône até Lyon e depois Avignon. O trajeto até Montpellier e Béziers era feito pela estrada de posta. Tornava-se então a tomar o barco — um barco de canal até Toulouse, um barco de rio até Bordeaux, e um terceiro barco até Blaye, na Gironde. Nova baldeação para diligência ou coche particular até Nantes, via Saintes e La Rochelle. Outro barco, a vela ou a vapor, para subir o Loire até Tours, Blois ou Orléans. Dali tanto se podia chegar a Paris pela estrada quanto por uma sucessão de canais até desembocar no Sena, em Montereau, de onde um barco diário de passageiros que vinha de Nogent-sur-Seine fazia o trajeto até a capital em um dia e uma noite. Foi este o serviço usado por Napoleão quando chegou pela primeira vez a Paris aos 15 anos, e também por Frédéric Moreau, ao deixar a cidade no início da *Educação sentimental* de Flaubert. Comparado aos sola-

---

*Mais tarde, a Perte du Rhône foi dinamitada para permitir o transporte da madeira pela correnteza do rio. A catarata foi uma das maiores atrações turísticas do leste da França até 1948, quando as águas da barragem de Génissiat cobriram o mirante, o salão de chá e a escorregadia ponte.

vancos da estrada e às favelas e mendigos que se amontoavam à entrada de Paris, o rio que corria majestoso em direção às torres da catedral de Notre-Dame era uma avenida digna de um rei.

O melhor eram as acomodações, mais baratas e mais confortáveis. As diligências — às vezes designadas, com otimismo, como *vélocifères* ["velocíferos"] — eram veículos pesadões. Como besouros gigantes, eram compostas de três partes. O *coupé*, protegido na dianteira por cortinas grossas e um couro sebento e malcheiroso, e com o interior estofado e cheio de pequenos bolsos e redes para acomodar caixas de chapéu e pertences variados. O *impériale*, por cima do *coupé*, onde o passageiro viajava exposto ao vento e à chuva, mas pelo menos podia conferir se o postilhão, montado no cavalo mais próximo e calçado de imensas botas de montaria de madeira e ferro, estava acordado. (Daí as "botas de sete léguas" dos contos de fadas, referência a uma época em que a distância normal entre duas estações de posta era de 7 léguas.) A suspensão consistia em correias de couro pregadas em blocos de madeira. Até mesmo para viajantes ricos, que dispunham de almofadas infláveis à prova d'água e pantufas de lã de carneiro, a diligência era um suplício. O escritor americano Bayard Taylor descreve em *Views A-Foot, or Europe Seen with Knapsack e Staff* [Vistas a pé, ou a Europa de mochila e cajado] (1846) os horrores do serviço Auxerre-Paris:

> Nem pago tornaria a viajar nela. Doze pessoas espremidas num caixote onde não caberia uma vaca, com os joelhos e extremidades inferiores mais arrochados que os cantos de uma escrivaninha do mais fino acabamento. O destino aquinhoou-me com abundante estatura, e ninguém que não seja alto é capaz de calcular o martírio de se passar horas sentado com as juntas comprimidas por um torniquete implacável. Naquele ambiente fechado — pois os passageiros não aceitaram abrir as janelas com medo do frio — e sem dormir, fiquei tão sonolento que minha cabeça não parava de tombar sobre a vizinha ao lado, uma robusta senhora do campo que a afastava com indignação.
>
> Padecemos a noite inteira naquele aperto e abafamento. Manhã alguma foi recebida com mais alegria do que aquela em que descortinamos Paris.

VIAJANDO NA FRANÇA, II: A LEBRE E A TARTARUGA   281

Desgrenhados, com ar esgazeado e roupas empoeiradas e amarfanhadas, entramos na alegre capital, abençoando cada pedra que pisávamos.

A mesma viagem, pelo rio Yonne, a bordo do *coche d'eau* [coche aquático] pintado de verde, oferecia um salão grande, fileiras de bancos, compartimentos bem decorados, vistas mais bonitas e passageiros mais alegres. Já os barcos do Rhône eram mais apertados e sujos, mas quem entrava na Provence por eles costumava contar coisas mais agradáveis do que quem vinha pelas estradas. Em seu *Voyage d'une ignorante dans le midi de la France* [Viagem de uma ignorante pelo Sul da França] (1835), a emproada condessa Gasparin constatou que os encantos da paisagem compensavam "a multidão incômoda" que atravancava os corredores com suas bagagens e ignorava a distinção entre primeira e segunda classe. Os passageiros a bordo eram brindados com um quadro contínuo de castelos no alto dos morros, vinhedos, casas de campo e pessoas acenando das margens. Sentiam o cheiro do ar quente do Mediterrâneo, avistavam o cume branco do monte Ventoux a leste, e as torres do Palais des Papes [Palácio dos Papas] em Avignon, e, quando o barco atracava sob a ponte Saint-Bénezet, invariavelmente cantavam, em coro, "Sur le pont d'Avignon" [Sobre a ponte de Avignon].

Na viagem de volta, mesmo que a correnteza mantivesse o barco parado durante horas, restava aos passageiros o consolo de saber que os viajantes que vinham pela estrada eram obrigados a enfrentar os temidos carroceiros da Provence, que nunca davam passagem ao tráfego em sentido contrário, a não ser que, por um costume antigo, o cavalo líder tivesse os quatro cascos brancos e, assim, o direito à preferência. "Em duas ou três ocasiões", relata Stendhal, "as enormes carroças puxadas por seis cavalos que subiam da Provence quase despedaçaram meu pequeno coche, coitadinho... É verdade que eu trazia minhas pistolas, mas aqueles carroceiros são bem capazes de só terem medo de pistolas depois que elas são disparadas."

Os barqueiros também agiam como bem entendiam, mas o espírito fluvial parecia baixar até nos mais finos passageiros. Por toda a França, bastava dois barcos se cruzarem para iniciar-se uma salva de impropérios de parte a parte, sobre a velocidade ridícula, a feiura da tripulação e a profissão das paren-

282 A DESCOBERTA DA FRANÇA

tas do capitão. O xingatório continuava até o outro barco estar fora do alcance auditivo. O mesmo ritual repetia-se — se necessário, com megafones — quando o barco passava por casas ribeirinhas em cujas janelas estivessem postados seus donos, esposas, crianças ou criados.

Estes barcos eram os espaços públicos de uma França nova, com barreiras de classe mais tênues, gente trocando notícias e informações, e, a julgar por inúmeros relatos de viagens fluviais, encontros casuais que não raro levavam a aventuras românticas. A experiência de Frédéric Moreau, personagem de Flaubert, no vapor para Nogent não era incomum:

O convés estava coberto de lixo — cascas de nozes, guimbas de charutos, cascas de pera e restos de pastelões de carne trazidos a bordo embrulhados em papel. Havia três marceneiros de macacão de pé em frente à cantina. Um harpista maltrapilho descansava, com o cotovelo pousado no instrumento. De vez em quando, ouvia-se o som do carvão alimentando a fornalha, um grito, uma risada. Na ponte de comando, o capitão andava de um lado para o outro entre as duas rodas de pás. Para retornar a seu assento, Frédéric abriu o portão que levava à primeira classe, incomodando dois caçadores e seus cães.

Foi como uma visão.

Ela, sentada no meio do banco, inteiramente só (...) Às suas costas, no parapeito de latão, um longo xale listrado em carmesim (...) Mas, com o peso da franja, o xale escorregara e estava quase caindo na água. Frédéric agarrou-o num salto.

— Obrigada, senhor — disse ela.

Seus olhos se encontraram.

NEM TODA VIAGEM FLUVIAL, naturalmente, era pura alegria. Em seu manual do viajante, Madame de Genlis preparava seus leitores para o pior. (O primeiro conjunto de frases é um lembrete de que, com frequência, as viagens por terra também incluíam uma arriscada travessia fluvial.)

VIAJANDO NA FRANÇA, II: A LEBRE E A TARTARUGA   283

Cocheiro ou postilhão, para. Quero saltar antes de entrarmos no ferry.
Não há perigo, os cavalos são mansos...
Quero saltar, estou avisando. Quero entrar no ferry a pé.

Quanto me custará ter o cômodo pequeno só para mim? E ficar no cômodo
    grande com todos os outros passageiros?
Há mulheres entre os passageiros?

O que nos será servido como refeição?
Bem pouco. Apenas carne salgada e defumada, batatas e queijo. Aconselho
    aos passageiros que levem consigo algumas provisões próprias. Especial-
    mente os idosos, mulheres e crianças.

Estou muito mal. Vou vomitar. Passa-me o vaso.
O cheiro de piche dá-me náuseas.
O vento é sempre assim, tão contra / tão forte?
Tenho dor de dente.
Já estamos chegando?

A serenidade das estátuas dos rios em Versalhes era enganosa. A providência
divina parecia ter projetado os rios da França mais para serem pitorescos do
que para serem úteis. Alguns dos trechos navegáveis pelas grandes balsas de
passageiros eram menos seguros do que pareciam. O Sena, em seu trajeto tortuoso para o Havre, era cheio de correntezas traiçoeiras. Antes de ser inaugurado o serviço de vapor para passageiros (Le Havre-Rouen em 1821,
Rouen-Paris em 1836), havia viajantes que preferiam uma viagem longa e
cheia de baldeações — de barco, a cavalo, de barco, a pé, de barco noturno
até Poissy e depois de coche até a capital — às curvas do trecho Rouen-Paris.
    Na fronteira oriental da França, o Reno era um modelo de eficiência flu-
vial. Balsas de até 300 metros de comprimento transportavam madeira de
construção até a Holanda em viagens de três semanas. As balsas pareciam
vilarejos que deslizavam rio abaixo, com seus embarcadouros flutuantes, re-
feitórios, cozinhas, estábulos e corredores panorâmicos, além de pão, carne e
cerveja suficiente para quinhentos tripulantes, além dos amigos do proprie-

284 A DESCOBERTA DA FRANÇA

tário. Provavelmente, eram os maiores de todos os veículos existentes. Multidões apinhavam-se às margens do rio para vê-las passar. Comparado ao Reno, o Rhône era um passeio num parque de diversões. Entre Lyon e Avignon, o mapa de Cassini indica 451 minúsculas ilhas. Quando o barco surfava na correnteza entre os pilares da ponte de Pont-Saint-Esprit — às vezes colidindo com eles —, a maioria das pessoas desembarcava e seguia pela margem, a pé ou não.

O Loire, suposto berço da civilização francesa, decepcionava muitos viajantes, com seus bancos de lama, choupos mirrados e a monotonia da névoa que encobria suas margens. A cada légua, mais ou menos, surgia um *château* da Renascença, abençoada distração, e nunca parecia faltar um especialista versado nos episódios da história francesa para infundir vida à paisagem. Para Stendhal, a descida do Loire foi um misto de tédio e aventura — uma travessia típica. Dez minutos depois da partida de Tours, às 5h30 da manhã, o vapor estava encalhado num banco de areia, envolto em brumas geladas. Horas depois, foi desencalhado por um barco pilotado por um garoto de 15 anos, que o pôs em rota de colisão com um barco que vinha em sentido contrário. Na hora H, conseguiram parar os oito cavalos que rebocavam o barco. Todos passaram as horas subsequentes desfiando suas próprias versões sobre o acontecido: "Os relatos das senhoras da primeira classe, que ficaram muito mais assustadas que as camponesas, eram muito mais romanceados." Em Ancenis, a chaminé foi baixada para o barco passar sob a ponte, mas roçou nas vigas corroídas e os passageiros foram brindados com uma chuva de estilhaços.

"Minha motivação secreta" para relatar tudo isto, explicou Stendhal, foi estimular o leitor a encarar com bom humor "todos os pequenos percalços que tantas vezes estragam toda a graça da expedição — passaportes, quarentena, acidentes" etc. O transporte moderno criava expectativas de conforto e conveniência, mas o viajante obstinado podia afastar o mau humor como "uma espécie de loucura que obnubila os objetos de interesse que talvez o cerquem e que ele jamais tornará a ver".

Os barcos a vapor mantiveram estas rotas fluviais vivas, mas não por muito tempo. A velocidade dos vapores de baixa pressão conhecidos como *inexplosibles*, que até a estrada de ferro chegar a Nantes em 1851 resfolegavam pelo Loire rio acima e rio abaixo, era a de um cavalo puxando uma carroça. Nos canais, nem isso. O barco postal de Toulouse a Sète levava 15 minutos para passar por cada eclusa. O próprio Canal du Midi ficava até dois meses por ano fechado para manutenção. Segundo o guia de viagem de Murray, "para alguém acostumado aos solavancos das diligências nas estradas" e capaz de passar uma noite com duzentas pessoas das "classes inferiores", o barco postal não era "um meio de transporte desagradável". Mas, para comerciantes e industriais, era lerdo demais. O reformista sansimoniano Michel Chevalier sonhava que os barcos a vapor e as estradas de ferro fariam surgir uma cooperativa industrial global que tiraria os camponeses de sua pasmaceira, mobilizando-os com "o espetáculo de uma velocidade prodigiosa". Em 1838, Chevalier ressaltou o fato lamentável de que, até recentemente, no tempo que uma barcaça de carvão levava para chegar de Mons a Paris (350 quilômetros), um barco veleiro de médio porte atravessava o Atlântico até Guadeloupe, era recarregado, retornava a Bordeaux, voltava a partir para o golfo do México e retornava à França via Nova Orleãs.

Em 1876, quando Robert Louis Stevenson e um amigo fizeram de canoa os canais que ligavam o Sambre ao Oise e a Bélgica a Paris, o sistema de canais já estava a caminho de tornar-se um acessório da indústria do lazer. Na última eclusa antes de Landrecies, fizeram uma pausa para fumar:

> Um velho gaiato — que estou convencido era o diabo — aproximou-se e me questionou sobre nossa viagem. De todo coração, expus-lhe todos os nossos planos. Ele disse que era o empreendimento mais tolo de que já ouvira falar. Por que, perguntou-me, então eu não sabia que o trajeto todo eram só eclusas, eclusas e mais eclusas? Sem contar que, nesta época do ano, o Oise estaria bem baixo?
>
> — Tome um trem, meu jovem — disse-me ele — ... e volte para casa e para seus pais.

É óbvio que o velho da eclusa tinha tempo para papear. O prazer e a prosperidade não precisavam viajar a toda velocidade. Os números do comércio

286 A DESCOBERTA DA FRANÇA

sugerem uma população cada vez mais ocupada, mas o convívio ainda era um fator fundamental para o setor. No início do século XX, os vinhos da Bourgogne ainda desciam até a capital que tudo consumia em viagens deliciosamente longas pelos canais de Bourgogne e de Charolais.

Nessas barcaças, o tempo passava devagar. Quem via esses barcos de pequeno calado e carregados de vinho deslizarem pela paisagem ensolarada sabia que nem todo o vinho seria engarrafado e vendido nas cidades. Quantidades assombrosas de vinho vazavam no trajeto e voltavam à terra de onde haviam saído. Numa reunião em Dijon no verão de 1900, corretores de vinho descontentes identificaram uma das desvantagens mais risonhas do transporte pelos canais:

> Os barqueiros, que viajam semanas sem supervisão e cercados de tonéis cheios até a boca, entregam-se a degustações de vinho em escala diretamente proporcional à qualidade da mercadoria. Não hesitam em convidar a população ribeirinha — operadores das eclusas e congêneres — a acompanhá-los no consumo do estoque, sendo que as companhias de navegação recusam-se a assumir qualquer responsabilidade na questão.

HOJE EM DIA, o Canal du Midi tem pouco movimento, a não ser das folhas de plátano que varrem a superfície pardacenta, do voo rápido de uma libélula, de um ciclista em competição que segue em silêncio pelo caminho de sirga pavimentado, ou de uma barcaça de lazer com um capitão estressado e uma tripulação ociosa. Até se chegar às cercanias de Toulouse e surgirem os primeiros sinais da indústria aeroespacial, é difícil imaginar que, em certa época, esta foi uma das grandes rotas comerciais da Europa Ocidental. Ou melhor, é difícil imaginar o canal como se poderia supor que se deveria imaginá-lo. O tráfego comercial praticamente desapareceu do Canal du Midi, mas seu movimento é hoje maior do que antes das estradas de ferro. A frota de barcaças de aluguel é numericamente superior — mais que o dobro — aos 170 barcos que navegavam no canal quando ele estava em seu auge.

VIAJANDO NA FRANÇA, II: A LEBRE E A TARTARUGA 287

A experiência coletiva de uma determinada época costuma ser medida em função do meio de transporte mais veloz disponível nesta época. Oitenta e seis por cento dos franceses jamais viajaram de avião e a maioria jamais andou de trem-bala, mas estes dois meios de transporte figurarão nas histórias vindouras como imagens padrão da França do século XXI. Esta distorção pela velocidade é mais difícil de corrigir em eras passadas, já sem memória viva. A reforma de Turgot talvez tenha encurtado o tempo de viagem entre Paris e as 1.200 cidades situadas nas estradas de posta em 1775, mas pouquíssimas pessoas tomavam um coche de alta velocidade. Em meados do século XIX, durante metade do ano, o único meio de ligação de inúmeros vilarejos ao norte de Paris com o mundo exterior era saltando pelas pedras do rio. Em muitos lugares, o som das rodas de uma carruagem atraía muita gente à janela. Ao fazer um giro pela Provence na década de 1830, um clérigo protestante teve dificuldade de vencer a rua principal de Bédoin, no sopé do monte Ventoux, em sua carruagem, devido à multidão que acorreu para vê-la.

Uma viagem de diligência era uma experiência a ser lembrada pelo resto da vida. Em 1827, um jornal de Lyon aconselhava que, antes de embarcar em expedição tão arriscada, os chefes de família "pensassem em fazer um testamento como medida profilática". O jornal, naturalmente, presumia que um passageiro de diligência era um homem de posses. Proporcionalmente, o custo de uma viagem num coche de alta velocidade seria equivalente, hoje em dia, ao de uma passagem aérea de primeira classe. Em 1830, a diligência postal Paris-Calais custava 49 francos, o que equivalia a um mês de salário de um criado ou a um jantar num restaurante famoso de Paris. A presença comum de amas de leite nas diligências devia-se ao simples fato de que eram os patrões que pagavam a passagem. Os assentos externos no alto da diligência eram mais baratos, mas quem viajasse ao ar livre, advertia o guia de viagem de Murray, provavelmente contaria com a companhia majoritária de "companheiros rudes e de baixa extração", que viajavam de graça — os postilhões eram notoriamente subornáveis e com frequência davam carona a pedestres, para que eles pudessem entrar na cidade à noite, depois de fechados os portões.

Assim que a escala de locomoção humana foi reajustada para incluir motores a vapor e coches velozes trafegando por estradas pavimentadas, todos os demais meios de transporte passaram a ser considerados lentos demais para terem relevância. Da janela de uma diligência ou de um vagão de trem, o resto da França parecia estar pregado ao chão. Andar a pé passou a ser coisa de camponeses moleirões ou turistas ociosos como Robert Louis Stevenson, que, aliás, parece deter o recorde de lentidão na travessia das Cévennes. Dois anos depois da travessia de canoa, Stevenson e seu jumento levaram 12 dias para ir de Le Monastier a Saint-Jean-du-Gard — uns 200 e poucos quilômetros de viagem no tortuoso itinerário percorrido por Stevenson. A certa altura, foram ultrapassados por um camponês alto "envergando a casaca verde da região", que "parou para observar nosso lamentável progresso":

— Seu jumento — indagou — é muito velho?
Eu achava que não, falei.
Então, presumiu, vínhamos de longe.
Disse-lhe que acabáramos de sair de Monastier.
— *Et vous marchez comme ça!* [E andam neste passo!] — exclamou; e, jogando a cabeça para trás, deu boas risadas.

O homem da casaca verde vivia num mundo em que as pessoas não viam nada de mais em caminhar 80 quilômetros num dia. Era fácil, para quem invariavelmente viajava sentado, esquecer a singela lição da lebre e da tartaruga. Em meados do século XX, todo um universo de transporte de propulsão humana já se evaporara.

Caminhar era apenas um dos meios de locomoção. Os habitantes dos pântanos do Marais Poitevin locomoviam-se por seu mundo aquático com a ajuda de varas de freixo de mais de 4 metros de comprimento e ponta inferior espatulada, que lhes permitiam transpor de um salto um canal de 8 metros de largura. Os pastores das Landes passavam o dia todo sobre pernas de pau — para descansar, bastava criar um tripé com uma vara adicional; dali, encarapitados no ar a 3 metros de altura, tricotavam roupas de lã e perscrutavam o horizonte em busca de ovelhas desgarradas. Vistos a distância, pareciam minicampanários ou aranhas gigantes. Conseguiam fazer até 120 quilômetros por dia à velocidade de 13 quilômetros por hora.

1. As senhoras de Goust – república autônoma dos Pireneus – fotografadas por um turista americano em 1889: "Elas desconhecem o que seja pagar qualquer tipo de imposto; o casamento é sempre com alguém do vilarejo, a não ser que consigam obter uma dispensa dos patriarcas para casar-se com alguém de fora." (Edwin Dix, *A Midsummer Drive Through the Pyrenees* [De carro pelos Pireneus, no pico do verão]).

2. *Cagot* (a família perseguida encontrada na Bretagne, Gascogne e Pays Basque) numa base de coluna na fachada norte da igreja de Monein (Pyrénées-Atlantiques).

3. Menir em Champ Dolent (Campo Dolente, expressão local que designa o matadouro, ou *abattoir*), próximo a Dol-de-Bretagne. Lendas locais associam o menir a Gargântua, Satanás, dois irmãos em litígio e Júlio César, e estudiosos românticos o associam aos druidas. Muitas vezes, a Igreja "convertia" essas pedras, entalhando-as em formato de cruz ou usando-as como suporte para crucifixos.

4. Domador de ursos (*orsalher*) próximo à linha férrea num subúrbio de Paris, com mulher, filho, urso e babuíno. A maioria dos *orsalhers* vinha com seus ursos dos Pireneus centrais. Havia uma escola de adestramento de ursos em Ercé. Na década de 1900, quando a foto foi tirada para o postal, o urso pardo dos Pireneus estava à beira da extinção. É provável que o urso da foto tenha sido importado da Rússia ou dos Bálcãs. No canto direito inferior do postal lê-se "Os pequenos ofícios de Paris. O domador de ursos".

5. *Intérieur dans les Landes (lou pachedeuy)* [Interior nas Landes (*lou pachedeuy*)]. Os bois proporcionavam força de tração, fertilizante, aquecimento e companhia. *Pachedeuy* era uma mistura de feno e farelo de grão usada como forragem.

6. Limpadores de chaminés na borda do Seine, no centro de Paris. Fotografia de Charles Nègre, c. 1851.

7. "Um deserto sombrio em que a cigarra canta e a ave silencia, e em que toda habitação humana desaparece" (V. Hugo). Pastores das Landes, em La Mouleyre, próximo a Commensacq, um dos poucos espaços que restam das Landes originais. Ao fundo, vê-se a floresta de carvalhos e pinheiros ganhando corpo. As pernas de pau permitem que os pastores se desloquem com velocidade equivalente ao trote de um cavalo.

8. Construção de estrada em Oisans (Alpes franceses), c. 1918. A primeira estrada pavimentada a cruzar a região (pelo Passo de Lautaret) ficou pronta em 1862. A erosão do solo e as avalanches já haviam se encarregado de limpar as encostas. A maioria dessas estradas era voltada para o turismo e foi construída com mão de obra italiana.

9. Camponês da Vendée trajado como rebelde monarquista. O texto explica que "pai Jean" habita um pardieiro em Moulins, próximo a Châtillon (hoje Mauléon), e coleciona velhos trajes. "Pai Jean é supersticioso", mas "meio filósofo. É um tipo único: só vendo para crer." Na geração de seu trisavô, os rebeldes *chouan* enfrentaram o governo republicano no oeste da França.

10. *Types d'Auvergne. La Bourrée*. [Tipos da Auvergne. A *bourrée*.] A *bourrée* era uma dança buliçosa da Auvergne que chegou a fazer sucesso em Paris em versões menos agitadas. Era associada pela Igreja a festividades pagãs. Quando esta demonstração foi encenada, c. 1905, poucos dos que tinham agilidade suficiente para dançar a *bourrée* lembravam-se dos passos. Em vez do tocador de realejo, vemos um violinista com partitura. A cidade ao fundo, no vale, é a estância hidromineral de La Bourboule.

11. Favela em Belleville, na periferia leste de Paris, antiga área de vinhedos e pedreiras. Fotografia de Charles Marville, c. 1865.

12. Assistente do antropólogo Hippolyte Müller, fundador do Museu Dauphinois de Grenoble, trabalhando na coleta de artefatos etnológicos em 1917. Müller percorreu toda a região de bicicleta em busca de sítios pré-históricos para "estabelecer a conexão entre os primeiros habitantes de um *pays* e sua população atual". A fotografia foi tirada em julho de 1917 em Le Coin (2.000 m), um dos lugarejos alpinos de Molines-en-Queyras.

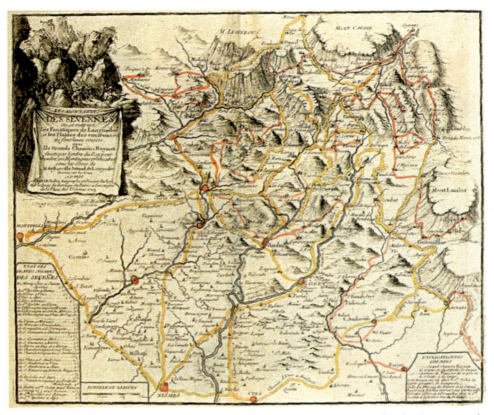

13. *Les Montagnes des Sevennes où se retirent les Fanatiques de Languedoc* [As montanhas das Cévennes onde se refugiam os fanáticos do Languedoc], 1703. Os "fanáticos" que se escondiam nas Cévennes eram protestantes perseguidos após a revogação do Edito de Nantes. As ordens de Luís XIV para se transformarem as "trilhas de raposa" em estradas adequadas à passagem dos canhões deram origem ao maior programa de construção de estradas desde os romanos. Este mapa (80 quilômetros de ponta a ponta, oeste na parte superior) foi usado na operação militar de "limpeza" e também como peça de propaganda. "Mont Causse" é o Causse Méjean. Em sua travessia das Cévennes em 1878, Robert Louis Stevenson saiu de Florac (no alto, à direita) para Saint-Jean-du-Gard (ao centro). A estrada de Nîmes para noroeste segue a pré-histórica Voie Regordane.

14. Jules Breton, *Le chant de l'alouette* [O canto da cotovia], 1884. A foice na mão da jovem é do tipo usado desde a época dos gauleses. A paisagem e um poema de Breton sobre o mesmo tema sugerem que se trata de um campo próximo a Courrières (Pas-de-Calais), cidade natal do artista.

15. Página ao lado, no alto. *Ex-voto, 22 de julho de 1855*. Oferenda votiva pendurada numa capela agradecendo a são João Batista por ter salvado a vítima de um acidente de carroça. O local é provavelmente o Var, na Provence oriental.

16. Página ao lado, embaixo. Menino, provavelmente dos Alpes, vende estatuetas de gesso em vilarejo normando. Vale notar que ele não calça tamancos, mas sapatos de couro, apropriados para caminhadas longas. O toucado da mulher é típico do Pays de Caux, embora toucados elaborados já fossem raros em 1833. O marido examina uma estatueta de Napoleão I; a mãe e as crianças preferem a Virgem Maria. Quadro de Hippolyte Bellangé (Joseph-Louis-Hippolyte Bellangé), 1833.

EX-VOTO, LE 22 JUILLET 1855.

17. Prancha 131 do mapa da França de Cassini, correspondente a Toulon e ilhas de Hyères, com base em levantamentos feitos em 1778. No canto superior direito, o porto pesqueiro de Saint-Tropez. Toulon era chamada por alguns viajantes de "colônia setentrional" por ser a única cidade meridional em que o francês era a língua da maioria. Na época em que o mapa foi feito, partes do interior e suas populações eram praticamente desconhecidas.

18. *Le Passage du Mont Cenis* [A passagem do monte Cenis] em 1868, três anos antes da abertura do túnel ferroviário. Principal rota de acesso à Itália durante as guerras napoleônicas. Até a estrada de rodagem ser aberta em 1810, a subida pela Savoie era 50% mais curta e duas vezes mais íngreme. As carruagens eram desmontadas e carregadas em lombo de mula. Viajantes ricos subiam de liteira e desciam de trenó.

19. Paul Delaroche, Napoleão cruzando os Alpes pelo passo do Grand Saint Bernard em 20 de maio de 1800, com a ajuda de um guia local. Cães paramédicos do asilo situado no cume patrulhavam o passo. A única trilha pavimentada era o que havia restado da estrada romana. Não era só nas montanhas que as mulas eram o meio de transporte mais confiável – até meados do século XIX, cerca de dois terços do tráfego nas estradas francesas era representado por mulas e tropas de mulas.

20. Saint-Pierre de Montmartre, a igreja mais antiga de Paris, parte integrante do primeiro sistema de telecomunicação do mundo. Construída em 1133, no local de um templo dedicado a Marte, a igreja escapou de ser demolida na Revolução por ser um "Templo da Razão" e servir de base para a torre de telégrafo. Era a primeira estação retransmissora da primeira linha de telégrafo (1794), que se estendia do telhado do Louvre à igreja de Santa Catarina em Lille.

21. Carcassonne, c. 1859, ao iniciar-se a reforma de Viollet-le-Duc. "O processo de converter uma velha cidade irresponsável em 'amostra' consciente obviamente se deu à custa de eliminações; a população, de maneira geral, foi erradicada com a reforma" (Henry James, 1884). Houve queixas de que os telhados de Viollet-le-Duc, com seu caimento acentuado e telhas de ardósia azul, teriam transformado a cidadela meridional em *château* setentrional – a telha romana avermelhada e o telhado de caimento mais suave são mais típicos do sul. A estrada, que corre por um rebaixo escavado pela natureza, por um acidente histórico ou por séculos de uso, é conhecida como *chemin creux* [caminho rebaixado]. Foram encontrados caminhos parecidos na Picardie e no oeste da França.

22. O castelo de Pierrefonds (ao centro), construído no século XV por Luís de Orléans (sua estátua equestre aparece no canto inferior esquerdo), vendido após a Revolução como ruína e transformado em palácio de conto de fadas pela restauração de Viollet-le-Duc na década de 1860. No alto, à esquerda, a sede da prefeitura de Compiègne, que ficava do lado oposto da floresta e que teve tratamento paisagístico e sinalização para receber a imperatriz Eugênia, esposa de Napoleão III. O cartaz (c. 1895), da Companhia Ferroviária do Norte, divulgava a conexão de alta velocidade com a Gare du Nord em Paris.

23. Propulsão por força da gravidade – cartaz da Companhia Ferroviária do Leste (c. 1895) mostrando um *schlitteur*, espécie de trenó típico dos Vosges para transportar toras de madeira do alto das montanhas; nessa época, em vez de madeira, muitos condutores (*schlitteurs*) já transportavam turistas.

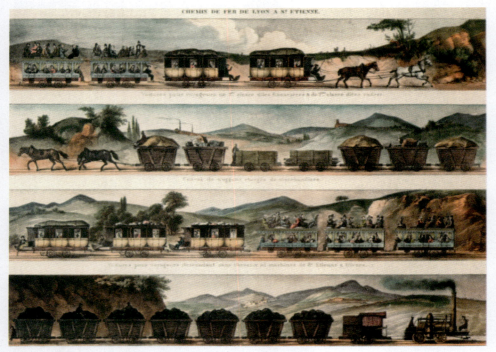

24. A primeira estrada de ferro da França, ligando o porto carbonífero de Andrézieux, no Loire, a Lyon, via a cidade fabril de Saint-Étienne. Em 1832, foi inaugurado o serviço de passageiros e, em 1844, substituíram-se os cavalos pelo vapor.

25. Strasbourg, capital da "província perdida" da Alsácia, após a vitória prussiana de 1870. Ilustração da obra *Le Tour de France* [A volta da França] (1893) de Marie de Grandmaison, em que dois irmãos descobrem a França de bicicleta. Jovens migrantes alsacianos despedem-se de suas irmãs e namoradas: "Partem de volta ao solo francês... para um dia servirem sob as cores da pátria valente." A ilustração é um compêndio de emblemas alsacianos: as moças de laçarotes negros, saias vermelhas e aventais amplos, a proeminente agulha do campanário, as casas com suas águas-furtadas, os bebedores de cerveja. A flor é uma garança alsaciana, que produz um corante vermelho que era usado para tingir os uniformes militares.

VIAJANDO NA FRANÇA, II: A LEBRE E A TARTARUGA

Quando a imperatriz Maria Luísa, esposa de Napoleão, atravessou as Landes a caminho de Bayonne, teve sua carruagem escoltada ao longo de alguns quilômetros por pastores sobre pernas de pau que teriam ultrapassado os cavalos. Tal era a eficiência deste meio de transporte que até a década de 1930 a correspondência nas Landes continuava sendo entregue por carteiros sobre pernas de pau.

Em muitos lugares da França, a escala de velocidade normal sofreu uma reviravolta. Em terreno difícil, um veículo tracionado por um cavalo andava mais devagar que um jumento, que por sua vez andava mais devagar que um ser humano. Guias a pé costumavam acompanhar turistas montados. Em regiões alpinas inacessíveis por qualquer tipo de estrada, recorria-se aos sapatos de neve (os esquis só apareceriam em 1891). Grupos de quatro ou cinco pessoas caminhavam em minicaravanas, revezando-se na liderança para dividir o esforço. Grampos afixados a tábuas e aos cascos dos cavalos permitiam transpor geleiras e cultivar lavouras em encostas praticamente verticais.

Em áreas montanhosas, os meios de transporte movidos pela força da gravidade eram vitais para a economia. Nas florestas dos Vosges, ouviam-se chiados estranhos a enormes distâncias. Até a década de 1940, bastava caminhar pelos bosques para avistar de quando em quando as faces pálidas de um habitante da floresta correndo hirto por entre as árvores, atado a uma altíssima pilha de toras de 2,5 toneladas. Os trenós com as pilhas de toras eram conhecidos como *raftons* na Lorena e *schlitte* na Alsácia. Pilotados pelos *schlitteurs*, moviam-se sobre trilhos de madeira, em trens de até dez trenós. Desciam velozmente a montanha, num zigue-zague longo e suave, até os afluentes do Reno, que levavam as toras até Strasbourg e Colmar. Deslizavam sobre solas de freixo lubrificadas com graxa, por sobre viadutos de madeira que rangiam sob o peso. Como freio, apenas as pernas dos *schlitteurs*. Cruzes de madeira às margens das vias elevadas assinalavam os acidentes fatais.

Agora que a maioria dos veículos dispõe de freios, transportes do gênero parecem mais perigosos que eficientes. Mas seu uso era comum e até prazeroso. Montanheses sentavam-se no alto de encostas relvadas e desciam vertiginosamente até o vale, como tobogãs humanos. Um botânico em visita aos Pireneus logo antes da Revolução foi persuadido a integrar um destes expressos gravitacionais. Sua única queixa foi ter passado depressa demais pelos espécimes botânicos para identificá-los:

> Foi como atravessarmos a nado as águas plácidas de um rio majestoso. Em certos trechos, a relva era tão alta que nos perdíamos de vista uns aos outros e chamávamos em voz alta com medo de nos desgarrarmos no esforço de evitar arbustos, rochedos de granito e outros obstáculos imprevistos. Parecíamos velejar num mar revolto, esquivando-nos de arrecifes e outros perigos. Assim, num estado próximo ao delírio, transpusemos em velocidade inconcebível e com bastante segurança os declives mais escarpados.

Antes da bicicleta e dos esquis, é provável que estas fossem as maiores velocidades alcançadas por corpos humanos não motorizados. O relato da descida do monte Ventoux pela face norte depois de uma peregrinação permite deduzir a velocidade normal alcançada. Todo ano, em 14 de setembro, peregrinos subiam até o cume do "Gigante da Provence" para visitar a capela em que um eremita indicado pelo bispo de Carpentras guardava alguns fragmentos da Cruz. Os peregrinos levavam quase o dia todo para subir a montanha, mas a viagem de volta era de tirar o fôlego:

> Na volta, simplesmente deslizavam montanha abaixo, agachados numa tábua dupla de 3 palmos de comprimento por 3 de largura. Quando sentiam que iam rápido demais ou ao se aproximarem de um despenhadeiro, freavam bruscamente fincando uma vara no chão, à sua frente. Assim, desciam em menos de meia hora. (Frédéric Mistral)

Nos dias de hoje, um ciclista do Tour de France que descesse 1.500 metros de altitude por um percurso de 20 quilômetros a uma velocidade média de mais de 40 quilômetros por hora bateria um peregrino sobre sua prancha por uma diferença não superior a 8 minutos.

VIAJANDO NA FRANÇA, II: A LEBRE E A TARTARUGA 291

COM UM VELOCÍMETRO histórico bem aferido, a visão grande-angular da era do progresso parece tão dúbia como uma tabela de horários do século XIX. Na década de 1830, a suposta duração da viagem de Paris ao porto de Calais era de 25 horas, e a de Paris a Londres de 36 horas. Mas estes números são enganosos. Mais que medidas precisas, representam recordes de velocidade. O objetivo das tabelas de horários das companhias de serviços de coche era atrair passageiros, e não servir como documentos históricos. Eram baseadas em condições ideais e excluíam as horas gastas esperando a troca dos cavalos e as refeições serem servidas. Além disso, correspondiam às rotas mais rápidas. A rigor, o tempo de viagem variava brutalmente conforme o trecho percorrido no país. Um mapa da França que se baseasse não na distância, mas no tempo de viagem a partir de Paris, se mostraria achatado para norte e nordeste, espichado ao longo do vale do Rhône no alinhamento de Paris, e com uma ponta gigantesca para oeste (a Bretagne) e uma barriga colossal — um verdadeiro subcontinente — ao centro e ao sul. Grandes trechos do Languedoc e da costa mediterrânea avançariam mar adentro. Paris estaria mais próxima de Londres que da maior parte do vale do Loire.

Os relatos pessoais de viagem jamais coincidem com as tabelas de horários. O incidente abaixo ocorreu no verão de 1736, mas poderia ter sido em qualquer época até meados do século XIX. Num dia desse verão, no centro de Strasbourg, um jovem gravurista da Alemanha aguardava seu embarque no coche expresso para Paris, para onde ia na esperança de fazer fortuna. Johann Georg Wille e um amigo haviam percorrido a pé os 260 quilômetros desde Usingen, acima de Frankfurt, e chegado a Strasbourg em cima da hora, com tempo apenas para despachar a mala de Wille no escritório da companhia de serviços de coche e fazer uma visita ao alto da torre da catedral, então o edifício mais alto do mundo. Do topo da agulha, avistaram toda a planície alsaciana e as montanhas dos Vosges, por onde o coche não tardaria a passar velozmente rumo a Paris.

Demoraram-se demais na visita aos pontos de interesse e no desjejum de despedida. Ao chegarem à praça, o coche já ia longe a caminho da primeira estação de muda em Saverne, a 40 quilômetros para noroeste.

Que fazer? A única solução era correr atrás do coche. Havia chovido, e continuava chovendo em pancadas esporádicas. As pedras do calçamento estavam escorregadias e meu único apoio era minha frágil espada. São 7 léguas de Strasbourg a Saverne. Prossegui até o mais longe possível, sem parar para comer ou beber, e só fui alcançar o coche quando ele entrava no pátio da estalagem em Saverne, onde pernoitaria.

Neste caso, a tartaruga era o coche e a lebre, o ser humano. A viagem de diligência de Lyon a Paris, segundo um engenheiro ferroviário que fez essa viagem mais de trinta vezes entre 1830 e 1852, costumava levar três dias e três noites, ou, com mau tempo, quatro dias. O coche postal levava apenas 42 horas e "conhecia-se uma melhor sorte de gente", mas custava o dobro e só levava quatro passageiros. Em meados do século XIX, portanto, a média real de velocidade da diligência Paris-Lyon, incluindo as paradas, não chegava a 7 quilômetros por hora — duas vezes menos que a velocidade dos imperadores romanos em viagem pela Gália, e pouco mais do dobro da velocidade de Stevenson e seu jumento.

EM 1843, MESMO UM VIAJANTE agoniado e disposto a gastar o que fosse, que fosse recebido com boa vontade e solidariedade em praticamente todas as escalas da viagem e, na última escala, conseguisse tomar a última conexão de alta velocidade para Paris, ainda estaria sujeito a terríveis atrasos. Em 9 de setembro, Victor Hugo viajava de férias com a amante Juliette Drouet. Haviam ido de barco da ilha de Oléron a Rochefort, um movimentado porto no Atlântico. Num café, Hugo pegou um jornal e soube que, cinco dias antes, sua filha Léopoldine, recém-casada, morrera afogada num acidente de barco no Sena, em Villequier.

Foi a única vez em sua vida que Hugo não foi capaz de escrever. Mas Juliette Drouet deixou um relato dessa viagem de quase 600 quilômetros. Segundo o *Annuaire des postes* [Anuário dos correios] de 1843, a viagem levaria quarenta horas.

Às 6 da manhã, Hugo e a amante partiram para La Rochelle, onde pernoitaram. No dia seguinte, um domingo, na hora do embarque para Saumur, o

VIAJANDO NA FRANÇA, II: A LEBRE E A TARTARUGA 293

cocheiro bateu a porta da diligência com força demais e quebrou o vidro da janela. Em Niort, o coche bateu no portão da alfândega porque os cavalos e o cocheiro dormiam. Na segunda-feira de manhã, antes de cruzar o Loire em Saumur, dois dos quatro cavalos foram desatrelados e cruzaram a ponte soltos, à frente da diligência (havia uma taxação sobre carruagens de quatro cavalos).

Saíram de Saumur às 10 da noite. Em Blois, o desjejum de morangos, melões e *andouillettes* [pequeno chouriço de vitela] semicrus foi servido no exato instante em que o cocheiro chamava os passageiros para o embarque. Juliette Drouet suspeitou tratar-se de uma armação. (Era costume o estalajadeiro e o cocheiro racharem o lucro sobre as refeições não consumidas.) Às 3 da tarde da terça-feira, chegaram à estação de estrada de ferro de Orléans, recém-inaugurada em maio:

> Às 4 horas, somos içados dentro da diligência e depositados sobre uma espécie de plataforma rolante. A diligência é firmemente presa à plataforma com correntes e grampos de ferro (...) Passamos por várias estações, a maioria delas sem parar (...) As estações maiores têm cantinas muito bem sortidas e apetitosas.

Chegaram a Paris às 8 da noite da terça-feira, 74 horas depois de saírem de Rochefort, mas seis dias depois do enterro da filha de Hugo no cemitério às margens do Sena de Villequier.

A última etapa — a bordo de uma diligência amarrada a um vagão de carga que desenvolvia uma velocidade de 30 quilômetros por hora — era um interlúdio entre duas eras de viagens. As estradas de ferro não tardariam a esvaziar as estradas de rodagem e a provocar a ruína das estalagens de beira de estrada. Deixariam boa parte do país isolada, enquanto davam aos passageiros a ilusão de que agora a França abria-se à descoberta.

Hugo já fora testemunha do gradativo desaparecimento da França. Revendo mentalmente as imagens das viagens longas, lembrava-se apenas da traseira do cavalo, do chicote do postilhão, das pás de um moinho de vento ao alto, do uniforme de um soldado que lhe pedia o passaporte. Com Juliette Drouet, viajara de diligência para Bordeaux, no sul, com sua ponte de 17 arcos, sua Place Royale à beira do rio e sua floresta de mastros e cabos que

294   A DESCOBERTA DA FRANÇA

parecia demonstrar que a vida econômica só brotou quando a França parou de olhar apenas para seu umbigo. "Cento e cinquenta léguas em 36 horas, e o que vi? Vi Étampes, Orléans, Blois, Tours, Poitiers e Angoulême."

Mas essas cidades do interior do país reduziam-se a imagens projetadas na lanterna mágica da janela da diligência. Uma vela sobre a mesa e uma menina magrela servindo uma sopa rala em Orléans. Uma ponte em Blois. Um mostrador de relógio que marcava 9 da manhã em Tours. Jantar de pato com nabos em Poitiers. Um lampião a gás e um programa de teatro em Angoulême. "Essa é a França que se vê do coche postal. Como será, vista do trem?"

A contração do espaço e a força gravitacional de Paris não eram uma mera realidade física ou política. Autores que partissem para descobrir o país na era da conveniência seriam obrigados a destrinchar paisagens que haviam sido cuidadosamente enroladas nas engrenagens de um relógio. Em fins da década de 1840, Gérard de Nerval partiu de Paris para visitar seu amigo Alexandre Dumas em Bruxelas. Gastou 200 francos e oito dias para percorrer a velha estrada Paris-Flandre. A estrada de ferro liquidara com as companhias de serviços de coche e deixara um labirinto desmantelado de coletivos infrequentes e restritos a percursos curtos. Antes, a viagem de diligência levava três dias. Agora que havia a estrada de ferro, as viagens eram mais lentas que nunca.

O próprio Hugo descobrira seu meio de transporte favorito em 1821, quando viajou de Paris a Dreux para ver a moça com quem esperava casar-se. No dia seguinte ao da chegada, escreveu para Alfred de Vigny contando do veículo que lhe abriu novos horizontes e revolucionou sua visão do mundo:

Pois aqui estou eu desde ontem, visitando Dreux e preparando-me para tomar a estrada para Nonancourt. Cheguei até aqui a pé, caminhando o tempo todo sob um sol abrasador, por estradas sem uma réstia de sombra. Estou exausto, mas orgulhosíssimo por ter percorrido 20 léguas com minhas próprias pernas. Lancei um olhar compadecido sobre todas as carruagens que avistei. Se estivesses comigo, jamais terias visto um bípede tão petulante. Quando penso que Alexandre Soumet precisa tomar um táxi para ir do Luxembourg à Chaussée d'Antin, sinto-me tentado a acreditar que sou de uma espécie animal superior. A experiência mostrou-me que é possível usar os pés para caminhar.

CAPÍTULO 13

Colonização

O CORAÇÃO DA FRANÇA oitocentista tornara-se acessível graças às novas estradas de rodagem e estradas de ferro, mas elas não eram acessos mágicos a um mundo atemporal. Para alguém que saía de uma cidade monumental — onde os acontecimentos históricos eram marcados como as datas de um calendário — em visita a lugares pequenos e solitários que jamais tornaria a ver, era fácil imaginar-se descobrindo um passado milagrosamente preservado. Mas, como a Paris de Baudelaire, o país também mudava "mais rapidamente que um coração humano".

Os turistas, que aparentemente exploraram todos os cantos secretos da França nestes últimos trezentos anos (ver capítulos 15-17), viram apenas parte da extensa história do país. Trilhando algumas rotas bem estabelecidas, "descobriram" as províncias e "conquistaram" os Alpes. Observaram as vantagens e os inconvenientes de regimes políticos que, como os fenômenos meteorológicos, chegaram e passaram. Em suas generalizações sobre a França e sobre "os franceses", os turistas estrangeiros esqueceram-se de como o caminho trilhado por eles em seu giro pelo país foi estreito. Viram campos de batalha e fortalezas, mas não a guerra sem fim travada entre a população e o meio ambiente.

Os álbuns e os cartões-postais dos turistas mal deixam entrever a transformação física da França e o relacionamento tempestuoso entre a popula-

296 A DESCOBERTA DA FRANÇA

ção, o Estado e a terra. Mas, tal como sucede hoje, os turistas inserem-se num processo muito antigo de criação e destruição, que é anterior à existência da França ou da Gália. Antes que suas aventuras encham a tela, é preciso ver o pano de fundo, sem suas silhuetas e rostos sorridentes.

NA NOITE DE 29 DE ABRIL DE 1832, um vapor fretado lançou âncora ao largo da costa deserta dos montes Estaque, a 24 quilômetros de Marseille, do outro lado da baía. Um barco a remo levou à terra uma mulher envolta numa capa masculina. Enregelada sob a brisa marinha, a mulher ali ficou, à espera do nascer do sol e de um mensageiro com notícias de Marseille. Quando este surgiu a cavalo à meia-luz do alvorecer, a expectativa dela era ouvir que seu desembarque desencadeara um levante monarquista que se alastraria pelo sul da França e — por meios que ela conseguia imaginar, mas não descrever — restauraria um monarca Bourbon ao trono.

Nos últimos dez anos, a duquesa de Berry, a jovem mãe do herdeiro Bourbon, viajara por toda a França abrindo instituições de caridade, encantando pessoas de todas as orientações políticas, dando o tom à alta sociedade. Ao tirar férias no novo estabelecimento para banhos de mar em Dieppe, provocou uma corrida aos pequenos portos de pesca no canal da Mancha. Graças a ela, começaram a surgir outras estâncias balneárias litorâneas. A duquesa trazia aos lugares que se dignava a visitar o magnetismo da história da França — em 1820, aos 22 anos, viu o marido ser assassinado nos degraus da Ópera de Paris por um fanático com uma faca. Sete meses depois, deu à luz o menino que os monarquistas apelidaram de "L'Enfant du Miracle" [o filho do milagre], o último dos Bourbons, "a delicada flor nascida de um túmulo", "o rebento que se transformará em caule" (V. Hugo).

Desde então, seu país se comportara como se a cegueira o impedisse de enxergar seu destino divino. Descontando a Revolução e o reinado do usurpador corso Napoleão Bonaparte, três irmãos haviam ocupado o trono da França desde 1774 — Luís XVI, guilhotinado em 1793, Luís XVIII, que estipulara como o início do seu reinado a morte do pequeno delfim na prisão em 1795, e Carlos X, o sogro da duquesa, banido para o exílio por três dias

COLONIZAÇÃO

de uma rebelião de intelectuais e trabalhadores. A Revolução de 1830 ungira um monarca constitucional, Luís Filipe, que no entender dos monarquistas não passava de um funcionário público hipervalorizado. Aboliram-se a censura e o pariato hereditário, e uma primeira tentativa de reforma eleitoral ampliou o eleitorado para quase 3% da população do sexo masculino maior de 21 anos. A duquesa acompanhara Carlos X ao exílio.

Naquela manhã, no frio litoral mediterrâneo, a líder da invasão monarquista, abrigada numa estalagem no lugarejo de La Folie, recebeu as notícias, transmitidas com eufemismos e muito tato. O levante prometido resumira-se a uma débil demonstração nas ruas de Marseille. O desapontamento não impediu a duquesa e um pequeno grupo de correligionários e admiradores de se embrenharem pela terra que ela amava e que parecia conhecer melhor que qualquer outro de sua classe social. A 650 quilômetros ao norte, a Vendée, uma vastidão protegida por depressões naturais e frondosas fortificações, fervilhava de camponeses monarquistas e tementes a Deus que a duquesa conhecia da literatura histórica e ficcional romântica. Quando a duquesa era criança, o exército revolucionário derrotara os rebeldes *chouans* e retomara a Vendée ao fim de uma guerra de quatro anos que destruiu cidades inteiras e massacrou as populações de *pays* inteiros. A rigor, a "Vendée" abrangia a maior parte do oeste da França — oito departamentos, da costa atlântica ao coração do vale do Loire e de Poitou ao canal da Mancha, foram afetados pela guerra. A região, ainda considerada uma ameaça política, continuava ocupada por tropas.

A duquesa chegara a fazer um giro pela Vendée em 1828. Vira, com seus próprios olhos, as cicatrizes da guerra e pensara na romântica Irlanda e nas terras altas escocesas. Vira prédios em ruínas, vilarejos esquálidos e os órfãos dos 10 mil "mártires" que, armados de forcados, haviam atacado regimentos de artilharia acreditando que sua missão suicida os levaria ao paraíso. Ao descer o Loire de barco até Nantes sob uma chuva torrencial, vira castelos ribeirinhos com as ameias lotadas de pessoas que a ovacionavam. Fora recepcionada com guirlandas, *arcs de triomphe* [arcos do triunfo] de papelão, *fleurs de lys* [flores de lis] e coros infantis. Conhecera homens de posição social e talento alijados de funções públicas por suas simpatias monárquicas.

298 A DESCOBERTA DA FRANÇA

Agora, viajando para oeste rumo a Toulouse, a princípio a pé e depois em carruagem aberta — desdenhando dos conselhos dos monarquistas que lhe davam abrigo —, a duquesa deve ter pensado no odiado Napoleão que, 17 anos antes, também desembarcara na costa, mais acima, perto do vilarejo de pescadores de Cannes e alcançara Gap e talvez Grenoble antes que a notícia de seu retorno de Elba chegasse a Paris. Na época, como a linha de telégrafo só ia até Lyon, a notícia fora trazida do litoral por um cavaleiro a galope. Agora, podiam-se ver os braços longos e esguios do telégrafo em mais de quinhentos lugares, como se fossem insetos gigantescos gesticulando do alto de torres ou agulhas de catedrais. Como os operadores precisavam recorrer a telescópios para distinguir os sinais, o primeiro sistema de telecomunicações do mundo ainda era sujeito a interrupções. Oito anos antes, devido ao mau tempo na Bourgogne, a notícia da morte do marido da duquesa chegara de Paris a Lyon como se estivesse escrita num papel rasgado:

DO MINISTRO DO INTERIOR AO PREFEITO DO RHÔNE. O ------- ACABA DE SER ASSASSINADO . . . EM CASO DE COMPROMETIMENTO DA ORDEM PÚBLICA EM LYON RECORRAM A ------- COM FIRMEZA E SAGACIDADE.

Para azar da duquesa, o tempo de abril estava ótimo. Quando, na manhã seguinte, ela acordou numa choça de pastor em algum ponto ao norte do litoral, a notícia já era o assunto do desjejum na França inteira.

Ao chegar à Vendée, em maio, a duquesa de Berry expediu um comunicado aos "habitantes das leais províncias do Oeste":

Não tive medo de atravessar a França e enfrentar os perigos para cumprir uma promessa sagrada (...) Finalmente, encontro-me cercada por esta raça de heróis (...) Nomeio a mim mesma como vossa líder e certamente triunfarei com homens assim.

No caso, a guerra civil na Vendée resumiu-se a uns poucos ataques desesperados a guarnições do exército. Sem maior dificuldade, as tropas de ocupação liquidaram a tiros pequenos bandos de camponeses liderados por oficiais

COLONIZAÇÃO

idosos e nostálgicos armados apenas de antigos mosquetes e delírios de vitória. Como saldo, mais um punhado de mártires e lei marcial em boa parte da França ocidental. A duquesa abandonou as matas, com suas aleias e sebes, e seguiu para Nantes vestida de camponesa, calculando que os soldados jamais a procurariam numa cidade moderna e próspera cujos 100 mil habitantes não tinham o menor interesse em derrubar o governo de Paris. Era dia de feira e a cidade recebia gente vinda de todas as direções. Ninguém reparou na camponesa fajuta, a não ser, quem sabe, quando ela tirou os sapatos pesadões e as meias de lã grosseira e revelou um par de pés imaculadamente alvos, que rapidamente lambuzou de terra preta antes de sair em busca da casa de duas senhoras monarquistas no centro de Nantes.

A duquesa passou cinco meses escondida na casa da Rue Haute-du-Château, número 3, que dava para os jardins do castelo e os capinzais à beira do Loire.

No final do outono, houve uma busca no imóvel. A duquesa fora traída por um agente duplo. Os soldados não conseguiram encontrá-la, mas deixaram dois guardas vigiando a casa. Os guardas acenderam a lareira no cômodo do sótão. A duquesa estava escondida atrás dali, num apertado compartimento secreto. Quando o fogo de turfa começou a apagar, os guardas o atiçaram com velhos exemplares do jornal monarquista *La Quotidienne* [O Cotidiano]. O fogo pegou no vestido da duquesa, obrigando-a a deixar o esconderijo.

Instantes depois, uma mensagem telegráfica seguia de Nantes para o Mont-Saint-Michel ao norte, e depois através da Normandie para leste, até chegar a Montmartre, de onde foi retransmitida ao posto de telégrafo do telhado do Louvre e transcrita para o Ministro do Interior:

> A DUQUESA DE BERRY ACABA DE SER PRESA.
> ESTÁ NO CHÂTEAU DE NANTES.

Mais tarde, nesse mesmo ano, a duquesa foi transferida para o sul, para a fortaleza-prisão de Blaye no estuário da Gironde. Constatou-se que ela estava grávida. Durante sua permanência na Itália, casara-se em segredo com um obscuro conde italiano. O fato enterrou de vez sua pretensão de ser a encarnação viva dos Bourbons e desmoralizou completamente a rebelião da Vendée. Desta vez, ninguém atribuiu o nascimento da criança a um milagre.

CONFORME O PONTO DE VISTA, a duquesa de Berry era ou uma heroína solitária tentando salvar um povo derrotado de seus opressores, ou a representante quimérica de uma dinastia feudal disposta a sacrificar milhares de vidas para satisfazer sua sede de poder. Não era fácil, das profundezas da mata úmida, ver o quadro geral da situação; mas, nos meses seguintes, com a retomada do controle da Vendée pelo governo, ficou evidente que a duquesa pertencia ao mesmo sistema de poder parisiense que esmagou sua tentativa de golpe.

A invasão teve o efeito de concluir a pacificação e a colonização do Oeste da França. Os distúrbios da Vendée fizeram o governo lembrar que uma região com poucas cidades e ligações precárias com a capital era uma ameaça política. Foi lançado um grande programa de construção de estradas. Trinta e oito "estradas estratégicas", num total de mais de 1.500 quilômetros, cortaram a região de Poitiers a Nantes e de La Rochelle a Saumur. Florestas foram derrubadas e os rebaixos mais profundos aterrados. Em dez anos, já praticamente não restavam vestígios da guerra da Vendée. O único outro programa de construção de estradas da história da França comparável a este foi a rede de estradas militares construídas no alto das Cévennes na virada do século XVII para o século XVIII. Estas vias bélicas, magnificamente projetadas, algumas das quais posteriormente restauradas como rotas turísticas, permitiram que os regimentos de artilharia entrassem nas florestas de castanheiras e bombardeassem os povoados remotos em que os "fanáticos" protestantes escondiam-se de seus perseguidores, seguidos por grupos de assalto que faziam batidas nos povoados e massacravam o que restara da população. Não foi uma cruzada religiosa, mas uma operação de segurança com o objetivo de reforçar o poder central, exatamente como a ocupação militar da Vendée monarquista.

Em 6 de junho de 1832, os leitores de jornais talvez se tenham dado conta de uma significativa conjunção de acontecimentos. A maior das escaramu-

COLONIZAÇÃO   301

ças do levante da Vendée, ocorrida no vilarejo de Le Chêne, acabara de ser encerrada com a derrota de quatrocentos camponeses por um batalhão inteiro. Nessa noite, no centro de Paris, soldados massacraram oitocentos manifestantes nas estreitas ruas do entorno da igreja de Saint-Merry. (Este levante popular inspirou o clímax de *Os miseráveis* de Victor Hugo.) O governo que supostamente defenderia os princípios liberais da Revolução de 1830 revelara-se tão impiedoso como a monarquia anterior. A terceira notícia era sobre a colônia da Argélia, conquistada em 1830, nos últimos dias do reinado de Carlos X, o sogro da duquesa de Berry. Em 4 de junho, haviam sido constituídos os batalhões da Infantaria Leve Africana. Todos os recrutas desses "Bat' d'Af" eram criminosos graves condenados por tribunais civis e militares. Comprovaram que sua brutalidade era eficiente quando sufocaram o levante nacionalista das tribos argelinas.

A posição do historiador ao interpretar a importância destes acontecimentos num contexto mais amplo é a mesma de um pedestre que caminha por Montmartre observando ao alto o movimento dos braços do telégrafo transmitindo, em código, as notícias à cidade lá embaixo. Caberia interpretar tais acontecimentos como atos de violência perpetrados pelo Estado contra populações coloniais que, não fosse por isso, poderiam ter vivido em paz? Ou como a expressão política de cisões profundas no seio da população? Seriam as províncias da França incapazes de coexistir sem inimigos internos? Qualquer cidadão da França moderna que tenha sido vítima da perseguição oficial talvez considere significativo o fato de que, após o levante da Vendée, ambos os lados tenham concordado que o verdadeiro vilão foi o judeu convertido que traiu a duquesa de Berry.

Talvez a simples centralização do poder tenha tornado a nação vulnerável a invasões. A França foi repetidamente retomada pelas forças francesas. O governo francês esmagou revoluções em 1832, 1848, 1871 e 1968. Promoveu golpes de Estado ou, recorrendo a um eufemismo, decretou estado de emergência em 1851 e 1940. A pequena invasão da duquesa de Berry não foi a única, e só parece ridícula por ter fracassado. Oito anos depois, em agosto de 1840, um sobrinho de Napoleão também virou alvo de chacota quando fretou um barco de lazer em Londres e navegou até Boulogne-sur-Mer na companhia de sessenta homens e um abutre engaiolado fantasiado de águia imperial. Autoproclamou-se novo chefe de Estado. Foi preso ao acertar o rosto de um homem com um tiro acidental e mandado para a prisão em Ham, nos pântanos do Somme. No entanto, dois anos depois de fugir da prisão disfarçado de operário e com o rosto escondido atrás de uma tábua, Luís Napoleão foi eleito presidente da França. Três anos depois, liderou um golpe de Estado e, como imperador Napoleão III, fundou o Segundo Império. Comprovou assim que, citando Baudelaire, "o primeiro a apresentar-se pode, apoderando-se do controle do telégrafo e das tipografias nacionais, governar uma grande nação".

É possível que em certos instantes a própria duquesa de Berry tenha vislumbrado um padrão de acontecimentos que transcendia de muito o escopo da política e da ambição pessoal. Ela dormiu nos desertos de tomilho da Provence, escondeu-se nas valas da Vendée, lambuzou os pés descalços com a terra do estuário do Loire e testemunhou o aparente conluio da meteorologia com seus planos, ou sua conspiração com o inimigo. Na escala graduada tanto por monólitos e trilhas de transumância quanto por catedrais e autoestradas, as reviravoltas da história política eram uma trilha insignificante numa paisagem vasta e em transformação.

A PACIFICAÇÃO DO oeste da França foi parte integrante de um processo de colonização muito mais longo, entendendo-se a palavra colonização tanto em seu sentido político quanto em seu sentido etimológico (do latim *colere*, lavrar ou cultivar). A rebeldia de uma população não era, por si só, um problema insolúvel. Conjugada à intratabilidade do solo, era um obstáculo ao desenvolvimento que só a economia poderia sanar. Postos avançados do poder francês estabelecidos no oeste da França haviam sucumbido ao clima, ao solo e a mudanças naturais irreversíveis. Na década de 1620, Richelieu reformou Brouage, na orla dos pântanos do Poitou, para prover a França de um grande porto naval no Atlântico e de uma base para o cerco à cidade protestante de La Rochelle. Das muralhas de Brouage, a sobrinha de Mazarin observou a frota de navios de guerra e o litoral solitário, com a cabeça no amado, o jovem Luís XIV, que estava sendo pressionado para desposar a infanta espanhola.

COLONIZAÇÃO

Com a derrota de La Rochelle e seus correligionários ingleses, as fortificações foram arrasadas. Mas, o tempo todo, um inimigo mais persistente e velhaco vinha atacando o litoral da França, solapando as falésias da Normandie, bloqueando os portos mediterrâneos e redesenhando o mapa da fronteira atlântica. O assoreamento do porto de Brouage liquidou com o comércio do sal. A cidadela de onde os barcos partiam para a Louisiana e o Québec tornou-se uma ilha de casas brancas e baixas numa charneca pantanosa. Mais tarde, Brouage foi usada como prisão. Quando François Marlin ali esteve em 1772, o oceano recuara 3 quilômetros para oeste, dando lugar a uma planície com vegetação putrefata e uma minguante colônia de soldados que se haviam mudado para Brouage a poder de suborno. Segundo o padre local, que se autoexilara nesta Sibéria atlântica para expiar seus pecados, aos 40 anos os habitantes já eram velhos decrépitos, debilitados pelo miasma pestilento que emanava dos lodaçais que pouco a pouco tragavam as ameias.

O próprio Napoleão Bonaparte tentou deixar uma marca duradoura no oeste. Em 1804, ordenou que a capital do departamento de Vendée fosse transferida da cidade de Fontenay-le-Peuple (o nome dado pela Revolução à antiga Fontenay-le-Comte) para o insignificante povoado de La Roche-sur-Yon, praticamente erradicado na guerra da Vendée. Uma nova cidade chamada Napoléon ou Napoléonville* foi criada e povoada por soldados e servidores públicos na crença de que a nova classe dominante, por ser importada, não se sentiria pressionada por eventuais lealdades pessoais à região. Nos quatro anos seguintes, "a cidade mais sem graça da França" (guia de viagem de Murray, 1854) foi crescendo lentamente no espaço vazio. Napoléonville foi projetada para acomodar 15 mil pessoas, mas o solo falou mais alto e a população do *bocage* resistiu à integração.

As cidades-cidadelas angulosas de Vauban — Gravelines, Maubeuge, Neuf-Brisach, Belfort etc. — costumavam suscitar a mesma aversão que as torres dos conjuntos habitacionais de hoje, mas Napoléonville, com suas construções de baixo custo em adobe e a insipidez de seus prédios públicos

---

*Sucessivamente rebatizada de Bourbon-Vendée na Restauração e de Napoléon-Vendée em 1848. Em 1870, recuperou seu nome original, La Roche-sur-Yon.

304 A DESCOBERTA DA FRANÇA

espetados num bulevar inteiramente despido de árvores, estabeleceu um novo padrão de feiura urbana. Quando Napoleão voltou, em 1808, deparou-se com "um espetáculo da mais repulsiva desordem e imundície". Patos e gansos zanzavam por valas que corriam a céu aberto. Os monumentos cívicos resumiam-se a um *arc de triomphe* de madeira exposta à chuva e a um patético obelisco. La Roche-sur-Yon levou mais de um século para atingir sua meta populacional. Até a chegada da estrada de ferro em 1866, as seis principais estradas projetadas para permitir o deslocamento radial das tropas em qualquer direção permaneceram artérias de um corpo sem vida.

Estes atos brutais de colonização, apesar de relevantes no contexto da história política e administrativa da França, são grãos de areia no seu mapa físico. No oeste, o ato colonizatório mais drástico — a derrubada e terraplenagem do *bocage* — foi um vandalismo ecológico em escala formidável, mas apenas um aperitivo do que estava por vir. As majestosas chapadas e os intermináveis túneis verdes do *bocage* sobrevivem hoje apenas em poucos pontos da França ocidental, não por culpa da recolonização militar, mas da arregimentação da população e do mosaico de suas lavouras pela agricultura em larga escala. Em meados do século XIX, o fértil deserto dos trigais já se expandia em detrimento das aconchegantes, porém inconvenientes, sebes. O inverno tornara-se uma estação de trabalho. Os idosos recordavam com tristeza os dias em que jogavam conversa fora até altas horas em vez de se recolherem num horário razoável.

NOUTROS PONTOS DA FRANÇA, a terra foi colonizada pelo desenvolvimento urbano, mas a um ritmo mais fácil de ser medido em séculos do que em anos. Das 141 cidades que viram sua população triplicar entre 1810 e 1910, 48 eram satélites de Paris e outras 37 pertenciam às zonas industriais do Nord e Pas-de-Calais, Alsácia e Lorena, e aos polos de manufatura e mineração de Lyon e Saint-Étienne. Em 1851, quase um décimo da população habitava Paris e seus subúrbios. Em 1911, todo o resto do país era ocupado por apenas quatro quintos da população.

COLONIZAÇÃO   305

Muitas cidades permaneceram confinadas no interior de suas antigas muralhas. A migração interna maciça que drenou a população do campo não foi um fenômeno exclusivamente rural. Os canais e as estradas de ferro que levaram o progresso a alguns povoados remotos também sugaram a vida de cidades estabelecidas. Aix-en-Provence demoliu suas velhas muralhas e tratou de se abastecer de água (François Zola, o pai do romancista, projetou um açude e um novo canal). Mas, enquanto a vizinha Marseille espalhou-se pelo litoral e pelos morros quentes e secos, dobrando de tamanho em menos de meio século, Aix, tal como uma passa seca, manteve o mesmo tamanho e formato. Sua população estagnou, como dizem os demógrafos — 24 mil habitantes em 1807 e 25 mil em 1920. Apesar das campanhas promovidas por homens de negócios locais, a estrada de ferro não tomou conhecimento de Aix até 1870, quando o ramal Gap-Avignon restabeleceu sua ligação com os Alpes e o Rhône. Até 1877, sua única ligação com Marseille era a estrada pelos morros rapados em que a fumaça nociva das fábricas de soda neutralizava o cheiro do tomilho.

Beaucaire, às margens do Rhône, foi o exemplo mais espetacular da capacidade da estrada de ferro de drenar a população de uma cidade. Desde o início da Idade Média, a enorme feira internacional de Beaucaire, realizada anualmente de 21 a 28 de julho, era o principal elo comercial da França com a Turquia, a Grécia e o Oriente Médio. Dizia-se que, numa semana, a feira arrecadava tanto dinheiro quanto o porto de Marseille num ano. Em meados do século XIX, esta capital do comércio mediterrâneo já estava em declínio. A ligação por trem com Lyon, Paris, Marseille e as Cévennes (região produtora de seda) esvaziou sua atividade comercial. Beaucaire sofreu o destino paradoxal das outras vinte cidades cuja população estagnou ou encolheu durante o século XIX — o trem chegou a 11 delas na década de 1850 e, antes de meados da década de 1860, todas, exceto três, já tinham sua estação. Embora a feira de Beaucaire continuasse a ser realizada todo mês de julho, o gigantesco acampamento de comerciantes, compradores e artistas, que chegara a atrair 100 mil pessoas, encolhia a olhos vistos. Não tardou para que a feira se tornasse mais pitoresca que rentável. O próprio Rhône, largo e pardacento, parecia tornar-se cada vez mais estreito e mais plácido. Em *Lou*

Pouèmo dóu Rose (O poema do Rhône, 1896), o poeta Mistral, recuando uma geração como se retrocedesse à Antiguidade, compara as marcas dos cabos das barcaças nos cais de pedra às das rodas dos carros de guerra nas estradas romanas. O terreno da feira de Beaucaire é hoje um descampado comprido e plano à beira do rio, coberto de mato e cheio de lixo, frequentado por adolescentes enfarados e pessoas levando cães para passear.

Felizmente, o desenvolvimento econômico não é o único parâmetro da saúde urbana. Agora, com tantas cidades grandes cercadas pelo tédio soturno do concreto, o crescimento urbano parece ser um efeito colateral desagradável do ciclo de prosperidade e declínio. A monstruosidade oceânica do norte de Paris e a desalentadora periferia de Marseille são banhos de água fria nos viajantes em busca de prazer estético. No entanto, até meados do século XIX, os subúrbios de Marseille proporcionavam uma das vistas mais bonitas da França meridional, com seu anfiteatro de morros ao fundo da cidade salpicados de casinhas conhecidas como *bastidous* ou *cabanons*. "Para onde quer que se olhe", conta Stendhal, "uma casinha branca e radiosa destaca-se contra o fundo verde-claro dos olivais." Cercando cada propriedade, os muros baixos compunham um labirinto grande como uma cidade. Em fins do século XVII, os *cabanons* chegavam a mais de 6 mil; muitos deles pertenciam a pessoas que os sonegavam ao fisco e, na cidade, dispunham apenas de um conjugado onde não batia sol. Em 1738, um viajante prussiano contou mais de 20 mil, dado certamente inexato, mas que dá uma boa ideia do efeito visual.

Tal como seus ancestrais abrigavam-se em povoados-fortalezas acima do litoral para fugir dos piratas, o que a princípio levou os marselheses a explorarem e colonizarem seu interior foi o medo. Caso algum barco suspeito de trazer a peste entrasse no porto, a população fugia para os morros. Mas a terrível epidemia de 1720 disseminara-se muito além da cidade — nem o Muro da Peste, uma barreira de isolamento com 2 metros de altura e quase 30 quilômetros de comprimento através do Vaucluse, conseguira contê-la. O principal objetivo dos *cabanons* era melhorar a qualidade de vida. Este tipo de colonização, que caracteriza o desenvolvimento urbano de grande parte da França central e meridional, visava ao prazer, e não ao lucro.

COLONIZAÇÃO

A família de Paul Cézanne e a população de Aix aproveitavam seu subdesenvolvimento rural tanto quanto os fundadores romanos da cidade. A paisagem em torno da Montagne Sainte-Victoire era coalhada de casas rústicas de pedra, ateliês e restaurantes ao ar livre. Nîmes com seu aglomerado de *mazets*, Sète e Béziers com seus cinturões de *baraquettes*, Hyères e Toulon com suas *villas*, *bastidons* e *bastidettes*. Em cada casinha havia uma mesa e algumas cadeiras, um quintal com uma oliveira, uma figueira ou uma amendoeira, e umas poucas videiras, que além de darem uvas eram decorativas. Não era preciso muito mais — um instrumento musical, um conjunto de *boules* [bolas de petanca] e uma espingarda para atirar nas aves. Durante a semana, as paredes brancas refulgiam na encosta como pequenos faróis. No sábado ou no domingo, o morador de Marseille deixava o porto fétido — que o esgoto escorrendo das casas que cobriam os morros tornava ainda mais pútrido — e seguia a pé até o *cabanon* acompanhado de um burro com um carregamento de comida, crianças nos jacás e um idoso no lombo.

O mesmo êxodo festivo repetia-se ao longo do Rhône, nos morros de Lyon e na Auvergne, onde muitos comerciantes e lojistas de Clermont-Ferrand e Thiers compravam um pequeno vinhedo e uma casa térrea (chamada de *tonne* ou *tonnelle*). Ali, comemorava-se a colheita e gastavam-se os lucros em banquetes para amigos e vizinhos. A suposta sovinice do pessoal da Auvergne — segundo o especialista em Auvergne de *The French Portrayed By Themselves* [Os franceses retratados por eles mesmos] (1840-42) — não passava de uma poupança amealhada para esses poucos dias de gloriosa extravagância: "O anfitrião só fica satisfeito se a capacidade de locomoção de seus convidados ao se levantarem da mesa ao fim da refeição estiver seriamente comprometida."

MAIS AO NORTE, o clima mais frio determinou um padrão de desenvolvimento suburbano diferente. Até fins do século XIX, sair da cidade no fim de semana era um privilégio burguês. Mesmo assim, era normal para milhares de pessoas. Jornais populares traziam conselhos sobre como criar uma "*maison de campagne*" [casa de campo], termo que se aplicava tanto a uma casa rústica quanto a um palacete: como criar galinhas, como cultivar crisântemos, como se precaver contra o tédio no campo. O "Grand Départ", a debandada maciça no verão, de proporções entomológicas, que gera engarrafamentos de mais de 100 quilômetros nas estradas que saem de Paris, é coisa antiga. Segundo uma estimativa de meados da década de 1850, 30 mil parisienses deixavam a cidade todo verão.

Antes do trem, a proliferação das casas de verão acompanhava trilhas préhistóricas de povoamento, instalando-se à beira de rios com ribanceiras elevadas e grutas calcárias. Desde antes da Revolução, as casas de campo multiplicavam-se às margens do Sena, antes desertas. No Loire e seus afluentes, as encostas voltadas para sul ostentavam chalés de luxo, equipados com cozinha e quartos para a criadagem, que atendiam ao chorrilho de turistas ingleses que pagavam mil francos por seis meses de aluguel, ou mais, caso quisessem as frutas. Em fins do século XIX, as habitações nos penhascos dos desprezados trogloditas já se convertiam em casas de férias. Consta que uma gruta perto de Tours abrigava um conjunto de cômodos em estilo Império, com relevos em gesso e esculturas de época.

Havia poucos sinais, em todo este desenvolvimento suburbano e satélite, da angústia dos ingleses vitorianos ao verem o campo ser maculado por cidades de qualquer porte. Era difícil esquecer a sensação de espaço que se tinha ao se chegar ou sair de Paris pela Champagne, pela Brie, pela Beauce, pela Sologne ou pelos campos do norte da França. A preocupação de tantos franceses com o lento crescimento populacional decorria, em parte, de sua familiaridade com o aspecto de uma terra despovoada. Num país de "ermos", a colonização era um avanço auspicioso. Quando concebeu um plano de "extinção da pobreza" que envolvia a ocupação da terra por fazendas e fábricas modelos, o futuro Napoleão III imaginou com otimismo que essas "colônias" ocupariam todo o espaço disponível da França até serem obrigadas a expandir-se para a Argélia e a América.

Até fins do século XIX, não há muitos equivalentes na literatura francesa ao sentimento expressado por William Wordsworth — "wheresoe'er the traveller turns his steps, / He sees the barren wilderness erased, / Or disappearing" [para onde quer que o viajante se volte em seus passos, / ele vê a natureza

COLONIZAÇÃO

infecunda obliterada, / ou em vias de desaparecimento] (1814). "Is then no nook of English ground secure / From rash assault?" [não há, então, um recanto do solo inglês / a salvo de um ataque temerário?] (1844). A elegia francesa mais conhecida sobre o tema da transformação da paisagem é "Tristesse d'Olympio" (1837), de Victor Hugo. O poema faz referência à rústica casa de caseiro próximo a Bièvres, a 21 quilômetros a sudoeste de Paris, em que Hugo alugou um quarto para a amante. Um poeta inglês não veria sentido em mencionar as transformações que Hugo descreve. A estrada íngreme e arenosa que a amada percorreu foi pavimentada e rodas de carroça arranharam o marco miliário em que ela se sentou à espera do amante. Há um muro cercando uma nascente. Mas a natureza vem se reapoderando de outras partes: "A floresta desapareceu aqui, mas cresceu ali." "Nossos cômodos frondosos são agora mata fechada." Não há o menor indício de que, um dia, Bièvres abrigaria uma padaria industrial, o parque tecnológico Burospace, a divisão "RAID" da polícia de choque e o estacionamento Victor Hugo.

> D'autres auront nos champs, nos sentiers, nos retraites.
> Ton bois, ma bien-aimée, est à des inconnus.*

A COLONIZAÇÃO INDUSTRIAL também deixou relativamente poucos vestígios na arte e na literatura francesa. Na década de 1830, Paris já sofria um esvaziamento industrial, com o êxodo das pequenas oficinas e a chegada dos especuladores imobiliários. Até o finalzinho do século XIX, as chaminés das fábricas e os filetes de fumaça cortando o céu eram descritos como novidades interessantes. As tribos engelhadas de operários fabris eram muito mais exceções tétricas do que a cara do futuro.

Houve uma época em que o vale do Gier, entre Lyon e Saint-Étienne, era uma tira de detritos negros pontilhada por barracões de telhado plano e fumarento. De Andrézieux, adiante de Saint-Étienne, carretas de minério

---

*De outros serão nossos campos, nossos atalhos, nossos refúgios. / Teu bosque, minha querida, pertence a desconhecidos.

310 A DESCOBERTA DA FRANÇA

puxadas por cavalos trafegavam numa estrada de ferro que, a exemplo de uma estrada serrana, acompanhava as curvas do relevo em vez de subir e descer pelas lombadas dos morros. (Inaugurada em 1828 e aberta ao transporte de passageiros em 1832, foi a primeira estrada de ferro da França.) No entanto, esta "pequena devastação", como observou em 1858 um turista francês bastante viajado, não era nada em comparação com a nuvem de poluição que cobria a Inglaterra ou com as zonas de mineração e fábricas da Flandre e das Ardennes. Viam-se mais árvores que chaminés, havia mais grama que pó de carvão, e "o céu é perfeitamente visível". Mesmo Lyon, com seus 60 mil teares barulhentos e seus "rios de fumo de carvão alçando-se no firmamento" (Baudelaire), estava confinada por sua situação geográfica, espremida entre as derradeiras dobras do Massif Central e a borda do planalto de Dombes, e muito dependente das oficinas familiares espalhadas pelo campo.

A grande exceção era o norte industrial, praticamente um país à parte que avançava pela Bélgica (e que corresponde à zona desmembrada durante a Ocupação e administrada diretamente pelo Terceiro Reich). As cidades têxteis de Lille, Tourcoing e Roubaix tinham um longo histórico de desenvolvimento industrial e, mais de dois séculos antes de serem unificadas em 1968 sob a instigante denominação de CUDL (Communauté Urbaine de Lille [Comunidade Urbana de Lille]), já operavam como uma grande conurbação. No início do século XVIII, já era raro encontrar em Roubaix casas com telhado de palha ou estradas de terra. Uma densa rede de canais interligava estas cidades tentaculares ao resto da Flandre, cujos recursos agrícolas eram suficientes para sustentar uma grande população de operários fabris, quase a metade deles belgas.

No resto da França, a indústria seguia um padrão que lembra as atuais *zones industrielles* [zonas industriais] implantadas nas periferias urbanas. Em vez de se instalarem em cidades estabelecidas, as fábricas eram construídas junto às florestas, aos rios e aos veios de carvão de que se alimentavam. Isto explica por que algumas das grandes cidades industriais do século XIX, como Le Creusot, Decazeville, Montceau-les-Mines, Rive-de-Gier etc., são praticamente desconhecidas em qualquer outro contexto. Tal como os cometas distantes são difíceis de distinguir em suas primeiras fotografias, mal se enxerga

COLONIZAÇÃO   311

a maioria destes lugares nos mapas de Cassini de fins do século XVIII. Na
Alsácia, quase não havia indústrias manufatureiras em Strasbourg e Colmar
(respectivamente, capitais dos departamentos de Haut-Rhin e Bas-Rhin) —
elas se instalaram nas profundas dobras do maciço montanhoso dos Vosges e
foram beneficiadas pelas tradições de clã de sua mão de obra rural.

É um equívoco imaginar que estas fábricas surgiram da noite para o dia
em paisagens imaculadas. Os arredores de Rouen, com o batuque das usinas
de algodão de Sotteville e Saint-Sever, e as margens do rio Meuse na Bélgica,
com suas fornalhas e a negra silhueta de seus vilarejos, eram polos de concentração de antigas indústrias locais. Em muitos lugares da França, o campo só
começou a ser "saneado" no século XX, com projetos de conservação financiados pelo governo. A paisagem pré-industrial da Picardie ou das Ardennes
era tipicamente uma barafunda de forjas fumarentas, fétidos campos cor de
piche em que se punha o cânhamo para secar e colônias trôpegas de moinhos
de vento; comparada a isso, a paisagem das modernas turbinas eólicas que
parecem virar cambalhotas no alto dos morros é deslumbrante. Os operários
dessas indústrias tradicionais estavam mais sujeitos à morte precoce. Era raro,
por motivos variados, encontrar pessoas de idade em ramos como cardagem
do cânhamo (água parada e geladíssima); tecelagem (umidade dos porões,
fumaça dos lampiões, excesso de horas de trabalho); malhação e joeiramento
de grãos (pó); corte de madeira (acidentes, transpirar sob o frio); e queima de
carvão (desnutrição, escuridão ambiente).

O pleno horror da indústria ficava oculto em áreas rurais remotas, sem
uma única cidade e praticamente inacessíveis a quem não fosse da terra. No
século XVIII, o vilarejo de Aubin era um correr de choças no interior da floresta de castanhas do Aveyron. A 3 quilômetros ao norte, acima do vale do
Lot, ficava uma das maravilhas naturais da França meridional, a montanha
ardente de Fontaygnes — ou, em occitano, Lou Puech que Ard. A montanha
era coberta de pequenas crateras no fundo das quais, à noite, entrevia-se o
fulgor de uma grande incandescência. As jazidas de carvão queimavam sem
parar e enchiam de fumaça os porões dos lugarejos mais próximos. Debaixo
de sua nuvem negra, Aubin era uma espécie de cidade industrial sem indústria. O ar fedia a enxofre e as casas, as pessoas e os porcos viviam cobertos de

312 A DESCOBERTA DA FRANÇA

fuligem; mas a abundância de carvão permitia aos aldeões ficarem de pé depois de escurecer sem se preocuparem com o custo — fiavam, cantavam e contavam casos sobre os invasores ingleses que, segundo a lenda local, haviam posto fogo na montanha fazia muitos anos, ou sobre os soldados que um dia chegaram, na década de 1780, reivindicando para o rei a posse dos depósitos de carvão, e saíram escorraçados pelos viticultores e pelos carvoeiros "armados apenas de sua ira".

Em 1826, o duque Decazes, ex-Ministro da Polícia, ex-primeiro-ministro e ex-embaixador na Inglaterra, adquiriu a concessão de uma lavra próxima ao povoado de La Caze, a 3 quilômetros ao norte de Aubin. Embora o rio Lot não fosse navegável durante boa parte do ano e não houvesse estrada de ferro, Decazes percebeu que seria possível usar o carvão para fundir o minério de ferro também existente na região. A indústria moderna conseguiu o que os soldados do rei não haviam conseguido. Em cinco anos, brotou no vale uma cidade operária a que se deu o nome de Decazeville, conquanto o próprio Decazes tenha demonstrado pouco interesse por seu planejamento. Passaram-se anos até Decazeville ter "escolas gratuitas" (financiadas por uma taxa cobrada sobre o salário dos operários) e mais meio século até a cidade ganhar um hospital.

Os mineiros de Decazeville trabalhavam num labirinto de túneis sujeitos a desmoronamentos e de veios de carvão em chamas. Ao fim do turno de trabalho, que ia de sol a sol, voltavam à tona, para um ambiente de altos-fornos e esteiras de laminação em que o canto dos pássaros e o zunir do vento eram abafados pelo guincho das carretas sobre os trilhos de ferro e pelo batuque incessante dos martelos a vapor. Os mineiros e os operários da fundição eram pagos com vales da companhia estampados com a imagem de uma chaminé de tijolos que encobria o relevo ondulado ao fundo. Sem ninguém para lavrar a terra, os alimentos eram trazidos de longe — chegavam rançosos e a preços extorsivos. Aubin e seu vizinho Cransac começaram a fundir-se ao longo da enegrecida estrada do vale. Em meados do século XIX, lojas de penhores e cafés chamativos vendiam conhaque de beterraba e absinto a mineiros com olheiras negras e olhos turvos e a mulheres mais bem ataviadas e menos comportadas que suas mães camponesas.

COLONIZAÇÃO

Em 1865, a companhia quebrou e Decazeville conheceu o flagelo moderno do desemprego. Em 1868, a família Schneider, dona das fundições de ferro de Le Creusot, fundou uma outra companhia. Seus 3 mil operários teriam conseguido "encontrar em Decazeville todos os recursos de que pudessem necessitar do ponto de vista material, moral e religioso" — uma frase eficiente que evoca a miséria de uma população provida de tudo que uma assembleia de acionistas identificara como "necessário". Em 1869, uma greve em Aubin demonstrou que as fábricas também vinham forjando uma nova raça de operários. Quatorze grevistas, inclusive uma criança, foram mortos a tiros por soldados.

A GIGANTESCA CRATERA a céu aberto da Mine de la Découverte [Mina da Descoberta] de Decazeville (fechada em 1965), as pilhas de sucata de Pas-de-Calais e as minas de carvão abandonadas da Flandre e da Lorena são monumentos conspícuos à nova era de escravidão industrial e solidariedade proletária. Algumas destas monstruosidades industriais estão preservadas em museus ecológicos e provavelmente terão vida mais longa em sua aposentadoria do que na ativa. Hoje em dia, porém, a outra grande transformação industrial da França praticamente se confunde com a paisagem.

As amoreiras que alegram o campo por toda a Provence, as Cévennes e a Corse são memoriais pitorescos da corrida do ouro da agricultura em meados do século XIX, época em que a melhora das comunicações e a disponibilidade de crédito permitiram ao camponês dedicar-se a monoculturas, visando à geração de receita, em vez da policultura, mais apropriada à subsistência e à fertilização do solo. A cada primavera, as amoreiras eram despidas de toda sua folhagem verde e brilhante para alimentar os bichos da seda; a segunda brotação, de folhas mais rijas, alimentava as cabras. O efeito parece ter sido medonho — grandes extensões de árvores desfolhadas parecendo vassouras eriçadas espetadas no solo. Afora os cortes nas encostas dos morros formando platôs exuberantes e sob permanente risco de desabamento, e os barracões praticamente sem janelas em que os bichos da seda, aquecidos, mascavam as folhas produzindo um som semelhante ao da chuva pesada, nada na paisa-

314   A DESCOBERTA DA FRANÇA

gem verdejante de ambas as margens do Rhône indica que a vida no país da lavoura industrial fosse tão dura e imprevisível como nas fundições e nos campos carboníferos.

Em 1852, uma epidemia de pebrina começou a alastrar-se entre os bichos da seda. Em 1869, quando Louis Pasteur descobriu sua causa e sua cura, o setor estava falido, o canal de Suez estava aberto e havia uma seda mais barata importada do Oriente. Um microrganismo dera cabo da prosperidade introduzida por uma lagarta. Mais ou menos nessa mesma época, um fungo chamado *oidium* atacou as videiras que os pequenos proprietários haviam se apressado em plantar nas suas lavouras de centeio e trigo. As videiras contaminadas foram substituídas por videiras americanas importadas. Em 1863, alguns viticultores do Gard perceberam que as novas videiras estavam ficando com as folhas e raízes escuras. De Nice à Bourgogne e de Narbonne ao Loire, os pulgões da filoxera destruíram mais de 2,5 milhões de hectares de vinhedos (o que comprovou a crença de muitos camponeses de que os velhos hábitos jamais deveriam ter sido abandonados). Mais que qualquer outro fator, este parasita importado foi responsável por apressar a colonização da Argélia. Milhares de pessoas deixaram a França ou se ajoelharam aos pés do norte industrial, largando para trás uma terra pedregosa que se tornou mais verde e agradável à vista do que nunca.

NÃO É DIFÍCIL ENCONTRAR provas concretas e inteligíveis de mudança política e econômica. Muitas fábricas do século XIX continuam em atividade e quase toda cidade ou vilarejo tem pelo menos um memorial de guerra, uma rua trazendo o nome de um general ou de uma batalha, e um prédio ostentando o símbolo de um dos dois impérios e cinco repúblicas.

O século XIX trouxe mudanças muito mais relevantes à fisionomia da França, mas em escala tão ampla que é bem possível atravessar o país de ponta a ponta sem reparar nelas e sem perceber que muitas das paisagens francesas que parecem típicas e eternas são mais recentes que a torre Eiffel. É notório que o século XIX foi uma era de mudança, mas, na época, muitos viram nas estradas de rodagem e nas estradas de ferro, na educação e no saneamento,

COLONIZAÇÃO   315

inovações triviais ante a transformação completa e irreversível de seu mundo físico. Os únicos termos de comparação óbvios são a erradicação da floresta de Argonne na Primeira Guerra Mundial, o aniquilamento da Normandie na Segunda Guerra Mundial e os incêndios anuais que destroem grandes extensões das florestas mediterrâneas e atlânticas. Mas até mesmo estas catástrofes pertencem a uma outra categoria de mudança. As criaturas da Idade da Pedra que viram os vulcões do Massif Central remodelarem suas montanhas talvez sejam as que mais se aproximam, em termos de experiência, dos habitantes da França do século XIX.

A transformação, iniciada com atos insignificantes e individuais de conquista da charneca, prosseguiu com a criação de propriedades monásticas e reais e depois com os projetos ciclópicos financiados pelos empreendedores e pelo Estado. Em meados do século XIX, já se retomavam áreas imensas ao ritmo de alguns milhares de quilômetros quadrados por dia. Em meio século, metade das charnecas da Bretagne desapareceu, revolvida e fertilizada por equipes nômades de trabalhadores e colônias de órfãos e crianças abandonadas a soldo de grandes latifundiários. Para os setentrionais, acostumados a lavouras simétricas plantadas milimetricamente e conectadas às redes de abastecimento das cidades, uma charneca virgem que servia de pasto a algumas poucas ovelhas esquálidas era um desperdício de espaço, e não o recurso partilhado de uma economia de pastoreio. A imensa maioria não tardaria a esquecer que a própria charneca era fruto de uma árdua vitória sobre os pântanos e as matas cerradas.

As políticas governamentais e as iniciativas privadas refletiam a obsessão nacional com os "ermos". Os descampados alagados foram drenados e os desertos irrigados. A qualidade de vida melhorou para milhares de pessoas. Com quatro quintos de sua população afetada por malária, Dombes, no meio da França oriental, era "um hospital úmido encoberto pela névoa"; na década de 1850, vinte anos depois de iniciada sua drenagem e florestamento, a média de expectativa de vida saltara de 25 para 35 anos. A arenosa Sologne foi dragada, drenada e florestada por grandes proprietários de terra, entre eles Napoleão III; no início do século XX, seus habitantes, que no passado se consideravam saudáveis quando sofriam apenas de febre palustre, já eram mais altos e mais longevos que seus pais. Em 1868, missionários trapistas estabeleceram-se numa elevação próxima a Échourgnac, um vilarejo infestado pela febre em Double, um buraco negro de pântanos e brejos imprestáveis para a agricultura encravado entre os vinhedos do Libournais e os pastos da Charente. Os monges drenaram a terra e plantaram árvores. Hoje, só o que resta da velha Double são o solo esbranquiçado e poeirento, os bem cuidados lagos de peixes e as estradas em vala.

Grandes áreas da França mediterrânea transformaram-se no intervalo entre duas gerações. As plantações de alcachofras e morangos da planície de Carpentras resistem ao sol de verão porque os velhos canais de Craponne e Pierrelatte foram prolongados em meados do século XIX — e porque, com os imigrantes, a oferta de mão de obra ainda é abundante e barata. Hoje em dia, é preciso uma jornada longa e calorenta em direção ao sul para visitar o deserto de Crau como ele era, mas em quase qualquer lugar basta arranhar o solo com o salto da bota para ver a estepe subjacente, o "Crau incultivado e árido, pedregoso e imenso" (Frédéric Mistral). Na planície de Roussillon, mesmo com a reforma dos canais de irrigação medievais e a perfuração de poços artesianos, o solo parece pronto a reverter à sua aridez original em questão de dias após a partida dos seres humanos. Abaixo do passo da Peira Dreita, onde os montes Corbières precipitam-se vertiginosamente sobre o Mediterrâneo, nuvens de poeira varrem a planície e encobrem Perpignan e o cume nevado do Canigou. Ali entre as ruínas do quartel da zona militar de Rivesaltes, sob o estrépito de aviões a jato e carretas de minério, ainda restam vestígios do Vale da Morte catalão onde, em 1941, as autoridades francesas internaram 20 mil espanhóis republicanos, ciganos e judeus acompanhados de seus filhos, que passariam seus últimos dias de vida ajudando a fertilizar o deserto.

A maior transformação intencional foi a criação de uma zona geográfica nova no sudoeste. Menos de dois séculos atrás, as Landes eram, na maior parte, uma charneca de 800 mil hectares — cinco dias de comprimento por três dias de largura — onde só cresciam tojo, giesta, urze, argentina, heliântemos e liquens. Em dias claros e secos, avistava-se, a 160 quilômetros de distância, a linha branca dos Pireneus. No inverno, o balé das nuvens refletia-se à tona

COLONIZAÇÃO 317

das vastas poças de água pluvial parada. A camada impermeável de arenito fazia das Landes uma espécie de vaso de planta estanque, levemente adernado para a costa atlântica e sua grande barreira de dunas. Para adubar menos de meio hectare do solo negro e oleoso eram necessárias cerca de dez ovelhas por 12 hectares de lande. Com cem ovelhas, uma família de dez pessoas conseguiria, em suas casas baixinhas de madeira, levar uma existência de náufragos.

Não resta uma única nesga das Landes originais. O vilarejo de Marquèze, lindamente preservado, fica no final de uma pequena via férrea perto de Sabres e é a fiel imagem invertida do povoado original — o ex-oásis arborizado na imensidão da charneca é hoje uma clareira na maior floresta artificial da Europa. Em 1857, a lei de "Saneamento e Cultivo das Landes da Gascogne" acelerou a drenagem e o reflorestamento que vinham se realizando de modo bissexto desde a pré-história. O grande defensor do decreto de lei foi Napoleão III, que comprou 8 mil hectares de terras nas Landes e criou a comunidade agrícola experimental de Solférino, cujo nome homenageia sua vitória sobre os austríacos. Cento e sessenta e duas comunas dos departamentos de Landes e Gironde foram obrigadas ou a transformar suas terras comuns em plantações de pinheiros, ou a vendê-las a incorporadores imobiliários. Milhares de hectares foram leiloados. Hoje em dia, apenas 7% das Landes não pertencem a proprietários privados. No intervalo de tempo que uma semente leva para virar um arbusto, o modo de vida agropastoril sofreu um golpe mortal. Fundições de ferro, refinarias e fábricas de papel surgiram na floresta. A antiga arte de coletar resina de pinheiros com uma *hapchot* [machadinha] e um copo de cerâmica tornou-se uma indústria lucrativa. Breu, piche e terebintina tirados da floresta retornavam em forma de dinheiro, o que destruiu a intrincada hierarquia dos fazendeiros, arrendatários e peões.

Em 1889, ao chegar a Biarritz pelo trem de Bordeaux, um viajante foi abordado por um velho que lhe perguntou se era verdade que as Landes haviam mudado desde a última vez que ele estivera lá, há quarenta anos:

> A pergunta é como encontrei as Landes?... Bem, não encontrei. Logo depois de sair de Bordeaux, o trem entrou numa floresta sem fim de pinheiros e carvalhos, cortada de vez em quando por uma clareira cultivada na qual

318 A DESCOBERTA DA FRANÇA

pastavam alguns animais da melhor qualidade. Mas eu sabia que não tinha esquecido minha geografia:

Landes: *vasto planalto de areia infecunda, alagado no inverno e crestado pelo sol no verão. Uma população desventurada, debilitada por febres e pelagra (uma doença peculiar a esta região). Criação de uma raça pequena de ovelhas.*

Hoje em dia, só se conhecem as paisagens ermas das Landes pelas fotografias de Félix Arnaudin, um etnólogo tímido que desistiu de fazer carreira em Pontes e Calçadas para, da década de 1870 até 1921, percorrer a pé e de bicicleta toda a Grande Lande (a área ao norte e a oeste de Mont-de-Marsan) registrando com sua pesada câmara alemã um modo de vida em extinção. Arnaudin pagava a gente da terra, que o julgava maluco, para recriar as cenas de que se lembrava de sua infância passada no vilarejo de Labouheyre. "A floresta que tapa a vista, estreita a mente", escreveu Arnaudin, como se as Landes estivessem mergulhando na escuridão de uma memória que se esvai.

As fotografias de Arnaudin acabaram com o mito de uma tribo de selvagens felpudos, nanicos e amarelados sempre empoleirados em pernas de pau. Mas a nostalgia sempre tem uma história por trás dela. Arnaudin era um homem solitário, um rentista independente que optou por permanecer em suas Landes nativas. Foi um explorador em sua própria terra, não um *landais* típico. Quando a riqueza se disseminou pelo campo, muita gente se mudou para a cidade ou deixou a região para sempre. As maiores cidades das Landes mais que dobraram de tamanho, mas a população total do departamento caiu e continuou caindo até depois da Segunda Guerra Mundial. A maioria dos *landais* adorou não estar mais atrelada aos pais e poder decidir com quem se casar. Adorou poder comprar móveis e roupas de Paris, consultar um médico em vez de um curandeiro, pendurar um quadro novo na parede, tomar o trem para Capbreton ou Mimizan no litoral. Achou preferível trabalhar para um patrão em Bayonne ou Bordeaux do que depender eternamente do sistema digestivo de uma ovelha.

O *landais* urbano é um homem como qualquer outro, nada tendo em comum com a criatura meio selvagem das Landes. Lê *Le Siècle* [O Século] e *La*

COLONIZAÇÃO

Presse [A Imprensa], frequenta o café, interessa-se pela Questão Oriental e é tão racional ou irracional como qualquer morador urbano de qualquer dos 86 departamentos.

Para bem do pitoresco, o autor do capítulo "*Landais*" de *Os franceses retratados por si mesmos* omitiu o fato de que muitos desses cidadãos cosmopolitas que discutiam política nos cafés de Dax e Mont-de-Marsan eram expatriados voluntários da charneca sem fim.

NESTA GUERRA E PAZ da população e da terra, algumas batalhas eram extensas e remotas demais para impressionar os leitores de jornais. A grande catástrofe ecológica do sul e do leste evoluiu ao longo de séculos a fio, tempo demais para gerar um pânico repentino. Há poucos traços dela nas obras de artistas e escritores. Os políticos só foram acordar para a situação nas terríveis enchentes de 1856, quando o Rhône invadiu Lyon e o Loire e o Cher transformaram Tours num porto lacustre. A preocupação do público em geral, se é que houve alguma preocupação, foi ainda mais tardia.

A Revolução parecia ter tido uma ação catalisadora. Os antigos domínios aristocráticos e monásticos haviam caído nas mãos de uma classe camponesa para quem a base de toda a agricultura era um terreno roçado. Em regiões que já eram semiestéreis, os efeitos foram catastróficos — campos varridos por enchentes, montanhas carecas, padrões meteorológicos estranhos e destruidores. Nos Corbières, o debate ecológico assumiu a forma que hoje nos é familiar — os "direitos" individuais óbvios *versus* o bem coletivo, menos óbvio. Quilômetros e quilômetros quadrados de pastos em vez da tapada de caça de um senhor era um argumento mais poderoso que as queixas de um morador da cidade de que as montanhas carecas eram antiestéticas.

Os profetas mais eloquentes do juízo final eram funcionários públicos. Um deles, Jean-Baptiste Rougier de Labergerie, prefeito do departamento de Yonne, publicou vários panfletos sobre os efeitos do desmatamento no longo prazo. Seu alarmante relatório sobre *As Florestas da França em suas Relações com Climas, Temperatura e a Ordem das Estações* saiu em 1817. Na década de

1830, quando o governo vendeu milhares de hectares de florestas de propriedade do Estado, ele ainda era acusado de exagerar o problema.

A outra voz que clamou no deserto criado pelo homem foi a de Pierre-
Henri Dugied, nomeado prefeito do novo departamento de Basses-Alpes em
1818. Dugied ouvira histórias estranhas sobre o departamento, inclusive a
de que nunca desaparecera tanta terra quanto nos últimos trinta anos, mais
terra do que a levada pelas enchentes em todos os tempos. Dugied partiu num
giro de inspeção. Por todo o departamento, de Castellane a Digne e Barcelonnette,
encontrou "rochas nuas", "vales cobertos de pedras, entre as quais corriam
apenas alguns filetes d'água", e "vastas áreas enegrecidas que parecem forma-
das por matéria vegetal, mas que são simplesmente o efeito da erosão contínua sobre ardósia quebrada". O buxo e a giesta que nasciam nas fendas rochosas
eram arrancados e usados como fertilizante. Todo ano, continuavam chegando rebanhos transumantes para pastar o que restava da vegetação, pisoteando
os escombros e deixando as rochas quebradiças expostas ao gelo e ao sol. As
nuvens passavam direto por cima dos cumes desmatados e, quando a chuva
chegava, desabava em temporais que solapavam as encostas íngremes, arrastando o solo até o Drac e o Durance, que o lançavam no Rhône, que por sua
vez depositava-o no delta da Camargue, obstruindo-o com aluviões.

Tal como Rougier de Labergerie, Dugied percebeu que estas zonas remotas não eram territórios à parte, mas órgãos vitais da nação. Acreditava que o
desmatamento dos Alpes era a causa das estiagens, das geadas tardias e dos
"ventos desconhecidos" que vinham dizimando os bosques de oliveiras da
Provence e os vinhedos da Bourgogne. A não ser que o governo agisse prontamente, seria tarde demais "para recuperar os climas".

O governo não agiu prontamente. A percepção das propensões ecocidas
da população rural coincidiu com o primeiro surto temerário da indústria
moderna. A rigor, a noção de que camponeses piromaníacos e munidos de
machados arrasavam seu próprio meio ambiente levados por um instinto
primitivo era simplista e perigosa. Mais tarde, ela justificaria a expropriação
de terras na Argélia — a culpa de ter criado o deserto do Saara foi imputada
aos agricultores nativos. Na verdade, o próprio Estado estimulara o desma-

COLONIZAÇÃO

tamento do solo da França com suas cobranças de impostos e de suprimentos contínuos de alimentos para as cidades. A indústria veio acelerar a destruição. Florestas inteiras foram derrubadas para alimentar as forjas de fábricas de vidro, papel e porcelana, olarias, fornos de cal, usinas têxteis. A Picardie e a Flandre já vinham perdendo suas florestas muito antes de, com o front ocidental, se transformarem em lamaçais. No século XVIII, os construtores de navios haviam aberto trilhas largas nas florestas dos Pireneus para o transporte das árvores até os rios e o litoral. Agora, as populações dos vales mais elevados viviam em zonas de catástrofe semipermanentes, sussurrando quando a neve dos cumes começava a engrossar, tirando os badalos de seus rebanhos, aguçando os ouvidos para detectar a onda de choque capaz de aniquilar uma cidade antes que a avalanche propriamente dita, sem a barreira das árvores, alcançasse a velocidade de um trem expresso.

A escala da catástrofe é evidente em fotografias feitas entre 1885 e a Primeira Guerra Mundial pelo serviço de Restauração de Terras Montanhosas do Departamento Florestal. Muitas dessas fotos mostram uma Provence irreconhecível. Montanhas que até então demarcavam as fronteiras da França como se as fronteiras fossem imunes a mudanças parecem ter sido feitas em pedaços por obra de um milhão de cantoneiros. O descorado cume lunar do monte Ventoux e as pedras negras e pontiagudas que rolam do cume do passo Bonette na estrada mais elevada da Europa não passam de vestígios insignificantes do deserto que já cobriu grande parte do sudeste da França. Comparadas às dimensões titânicas das pilhas de entulho nos Alpes e em seus contrafortes, os campos de carvão do norte com suas pirâmides modestas e caprichadas parecem pitorescos.

Esta catástrofe ecológica só começou a permear a consciência coletiva em fins do século XIX, quando geógrafos populares junto a leitores que haviam aprendido geografia na escola conseguiram incutir a sensação de perda fazendo apelo ao orgulho nacional — "Os Alpes franceses seriam páreo para a Suíça e o Tirol se suas florestas não houvessem sido derrubadas" (Onésime Reclus). Não se reconhecia a causa, mas os efeitos eram sentidos no resto do país. As pessoas também foram arrastadas para as planícies e cidades, inundando as periferias industriais e deixando as montanhas mais despovoadas que nunca.

322   A DESCOBERTA DA FRANÇA

Alguns, porém, aferraram-se com tenacidade assombrosa a seus terrenos em retração. Isso até bem tarde, nas décadas de 1880 e 1890, altura em que a população dos Alpes já designava suas montanhas por um novo coletivo — "as ruínas".

ALGUNS DOS MORADORES mais obstinados das "ruínas" habitavam o coração do maciço Dévoluy. Chaudun, um vilarejo a oeste do passo Bayard (1.200 m), dois estreitos adiante na estrada Gap-Grenoble (por onde Napoleão passara ao voltar de Elba), reunia mais de cem moradores, uma igreja do século XV, uma pequena escola e uns poucos hectares de pastagens e madeira de faia, explorados à exaustão. Em 1860, quando o Estado decidiu "recuperar" as montanhas, o Departamento Florestal propôs comprar o território de Chaudun, seriamente afetado pela erosão, mas os moradores não aceitaram. Recusaram-se a arredar pé do vilarejo de seus ancestrais, totalmente desmatado, e ali ficaram, vigiando as encostas de suas montanhas envelhecerem e seu solo transformar-se em pedra.

Um dia, constataram que não restava lavoura alguma. Seus campos de aveia e centeio haviam sido levados por enxurradas, a maior parte da floresta desaparecera e sua produção resumia-se a algumas poucas batatas plantadas em terra trazida dos vales lá embaixo. Quando viram seu legado hereditário reduzido a cascalho, escreveram ao governo, implorando-lhe que comprasse seus alqueires imprestáveis. A escritura de venda foi assinada em agosto de 1895 e a derradeira e minguada colheita foi abandonada ao tempo. Segundo o último morador sobrevivente, "quando os moradores deixaram o vilarejo, a choradeira era geral. Naquele momento, deram-se conta de que haviam acabado de cometer uma traição".

Talvez fosse o fim inevitável de milênios de ocupação humana. Mas, depois que todos partiram, a floresta não tardou a renascer. Milhões de sementes germinaram em encostas contidas por diques, terraços e valas de drenagem. Desta vez, a potência colonizadora foi o Estado francês e as plantas e animais sob sua proteção. O avanço da floresta de lárix plantada pelo Departamento de Florestas engoliu as moradias dos antigos ocupantes da área. A floresta

COLONIZAÇÃO

virgem reapossou-se integralmente do *cirque* [circo] de Chaudun, inclusive com a volta dos cervos e argalis. A área é hoje uma ZNIEFF-Zone Naturelle d'Intérêt Écologique, Faunistique et Floristique [Zona Natural de Interesse Ecológico, Faunístico e Florístico]. Os excursionistas que percorrem a pé a trilha demarcada reportam uma enorme diferença em relação à poluição nos vales alpinos acessíveis por carro, em que milhares de visitantes vêm em seus trailers ver a retração das geleiras nos parques nacionais. Se os ex-moradores de Chaudun pudessem retornar às suas ruínas, talvez julgassem que a catástrofe foi revertida. O vilarejo abandonado conta hoje com um abrigo florestal, a menos de duas horas de caminhada do estacionamento no passo de Gleize. A demanda por acesso ao "patrimônio cultural" da região levou à "reintrodução controlada de seres humanos" no maciço Dévoluy. A próxima invasão já foi deslanchada.

CAPÍTULO 14

As Maravilhas da França

ENQUANTO A POPULAÇÃO das terras altas descobria as planícies e os vales, uma nova espécie migratória de seres humanos subia as montanhas. Seus primeiros espécimes foram avistados em meados do século XVIII. Quando o vilarejo de Chaudun jogou a toalha, espalhavam-se por todo o país. Na França, eram conhecidos como "*touristes*", empréstimo do inglês que designava os viajantes que faziam o Grand Tour e, na grande maioria, iam a caminho de Florença, Veneza, Roma e Nápoles.

Nos primeiros tempos, os *touristes* eram quase exclusivamente ingleses. No mais das vezes, eram encontrados nos Alpes, nos Pireneus e em diversas escalas de pernoite das três rotas que seguiam de Paris para o sul, em direção a Lyon e à Itália. Em aparente desafio ao bom-senso e às possibilidades físicas, o *touriste* viajava por prazer ou em busca de saúde ou edificação. Ao contrário do explorador, não via interesse na mera descoberta. Em vez de apenas observar e registrar, transformava os alvos de sua curiosidade. Recriava o passado, coloria os nativos conforme seus preconceitos e por fim construía suas próprias cidades e paisagens.

Mal apareceu, a nova espécie de viajante, desatou a proliferar e a diversificar-se, perdendo força individual e ganhando força na massa. No entanto,

326   A DESCOBERTA DA FRANÇA

o *touriste* original ainda predominava quando o filósofo e historiador Hippolyte Taine o definiu em 1858:

> Pernas compridas, corpo magro, cabeça inclinada para frente, pés largos, mãos fortes, excelentes para arrebatar e agarrar com força. Leva cajados, guarda-chuvas, capas, capas de borracha (...) Desloca-se de modo admirável (...) Em Eaux-Bonnes, houve um que deixou cair seu diário. Apanhei-o. Intitulava-se *Minhas Impressões*:
>
> *3 de agosto. Transpus a geleira. Rasguei o sapato direito. Alcancei o cume do Maladetta. Vi 3 garrafas largadas por turistas anteriores... Na volta, os guias me cumprimentam. No início da noite, cornamusas [gaitas de foles] à minha porta, grande buquê com fita. Total: 168 francos.*
>
> *15 de agosto. Deixo os Pireneus. 391 léguas em 1 mês, a pé, a cavalo, de carruagem; 11 escaladas, 18 excursões. Dei cabo de 2 cajados, 1 casacão, 3 pares de calças, 5 pares de sapato. Um bom ano.*
>
> *P.S. Região soberba; cabeça fundindo sob o peso de grandes emoções.*

A história pseudo-heroica do turismo francês iniciara-se um século antes, em 21 de junho de 1741, logo adiante da fronteira da Savoie. Nessa tarde, o prior e a população de Chamonix surpreenderam-se ao ouvir o eco de tiros e chicotadas reboando em suas montanhas. Horas depois, viram uma estranha procissão subindo o vale do Arve, inexplicavelmente trôpega. Oito cavalheiros ingleses e cinco criados fortemente armados, com alguns cavalos visivelmente exaustos, alguns deles já sem ferraduras, lutavam contra a correnteza.

Morando em Genève, o líder da expedição, William "Boxing" Windham, ficara intrigado com as montanhas brancas e longínquas, onde haveria vastos campos de gelo conhecidos como geleiras. Não é de estranhar que Windham não conseguisse alguém suficientemente temerário para acompanhá-lo em expedição às Montagnes Maudites [Montanhas Malditas], como eram chamadas. Mas aí chegou a Genève o explorador Richard Pococke, que vinha do Egito e do Levante a caminho de casa. Com seis outros cavalheiros que desfrutavam do ócio em Genève, partiram em 19 de junho. Levaram três dias para alcançar Chamonix na base da geleira de Montenvers.

AS MARAVILHAS DA FRANÇA

Até então, os visitantes de Chamonix haviam-se resumido a destemidos coletores de impostos, bispos em viagem de inspeção, e os cartógrafos dos duques de Savoie. Os habitantes de Chamonix, porém, eram bastante viajados. Vendiam peles de camurça, cristais e mel em Genève. Os pastores eram fabricantes de queijos requisitados em toda a região. Muitos haviam estado em Paris como mascates, viajando a pé, via Dijon e Langres, de onde garantiam avistar suas montanhas no horizonte. Não importa a época, cerca de um terço da população total de Chamonix vivia em Paris.

O bando de ingleses recusou a hospitalidade que lhes foi oferecida e montou acampamento fora do vilarejo, mantendo guardas a postos e fogueiras queimando a noite inteira. Décadas depois, os idosos de Chamonix ainda divertiam os visitantes contando histórias dos cavalheiros ingleses que chegaram prontos para se defender de ovelhas desgarradas e crianças inquisitivas. Os aldeões de Chamonix eram imitadores excelentes e sem dúvida exageraram as precauções do grupo de Windham. Mas Windham também exagerou a ignorância de seus anfitriões. Gente "primitiva" era um componente essencial da natureza virgem que viera buscar. Pela manhã, indagou dos habitantes locais sobre as geleiras e ficou encantado, mas não surpreso, com as histórias "ridículas" que ouviu sobre bruxas que faziam rituais de magia negra no gelo.

Depois de recrutar guias e carregadores e percebendo o que presumiu ser a admiração dos aldeões pela intrepidez de sua equipe, Windham e companhia venceram a "terrível devastação" das avalanches, hesitaram à beira de precipícios e seguiram a trilha dos caçadores até o cume de Montenvers. (Sessenta anos depois, a ex-imperatriz Josefina faria esta mesma rota com suas damas de companhia e 68 guias.) Do alto, descortinaram "uma vista indescritível" — "Imagine só o lago [Léman] encapelado por um vento tempestuoso e congelado num piscar de olhos." Mais tarde, a paisagem, digna da Groenlândia, ganhou o nome — quase a legenda — de Mer de Glace [Mar de Gelo].

A grande contribuição de William Windham ao desenvolvimento do turismo não foi a descoberta das geleiras, mas sua sensibilidade romântica importada. Seu relato da expedição transitou pelos salões de Genève e causou sensação quando saiu publicado em jornais de toda a Europa em 1744.

De repente, as montanhas viraram moda. A maioria das pessoas sentia-se tão atraída por despenhadeiros gelados como por vilarejos imundos ou igrejas góticas caindo aos pedaços. Em 1788, voltando dos Pireneus, Jean Dusaulx foi abordado por uma senhora que lhe perguntou "O que achou dos horrores?" A mulher referia-se ao que mais tarde seria chamado de paisagem. As montanhas não passavam de ermos — por acaso, verticais. Até fins do século XVIII, poucos relatos de viagens pela Provence fazem menção ao monte Ventoux, que hoje parece dominar e organizar a paisagem. Poucos tinham ideia do que fosse uma montanha. Em 1792, um padre que fugia do Terror ficou abismado ao deparar-se com imensas massas rochosas que eram impossíveis de escalar numa manhã ou numa tarde: "Eu imaginava uma montanha como uma proeminência gigantesca, mas isolada."

Para quem chegava a pensar nisso, as montanhas — e seus habitantes — eram remanescentes do mundo primitivo. A Terra, tal como a raça humana, rumava vagarosamente para um estado de perfeição "em que as declividades não propiciem avalanches e a vegetação cubra os cadáveres das montanhas como um manto tranquilo" (Louis Ramond, *Observations faites dans les Pyrénées* [Observações feitas nos Pireneus], 1789). Depois de quatro dias de travessia dos Alpes, ocasião em que viu um lobo raptar seu cachorrinho de estimação em plena luz do dia, Horace Walpole desabafou: "Que rochedos mais brutos, e que gente mais feia!... Espero jamais revê-los."

Depois da expedição de Windham, os Alpes da Savoie foram invadidos pelos turistas. Em 1779, o médico escocês John Moore reclamou que "era difícil mencionar alguma coisa curiosa ou inusitada sem ouvir o aparte... 'Caro Senhor, muito interessante; mas dou-lhe minha palavra que nada se compara às geleiras da Savoie'." No final do século, já se podia chegar a cavalo ao Mer de Glace e havia um abrigo de montanha, conhecido como "O Templo da Natureza", onde os turistas podiam pernoitar. Quem sabe não haveria até uma estrada de verdade se Napoleão não houvesse rejeitado o apelo dos moradores de Chamonix: "Essa gente não percebe seus próprios interesses. Que histórias teriam as senhoras para contar se pudessem chegar de carruagem ao Mer de Glace?" Quando o poeta Shelley visitou esse "deserto povoado unicamente pelas tempestades" ("Lines written in the Vale of Chamouni" [Linhas

AS MARAVILHAS DA FRANÇA

escritas no vale de Chamonix], 1816), o "deserto" tinha hotéis suficientes para abrigar muitas vezes a população local. A mesa de jantar reunia, sentada em pesado silêncio, uma mixórdia de comerciantes, professores, pintores, botânicos, cavalheiros desocupados e interessantes mulheres, ditas "aventureiras". Como mais da metade dos turistas eram ingleses, prevalecia a etiqueta inglesa. Alguns vinham para ver o Mer de Glace, outros para subir a montanha recém-identificada como a mais alta da Europa: o Mont Blanc, escalado pela primeira vez em 1786 por um pastor local e um médico. Um século depois, quase todo pico importante dos Alpes ou Pireneus já havia sido conquistado várias vezes. Graças à diplomacia dos guias, muitos partiam com a sensação maravilhosa de ter sido o primeiro a escalar o pico de sua eleição.

À ÉPOCA DA EXPEDIÇÃO DE Windham, praticamente não havia turismo nas regiões mais planas da França. Pouca coisa permitia a um viajante planejar um giro pelo país e muita coisa incentivava-o a ficar em casa. Os guias de viagem não haviam evoluído muito desde o guia do peregrino a Santiago de Compostela, do século XII — escrito por um monge de Cluny, o guia do peregrino limitava-se a descrever as principais rotas e sítios sagrados, a comida e as acomodações, a duração prevista para cada etapa e o gênero de acolhida que o peregrino poderia esperar. A mensagem implícita era de que a situação piorava conforme o viajante afastava-se do Norte civilizado — na margem de lá do rio Garonne, a língua era "rústica" e incompreensível; as Landes ("três dias a pé") eram uma região com insetos gigantescos e areia movediça, onde era impossível conseguir carne, peixe, pão, vinho e água; a população da Gascogne era ébria, lúbrica, tagarela, sarcástica, malvestida e — benefício certamente duvidoso — hospitaleira.

Passados sete séculos, o conteúdo dos guias seguia na mesma linha. Presumia-se que o leitor era parisiense, ou ao menos que Paris fosse seu ponto de partida, pois, segundo *Le Nouveau Voyage de France* [O novo guia de viagem da França] (1740), "para formar o próprio gosto e obter um conhecimento sólido dos costumes e do governo de uma província, é preciso primeiro estu-

330 A DESCOBERTA DA FRANÇA

dar a capital e a corte". Por motivos óbvios, a maioria dos livros restringia-se ao que se conseguia ver no percurso pelas estradas postais. O guia da Bretagne de Jean Ogée, de 1769, tinha um subtítulo típico: "inclusive todos os Objetos dignos de nota que ocorrem a Meia Légua [cerca de 2 quilômetros] à Direita e à Esquerda da Estrada." Não se esperava que a paisagem fosse, em si, o objetivo da viagem. Para tornar uma viagem longa menos enfadonha, o guia fornecia os detalhes históricos de que o viajante poderia precisar para aliviar seu tédio e azucrinar os companheiros de viagem. O guia de John Breval para "diversas partes da Europa" (1738) era voltado para esse "conjunto de Leitores" capazes de extrair prazer da "planície mais árida ou do vilarejo mais deserto" — bastava terem uma data e um nome.

Como as informações geográficas eram escassas, a maioria dos autores buscava seus fatos em obras anteriores, que por sua vez haviam plagiado obras ainda mais antigas. Assim, monumentos que havia muito tempo já não existiam eram descritos como se o autor os houvesse visto com seus próprios olhos. Muitos autores que obviamente não contavam que alguém seguisse seus roteiros davam descrições detalhadas de cidades de província imaginárias. François Marlin não viajava sem a edição condensada do *Dictionnaire universel de la France* [Dicionário universal da França] (1771), de autoria de Robert de Hesseln, pois era "útil ter à mão nas bolsas da própria carruagem o país inteiro em seis volumes". Infelizmente, os informantes locais de Hesseln nem sempre ajudavam, como Marlin constatou em 1790 ao chegar à capital do departamento de Lozère. "Monsieur Robert deu-se ao trabalho de situar Mende no alto de uma montanha e de conferir-lhe um formato triangular e uma população extensa. A afirmação contém apenas três erros."

Mesmo em fins do século XIX, muitos guias descreviam as "neves eternas" do cume do monte Ventoux (as "neves" são as rochas brancas). Um deles, publicado em 1888, fazia menção a "moitas espessas de juncos crescendo num pântano desolado" no cume — absolutamente árido — do Gerbier de Jonc. (Em francês moderno, Gerbier de Jonc, na verdade um nome derivado de duas palavras que significam "rocha" e "montanha", remete a feixe de juncos.) A maioria destes autores jamais se aventurara, a não ser de trem, além dos bulevares da periferia de Paris.

AS MARAVILHAS DA FRANÇA

ANTES DA REVOLUÇÃO, a lista do que a maioria das pessoas vinha ver na França e nas regiões vizinhas era curta: as praças e os monumentos de Paris, os *châteaux* Fontainebleau, Versalhes e Chantilly nos arredores da capital e algumas cidades vistosas, pelo menos a distância — Bordeaux e seus cais, Lyon e sua conurbação ribeirinha, Marseille e seus subúrbios, os estaleiros de Toulon e Rochefort. Desde o século XVIII, o Mont-Saint-Michel já era apinhado de bares e lojas de suvenires. As principais atrações naturais eram as geleiras da Savoie, o anfiteatro natural do Cirque [circo] de Gavarnie nos Pireneus, a Perte du Rhône, um sumidouro em que o rio desaparecia para dentro da terra, a Fontaine de Vaucluse, grande nascente de água que jorra do fundo de uma cavidade rochosa, e a nascente do Sena, que embora não tivesse nada de extraordinário ficava convenientemente perto de uma estrada de posta importante. Maravilhas modernas como o Canal du Midi, os jardins e o pago-de de Chanteloup em Amboise, à beira do Loire, e a ponte de Tours eram, por si sós, atrações turísticas. As catedrais faziam muito menos sucesso que as ruínas romanas, sobretudo os arcos, anfiteatros e templos de Autun, Saintes, Nîmes, Orange e Arles, e o Pont du Gard, um aqueduto-ponte sobre o rio Gard que no entanto estava quase sempre deserto, mesmo no verão. Pouco mais valia a pena para um viajante de passagem, a caminho das maravilhas da Itália. O *Itinéraire des routes les plus fréquentées* [Itinerário das rotas mais frequentadas] (1783) recomendava uma temporada de um ano em Paris seguida de "duas ou três semanas em algumas das principais cidades; com uma certa dose de perspicácia, é possível dar-se por familiarizado com a França e os franceses".

Alguns pontos turísticos da França, famosos desde a Idade Média, começavam a dar sinais de envelhecimento. Na província de Dauphiné havia uma espécie de trilha turística precoce conhecida como "As Sete Maravilhas do Dauphiné" (na verdade, 15), um conjunto de estruturas e fenômenos naturais considerados milagrosos pelo folclore local. Entre as Maravilhas, havia a Font Vineuse [fonte vinosa], uma fonte de água mineral que no futuro renderia fortunas à empresa engarrafadora; a Motte Tremblante [outeiro movediço], um lodaçal isolado no meio de um pântano; o Mont Inaccessible, hoje Mont Aiguille [monte Agulha], escalado em 1492 por ordem de Carlos VIII,

332 A DESCOBERTA DA FRANÇA

mas ainda descrito, em meados do século XIX, como uma pirâmide de ponta-cabeça; o maná de Briançon, uma resina branca que cobria as florestas de lárix; e a Tour Sans Venin [Torre sem Veneno] no topo de uma montanha gelada acima de Grenoble, onde jamais se viu uma única cobra.

A Tour Sans Venin, provavelmente uma corruptela de são Vérin, está hoje tristemente relegada ao abandono, e não só pelas cobras. Um giro pelos sítios considerados como Maravilhas duzentos anos atrás é um passeio tranquilo e curiosamente decepcionante. Nos dias de hoje, poucos visitam as grutas de Bétharram, as minas de ardósia de Angers ou o lago sem fundo de Signy, nas Ardennes. Em 1996, o único sítio milagroso arrolado entre as 25 maiores atrações da França (tirando as estações de esqui e os cassinos) foi a Capela da Medalha Milagrosa da Rue du Bac, em Paris, onde, em 1830, a Virgem Maria ordenou a cunhagem de um medalhão. Os vários volumes dos modernos guias turísticos da França e a omissão de certas cascatas, poços e grutas antes céle-bres teriam causado perplexidade entre os primeiros turistas. Por motivos semelhantes, as gerações futuras talvez se perguntem por que os turistas do século XXI passariam férias na desolação da Camargue, no Marais Poitevin infestado de insetos ou sob o sol abrasador das praias da Côte d'Azur.

Em parte, a descoberta da França foi o processo de determinar o que valia a pena descobrir e como exatamente valorizar cada atração. Os turistas da virada do século XVIII para o século XIX viveram a transição da era da pere-grinação para a era do turismo de massa. Afora algumas atrações locais, como a falsa "Casa de Petrarca e Laura" na Fontaine de Vaucluse, não havia bro-churas e painéis informativos para promover, embalar e explicar o que se ve-ria. O leitor do guia de Compostela do século XII sabia exatamente o que fazer ao visitar a necrópole romana perto de Arles, dita Alyscamps, ou "Champs-Élysées" [Campos Elíseos] — "interceder pelos mortos com ora-ções, salmos e esmolas, como é de costume". Os guias de viagem modernos não tinham objetivos práticos, como a salvação de almas do passado. O *Guide pittoresque, portatif et complet du voyageur en France* [Guia pitoresco, portátil e completo do viajante na França] (1842) limitava-se a recomendar os Alyscamps como parte de "uma caminhada agradável pela variedade de seus sítios e paisagens". Segundo um outro guia, havia ali uma oportunidade para "fazer uso de seus lápis de desenho". Mas a maioria dos franceses que visitava Arles estava muito mais interessada em procurar vestígios de antigas glórias na beleza célebre das arlesianas, supostamente descendentes dos gregos.

A nova geração de viajantes não se impressionava com poços mágicos e árvores sagradas. Em 1811, o historiador alsaciano George Depping publicou o primeiro guia completo das "curiosidades naturais" da França, com uma seção especial dedicada às Sete Maravilhas do Dauphiné. Depping analisou-as "para que não restassem dúvidas quanto à sua vacuidade", mas destacou o interesse estético e científico de formações rochosas bizarras e nascentes vulcânicas. Cabia aos turistas admirar sua beleza, atentar para os processos da natureza e embasbacar-se com a credulidade de seus ancestrais.

O PRIMEIRO GUIA publicado na França para a nova geração de turistas da era das luzes foi um dos mais arrebatados, conscienciosos e inúteis de todos os tempos. *Voyages dans le départaments de la France* [Viagens pelos departamentos da França], de Joseph Lavallée, começou a sair em fascículos em 1792. Lavallée, um revolucionário recém-convertido, queria mostrar a esses parisienses com o rei na barriga que as províncias eram tão interessantes quanto sua hipertrofiada capital. Partiu com seus colaboradores para percorrer o país inteiro numa linha contínua que passasse por todos os departamentos, mas nunca duas vezes por um mesmo departamento.

Afora o itinerário, racional em teoria, mas excêntrico, o livro foge do comum por diversos motivos. Em primeiro lugar, Lavallée e sua equipe parecem ter, de fato, realizado a viagem. (A ilustração de Valenciennes mostra a cidade muito de longe, pois o artista corria o risco de ser fuzilado como espião. O capítulo reservado ao Loire-Inférieure [Loire inferior] omite a maioria das cidades devido às estradas impassáveis e ao vento que impediu o barco de atracar em Quiberon.) Em segundo lugar, o livro seria vendido no país inteiro, em toda cidade em que houvesse uma agência de correios. Em terceiro lugar, redefinia aquilo que um turista patriota deveria ter interesse em conhecer — em vez de catedrais velhas e lúgubres, enalteciam-se fábricas, passeios públicos e novos empreendimentos habitacionais. As observações sobre Nancy são típicas:

Os quartéis são magníficos, o hospital é uma beleza (...) Os demais prédios — as igrejas, por exemplo — são infames. O bispo ficava mais bem acomodado que o Deus que ele pretextava cultuar.

E, o mais estranho de tudo, o guia elogiava os habitantes da província, mais uma vez com ressalvas aos bretões — essas benditas vítimas da opressão aristocrática bebiam até serem tomadas por uma fúria suicida "e o ar frequentemente reverbera com as pancadas frenéticas de uma cabeça em delírio em paredes insensíveis".

Apesar da retórica alucinada, o guia de Lavallée ajudou a instaurar uma noção que é hoje quase sinônimo de civilização — a crença de que as belezas naturais e o interesse histórico fazem parte da riqueza de uma nação. A ideia ainda era novidade quando alguns dos administradores nomeados para os novos departamentos incluíram os pontos pitorescos em seus levantamentos sobre os recursos do departamento. O relatório de Jean-Baptiste Mercadier sobre o departamento de Ariège em 1800 foi um dos primeiros documentos oficiais a descrever o potencial econômico das atrações turísticas. Mercadier faz menção a grutas com estalactites, leitos fósseis, nascentes de água mineral e a nascente de Bélesta, que escapara por pouco de ser transformada num estropício industrial por um dono de serraria. Também faz menção aos castelos em ruínas no topo dos morros de Ariège, sobretudo Montségur, "célebre pela derrota dos albigenses [os hereges cátaros], ali massacrados". Esta é a primeira sinalização do "turismo cátaro", hoje uma fonte de receita vital para a região.

No caso, a nação designada invariavelmente como "Inglaterra" desempenhou, mais uma vez, um papel crucial. Após a queda de Napoleão, multidões de turistas britânicos vieram à França atraídos pela curiosidade e pelas taxas de câmbio. Como Morris Birkbeck esclarece em *Notes on a Journey through France* [Notas sobre uma viagem pela França] (1815), "já lá se vão 12 anos que não se faz um relato autêntico sobre o estado interno da França, que é, pois, até certo ponto, um país desconhecido". Os relatos do estrangeiro foram traduzidos em francês e revelaram um mundo mágico de tesouros insuspeitos ao povo que vivia no meio deles. Por falta de informações, Walter

AS MARAVILHAS DA FRANÇA

Scott fora obrigado a inventar grande parte de suas descrições da França em *Quentin Durward* (1823). Mas, na própria França, o romance suscitou um interesse efetivo pelo vale do Loire. Stendhal detestava a Bretagne, mas descobriu com as descrições de Scott que sua pobreza e sua feiura podiam ser divertidas. De repente, um chiqueiro envolto num remoinho de névoa virou uma fonte de fascínio inesgotável.

É impossível quantificar, mas fácil imaginar os efeitos desta invasão pósguerra. A visão daqueles "reverendos de colarinho abotoado" e "velhas senhoras com seus álbuns" que aportavam em Calais e Boulogne era suficientemente bizarra para chamar a atenção em qualquer lugar por onde passassem. Na década de 1820, a visão do pintor J.M.W. Turner esboçando paisagens ao longo do Sena e do Loire e apeando da diligência para percorrer a pé os últimos quilômetros até a cidade não teria escapado às populações de vilarejos inteiros. Também não lhes teriam escapado as largas passadas de Henry Wadsworth Longfellow seguindo de Orléans a Tours pelas margens do Loire, conversando com os camponeses nos vinhedos, parecendo viver noutro planeta:

> Os camponeses ainda estavam atarefados em sua lida; o latido ocasional de um cão e o som distante de um sino ao entardecer emprestavam um novo toque romântico à paisagem. Diante de mim, espraiava-se a realidade de tantas fantasias da infância, de tantos sonhos poéticos da juventude. E eu ali de pé, ao cair do sol, entre os luxuriantes vinhedos da França!
>
> A primeira pessoa que encontrei foi uma pobre velha, um pouco encurvada pela idade, que recolhia uvas com um grande cesto...
>
> — Suponho que seja estrangeiro, senhor, nestas paragens.
>
> — Exato; vivo muito longe daqui.
>
> — A que distância?
>
> — Mais de mil léguas.
>
> A velha parecia incrédula.
>
> — Mais de mil léguas! — repetiu, por fim. — E por que veio até aqui, tão longe de casa?
>
> — Para viajar; para ver como vocês vivem neste país.
>
> — E não tem ninguém de seu?

336 A DESCOBERTA DA FRANÇA

Além de percorrerem rotas mercantes como se fossem vendedores sem qualquer mercadoria para vender, os visitantes ingleses e americanos também colonizaram regiões esquecidas. No final do século XVIII, Calais era praticamente bilíngue. A população de Tours e da Touraine quase dobrou após Waterloo. Os ingleses descobriram Pau durante a Guerra Peninsular; restaurada a paz, voltaram para desfrutar o ar revigorante, a vista dos Pireneus e, mais tarde, suas próprias casas e campos de bocha e o primeiro campo de golfe da Europa continental. Num país em que habitantes de *pays* vizinhos ainda consideravam uns aos outros como estrangeiros, turistas que percorriam todos os cantos da região como se passeassem num imenso parque eram instrumentos mais eficazes para criar uma noção de orgulho nacional do que patriotas como Lavallée.

INFELIZMENTE, OS ESTRANGEIROS RECEPTIVOS não foram os primeiros a seguirem a trilha dos tesouros nacionais. Eles foram precedidos por um enxame de vendedores de quinquilharias e negociantes de antiguidades que ganharam dinheiro com a venda de propriedades confiscadas da Igreja e da aristocracia. Eram conhecidos, coletivamente, como "Bande Noire" [Bando Negro]. Em seu romance *O cura da aldeia*, Balzac descreve um destes especuladores parasitas, um latoeiro esforçado de nome Sauviat que no passado percorria a Auvergne trocando panelas e louças por ferro velho:

> Em 1793, ele conseguiu comprar um *château* vendido como propriedade do Estado. Demoliu-o e ganhou dinheiro. Depois, repetiu o feito em vários pontos de sua esfera de operação. Inspirado por seus êxitos iniciais, propôs algo semelhante, mas em maior escala, a um compatriota que vivia em Paris. E foi assim que a Bande Noire, tão afamada pela devastação que causou, surgiu da mente do velho latoeiro Sauviat.

Empreendedores da dilapidação como Sauviat identificavam os tesouros arquitetônicos da França com a segurança de quem consulta uma moderna lista das atrações cinco estrelas. Enquanto isso, os guias franceses continua-

AS MARAVILHAS DA FRANÇA

vam sendo escritos sem tomar conhecimento dos tesouros que estavam sendo destruídos. Carcassonne era citada não por seus muros medievais, mas por suas fábricas de tecidos. Um relatório de 1807 sobre o departamento de Gers afirma que livros inestimáveis do século XVI vinham sendo vendidos como papel de embrulho e que só os turistas ingleses estavam interessados em salvá-los. "Se esta destruição continuar, será inviável estudarmos em nosso país a literatura e a história nacional." Em 1827, em visita a Orange, o romancista Pigault-Lebrun observou, sem qualquer indício óbvio de preocupação, que "é difícil dar dois passos sem tropeçar em alguma coisa da época dos romanos".

Costuma-se atribuir a culpa pela dilapidação do patrimônio nacional a certos grupos com alvos bem definidos — os huguenotes, o anticlericalismo dos *sans-culottes*, os invasores prussianos, a rapina da Bande Noire. Mas a Bande Noire jamais teve existência institucional. Alguns de seus integrantes mais sofisticados talvez tenham até refreado o processo predatório quando descobriram um mercado para esses tesouros. Os claustros da abadia de Saint-Michel-de-Cuxa perto de Prade, nos Pireneus orientais, estão hoje em exibição no Cloisters Museum de Manhattan, junto aos de outras quatro igrejas medievais francesas. Sem a Bande Noire, tudo poderia ter tido o mesmo destino das cabeças de santos e dos lintéis entalhados que decoravam os casebres de quaisquer camponeses locais que se dispusessem a subir uma encosta empurrando um carrinho de mão. (Os furtos são evidentes até hoje. Um exemplo é um fragmento de coluna da basílica de Saint-Denis, hoje um decorativo calço de porta num café-restaurante das vizinhanças.)

A maioria dos danos não foi causada por negociantes cínicos, mas por furto, negligência, reparos emergenciais e incompetência no restauro. Um ferreiro instalou sua forja no que restava da catedral de Mâcon. A igreja de La Charité-sur-Loire foi invadida por galinhas e crianças. Notre-Dame-de-la-Grande, em Poitiers, abrigou a loja de um comerciante de sal, cujos resíduos continuam corroendo a pedra. Os muros da igreja gótica de Saint Gengoult em Toul abrigam até hoje o escritório de um corretor de imóveis, uma banca de sapateiro e a butique Marie-Jo.

A Igreja compactuou com sua própria dilapidação. Em Autun, os canhões demoliram o belo túmulo de Saint Lazarus [São Lázaro], com sua miniatura

338 A DESCOBERTA DA FRANÇA

em mármore da igreja original, e amputaram do tímpano a cabeça de Cristo, hoje considerada uma obra-prima da escultura românica. Em 1825, figuras de pedra foram decepadas da fachada da catedral de Reims para impedir que caíssem sobre o rei durante sua coroação. O próprio Estado foi um proprietário ignorante e inepto — instalou uma prisão no Mont-Saint-Michel, um quartel no Palais des Papes [Palácio dos Papas] e a coudelaria nacional na abadia de Cluny, depois de supervisionar a maior parte de sua demolição. Mais tarde, autorizou a construção de um canal e de uma estrada de ferro atravessando a antiga necrópole de Arles e a destruição de tudo que ficava no caminho.

Assim que os poetas e os amantes da arte souberam da existência desta terra mágica, já a encontraram em ruínas. Mas as ruínas tinham um encanto peculiar. Para a geração que cresceu à sombra da Revolução, as catedrais e os *châteaux* eram tocados pelo mistério de tempos passados e pelas certezas imaginárias da infância. Eram oriundos da outra banda de um abismo histórico. Charles Nodier, coautor da série de imenso sucesso *Voyages pittoresques* et romantiques dans l'ancienne France* [Viagens pitorescas e românticas pela antiga França] lançada em 1820, autodescreveu-se como "um viajante obscuro, porém religioso, pelas ruínas da pátria", um "peregrino" em busca de um deus. Cada volume trazia belas ilustrações de ruínas infestadas de morcegos e cobertas de hera sob um céu tempestuoso — o rendilhado carcomido da abadia de Jumièges, que continuava sendo demolida e vendida aos poucos, parecia pertencer à mesma era esquecida das ruínas romanas que se desfaziam em Orange.

O público-alvo do livro não eram os intelectuais, mas os artistas: "Esta não é uma viagem de descobertas, mas de impressões." Felizmente, o saber prevaleceu. Para Charles Nodier, Victor Hugo e outros autores modernos, as ruínas não eram apenas caixas de ressonância da alma romântica, mas pistas para uma identidade nacional que era preciso estudar e preservar. Muitos dos monumentos e igrejas que são hoje marcos da trilha turística salvaram-se graças a Prosper Mérimée, autor da novela *Carmen*. Nomeado em 1834 para o posto recém-criado de Inspetor Geral de Monumentos Históricos, Mérimée

---

*Pittoresques" no sentido original da palavra, i. e. relacionado à pintura, ou digno de ser pintado.

AS MARAVILHAS DA FRANÇA

passou quase três anos na estrada entre 1834 e 1852, descobrindo o que hoje se conhece como "o patrimônio" e argumentando com autoridades locais que viam nos martelos de demolição os instrumentos do progresso. Aturou noites longas e enfadonhas em "buracos infames" e compareceu a jantares de cerimônia que o impediram de avaliar os encantos das mulheres locais. Esteve na Auvergne e na Corse. Não largou do pé dos políticos de Paris até conseguir que quase 4 mil construções fossem tombadas como monumentos históricos. Não fosse por Mérimée, uma companhia de estrada de ferro teria demolido a ponte de Avignon. As basílicas de Vézelay e de Saint-Denis, as catedrais de Strasbourg e Laon, e grandes áreas de muitas cidades medievais teriam desaparecido para sempre.

Como quase ninguém discordaria de Mérimée nos dias de hoje, é difícil imaginar como o caminho trilhado por ele foi solitário. Em 1870, uma revista popular observou que muitas cidades normandas ainda tinham casas medievais com mansardas pontiagudas e peças de madeira aparente, mas que pouquíssimas delas "merecem ser preservadas":

> Deixaram de ser adequadas às necessidades da vida moderna (...) É certo que aliviam a platitude do gesso e a monotonia da pedra, mas evocam épocas históricas que não foram exatamente felizes e vidas pequenas e murchas

Os bombardeios aliados da Segunda Guerra Mundial destruiriam a maioria dessas casas antigas. As poucas restantes são alvo de uma veneração quase fetichista. Mas algumas construções ainda mais antigas, identificadas por Mérimée, continuam sendo negligenciadas e maltratadas — as antigas vigias de pedra que ficam de atalaia no alto dos planaltos dos Causses estão abandonadas e cobertas de lixo, e o colossal dólmen de Bagneux parece um grande urso enjaulado atrás de sólidos portões de metal. As pedras pré-históricas eram mais apreciadas pelos viajantes românticos do que hoje, talvez porque sua beleza resida numa sutil aliança com a paisagem, mais que em detalhes arquitetônicos. Em suas anotações sobre a França ocidental, Mérimée lembra a destruição perpetrada pela Igreja Católica contra estes símbolos de adora-

340 A DESCOBERTA DA FRANÇA

ção pagã, mas também observa uma forma de iconoclastia mais recente e com uma carreira longa e inglória diante de si:

> Eles são perseguidos com mais rigor pelo departamento de Estradas e Pontes que pelos sínodos. Depois de minha viagem ao Morbihan, os belos menires de Erdeven foram demolidos para não obrigar uma estrada a fazer um desvio de alguns metros.

DEPOIS DE PASSAR tanto tempo nas províncias e de tantas noites insones em cidades modorrentas louco de saudades de Paris, Mérimée provavelmente poderia redigir um relatório igualmente devastador sobre a nova indústria do turismo e os principais obstáculos ao seu desenvolvimento — os hotéis ruins e a comida local.

É claro que as coisas haviam melhorado muito desde a Revolução — os serviços de diligência eram mais confiáveis, as estradas mais velozes e novas pontes haviam surgido onde antes não havia nada. Havia menos bandidos emboscados nas florestas e já não se viam seus corpos cobertos de piche e imunes à ação do tempo pendendo de forcas à beira da estrada para pavor dos viajantes que eles haviam aterrorizado em vida. Mal se passara uma geração desde que um membro da família real constatara por experiência própria como era penoso viajar pela França. Em 1788, aos 13 anos de idade, o duque de Montpensier foi despachado para a Perche, em visita educativa ao mosteiro trapista. Mesmo acompanhado de um artista, de um botânico e de sua preceptora Madame de Genlis para repassar-lhe as informações históricas, o duque não apreciou muito a vida de turista:

> Partimos de Versalhes às 9h30 e chegamos aqui [Mortagne] às 6. Esta noite vimos a cidade inteira, que é pavorosa. Fizeram questão de mostrar-nos um antigo poço, abominável, supostamente uma das melhores coisas da cidade. A hospedaria é péssima. No entanto, as camas e os lençóis são limpos.

AS MARAVILHAS DA FRANÇA

O crédito pelos lençóis limpos, a julgar pelo manual de frases de Madame de Genlis na seção dedicada a hospedarias, provavelmente cabe à preceptora do duque:

Aqui está um cheiro horrível.

É preciso varrer o quarto e queimar um pouco de açúcar ou vinagre. Esta precaução deve ser tomada sempre que se entra num quarto de hospedaria.

Trazei-nos alguns lençóis. Lençóis bons e alvos. Previno que irei examiná-los com todo cuidado.

Tenho lençóis meus, mas sempre uso os da hospedaria para forrar o colchão. Depois, faço a cama com meus próprios lençóis.

Até a chegada dos turistas estrangeiros, com seu dinheiro e suas expectativas, a maioria dos hotéis não passava de modestas hospedarias nas estações de posta que ofereciam apenas um quarto espartano — às vezes só um catre na cozinha ou na sala de jantar — e refeições à mesa coletiva, em geral ocupada por mascates que se serviam do guisado antes das senhoras e aparentemente dormiam pouquíssimo.

Quartos individuais, só nos hotéis de luxo. Muitos viajantes acabavam compartilhando o leito com um familiar do estalajadeiro ou com algum dos passageiros da diligência. Um manual de etiqueta publicado em 1728 dedica vários parágrafos a esta delicada situação: "Caso as más condições de hospedagem obriguem a pessoa a dormir no quarto de alguém a quem deva respeito", deixe o outro se despir primeiro e depois se meta na cama e "durma sem fazer o mais leve ruído". Pela manhã, não permita que o vejam despido, não use espelho e não se penteie, sobretudo se a cama ficar na cozinha, "onde o cabelo pode ir parar nos pratos".

Fora das estradas principais, a "hospedaria" podia ser uma simples casa de fazenda cujo dono, tamanha a frequência dos pedidos de pernoite, instalara umas poucas camas infestadas de pulgas numa construção anexa. Até bem tarde no século XIX, era muito comum o viajante ser obrigado a aceitar hospedagem e alimentação gratuitas, pois qualquer tentativa de pagar seria uma

342 A DESCOBERTA DA FRANCA

enorme desfeita. Nas regiões mais agrestes, os turistas — sobretudo os franceses — pareciam esperar alguma recompensa por seu espírito aventureiro e queixavam-se amargamente dos estalajadeiros que buscavam obter lucro. Os "dois amigos" que publicaram um guia "artístico" dos Pireneus em 1835 alertaram sobre o "montanhês típico, que é inquisitivo, esganado, egoísta, tosco e ignorante". Ficaram chocados quando a população de Sainte-Marie-de-Campan alegou ser pobre demais para acolhê-los. O sapateiro que gentilmente os deixou dormir no chão de sua oficina deve ter ficado surpreso com o número cada vez maior de pessoas que batiam à sua porta depois da visita dos "dois amigos" — o guia inclui seu nome e endereço na lista de hotéis, ao lado de Don Farlo, em Panticosa, logo depois da fronteira espanhola, que "não é exatamente um estalajadeiro, mas é generoso e hospitaleiro e cobra do visitante apenas o custo do pernoite e da comida".

Com a intensificação do comércio e do turismo após a queda de Napoleão, o número de hotéis toleráveis cresceu. Nomes como Hôtel des Alliés, des Anglais ou des Américains [respectivamente, Hotel dos Aliados, dos Ingleses ou dos Americanos] costumavam sinalizar conforto (nesta acepção, o termo "conforto" foi um empréstimo do inglês). Nas cidades maiores, os hoteleiros mandavam criadas receberem a diligência. Assim que chegaram a Auxerre em 1812, George Depping e seus companheiros de viagem foram cercados por criadas cantando loas a seus respectivos hotéis:

> A beleza venceu. Todos os viajantes postaram-se espontaneamente ao lado da pregoeira mais bonita; as outras, vexadas, vieram atrás, tentando aliciar os retardatários; mas a primeira, como uma boa pastora, cuidou para que ninguém se desgarrasse do seu rebanho e conseguiu conduzi-lo, na íntegra, ao Auberge du Léopard [Albergue do Leopardo].

O estalajadeiro podia ser também agente dos correios, negociante de madeira, dono da tabacaria e prefeito. Apesar destes monopólios, os preços estabilizaram-se com notável rapidez por todo o país, o que deixou irritados os viajantes franceses, cujo dinheiro valia muito menos que as libras ou dólares. Victor Hugo define os deveres do estalajadeiro em *Os miseráveis* — "san-

AS MARAVILHAS DA FRANÇA

grar o homem, tosquiar a mulher, esfolar a criança"; "calcular o desgaste que um reflexo causa no espelho e fixar uma taxa para isto". O jantar costumava sair por três francos, com o vinho incluído caso o hotel ficasse numa região vinícola; a diária custava de seis a oito francos, com pensão completa, numa época em que um trabalhador ganhava, em média, 1,5 franco de diária.

Os turistas americanos e ingleses raramente reclamavam do preço, mas muitas vezes ficavam horrorizados com a falta de higiene. "Não deixe de levar consigo um pedaço de sabão", aconselhava o guia de Murray; "as provisões para as abluções pessoais deixam muito a desejar". Era comum a refeição ser servida no quarto de dormir, com as paredes e o chão talvez "pretos de anos de sujeira acumulada" e infestados de pulgas. A criada de Mrs. Cradock matou 480 pulgas num único cômodo. Na cozinha, viam-se cães atracados com tripas. No pátio de uma hospedaria perto de Lyon, Philip Thicknesse surpreendeu-se ao ver depositarem o espinafre num cesto raso, aparentemente para os cães. Mais tarde, no mesmo dia, a criada veio servir o espinafre à sua mesa. ("Virei-o na cabeça dela, com prato e tudo.")

Para muitos turistas, a mais tenebrosa das expedições não era transpor um desfiladeiro alpino, ou viajar à noite numa estrada ruim, mas a visita inevitável ao *cabinet d'aisances* [sanitário]. Pouco a pouco, as expectativas britânicas transformaram os hotéis nos estabelecimentos eficientes e impessoais que os franceses consideravam frios e intimidadores. Mas nem sempre os resultados eram do agrado dos estrangeiros. Em Nîmes, em 1763, Tobias Smollett encontrou "o Templo de Cloacina" "em estado lastimável":

> A criada de quarto disse-me que sua patroa o fizera construir de propósito para os viajantes ingleses, mas que agora estava arrependidíssima do que fizera, pois todos os franceses que frequentavam sua casa, em vez de se servirem do assento, largavam seus presentes no chão, o que a obrigava a mandar limpá-lo três ou quatro vezes por dia.

Mais tarde, os bidês e os dois calços de porcelana com um buraco pequeno e escuro no meio confundiriam e intimidariam os turistas. Mas até quando as coisas eram mais simples havia mistérios a decifrar. Em 1812, no Béarn, um viajante que dormia no terceiro andar de um beliche de quatro camas foi acordado à noite por um cheiro e um barulho de cordas e roldanas. Uma voz na escuridão sussurrou: "Não se preocupe, senhor, é apenas o vigário subindo." *Vicaire*, como o viajante veio a descobrir, era o termo local para "penico". Nada demais num país que até hoje respeita o direito de aliviar-se, se necessário, em público. Qualquer pessoa podia chegar no pátio da fazenda e usar o quartinho. Nos vilarejos, áreas abrigadas como pontes e passagens cobertas serviram de "sanitário a várias gerações, tendo o ar livre como desinfetante" ("Fosse d'aisances" [fossa sanitária], *Grand Dictionnaire universel* [Grande dicionário universal]).

Nas cidades, os banheiros públicos podiam ser surpreendentemente agradáveis. O guia de Paris de 1828, de Richard, fez especial alarde de sua inclusão dos "*cabinets d'aisances* mais em voga". Alguns deles, como o toalete na entrada do museu do Louvre, eram mais limpos que os de apartamentos particulares e custavam apenas 15 cêntimos. Um exemplo reluzente, na Rue du Faubourg du Temple, "[merecia] ser visto por seu interesse técnico". As portas que serviam para ocultar o usuário do *cabinet* tornaram-se cada vez mais comuns; muitas vezes eram marcadas por um simples "100" (trocadilho infame entre "*cent*" [cem] e "*sent*" [que cheira a]). Nas cidades da Provence, os moradores às vezes abriam num canto de casa um pequeno e conveniente cubículo e vendiam o conteúdo a um coletor de esterco. Na década de 1860, este arranjo mutuamente lucrativo já se difundira à margem das estradas pedregosas nos arredores de Nice, Antibes e Saint-Raphaël. Os passageiros das diligências, antes obrigados a se esconderem atrás de uma moita, encontravam pequenas cabanas adornadas com trepadeiras e anúncios caprichados escritos em francês ou *niçard* pelos camponeses que disputavam o fertilizante: "*Ici on est bien*" ["É bom, aqui"], "*Ici on est mieux*" ["É melhor, aqui"], ou "*Ma questo è necessario*" ["Mas é uma necessidade"].

A OUTRA GRANDE NECESSIDADE da vida é um tema tão vasto que nem uma enciclopédia conseguiria esgotá-lo. A maior parte dessa enciclopédia seria, porém, dedicada a raridades ou exceções. Em geral, o cardápio padrão era tão insosso que não valia a pena mencioná-lo, a não ser quando espetacularmente ruim. É por isto que os romances do início do século XIX costumam dar igual peso às grandes refeições e a eventos memoráveis como orgias, sendo comum a coincidência entre ambas.

Poucas pessoas teriam imaginado que a França seria um dia a meca do turismo gastronômico. Fora das casas dos ricos e de alguns poucos restaurantes, receitas eram coisa rara. A princípio, a palavra "*recette*" referia-se à manipulação farmacêutica de remédios. As "receitas" populares eram, na maioria, ou curas mágicas — "Abra um pombo pelo meio, tire o coração e ponha-o sobre a cabeça da criança" etc. — ou pílulas da sabedoria camponesa. No Roussillon, acreditava-se que os patos faziam "*Naps! Naps!*" porque a melhor maneira de servi-los era com nabos ("*nap*" em catalão). Procurar combinações interessantes dos alimentos nem passava pela cabeça de pessoas para quem o ápice do prazer culinário era estar de barriga cheia. Contava-se que quatro rapazes de Saint-Brieuc, na Bretagne, discutiam o que cada um comeria se a imaginação fosse o limite; um propôs uma linguiça de tamanho descomunal, outro imaginou um cozido de toucinho com "feijões do tamanho do dedão do pé", o terceiro optou por desnatar com uma concha gigantesca um oceano de gordura e o quarto reclamou que os outros já haviam "escolhido todas as coisas boas".

Hoje em dia, muitas cidades alardeiam uma especialidade "tradicional" que, no mais das vezes, é um tipo de *andouille* ("chouriço recheado de tripa de porco ou javali picada e extremamente picante"). A maioria das versões modernas da *andouille*, como o *haggis* escocês, é um pseudorrefinamento de ancestrais mais rústicos. Seja como for, a *andouille*, com seu paladar pungente, era uma das raras iguarias. Para o turista que se aventurava fora de Paris, o verdadeiro paladar da França era de pão velho. Quão velho dependia da disponibilidade de combustível. Um manual de arquitetura rural publicado em Toulouse em 1820 ensinava que o forno comunitário devia ser grande o bastante para permitir assar todo o pão da semana de uma só vez, em até 24 horas. Nos Alpes, uma única fornada rendia pão suficiente para um ano, às vezes até dois ou três anos. Depois de assado pelo menos uma vez, o pão era pendurado sobre o fogo, para defumar, ou então secado ao sol. Às vezes, não

346 A DESCOBERTA DA FRANÇA

passava de um delgado biscoito de cevada e farinha de fava que era preciso amaciar em leite desnatado ou soro para melhorar sua cor e torná-lo comestível. Os ricos usavam vinho branco.

O pão havia atravessado o ano inteiro na companhia dos que o haviam assado — era duro como pedra, imune às condições do tempo e capaz de resistir a viagens longas. As variedades mais rústicas saíam do depósito como lâminas fossilizadas que era preciso esmigalhar a marteladas, ferver cinco vezes com algumas batatas e talvez temperar com leite. A maioria dos viajantes encolhia-se só de pensar em comer o pão local e levava consigo um suprimento de torradas. Na Auvergne, havia uma gororoba preta e pesada feita com uma mistura de farelo e farinha de centeio que só se conseguia engolir à custa de água e soro de leite coalhado. No Sudoeste, onde aos poucos se trocou o painço pelo milho, a massa era fatiada e frita em gordura ou assada sob as brasas do fogo. Com sardinhas salgadas ou sopa de urtigas, era considerada uma delícia, mas só por quem comia aquilo todos os dias da vida.

Nas províncias gastronomicamente empobrecidas, é possível que os turistas se sentissem passando privações quando devoravam seus coelhos e galinhas, mas em geral sua dieta era muito mais rica que a do pessoal da terra. Em muitas partes da França, só se comia carne em ocasiões especiais. Em 1844, uma missão governamental enviada a Anjou para fazer um levantamento factual constatou que, apesar das toneladas de carne que saíam dali para abastecer Paris, a população de Anjou era praticamente vegetariana. O jantar consistia em pão, sopa (de repolho, batata ou cebola), um legume e um ovo cozido. O cardápio anual talvez também incluísse um pedaço de queijo de vez em quando, algumas nozes no inverno e um pouco de banha salgada aos domingos para variar o sabor do pão.

A carne para consumo local nem sempre vinha da fazenda ou do cercado. O único animal de porte que jamais se comia, a não ser em épocas de fome, era o lobo, de paladar sabidamente repulsivo. Na Bourgogne, havia quem considerasse a raposa uma iguaria, "contanto que fosse deixada do lado de fora pendurada numa ameixeira debaixo de geada durante duas semanas". No Morvan e nas Landes, comiam-se esquilos vermelhos — mansos o suficiente para serem abatidos a cajado por um idoso. Nos Alpes, as marmotas, que faziam o favor de esvaziar o intestino antes de hibernar, eram arrancadas de suas tocas, cozidas e às vezes deixadas de molho na água durante 24 horas para eliminar o cheiro almiscarado. A carne tinha uma textura oleosa e um leve gosto de fuligem. A gordura era esfregada em membros reumáticos e o sebo, queimado nas lamparinas. Embora ocorresse de os ursos dos Pireneus comerem as pessoas, a recíproca não era verdadeira até os turistas inaugurarem um mercado para carnes exóticas. Um guia de 1834 sobre Toulouse e arredores informava que "às vezes, quando se mata um urso, servem um *beefsteak* [sic] [bife] desta carne, que é muito boa".

A princípio, é difícil entender como as pessoas sobreviviam à dieta tradicional. O revolucionário socialista Proudhon, que passou a infância em Besançon, garante que sua família cresceu "alta e forte" comendo *gaudes* (mingau de farinha de milho torrada), batatas e sopa de legumes — dieta que a teria deixado baixa e enfermiça. Muitas das dietas que aparecem descritas em memórias ou nas "*pensions alimentaires*" [pensões alimentares] de testamentos sugerem uma carência letal de vitaminas e proteínas. Em certos casos, quase todas as calorias eram provenientes de cereais ingeridos sob a forma de pão. Constata-se, porém, que durante boa parte do dia Proudhon pastava exatamente como as vacas das quais cuidava, fartando-se de milho, sementes de papoula, ervilhas, rapôncio, salsifi, cerejas, uvas, frutos de roseira, amoras silvestres e abrunhos. Nas áreas mais quentes da França, a dieta informal era ainda mais nutritiva. Perto de Avignon, Agricol Perdiguier (ver p. 196) empanturrava-se de pêssegos, uvas, damascos, figos e uma tal variedade de frutos silvestres que ele nem conhecia todos os seus nomes em francês. Em 1862, havia mais de 3 milhões de colmeias na França (uma para cada 13 habitantes), o que demonstra que a dieta nem sempre era tão horrenda como parece. Numa culinária insossa, um marmelo cristalizado no mel e torrado na brasa podia ser um banquete inesquecível.

Antes de os cereais atapetarem o mundo com a agricultura industrial, a vida comestível vegetal e animal era mais variada e abundante. O atlético selvagem da floresta de Iraty parece ter sido vegetariano radical. É possível que Victor do Aveyron, o menino capturado perto de Saint-Sernin, comesse frango, pato e lagostim, mas não os demais itens do "Menu de l'Enfant

Sauvage" [Cardápio do menino selvagem] atualmente disponível no hotel de Saint-Sernin (queijo roquefort, *soufflé glacé* [suflê gelado] e licor de nozes). Memmie, a menina selvagem encontrada em 1731 perto de Songy na Champagne alimentava-se de coelho cru, rãs (que ela comia com folhas) e raízes (que ela arrancava do solo com a força de seu polegar e indicador).

Os turistas modernos que viajam por áreas agrícolas ricas e são descaradamente recebidos com um prato de *steak frites* [filé com fritas] e alface murcha encharcada de óleo veem os resultados de um processo iniciado há mais de um século. Com as estradas de ferro propiciando o rápido fluxo dos turistas para as províncias e dos produtos agrícolas para as cidades, o mapa gastronômico da França parecia desabrochar. As especialidades de cada região faziam babar os autores de artigos sobre geografia publicados em revistas parisienses — manteiga de Isigny, maçãs do Pays de Caux, cerejas de Montmorency, alcachofras de Laon, mostarda e cassis de Dijon, trufas do Périgord, ameixas secas de Tours e Agen, chocolate de Bayonne. Algumas destas especialidades, porém, longe de representarem a essência de uma região, eram simplesmente fruto do talento publicitário de um único comerciante. Raramente iam parar no prato de um viajante e nem sempre estavam disponíveis na própria região. A área de Dijon não era especialmente rica em cassis até que um empreendedor dono de café esteve em Paris numa viagem exploratória em 1841, percebeu a popularidade do cassis e passou a vender seu próprio licor como uma especialidade da região. Muitas vezes era difícil encontrar bom vinho em regiões vinícolas. Para um *connoisseur* de vinhos franceses, era melhor estar em Londres, Paris ou Tours (onde havia uma grande comunidade inglesa) do que em províncias francesas, onde aqueles que podiam dar-se ao luxo de tomar vinho às refeições preferiam *eau de marc* (água passada pelo resíduo de cascas de uva deixado pelo processo de fabricação do vinho).

Os alimentos levados para Paris e vendidos por banqueteiros e merceeiros ajudaram a criar uma imagem fantasiosa da província. Na seção de receitas do *Nouveau manuel complet de la maîtresse de maison* [Novo manual completo da dona de casa] de Madame Pariset, os ingredientes indispensáveis eram obviamente uma residência em Paris e uma criada para fazer compras nas Halles. Suas receitas levavam azeite de Aix, farinha de milho da Bourgogne, semolina

AS MARAVILHAS DA FRANÇA

da Bretagne, toucinho de Strasbourg e queijo gruyère, mas as receitas — sopas e guisados bastante modestos com preponderância do repolho — não eram provenientes das províncias da França, mas "[d]as melhores mesas".

Quase todas essas mesas eram parisienses. Em 1889, corria que na capital havia cem restaurantes por livraria. "Hoje em dia, um giro gastronômico por Paris, evento antes inconcebível, levaria quase tanto tempo como uma viagem de volta ao mundo." Foi a partir de Paris que muitos pratos "da província" chegaram às províncias. A família do Bourbonnais descrita pelo romancista camponês Émile Guillaumin assiste chocada (em 1880) à cena de seus parentes parisienses, que estão de visita, agachados à borda dos laguinhos recolhendo as rãs com uma sacola: "Como ninguém sabia prepará-las, o sobrinho foi obrigado a ir para a cozinha."

Foi preciso um século de turismo estrangeiro para que os franceses e as francesas começassem a partir em massa para descobrir pessoalmente a França. Mesmo então, a maioria dos amantes da boa mesa preferia explorar as províncias *à la carte* num restaurante parisiense. Entre as mais reveladoras viagens de descoberta a serem empreendidas por um francês, está a de Alexandre Dumas a Roscoff, no litoral norte da Bretagne, em 1869. Roscoff era a capital do comércio horticultor do Oeste da França. Na década de 1860, centenas de barcos carregados de cebolas e alcachofras já saíam anualmente do pequeno porto rumo à Inglaterra, aparentemente porque certa vez alguém de coragem conseguira vender suas cebolas em Londres com um cartaz que dizia "A cebola inglesa não presta". Mas, ao instalar-se em Roscoff para escrever seu *Dictionnaire de cuisine* [Dicionário de cozinha], Dumas foi movido mais pela imaginação que pela comida: "Fora peixe em abundância, pouco mais havia: alcachofras duras como pau, *haricots verts* [feijão-verde] aguados e nada de manteiga fresca." Sua cozinheira Marie havia previsto que a expedição seria um fiasco. Horrorizada, embarcou de volta para Paris, onde se podiam encontrar e desfrutar de todas as maravilhas culinárias da França.

CAPÍTULO 15

Cartões-Postais dos Nativos

UM SÉCULO E MEIO DEPOIS da expedição de Windham às geleiras da Savoie, com ciclistas vencendo os Pireneus a pedaladas e os primeiros carros a motor roncando pelas estradas empoeiradas, seria difícil acreditar que ainda houvesse alguma coisa por descobrir na França. Mas não era bem assim, já que o desfiladeiro mais grandioso da Europa, a menos de 30 quilômetros de uma capital de departamento (ver p. 388), só seria descoberto em 1896. Em 1869, um jornal diário lembrou que o túnel do monte Cenis e o canal de Suez logo tornariam possível dar "A volta ao mundo em 80 dias". Julio Verne leu os artigos e usou a deixa como título de seu romance *Le Tour du monde en quatre-vingts jours* (1873), em que Phileas Fogg dedica apenas quatro linhas de sua caderneta à travessia da França:

> Partida de Londres, quarta-feira 2 de outubro, 20h45
> Chegada a Paris, quinta-feira 3 de outubro, 7h20
> Partida de Paris, quinta-feira, 8h40
> Chegada a Turim pelo monte Cenis, 4 de outubro, 6h35

Graças às estradas de ferro, e contanto que os pontos de partida e de chegada fossem cidades importantes, podia-se atravessar a França em pouco mais

352 A DESCOBERTA DA FRANÇA

de um dia. Na década de 1860, a distância entre Paris e Marseille, segundo Joseph Méry, colaborador de Dumas, era de apenas "33 charutos". O romancista e escritor de viagens Amédée Achard esperava ansioso pela inauguração de um ramal que poria o balneário de Trouville, no litoral da Normandie, "a quatro charutos de distância do Boulevard des Italiens" — ou seja, cerca de um charuto a cada 24 quilômetros num trem que andava à velocidade máxima de 61 quilômetros por hora. Para o trabalhador migrante, as distâncias mediam-se não em charutos, mas em pães e solas de sapato, mas ele também aderiu ao trem quando percebeu que algumas horas num vagão de terceira classe custavam menos que cinco dias na estrada.

O cavalheiro que publicou *De Paris a Nice em 80 dias* (1889), o relato anacrônico de uma viagem num antigo vagão restaurado, considerava-se um pioneiro da volta ao passado, um guia da época em que as pessoas partiam em viagem, em vez de "se fazerem transportar de um ponto a outro". Sabia que o prazer e a descoberta são inversamente proporcionais à velocidade. Quanto mais rápido o meio de transporte, menos se vê e mais o tempo demora a passar. Com o trem, gente que antes viajava cantando e contando casos em meio aos solavancos da diligência aprendeu a odiar seus companheiros de viagem. O heroísmo do desconforto compartilhado deu lugar à ranhetice impaciente do viajante moderno. Em 1882, após "seis semanas viajando constantemente de trem na França", Henry James tentava acomodar-se em algum canto de um vagão do expresso de Marseille que seguia para norte — "apinhado de alemães que ocupavam as janelas com a mesma energia com que sabidamente ocuparam outras posições estratégicas" — quando imaginou se tudo aquilo valia a pena: "A insuportável *salle d'attente* [sala de espera], as irritantes esperas pela bagagem, a falta de carregadores na plataforma, o trem superlotado e tacanho." A maior esperança de um viajante moderno era esquecer aquilo tudo. "Felizmente, viajar de trem é muito parecido com viajar por mar; mal se chega ao destino, esquecem-se todas as amolações."

Até então, era impossível atravessar o país em tão triste ignorância. Desde a década de 1850, as estradas de ferro vinham drenando o tráfego das grandes estradas que se irradiavam de Paris. Qualquer viagem para leste pelas planícies de Brie era tão solitária como antes da Revolução. Quando o Plano Freycinet de 1879 injetou bilhões de francos no sistema ferroviário para aquecer a economia, tirou do mercado ferreiros, carroceiros, estalajadeiros e camponeses cuja fonte de sustento eram os viajantes famintos e seus cavalos. Vacas e galinhas voltaram para o meio da estrada. Os estreitos corredores de terra indicados nos antigos guias tornaram-se ainda mais estreitos. Na era do vapor, o mundo exterior parecia minguar e evaporar-se.

Uma viagem de diligência para Bordeaux abriu os olhos de Victor Hugo. Agora, o efeito era perceptível até mesmo nos rios. O guia de viagem de Jean Ogier para quem fosse de Lyon a Avignon de trem ou pelo rio (1854) imaginava como os turistas ocupariam seu tempo quando o veículo atingisse a velocidade de fuga e começasse a cruzar o espaço entre as cidades. Quando os vapores *Ville d'Avignon* ou *Missouri* saíam de Lyon, os passageiros podiam observar a fábrica de tabaco, a prisão, o hipódromo e o matadouro, mas aí,

> chegamos a um ponto em que se torna impossível examinar tudo em detalhe, pois a velocidade do barco é tal que tudo voa diante de nós, cidades, lugarejos, fazendas, *châteaux*, planícies e montanhas, vales e ravinas, esvaindo-se e fundindo-se numa única mirada. Veremos muita coisa, mas aprenderemos pouquíssimo.

OS POLÍTICOS PROGRESSISTAS da época ficariam deslumbrados com as narrativas sobre a moderna França do século XIX, com suas panorâmicas paisagens alongadas e fora de foco cruzadas por trens de alta velocidade, suas estatísticas de distância e duração das viagens dos passageiros fazendo alarde do progresso da nação como as placas de quilometragem iluminadas no túnel do monte Cenis. A maioria dos que testemunharam a proliferação das estradas de ferro viu algo inteiramente diferente.

Nas décadas de 1860 ou 1870, um nativo da terra que voltasse para casa depois de uma longa ausência faria mais descobertas nos primeiros instantes de sua chegada do que um turista num giro de oitenta dias pela França. A chegada podia ser pela estrada de ferro, não dentro de um vagão, mas pelos

354 A DESCOBERTA DA FRANÇA

trilhos, pois o leito da ferrovia era com frequência a melhor estrada da região — a drenagem era boa e os trens locais dos ramais secundários lentos o suficiente para que as pessoas ao longo da linha férrea se familiarizassem com todos os rostos à janela do vagão.

Podemos imaginar a cena. De ambos os lados da via férrea, campos mais extensos e mais monótonos, a perder de vista e não mais aglomerados em torno da cidade. Em alguns pontos, parecem mais agrestes que nunca. Gado ocupando lavouras de cereais, para alimentar a mão de obra durante a construção da ferrovia. Os trabalhadores já se foram, mas deixaram uma cicatriz tão profunda como os túneis e os cortes no terreno — a lembrança dos tumultos em dias de pagamento, de seus dialetos entremeados por palavrões, de sua inacreditável rudeza. Pendurados em escadas de corda, plantavam explosivos na rocha e recuavam tomando impulso com os pés, o suficiente, em geral, para escapar da explosão. O pessoal da obra, homens e mulheres, eram missionários violentos de um mundo novo em que se media o tempo em minutos e o valor de uma vida humana em dinheiro.

Mesmo à distância, há sinais da nova prosperidade — o reflexo de janelas de vidro, telhados de ferro, fornos de cal e uma torre de igreja de concreto na linha do horizonte. O local à saída da cidade em que as mulheres costumavam buscar água está abandonado desde que um conterrâneo que enriqueceu em Paris como comerciante de carvão bancou uma bica e um abastecimento de água seguro em celebração à sua generosidade. Removeram-se os antigos portões da cidade e qualquer pessoa pode entrar lá à noite. Dentro da cidade, um relógio com um mostruário grande como uma rosácea surgiu na fachada oeste da igreja. Do outro lado da praça, o relógio da prefeitura marca uma hora diferente — a média aproximada de todos os sinos dos vilarejos dos arredores que, durante pelo menos meia hora, batem a mesma hora um depois do outro. Por sua vez, o relógio da estação de trem marca uma terceira hora, que não coincide com nenhuma das outras duas. É a hora de Paris, afinada com os cronômetros dos maquinistas, mas não com os meridianos de longitude e a marcha do sol — a hora oficial é 20 minutos atrasada em relação a Nice e 27 minutos adiantada em relação a Brest (onde as pessoas chegam à estação e normalmente constatam que seu trem já partiu faz tempo). Os relógios portáteis de água e de sol logo se tornarão itens de colecionador. A hora padrão, assim como o sistema decimal introduzido há um século e ainda solenemente ignorado, é uma imposição burocrática exasperante. Em Berthouville, na Normandie, o sineiro troca do horário de verão para o horário de inverno de uma vez, num mesmo dia, em vez de fazer ajustes imperceptíveis ao longo de todo o ano, o que afeta a rotina dos animais e das pessoas.

O próprio nome da cidade mudou, como demonstram a nova placa na estrada e os avisos do lado de fora da sede da prefeitura. O antigo nome foi traduzido em francês. Nos Alpes-Maritimes, San Salvador (o nome original, no dialeto *gavot* alpino) virou Saint-Sauveur e depois Saint-Sauveur-sur-Tinée para distinguir-se das 39 outras Saint-Sauveurs existentes na pátria. Os administradores postais impuseram um basta à confusão. Por ironia, alguns antigos *pays* terão seus nomes preservados por conveniência administrativa — Vachères-en-Quint, Rochefort-en-Valdaine, Aubry-en-Exmes, Conches-en-Ouche etc. Outras localidades, subitamente constrangidas no contexto nacional, reivindicaram uma troca de nome. Em 1854, Tremblevif (nome derivado do latim que remete a um tipo de faia chamada "choupo-tremedor" e a "vilarejo"), situada na pantanosa Sologne, adota o nome de Saint-Viâtre para evitar eventuais associações com tremedeiras ou febre palustre. Em 1865, Merdogne vira Gergovie, pois o nome do lugar em que os gauleses impuseram sua grande derrota a Júlio César é mais heroico que uma possível associação com merda.

ESTAS E OUTRAS INTERFERÊNCIAS na vida local são assuntos de conversa na praça aos domingos, quando as mulheres estão na igreja. Os homens ainda falam o velho patois, mas entremeado de refinadas palavras francesas — *agriculture, démocratie, économie, salaires* [respectivamente, agricultura, democracia, economia, salários] — como se fossem cavalheiros que não dispensam a cartola numa festa de vilarejo. A política chegou com o recrutamento militar e os migrantes, os carteiros e os engenheiros da estrada de ferro, os apóstolos do socialismo enviados pelo comitê central de Paris e os mascates que trocaram as fórmulas mágicas pelos manifestos. No café, fotografias de líderes políticos, em vez das imagens de Napoleão e da Virgem Maria afixadas nas paredes com goma de farinha. Algumas dessas fotos serão arrancadas pelo gendarme por ordens de Paris. Poucos cidadãos locais votaram nas eleições municipais de 1831. As eleições de 1849, após a Revolução de Fevereiro, e o plebiscito de 1852 que aclamou Napoleão III são muito mais concorridas — isso à custa de rodadas gratuitas de bebida promovidas pelo dono da fábrica local, ou de ameaças de demissão, ou da crença de que Napoleão III é uma reencarnação de Napoleão Bonaparte, que muitos acreditavam ser dotado de poderes sobrenaturais.

Em dezembro de 1851, quando o novo Napoleão lidera seu golpe de Estado, muitas cidades e vilarejos, especialmente do sudeste, rebelam-se contra o ditador. A selvagem repressão ao levante e a paranoia diante de um Estado policial cujos espiões circulam de trem e anotam comentários "subversivos" feitos por camponeses embriagados dão uma aparência de sofisticação política a estes conflitos locais. Mas, apesar dos bordões socialistas e da propaganda imperial, é óbvio para o nativo que volta à sua terra que o antigo estado de coisas não mudou. Quando vai à prefeitura registrar sua presença na comuna, encontra na sala caiada, sentado entre a fotografia do imperador e o armário com os arquivos municipais, o primogênito do fazendeiro local mais abastado. A democracia — ou a aparência de democracia — cria seus próprios governantes dinásticos. Alguns prefeitos ficam no posto mais de trinta anos. Joseph Pic, que presidiu o vilarejo de Audressein nos Pireneus por 36 anos (1884-1919), e cuja debulhadora hidráulica continua sendo a maior atração local, foi agricultor, marceneiro, dono de fábrica e criador de animais. Nas circunstâncias, é difícil distinguir entre corrupção e orgulho tribal. Segundo definição do vaudevilista Eugène Labiche, o prefeito da comuna é "o habitante da comuna cuja moradia é cercada pelas estradas mais bem conservadas". Labiche, que passou 11 anos como prefeito de Souvigny-en-Sologne, onde era proprietário de 2.200 acres, ou um quinto da comuna, podia falar de cadeira.

Nas províncias, a política ainda não é a "ciência sem coração" dos ideólogos e dos carreiristas. O direito de votar é o direito de golpear o velho inimigo —

CARTÕES-POSTAIS DOS NATIVOS   357

forasteiros intrometidos, famílias que enriqueceram na Revolução, o vilarejo ao lado, *cagots* e judeus, até mesmo as forças do mal. Na Corrèze, um médico era idolatrado como um feiticeiro do bem — os camponeses arrancavam lascas de sua carruagem e dos bancos de sua sala de espera como talismãs; na crença de que o filho herdara do pai o segredo da cura, elegeram-no para o Conseil Général [Conselho Geral]. A visão dos eleitores sobre os partidos políticos nem sempre coincide com a visão das histórias da França. Em Nîmes, a cisão das lealdades políticas entre católicos e protestantes remonta à Reforma. No oeste da França, a antiga divisão entre "azuis" republicanos e "brancos" monarquistas prolongou-se até bem tarde no século XX.

Apesar dos sinais de regeneração, é improvável que o nativo que regressa à sua terra permaneça ali. A estação de trem abriu alguns poucos empregos. A passagem de nível e a agência de correios são cada qual controladas por uma mulher local. Mas os jovens partem para as cidades, onde há empregos melhores e ruas com iluminação noturna. A retração demográfica atinge cidades e vilarejos de toda a França e só entrará em recuperação a partir da década de 1960. No final do século XIX, de cada dez cidadãos franceses, dois já deixaram seu departamento natal. Até quem ficou começa a sentir-se estranho em sua própria terra.

AS LEGIÕES DE VIAJANTES burgueses que voavam de trem pelo país acertavam seus relógios pelo da estação. Consideravam a população da França provinciana mais como relíquias do passado que como cidadãos de um mundo novo.

Esta classe e sua cultura, viessem ou não de Paris, eram avassaladoramente parisienses. Grande parte do que passou a ser visto como francês ou era peculiar a Paris, ou imitava alguma coisa parisiense. Uma simples análise dos locais de nascimento e de morte de 520 artistas, arquitetos, escritores e compositores da virada do século XVII para o século XX revela que grande parte dos criadores da cultura "francesa" não só trabalhou e passou a maior parte da vida em Paris (com frequentes escapulidas de férias para satélites da capital, como o litoral da Normandie ou a Côte d'Azur),

358 A DESCOBERTA DA FRANÇA

como também nasceu em Paris (mais de um terço do total).* Os que vieram das províncias lá deixaram apenas seus fantasmas cinzentos em estátuas erigidas pelo conselho local.

Embora muitas cidades da província tivessem indústrias editoriais pujantes (entre as obras arroladas na bibliografia deste livro, há títulos publicados em 76 cidades francesas), pouquíssimos autores proeminentes foram publicados fora da capital. Em qualquer carreira, era essencial tornar-se parisiense ou ter contatos em Paris. Assim foi com o "camponês" Arthur Rimbaud, que burilou sozinho seu estilo e, mal completou 17 anos, mudou-se para Paris e esforçou-se ao máximo para perder seu sotaque setentrional. Émile Zola deixou Aix-en-Provence aos 18 anos e abandonou seus trajes provincianos assim que pôs os pés em Paris; em suas primeiras cartas ao amigo de infância Paul Cézanne já escrevia como um parisiense, com uma visão condescendente da "terra da bouillabaisse e do aïoli", reino dos cartões-postais de "pinheiros balouçando ao vento" e "desfiladeiros áridos". Das alturas excelsas de Paris, Aix-en-Provence era "pequena, monótona e insignificante".

Em cidades ebulientes como Angers, Nantes, Nancy, Strasbourg, Dijon, Lyon, Toulouse, Montpellier e Marseille, a expansão do orgulho cívico coincidiu com uma sensação insidiosa de inferioridade. Boa parte da literatura de província era dedicada a reiterar o valor e a dignidade locais, o que sublinhava o prestígio de Paris. A política governamental assegurou a transferência para o Louvre dos melhores quadros e artefatos, restando aos museus locais apenas os retratos de personagens da terra e armários roídos de traça com amostras das artes ou artesanatos locais. Napoleão saqueou a Itália. Governos posteriores saquearam as províncias. Na capital, a literatura da província era representada por coleções de canções folclóricas e lendas organizadas e enfeitadas para o mercado parisiense por escritores que já não lembravam como era a vida além dos bulevares da periferia. Ao voltar de Paris para a "terra do granito e dos carvalhos" de onde saíra ainda menino, o poeta bretão Auguste Brizeux, num esforço de reintegração, comprou um "traje folclórico" especial.

---

*Nascidos/falecidos em Paris: 189/367; nas províncias: 296/128; nas colônias francesas: 9/3; em outros países: 26/22.

George Sand patrocinou alguns poetas da província, mas, para preservar seu caráter provinciano, depurou suas obras da linguagem empolada, das imagens fantasiosas e, num dos casos, da correção ortográfica. As províncias (que em 1880 correspondiam a 99,9% do território e 94% da população)* passaram a representar as virtudes caseiras da simplicidade, modéstia e autenticidade — numa época em que as virtudes literárias mais valorizadas eram a complexidade, a arrogância e o artificialismo proposital.

Já que tanto do que se escrevia sobre a França era publicado em Paris e editado para os parisienses — ou para burgueses urbanos que se espelhavam no modelo de Paris —, a guerra civil cultural jamais repercutiu nos livros como no cotidiano. Um ciclista de férias na Vendée em 1892 constatou que algumas observações desabonadoras sobre os parisienses eram úteis para assegurar a cooperação e a cortesia de alguns camponeses locais, que tinham "uma birra instintiva" com a capital. Até hoje, em muitas partes da França, o termo "*Parisien*" é usado como xingamento, e qualquer visitante que se refira a Paris de modo desabonador provavelmente será tratado com solidariedade, inclusive pelos burocratas.

A SEMELHANÇA ENTRE os campos de batalha em que estas duas culturas se confrontavam e o cenário da luta social desapareceu. A maioria das estâncias balneárias e de férias do litoral é hoje tão aprazível que é surpreendente que um número maior de historiadores e antropólogos não tenha explorado o tema. As cidades balneárias, sobretudo, tendem a ser lugares tranquilos e pitorescos repletos de hotéis majestosos, cujo desleixo ameniza o ar de museu. A diária costuma ser razoável graças ao apoio permanente de algum serviço de assistência à saúde que valoriza o efeito terapêutico das águas. As propriedades curativas das águas saltam aos olhos nos balneários menores. Em Lamalou-les-Bains, especializada em traumatologia, vítimas de acidentes de carros circulam de muletas em meio ao trânsito. Em Eugénie-les-Bains, a

---

*Dados referentes ao departamento de Sena, embora, em 1880, algumas cidades de departamentos vizinhos já fossem consideradas subúrbios de Paris.

360 A DESCOBERTA DA FRANÇA

avantajada silhueta da população sazonal desafia a ironia aparente das placas postadas nas duas extremidades da rua principal que proclamam o balneário como o "principal centro de emagrecimento da França".

A especialidade de cada balneário costumava ser ainda mais óbvia. Quando o trem ligou a Auvergne aos Pireneus, a Paris e a outras capitais europeias, cidadezinhas que desde os tempos do Império Romano recebiam pingados curistas viram-se inundadas de uma hora para outra por pessoas que compartilhavam todas de uma mesma mazela. Barèges, famosa na Europa inteira como local de tratamento de aleijados, situava-se a 1.250 metros de altitude numa deprimente garganta das faldas do Tourmalet "que nada a não ser a esperança de recuperar a saúde tornaria suportável por mais de um par de horas". Em meio a vapores sulfurosos, soldados mutilados fumavam seus cachimbos sentados numa bancada rebaixada em torno de uma grande piscina enquanto mulheres da terra faziam curativos em seus ferimentos. Mais abaixo, Bagnères-de-Bigorre parecia uma enfermaria fundada por um sádico debochado — seus visitantes dividiam-se meio a meio entre suicidas melancólicos e hipocondríacos. Depois vinha Aulus-les-Bains, numa estrada sem saída do vale dos ursos dançantes, frequentada por "inválidos do amor" ou "jovens com doenças indecorosas" porque suas águas avermelhadas haviam proporcionado algum alívio a um tenente sifilítico em 1822. (A água teria neutralizado os efeitos do mercúrio que era administrado aos sifilíticos.) O regimento do tenente espalhou a notícia. Em 1849, Aulus já tinha três hotéis, uma nova ponte e uma alameda de acácias — tendo conseguido sobreviver à descoberta da cura para a sífilis, intitula-se hoje "O Spa do Colesterol".

Durante o reinado de Napoleão III, foi concluída a Route Thermale [Rota Termal], uma estrada cheia de curvas que corre na direção leste-oeste pelo alto dos Pireneus e interliga as estâncias curativas que entraram em voga depois de serem visitadas por sua esposa, a imperatriz Eugênia, em suas viagens à terra natal, a Espanha. Algumas cidades pirenaicas haviam testemunhado uma corrida do ouro em pequena escala, mas nada parecido com a bonança das águas minerais. Ao ver-se ligada ao mundo exterior pela Route Thermale ou por trem, uma cidade balneária típica governada por um prefeito ambicioso inventava alguma história sobre sua popularidade à época dos romanos e entrava com uma petição para adicionar o qualificativo "les Bains" [dos banhos] a seu nome. Um médico local cavava uma nomeação como Inspetor de Águas e publicava um panfleto de eloquência suspeita comprovando que a nascente, cujas origens se perdem nos enigmas do passado, é a única cura confiável para o ferimento ou doença que, por acaso, constitui a especialidade do médico.

O dia em que sai a declaração sobre a eficácia clínica das águas é o dia mais importante da história da cidade. A nova bica de pedra da praça é um monumento ao progresso e à futura prosperidade. O slogan otimista em latim ou francês é coisa do passado. Agora, a bica ostenta uma inscrição com os resultados de uma análise química realizada pelo laboratório municipal: "A água possui notáveis qualidades organolépticas. É sem sal, leve e puríssima do ponto de vista orgânico e bacteriológico (...) Exame para germes patogênicos: Negativo (...) Aprovada pelo Ministro da Saúde."

Antes que cheguem os doentes e moribundos, os lobos e ursos são mortos a tiro ou confinados num zoológico, os porcos e ovelhas são enxotados da rua principal, os mendigos e loucos de aparência mais assustadora são recolhidos ao abrigo municipal. Uma velha hospedaria de posta é reformada e ampliada com a anexação de algumas casas para aumentar a capacidade de ocupação. Caso haja algum empreendedor à mão, cria-se um pequeno parque com árvores e bancos e instala-se numa cabine uma moradora local devidamente uniformizada de branco, que arranhe o francês, para recolher o dinheiro. Os banhos em si são um espelho da hierarquia social. Eminências e industriais portadores de algum título, cujos nomes o médico incluirá nas edições subsequentes do panfleto, recebem seus cálices de água e suas *douches écossaises* (duchas escocesas, que se caracterizam pela alternância de jatos quentes e frios) num salão de mármore. Mais abaixo, os pequenos-burgueses e soldados pensionistas banham-se na água usada para enxaguar os ricos.

Logo surgem carruagens que fazem o transporte dos inválidos entre a estação de trem e o hotel. Toda manhã, uma procissão silenciosa dirige-se ao salão de mármore. Tuberculosos com olheiras enormes espreitam do interior de liteiras carregadas pelo pessoal da montanha. Quem não fez contato prévio com o médico do spa, que também presta assessoria quanto à hospedagem, terá de aguardar sua vez. Não tarda, começam a surgir pelas calçadas em torno da cidade lápides de curistas que chegaram tarde demais, ou de moradores locais que ajudaram a construir a estrada. Por todo lado, ou quase, a população cresce de ano a ano. Em Eaux-Bonnes, uma rua parisiense encarapitada numa garganta dos Pireneus, o número de inválidos saltou de 300 em 1830 para 6.400 em 1856. Neste mesmo ano, Cauterets, situada na estrada de Lourdes para sul, recebeu 16 mil visitantes — quase duzentos para cada morador permanente.

Longe dos Pireneus, novas cidades de cura, dotadas de teatros e bulevares, surgiram quase da noite para o dia, tal como as cidades e cidadelas que, segundo a lenda, foram criadas pela fada Melusina no espaço de um dia. O ritmo de crescimento populacional de Vichy quase se equipara ao de Paris. Em Aix-les-Bains, às margens do lago Bourget, o número de visitantes saltou de 260 em 1784 para quase 10 mil em 1884, entre os quais 3 mil bretões e 2 mil americanos. As orquestras de hotel tocavam o hino britânico "God Save the Queen". O 4 de julho era comemorado. O segredo do sucesso de Aix-les-Bains era o cassino, no qual a população local podia trabalhar, mas não jogar. Alguns médicos sofriam com isto. As pessoas tomavam as águas não porque estavam doentes, mas porque curtiam o local e suas atrações. O médico que se assinava "dr. Speleus" travou uma guerra perdida quando alertou esses inválidos sãos sobre as consequências de trocarem as duchas e a água mineral pelo frenesi dos eventos sociais:

> É uma roda-viva incessante de roupas, esbanjamento, loucuras, empáfia, vaidade, presunção, esperteza e mentiras. Todos querem superar o vizinho e ofuscá-lo pelo físico e pelo intelecto, pelo berço e pela fortuna; assim, cada qual cava uma sepultura em que encontra desilusão, ruína e arrependimento.

A EPIDEMIA DE FRIVOLIDADE propagou-se por todo o litoral da França. A julgar pelos relatos dos viajantes, o mar foi tempestuoso e destruidor até inícios do século XIX, quando saiu o sol e constataram-se as propriedades curativas do ar marinho. O litoral virou um refúgio civilizado contra os males da civilização. Dieppe, que desde 1824 dispunha de um serviço regular para Brighton através da Mancha, foi o primeiro local de veraneio à beira-mar a atrair grandes quantidades de visitantes. Depois vieram Boulogne, Trouville e outros locais mais ou menos da moda em que os pioneiros britânicos demonstravam os prazeres e benefícios dos banhos de mar. Muitas das cenas que os primeiros impressionistas pintaram no litoral da Normandie eram tão modernas como suas telas de fábricas e estações de trem — guarda-sóis e toldos listrados na praia, famílias bem-vestidas brincando com redes de pesca sentadas em cadeiras de palha, a bandeira do cassino tremulando ao vento e as mansões brancas voltadas para o mar e com fachadas ricas e ornamentadas como doces de confeitaria, o oposto das antigas propriedades litorâneas.

O efeito de tudo isto na população local é fácil de imaginar, mas difícil de definir. A chegada do turismo de massa numa área até então preservada — ou maculada apenas por atividades de menor escala — foi certamente traumática. Nas estâncias de férias ao longo da costa da Mancha houve expropriação de terras e remoção de moradores, além de uma subida geral de preços. Trabalhadores da construção civil ergueram vilas temporárias próprias com abastecimento próprio de comida. Às vezes, durante a construção do empreendimento, os únicos empregos disponíveis para a população local eram fazendo a coleta do lixo e a limpeza dos banheiros. Tal como no passado, surgiram rixas entre os nativos e os trabalhadores migrantes, que desprezavam os camponeses e esses "bretões nojentos". A exemplo das plantas e flores de outras partes da França e da Europa que brotaram ao longo do litoral e das linhas de trem, a prostituição disseminou a sífilis ao longo das rotas turísticas.

Algumas cidades que permaneceram canteiros de obras durante a maior parte de um século ainda eram bem recentes quando voltaram a ser arrasadas na Segunda Guerra Mundial. Cabourg-les-Bains, fundada em 1855, passou anos como um descampado de cimento e asfalto até ganhar seus largos cercados por mansões elegantes e seu calçadão iluminado a gás. Berck, Berneval, Deauville e Le Touquet-Paris Plage são exemplos de cidades novas desenvolvidas por especuladores, apregoadas por jornalistas que também eram acionistas, e com aspecto de que foram preparadas para uma retirada em massa organizada conforme a hierarquia social. O guia de viagem de Conty para o litoral da Normandie (1889) teve o cuidado de definir a clientela de cada local para evitar constrangimentos — Mers era "um balneário informal" para pequenos-burgueses e suas famílias; Agon-Coutainville era para os lojistas e comerciantes abastados (sua praia era conhecida como "a praia dos livreiros", onde "os livreiros vinham esquecer que eram livreiros"); Landemer-Gréville era para "artistas" e Étretat para "artistas famosos"; Houlgate, com sua "areia fina e macia", "digna dos pés mais delicados e elegantes", era para "famílias aristocráticas"; Arromanches, por sua vez, era "recomendada para banhistas que gostavam de levar uma vida de simplicidade patriarcal" (i. e., sem muito dinheiro). Alguns balneários de categoria inferior, não mencionados no guia, acolhiam os filhos de mendigos internados em sanatórios pela Assistance Publique.

Nada desta magnitude ocorrera na costa da Normandie desde as invasões vikings e a Guerra dos Cem Anos. De todos os locais mencionados no parágrafo acima, apenas um — o "vilarejo de pescadores" de Étretat com sua estrada pedregosa e seu albergue pequeno e baratinho — constava do guia completo de Murray de 1854.

Após a partida do pessoal da obra, a população nativa viu-se às voltas com um mundo novo e repleto de surpresas estranhas. Famílias burguesas entravam nas casinhas sem serem convidadas e vasculhavam os barcos emborcados que em seu entender serviam de moradia aos pescadores o ano todo. Turistas examinavam os ex-votos pendurados nas paredes das capelas — miniaturas de barcos e pinturas toscas ofertadas em agradecimento à Virgem — como curiosidades exóticas, como se estivessem num museu etnológico.

Da Bretagne à Provence, exigia-se que pessoas que haviam assistido à modernização e à urbanização de seu *pays*, que trabalhavam em fábricas de enlatados e que conheciam as flutuações provocadas no setor por mercados distantes, funcionassem de repente como estereótipos primitivos. Era inconcebível viajar ao litoral sem voltar com um relato de primeira mão de gente que pendurava lampiões nos chifres dos bois para imitar as luzes de uma embarcação e atrair os barcos para os recifes, para provocar naufrágios e depois remover os anéis dos dedos dos afogados. Os viajantes mais ousados visitavam os navios prisões em Brest e Rochefort para ver os presos serem açoitados. As famílias decentes contentavam-se com os casos de sofrimentos atrozes. Num giro a pé pela Bretagne em 1847, o jovem Gustave Flaubert assistiu ao enterro de um pescador afogado em Carnac e, à meia-luz das velas, observou os traços da viúva, "a boca contraída como a de um cretino, tremendo de desespero, e todo o pobre rosto num pranto tormentoso". Há dezenas de relatos semelhantes de sofrimentos pitorescos. Em 1837, às margens da bacia de Arcachon, o único mar abrigado ao longo da afiada costa atlântica, um vereador em férias descobriu uma fonte de inspiração e edificação no recente naufrágio:

> Indagamos sobre aqueles nobres destroços de uma desgraça que envolveu esta costa solitária num manto de luto e levou a dor aos povoados dos arredores. Apontaram-nos o imenso golfo que, não faz muito tempo, tragou 78 dos seus desafortunados companheiros (...) Teríamos apreciado permanecer entre eles para estudar seus costumes e ouvir histórias de suas perigosas aventuras, e completar assim o *tableau* [quadro] emocional de nossa viagem.

A tragédia de Arcachon aconteceu em mar aberto, fora da restinga arenosa denominada Cap Ferret, onde os pescadores lançam suas redes e, ao primeiro sinal de tempestade, remam de volta à enseada orientando-se pela imponente Dune du Pyla [duna de Pyla, ou Pilat]. A maioria dos barcos que foram a pique naufragou com terra à vista. Os veranistas observaram da praia o "espetáculo curioso e angustiante". Em Ostende, em 1845, os participantes de um baile nas termas acompanharam o naufrágio de dois barcos no cais. De pé ao ar livre em seus trajes de baile, tentavam distinguir no vento os gritos de desespero.

Uma charge publicada em 1906 mostra um casal de classe média falando com uma camponesa bretã numa elevação atrás de sua palhoça à beira-mar: "Então você perdeu seu marido e dois filhos num naufrágio? Que interessante... É preciso que você nos conte tudo a respeito." A estas alturas, o voyeurismo descarado já saía da moda, mas zombar dos nativos continuava sendo uma atividade popular nas estâncias balneárias e litorâneas. Para quem se sentia socialmente deslocado no Grand Hotel, os habitantes locais eram um bom

366 A DESCOBERTA DA FRANÇA

parâmetro para aferir sua própria sofisticação. O guia de Conty recomendava uma série de peregrinações e *pardons* [perdões] hilários, além de uma visita a Le Tréport, onde esposas de pescadores de porte avantajado usavam cabos para puxar as traineiras para terra: "Imaginem só o espetáculo quando o cabo se rompe!" Quando os cartões-postais fotográficos começaram a circular em fins da década de 1880, vinham fotógrafos das cidades tentar convencer os moradores locais a encenarem atividades "típicas". As mulheres revolviam as arcas e vestiam antigos trajes de suas avós. Homens com cara de trapaceiro e jubas sinistras sentavam-se em volta de uma garrafa e fingiam-se de bêbados. Camponeses da Auvergne posavam numa simulação congelada da agitada dança conhecida como *bourrée*. O ar implausível que permeia a maioria destas cenas deve-se ao fato de elas retratarem um mundo que já estava morto fazia tempo.

NINGUÉM SABE EXATAMENTE como esta interferência condescendente repercutia nos que figuravam nos postais. É provável que os turistas enxeridos fossem menos irritantes que os conselhos locais com suas tentativas de enquadrar o populacho para que ele não assustasse e afugentasse os turistas. Em Dieppe, mulheres e crianças receberam ordens de não circular em público descalças. Em Arcachon, transformada pelo trem no lugar de férias favorito de Bordeaux, os homens foram instruídos a usarem "calças largas" e as mulheres a cobrirem as pernas com "um vestido na altura dos calcanhares", o que na prática deve ter tornado quase impossível catar mariscos. As crianças deviam abster-se de banhos "indecorosos" "em locais frequentados a toda hora por pessoas respeitáveis". A praia era um suposto recanto da natureza, ou seja, cumpria eliminar todos os sinais de trabalho, além de algas, peixes mortos, palhoças e os seres humanos locais.

Nem todas estas medidas teriam agradado aos turistas. Espiar corpos nus, às vezes por telescópios situados em pontos estratégicos acima da praia, era uma das grandes atrações das estâncias litorâneas. Havia homens que iam de férias não para explorar uma parte nova do país, mas para ver partes até então desconhecidas da anatomia feminina. Mais abaixo no litoral, próximo à fronteira com a Espanha, Biarritz era um vilarejo de pescadores com telhados vermelhos e janelas verdes. Os bascos iam lá tomar banhos de mar e manter encontros amorosos na gruta conhecida como Chambre d'Amour [Câmara do Amor]. Para os turistas do sexo masculino, os pontos altos de Biarritz eram a viagem de Bayonne, quando sentavam ao lado de uma linda garota basca (eram sempre lindas) numa caranguejola chamada *cacolet* (duas cadeiras de vime enganchadas uma de cada lado no lombo de um cavalo), e depois a visão das balconistas das lojas de Bayonne espadanando na espuma em trajes sumários. Um dos dias mais felizes de Victor Hugo foi em Biarritz, examinando as saias curtas e as blusas esfarrapadas:

> Meu único temor é que Biarritz vire moda. ... Com isto surgirão choupos nos morros, enlatados nas dunas, escadas nos penhascos, quiosques nas rochas, bancos nas grutas e calças nas banhistas.

Comer com os olhos era aceitável, mas nem todos se contentavam com a apreciação estética. O turismo sexual já rondava muito antes dos voos baratos para as Filipinas. O francês que vivia comprando leite e creme de meninas no vale de Chamonix para poder "sentir sua boca meio murcha roçar nos lábios apetitosos dessas jovens ninfas alpinas" perdeu a fama de boa vida jovial que desfrutava junto a seus companheiros. Em 1889, dois parisienses de férias que faziam uma caminhada próximo à estação balneária Vernet-les-Bains nos Pireneus entusiasmaram-se com os olhos escuros e o "sorriso delicado" de uma jovem cigana e ficaram decepcionadíssimos quando os pais rejeitaram sua proposta de comprá-la como um suvenir vivo.

É inevitável que pescadores e camponeses que não deixaram registro algum por escrito figurem como vítimas passivas. Mas há sinais de que a população local sabia defender sua honra. Em Pont-Aven — um pequeno porto do sul da Bretagne já famoso em 1886, quando Paul Gauguin chegou lá em busca do "primitivo" —, moradores locais agrediram um inglês que se recusara a tirar o chapéu numa procissão e o obrigaram a comportar-se de modo civilizado. Em Boulogne-sur-Mer, um outro inglês que era transportado de seu barco por uma mulher pescadora, e se meteu a testar se as coxas dela eram rijas, foi jogado no mar, de barriga para cima, "para diversão de todos".

A população local também gostava de fazer suas descobertas etnológicas. Em Cabourg, com o salão de jantar do Grand Hotel profusamente iluminado pela luz elétrica e, do lado de fora, pescadores e comerciantes acompanhados de mulheres e filhos espiando a cena faustosa de nariz colado no vidro, Marcel Proust sentiu-se constrangido como uma criatura exótica num "imenso aquário encantado". Aqueles forasteiros gozados eram uma grata fonte de distração e, sobretudo, de novos empregos — de atendente das termas, ascensorista, camareira, balconista de loja, garçonete, cozinheira. Homens e mulheres que até então dependiam dos caprichos do mar podiam alugar seus barcos e apetrechos de pesca, espreguiçadeiras e jericos. Podiam fabricar antiguidades rústicas e vender pinturas locais falsas, fornecidas por um atacadista de Paris. A velha profissão de pedinte jamais fora tão rentável. Os turistas a caminho das estâncias curativas dos Pireneus eram assediados por bandos de meninas que lhes vendiam ramalhetes de flores pela janela do coche e em seguida os tomavam de suas mãos para tornar a vendê-los ao grupo seguinte. No vale de Ossau, Hippolyte Taine sentiu-se mais incomodado pelos pedintes que pelos insetos:

> Vemos meninas que mal sabem andar sentadas à soleira da porta comendo uma maçã e lá vêm elas com a mão estendida... Sentamo-nos na encosta de um morro e de repente caem de um céu límpido e azul duas ou três crianças trazendo pedras, borboletas, plantas curiosas e ramalhetes de flores. Aproximamo-nos de um estábulo e logo chega o dono com uma tigela de leite querendo convencer-nos a comprá-la. Um dia, eu observava um novilho e o vaqueiro prontificou-se a vendê-lo.

O que para alguns turistas talvez soasse como o auge da degradação de um povo antigo e orgulhoso era, para o vaqueiro, uma oportunidade comercial. Muitos de seus compatriotas haviam emigrado e alguns vilarejos estavam desaparecendo. Um camponês que tivesse a sorte de morar ao longo de uma rota turística tinha mais chance de permanecer na terra natal.

O LADO MAIS ASSUSTADOR deste contato entre dois mundos era mais visível nos laboratórios e gabinetes que nas estâncias de cura ou de férias. Iludidos por fotógrafos de cartões-postais com um olho clínico para o bizarro, alguns antropólogos notaram em habitantes da Picardie rural e da costa bretã o que pareciam ser traços neandertaloides. Testa achatada, lábios grossos, pele morena e "uma expressão sinistra" não eram comuns, o que — segundo um artigo de 1872 publicado na revista da Sociedade Antropológica de Paris — só comprovava o fato de que os indivíduos em questão pertenciam a uma antiga raça à beira da extinção. Talvez os habitantes da Europa no período quaternário? "Neste caso, esta seria uma das grandes descobertas de nossa época. É preciso realizar um levantamento exaustivo deste tipo extremamente raro e esporádico."

A insensibilidade de alguns destes primeiros antropólogos rivaliza com a dos turistas que barafustavam sem convite pelas casas das pessoas. Sessenta crânios retirados de um cemitério do Aveyron na década de 1870 eram de defuntos com parentes ainda vivos. Os cientistas, também interessados em corpos nus, convenceram os nativos a exporem para a câmera seus atributos atávicos. Enquanto bandos de turistas seguiam para partes preservadas da França antes que outros turistas as destruíssem, os cientistas corriam para lugares distantes, como a Provence, a Savoie, a Corse e as florestas de Thiérache junto à fronteira belga, para comprar postais e medir crânios, muito embora, como advertiu um pesquisador, "a pesquisa antropométrica talvez se revele difícil e até perigosa". Neste particular, as colônias eram mais conhecidas que a França em si. Em 1879, o fundador da Sociedade Antropológica, Pierre Broca, lembrou a seus colegas que, "até o momento, os antropólogos descreveram e mediram um maior número de negros que de franceses".

Na França, duas noções contraditórias dominavam a recém-criada disciplina. A primeira era a de que os suburbanos selvagens das grandes cidades industriais, as "classes perigosas" que assustavam a classe média, eram escuras e enfezadas não por viverem em condições precárias, mas por serem de raças muito primitivas. A segunda era a de que a espinha dorsal da nação eram os gauleses derrotados e que a população francesa, apesar de séculos de invasões e miscigenação, encarnava alguma coisa contínua e profunda.

A maioria dos antropólogos percebeu que o francês "puro" era algo inexistente. Os antropólogos sabiam também que "gaulês" e "celta" eram termos frágeis que encobriam uma gigantesca ilha de ignorância. Infelizmente, algumas de suas teorias prematuras eram altamente sedutoras. Napoleão III e, posteriormente, o marechal Pétain e Jean-Marie Le Pen, valeram-se do mito do gaulês impetuoso e vaidoso, mas fundamentalmente decente, para reforçar sua imagem do Estado — os gauleses eram a orgulhosa antítese das raças mediterrâneas morenas e parasitas, mas não se confundiam com os bárbaros estritamente controlados da margem direita do Reno. Era de suma importância demonstrar que a população da Lorena, que viveu a ameaça posteriormente concretizada da invasão germânica, era essencialmente gaulesa.

A repercussão da nova disciplina deveu-se em parte a seus fascinantes relatos sobre a vida de seres arcaicos no mundo moderno. Uma ciência capaz de identificar no entregador de carvão uma relíquia pré-histórica não cairia no vazio. Além disso, ela parecia corroborar as evidências de outras disciplinas. As estatísticas sugeriam que as "extremidades" da França — ou seja, qualquer coisa que ficasse mais perto do mar do que de Paris — seriam a rigor um outro país. Em sua célebre "Carte de la France Obscure et de la France Éclairée" [Mapa da França obscura e da França esclarecida] (1824), o barão Dupin recorreu a toda a gama de tonalidades entre o branco e o negro para ilustrar o grau de educação ou "civilização" de cada departamento — do branco neve para os mais avançados, Paris e Île-de-France, ao negro retinto para a Auvergne. Versões posteriores foram publicadas sob o título cruel de "Mapa da Ignorância". Em 1837, os gráficos de Adolphe d'Angeville — instrução e analfabetismo, estatura elevada e baixa, cumprimento da lei e criminalidade — traçaram uma linha que cortava o país de Saint Malo a Genève. Custou para ser demonstrado que estas diferenças geográficas eram mais circunstanciais e temporárias que genéticas.

Quando as evidências contrariavam o padrão, não custava ajustá-las. Pierre Broca baseou suas conclusões na classificação do crânio como braquicéfalo (achatado) ou dolicocéfalo (alongado). Supostamente, o crânio dos parisienses demonstrava que a superioridade racial refletia-se na classe social e, portanto, situava a burguesia parisiense no ápice da pirâmide socioantropológica:

"O crânio do burguês moderno é mais volumoso que o do proletário." Ocorria que o crânio dos bascos era maior que o dos parisienses, fato preocupante apesar de os crânios usados como evidência terem sido exumados do cemitério de um vilarejo "ignorante e atrasado", recém-resgatado pelo comércio e pela indústria de seu estado "vegetativo". No entanto, como observaria jocosamente o autor de uma revisão da obra de Broca, "Monsieur Broca nem de longe conclui que os bascos são mais inteligentes que os parisienses!"

Tal como a maioria de seus colegas do mundo acadêmico, os antropólogos apregoaram suas constatações atreladas a interpretações, mas nem por isso deixaram de reunir uma grande quantidade de informações valiosas sobre a vida na França no século XIX — ferramentas, inscrições, objetos devocionais e prendas de amor; os ideogramas e os sistemas que os agricultores bretões analfabetos usavam para fazer contas; as peculiaridades linguísticas do basco, cuja origem pré-histórica é demonstrada pelo fato de todos os nomes dos animais domesticados e das plantas cultivadas terem sido importados de outras línguas. Alguns dos traços impactantes detectados pelos antropólogos como características raciais eram resultantes de uma prática comum em grande parte da Europa até o fim do século XIX. Em determinados lugares, especialmente na Gascogne e na Auvergne, os bebês eram atados com faixas a berços rasos e com a cabeça presa numa espécie de caixote de madeira. O crânio crescia no formato do caixote e, quando o bebê começava a andar, já tinha a cabeça larga e a fronte alta e achatada. Como os bebês instintivamente se voltam para a luz ao acordar, o resultado era com frequência de uma assimetria chocante. Mais tarde, para impedir o cérebro em crescimento de rachar o crânio e abrir-se (segundo parteiras entrevistadas na primeira década do século XX), enfaixava-se a cabeça da criança com um lenço de pescoço ou, na casa de famílias mais afluentes do Languedoc, com uma tira de pano resistente chamada *sarro-cap*. Muitos homens e mulheres usavam essas ataduras de cabeça a vida toda e sentiam-se despidos sem elas.

Os antropólogos que trabalharam com as medições cranianas registraram uma geografia da França hoje completamente desaparecida. Mais de metade dos homens e mulheres abrigados nos asilos de velhos de Rouen em 1833 e quase toda a população de algumas partes do Languedoc apresentavam de-

372 A DESCOBERTA DA FRANÇA

formações na cabeça ou em algum outro lugar — nariz aquilino resultante de esmagamento da cartilagem e tração, ou orelhas esmigalhadas e laceradas pelas faixas apertadas até ganharem o aspecto do linho amarfanhado depois de engomado. O jeito de andar e os gestos distinguiam a população tal como as cores das lavouras. O jeito de andar e de encarar o mundo denunciava a origem das pessoas tanto quanto o sotaque. O centro de gravidade do corpo modifica-se com o alongamento posterior do crânio — os músculos do pescoço buscam uma compensação e o ângulo ocular altera-se, sobretudo quando o processo leva à deformação da órbita ocular.

Estas diferenças físicas desapareceram em apenas uma geração, mas o preconceito científico que as interpretou como sinais de inferioridade sobreviveria como relíquia de uma sociedade arcaica.

DE TODOS OS ARTEFATOS coletados para museus e que figuram nos cartões-postais, os mais espetaculares eram os trajes locais. Aparentemente, houve uma época em que os trajes, tal como os dialetos e a arquitetura doméstica, variavam entre dois pequeninos *pays* contíguos. Mas os estilos locais já vinham desaparecendo desde antes da Revolução. Os incríveis toucados de renda em formato de pirâmide das mulheres do Pays de Caux já eram raros na década de 1820, provavelmente até mais que nos dias de hoje, com os festivais folclóricos e o turismo focado no patrimônio histórico e cultural. "Não existem mais trajes nacionais na França", afirmou Mérimée em 1834. "Por todo lado, vestidos de Wesserling [de pano estampado fabricado nas Vosges] e toucados idênticos aos usados pelas cozinheiras em Paris." Centenas de viajantes familiarizados com as coloridas ilustrações dos livros reproduziriam desapontados o comentário de Mérimée. A Bretagne continuava sendo um mosaico de estilos locais diferentes, mas até os bretões começaram a abandonar seus antigos trajes quando passaram a ter acesso a vestidos e camisas de tecidos mais macios e cores mais vivas na loja da cidade mais próxima ou numa loja de departamentos de Paris.

Os etnólogos nutriam esperanças de que o traje regional proporcionaria um instantâneo mágico do passado celta e druídico. Por fim constatou-

CARTÕES-POSTAIS DOS NATIVOS 373

se que até as modas que pareciam oriundas da Bretagne vinham de Paris. Os chapéus redondos dos bretões já haviam sido comuns em toda a Europa; simplesmente resistiram mais em lugares em que o tempo passava mais devagar e os alfaiates replicavam os antigos moldes. O estilo *glazig* ("azul") de Quimper originou-se da venda do tecido azul das fardas usadas nas guerras napoleônicas. Os gibões e os chapéus tricornes usados até a década de 1820 em partes da Auvergne meridional eram vistos nas ruas de Paris uma geração antes. A maioria dos estilos locais surgira há menos de um século. O toucado de veludo das mulheres de Arles nada tinha a ver com os antigos colonizadores gregos — remontava à década de 1830. O laço borboleta negro característico da Alsácia surgira apenas dez anos antes, quando se tornara um símbolo patriótico das províncias perdidas após a derrota para a Prússia em 1870.

Os parisienses tiveram a oportunidade de ver algumas destas curiosidades das províncias na Exposition Universelle de 1878. A Terceira República celebrava a recuperação do país da Guerra Franco-Prussiana e a sobrevivência da capital à Comuna anarquista. As roupas eram uma parte crucial da Exposição — encarnavam a rica diversidade da França e comprovavam que a moda e a frivolidade eram uma importante fonte de riqueza. O Palais du Champ de Mars [Palácio do Campo de Março], próximo ao local onde seria erguida a torre Eiffel, abrigava a mostra de modas urbanas modernas, e o Palais du Trocadéro, na margem oposta do Sena, a mostra de trajes regionais. O Trocadéro não tardaria a abrigar um novo Museu de Etnografia, já com alguns de seus tesouros em exibição.

Os exploradores franceses haviam trazido consigo alguns belos exemplos de trajes tribais do Norte da África, da Nova Caledônia, das Américas e do círculo ártico, mas foi surpreendentemente difícil atinar com o traje tradicional da França. Um velho tecelão confeccionou para o museu, de memória, um terno da Montagne Noire, pois ninguém conseguira encontrar um autêntico. Cinco cidades e o departamento de Savoie enviaram alguns "*costumes populaires*" [trajes populares]. Os cinco outros expositores eram de Paris, um deles a loja de departamentos La Belle Jardinière, que desde 1824 vendia roupas prontas. Seus trajes regionais eram mais adequados a um baile à fantasia que a um vilarejo de província, mas ninguém poderia acusar seus alfaiates de falta de autenticidade. A função dos manequins trajados a caráter era representar o mundo exótico e colorido das províncias, uma terra criada meio pela memória, meio pela imaginação, em que a demarcação das divisões tribais era tão nítida como na multidão de ternos pretos e batas proletárias que circulavam pelo recinto da exposição.

CAPÍTULO 16

Províncias Perdidas

EM 1882, GRAÇAS AO extraordinário empenho do professor primário François-Adolphe Blondel, de 34 anos, ninguém no pequeno vilarejo normando de Raffetot (650 habitantes) poderia ignorar o fato de que todos ali pertenciam, não apenas a um vilarejo, a um *pays* e a uma província, mas também a uma grande nação chamada França. Depois de deixar seu povoado natal próximo a Dieppe, monsieur Blondel trabalhou duro para qualificar-se como *instituteur* [professor] e levava seu emprego a sério, como a República esperava. Mesmo depois da lei Guizot de 1833, que exigiu que cada comuna de mais de quinhentos habitantes mantivesse uma escola para meninos,* muitos professores de aldeia eram pouco mais que empregados domésticos — ajudavam o padre na missa, tocavam o sino, cantavam no coro e ganhavam o mesmo que um diarista, às vezes mais quando sabiam ler e escrever. Agora, eram devidamente treinados e tinham direito a salário e pensão.

Monsieur Blondel era um exemplo resplandecente de novo professor. Suas aulas gratuitas a adultos locais valeram-lhe medalhas de bronze e de prata.

---

*A escola podia ser privada ou pública. A lei Falloux de 1850 reforçou a hegemonia da Igreja Católica. Em 1867, a escola primária para meninas tornou-se obrigatória. As leis Jules Ferry de 1881-82 introduziram ensino secular, compulsório e gratuito para meninos e meninas de 6 a 13 anos de idade.

Junto à sua pequena sala de aula no prédio da prefeitura, organizou os arquivos municipais e montou um quadro de honra com os nomes de todos os seus predecessores desde 1668. (Raffetot, como centenas de vilarejos de toda a França, não havia esperado a democracia para arrumar um professor.) Na sala de aula de Monsieur Blondel, os horizontes estreitos do *pays* abriam-se para uma dimensão nova — de suas carteiras de madeira, bastava aos alunos olhar para o alto para ver as bandeiras de outros países pintadas no teto em cores vivas.

Um dia, observando o pedacinho de terra que passava por jardim da escola, Monsieur Blondel vislumbrou uma oportunidade pedagógica. Juntou algumas pedras, tocos de pau, estacas de barraca e pedaços de corda e resolveu transformar o jardim num mapa político, como explicou no jornal local, *Le Progrès de Bolbec* [O progresso de Bolbec]:

> Encontrei ali à mão um arbusto, que plantei no local de Paris. Pendurei no arbusto uma bandeira com as cores nacionais... Outra bandeira, de crepe preto, tremula sobre a Alsácia-Lorena e lembra às crianças e a quem passa pela rua uma das maiores perdas sofridas por nossa pátria.

Monsieur Blondel escavou os rios no chão com uma vareta e depois completou a paisagem interativa com um mar de areia vermelha e um cercado de buxo. Conseguiu assim ensaiar seu patriótico exército mirim para a guerra que, um dia, vingaria a França e reintegraria a Alsácia-Lorena à pátria:

> Depois de assumir posição nas cercanias de Paris, o aluno sobe o Marne, atravessa Châlons e entra no canal Marne-Reno... Faz o reconhecimento de Nancy, cruza a nova fronteira e, via Sarrebourg e Strasbourg, chega ao Reno. Então volta a Paris pela mesma rota.

Muitos desses alunos e de seus filhos refariam a rota para Strasbourg na vida real. Trinta dos nomes que Monsieur Blondel ticava na lista de chamada toda manhã seriam posteriormente inscritos no memorial de Raffetot aos mortos da Primeira Guerra Mundial.

AS CRIANÇAS QUE MARCHAVAM no jardim da escola de Raffetot cresceram numa república que usou a derrota militar de 1870 do regime anterior como um meio de incutir o amor à pátria em seus cidadãos. As "províncias perdidas" e as "cidades perdidas" da Alsácia e da Lorena eram as peças que faltavam para inspirar o anseio de unidade nacional na nova geração e, segundo os manuais do professor produzidos por Ernest Lavisse (professor da Sorbonne e ex-tutor do príncipe imperial), "prover a República de bons cidadãos, bons trabalhadores e bons soldados". O novo catecismo republicano substituiu Jesus Cristo, a Virgem Maria e o Espírito Santo pelo líder gaulês Vercingetorix, Joana d'Arc, Turgot, Vauban e outras figuras remotas demais para gerar controvérsia. "A pátria não é o seu vilarejo ou a sua província", afirma Lavisse. "É a França inteira. A pátria é como uma grande família." O nacionalismo pedagógico francês, comparado a homilias semelhantes em escolas britânicas e alemãs, é notavelmente desprovido de triunfalismo, para não dizer contrito — "As derrotas de Poitiers, Agincourt, Waterloo e Sedan são lembranças dolorosas para todos nós."

Em 1907, o professor Lavisse foi a Le Nouvion-en-Thiérache (região que, não muito tempo antes, os antropólogos temiam percorrer) para falar na cerimônia anual de entrega de prêmios. Fazia muito tempo que Lavisse, nascido em Le Nouvion, transcendera suas origens. Dirigindo-se às crianças numa mistura confusa de preconceito burguês e retórica política, disse que elas também deixariam de ser o estereótipo do camponês e se tornariam cidadãos dessa coisa vaga e gloriosa que é a pátria:

> Pequenos habitantes das florestas e pastagens de Thiérache, com vossas mentes rápidas e práticas, vossa natureza explosiva, vossa fala pontuada por termos e expressões picardos, sois bem diferentes dos pequenos bretões, que de seus rochedos contemplam sonhadores o Atlântico e falam a antiga língua dos celtas, ou dos pequenos provençais, que gesticulam e gritam numa língua românica nas costas do Mediterrâneo. Já se foi o tempo em que a Picardie era mais estrangeira em relação à Bretagne e à Provence que a França em relação à Índia ou à América... Nossa pátria, crianças, não é só um território. É o trabalho do homem, iniciado séculos atrás — trabalho que está sendo continuado por nós e que será continuado por vós, quando chegar vossa hora.

378 A DESCOBERTA DA FRANÇA

As crianças não entenderam ou gravaram necessariamente na memória a lição sobre a unidade nacional. Às vésperas da Primeira Guerra Mundial, cerca de metade de todos os recrutas, e boa parte dos futuros oficiais, não sabia que a França sofrera perdas territoriais para a Alemanha em 1870. A Alsácia e a Lorena bem poderiam ser outros países.

O senso de identidade nacional não era, em todo caso, o que a maioria das pessoas queria de uma escola. A princípio, a noção de que o ensino era necessário brotou em muitos lugares com o recrutamento militar. Os pais sentiram o peso do analfabetismo de repente, quando os filhos saíram de casa e as cartas do regimento começaram a chegar, escritas por um camarada — com palavras grosseiras e histórias chulas, quando o camarada tinha um senso de humor mórbido — e lidas pelo carteiro à soleira da porta.

A associação entre ensino e escola não era, porém, automática. Os índices de alfabetização já eram bastante elevados entre os protestantes e os judeus, que liam a bíblia, e em regiões em que os meninos eram treinados para serem mascates. Muitos pais relutavam em mandar filhos e filhas para a escola quando precisavam deles na colheita. Era comum os inspetores constatarem que as meninas eram mantidas fora da escola trabalhando como costureiras em oficinas imundas onde passavam o dia com parentes e vizinhos, aprendendo as tradições e os valores locais que suas mães consideravam ser o ensino adequado. O grande temor de muitos pais era que, quando soubessem falar e escrever em francês como parisienses, os filhos partiriam para a cidade e nunca mais voltariam para casa.

Seus temores eram justificados. Um século depois do relatório revolucionário do abade Grégoire (ver p. 77), a Terceira República concentrou maciçamente seu exército pedagógico na fronteira agreste da língua. A erradicação do patois como primeira língua tornou-se uma pedra angular da política educacional. As crianças eram castigadas na escola por usarem palavras aprendidas no colo materno. O aluno flagrado falando patois tinha que andar com uma vareta ou algum outro objeto simbólico até ele ser repassado ao próximo transgressor. No final do dia, o aluno que estivesse com o *signum* recebia

PROVÍNCIAS PERDIDAS

punição física ou era obrigado a copiar a mesma frase um certo número de vezes, ou a limpar os sanitários. (O recurso já havia sido usado em seminários para estimular o uso do latim em vez do francês.)

A história de como a maioria dos franceses tornou-se francófona pode ser contada de muitas maneiras. O banco da escola, para quem falava outra língua que não o francês, costumava ser uma experiência traumática e humilhante. Seus efeitos mais cruéis atingiam as regiões cuja língua local era mais distante do francês — Alsácia, Bretagne, Pays Basque, Catalunha, as cidades setentrionais de língua flamenga e a ilha da Corse. Até hoje há bretões vivos que se lembram da dificuldade mortificadora de aprender o francês — "uma língua cujas palavras eram como caixas meio vazias, e nem se sabia muito bem o que havia dentro delas" — e dos eternos insultos de professores arrogantes e de artigos de jornal presunçosos. Na Bretagne, ser patriótico parecia equivaler a denegrir o *pays*. Bécassine, a popular personagem humorística criada em 1905, passou a representar a imagem que os de fora tinham da Bretagne. Bécassine, uma criada bretã que trabalhava em Paris, metia-se em toda sorte de confusões por não entender as coisas mais simples em francês. Sua cara redonda e pateta não tinha orelhas e às vezes nem boca. Suas roupas estavam mais para a Picardie que para a Bretagne e seu francês macarrônico nada tinha de bretão, mas suas características étnicas eram irrelevantes. Bécassine era bretã porque era burra e porque seus familiares eram dissimulados e gananciosos.

Anos depois, quando o ensino e a capacidade de falar francês já eram tidos como fatos consumados, alguns veriam no empenho missionário dos educadores da Terceira República uma espécie de campanha colonial para acabar com a cultura local. Os movimentos de independência surgidos no século XX consideravam que a ignorância paternalista e provinciana dos parisienses fazia parte de um sistema organizado de repressão. A própria Bécassine foi brindada com a honra de um golpe paramilitar. Num domingo de 1939, o museu Grévin em Paris, que tinha em exposição uma estátua em cera de Bécassine, foi invadido por três "comandos" bretões que, em nome de todas as criadas bretãs que já haviam sido vítimas do desdém e da exploração de patrões parisienses, espatifaram a estátua.

380 A DESCOBERTA DA FRANÇA

Ironicamente, ao contrário das lutas anticolonialistas anteriores da Corse e da Argélia, estes movimentos regionais de independência eram em si um produto do sistema educacional da Terceira República. A maioria dos que se consideravam bretões havia começado aprendendo a considerar-se francês. Jamais houve um separatista monolíngue, por maior que fosse sua nostalgia pela época em que a maioria de seus compatriotas o era. "Os bretões que falam bretão", afirma Pierre-Jakez Hélias num texto de 1975, "nunca tiveram a consciência de pertencer a uma entidade chamada Bretagne... Declaram-se bretões quando estão fora da Bretagne, mas não têm muita certeza onde começa ou acaba a Bretagne". A relação entre o nacionalismo bretão e as rebeliões locais anteriores contra os impostos e o alistamento militar obrigatório era apenas remota. O nacionalismo bretão espelhou-se numa imagem moderna do Estado como unidade cultural e administrativa e deve sua violenta nostalgia a um conceito do *pays* difundido pelo sistema nacional de ensino.

A rigor, longe de ser tratado como sinal de atraso, o orgulho regional era considerado em larga escala como um aspecto essencial do patriotismo. O tato na descentralização era, desde a década de 1860, uma preocupação da política oficial. Muitos professores também eram historiadores locais e sofriam com o desaparecimento de línguas e dialetos locais. Alguns ensinavam tanto em dialeto quanto em francês e acreditavam que saber falar ambas as línguas era uma vantagem. Obrigavam os alunos a usar o francês não porque quisessem acabar com as culturas das minorias, mas porque queriam que seus alunos passassem nos exames e tivessem os meios de descobrir o mundo lá fora, para melhorarem a sorte de suas famílias. A Bretagne sofreu mais que a maioria das outras regiões, sobretudo depois das leis anticlericais de 1901 e da subsequente tentativa de banir o uso do bretão nos serviços religiosos. Mas a República Francesa jamais submeteu sua população à investida linguística radical que tornou a vida na Alsácia-Lorena tão infernal depois da anexação pela Alemanha em 1870.

O recuo do basco, bretão, catalão, corso e flamengo ante a maré do francês pertence a um processo muito mais antigo e complicado de transformação social e material. O francês padrão chegou a todos os cantos do país levado pelo alistamento militar, as estradas de ferro, os jornais, os turistas e a canção popular, difícil de cantar em dialeto sem mutilar as rimas. É possível que ao promover o uso do francês a Terceira República tenha até prolongado a sobrevida de alguns dialetos, pois presenteou as crianças com uma oportunidade extra para fazer uma travessura. Em 1887, cinco anos após a introdução do ensino gratuito e compulsório, um linguista que estudava um dialeto de Mayenne observou um fenômeno que resiste até hoje:

> O patois de Montjean está hoje praticamente extinto, a não ser entre os idosos e as crianças. Os idosos o falam de fato e as crianças adoram exagerar a pronúncia dos avós porque a escola as ensina a falar francês.

A PÁTRIA DESCOBERTA pelas crianças em sala de aula estava acessível em toda sua variada singeleza nos livros então usados para ensinar leitura e geografia. Os protagonistas eram em geral crianças com um apetite insaciável por informações geográficas acompanhadas por um pedagogo soterrado pelos fatos inquestionáveis. Em *Voyage en France* [Viagem na França] (1846), de Amable Tastu, vemos um pai e seus filhos postados diante da paisagem industrial de Le Creusot. O pai: "Não dou um minuto para vocês me perguntarem, meus filhos, o que é um alto-forno e o que é uma caldeira de pressão. Tentarei explicar em poucas palavras, com a ajuda de umas anotações que extraí de diversos livros."

Algumas destas histórias de turismo infantil eram impregnadas de um nacionalismo presunçoso, sobretudo após a perda da Alsácia-Lorena. Em *Le Tour de France* (1893), de Marie de Grandmaison, dois garotos exploram o país inteiro de bicicleta. (Esta foi a primeira vez em que a expressão "Tour de France" [Volta da França], que até então designava exclusivamente a viagem estágio de formação dos aprendizes, apareceu associada ao ciclismo.) Ao chegarem a Strasbourg, a capital da Alsácia, admiram as crianças que estão prestes a escapar do "execrável jugo alemão" emigrando para a França:

> — Vamos, irmão, vamos seguir o exemplo deles. É difícil respirar este ar opressivo.

382 A DESCOBERTA DA FRANÇA

— Vamos — respondeu Marcel —, deixemos para trás esta bela Alsácia, mas com a esperança de um dia voltarmos como vencedores.

Os dois garotos, porém, são impiedosos com as províncias da França:

— Ah! A Auvergne! Por que o pessoal desta região é tão simplório? — indagou Robert.
— Por causa do terreno vulcânico — respondeu Marcel. — Quando a própria natureza parece tão estranha e inacreditável é fácil a mente aceitar qualquer coisa, por mais milagrosa que seja.

Esta asneira étnica provavelmente reflete a origem de Marcel e Robert — um rico subúrbio parisiense. Normalmente, as crianças vinham de alguma província e exemplificavam as virtudes de seu *pays*. *Trois mois sous la neige: journal d'un jeune habitant du Jura* [Três meses debaixo de neve: diário de um jovem habitante do Jura] (15ª edição, 1886) é uma lição de coragem e paciência. Os *petits voyageurs* [pequenos viajantes] de P.-C. Briand nesta "pitoresca descrição deste belo país" (1834) vinham da "pequena ilha" da Corse, mas se sentiam "franceses da gema" — um progresso em relação à imagem habitual dos corsos como bandidos cabeludos eternamente envolvidos em vendetas.

O melhor de todos é o popularíssimo *Le Tour de France par deux enfants* [A volta à França por duas crianças] (1877), de Augustine Bruno, subintitulado "*devoir et patrie, livre de lecture courante*" [dever e pátria, livro de leitura corrente]. Os dois meninos saem de Phalsbourg na Lorena sob ocupação alemã para encontrar o tio Frantz após a morte do pai, um carpinteiro cujo maior desejo era emigrar para a França. Suas aventuras realistas os levam a Marseille ao sul, a Bordeaux de barco pelo Mediterrâneo e pelo Canal du Midi, da Bretagne à Flandre atravessando o norte da França, e de volta a casa para depositar flores no túmulo do pai. Dali, tomam o trem para Paris, cujas ruas, se emendadas de ponta a ponta, "dariam uma rua de 900 quilômetros, ou seja, mais comprida que a estrada de Paris a Marseille". Os órfãos vão à luta pelo próprio sustento e conhecem o país, guiados não por um pedante com uma biblioteca debaixo do braço, mas por homens e mulheres locais que traba-

PROVÍNCIAS PERDIDAS 383

lham para se sustentar. A viagem não termina em Paris, mas numa fazenda da Beauce devastada pela Guerra Franco-Prussiana, mas que terá sua produtividade restaurada pelo patriotismo e por muito trabalho.

Os historiadores adultos que menosprezam o luminoso livrinho de Bruno deveriam tentar descrever um país inteiro, com sua população, produção agrícola, geografia e clima, numa história capaz de prender a atenção de uma criança. A obra, que teve sua 386ª edição lançada em 1922, levou a milhões de pessoas uma imagem vívida e factual da França. Algumas das experiências e observações de André e Julien Volden eram mais famosas que acontecimentos importantes da história francesa, entre elas o naufrágio no canal da Mancha, os maus-tratos infligidos ao cavalo de carroça, o martelo-pilão a vapor da fundição de Le Creusot, tão sensível que era capaz de fechar uma garrafa de vinho com uma rolha de cortiça, ou a fazenda-hospedaria no Dauphiné:

> Todo mundo que entrava no albergue falava em patois. Os dois meninos ficaram sentados num canto, sem entender patavina do que se dizia e sentindo-se muito sós nessa fazenda dessa terra estranha... Finalmente, o pequeno Julien virou-se para o irmão mais velho e, com um olhar em que se mesclavam o afeto e a tristeza, disse:
> — Por que ninguém neste *pays* fala francês?
> — Porque nem todos puderam frequentar a escola. Mas daqui a alguns anos, as coisas vão ser diferentes, e toda a população da França vai saber falar a língua da pátria.
> Justo neste instante, a porta tornou a abrir-se. Eram os filhos do estalajadeiro, voltando da escola.
> — André! — exclamou Julien. — Estas crianças frequentam a escola! Devem saber francês! Que bom! Podemos falar com elas.

UMA CAMPANHA MACIÇA de autopromoção nacional que se prolonga até o século XXI incentivou as gerações escolarizadas que haviam crescido com estes livros a descobrirem pessoalmente a França. Jornais e revistas estimulavam os leitores a visitarem as partes desconhecidas da França e menosprezadas pelos turistas ricos, em especial as "províncias perdidas" da Alsácia-Lorena. Regiões

384 A DESCOBERTA DA FRANÇA

praticamente inexploradas até a década de 1880 e raramente mencionadas em guias de viagem foram promovidas como destinos de férias — as Ardennes a Argonne e o Morvan, os vales do Dordogne e do Lot, o cânion do rio Tarn (sem acesso por estrada) e as gargantas da Ardèche (margeadas por séries de cavernas), o maciço do Vercors (com sua recente infraestrutura de estradas e túneis que desafiavam a morte) e o remoto Cantal, com o impressionante viaduto Garabit (1884) de Gustave Eiffel, admirado como uma das maravilhas do mundo moderno.

Foi nesta época que surgiu o dito, ainda corrente, "o lugar menos conhecido na França é a própria França". Era como se a perda de parte de seu território houvesse soado o alerta para os tesouros inexplorados da nação. A França colonizara o Norte da África e a Indochina, mas não conseguira colonizar a si mesma. O êxodo da população rural para as cidades deixava o campo exposto às intempéries e à invasão estrangeira. Todo cidadão francês tinha o dever patriótico de ir de férias para locais pouco procurados, que se revelariam tão espetaculares como os superestimados Alpes. O *Magazin pittoresque* imaginou um veranista parisiense sequestrado, vendado e levado até as margens do lago Chambon, no coração da Auvergne. Retirada a venda, ele se veria numa paisagem deslumbrante de montanhas semelhantes a nuvens e lagos espelhados. Mal acreditaria estar na França.

A revitalização da imagem da França foi iniciada por políticos e historiadores locais, sociedades geográficas e instituições de ensino das províncias, companhias ferroviárias e jornalistas. Para turbinar seu apelo, atribuíram-se nomes extraoficiais a determinadas áreas do país — depois de 1877, quando o litoral da Provence foi batizado de Côte d'Azur [Costa Azul], surgiram a Côte Émeraude [Costa Esmeralda] na Bretagne, a Côte Sauvage [Costa Selvagem] na Vendée, e a Côte d'Argent [Costa Prateada] no trecho do Atlântico entre Royan e Bayonne. Ocorreu uma proliferação de pequenas Suíças. Começando com o Limousin e o Morvan, então relegado ao ostracismo, qualquer região de pastagens onduladas viu-se quase forçada a autoproclamar-se Suíça. No momento em que este livro estava sendo escrito, havia dez "Suíças" francesas, da "Suisse Normande" [Suíça normanda] (80 quilômetros a noroeste dos "Alpes mancelles") à "Suisse Niçoise" [Suíça niceense] e à "Suisse d'Alsace" [Suíça alsaciana]

PROVÍNCIAS PERDIDAS

Em 1874, o geógrafo Adolphe Joanne e um pequeno grupo de escritores e políticos de esquerda fundaram o Club Alpin Français [Clube Alpino Francês], que tinha como bordão "*En avant, quand même!*" ("Sempre em frente!", ou, em tom menos militarista, "Vamos que vamos!") e como meta "descobrir a França para maior edificação dos franceses". O Club Alpin saiu em busca de agentes locais para ajudarem na campanha e garantiu ter "descoberto, nas mais remotas províncias, estudiosos, escritores e artistas que nem tinham consciência de sê-lo". No ano seguinte, o Comité des Promenades [Comitê das Excursões] de Gérardmer (Vosges) deu um exemplo que as secretarias de turismo seguiriam em toda a França. Estas organizações missionárias treinaram guias e carregadores, convenceram vilarejos rivais a colaborarem uns com os outros, sinalizaram as trilhas e organizaram "caravanas escolares" e "colônias de férias" para crianças de escola. Além disso, incentivaram os hotéis a afixarem seus preços e a não explorarem os turistas. Muito antes de os trabalhadores ganharem o direito a férias remuneradas em 1936, uma nova geografia econômica da França já se delineava — os Vosges eram os Alpes da pequena-burguesia e as montanhas da Auvergne, os Pireneus dos pobres.*

Na tradição dos cartógrafos do século XVIII, os clubes de turismo foram pioneiros. Não só popularizaram como também descobriram partes obscuras da França. Em 1882, dois sócios do Club Alpin encontraram uma assombrosa "cidade de pedra" na chapada agreste do Causse Noir. As formações rochosas dolomíticas que se avultam como arranha-céus em ruínas em meio à floresta de carvalhos e cerrado são visíveis a quilômetros de distância, embora jamais tivessem figurado em qualquer mapa. O caos desabitado de colunas e ravinas foi chamado de Montpellier-le-Vieux, supostamente por ser este o nome da única cidade conhecida dos pastores locais que o batizaram; o mais provável é que resulte de um mal-entendido — o nome local, "Lou Clapas", significa "monte de pedras", que por coincidência também é o epíteto jocoso pelo qual Montpellier é conhecido localmente.

---

*Ou melhor, relativamente pobres. Em meados da década de 1880, os proventos anuais de um professor como monsieur Blondel giravam em torno de 1.200 francos por ano (professoras mulheres ganhavam a metade). Na região de Paris, a diária média de um trabalhador era de cerca de sete francos. Custo (em francos) de uma semana de férias de um parisiense solteiro numa estância balneária da Auvergne: passagens de trem (ida e volta), 35; hospedagem e alimentação, cinquenta; excursões, aluguel de jumento, gorjetas etc., vinte; lanches e souvenires, trinta; um mapa, dois; cinco cartões-postais (mais selos), 1. Total: 138 francos.

A descoberta do "Velho Monte de Pedras", ou seja, o resgate de um tesouro perdido nas províncias agrestes, foi um dos primeiros triunfos do Club Alpin. A maquete em escala da "Cidadela do Diabo" feita para a Exposição Universal de 1889 atiçou a curiosidade das multidões que vieram ver a torre Eiffel. Um ano antes, a escritora inglesa Matilda Betham-Edwards conhecera pessoalmente a formação. Aos 53 anos de idade, tomara uma carruagem em Le Rozier, nas gargantas do Tarn, e subira a estrada quase vertical da vertente norte do Causse Noir que levava a esses "vastos píncaros, com perfume de flor e aquele ar puro e limpo que circula em meio a uma dezena de cadeias montanhosas quase mil metros acima do nível do mar". Ao chegar à miserável fazenda de Maubert, o fazendeiro, que já sonhava com uma nova carreira como estalajadeiro, acompanhara a escritora numa visita a Montpellier-le-Vieux.

Felizmente, Mrs. Betham-Edwards pôde dar bons conselhos ao fazendeiro e sua jovem esposa, que era "muito viva, bonita, afável e inteligente", "mas tristemente desleixada em sua aparência pessoal, com cabelos desgrenhados e roupas desmazeladas". No interior da casa, um turista francês comia omeletes com seu guia. Mrs. Betham-Edwards entreviu o futuro — uma mesa bem posta para o desjejum, um jardim florido em vez da esterqueira, tapetes e poltronas nos melhores quartos, e até "bandejas, campainhas e ferrolhos nas portas".

> Como seria impossível materializar a utopia ainda este ano, falei sobre "*le confort*" [o conforto] com nossos anfitriões, que nos serviam uma sucessão de licores — rum, aguardente de marmelo, sabe-se lá o quê! — para restaurar nossas forças após a canseira. Enquanto eu discorria sobre este tópico instrutivo: "É", disse voltando-se para o marido a bonita e desmazelada pequena patroa da Cité du Diable [Cidade do Diabo], "precisamos comprar uns lavabos, meu bem."

OS ROCHEDOS DE Montpellier-le-Vieux são hoje identificados por nomes extravagantes como Le Nez de Cyrano [O Nariz de Cyrano], Le Sphynx [A

Esfinge], Les Yeux du Blaireau [Os Olhos do Texugo], La Porte de Mycènes [A Porta de Micenas] etc., que lhes foram dados pelo advogado parisiense Édouard-Alfred Martel. Este "Colombo do mundo subterrâneo" nasceu em Pontoise, perto de Paris, em 1859. A obsessão de Martel pelo mundo subterrâneo das cavernas e grutas começou numa viagem de férias aos Pireneus com os pais. Entre 1888 e 1913, Martel empreendeu expedições anuais a lugares remotos da França e depois a 14 outros países, inclusive Irlanda e Estados Unidos. Com seu fiel assistente, o ferreiro Louis Armand, mapeou a maioria das cavernas e labirintos subterrâneos que até hoje atraem milhões de visitantes (Dargilan, Padirac, Aven Armand, Abîme de Bramabiau). Pendurou-se em escadas de corda, atravessou cachoeiras rochosas equilibrando uma canoa na cabeça e com uma vela presa entre os dentes, tiritou de frio em imensas cavernas iridescentes, vestindo terno de lã, chapéu-coco e botas com buracos para permitir o escoamento da água.

Martel foi o herói popular da nova era de exploração doméstica. Escreveu dúzias de livros, na maioria campeões de vendas, mas dos quais apenas um, *Les Abîmes* [Os abismos], continua a ser editado. Suas histórias da vida real eram tão palpitantes como as fantasias de seu romancista preferido, Julio Verne. Eis sua descrição da descida do despenhadeiro de Padirac:

> Fui o primeiro a descer... Em oito minutos, estava na base. Soltei a escada e olhei para o alto... Era como se eu estivesse no interior de um telescópio. Enquadrado na objetiva, um pequeno círculo de céu azul. A luz solar escorria verticalmente pelos estratos calcários dos paredões do abismo e incidia sobre as arestas e ressaltos esculpidos, criando um tipo de reflexo que eu jamais vira antes... No perímetro da fenda, eu entrevia as cabecinhas de meus companheiros deitados de borco, observando-me. Quão alto e quão longe pareciam estar! Longos tufos de vegetação de sombra e umidade pendiam graciosamente das mais sutis asperezas daquele funil gigantesco. O cabo telefônico — nossa ligação com o mundo dos vivos — corria pelo meio delas como um fio negro que uma aranha havia tecido varando o precipício.

388   A DESCOBERTA DA FRANÇA

Os picos mais elevados da França haviam sido conquistados por montanhistas ingleses e americanos. Martel resgatou parte do orgulho nacional conquistando as profundezas mais abismais. Via-se como um promotor de vendas patriota, "fazendo campanhas publicitárias para compatriotas que têm nas belezas naturais de sua região uma fonte de riqueza inexplorada". Em seus livros, esses compatriotas são descritos como simplórios e supersticiosos, enquanto ele, Martel, é o missionário desmistificador, o mágico da Terra da Tecnologia que, com a luz ofuscante produzida com tiras de magnésio, ilumina os buracos em que o diabo costuma emboscar-se. Uma ilustração de *Les Abîmes* mostra Martel destacando-se sobre seus companheiros, postado num nicho como a Virgem de Lourdes, com uma vela grudada na aba do chapéu.

Os agricultores acreditavam nos demônios subterrâneos, mas nem por isso deixavam de usar estas furnas como depósitos de lixo. A pior coisa para Martel era o som gosmento e repugnante no fundo dos poços, por ele chamado de "sopa de carcaça" e que o pessoal da terra recolhia e usava como fertilizante e pigmento. Até hoje, os guias de viagem trazem histórias de camponeses trêmulos como vara verde prevenindo sobre a presença de espíritos vingadores. Na realidade, a reação às explorações de Martel era mais prosaica. Centenas de pessoas reuniam-se e transformavam o espetáculo numa festa de aldeia. Os cães que farejavam por todo lado faziam as pedras rolarem pelo buraco abaixo. O som dos violinos e acordeões inviabilizava a comunicação telefônica. As velhas faziam o sinal da cruz e abanavam as mãos, dizendo, "Meus belos senhores, chegarão ao fundo sem problemas, mas nunca mais conseguirão sair", ou "*Yo dé nèsci de touto mèno*" [Há palermas de todo tipo]. Os homens queriam saber de Martel se ele estava ali com sua equipe para medir o buraco e assim "poderem construir um igual em seu *pays*". Mal sabiam eles que algum dia seu buraco no solo renderia mais que uma mina de ouro.

QUALQUER UM QUE EXPLOROU alguma caverna ou garganta na França provavelmente caminhou por um "Sentier [trilha] Martel", ou admirou a vista de um dos "Points sublimes" [Pontos sublimes] de Martel. Martel descobriu mais de duzentas cavernas e rios subterrâneos e tem mais lugares que levam seu nome que a maioria dos santos. Mas até Martel ficou pasmo com o monstro geológico que veio à luz em 1905.

Há pouco mais de cem anos, quando Paris já tinha metrô e a torre Eiffel já apresentava sinais de envelhecimento, só um punhado de entalhadores e cortadores de madeira, que não viam motivo para compartilhar o que sabiam com o resto do mundo, conhecia uma das maravilhas da natureza do Velho Mundo — o Grand Canyon do Verdon, que se estende por 21 quilômetros em meio à estranha paisagem calcária dos Pré-Alpes de Castellane, 100 quilômetros a sudoeste da segunda maior cidade da França. Muitas das esferas de buxo que decoravam as empoeiradas galerias de compras de Marseille começaram a vida como tocos retorcidos presos à encosta do desfiladeiro mais comprido e profundo da Europa. Os homens que habitavam os povoados de ambos os lados do despenhadeiro penduravam-se para baixar no abismo e cortar a melhor madeira para a fabricação de *boules* [bolas de petanca] enquanto, 600 metros abaixo, o caudal verde-metálico do Verdon corria em sua estreita garganta, areando o leito de cascalho e escavando novas cavernas.

Na extremidade leste das gargantas fica a cidade de Castellane, à margem de uma estrada romana que ligava o Durance ao Mediterrâneo e a Via Aurelia à Via Domitia. Napoleão atravessou Castellane em seu retorno a Paris em 1815. Na extremidade oeste, fica o vilarejo de Moustiers-Sainte-Marie, célebre por suas cerâmicas esmaltadas e pela estrela dourada que um cruzado pendurou entre dois penhascos ao retornar da Terra Santa. Os guias de viagem mencionavam ambas as atrações. O guia de viagem ao sul da França (1885) de Charles Bertram Black mencionava até uma estrada entre Castellane e Moustiers — é possível que, ao consultar seu mapa, Black tenha presumido que a estrada existisse. Esse tempo todo, o resto do mundo ignorava totalmente a existência das gargantas do Verdon.

Imaginar que as gargantas do Verdon *não* tenham sido descobertas é quase tão interessante como explorá-las. Da estrada que chega a Moustiers pelo oeste, avista-se a leste um paredão rochoso espetacular. O sol poente ilumina sua crista com um fio prateado e revela a pouca espessura do paredão — obviamente, há alguma coisa por detrás dele. Mas não passaria pela cabeça de ninguém que tenha subido até Moustiers, após enfrentar as ventanias da

390 A DESCOBERTA DA FRANÇA

baixada de Valensole, prolongar a jornada aventurando-se por penhascos e ravinas que tombavam vertiginosamente numa região mal mapeada. O apetite da maioria dos viajantes por um ermo fabuloso estaria mais que satisfeito. O próprio acesso às gargantas é tão estreito que se torna invisível mesmo a curta distância, embora hoje em dia isto seja difícil de imaginar. Em 1975, represas hidrelétricas inundaram uma área de 36 quilômetros quadrados dando origem ao lago de Sainte-Croix [Santa Cruz], que transformou o vilarejo serrano de Bauduen numa estância de férias lacustre.

Em 1896, os moradores de Rougon, um lugarejo próximo ao limite nordeste das gargantas, ficaram assombrados quando, um dia, avistaram um pequeno grupo de homens com um jumento e um bote desmontado. Era o primeiro barco que se via no *pays*. O líder da expedição, o engenheiro naval Armand Janet, garantia estar vindo das gargantas, o que parecia impossível. Conseguira descer o rio até o acesso leste às gargantas, mas, após um embate tenebroso com as corredeiras, seus guias locais recusaram-se a prosseguir, o que o obrigara a abandonar a empreitada.

Nove anos depois, Édouard Martel recebeu do Ministro da Agricultura a incumbência de fazer um estudo hidrológico da região. Havia a esperança de que fosse possível domar o rio Verdon e usá-lo para irrigar os campos crestados do Var e garantir água potável para Toulon e Marseille. Martel, acompanhado de Armand Janet, Louis Armand, um engenheiro agrícola, um professor local, dois encarregados da conservação da estrada e diversos carregadores, desceu de barco, de ponta a ponta, as gargantas do Verdon, dando nomes aos acidentes geográficos, tirando fotografias com a única câmera que sobreviveu à torrente e, surpreendentemente, saindo com vida da aventura. Dois dos barcos se despedaçaram. O grupo levou três dias para descer 16 quilômetros de rio. Por fim, emergiu do cânion às 10 da manhã de 14 de agosto de 1905, perto da ponte romana abaixo de Aiguines, posteriormente submersa pelas águas do lago.

No ano seguinte, 37 anos após a expedição pioneira de John Wesley Powell pelo Grand Canyon do Colorado, Martel publicou nos anais da Sociedade Geográfica e numa revista popular chamada *Le Tour du monde* [A volta ao mundo] uma descrição de sua expedição, revelando ao mundo esta "maravilha americana da França". Lamentou apenas que "esta nova joia da rica coroa da *belle France*" se prestasse tão pouco ao turismo. Confirmando a suspeita de Martel, as gargantas do Verdon "permanecer[iam] invisíveis, ou ao menos não visitáveis, durante muito tempo".

Em 1947, foi aberta uma estrada margeando a extremidade sul das gargantas e que recebeu o nome, preciso, de Corniche Sublime. A estrada norte foi concluída em 1973. Juntas, formam um circuito de 100 quilômetros de tirar o fôlego. Atualmente, a região desconhecida e perigosa é a outra margem da estrada, oposta ao cânion, onde um vale sobe pelas encostas em direção às elevações da área não mapeada. Umas poucas trilhas poeirentas levam ao cerrado depois de cruzar o Grand Plan [grande baixada] de Canjuers, um planalto cárstico repleto de sumidouros e rios subterrâneos. Às vezes, uma nuvem de poeira sobe dos morros. Um viajante que arrisque uma curta caminhada pelo mato apesar das placas de alerta talvez consiga avistar alguns residentes camuflados da zona militar de Canjuers.

A DESCOBERTA DAS gargantas do Verdon também revelou a ignorância da nação sobre si mesma. Até 1906, o acidente geográfico mais espetacular da França podia pertencer a outra dimensão; no entanto, por toda a orla do desfiladeiro, Martel e Janet encontraram animais bebendo água em açudes, "ruínas com história desconhecida" e, no cânion propriamente dito, detritos levados pela torrente — tábuas de moinhos e abrigos e até mesmo uma "ponte de pedestre vinda sabe-se lá de onde".

A "maravilha recém-descoberta" era conhecida há séculos. O primeiro mapa rigoroso a ser produzido era coalhado de topônimos que, exatamente como os estratos rochosos, reconstituem uma longa viagem de volta ao passado. Os nomes dados por Martel, inspirados em Julio Verne — Plateau des Fossiles [Planalto dos Fósseis], Voûte d'Émeraude [Abóbada de Esmeralda], Etroit de la Quille [Estreito da Quilha] — eram apenas a camada superior de tinta. Alguns dos antigos nomes haviam adquirido uma pátina moderna — a fazenda originalmente conhecida como Bourogne tornara-se Boulogne e a ponte do povoado de Soleis tornara-se a falsamente misteriosa Pont-de-Soleils [Ponte dos Sóis].

Por detrás da ortografia francesa, as formas originais occitanas eram claramente visíveis e testemunhavam o longo embate das pessoas com a terra — Baumes-Fères [Cavernas Selvagens], Maugué [Vau Maldito], Pas de Vaumale [Passo do Vale Maldito]. Nos morros acima do acesso leste ao desfiladeiro, um estábulo já fora um santuário dos Cavaleiros Templários. Seu nome, Saint Maymes, era derivado do Máximo romano. Mais a oeste, "Saint Maurice" era provavelmente a versão cristianizada de alguma palavra pagã para "marécage" [pântano]. O fato de existirem alguns outros nomes de santos sugere que, antes de surgirem as estradas romanas (caso sejam de fato romanas) para leste e oeste do desfiladeiro, o ser humano já habitava as gargantas.

Os nomes mais antigos haviam se corroído até restarem umas poucas e etéreas vogais. Ignora-se a origem da palavra "Ayen", que dá nome a um passo na orla setentrional. Quem sabe, um eco da palavra gaulesa *aginn* (rocha), usada pela população da Idade do Ferro cujos túmulos foram posteriormente descobertos em Soleis. Ou uma relíquia isolada de uma língua sem escrita, falada enquanto o rio ainda escavava seu precipício.

CAPÍTULO 17

Viagem ao Centro da França

A ÚLTIMA GRANDE descoberta geográfica da França encerrou com fecho espetacular a era do pioneirismo turístico. Quando o mundo tomou conhecimento das gargantas do Verdon em 1906, já estava em curso uma outra era de exploração deflagrada em grande parte por uma máquina milagrosa que franqueou o acesso ao campo despovoado e revitalizou as estradas que o trem havia esvaziado.

Uma madrugada de maio de 1891, logo antes do amanhecer, um pequeno grupo reunido no alto de um morro próximo a Thivars, a sudoeste de Chartres, perscrutava a longa estrada deserta com suas lanternas voltadas para o sul, alertando sobre sua presença. De repente, alguém gritou "Para trás!"

De uma só vez, três sombras surgiram da escuridão, passaram como um raio e desapareceram na noite. Alguém perguntou: "Quem era?" Alguém respondeu "Mills". Ato contínuo, montamos e corremos de volta para o Hôtel du Grand Monarque em Chartres, onde estava instalado o posto de controle.

O inglês amador George Pilkington Mills estava a caminho de vencer a primeira corrida de bicicleta Bordeaux-Paris. As duas outras sombras eram ciclistas que se revezavam "colando" na traseira dos competidores ("colar" no

394 A DESCOBERTA DA FRANÇA

ciclista da frente reduz a resistência do vento e aumenta sua eficiência em até um terço). Os organizadores haviam providenciado lanches e acomodações em cidades ao longo do percurso, mas os ciclistas mal paravam para agarrar o lanche e logo seguiam a toda em direção à capital. Viram o sol se pondo sobre as planícies de Poitou e nascendo sobre a floresta de Rambouillet. Quando Mills rompeu a linha de chegada na Porte de Saint-Cloud, à entrada de Paris, completara os 576 quilômetros do percurso em 26 horas e 35 minutos — velocidade média de 21,86 quilômetros por hora.

A corrida Bordeaux-Paris inspirou o editor de notícias do *Le Petit Journal* [O Jornalzinho] a organizar outra ainda mais longa, Paris—Brest—Paris. Desta vez, a vitória francesa era praticamente certa, pois apenas franceses podiam competir. Às 6 da manhã de 6 de setembro de 1891, milhares de pessoas esperavam nas ruas de Paris para ver os 206 ciclistas passarem pelos bulevares em direção ao Arc de Triomphe [Arco do Triunfo] e ao Bois de Boulogne. Moradores dos vilarejos rurais da Normandie montaram à beira da estrada mesas com leite, maçãs, sidra e bolos pelo prazer de verem seus produtos serem engolidos pelos ciclistas esfaimados. (Isto acontece até hoje na versão moderna da corrida, aberta a qualquer amador com bom preparo.) Alguns ciclistas se fartaram de rapé e champanhe; outros se limitaram a pão e caldo de carne.

O ciclista profissional Charles Terront, de 34 anos, equipado com pneus Michelin removíveis de última geração, era o favorito. Terront chegou a Brest às 5 da tarde (hora de Paris) de 7 de setembro, uma hora depois do líder. Saiu em 5 minutos, depois de engolir uma pera e um pouco de sopa. Em Guingamp, ultrapassou o líder, que dormia na pousada. Ao meio-dia do dia seguinte tornou a cruzar a divisa bretã. Em Mortagne, acorreu gente de todo o *pays* para assistir à passagem dos ciclistas. Já estava escuro quando Terront entrou zunindo na cidade. Foi acolhido com aplausos clamorosos e um espetáculo de fogos de artifício. Tornou a partir, coberto de flores. Acidentou-se ao atropelar um galho caído alguns quilômetros à frente. Chorando de exaustão, andou até o ferreiro mais próximo, que consertou a pedivela do pedal e lhe disse para seguir viagem. Às 5h30 da manhã seguinte, 10 mil pessoas viram Terront, cercado por uma esquadrilha de ciclistas locais, cruzar a linha de chegada no Boulevard Maillot, o braço erguido em triunfo. Passara

71 horas e 37 minutos montado em sua bicicleta Humber, tendo feito 1.203 quilômetros e uma média de 16 quilômetros por hora. Depois de quatro refeições e 26 horas de sono, deu novas provas de sua resistência comparecendo a 18 banquetes consecutivos em sua homenagem.

ESTAS INCURSÕES DE LONGA DISTÂNCIA, descritas pelos repórteres dos jornais em tom homérico, inspiram até hoje competidores amadores, mas dão uma ideia um tanto distorcida da experiência coletiva. O cidadão do morro perto de Thivars que viu George Pilkington Mills passar como uma flecha era um professor de Chartres que curtiu duas ótimas semanas de férias pedalando 104 quilômetros por dia ("distância que não se deve exceder caso se queira ver e gravar na memória alguma coisa da viagem"). No percurso de Chartres aos Pireneus e voltando pela Auvergne, ele transpôs de bicicleta o formidável Col du Tourmalet (2.115 metros), isto 15 anos antes de todo o alarde que o Tour de France fez em torno da proeza em 1910. Embora centenas de outros homens e mulheres já houvessem transposto os Pireneus com pedaladas lépidas e fagueiras, a eficiência com que o Tour de France promove os feitos épicos de sua própria história é de tal ordem que hoje se acredita que a primeira pessoa a transpor o Tourmalet de bicicleta foi o líder do Tour de France de 1910 — e que, ao atingir o cume coberto de suor e poeira, ele xingou os organizadores de "*Assassins!*" [assassinos].

A influência da bicicleta no cotidiano é hoje drasticamente subestimada por muitos historiadores, que tendem a vê-la como um instrumento de autotortura. As verdades singelas foram esquecidas. Como quase todo mundo sabia cem anos atrás, o segredo de andar de bicicleta quando já se é adulto é pedalar com força suficiente para equilibrar a bicicleta e depois, pouco a pouco, ir tomando velocidade, mas sem ficar ofegante demais para conversar ou cantarolar. Assim, bebendo água e alimentando-se com regularidade, uma pessoa que não é atleta e com preparo físico apenas moderado consegue subir, com bagagem, um declive alpino acentuado, porém constante, projetado para uma mula do século XVIII. A descida é mais difícil, mas, para todos os envolvidos, estatisticamente muito mais segura de bicicleta que de carro.

396   A DESCOBERTA DA FRANÇA

Para as gerações que não foram corrompidas pela automação, andar 160 quilômetros de bicicleta era rotina. Quando o professor de Chartres partiu de bicicleta para seu passeio de 1.600 quilômetros em 1895, as antigas bicicletas de rodas de madeira apelidadas *boneshakers* [moedores de ossos] já eram relíquia do passado. A bicicleta do professor tinha rolamentos e pneus com câmara de ar e, na maioria dos aspectos, era idêntica à bicicleta moderna. Muitos dos velocípedes eram mais leves e mais confiáveis que as máquinas vorazes que hoje rodam pelas ruas das cidades desperdiçando energia. Havia bicicletas dobráveis, que cabiam numa mala, e bicicletas capazes de encher os próprios pneus. O câmbio, que permitia trocar de marcha sem trocar a roda traseira, foi introduzido em 1912. Os freios, contudo, ainda eram extremamente precários. Muitos ciclistas recomendavam que, antes de iniciar uma descida, se amarrasse um galho pesado ao canote do selim, mas apenas "quando não houver poeira, lama, curvas fechadas e, sobretudo, guardas-florestais que talvez não acreditem que o galho foi trazido de casa, de Paris" (Jean Bertot, *La France en bicyclette: étapes d'un touriste* [A França de bicicleta: etapas de um turista], 1894).

Assim que surgiram as bicicletas de segunda mão e as imitações baratas dos modelos conhecidos, esse cavalo mecânico cujas pernas podiam ser substituídas por outras novas e que o ferreiro local conseguia ressuscitar livrou milhões de pessoas da estreiteza de seus horizontes. De bicicleta, um rapaz podia sair para procurar emprego ou noiva fora de seu *pays* e voltar para jantar em casa, motivo pelo qual se creditou à bicicleta a redução do número de casamentos consanguíneos e, com isso, o aumento da estatura média da população francesa. A bicicleta era usada por trabalhadores rurais, por ciclistas urbanos que se serviam dela para ir trabalhar, por carteiros, padres de aldeia, gendarmes, e pelo exército francês que, como muitos outros exércitos europeus, tinha batalhões de cavalaria montada em bicicletas.

Antes da Primeira Guerra Mundial, havia na França pelo menos 4 milhões de bicicletas, o que representa uma bicicleta para cada dez pessoas — além das 3.552.000 bicicletas declaradas ao fisco, os estábulos deviam esconder muitos outros "cavalos que não precisavam ser alimentados". Agora, era possível percorrer longas distâncias a uma velocidade de dar gosto e avistar por cima das sebes panoramas antes desfrutados apenas por quem viajava empoleirado na capota da diligência. A maioria das cidades dispunha de bicicletas para aluguel. Por menos de um franco, levava-se a bicicleta no trem. As companhias de estrada de ferro responsabilizavam-se por eventuais danos. Em 1911, o Touring Club de France, fundado em 1890 nos moldes do Touring Club dos Ciclistas, do Reino Unido, reunia 110 mil associados. Havia mapas especiais para ciclistas, que sinalizavam declives acentuados, trechos perigosos, trechos asfaltados ou revestidos de macadame, ciclovias urbanas. Em seu livro *European Travel for Women* [Viagens na Europa para Mulheres] (1900), Mary Cadwalader Jones recomendava a bicicleta como um bom meio para descobrir a França. Como única ressalva, alertava para a obrigatoriedade da mão direita de direção: "Nem sempre se pode confiar, pois tanto há cidades e distritos de mão direita quanto de mão esquerda; portanto, é preciso atenção constante quando se está de bicicleta."

A MAIOR DE TODAS as corridas de ciclismo encarnou à perfeição esta abertura das fronteiras domésticas. O Tour de France [Volta da França] foi uma jogada publicitária concebida pelo jornalista Géo Lefèvre com seu patrão, o editor do jornal de esportes *L'Auto* e campeão de ciclismo Henri Desgrange. O primeiro Tour (1903) cobriu um percurso de 2.443 quilômetros dividido em seis etapas — Paris, Lyon, Marseille, Toulouse, Bordeaux, Nantes, Paris —, cada qual com mais de 24 horas de duração. Era uma rota de baixa altitude, típica do Tour homônimo que os aprendizes costumavam fazer como viagem-estágio, e perfeita para os primeiros Tours ciclísticos, quando os veículos de serviço não conseguiam vencer as montanhas. Dos sessenta ciclistas que largaram neste primeiro Tour, 21 sobreviventes chegaram estropiados de volta a Paris, onde foram recepcionados por uma multidão de 100 mil pessoas.

O Tour de France sempre foi, desde o início, uma festa nacional, a alegre superação dos limites que até hoje faz milhões de pessoas sem interesse em esportes vibrarem todo verão. Para quem acompanhava o Tour pelos jornais e via as fotos escuras dos enlameados heróis nas estradas da França, cobertos pelo barro preto do norte ou pela poeira branca do sul, o "solo sagrado" da

França virou o cenário de uma história de aventuras em quadrinhos narrada anualmente na prosa épica de Henri Desgrange.

Desgrange, um republicano liberal, vibrou com o campeão do primeiro Tour de France. Maurice Garin era nascido na Itália, no vale d'Aosta, a leste do Mont Blanc. Como milhares de seus compatriotas, saiu de casa ainda menino e foi a pé até a Bélgica, onde trabalhou como limpador de chaminés. Mais tarde, adquiriu a cidadania francesa. Radicou-se em Lens, no departamento de Pas-de-Calais. Tal como Zinédine Zidane, o cabília argelino nascido na França que foi capitão da seleção francesa de futebol campeã da Copa do Mundo de 1998, "O Pequeno Limpador de Chaminés" era um símbolo da unidade nacional. Os ataques aos trabalhadores italianos imigrantes recrudesciam. Culpavam-se os italianos pobres — empregados para fazerem os trabalhos repugnantes que mais ninguém queria fazer — por pressionarem os salários para baixo. Mas as raízes da violência estavam tanto na xenofobia quanto nas relações industriais. Em 1893, nas salinas de Aigues-Mortes, uma multidão atirou e depois espancou até a morte cinquenta italianos. A caçada assassina durou três dias. Os linchadores foram presos, julgados e inocentados. Num país ainda dividido pelo Caso Dreyfus, a unidade nacional parecia um sonho distante. Desgrange imaginou que seu Tour de France ajudaria a curar as feridas e restaurar o moral nacional. Pode-se dizer que o contundente editorial que publicou em *L'Auto* no primeiro dia da corrida foi um chamado às armas pacífico:

> Com o largo e vigoroso gesto que Zola emprestou a seu lavrador em *La Terre* [A Terra], *L'Auto*, um jornal de ideias e ação, despacha hoje para todos os cantos da França esses involuntários e intrépidos semeadores de energia, os grandes ciclistas profissionais.

Infelizmente, o Tour funcionou mais como catalisador do que como bálsamo. Parisiense, o próprio Desgrange ficou pasmo com o que viu nas áreas mais sombrias da França. Os rostos agrestes atraídos como mariposas pelas chamas de acetileno dos postos de controle. Num subúrbio de Moulins, "a gritaria estridente de donas de casa que nem se dão ao decoro de cobrir a cabeça com uma touca... Haverá lugares ainda mais afastados de Paris do que isto?" Na segunda etapa do Tour de 1904, o "Pequeno Limpador de Chaminés", o "Açougueiro de Sens" (Lucien Pothier), o "Diabo Vermelho" (Giovanni Gerbi) e um ciclista conhecido apenas por seu verdadeiro nome (Antoine Faure) chegaram às 3 da manhã ao topo do Col de la Republique, próximo à cidade industrial de Saint-Étienne. Uma multidão aguardava-os na floresta. Faure, que era da terra, foi ovacionado. Os outros foram espancados. O italiano Gerbi acabou abandonando a corrida com os dedos quebrados. Na etapa seguinte, em Nîmes, o tumulto deveu-se à desclassificação do favorito local, Ferdinand Payan, por ter colado no vácuo de um automóvel. Em todo o percurso, havia pregos e garrafas quebradas espalhados na estrada, espetos cravados nas bebidas, quadros da bicicleta serrados e cubos de roda desaparafusados na calada da noite.

O Tour de France proporcionou a milhões de pessoas sua primeira noção real do formato e do tamanho da França. Mas também foi uma prova irrefutável de que o país de centenas e centenas de pequenos *pays* permanecia vivo.

O TOUR DE FRANCE talvez não tenha conseguido unificar o país, mas ajudou a exorcizar a sensação de que nada restava a descobrir. Agora, seria impossível alguém publicar um guia como *Voyages en France* [Viagens na França] (1842), de Charles Delattre, em que o autor luta com um urso, escapa de contrabandistas espanhóis, é sugado por um manguezal nas Landes e por pouco não se afoga no macaréu do Dordogne. Embora nada disso fosse verdade, Delattre na época podia ao menos contar com o benefício da dúvida. Os turistas britânicos já procuravam lugares "inexplorados" onde não encontrassem compatriotas. O *Magasin pittoresque*, que antes deplorara o "ermo" que se estendia por boa parte do país, agora lamentava que cada cantinho estivesse cultivado. A natureza parecia-se cada vez mais com a floresta de Fontainebleau, sinalizada por placas e com lojas de suvenires instaladas em cabanas de toras. A estrada entre Bayonne e Biarritz estava congestionada pelo tráfego e impregnada do cheiro dos restaurantes baratos. Nos Pireneus, viam-se por todo o lado anúncios de hotéis colados nos paredões dos penhascos.

400 A DESCOBERTA DA FRANÇA

As montanhas, descritas nas reportagens de Desgrange sobre o Tour como gigantes malvados, pareciam perder altura de ano para ano. Uma estrada concluída em 1860 cruzava a cordilheira dos Vosges. No verão, podia-se ir do lago Léman até Nice de carro pela imponente Route des Grandes Alpes, aberta ao tráfego civil desde antes da Primeira Guerra Mundial. A própria Côte d'Azur já se tornava o imenso subúrbio infestado de alarmes contra ladrões que hoje se estende de Saint-Tropez às autoestradas de Mônaco cobertas de cacos de vidro, e às elevações, antes desertas, onde os desabamentos de terra e o cheiro de esgoto são lembretes perenes da hiperocupação. A vegetação nativa sucumbia à invasão das mimosas australianas e dos arbustos e gramados ingleses. Cem anos antes, Nice era um porto seguro e tranquilo para uns poucos viajantes que aguardavam a mudança do vento antes de zarparem para Gênova. Em 1897, ao visitar Nice, Augustus Hare deparou-se com "uma cidade moderna, feia e grande, com lojas parisienses e uma esplanada ofuscante à beira-mar".

Comparados às bicicletas, os automóveis eram raros (5 mil em 1901, 91 mil em 1913), mas a destruição que provocavam já superava os benefícios que proporcionavam a uma pequena minoria. Em 1901, o Automóvel Clube do Dauphiné decidiu realizar sua corrida, a Course de Côte de Laffrey, no início da primavera, pois no verão a estrada ficaria "atravancada com os inúmeros carros que trafegam por ela sem cessar". Vinte e cinco anos depois, Rudyard Kipling fez o trajeto entre Cannes e Monte Carlo de carro e encontrou a estrada engarrafada — era "*tudo* trânsito compacto... O automóvel transformou a Riviera num inferno — e um inferno barulhento e malcheiroso".

Via-se que o país, que antes parecia tão vasto, agora efervescia de seres vivos como um laguinho de peixes em que a água escoou. Neste mundo em retração, alguns lugares remotos e suas reduzidíssimas populações — as ilhas bretãs de Houat e Hoedic, os Causses áridos e quase desertos, e Saint-Véran, o vilarejo mais alto da Europa, hoje com oito hotéis e dois museus do cotidiano — assumiram um papel desproporcional na autoimagem da nação.

O rápido desaparecimento da França ignota e a vontade de acreditar que ela ainda existia contribuíram para um dos grandes sucessos literários de 1913, o romance *Le Grand Meaulnes* [*O bosque das ilusões perdidas*], de Alain-Fournier. Situada no Bourbonnais rural, a história de Fournier e de seus anseios juvenis transmitia uma noção fascinante da *France profonde* como um lugar distante, mas familiar, um mundinho cheio de coisas singelas que remetiam a outros tempos — o fogão na sala de aula gelada, os alunos de tamancos e cheirando a feno, o gendarme e os caçadores ilegais, o piso de terra batida do armazém, o silêncio do campo. Os únicos estranhos que apareciam na sala de aula eram saltimbancos ciganos, "barqueiros que encalhavam no gelo do canal, trabalhadores avulsos e viajantes detidos pela neve".

Le Grand Meaulnes associava a periferia industrial da vizinha Montluçon e seu "medonho sotaque ceceante" à maldade e à vulgaridade. A própria Montluçon dobrara de tamanho em menos de um século. "A Birmingham da França" era agora um monstrengo que crescia sem parar repleto de fábricas, pátios ferroviários e armazéns. Na sala de aula de Épineuil-le-Fleuriel, em que o pai de Alain-Fournier havia ensinado na vida real, o fogão, os tamancos, as galochas e as sacolas de couro dos alunos, certos livros, os móveis e as velas, além dos tijolos e telhas da própria escola, tinham vindo de Montluçon pela estrada, pela via férrea ou pelo canal. Mas o passado de *Le Grand Meaulnes* não pertencia à história, mas à infância. Explorar era uma válvula de escape. O próprio narrador sai de casa e só depois de adulto volta à terra encantada da França rural em que as viagens mais longas eram as que o lavrador fazia entre uma ponta e outra da lavoura.

EM 14 DE JULHO de 2000, muito depois do desaparecimento dessa terra encantada, a linha do meridiano de Paris foi o cenário do maior piquenique de toda a história. O governo francês decidiu comemorar o primeiro Dia da Bastilha do novo milênio em cima da linha de longitude medida por Delambre e Méchain no final do século XVIII. Mandou plantar 10 mil árvores ao longo desta linha imaginária — carvalhos no Norte, pinheiros no Centro, oliveiras no Sul —, transformando o meridiano numa realidade verdejante. Na data em si, 600 quilômetros do tradicional pano xadrez vermelho e branco

402 A DESCOBERTA DA FRANÇA

típico das toalhas de mesa dos bistrôs foram estendidos atravessando o território de 337 cidades e vilarejos da costa do Mediterrâneo (Perpignan) ao litoral da Mancha (Dunkerque).

Neste dia, o céu estava nublado e quem venceu a etapa do Tour de France foi um ciclista espanhol de Navarra. Mas nada conseguiria estragar um evento que convidava os cidadãos a darem uma demonstração de seu orgulho patriótico comparecendo a uma festa de aldeia e consumindo produtos locais. O Senado recebeu mais de 12 mil prefeitos para um almoço no Jardin du Luxembourg. Dois mil pombos-correios foram soltos, um cinegrafista a bordo de um helicóptero filmou seu voo em direção ao sul e por fim os pombos foram vendidos num leilão de caridade. O centro da França foi o ponto de chegada de uma corrida de revezamento de 24 horas com a participação de corredores, ciclistas, motociclistas, cavaleiros e balonistas. Apesar da chuva, milhões de pessoas apareceram para curtir o piquenique e comemorar a unidade nacional e a diversidade cultural "num espírito de solidariedade e respeito mútuo".

O velho meridiano de Paris, que tanto tempo antes fora preterido em favor do meridiano de Greenwich como marco internacional de longitude zero, foi considerado ideal como o tema da celebração nacional. O meridiano remetia ao nascimento da República sem qualquer alusão ao banho de sangue que lhe dera origem. Omitido o fato de que os geômetras por pouco não foram linchados por seus concidadãos, simbolizava a fraternidade e a igualdade. Unia o norte de fala flamenga ao sul de fala catalã. Paris, evidentemente, era o ponto fulcral. Mas, com boa vontade, podia-se dizer que a linha também passava pelas catedrais góticas de Amiens e Bourges e pela cidade murada de Carcassonne — as joias herdadas de um colar que ficava pendurado na capital. "L'Incroyable Picnic" [O Incrível Piquenique], como foi chamado oficialmente, reforçava a impressão de que, apesar do desemprego, dos conflitos raciais e da globalização, a França era uma nação única que sabia exatamente para onde caminhava.

Decidiu-se que o vilarejo de Treignat, cujo nome provavelmente quer dizer "lugar por onde se passa", seria o centro da França para efeito da corrida de revezamento. Em 14 de julho, o Secretário de Estado para o Patrimônio e a Descentralização Cultural saiu da parada militar oficial do Dia da Bastilha no Champs-Élysées disparado para a cidade de La Chapelle-Saint-Ursin, a

250 quilômetros ao sul, para ser fotografado com os 230 prefeitos de localidades que continham "La Chapelle" no nome. Dali, seguiu para Treignat, onde chegou no fim da tarde, a tempo de participar do Piquenique das Línguas d'Oc e d'Oïl e assistir aos atletas da corrida de revezamento chegarem de ambos os extremos do país enlameados do barro da França central.

O MERIDIANO era um símbolo relativamente incontroverso, mas o centro da França era um campo minado diplomático. Três cidadezinhas, que não incluem Treignat, alardeiam hoje ser o centro geográfico exato da França. Cada qual tem seu monumento. O monumento de Vesdun é um mapa da França em mosaico esmaltado numa base branca circular maldosamente comparada a um queijo Camembert. Saulzais-le-Potier, a 8 quilômetros estrada acima, tem uma pequena torre de pedra encimada por uma bandeira da França e com uma inscrição que menciona "cálculos do eminente matemático e astrônomo abade Théophile Moreux". Bruère-Allichamps, 24 quilômetros mais ao norte, gaba-se de seu marco de pedra do século III que, antigamente, ficava num *trivium*, ou junção de três estradas. O marco, convertido em sarcófago no século VI, foi desenterrado de um campo em 1758 e implantado em 1799 no centro da cidade, num cruzamento. Com certeza, já teria sido removido dali — pois fica no meio da *route nationale* [estrada nacional] para Paris — não fosse ter sido identificado pelo popular geógrafo Adolphe Joanne como o centro matemático da França.

Um irônico cartão-postal vendido em outras localidades da região mostra os três monumentos — abaixo, a legenda "LES 3 CENTRES DE LA FRANCE" [Os 3 centros da França]. Na realidade, são tantos os centros da França hoje em dia que não cabem todos num único postal. As metodologias de cálculo e a definição do território da França variam. Certas metodologias incluem a Corse e as ilhas atlânticas e mediterrâneas. Alguns dos primeiros cálculos são de época anterior à anexação de Nice e da Savoie à França em 1860; outros são de quando o canto superior direito do hexágono estava desfalcado pela perda da Alsácia e da Lorena em 1870. Ninguém parece ter pensado muito no assunto até meados do século XIX, quando começou a propagar-se a ideia da França como um todo mensurável. Em 1855, durante a Guerra da Crimeia,

404 A DESCOBERTA DA FRANÇA

o duque de Mortemart construiu uma torre alta e hexagonal no topo de uma elevação fora de Saint-Amand-Montrond a que se deu o nome de Belvédère. A intenção do duque era comemorar a "glória imortal" do exército francês na batalha de Sebastopol, mas a vista da torre era tão deslumbrante, e a torre estava tão próxima ao suposto coração do país, que ela foi eleita consensualmente como o centro da França.

Hoje em dia, qualquer um que saia em busca desse lugar meio mítico — o centro da França — há de enfrentar uma viagem longa e tortuosa. Há vários pontos em que mãozinhas de madeira apontadas, postes de concreto, bandeirinhas ou a silhueta do país entalhada indicam o elusivo centro. Com as linhas costeiras se modificando e ilhas desaparecendo, o centro da França continuará dançando de um lado para outro no meio dos bosques e das sebes do Berry e do Bourbonnais.

Entretanto, os três centros tradicionais da França declararam trégua e, querendo promover a herança cultural da região, uniram-se para homenagear seu filho mais célebre, Alain-Fournier. A casa e a sala de aula que serviram de modelo para a escola de *Le Grand Meaulnes* são hoje um museu. Há planos de se criar uma "Route du Grand Meaulnes" sinalizada. Alain-Fournier e seu romance passaram a representar o conceito cada vez mais nostálgico de *pays*, muito embora o próprio romance situe o território perdido não no espaço, mas na imaginação. Suas coordenadas são as lembranças e os desejos. Seus pontos de triangulação são a proeminência da idade e as luzes distantes da infância. O território perdido não é alcançável com um mapa. Ele só surge no breu total do campo, quando o cavalo do herói se afastou e ele se vê inteiramente perdido, a poucos quilômetros de casa.

O MAIS RECENTE CENTRO da França, calculado pelo Instituto Geográfico Nacional, fica num campo junto à pista sul da autoestrada A71, a poucas dezenas de metros da área de repouso "Grand Meaulnes".

É absolutamente impossível perder-se na A71, que desde a conclusão do viaduto Millau liga Paris e o norte da França ao Mediterrâneo. Em contraste com as placas caseiras que sinalizam os diversos centros da França nos arredores, painéis luminosos gigantescos escondem a paisagem e man-

VIAGEM AO CENTRO DA FRANÇA

têm os usuários da autoestrada informados sobre as condições de tráfego e da meteorologia. Quando o romance de Alain-Fournier saiu em 1913, pouca gente conhecia a sensação de ser uma engrenagem dentro da máquina nacional. Jamais, até 1º de agosto de 1914, notícia alguma chegara a toda a população num mesmo dia.

Naquela tarde, no Limousin, quando ouviram o alarme que costumava indicar uma tempestade de granizo, as pessoas olharam para o alto e viram um céu azul e sem nuvens. Em vilarejos da Bretagne aos Alpes, o soar dos sinos fez bombeiros saírem em disparada à procura do incêndio. No *arrondissement* [distrito] de Montélimar, um carro parou com uma freada brusca em frente à *mairie* [prefeitura] da cidadezinha de Montjoux. Um gendarme saltou apressado e entregou uma encomenda. Instantes depois, quem estava nos campos viu intrigado ciclistas passarem a toda velocidade carregando pacotes de cartazes. Perto de Sigottier, um certo Albert R... cruzou com um garoto que seguia em direção a seu vilarejo. O garoto disse que ia lá anunciar que a guerra havia estourado e reunir todos os homens do vilarejo. Albert R... deu boas risadas e desejou ao garoto sucesso com a piada.

Nos lugares em que os jornais eram escassos e a feira semanal era a principal fonte de notícias, a guerra pegou todos de surpresa. Segundo um levantamento realizado em 1915 pelo reitor da Universidade de Grenoble, as pessoas sentiram-se "fulminadas" e "estupefatas". A primeira indicação a surgir em Motte-de-Galaure, a 3 quilômetros do movimentado corredor do Rhône, foi a ordem em 31 de julho para que todos os cavalos estivessem prontos para serem requisitados. Alguns homens, entusiasmados com a ideia de voltar para casa daí a semanas desfiando suas glórias, cantaram a "Marseillaise" [Marselhesa]. Mas a maioria ficou calada e consternada. Falou-se em fugir para esconder-se nos bosques. Em Plan, no departamento de Isére, "os homens de nossa pacífica localidade que foram mobilizados não partiram com o entusiasmo de seus camaradas das cidades. Pelo contrário, partiram resignados, por dever patriótico".

Em certas partes dos Alpes, os homens preparavam o feno nas altas pastagens de verão quando ouviram as notícias trazidas por mensageiros. Alguns tiveram que partir para a estação no vale vizinho sem se despedirem da família. No passo do Ange Gardien [Anjo da Guarda], ponto de confluência das

406 A DESCOBERTA DA FRANÇA

estradas do passo de Izoard e dos vilarejos do Queyras que descem em espiral
até desembocarem na estrada que as liga ao resto da França, um monumento
erguido após a Primeira Guerra Mundial lista os nomes dos mortos de cada
vilarejo — Abriès, Aiguilles, Arvieux, Château-Ville-Vieille, Molines, Ristolas,
Saint-Véran. Foi ali que homens e meninos dos diferentes vales se reuniram,
como os rebanhos no retorno a seus refúgios de inverno. A inscrição no
monumento não faz menção a glórias ou honras. Evoca a tristeza de homens
cujo lar era seu vilarejo, depois seu *pays* e por fim a França:

> Do passo aqui perto desta elevação,
> ELES lançaram um derradeiro olhar de adeus a seus lares...
> Foi aqui que consentiram no sacrifício...

A JULGAR PELOS registros dos soldados cujo local de morte é conhecido, alguns destes aldeões descobriram uma França jamais vista por qualquer ser humano vivo. A floresta de Argonne é uma das maiores áreas que restaram das
zonas florestadas que em tempos idos demarcavam as fronteiras entre as tribos
gálicas. Quatro anos como linha de frente e a floresta desapareceu. Soldados de
toda a França viram-se numa terra destituída de marcos geográficos. Suas úni-
cas referências eram os clarões e a artilharia inimiga. Colonizaram a nova terra
cavando fossos para os canhões, subsequentemente transformados em trincheiras
e túneis que às vezes se entremeavam com as trincheiras alemãs. Acampavam
em cabanas de galhos e folhagens, como os antigos gauleses. Cavalos que haviam
trafegado a vida toda pelas mesmas trilhas cruzavam o solo rapado carregando
soldados mutilados. Na elevação acima de Dombasle que Arthur Young havia
percorrido em 1789 na companhia de uma mulher da terra, soldados chafur-
davam no pesado barro amarelo rumo a um espantalho — os escombros de
uma igreja. O *pays* tornara-se um "setor".

Entre os milhares que perderam a vida nesse primeiro verão da Grande
Guerra estava o tenente Fournier, cujo romance *Le Grand Meaulnes* não tardaria a ser lido como um profético adeus à França dos lugares secretos e igno-
tos. Na manhã de 22 de setembro, Fournier comandava uma patrulha de

VIAGEM AO CENTRO DA FRANÇA

reconhecimento pelos bosques ao sul de Verdun. Os homens de seu pelotão eram de Gers, no sudoeste da França — seria difícil afastarem-se mais de casa sem cruzarem as fronteiras do país.

Os mapas do setor sofriam alterações quase diárias. Mesmo quem houvesse passado a vida na floresta se perderia. Sem querer, a patrulha do tenente francês invadiu as linhas inimigas. Um sargento lembrou o instante:

> De repente, ouvimos o crepitar da artilharia atrás de nós. O fosso na orla do bosque deu-nos uma certa proteção enquanto tentávamos entender o que se passava... Quanto tempo esperamos? Um minuto, talvez dois... O capitão gritou "Calar baionetas! Atacar!"
>
> Mal fiquei de pé, vi o inimigo ajoelhado num fosso... Percebi que aqui e ali meus camaradas largavam o rifle e tombavam de borco no chão... Dois deles vieram até a faia que me dava cobertura. Ambos caíram mortos — um às minhas costas, o outro aos meus pés. Tudo o que me veio à cabeça foi "eles vão me atrapalhar..." A 3 metros de mim, os disparos do revólver do tenente Fournier calaram-se...

Os soldados alemães enterraram os corpos conforme o regulamento — pé com cabeça, duas fileiras de dez, o vigésimo primeiro por cima.

Quatro outonos de folhas caídas recobriram a cova até a ofensiva Meuse-Argonne de 1918 tornar a revirar o solo. Após o Armistício, quando as trincheiras e os fossos de artilharia foram aterrados com pás de cabo longo empunhadas por velhos, ninguém sabia onde procurar os mortos de 1914.

ANTIGAMENTE, OS VISITANTES que vinham à Argonne queriam ver Varennes, onde Luís XVI e Maria Antonieta foram presos e recambiados para Paris. Agora, querem ver os vestígios da Primeira Guerra Mundial. Painéis informativos reproduzem trechos dos diários de soldados franceses, alemães e americanos. As trincheiras e os túneis estão abertos à visitação. Mas, na floresta em si, diferentes épocas coexistem. Longe dos sítios comemorativos, é difícil distinguir o que são trincheiras e crateras de bombas e o que são valões escavados por raízes ou pela chuva, fossos e aterros de estradas do século XVIII, movimentos de terra de

408 A DESCOBERTA DA FRANÇA

reflorestamentos mais recentes (as crateras e as minas não detonadas são enfrentadas com escavadoras mecânicas, ou, nos terrenos mais difíceis, com cavalos).

Ao sul de Verdun, a floresta é cortada por uma estrada que faz lembrar o monstro de Loch Ness. São 21 quilômetros de um permanente sobe-e-desce de lombadas íngremes em que o ciclista tem a impressão de alçar voo para em seguida ser freado pelo súbito esforço dos músculos das pernas e logo depois tornar a decolar. É a Tranchée [trincheira] de Calonne, cujo nome homenageia o ministro das finanças de Luís XVI que construiu a estrada para ligar seu *château* ao mundo. Entre 1914 e 1918, a Tranchée foi de fato a fronteira oriental da França.

Perto da base de uma das elevações, uma trilha estreita leva à mata. Cerca de 500 metros adiante, há uma pequena clareira com uma espécie de sítio funerário pré-histórico protegido por uma pirâmide de vidro. Na primavera de 1991, ao fim de 14 anos de busca, um morador local que caçava nos bosques encontrou algumas caixas de cartuchos de um revólver francês e em seguida alguns cartuchos não disparados. Disperso pela clareira encontrou o antiquado equipamento de um regimento da reserva de 1914 — um cantil fabricado em 1877, botas mais velhas do que os homens que as haviam calçado, o tecido vermelho vivo das calças da farda francesa até 1915. Os ossos foram achados num fosso retangular. Na extremidade inferior de um dos braços ainda estavam as insígnias de tenente.

O sítio está hoje indicado no mapa Michelin com o pequeno triângulo negro que significa "*curiosité*" [curiosidade]. Sobre o túmulo, tremula uma bandeira francesa. Naturalmente, a localização em si nada tem de simbólico. O autor de *Le Grand Meaulnes* morreu próximo à estrada para sul que leva ao centro da França, mas muito longe da terra mágica de seu romance. Quase 500 quilômetros separam a floresta de Argonne dos contrafortes do Massif Central. Mas, com vento a favor, o narrador ciclista do romance poderia facilmente ter feito o percurso em poucos dias, "mergulhando nas depressões da paisagem, descobrindo a distância os horizontes que mal alguém se aproxima pela estrada descerram-se e explodem em floradas, passando por um vilarejo numa fração de instante e apreendendo-o inteiro num único olhar". A sensação de descoberta e fuga teria dado a impressão de que a longa viagem para casa foi curta demais.

EPÍLOGO

Segredos

HOJE EM DIA, há viajantes que vão à França em busca de lugares que transcendem o que está ali para ser descoberto. O cone vulcânico do Gerbier de Jonc atrai uma série de visitantes da Nova Era cuja afinidade com o mistério seria mais compreensível para os antigos habitantes da região do que as insondáveis atividades dos cartógrafos. As colunas escamosas do Gerbier de Jonc ficam no meio do Triângulo das Bermudas da França. Diz-se que as rochas magnéticas interferem nos sistemas de navegação dos aviões. Mais de vinte aviões caíram ou desapareceram na área desde 1964. Séculos atrás, cruzes esquisitas surgiam nos céus e viam-se bolas de fogo dançando sobre as pastagens. Os demônios mudaram com o passar do tempo. Mas seu habitat não mudou quase nada.

O próprio Gerbier de Jonc perdeu parte de sua mística e mais de 150 metros de altura desde que seu cume desabou em 1821. Às vezes, surge em sua base uma feira de camelôs atraídos pelos turistas que vêm ver a fazenda que alega ser a nascente "tradicional" do Loire, o restaurante que alega ser a nascente do Loire segundo um levantamento cadastral, e os painéis informativos que explicam que o Gerbier de Jonc funciona como uma esponja sobre um leito de granito e que, portanto, não existe uma nascente única do Loire.

410 A DESCOBERTA DA FRANÇA

Ultimamente, o mais popular dos portais de acesso a outros mundos é o Pech de Bugarach nas Corbières, no sudoeste da França. O pico de Bugarach, tal como o Gerbier de Jonc, é uma entidade geológica com uma presença estranhamente telefotográfica — mesmo a distância, parece não pertencer àquela paisagem. Seu estrato calcário jurássico avulta-se como o dorso de um gigantesco dinossauro entre as elevações esparsamente povoadas. Dizem que do alto parece um ponto de interrogação. O meridiano de Paris passa a poucos metros do seu cume. Conta-se que a arca e diversos veículos de outras dimensões teriam pousado ali, embora a chapada do cume seja tão estreita que Pierre Méchain (que em 1795 passou dias abrigado de fortes ventanias numa casa de fazenda na encosta do pico) mal conseguiu espaço para armar as escoras da torre de triangulação.

Forasteiros que vivem em meio à reduzida população local fuçam as cavernas do interior da montanha à procura de vestígios do tesouro cátaro, do Santo Graal, da última moradia terrena de Jesus Cristo e do rio subterrâneo que corre para o Mediterrâneo, 50 quilômetros a leste — ou, segundo alguns, para o centro da Terra. Uma velha de minissaia que vive de pedir dinheiro acredita ser Maria Madalena. Nos vilarejos em torno da montanha — Rennes-les-Bains, Rennes-le-Château e o próprio Bugarach —, peregrinos da Nova Era e neuróticos inofensivos, fascinados pelos espectros do raciocínio lógico, vasculham fragmentos da inteligência mística — lendas locais tiradas de contexto, inscrições latinas mal digeridas, histórias de um padre ganancioso que teria pactuado com Satanás. Os cálculos hieroglíficos que o geômetra de Cassini levava na sacola talvez tenham exercido o mesmo fascínio sobre as pessoas que o mataram 260 anos atrás. No cemitério de Rennes-le-Château, houve quem profanasse e até dinamitasse túmulos em busca de antigos segredos. O prefeito do vilarejo, um paraquedista aposentado, aprendeu a conviver com quem busca a verdade. O dinheiro deles bancou novos sanitários públicos e há planos para ampliar o vilarejo até junto à base do morro. Segredos bem guardados são um ativo econômico da maior importância.

EPÍLOGO

411

COMO OS CARTÓGRAFOS DO século XVIII aprenderam na própria carne, descobrir e conhecer são coisas diferentes. Após a expedição do meridiano, o nome exótico do Bugarach entrou nos mapas, situado com precisão sobre o meridiano de Paris e atravessado por linhas de triangulação entrecruzadas como num movimentado terminal. Mas a região era praticamente desconhecida fora dali.

E o que se sabia dos demais *pays* situados sobre a mesma linha de longitude? Cem anos depois de a expedição de Cassini instalar o primeiro marco de triangulação no pico de Bugarach, um tapume de madeira cercava um bairro escuro e decadente de favelas medievais logo abaixo da esplanada no trecho do meridiano hoje ocupado pelo pátio interno do Louvre com sua pirâmide de vidro. Alguém que espiasse por entre as tábuas do tapume veria uma igreja em ruínas, matagais onde antes havia jardins, tábuas vedando portas, um arco que era tudo que restava de um antigo prédio e um terreno baldio entulhado de blocos de pedra destinados às obras do novo Louvre. Entre os escombros, o curioso poderia entrever moradores de rua e mendigos, um ou outro morador de uma pequena colônia de artistas e poetas, ou a clientela furtiva de um bordel homossexual. Poucos parisienses sabiam da existência do Quartier du Doyenné. "Nossos descendentes", escreveu Balzac em 1846, "se recusarão a acreditar que tal barbaridade existisse no coração de Paris, defronte ao palácio em que três dinastias recepcionaram a elite da França e da Europa":

Quando se passa de carruagem ao longo desses despojos mortais de um *quartier* e os olhos varam a escuridão da Allée du Doyenné, a alma congela. A mente começa a imaginar quem seria capaz de viver ali e o que se passará à noite, quando a viela se torna uma armadilha mortal e os vícios de Paris correm à solta sob o manto das trevas.

Trinta anos depois, o Louvre estava reconstruído e as favelas do Doyenné soterradas pelo asfalto. Seguindo a linha do meridiano para norte, depois de passar pela Comédie Française e pela Bibliothèque Nationale, cruzar o novo Boulevard Haussmann, seguir até os moinhos de vento de Montmartre e trans-

412 A DESCOBERTA DA FRANÇA

por as fortificações e barreiras aduaneiras, chegava-se a uma periferia de casebres e fábricas esquálida e varrida pelo vento. Ali, onde as ruas da cidade acabavam e as estradas rurais ainda não haviam começado, ficava a chamada "Zona", suposto esconderijo de criminosos e degenerados que conspiravam para derrubar o governo. Muito antes das *bidonvilles* [favelas] da França moderna, a periferia já se transformara numa área de despejo sanitário.

A maioria das cidades grandes tinha uma subclasse e um cinturão de favelas. Mas poucas tinham tanta consciência das "classes perigosas" nas franjas da cidade e tanta relutância em enquadrá-las. Paris, cerne cultural e comercial da nação, estava coalhada de memoriais a batalhas, dinastias e regimes. Mas, enquanto alguns acontecimentos eram comemorados com fausto, inúmeros outros eram apagados da memória. Até hoje, especialistas em história francesa podem ser surpreendidos por catástrofes obscuras que, como as gargantas do Verdon, jazem esquecidas numa área que parecia estar integralmente mapeada. Pouquíssimos sabem que, em 1803, os ciganos foram reunidos, separados dos filhos e despachados aos milhares para campos de trabalho. Um número ainda menor já ouviu falar na perseguição aos *cagots*.

Certas áreas da história francesa vieram à luz apenas para serem enterradas de novo. A cidade de Arreau, nos Pireneus, tem hoje um pequeno Museu Cagot. Mas nenhum visitante do museu adivinharia que a violência da discriminação foi um problema no sudoeste da França — a exposição revive um antigo preconceito, equiparando os *cagots*, supostamente diminutos, aos "nanicos" das montanhas, que eram explorados pelos "maiorais" (os senhores e o clero). Vistos desta perspectiva, os *cagots* não foram uma casta perseguida, mas habitantes "fofos" e pitorescos, uma espécie de *hobbits* dos Pireneus.

Muitas vezes, a França descobre seu próprio passado como um viajante que se vê forçado a cruzar, sem mapa, uma região remota e perigosa. Em 1871, os partidários da comuna de Paris foram brutalmente exterminados por tropas do governo — o fato só seria reconhecido como histórico daí a décadas. Demorou ainda mais para que o Estado admitisse que o regime de Vichy reuniu os judeus com entusiasmo ainda maior do que os nazistas exigiam. A França toda está repleta de memoriais aos heroicos membros da Resistência mortos pelos "alemães", mas nada em Vichy lembra o visitante do genocídio.

EPÍLOGO

Volta e meia, vem à luz um segredo, como um antigo condenado que sai da cadeia muito depois de o regime que o trancafiou ter desaparecido. Na noite de 17 de outubro de 1961, a polícia parisiense cercou milhares de franco-argelinos que protestavam pacificamente contra o toque de recolher a que haviam sido submetidos. Embora os registros tenham sumido e ainda haja discrepâncias entre os números oficiais e as estimativas dos estudiosos, é certo que muitos argelinos foram torturados, mutilados e entulhados dentro de latas de lixo, e que cerca de duzentos deles afogaram-se no Sena, no coração turístico de Paris, depois de espancados e atirados no rio pelos policiais. Em 2001, a indignação de partidos direitistas e da polícia parisiense não conseguiu impedir que uma discreta placa comemorativa fosse afixada numa quina da ponte Saint-Michel, na altura dos joelhos. Quatro quintos da população francesa ignoram até hoje o que se passou em 17 de outubro de 1961.

Enquanto escrevo estas páginas, o país descobre cidades situadas sobre o meridiano. Há carros incendiados nos feios e superpovoados subúrbios parisienses de Aubervilliers, Saint-Ouen e Saint-Denis. Amiens e Orléans decretaram toque de recolher. Foi decretado estado de emergência com base numa lei baixada durante a guerra colonial da Argélia, em 1955. Jornais circulam on-line diálogos colhidos nas *terrae incognitae* lá no ponto final da linha de metrô, com notas explicativas para tornar aquela variante do francês inteligível. Os revoltosos são chamados de *racaille* [escória] pelo Ministro do Interior. Usam-se insultos mais pesados em conversas privadas.

A "escória" são os filhos e netos de imigrantes. A causa imediata dos "distúrbios", como dizem as autoridades, foi a morte de dois garotos eletrocutados acidentalmente quando fugiam de um grupo de policiais. Na periferia, todo mundo sabe que quem não é branco vive sendo importunado e humilhado pela polícia. Embora a República Francesa não pratique oficialmente a discriminação étnica, muitos dos seus cidadãos o fazem, e a maioria dos patrões prefere uma cara branca. Tal como ocorrera antes com imigrantes da Bretagne, da Bourgogne, da Auvergne, da Savoie, da Itália e da Espanha, africanos e árabes foram estimulados a virem colaborar para alimentar e limpar as cidades. Já moraram em favelas; hoje, moram em bairros desumanizados pelos carros. Não conseguiram se "integrar" à República Francesa.

Trinta anos atrás, meus conhecidos franco-árabes andavam com a fotocópia da carteira de identidade, pois a polícia pedia para ver a carteira e a rasgava em seguida. Pelo menos, tinham emprego. Agora, culpam-se os desempregados pelos fracassos do Estado. Os tumultos afetam 274 cidades. O turismo está sendo prejudicado. No século XXI, restam muitas partes da França a descobrir.

Cronologia

1532	União da Bretagne à França.
1539	Decreto de Villers-Cotterêts (o francês torna-se a língua oficial de todos os documentos legais).
1569-1610	Reinado de Henrique IV. Anexação de Basse-Navarre, Foix e Auvergne (Comté) à França.
1610	Acessão de Luís XIII (governou 1624-43); ministro chefe, cardeal Richelieu († 1642).
1620	Anexação do Béarn à França.
1643	Acessão de Luís XIV; ministério do cardeal Mazarin (1643-61).
1648	Paz de Vestfália (incorporação à França de partes da Alsácia e da Lorena).
1659	Tratado dos Pireneus (incorporação à França do Roussillon e regiões vizinhas, da maior parte de Artois e de partes da Flandre).
1661-1715	Reinado de Luís XIV. Conquistas na Flandre, Franche-Comté e Alsace. Incorporação do Nivernais e do Dauphiné d'Auvergne.
1667-82	Construção do Canal du Midi.
1685	Revogação do Édito de Nantes.
1702-10	Guerra dos Camisards (perseguição dos protestantes nas Cévennes).
1715-23	Regência de Filipe de Orléans.
1726-43	Ministério do cardeal de Fleury.
1741	*Junho* — Expedição de Windham a Chamonix.
1743-74	Reinado de Luís XV.

A DESCOBERTA DA FRANÇA

1756-1815 Publicação do mapa da França, de Cassini.

1766 Incorporação da Lorraine.

1768 Gênova cede a Corse à França.

1774 Acessão de Luís XVI.

1775 Carruagens públicas autorizadas a usar estações de posta.

1786 *8 de agosto* — Primeira escalada registrada do Mont Blanc.

1789 *14 de julho* — Queda da Bastilha. *Agosto* — Abolição dos direitos e privilégios feudais. *Novembro* — Venda nacional das propriedades da Igreja.

1790 *15 de janeiro* — Divisão da França em 83 departamentos.

1790 *Agosto* — Abade Grégoire, "A Necessidade e os Meios para se Exterminar o Patois e Universalizar o Uso da Língua Francesa".

1791 *Junho* — Prisão de Luís XVI e Maria Antonieta. *Agosto* — Concessão de plena cidadania aos judeus. *Setembro* — Anexação de Avignon e Comtat Venaissin (posteriormente incorporado a Vaucluse).

1792-8 Expedição do Meridiano de Delambre e Méchain.

1793 *21 de janeiro* — Execução de Luís XVI. *16 de outubro* — Execução de Maria Antonieta.

1794 *28 de julho* — Execução de Robespierre. *Setembro* — Expedição de Boissel de Monville ao Rhône.

1795-99 Diretório.

1799 *9 de novembro (18 Brumário)* — Golpe de Estado: Napoleão Bonaparte Primeiro Cônsul.

1801 Primeiro censo populacional da França.

1804 Coroação de Napoleão I.

1814 Primeira abdicação de Napoleão. Primeira Restauração.

1815 *18 de junho* — Batalha de Waterloo.

1815-24 Reinado de Luís XVIII.

1824 Acessão de Carlos X.

1828 *1º de outubro* — Inauguração da primeira estrada de ferro da França (Saint-Étienne — Andrézieux). 1832 — aberta para transporte de passageiros. 1844 — o vapor substitui os cavalos.

1830 *Junho* — Captura de Argel. Revolução de Julho. Abdicação de Carlos X. Coroação de Luís Filipe.

1832 *Abril a maio* — Levante da Vendée liderado pela duquesa de Berry

CRONOLOGIA

1833   *Junho* — Lei do ensino de Guizot (cada comuna com mais de qui-
        nhentos habitantes deve manter uma escola primária para meninos;
        meninas, a partir de 1836).

1834-52 Prosper Mérimée viaja pela França como Inspetor Geral de Monu-
        mentos Históricos.

1836   O Estado assume a responsabilidade pela conservação dos *chemins
        vicinaux* [caminhos vicinais].

1841   Primeiro mapa geológico completo da França. *Junho a setembro* —
        Distúrbios relacionados ao arrocho fiscal.

1848   Revolução de Fevereiro. Sufrágio universal para os homens. *Junho* —
        Repressão à revolta popular.

1851   *2 de dezembro* — Golpe de Estado de Luís Napoleão Bonaparte (im-
        perador Napoleão III, 1852-70).

1852   Início da epidemia de pebrina (doença que afeta os bichos da seda).

1856   O Canal Latéral do Garonne liga o Mediterrâneo ao Atlântico.

1857   Florestação de 10 mil quilômetros quadrados das Landes.

1858   *Fevereiro a julho* — A Virgem Maria aparece a Bernadette Soubirous
        em Lourdes.

1860   Integração da Savoie e de Nice à França.

1863   Início da epidemia de filoxera (doença que afeta as videiras).

1870   *Setembro* — A Prússia derrota a França em Sedan. Cerco de Paris. A
        França perde a Alsácia e a Lorena. Fundação em Marseille da Liga do
        Midi. Proclamação da Terceira República.

1871   *Março* — Comuna de Paris é eleita. *Maio* — É derrotada por tropas
        do governo.

1873   G.-I. Ascoli identifica a língua franco-provençal.

1874   Fundação do Club Alpin Français [Clube Alpino Francês].

1879   Plano Freycinet (programa de obras públicas com financiamento go-
        vernamental para construção de canais e estradas de ferro locais; 696
        estações ou paradas em 1854; 4.801 em 1885; 6.516 em 2006).

1882   Inauguração do Museu Etnográfico no Palais du Trocadéro em Paris.

1882   *Abril* — Lei para a Restauração dos Terrenos Montanhosos.

1881-82 Leis Jules Ferry (ensino secular, obrigatório e gratuito para meninos e
        meninas de 6 a 13 anos de idade).

1888-1913 Explorações subterrâneas de Édouard-Alfred Martel.

418 A DESCOBERTA DA FRANÇA

1889   Exposição Universal e inauguração da torre Eiffel.

1893   *Agosto* — Massacre de trabalhadores italianos imigrantes em Aigues-Mortes.

1898   *13 de janeiro* — *"J'Accuse!"* ["Eu Acuso!"], carta de Zola sobre o caso Dreyfus.

1900   *19 de julho* — Inauguração da primeira linha de metrô de Paris.

1901-4   Medidas anticlericais (governos René Waldeck-Rousseau e Émile Combes).

1903   *1-19 de julho* — Primeira competição de ciclismo Tour de France [Volta à França] (seis etapas, 2.443 quilômetros).

1904   *8 de abril* — Entente Cordiale (acordos entre França e Inglaterra).

1905   *Agosto* — Exploração das gargantas do Verdon.

1909   *Abril* — Beatificação de Joana d'Arc.

1911   Protetorado francês no Marrocos.

1914   *1º de agosto* — A França determina mobilização geral.

1918   *11 de novembro* — Armistício.

Notas

1. O Continente Não Descoberto

27 "fora do alcance de uma espingarda": Lanoye, 302.

27 "praticamente inexistem acomodações": Murray, 392.

28 trucidado: Mazon (1878), 271; Reclus (1886), 60; Sand (1860), 228.

28 proteção contra Satã: Devlin, 39-41.

28 não se consideravam "franceses": por "França", costumava-se subentender a província de Île-de-France: p. ex. Duchesne (1775), 114; Wright, 14.

28 "os habitantes locais não têm mais familiaridade": Sand (1860), 242 n. 20.

30 "integradas e unidas": Varennes, 2.

30 "*total isolamento*": Stendhal, 190. Rousselan é hoje Rousseland, entre Francheville e Saint-Igny na N151.

30 La Charité-sur-Loire: Stendhal, 11-12.

31 estrada Paris-Toulouse: Balzac, IV, 361.

31 exílio dentro do país: Cobb (1970), 167.

31 o alarido de lugarejos minúsculos: p. ex. Barker (1893), 27, 122.

31 região da Brande: Sand (1872), 143.

31 "uma área desolada": Grandsire (1863), 3.

32 arbustos espinhosos: Égron (1831), 305.

32 "Nunca me deixem a sós": "La Maison du berger" [A casa do pastor], v. 279.

32 "as forças da natureza dominavam": J. Duval, 198.

32 distritos fantasmas: Assemblée Nationale [Assembleia Nacional], IX, 745.

33 mercadores de vinho: Cavaillès, 16.

33 Júlio César: *Gallic War* [*De Bello Gallico*], VII, 1-4.

420 A DESCOBERTA DA FRANÇA

33 Rabaut de Nîmes: Peyrat, II, 427; tb. Rouquette, 4.

33 fugindo do Terror branco: Cobb (1970), 337.

34 "capitães de Bauzon": Riou, in Tilloy, 221.

34 Victor do Aveyron: Itard.

34 "menina selvagem" de Issaux: Buffault, 343.

34 selvagem de Iraty: Folin, 73; Russell, 58. Uma outra "menina selvagem" dos Pireneus foi encontrada perto de Andorra em 1839.

34 Louis Mandrin: Duclos.

34 "grande bacia parisiense": Barral.

34/35 Ancien Régime: acerca deste antigo termo: C. Jones, xx.

35 não há levantamentos disponíveis: Cavaillès, 277; Foville (1890), 297-98.

35 Young constatou assombrado: Young, 106, 30, 17 e 16.

36 A "comuna" não é um vilarejo: Tombs, 233.

36 recrutas da Dordogne: Weber, 43.

36 fluidez de limites das pequenas cidades: p. ex. Merriman, 199 (Perpignan).

37 "não há na França cidades do interior": Pinkney, 142.

37 "essas florestas bretãs": *Quatrevingt-treize* [Noventa e três], III, I, 2-3 (Molac erroneamente grafada "Meulac").

38 "ninguém... jamais foi à Bretagne": Cambry (1798), I, 53.

38 Num dia de sol aberto: Peuchet e Chanlaire, "Vendée", 16.

38 Aberturas na sebe: Dumas (1863-84), VII, 97-98. Acerca das consequências militares: Lasserre, 24.

39 "animais selvagens": La Bruyère, *Les Caractères* [As índoles], "De l'Homme" [Do homem], n. 128.

2. AS TRIBOS DA FRANÇA, I

43 Goust: Dix, 169-77; tb. Anon. (1828) e (1840), 206-07; *MP*, 1878, pp. 377-8; Perret (1882), 390-91; informações de Nathalie Barou.

44 vilarejos alpinos mais elevados: Fontaine, 17.

45 "Cada vale": Chevalier (1837), 627.

46 Região de Chalosse: *MP*, 1864, 273; acerca de uma "linha de demarcação" (solo, vinho, trajes e língua) entre Poitiers and Châtellerault: Creuzé-Latouche, 24-5.

46 Nitry e Sacy: Restif, 50-51.

46 "ninguém tomava seu partido": Restif, 108.

46 *polletais* (ou *poltese*): Conty (1889), 127; Marlin, I, 300; *MP*, 1844, p. 223-4; Turner, I, 9.

NOTAS

46 Le Portel: Lagneau (1866), 634-5; Smollett, carta 4.

47 "*îles flottantes*": Gazier, 1879, 54; Hirzel, 325; Lagneau (1861), 377; Lavallée, "Pas-de-Calais", IV, 22.

47 tribos na divisa da Bretagne: Roujou (1874), 252-55.

47 Cannes e Saint-Tropez: Beylet.

47 "alguns vilarejos afastados": Topinard (1880), 33.

48 "Não tínhamos a mais leve noção": Guillaumin, 59.

49 "A população do Périgord": Marlin, II, 137.

49 "O *lyonnais* tem o rei na barriga": Marlin, II, 62. Outros mapas morais: Égron (1830),11-12; Stendhal, 50-51.

50 Tribos semitas... Tibete: Biélawski, 96; Charencey; Girard de Rialle, 185; A. Joanne, *Morbihan* (1888), 28; Mahé de La Bourdonnais.

50 "*franchiman*" e "*franciot*": Aufauvre, 153; Boissier de Sauvages, v.

50 jogos de pelota: Lunemann, 54-5.

50 "a França não deveria existir": Le Bras e Todd, 23; Perrot, 127.

51 zonas de fealdade e beleza: Marlin, II, 81 e 97; I, 66; IV, 117; II, 157; IV, 37.

51 "quantas mulheres bonitas": Marlin, II, 280.

52 padre de Montclar: Barker (1893), 214.

53 "pasta gordíssima" (Lot): Weber, 57.

53 nomeavam-se paladinos: p. ex. Lachamp-Raphaël: Du Boys, 241.

53 Lavignac, Flavignac: Corbin (1994), 58.

53 *pays*: p. ex. Planhol, 159-60; Reclus (1886), 454-70.

54 "246 tipos de queijo diferentes": *Newsweek*, 1º de outubro de 1962.

54 Relatórios militares reservados: Weber, 105.

55 juntavam ao metal objetos herdados: Corbin (1994), 86.

55 sargentos incumbidos do recrutamento: Salaberry, 17.

55 dissipavam tempestades: *Feuille villageoise*, 1792-93, 247-8.

55 eletrocutadas segurando a ponta da corda de um sino: Arago (1851); tb. *MP*, 1888, p.195.

55 convocavam os anjos: Corbin (1994), 102.

55 incontáveis reclamações: Corbin (1994), 99 e 300.

55 comunas em... Morbihan: Augustins.

56 Em 1886... ainda eram: Levasseur, I, 342.

56 exogamia entre os *cagots*, 1700-59: Marie Kita Tambourin, in Paronnaud; tb. Planhol, 207.

57 instituições locais sofisticadas: Baker; P. Jones (2003), 50-54.

57 Salency: Marlin, II, 346-50.

57 Hoedic e Houat: Bonnemère, II, 445; Laville; Letourneau.

57 La Bresse: N. Richard, 224.

422 A DESCOBERTA DA FRANÇA

58 clã Pignou: Bonnemère, II, 341-6; Hirzel, 326-7 e 370-84; A. Legoyt, in *Les Français, Province*, II, 209-11.

58 declararem independência: P. Jones (1988), 171.

58 variação das unidades de medida: p.ex. Burguburu; Fodéré, I, xxiii; Peuchet e Chanlaire, *passim*; Weber, 30-32.

58n "usando os numerais romanos": Peuchet, "Isère", 43.

59 tribo "*chizerot*": Dumont (1894), 444.

59 três audiências: Soulet, in Tilloy, 239.

59 ladrões em Mandeure: Capt...

60 ausência de crimes...: p. ex. Pérégrin, 65.

60 filhos ilegítimos: Sussman, 21.

60 "degradantes bombardeios de hortaliças": M. Segalen, 49-51.

60 uma "feiticeira" foi queimada viva: Devlin, 363. Uma outra feiticeira foi queimada em Tarbes em 1862 (Dix, 326), e os pertences de uma feiticeira em Rodez, c. 1830 (Maurin).

60 justiça imperial francesa: p. ex. Corbin (1990).

3. AS TRIBOS DA FRANÇA, II

61 epítetos aplicados aos vilarejos: Collet; Labourasse, 198-224.

63 "Faubourg de Rome": Balzac, IV, 359.

63 população *foratin*: F. Pyat, in *Les Français, Province*, II, 330; Lagneau (1861), 394-5; Luçay, 70-71; Reclus (1886), 403; Rolland de Denus, 72; Wailly, 330-31.

63 *gavaches* ou *marotins*: Lagarenne, 135; Lagneau (1861), 404; Lagneau (1876); Larousse ("Gavache").

64 confundiam-se com "os ingleses": Barker (1893),195 e 212.

64 "bom César": Vitu.

64 população de Sens... casa real de Savoie: Marlin, I, 37; Mortillet, in *BSAP* (1865), 200.

64 bardos e druidas: Sébillot (1882), I, 27.

65 *colliberts*: A. Hugo; Lagardelle; Lagneau (1861), 347 e 365; Saint-Lager, 86.

65 "no seco": Brune, 136.

65 "*huttiers*": Brune, 129-37; cf. Cavoleau.

65 frota da Marais Poitevin: Rabot, 382.

65 o *collibert* Pierre: Massé-Isidore, 276-90; tb. Arnauld; Baugier.

69 *cagots* (em geral): Dally; Descazeaux; Keane; Lagneau (1861), 401-4; Magitot; F. Michel; Monlezun, 242; Rochas.

NOTAS

423

69n figura meio anã: a pequena figura entalhada na coluna em Saint-Savin (Hautes-Pyrénées), em geral apresentada como sendo um *cagot*, é um monge.

70 decepou-lhe a mão: Lande, 434.

70 um *cagot* de Moumour: Descazeaux, 49.

70 cura de Lurbe: F. Michel, I, 133-4.

70 preconceitos e discriminações apareciam e desapareciam: Nos Pireneus: Anon. (1835), 78; Bilbrough, 99; Bonnecaze, 80; Costello, II, 260-310; C. P. V.; Dix, 243-4; Domairon, XXXIII (1790), 349; Gaskell; H. L.; Haristoy; J. B. J., 286; A. Joanne (1868), Iii; Lagneau, in *Dictionnaire encyclopédique*, XI (1870), 534-57; Lande, 444-6; Lunemann, 47; Ramond; Richard e Lheureux, 78; Saint-Lager, 70; F. Michel; Weld (1859), 99. Na Bretagne: Calvez; Chéruel ("Cagots"); Constantine, 85-119; A. de Courcy, in *Les Français, Province*, III, 33; Lallemand, 133-4; Lande, 446-7; F. Michel, I, 62; Plumptre, III, 232-3; Vallin, 84. Em torno de Bordeaux: Zintzerling, 227-8.

70 "raças malditas": F. Michel.

70 prefeito *cagot*... Aramits: F. Michel, I, 126-30.

71 em Dognen e Castetbon: F. Michel, I, 136.

71 padeiro de Hennebont: F. Michel, I, 170; Rolland de Denus, 117.

71 professor de Salies-de-Béarn: Descazeaux, 67.

71 descendentes dos cátaros: cátaros: Lagneau (1861), 402; Lande, 438; Le Bas ("Cagot"); *MP*, 1841, p. 295; Perret (1881), 66; Saint-Lager, 71.

71 primeiros cristãos convertidos: Bonnecaze, 79-80; Lande, 436; F. Michel, I, 34; Walckenaer, "Sur les Vaudois", 330-34.

71 confundidos com leprosos: Descazeaux, 19; Lajard; Lande, 447; cf. Fay.

72 contrariando a crença de muitos bretões: Cambry (1798), III, 146-7.

72 "*A baig dounc la Cagoutaille!*": F. Michel, II, 158.

72 teoria de Compostela: Descazeaux; Loubès; Paronnaud.

72 percebida como ameaçadora: p. ex. Perdiguier (1863).

73 um grupo de *cagots* de Toulouse: Saint-Lager, 84.

74 "*Jentetan den ederrena*": F. Michel, II, 150-1; tb. Webster (1877), 263-4.

75 tendência aos casamentos consanguíneos: Marie Kita Tambourin, in Paronnaud.

75 "Foram apinhados aqui no alto": Marlin, I, 47-8.

76 "sarraceno": Lagneau (1861), 382-6; Lagneau (1868),170-73; etc.

76 juraram por Alá: Dumont (1894), 445.

76 clãs do vale d'Ajol: Anon. (1867), 347; *BSAP*, 1874, 704-5; Dorveaux; Hirzel, 389-91; Lévêque.

424 A DESCOBERTA DA FRANÇA

4. O Òc Sí Bai Ya Win Oui Oyi Awè Jo Ja Oua

77 Abade Grégoire: Certeau et al. Respostas a seu questionário in Gazier.

78 "esteios do despotismo": Lavallée, "Ille-et-Vilaine", 35.

78 rio Nizonne: Gazier, 1877, 215.

78 Até as plantas e as estrelas: Gazier, 1878, 244-5.

79 proprietário de terras de Montauban: Certeau et al., 261.

79 "o Ser Supremo": Gazier, 1877, 233.

79 Salins-les-Bains: Gazier, 1878, 256.

79 Lyon era uma colmeia: Certeau et al., 221.

80 expurgos linguísticos posteriores: Vigier, 194-5.

82 tendo que recorrer a intérpretes: Bourguet, 135-8; Romieu, in Williams, 476; Savant.

83 "A língua é arrastada": Larousse, "Dauphinois"; tb. X. Roux, 250.

83 manuais para os habitantes da província: Anon. (1827), p. rx; Brun; Dhauteville; Gabrielli, 4-5; J.-F. Michel; Molard; Pomier; Sigart, 6. Cf. Callet, 6; Jaubert; Mège, 18.

83 palavras como "*affender*": Larousse ("Picard"); Burgaud Des Marets ("Rochelais").

84 "Jamais consegui": Albert, cura de Seynes: in Certeau et al., 256.

84 "Quando cheguei a Lyon": La Fontaine et al., 102-3.

85 fronteira *oc-oïl*: Gilliéron e Edmont; Lamouche; Plazanet; Terracher, I, 28-31, 62 e 241.

85n "*allobroge*": Perdiguier (1854), 381.

88 língua de assobios: Arripe (Aas); *BSAP*, 1892, 15-22; *MP*, 1892, 18-19.

89 "*oui*" de Carnac a Erdeven: Lepelletier, 530.

89 termo correspondente a "pai" variava a cada 16 quilômetros: Dempster, 37.

89 o sol cruzava os céus mudando de nome: Beauquier, 232.

89 subdialetos... dentro de uma única família: p. ex. Dauzat, 288; Sarrieu, 389.

90 "Amigos da Constituição": Gazier, 1874, 426.

90 "*gascon noir*": termo registrado por Arnaudin, 8.

91 "todos os gascões se entendem": Gazier, 1877, 238; acerca dos dialetos da Lorraine: Adam, xliii.

91 "*Maître d'école!*": Boiraud, 105-6; Gazier, 1878, 11; Raverat, 205.

91 "*francimander*": Gazier, 1877, 215; Weber, 98-9.

91 ampliou o raio de alcance: Seguin de Pazzis, 48; Gabrielli, 7; Marlin, I, 410-11.

91 o fazendeiro... de Tréguier: Gazier, 1879, 184-5.

92 programa de aprendizado de línguas: Peuchet, "Lys", 21; "Meurte", 28. Acerca da persistência do flamengo: Hurlbert, 332.

NOTAS

425

93 "A marca deixada pelo francês não é maior": www.gwalarn.org/brezhoneg/istor/gregoire.html; ver tb. Raison-Jourde (1976), 357 (Cantal); Stendhal, 294 (Bretagne).

93 Na Cerdagne: Weber, 306; tb. Jamerey-Duval, 118, acerca de seu pseudofrancês parisiense.

93 Cellefrouin: Rousselot, 223.

93 soldados bretões: J. Ian Press, in Parry, 217.

94 "não há espaço para línguas regionais": Rosalind Temple, in Parry, 194.

95 Ao norte da linha os telhados: Brunhes, 308-10; Duby, III, 304.

95 uso do *araire*: Planté.

95 olhos e cabelos mais escuros: Topinard (1891), 82.

95 zona fronteiriça: Specklin; tb. Vidal de La Blache, II.

96 retalhar... em departamentos: Assemblée Nationale, em especial IX, 698-748; XI, 119-268. A proposta de Hesseln de dividir a França em nove quadrados perfeitos, subdivididos em nove comunas, 81 distritos e 729 territórios, felizmente foi abandonada: Dussieux, 176-7; Planhol, 281.

97 o centro... ficasse à distância de no máximo um dia: Assemblée Nationale, IX, 744 (11 nov. 1789).

97 "a mais bela cidade do mundo": Assemblée Nationale, XI, 122 (8 jan. 1790).

97 "línguas anteriores à conquista de César": Assemblée Nationale, XI, 185 (Saint-Malo); 170 (províncias bascas e Béarn).

98 línguas aprendidas com as amas: p. ex. Bernhardt, 2; Sand (1844), 53.

5. VIVENDO NA FRANÇA, I

99 bafo asfixiante e fétido: Blanchard, 32 (Queyras).

100 mal adoeciam: Hufton, 68; Weber, 170-76.

100 "Seu único desejo é morrer.": É. Chevallier, 77.

100 idosos: ver Gutton; McPhee (1992), 237.

100 "Eu queria saber quanto tempo": Guillaumin, 93-4.

101 a alma... se lavado: Carrier, 403; Gazier, 1879, 70.

101 "feliz como um cadáver": Weber, 14.

101 uma bênção para a população local: R. Bernard, 152-3; Moore, I, 219; Saussure, II, 488.

101 ressuscitado por uma feiticeira: Devlin, 52; Vuillier, 532.

103 festas seculares: Hazareesingh, *Saint-Napoléon*.

103 "mais pareciam marmotas": Fabre, 7.

426   A DESCOBERTA DA FRANÇA

103   roedor das montanhas: Ladoucette (1833), 132; Saussure, II, 153-4.

104   "os habitantes saem da toca na primavera": Blanchard, 32.

104   "algo semelhante ao medo": Sand (1856), VIII, 164.

104   "Feitos os necessários reparos": Thuillier (1977), 206; tb. Legrand d'Aussy, 280-81.

104   diário de Jules Renard: 16 jan. 1889 e 24 dez. 1908.

104   arrastavam-se e embromavam: Renard, 6 mar. 1894; Restif, 192.

105   "um ócio obtuso": Lavallée, "Rhin-et-Moselle", 8; Peuchet, "Pas-de-Calais", 15.

105   "passam o resto do ano": T. Delord, in *Les Français, Province*, II, 61.

106   "O ar ambiente": Peuchet, "Pas-de-Calais", 37.

106   porões "anti-higiênicos": Audiganne, I, 28-9.

107   filho de um camponês dos Pireneus: Fabre, 7.

108   "A vida e a movimentação": *Eugénie Grandet*: Balzac, III, 1027.

110   "Esta comunidade fica situada": *Cahiers... de Cahors*.

110   "De um lado": *Cahiers de... Rozel*, ed. C. Leroy.

110   "*Se pelo menos o rei soubesse!*": *Cahiers... de Cahors*.

111   paróquia de Saint-Forget: *Cahier... de Saint-Forget* (Yvelines), Service Éducatif des Archives départementales.

111   transferir o ônus tributário: É. Chevallier, 79; p. ex. *Confissões* de Rousseau, I, 4.

111   repetitiva e suspeita: ver P. Jones (1988), 58-67.

112   "Até hoje não vimos": *Cahiers... de Cahors*.

112   penas de aves domésticas: Taine (1879), II, 205.

112   "praticamente não há vilarejo": Breval, 57.

113   camada de argila: Anon., "Nouvelles" (1840), 374.

113   combustão espontânea: Yvart, 251-3.

113   Pompey: *Cahier de Doléances*.

113   catástrofes naturais: Braudel, III, 24.

113   quarenta anos depois de uma tempestade de granizo: Guillaumin, 179.

113   quase metade da população: Hufton, 23-4.

114   "O povo é como um homem": Taine (1879), II, 213.

116   estavam convencidos: Déguignet, 46 (TR. L. Asher).

116   contos de fadas: Darnton, 33-4.

117   "tratado como um criado": Martin e Martenot, 495.

117   álbuns de fotografias: Weber, 175 n. (citando P. e M. C. Bourdieu).

117   *tours d'abandon*: Perrot, 144.

117   "fazedoras de anjos": Hufton, 327; Perrot, 601.

117   chorrilho de recém-nascidos: Hufton, 345-6.

NOTAS

6. Vivendo na França, II

119 "tortas, sujas" etc.: Young, 26, 185, 173 e 63, 60, 26, 33.

119 "esplêndido consolo": Young, 41.

120 "A caminho de Combourg": Young, 99.

120 "Este M[onsieur] de Chateaubriand": Chateaubriand, I, 12, 4.

121 como se devia empilhar o feno: Young, 149.

121 "cinturão da castanha": Braudel, III, 117; Demolins, 79-85 e 428; Durand, 137; Fel; Peuchet, "Corrèze", 8-9; Taine (1858), 130.

122 "com a sorte que eu tenho": Haillant, 18, 16 e 17; Dejardin, 287; Weber, 19; Weber, 345n.

123 em Varennes: F. de Fontanges; Valori.

123 base política da união: p. ex. Gildea, in Crook, 158-62 (acerca de Ligue du Midi e separatismo).

123 Em 1841, um recenseamento: Ploux (1999).

124 quando cruzou o país: Fabry; Waldburg-Truchsess.

124 "jamais conseguirá fazer nada": Waldburg-Truchsess, 37-8.

124 três zonas: Braudel, III, 127.

126 "despejarem seus porcos": Young, 156.

126 "mirrados carregamentos": Young, 90.

127 arriscar o pão de cada dia: p. ex. Lehning, 87-8.

127 em Ry: Price, 151.

128 zona de abastecimento de alguma cidade grande: Cobb (1970), 258-9.

128 "demolia todas as suas pontes": Deferrière, 435 (relato de Dupin, prefeito de Deux-Sèvres).

128 "a ponta de um capacete prussiano": Du Camp. 603.

129 "Ele jamais ouviu falar": Jouanne.

130 "diverte os carneiros": Carlier, I, 115.

130 Saint-Étienne-d'Orthe: Artigues, 126.

130 caçadores de toupeiras: Capus.

130 *rebilhous*... "cinderelas" etc.: Weber, 225.

131 juiz de Rennes: Hufton, 210-11.

131 "Mendigo ocioso": Déguignet, 70; Hufton, 111.

131 antropólogos de Paris: Privat d'Anglemont, cap. 1, 4, 6 e 8.

132 professor de História: Monteil, II, 89-90, 105, 111-14, 136, 177, 209 e 273.

132 a sexta-feira era um dia: Labourasse, 180.

133 nascer com cabeça de peixe: Sébillot (1886), 223.

133 "Lundi et mardi, fête": Sébillot (1886), 219.

428 A DESCOBERTA DA FRANÇA

134 recrutamento militar: Aron et al.; Levasseur, I, 385-7.

135 "a cara de um macaco velho": Pinkney, 36.

135 o trabalho pesado… mulheres: p. ex. Choules, 168; Greeley, 160; Le Bras e Todd, 179; Morris, 16; Noah, 210 e 224; Perrin-Dulac, I, 207-8; Young, 13.

135 cuidavam da casa ("mal"): Peuchet, "Orne", 35.

135 espíritos lépidos: Bérenger-Féraud, I, 2-5.

135 Em todo o litoral atlântico: p. ex. em La Teste: Saint-Amans (1812), 196-8.

135 Na Auvergne: Legrand d'Aussy, 284.

136 Em Granville: Marlin, I, 215-16.

136 atreladas a um asno: Peuchet, "Hautes-Alpes", 18 e 20.

136 bestas de carga: Peuchet, "Orne", 35.

136 mulheres nascidas no Velay: Perrot, 150 e 189.

136 nascimento de uma menina: Weber, 172-3.

136 "Dar aveia às cabras": Haillant, 10.

136 "Case sua filha bem longe": Pintard, 109.

137 "Uma esposa falecida, um cavalo vivo": Strumingher, 136.

137 "O homem só tem dois dias bons": M. Segalen, 171.

137 "No poço… Ao voltar da beira do rio, a mulher….": M. Segalen, 152.

138 "jamais levou uma casa à desonra": M. Segalen, 26.

138 mal-entendidos: Hufton, 38-41; M. Segalen, 173-80.

138 casais de namorados: Bejarry; Gennep, I, 264; M. Segalen, 22-3.

138 camponês da Vendée: M. Segalen, 23.

138 perpetrada pelos imigrantes: M. Segalen.

138-9 uma mulher andando na rua atrás do marido: Hélias, 279.

139 "*laka ar c'hoz*": Déguignet, 35-6 (trad. L. Asher).

140 o magistrado… interrogar: Hufton, 321.

140 Na noite de núpcias: Sand (1846).

141 "As mulheres dão à luz ao fim de três meses": Rolland de Denus, 215.

141 Lavadeiras da Noite: Sébillot (1882), I, 248; Sand (1888), 50.

141 com algum de seus próprios filhos: Sonnini, 188-9.

141 "Que país triste" etc.: Young, 156.

142 Young recebe a notícia: Young, 162.

7. FADAS, VIRGENS, DEUSES E PADRES

145 "plantada de oliveiras e que dá figos": Strabo, *Geography*, IV, 1, 2.

146 santuário de Bétharram: Chausenque, I, 224; J. B.J., 264.

NOTAS

147 cultos à Virgem: Laboulinière, 318; Lawlor, xvi.

147 "A entrada destas grutas": Sand (1856), VIII, 139-40.

147 farmacêutico local: J. B. J., 140-41.

148 sua rival, Argelès: Harris, 25.

148 viu uma pequena figura: relato de Bernadette em Harris, 72.

148 como costumava ocorrer quando havia uma aparição da Virgem: Joudou, 24.

148 beldades locais: Harris, 73.

149 fadas da floresta: Harris, 77-9; Sahlins, 43-5.

149 Código Florestal de 1827: Chevalier (1956), 724-6.

149 "Guerra das *Demoiselles*": Sahlins.

149 em terras comuns: Harris, 31.

150 propriedades na estrada: Harlé, 146-50.

150 "tirou a sorte grande": Blackburn (1881), 92.

151 topônimos derivados de nomes de santos: Planhol, 143.

151 Saint-Martin: J.-M. Couderc.

151 linha Saint-MaIo-Genève: A. d'Angeville, xxvii; Aron et al.; Dupin, 39; Julia; Nora.

153 santa Águeda: Sébillot (1882), I, 334.

153 Contrarreforma: Ralph Gibson, 19.

153-4 "transferir para a cruz o privilégio": Piette e Sacaze, 237.

154 "pedra do cravo": Marlin, II, 365; IV, 364.

155 dois carvalhos: Bérenger-Féraud, I, 523-4.

155 pedra de afiar: L. Duval.

155 depredados por vândalos em trânsito: p. ex. Souvestre, 224-5.

156 pedras do passo de Peyresourde: Piette e Sacaze; tb. Sébillot (1882), I, 48-52.

157 "O espírito que habita a pedra": Piette e Sacaze, 240-1.

158 "Velho bobo!": Devlin, 7; Ralph Gibson, 144.

158 a população de Six-Fours: Bérenger-Féraud, II, 518.

159 guia diocesano: http://catholique-lepuy.cef.fr/pelerinages/

159 Notre-Dame de Héas: Dusaulx, II, 48-53; Saint-Amans (1789), 127-52.

160 peregrinação a Les Andelys: Boué de Villiers.

160 a população de Lourdes sempre ia noutro lugar: Blackburn (1881), 92.

160 as peregrinações expandiram... áreas mercantes: p. ex. Delvincourt, 4; Depping (1813), 53-4.

160 peregrinação a Sainte-Baume: Bérenger-Féraud, II, cap. 4.

160 Mont-Saint-Michel: Nerval, II, 957-8 (paráfrase de *Monsieur Nicolas*).

161 espécie raríssima: Weber, 357.

161 caso se recusasse a soar: Tackett (1977), 155.

161 o cura de... Burgnac: Ralph Gibson, 136.

162 perambulasse pela igreja durante a missa: Ralph Gibson, 19.

430 A DESCOBERTA DA FRANÇA

162 O cura d'Ars: Weber, 369.

162 "Feiticeiros e feiticeiras": Gazier (1876), 31.

162 jurar lealdade: Tackett (1986), 52-4.

163 capelão de Ribiers: Tackett (1977), 213.

163 complô protestante: Tackett (1986), 205-19.

163 "demonstrarem afeto mútuo": Certeau et al., 211.

163 converteram-se ao protestantismo: Ralph Gibson, 237; P. Jones (1985), 268.

164 não paravam de surgir novos santos: Sébillot (1882), I, 330-33; Largillière, 126-31.

165 mago Merlin: p. ex., uma oração enfiada, aberta, entre as pedras na manhã de Páscoa de 2006, dizia: "Caro Merlin, Você me deixou feliz. Por favor, me dê alguns passes de mágica para eu também poder deixar os outros felizes."

165 "Não foi por causa *dele* que vim aqui": Devlin, 8.

165 O Diabo: p. ex. Bonnecaze, 72-3; Sébillot (1882), I, 177.

166 apalermado escudeiro, são Pedro: Bladé, 31; Sébillot (1882), I, 310.

166 seres bizarros: p. ex. Agullana, 110; Bladé, 17; Sand (1888), 75; Sébillot (1882), I, 148.

166 o cristianismo passasse: Sébillot (1882), I, 79.

166 "há dois 'amados Senhores'": Ralph Gibson, 137.

167 "São Sourdeau" etc.: Chesnel, 128 (Plouradou); Devlin, 10 (Sourdeau); Boué de Villiers, 46-9.

167 novo santo Aygulf: Bérenger-Féraud, III, 515.

167 são Greluchon: S. Bonnard; Weber, 348. Tb. Sand (1866), 17.

168 "o senhor foi um homem justo": Renan, 17.

168 "Veio também um ferreiro": Renan, 58.

168 Caso se recusasse: Weber, 347; Bérenger-Féraud, 1, 461 e 452-3.

169 tomando o partido dos regimes autoritários: Ralph Gibson, 271.

170 porco-espinho: Sébillot (1882), II, 97.

170 abrir ao meio uma pomba branca viva: Pineau, 177.

170 erva mágica luminescente: Déguignet, 79.

170 lista completa dos tratamentos caseiros: Loux e Richard.

170 raspar a boca: Déguignet, 83.

171 sessões na oficina do ferreiro: p. ex. Vuillier, 511-18.

171 uma pessoa da equipe de conservação das estradas de Nasbinals: Ardouin-Dumazet (1904); tb. Mazon (1882), 390.

171 Clermont d'Excideuil: Ralph Gibson, 138.

171 acertar com bolas de lã: Peuchet, "Haute-Vienne", 43; Stendhal, 309 (Uzerche).

NOTAS

8. MIGRANTES

173 Madri para Paris: Blanqui, 237-8.

174 "como Robinson Crusoe em sua ilha": Stendhal, 12.

174 o crítico de arte Auguste Jal: Jal (1836), I, 35-8.

175 A notícia... chegou ao Havre: Lefebvre, 79.

176 alfaiate local: Lefebvre, 82.

176 prisão da família real: Braudel, III, 252; Julia e Milo, 470; Ploux (2003), 30.

176 Waterloo: Dumas (1863-84), II, 83-5.

176 "Não indague...": Balzac, X, 1073 (*Les Marana*); ver tb. Ploux (2003), 33 (3,5 horas até Bicêtre).

177 vitória em Cenabum: Anon. (1848); Caesar, *Gallic War*, VII, 1; tb. VI, 3; Cestre. Cf. telégrafo aéreo: Soulange, 137.

177 mapas do Grande Medo: Lefebvre, 198-9.

178 Massif Central, transposto: Boudin, 348-52; Planhol, 287 e 289; Weld (1850), 57.

178 A boataria só morreu: Lefebvre, 201.

178 suspeitaram de uma ação orquestrada: Hazareesingh, *Legend*, 51.

179 Charlieu: Lefebvre, 86-7.

179 um quinto... de todo o solo: Peuchet, "Finistère", 11; etc.; Assemblée Nationale, II, 7.

179 Beauvais a Amiens: Goubert, 89; tb. Malaucène: Saurel, I, 57-60.

179 frágil capilaridade: Braudel, III, 228-32; Peuchet, "Calvados", 10.

180 "Minha estrada corria por": Stevenson (1879), 56.

180 Voie Regordane: Moch, 49-50. O nome pode ter relação com o termo gálico *rigo* ("rei").

180 tenham abastecido Stevenson: Moch, citando R. Thinthoin, 49-50.

181 "As pequenas trilhas de gado, verdes e pedregosas": Stevenson (1879), 38.

181 movimento browniano: Planhol, 186-7.

182 do sul e do leste da linha: Hufton, 72; Planhol, 242 e 285-9.

182 "*Crabas amont, filhas aval*": Moch, 68.

182 Do departamento que recebeu o nome do Cantal: Weber, 279; Wirth.

182 manual do exército: État-major de l'armée de terre, 118.

182 procissões de mocinhas: Dureau de la Malle, 250; tb. Gildea, 10.

183 *loues* ou *louées*: N. Parfait, in *Les Français, Province*, II, 104-5; Masson de Saint-Amand, 129.

183 bandos de crianças — meninos e algumas meninas: Campenon, 64-7; Drohojowska, 128-30; Hufton, 98; Ladoucette, *Histoire*; Peuchet, "Jura", 14.

432   A DESCOBERTA DA FRANÇA

184 Em Paris, acabavam chegando: A. Frémy, in *Les Français*, I, 145-52, e G. d'Alcy, ibid., *Province*, III, 135; Gaillard; George; Drohojowska, 128-30, 131-3; Perrot, 231; Raison-Jourde (1976 e 1980); Tombs, 238; Weber, 282.

184 cestas de pedinte: Babeau (1883), 80-81; http://montlhery.com/colporteur.htm (maio 2002); tb. Fontaine, 107; Weber, 280.

186 turistas interessados em botânica: Ferrand (1903), 109.

186 ambulantes bearneses... na Espanha: Hufton, 89.

186 fingir-se de peregrinos: Babeau (1894), II, 103; Hufton, 125; cf. Manier, 35.

187 O cambalacho... especialidade: Fontaine, 107; Hufton, 83-4; P. Roux, 211.

187 contrabando... Nice: Pachoud, XLIII, 312.

188 habitantes da Catalunha e do Roussillon: Hufton, 298-300.

188 fingindo estar grávidas: McPhee (1992), 23.

188 mais de 12 mil: Hufton, 291.

188 "ovos, bacon, aves": Pinkney, 33.

189 "*maisons de lait*": Martin e Martenot, 489-90.

190 ligações mais estreitas com a Espanha: Duroux; P. Girardin, 447; tb. A. Legoyt, in *Les Français, Province*, II, 214; Moch; Raison-Jourde (1976), 187-8.

190 "melhorar um canto inculto": Balzac, IX, 407.

190 "E como pode ver, meu caro amigo": Fontaine, 26.

191 fábricas de óleo, sabão e perfume: Audiganne, II, 242-3.

191 lei do trabalho infantil (1840): p. ex. Simon, 50; Bouvier, 56; A. Frémy, in *Les Français, Province*, I.

191 *articles de Paris*: Larousse, VIII, 726.

192 "Ele parou numa pequena praça": Balzac, IV, 29-30.

192 isolado ao longo de todo o percurso: Weber, 43.

193 Repartição das Amas de Leite: Kock, I, 7-16; Sussman.

193 Saint-Oradoux: Clément, 7.

194 sapateiros famintos: Hufton, 97.

194 Regiões pobres como o Vercors: Planhol, 390-91.

194 o Tour de France dos aprendizes: Arnaud; Perdiguier (1854 e 1863); tb. Ménétra; Planhol, 288-89.

195 "Roteiro Normal do Tour de France": Arnaud, 12-16.

196 leis e regulamentos: Malepeyre.

196 três de cada quatro Compagnons: Arnaud, 295.

196 a sinistra viagem: Nadaud, 24-39; Tindall. Outros detalhes de Cavaillès, 161; Girault de Saint-Fargeau; Grandsire (1863); L. D. M.; Murray; Orlov, I, 24; Peuchet, "Creuse", 23; Raison-Jourde (1976), 84-5; Sand (1844), 45; Sand (1856), VIII, 6.

198 camponês que foi a Poitiers: Gazier, 1879, 70.

NOTAS

199 *coucous*: Duckett, XVII, 405; Larousse, V, 290.

200 *"Encore un pour Sceaux!"*: Jubinal, 317.

INTERLÚDIO

204 cães contrabandistas de Péronne: Lavallée, V, "Somme", 23-4; cf. V. Gaillard, in *Les Français, Province*, II, 58. Os cães eram "pastores picardos", sem relação direta com a raça posterior do mesmo nome.

205 cães dos fabricantes de pregos: Barberet, IV, 190; Rayeur (ilust.); Barker (1893), 113-14; tb. no Jura: Lequinio, I, 275-6.

205 carrinhos de cães: *MP*, 1908, p. 300; 1911, p. 167.

206 "Tiro o chapéu para esses desventurados caninos": "*Les Bons chiens*", Baudelaire (1975-76), I, 361.

206 Vacas e cavalos viviam parede e meia: p. ex. Huet de Coëtlizan, 409.

207 "um conjunto de seres altamente heterogêneo e promíscuo": Alison, II, 22; tb. Dumont (1890), 426.

207 alimentados até o fim de seus dias: Perrot, 529.

207 *kiauler, tioler*: Rolland de Denus, 327 e 421; Sand (1846); Weber, 430-31.

207 animais conversavam com os seres humanos: p. ex. Webster (1901), 103.

207 O caçador... se enrolava: Dusaulx, II, 186-7; tb. Veryard, 111.

208 escola local para ursos: www.midi-pyrenees.biz/mp/ariege/ariege erce.htm

208 "Não tenho nada": Montaran, 237-8.

209 "o purgatório dos homens": Audiganne, II, 100-01.

209 cães da Bretagne e do Maine: Hufton, 291-2.

209 feiras de cães de Paris: Janin, 235-6.

209 cavalos percherões: Dumas (1847), 28.

209 cavalos cossacos: Peake ("A Trip to Versalhes").

210 "bestas das 30 léguas": Anon. (1846), 47.

210 tratar bem os animais: p. ex. Fréville.

210 Sociedade pela Proteção dos Animais... Lei Grammont: McPhee (1992), 256.

211 atirando nos golfinhos: Busquet; Roberts, 45-6.

211 marmotas rebocavam umas às outras: Lavallée, II, "Drôme", 25.

211 camurças e cabritos monteses: Chaix, 200 (citando Abbé Albert).

211 "Embora com lucro irrisório": Saussure, II, 153.

212 "Estamos vivendo à base de urso e de camurça": Sand (1856), VIII, 131.

212 Rússia e os Bálcãs: Planhol, 388.

434 A DESCOBERTA DA FRANÇA

212 um lince jovem perto de Luz: Dusaulx, II, 13-14; Saint-Amans (1789), 75; tb. Brehm, I, 302.

212 caçadores de águias: Ladoucette (1833), 33.

213 "Um camponês segurava-o": Chateaubriand, II, 14, 6.

213 revoadas de pombos: Weld (1859), 225-9.

213 informação ao público: Anon. (1851); tb. *MP*, 1883, p. 407 e 1887, p. 114.

213 roubar ovos de aves: Anon. (1851); *MP*, 1862, p. 402; 1868, p. 366; 1884, p. 303.

213 moitas de frutos silvestres à porta de casa: Mazon (1878), 192.

213 "Consegue-se cruzar todo o Sul": Smollett, carta 20; tb. *MP*, 1868, p. 366.

214 O desmatamento e os rudes invernos: p. ex. Crignelle, 225-37.

214 os lobos invadiram... Normandie: Brehm, I, 482.

214 um preço para cada lobo: Deferrière, 435 (relato de Dupin, prefeito de Deux-Sèvres); Sonnini, 167.

214 uma espécie de viciados: Leschevin, 326-27; Saussure, II, 152.

215 sua sacola de caça como "mortalha": Saussure, II, 151.

215 touros negros da Camargue: Brehm, II, 665-6.

215-6 Um cavalo... "Napoléon": Brehm, II, 324; *MP*, 1841, pp. 250-51.

217 o são-bernardo Barry: Brehm, I, 406-7; *MP*, 1846, p. 200.

217 epidemia em 1820: Brehm, I, 404-6.

218 vagões especiais: McPhee (1992), 256.

219 transumância: F. Bernard; J.-E. Michel, 198-206; Peuchet, "Bouches-du-Rhône", 10.

219 "milhares de ovelhas": Pliny, *Natural History* [Plínio, *Naturalis Historia*], XXI, xxxi, 57.

221 "que é um privilégio conhecer": Blackburn (1881), 239.

221 uma barraca em cone... coberta de palha: Baring-Gould (1894), 112 (desenho).

221 ovelha solitária: p. ex. Maupassant (1884), 77.

221 ovelhas que adotavam formação de batalha: Bourrit, 335.

221 "um sorriso de vida": Mariéton, 401.

222 "com uma aparência mais árabe": Sand (1856), VIII, 136.

222 "Forçado pelo dono... o belo animal": Dusaulx, I, 159-60.

222 sabiam a hora exata de partir: Lequinio, I, 384-5; tb. Peuchet, "Jura", 9; Legrand d'Aussy, 281; Mariéton, 401.

NOTAS   435

9. MAPAS

227 cair da tarde de 10 de agosto: expedição do Meridiano: relatos in Delambre e
Méchain; pesquisados e reportados por Alder.

227 Dammartin-en-Goële: Alder, 26-7.

228 palácio das Tulherias: Alder, 21.

229 medidas esdrúxulas: Burguburu; Peuchet, *passim*; etc.

230 "uma pirâmide de pedra chamada de Meridiano": Alder, 109.

230 "Os instrumentos foram expostos": Delambre, I, 33-4.

231 "demolira todos esses campanários": Delambre, I, 73-4.

231 Bort-les-Orgues: Delambre, I, 80.

231 Puy Violent: Coudon.

231 ataque de cães selvagens: Alder, 241.

232 expedição de Cassini: Cassini de Thury (1750 e 1754); G. de Fontanges; Gallois;
Konvitz; Pelletier; Pelletier e Ozanne.

233 "Quando se pensa": Cassini de Thury (1750), 9.

233 Conhecia queijos: Konvitz, 14.

234 geômetras do exército: Konvitz, 39 (em 1762).

234 mapa do governo: *Département du Mont Blanc (cy-devant Savoie). Décrété par la
Convention Nationale le 27 novembre 1792*; Reverdy, 123.

235 "ele montou três estações": Pelletier, 97-100.

236 Muitos dos nomes locais: Ronjat; Whymper, 21.

236 "Era preciso atribuir nomes": Cassini de Thury (1750), 10.

236 câmara lúcida: Mérimée (1941-64), I, 309-10.

237 "Alguns bretões, sentados no chão": Bray, 225; ver tb. Brune, 149.

237 Saint-Martin-de-Carnac: Cazals, 162; Dainville, 134.

239 mapa da Lua: Launay. Todavia, em volta do *château* da família em Thury-en-Valois
percebem-se, em verde, trilhas que parecem formar um símbolo maçônico.

240 Loiseleur-Deslongchamps: Cosson; Delambre, I, 305; etc.

241 parecidas com Joana d'Arc: Monteil, I, 149.

241 as castanhas do ano anterior: Monteil, II, 37.

10. IMPÉRIO

245 "Nas Ardennes": Wairy, 148-50; ver tb. Argenson, 198 (Marie Leczinska em 1725);
Beauchamp, I, 181 (Napoleão a Montier-en-Der).

245 "Não havia passagem alguma": Thiébault, II, 11-13.

246 "alteravam-se com as estações": Pelletier, 108. Os primeiros mapas viários datam do início do século XVIII: Arbellot (1992), 775; Konvitz, 114; Reverdy, 7.

247 "Grand Chemin de France": p. ex. Fodéré, I, 158.

247 "as nações só têm grandes homens": Baudelaire (1975-76), I, 654.

248 a maioria dos mapas para viajantes: p. ex. Coutans; Ogée.

248 Aubervilliers: Coutans.

249 "Ouvi falar muito": Mérimée (1941-64), I, 288-9 (2 jul. 1834).

249 lugares muito próximos: Dupain-Triel, 3-4; Peuchet, "Hautes-Alpes", 16.

249 dobráveis: Pacha, 37.

249 "Tomei a diligência para Soissons": V. Hugo, "Voyages", p. 32.

250 memoriza o mapa de Cassini: Sand (1872), 122.

250 indícios de uma febre por mapas: Anon. (1855); Anon. (1856).

250 "Numa curva da estrada": M. Proust, I, 177-8.

251 Pyrame de Candolle: C. Malte-Brun (1810), 240; tb. expedições de Bentham em 1820 e 1825.

251 Charles de Tourtoulon: Plazanet.

251 *Carte de l'état-major*: Coraboeuf; G. de Fontanges; V.-A. Malte-Brun (1858 e 1868).

252 "Avançando sempre a pé": Anon. (1843), 206; tb. Anon. (nov. 1835); P. Buache, *Carte minéralogique* (1746); *Tableau d'assemblage des six feuilles de la Carte géologique*.

252 "bandas largas e contínuas": Anon. (1843), 27-8.

254 "Os limites destas regiões naturais": Anon. (1843), 208.

254 faltavam informações básicas: Ardouin-Dumazet (1882); Josse, 471; Webster (1901), 343.

254 "cinco cordilheiras": Stendhal, 60.

255 Monsieur Sanis: Barbié du Bocage.

255 maquetes do relevo dos Alpes: p. ex. H. d'Angeville, 7-8.

255 levantamento geodésico: Bourdiol.

256 Sociedade Geográfica de Bordeaux: Ardouin-Dumazet (1882), 103-4.

11. Viajando na França, I

257 utilitário de alta velocidade: Cavaillès, 245.

257 carga puxada por um cavalo: Price, 270.

258 sarrafos de madeira: Duby, III, 183.

261 a corveia: Babeau (1878), 236-8; Cavaillès, 87-96; Flour de Saint-Genis, 11; Martin e Martenot, 415-16; Robillard de Beaurepaire, 24-5; Sonnini, 79-80; Vignon, 14-24.

NOTAS

261 "Assim, sempre que Monsieur le Marquis": Cooper, 313-14.

262 castelos do Vale do Loire: Hufton, 189-90 e n. 3.

262 competir no preço com os agricultores locais: Cavaillès, 120; tb. o Cahier de Doléances de Maron, Meurthe-et-Moselle, n. 23.

262 vigoroso lobby: Peuchet, "Creuse", 38.

262 Trésaguet... sua inovação: Cavaillès, 90.

262 A maioria das estradas francesas: Robillard de Beaurepaire, 14.

263 "A não ser nas profundezas do mar": Durand-Claye, 90.

263 Généralité de Rouen: Robillard de Beaurepaire, 14.

263 "O transporte... um metro cúbico de pedra ou cascalho": Cavaillès, 282.

263-4 placas de arenito: Marlin, I, 274.

264 Quanto mais rico o solo: p. ex. Duchesne (1762), 208; Pradt, 106-7.

264 estátua de Luís XIV: Goubert, 90.

264 barão Haussmann: Haussmann, 52 (Poitiers); 67-71 (Yssingeaux); 90-91 (Nérac).

264 "Não haveria como me transferirem": Haussmann, 91.

264 assinalavam determinadas estradas romanas: p. ex. G. Delisle.

265 "uma colônia de toupeiras de tamanho moderado": Mirabeau, 183.

265 trechos de camada base ou superficial romana: Lavallée, "Bouches-du-Rhône", 10 (Arles); Legrand d'Aussy, 36-37 (Clermont); Saint-Amans (1812), 214 (Arcachon); Bizeul (Saintes), 259; Saint-Amans (1799), 22 (Aiguillon); Grad, 614-15 e Reinhard (Sainte-Odile); Jourdain, 191 e Mérimée (1941-64), II, 253 (Chalindrey); Peuchet, "Deux-Sèvres", 36; Abgrall (Quimper).

265 "as avenidas da cidade de Paris": Cavaillès, 57.

265 "considerarem a principal estrada": Cavaillès, 54 e 58.

266 uma pessoa em Moulins: Weld (1850), 54.

266 édito de 1607: H. Gautier, 194; tb. Assemblée Nationale, II, 7.

266 viajar acompanhado de sua equipe de conservação de estradas: Goubert, 90.

266 cruzes, marcos verticais ou pirâmides: H. Gautier, 194; Veuclin.

266 Orry... Trudaine: Arbellot (1973), 766-9.

267 margeadas por árvores: Lecreulx, 8-10; Marlin, II, 135.

267 galhos das macieiras: Duchesne (1762), 208.

267 Em Toulouse: Forster, 67.

267 A Flandre: Barbault-Royer, 93; Lavallée, V, "Jemmapes", 23.

267 "incomparável excelência": Young, 25.

269 Logo depois de Bourganeuf: Marlin, II, 141-2.

269 governador da Bretagne: Trévédy, 5.

269n manual do exército: État-major de l'armée de terre, 161.

270 encosta do Reventin... ribanceira de Laffrey: Stendhal, 147 e 395.

270 monte Tarare: p. ex. Bouchard, 95.

438   A DESCOBERTA DA FRANÇA

270   aplainaram estes monstros: Cavaillès, 198; Lavallèe, V, "Rhône", 3-4.

270   rota percorrida por Aníbal: p. ex. Whymper, 52 (imagem de um elefante na placa de um albergue de Ville-Vieille).

270   passo de Tende: J. Black, 31.

271   "Em cumprimento às ordens de Sua Majestade": Cavaillès, 188-9.

271   "encomendar desenhos": Ladoucette, "Anecdotes", 73.

272   ambulantes e mendigos italianos: Fortis, I, 371.

272   normas do século XIX: Préfecture du Calvados.

272   granadeiro do Vivarais: Volane, 154-5.

273   "entreposto do comércio universal": Pons, de l'Hérault, 292 e 298.

12. Viajando na França, II

275   "harmoniosa disposição": Strabo, *Geography*, IV, 1, 2.

276   plataformas flutuantes: tb. o Loire: Barker (1894), 147-8; Hufton, 121; Leca.

276   Riachos: Cavaillès, 264; Cobb (1970), 283.

276   relatório sobre a Dordogne: Peuchet, "Dordogne", 8.

279   a primeira pessoa... a descer o Rhône: Boissel; Peuchet, "Ain", 5.

279   Perte du Rhône... dinamitada: Reclus (1886), 328.

279   barco diário de passageiros (Yonne e Seine): Restif, 274; L. Bonnard, 77; Cobb (1975 e 1998); Frye, 97.

279   diligências: p. ex. Carr, 32-3; Murray, xxv-xxvi.

280   almofadas... à prova d'água: Bayle-Mouillard, 249-51.

280   "Nem pago tornaria a viajar": Taylor, 362-3.

281   "a multidão incômoda": Gasparin, I, 30.

281   quatro cascos brancos: Mistral (1906), 189.

281   "meu pequeno coche, coitadinho": Stendhal, 135; tb. Assemblée Nationale, XXXVI, 310 (22 dez. 1791).

281   salva de impropérios: Courtois, 45; Cradock, 260; Fleutelot, 11; Masson de Saint-Amand, 92.

282   "O convés estava coberto de lixo": *L'Éducation sentimentale*, parte I, cap. 1.

283   do trecho Rouen-Paris: Roland de La Platière, 13.

283   Balsas: Lavallée, V, "La Roër", 8-9; Peuchet, "Rhin-et-Moselle", 5-6.

284   Pont-Saint-Esprit: p. ex. Coulon, 162; Smollett, carta 9; Thicknesse, I, 59; etc.

284   descida do Loire: Stendhal, 219-26.

285   barco postal de Toulouse: Mercier-Thoinnet, 24.

285   "para alguém acostumado aos solavancos": Murray, 455

NOTAS

439

285 reformista sansimoniano: Chevalier (1838), 215.

285 "Um velho gaiato": Stevenson (1878), "To Landrecies".

286 barcos... carregados de vinho: Martin e Martenot, 411.

286 170 barcos que navegavam no canal: Forster, 69-70.

287 saltando pelas pedras: Hubscher, 376 n. 77.

287 clérigo protestante: Frossard, I, 80.

287 "pensassem em fazer um testamento": Weber, 198 n. (citando G. Garrier).

287 "rudes e de baixa extração": Murray, xxv.

287 notoriamente subornáveis: Barbault-Royer, 170-72; Blackburn (1870), 239.

288 "envergando a casaca verde": Stevenson (1879), 14.

288 habitantes dos pântanos do Marais Poitevin: Lagardelle, 210.

288 pastores sobre pernas de pau: Saint-Amans (1812), 35 e 66; tb. Administration centrale des Landes, 2; Best, 354; Lawlor (1870), 545; Tastu (1842), 297.

289 sapatos de neve... Grampos: Saussure, I, 479; Chaix, 77; Ladoucette (1833), 140.

289 *schlitteurs*: Grad, 23-6; Robischung, 88; Valin.

290 "Foi como atravessarmos a nado": Saint-Amans (1789), 29-30; outros relatos: Dusaulx, I, 171-2 (Pireneus); Thévenin (Vosges), 76-7.

290 da bicicleta e dos esquis: os esquis foram introduzidos nos Alpes franceses em 1891 por Henri Duhamel, que havia adquirido um par, sem qualquer instrução, na Exposição de Paris de 1878.

290 "Na volta, simplesmente deslizavam": Mistral (1906), 222.

291 recordes de velocidade: Arbellot (1973) (tempos a partir de Paris); Aynard; Chevalier (1838), 305-7 (diligências); Viard (horários dos correios). P. ex.: em 1721, Saint-Simon (127-37) fez Paris-Bayonne em 17 dias; em 1815, Théodore Aynard (117) fez Lyon-Paris em seis dias; em 1843, para chegar a Paris, a correspondência levava cinco dias de Finistère, partes da Auvergne e todas as províncias mediterrâneas e pirenaicas, seis dias de parte dos Basses-Alpes, e de seis a nove dias da Corse.

292 "Que fazer?": Wille, I, 50; tb. Maclean, 180: "alguns de nós partimos a pé antes da diligência, caminhamos todo o trecho [14,5 quilômetros de Cavignac a Saint-André-de Cubzac] e já tínhamos tomado o desjejum quando os outros chegaram".

292 engenheiro ferroviário: Aynard.

292 imperadores romanos em viagem pela Gália: L. Bonnard, 12.

292 Drouet deixou um relato: V. Hugo, "Voyages", pp. 990-93.

293 lucro sobre as refeições não consumidas: Bernhard, 56; A. Duval, 43 n.; etc.

294 Uma vela... em Orléans: V. Hugo, "Voyages", p. 751.

294 Nerval partiu: Nerval, III, "Voyage au Nord".

294 "Pois aqui estou eu": Hugo a Vigny, 20 jul. 1821.

440 A DESCOBERTA DA FRANÇA

13. Colonização

295 "mais rapidamente que um coração humano": "Le Cygne", *Les Fleurs du Mal.*

296 banhos de mar em Dieppe: Duplessis, 321; Perrot, 302.

297 um giro pela Vendée: Nettement; Walsh.

298 "DO MINISTRO DO INTERIOR": Ploux (2003), 33.

298 expediu um comunicado: Nettement, III, 127-8.

300 programa de construção de estradas: Cavaillès, 184 e 202-3; H. Proust; Weber, 196.

300 estradas militares... Cévennes: Cavaillès, 60; Dainville, 78; Foville (1894), II, 95; figura 13.

302 "o primeiro a apresentar-se": *Mon coeur mis à nu*, xxv: Baudelaire (1975-76), I, 692.

303 Brouage em 1772: Marlin, IV, 295.

303 Napoléonville: Anon. (1856); Savant, 43, 74 e 61 (acerca de Pontivy-Napoléonville).

305 migração interna maciça: p. ex. Cleary, 11-12; A. Joanne (1869), I, lx; Moch, 22.

306 marcas dos cabos das barcaças: Mistral (1896), 3.

306 casinhas: Audiganne, II, 150-51; Jordan, 33-4; Lavallée, I, "Bouches-du-Rhône", 60; Marlin, I, 94; Michot de La Cauw, 31; Pachoud, XLIV, 162-3; Plumptre, II, 194-5.

306 "Para onde quer que se olhe": Stendhal, 713.

306 labirinto grande como uma cidade: Coyer, I, 109.

306 mais de 20 mil: Pöllnitz, IV, 103.

307 *mazets, baraquettes* etc.: Audiganne, II, 150-51; Aufauvre, 147; Moch, 86; S. Papon, 10.

307 "O anfitrião só fica satisfeito": A. Legoyt, in *Les Français, Province*, II, 223.

308 30 mil parisienses: Perrot, 301.

308 às margens do Sena, antes desertas: Smollett, carta 6.

308 habitações nos penhascos: Baring-Gould (1911), 39.

308 gruta perto de Tours: Capitan, 581.

308 "extinção da pobreza": Bonaparte.

310 primeira estrada de ferro da França: Caron, 85; Blerzy, 656-7.

310 "o céu é perfeitamente visível": Tonnellé, 514.

310 "rios de fumo de carvão": "Paysage", *Les Fleurs du Mal.*

311 tradições de clã: Audiganne, I, 163-8.

311 paisagem pré-industrial: p. ex. Planhol, 240.

311 Sotteville e Saint-Sever: Audiganne, I, 55.

311 pessoas de idade: C. Malte-Brun (1823), 269.

NOTAS

441

311 Aubin: Monteil, I, 63-5.

311 montanha ardente: Peuchet, "Aveiron", 4; Monteil, I, 58.

312 seu vizinho Cransac: Barker (1893), 337-8.

313 "encontrar em Decazeville": Larousse, VI, 218.

314 pulgões da filoxera: p. ex. Bouvier, 56; McPhee, in Crook, 143; Moch, 47.

315 retomavam áreas imensas: McPhee (1992), 223; Sutton.

315 colônias de órfãos: Anon. (1849).

315 "um hospital úmido": Reclus (1886), 76-7.

315 febre palustre: F. Pyat, in *Les Français, Province*, II, 236.

316 a Double: Barker (1894), 246-7.

316 Craponne e Pierrelatte: Duby, III, 195.

316 "Crau incultivado e árido": Mistral (1859), VIII, 25.

316 Rivesaltes: ver Grynberg, 202-7.

317 vaso de planta estanque: About, 107.

317 reflorestamento... desde a pré-história: Mortemart de Boisse.

317 "A pergunta é como encontrei as Landes?": Guignet, 140-41.

318 tribo de selvagens... amarelados: p. ex. Rosenstein, 347-54; Saint-Amans (1812); V. Gaillard, in *Les Français, Province*, II, 113-15.

318 "O *landais* urbano": V. Gaillard, in *Les Français, Province*, II, 120.

319 Nos Corbières: McPhee (1999).

319 efeitos do desmatamento: Dugied; McPhee (1999); Museon Arlaten; P. Chevallier; tb. Fauchet, 11-13; Grangent, 21.

320 giro de inspeção: Dugied, 3 e 17.

321 A Picardie e a Flandre: Duby, III, 197.

321 nas florestas dos Pireneus: Buffault, 343 ("Le Chemin de la Mâture" [o caminho da mastreação]).

321 sussurrando: Dusaulx, I, 108.

321 Restauração de Terras Montanhosas: Museon Arlaten.

321 "Os Alpes franceses": Reclus (1886), 88.

322 as "ruínas": O. Reclus (1886), 89.

322 Chaudun: Museon Arlaten.

322 "quando os moradores deixaram o vilarejo": M. Chabre, www.retrouvance.com/histoire.htm

323 "reintrodução controlada": *Bois-Forêt. Info*, 26 set. 2002.

442   A DESCOBERTA DA FRANÇA

14. AS MARAVILHAS DA FRANÇA

325 empréstimo do inglês: p. ex. Égron (1830), 17, em que uma nota explica a palavra.

325 rotas que seguiam de Paris para o sul: descritas por Leduc.

326 "Pernas compridas, corpo magro": Taine (1858), 282-3.

326 21 de junho de 1741: Windham (1744).

327 visitantes de Chamonix: Durier, 52; Ferrand (1912), 6; Windham (1879); Bruchet.

327 Dijon e Langres: Durier, 52; La Rochefoucauld d'Anville, 31.

327 imitadores excelentes: Leschevin, 326; Saussure, II, 165-6.

327 "terrível devastação": Windham (1744), 6-7.

327 "Imagine só": Windham (1744), 8.

328 "O que achou dos horrores?": Dusaulx, I, 57; tb. L. Bonnard, 59; Fortis, I, 111; Jourdan, 141; Peuchet, "Hautes-Alpes", 6.

328 "Eu imaginava uma montanha": Desnoues, 16.

328 "cadáveres das montanhas": citado in Orlov, II, 90-91.

328 "Que rochedos mais brutos": carta a Richard West, Turim, 11 nov. 1739.

328 "era difícil mencionar": Moore, I, 186.

328 "Essa gente não percebe": Fortis, II, 237.

329 em pesado silêncio: Achard (1850), 281-2.

329 o primeiro a escalar: p. ex. uma cruz de madeira no pico de Rochebrune em 1819: Ferrand (1909), 41.

329 Santiago de Compostela: Melczer, 90-91.

329 "para formar o próprio gosto": Piganiol de La Force, I, vi. Cf. Louette.

330 "planície mais árida": Breval, 1-2.

330 monumentos que... já não existiam: p. ex. Piganiol de La Force; J.-P. Papon.

330 "Monsieur Robert deu-se ao trabalho": Marlin, III, 65 e 148; Hesseln, IV, 369-70; tb. J.-P. Papon.

330 "neves eternas": Barron, *Rhône*, 224-5; tb. Flaubert, 355; Girault de Saint-Fargeau, 490; Murray, 444; Peuchet, "Vaucluse", 7; Pigault-Lebrun, 44.

330 "moitas espessas de juncos": Barron (1888), 23.

331 Pont du Gard... deserto: p. ex. Richard e Lheureux, 12-13; Thicknesse, I, 63.

331 uma temporada de um ano em Paris: Dutens, 17.

331 Sete Maravilhas do Dauphiné: p. ex. Chorier, I, cap. 12; Saugrain, 125; Wraxall, I, cap. 7.

332 "interceder... como é de costume": Melczer, 97.

332 "uma caminhada agradável": Girault de Saint-Fargeau, 72.

333 "fazer uso de seus lápis de desenho": Briand, x.

NOTAS

333 "curiosidades naturais" da França: Depping (1811), 606-14. Outras listas in Girault de Saint-Fargeau, p. xiii ff. e La Roche, o primeiro a usar um sistema de estrelas para "esses artigos que a pessoa mais lamentaria perder".

333 Valenciennes... Quiberon: Lavallée, "Nord", 18; "Loire-Inférieure", 3.

334 "Os quartéis são magníficos": Lavallée, III, "Meurthe", 12.

334 "e o ar frequentemente reverbera": Lavallée, I, "Côtes-du-Nord", 8.

334 Ariège em 1800: Mercadier de Bélesta, 60-65.

334 "turismo cátaro": Mercadier de Bélesta, 64.

334 "já lá se vão 12 anos": Birkbeck, 3.

335 *Quentin Durward*: Warrell, 18-19.

335 descrições de Scott: Stendhal, 282.

335 "reverendos de colarinho abotoado": Hallays, VIII, 85.

335 J. M. W. Turner: Warrell, 115.

335 "Os camponeses ainda estavam atarefados": Longfellow, 94-6.

336 Calais... bilíngue: Lavallée, IV, "Pas-de-Calais", 25.

336 população de Tours: Holdsworth; Orlov, I, 64.

336 "Em 1793, ele conseguiu": Balzac, IX, 643.

337 "Se esta destruição continuar": Peuchet, "Gers", 1.

337 "é difícil dar": Pigault-Lebrun, 39.

338 "Esta não é uma viagem de descobertas": Nodier, "Ancienne Normandie", 5.

339 entre 1834 e 1852: Mérimée (1835, 1836, 1838 e 1840); Raitt, 139-46.

339 avaliar os encantos: Mérimée (1941-64), I, 327.

339 ponte de Avignon etc.: Raitt, 154.

339 "Deixaram de ser adequadas": Thérond, 31.

340 "Eles são perseguidos": Mérimée (1852).

340 "Partimos de Versalhes": Bader, 9.

341 "Aqui está um cheiro horrível": Genlis, 49-50.

341 "Caso as más condições de hospedagem": Courtin, 202-3.

341 a "hospedaria"... casa de fazenda: p. ex. Bailly, 7.

342 "montanhês típico": Richard e Lheureux, 23.

342 lista de hotéis: Richard e Lheureux, 103-4 e 136.

342 "A beleza venceu": Depping (1813), 277-8.

342 deveres do estalajadeiro: *Les Misérables*, II, 3, 2 e 9; tb. Dumas (1863-84), VII, 106-7.

343 "Não deixe de levar consigo um pedaço de sabão": Murray, xxix.

343 matou 480: Cradock, 260.

343 "Virei-o na cabeça dela, com prato e tudo": Thicknesse, II, 106-8.

343 "o Templo de Cloacina": Smollett, carta 12.

344 "Não se preocupe, senhor": Depping (1813), 261-2.

344 guia de Paris de 1828: Audin, 61, 191 e 206; cf. Hughes, 158.

344 *"Ici on est bien"*: Karr, 232-5.

345 "Abra um pombo pelo meio": Haan, 127.

345 *"Naps! Naps!"*: Perbosc, 281.

345 rapazes de Saint-Brieuc: Sébillot (1886), 327-8.

345 "chouriço recheado": *Grand Dictionnaire universel*.

345 manual de arquitetura rural: Saint-Félix, 26.

346 esmigalhar a marteladas: Lefebvre d'Hellancourt, 9-10.

346 missão... levantamento factual: Anon. (1844).

346 lobo... repulsivo: Crignelle, 278; Weld (1869), 208.

346 raposa uma iguaria: Restif, 215.

346 comiam-se esquilos vermelhos: Saint-Amans (1812), 15; Weld (1869), 212-13.

346-7 marmotas... cheiro almiscarado: Saussure, II, 153; Montémont, I, 137; Windham e Martel (1879), 58.

347 "quando se mata um urso": Dagalier, 208.

347 comendo *gaudes*: Proudhon, 26.

347 *"pensions alimentaires"*: Gutton, 64-75; R.-J. Bernard; Thuillier (1965).

347 empanturrava-se de pêssegos: Perdiguier (1854), 62-3.

347 3 milhões de colmeias: Girard.

347 um marmelo cristalizado: Barron, *Garonne*, 296; Marmontel, 50.

347 Victor do Aveyron: Itard.

348 Memmie: La Condamine.

348 especialidades de cada região: p. ex. MacCarthy; para um exemplo anterior, Reichard ("carte gastronomique").

348 connoisseur de vinhos franceses: Planhol, 231-2.

349 "um giro gastronômico por Paris": Barberet, VI, 166.

349 "Como ninguém sabia": Guillaumin, 250.

349 viagem a Roscoff: Dumas (1878), 116-26.

349 "A cebola inglesa": Dumas (1878), 1059.

15. CARTÕES-POSTAIS DOS NATIVOS

351 "A volta ao mundo em 80 dias": Anon. (1869).

351 túnel do monte Cenis: Chérot, 323; Saint-Martin.

352 "33 charutos" de Marseille: Merson, 210.

352 Boulevard des Italiens: Achard (1869), 86.

352 num vagão de terceira classe: Anon. (1842), 96.

NOTAS

352 *De Paris a Nice*: Gauthier de Clagny, 2.

352 "seis semanas viajando constantemente de trem": James, 250; acerca da etiqueta no trem: Siebecker, 119-21.

352 estradas de ferro vinham drenando o tráfego das grandes estradas: L. Bonnard, 135; Cavaillès, 225 e 276-7; Marmier, 2; *MP*, 1854, p. 21; Lenthéric, 291; Murray, 505; Weber, 210 e 218.

353 "chegamos a um ponto": Ogier, 19; ver tb. Demolière; Mazade.

353 placas de quilometragem iluminadas: Saint-Martin, 393-4.

353-4 pelos trilhos: Égron (1837), 223.

354 rostos à janela do vagão: Guillaumin, 268.

354 plantavam explosivos: Weld (1850), 268.

354 O pessoal da obra: p. ex. Le Play, 104.

354 antigos portões da cidade: p. ex. Poitiers: Favreau.

354 a hora oficial: Arago (1864); Nordling; Thuillier (1977), 206; diferenças de horário: p. ex. Anon. (1792), 115; Miller, 26-7; antigos meios para marcar a hora: S. Papon, 95; Davis, 19.

355 Berthouville: Corbin (1994), 113.

355 nomes de alguns antigos *pays*: Soudière, 70-72.

355 Tremblevif: Reclus (1886), 133.

355 Merdogne: Reclus (1886), 32; *MP*, 1903, p. 491; Conseil d'État, 3 fev. 2003, n. 240630.

355 A política chegou: Agulhon; Berenson, 127-36.

356 fotografias de líderes políticos: Berenson, 131 e 149.

356 poderes sobrenaturais: Hazareesingh, *Legend*.

356 especialmente do sudeste: Judt.

356 governantes dinásticos: Audiganne, II, 223 (Villeneuvette); P. Jones (1988), 255; Singer, 40; Weber, 539.

356 Labiche define o *maire*: Laudet, 152; tb. Hamerton, 58.

356 a "ciência sem coração": Baudelaire (1973), I, 579.

357 Na Corrèze: Vuillier, 507.

357 Em Nîmes: Audiganne, II, 165-68; Moch, 105-06; É. de La Bédollière, in *Les Français, Province*, II, 54-6.

357 passagem de nível: Home, cap. 1.

357 chefe das agências de correios: a lista de Viard (1843) mostra que das 1.938 agências de correios 1.092 eram chefiadas por mulheres, mas apenas 1 em capital de departamento.

358 "a terra da bouillabaisse": Zola, I, 96.

358 museus locais: Babeau (1884), II, 338; Chennevières; Georgel, 109; E. Pommier in Nora.

446 A DESCOBERTA DA FRANÇA

358 coleções de canções folclóricas: Thiesse (2001).

358 "traje folclórico": Williams, 483 .

359 George Sand patrocinou: em especial a correspondência com Charles Poncy.

359 "uma birra instintiva": Brochet, 43.

360 Barèges: Bar; Dusaulx, I, 206-8; Leclercq, 23; Saint-Amans (1789), 122.

360 "nada a não ser a esperança": Murray, 230.

360 Bagnères-de-Bigorre: Dagalier, 214.

360 Aulus-les-Bains: Labroue, 164.

360 uma cidade balneária típica: Anon. (1867); Frieh-Vurpas; Maupassant (1887); Monnet.

361 "A água possui": da bica de Saint-Martin-Vésubie.

361 procissão silenciosa: p. ex. J. Girardin; Taine (1858): acerca de Eaux-Bonnes.

362 lápides de curistas: J. Girardin.

362 Aix-les-Bains: Fortis, I, 80-85; Frieh-Vurpas, 11 e 28.

362 "É uma roda-viva incessante": Speleus, xv.

362 o mar: Corbin (1988); Garner, 80.

363 chegada do turismo de massa: Corbin (1988); Bretagne: Céard; Warenghem; Dieppe: Perrot, 302; Royan: *MP*, 1891, p. 252.

363 novas plantas e flores: Blanchet, 61-4.

363 guia de viagem de Conty: Conty (1889).

364 famílias burguesas: Garner, 109, 113, 140.

364 provocadores de naufrágios: p. ex. Mangin, 13.

365 "a boca contraída como a de um cretino": Flaubert, 111.

365 bacia de Arcachon: Garner, 68-70.

365 "Indagamos sobre aqueles nobres destroços": Garner, 97-8.

365 "espetáculo curioso e angustiante": Corbin (1988), 235 (citando Émile Souvestre) e 245.

365 "Então você perdeu seu marido": Huard.

366 "Imaginem só o espetáculo": Conty (1889), 342.

366 cartões-postais fotográficos: Garner, 176.

366 não circular em público descalças: Duplessis, 321.

366 "calças largas": Garner, 109.

367 Biarritz era um vilarejo de pescadores: p. ex. Russell, 1-15.

367 um *cacolet*: Doussault, 98; Lagarde, 74-8; Longfellow, 163.

367 "Meu único temor": V. Hugo, "Voyages", p. 775.

367 "sua boca meio murcha": Montémont, I, 57-8.

367 jovem cigana: Gratiot, 16-17.

NOTAS

367 Em Pont-Aven: Champney, cap. 16.

367 Em Boulogne-sur-Mer: Garner, 107.

368 "imenso aquário encantado": M. Proust, II, 41.

368 antiguidades rústicas: Conty (1889), 27.

368 tomavam os ramalhetes de suas mãos: Blackburn (1881), 35.

368 "Vemos meninas que mal sabem andar": Taine (1858), 133.

369 traços neandertaloides: Roujou (1872 e 1876).

369 cemitério do Aveyron: Durand, 421.

369 "pesquisa antropométrica": Fauvelle, 958.

369 "maior número de negros que de franceses": Broca (1879), 6.

369 os gauleses derrotados: Marchangy; Thierry, I, v; Thiesse (2001).

370 o francês "puro": p. ex. Broca (1859-60); Lagneau (1859-60, 1861 e 1867).

370 uma relíquia pré-histórica: p. ex. Edwards, 39-41; Lagneau (1867); Roujou; Thierry, I, lxx.

370 Pierre Broca baseou suas conclusões: Broca (1862), 580-82.

371 vilarejo "ignorante e atrasado" (em Guipúscoa): Broca (1862), 580.

371 "Monsieur Broca nem de longe conclui": Broca (1862), 588.

371 sistemas para fazer contas: Landrin.

371 uma prática comum: Bonald, 259; F. Delisle; Gélis; Guérin; Lagneau (1861), 337 e 361; Lunier (1852 e 1866).

372 os estilos locais já vinham desaparecendo: Babeau (1883), 44; Lavallée, III, "Marne", 45; "Moselle", 27; Masson de Saint-Amand, 2; Orlov, I, 309; S. Papon, 101; Peuchet, "Creuse", 35; Piédagnel, 192-3.

372 "Não existem mais trajes nacionais": Mérimée (1941-64), I, 332.

372 a Bretagne continuava sendo um mosaico: p. ex. Quellien e V. Segalen, 95 (Pays Bigouden).

372 vestidos e camisas: Hélias, 277; Martin e Martenot, 491-2.

373 chapéus redondos dos bretões: Planhol, 297 e 311.

373 estilo *glazig*: Planhol, 302.

373 mulheres de Arles: Weber, 231.

373 laço borboleta negro da Alsácia: Planhol, 310.

373 mostra de trajes regionais: *Exposition universelle*, 460-70.

373 Museu de Etnografia: Hamy; Thiesse (2001), 197-207; tb. Quimper: Watteville Du Grabe; Anon. (1886).

373 Montagne Noire: Thiesse (2001).

448   A DESCOBERTA DA FRANÇA

16. PROVÍNCIAS PERDIDAS

375 extraordinário empenho: Blondel; acerca de Blondel: G. Turquer e D. Raillot: http://perso.wanadoo.fr/dieppe76/personnages.html

377 "A pátria não é o seu vilarejo": Weber, 108.

377 "As derrotas de Poitiers": Lavisse (1888), 315.

377 "Pequenos habitantes das florestas": Lavisse (1907), 35.

378 às vésperas da Primeira Guerra Mundial: Weber, 110.

378 consequência do recrutamento militar: Forrest, 44-50. Amostras de cartas: 119-20.

378 senso de humor mórbido: Guillaumin, 205.

378 lidas à soleira da porta: Dondel, 177.

378 mantidas fora da escola: Strumingher, 134-6.

378 exército pedagógico: ver Gildea.

378 o *signum*: Baris, 45-6; Serbois, 214.

379 latim em vez do francês: Sigart, 25.

379 "como caixas meio vazias": Hélias, 339.

379 Bécassine... nada tinha de bretão: M.-A. Couderc, 10.

380 considerar-se francês: Planhol, 324.

380 "Os bretões que falam bretão": Hélias, 341.

380 orgulho regional... patriotismo: Thiesse (1997).

380 o tato na descentralização: Hazareesingh (1998).

380 saber falar ambas as línguas: Baris, 47 e 65.

380 passassem nos exames: Hélias, 148.

380 banir o uso do bretão: Press, in Parry. Os avisos nos ônibus que proibiam cuspir e falar bretão são um mito: Broudic.

381 sem mutilar as rimas: Rousselot, 223.

381 "O patois de Montjean": Dottin.

381 "Não dou um minuto para vocês me perguntarem": Tastu (1846), 23.

381 histórias de turismo infantil: p. ex. Consul; Delattre (1846); Desarènes; Labesse.

382 *Trois mois sous la neige*: Porchat, 6.

382 "franceses da gema": Briand, i.

382 imagem habitual dos corsos: p. ex. Forester; Lemps; Liodet.

383 "Todo mundo que entrava no albergue": Bruno, 165-6.

383 "províncias perdidas": p. ex. P. Joanne (1883), 13, e volumes sobre a Alsácia-Lorena na série de Ardouin-Dumazet *Les Provinces perdues*, reintitulada *Les Provinces délivrées* [As províncias liberadas] em 1919.

384 estradas que desafiavam a morte: Ferrand (1904); A. Joanne (1860), 385-7.

NOTAS

384 "o lugar menos conhecido na França": p. ex. Armaignac, 361, citando Martel: Dujardin, 510.

384 sequestrado e vendado: *MP*, 1846, p. 8.

384 pequenas Suíças: Beauguitte; Grandsire (1858), 67; Philipps, 12; Reichard, 8; *Les Français, Province*, II, 365.

385 "descoberto, nas mais remotas províncias": Larousse, XVI, 549.

385 Montpellier-le-Vieux: Betham-Edwards, 279-99; tb. Armaignac, 374-5; Gourdault, 193-5.

386 "materializar a utopia": Betham-Edwards, 298-9.

387 "Colombo do mundo subterrâneo": Baring-Gould (1894), 27.

387 "Fui o primeiro a descer": Martel, "Le Gouffre", e (1894), 262-3.

388 "fazendo campanhas publicitárias": Martel, *Les Cévennes*.

388 ilustração em *Les Abîmes*: Martel (1894), 327.

388 cães que farejavam por todo lado: Martel (1898).

388 As velhas faziam o sinal da cruz: Martel (1894), 14.

389 Grand Canyon do Verdon: Martel (1906); Reclus (1899), 355.

389 estrada entre Castellane e Moustiers: C. Black, 166.

390-1 "maravilha americana da França": Martel e Janet, 596.

17. Viagem ao Centro da França

393 "De uma só vez, três sombras": Briault, 5.

394 Paris—Brest—Paris: Dargenton.

394 Charles Terront: Gendry, 1-10.

395 "distância que não se deve exceder": Briault, 17.

395 Col du Tourmalet: p. ex. Conty (1899), 309.

396 bicicletas dobráveis: Marcadet, 285 (imagem).

396 capazes de encher os próprios pneus: *MP*, 1909, 184.

396 galho pesado: Bertot, 92; Rougelet, 53.

397 companhias de estrada de ferro. M. C. Jones, 71; tb. Curtel.

397 Touring Club de France: L. Bonnard, 147-8.

397 mapas para ciclistas: Baedeker (1903), xxxviii.

397 "Nem sempre se pode confiar": M. C. Jones, 16.

398 "Com o largo e vigoroso gesto": Ejnès, I, 20.

399 "Haverá lugares ainda mais afastados": Ejnès, I, 26.

399 floresta de Fontainebleau: Mangin, 6.

399 Bayonne a Biarritz: *MP*, 1858, p. 160.

450 A DESCOBERTA DA FRANÇA

399 anúncios de hotéis: Gratiot, 141.

400 cordilheira dos Vosges: Grad, 431.

400 Route des Grandes Alpes: *À travers le monde*, XVII (1911), 169-70; Giraut, 300; J.-P. Martin, 35.

400 Côte d'Azur (crescimento demográfico): Bernoulli, III, 6; Nash, 153; Rességuier, 5; Young, 215.

400 vegetação nativa: Hare, 28 e 31.

400 "uma cidade moderna, feia e grande": Hare, 51.

400 Course de Côte de Laffrey: J.- P. Martin, 41.

400 "O automóvel": Kipling (2003), 85.

401 "barqueiros que encalhavam no gelo": Alain-Fournier, parte II, cap. 3.

401 "medonho sotaque ceceante": Alain-Fournier, parte II, cap. 5.

401 maior piquenique de toda a história: *L'Humanité*, 14 de julho de 2000; *Le Monde*, 16 de julho de 2000; http://www.culture.gouv.fr/culture/actualites/communiq/pique-nique.htm; http://14juillet.senat.fr/banquet2000/ piquenique.html

403 centro geográfico da França: fotos de J. Zeven e E. Wertwijn; http://www.kunstgeografie.nl/centre.mich.htm

404 Belvédère: A. Joanne (1869), 58; P. Joanne (1890-1905), VI, 4034; Reclus (1886), 4-5.

405 reitor da Universidade de Grenoble: Becker, 34-7.

405 esconder-se nos bosques: Bonnet; Weber, 43.

405 "os homens de nossa pacífica localidade": Becker, 37.

406 zonas florestadas de fronteira: Planhol, 13 -14; Strabo, *Geography*, IV, 3 e 5.

407 "De repente, ouvimos o crepitar": Denizot e Louis, 45-6 (Sgt Bacqué).

407 fossos de artilharia foram aterrados: Kipling (1933), 42.

408 Na primavera de 1991: Denizot e Louis; tb. Robert Gibson, 304-5.

EPÍLOGO

409 cume desabou: Baedeker (1901), 53; Du Boys, 243.

410 Bugarach... Pierre Méchain: Delambre, I, 69-70; Alder, 202-5.

411 "Nossos descendentes": *La Cousine Bette*: Balzac, VII, 100.

412 os ciganos foram reunidos: Lunemann, 47-8; Walckenaer, "Sur la diversité", 74-5.

413 placa comemorativa: Stevens.

Obras Citadas

O local de publicação, quando não especificado, é Paris, Londres ou Nova York. O nome da editora só é citado quando a informação é interessante ou necessária.

Abreviaturas:
AV: Annales des voyages
BSAP: Bulletins de la Société d'anthropologie de Paris
BSG: Bulletin de la Société de géographie
EF: Ethnologie française
MP: Le Magasin pittoresque
NAV: Nouvelles annales des voyages
RLR: Revue des langues romanes
TM: Le Tour du monde

Abgrall, Jean-Marie. "Étude de la voie romaine et du chemin de pèlerinage des Sept Saints de Bretagne". *Association bretonne,* XXX (1912), pp. 202-30.

About, Edmond. *Maître Pierre.* 1858.

Achard, Amédée. *Une saison à Aix-les-Bains.* 1850.

Achard, A. *La Vie errante.* 1869.

Adam, Lucien. *Les Patois lorrains.* Nancy e Paris, 1881.

Administration centrale des Landes. *Description du département des Landes.* Ano VII (1799).

Agulhon, Maurice. *La République au village.* 2ª ed. 1979.

Agullana, Rosa. "Mon enfance". In *Archives de Gascogne* (1993), pp. 107-19.

Alain-Fournier. *Le Grand-Meaulnes.* 1913.

452 A DESCOBERTA DA FRANÇA

Alder, Ken. *The Measure of All Things.* 2002.

Alison, Sir Archibald, et al. *Travels in France During the Years 1814-15.* 2 vols. 2ª ed. Edimburgo, 1816.

Angeville, Adolphe d'. *Essai sur la statistique de la population française.* Ed. E. Le Roy Ladurie. 1969.

Angeville, Henriette d'. *Une excursion a Chamouny en 1790.* Bourg, 1886.

Anon. *Journal d'un voyage de Genève à Paris, par la diligence.* Genebra e Paris, 1792.

Anon. *Glossaire genevois, ou Recueil étymologique des termes dont se compose le dialecte de Genève: avec les principales locutions défectueuses en usage dans cette ville.* 2ª ed. Genebra, 1827.

Anon. "Hameau de Goust, dans les Pyrénées". *NAV,* XXXVII (1828), pp. 109-13.

Anon. *Un voyage d'artiste: guide dans les Pyrénées par deux amis.* Paris e Toulouse, 1835.

Anon. "Notice sur la carte géologique générale". *Comptes rendus hebdomadaires des séances de l'Académie des sciences,* I (30 de novembro de 1835), pp. 423-9.

Anon. *De la Loire aux Pyrénées.* Lille, 1840.

Anon. "Nouvelles agricoles". *Annales agricoles et littéraires de la Dordogne* (Périgueux), 1840, pp. 372-5.

Anon. *Petit almanach national pour Paris et les départements, ou Ce que les Français ont besoin de savoir.* 1842.

Anon. "La Carte géologique de France", *MP,* 1843, pp. 26-8, 205-8.

Anon. "Nourriture des cultivateurs". *MP,* 1844, pp. 66-7.

Anon. "Les Jardins de Roscoff". *MP,* 1846, pp. 47-8.

Anon. "Sur les signaux des Gaulois". *MP,* 1848, pp. 190-1.

Anon. "Colonies bretonnes d'orphelins". *MP,* 1849, pp. 279-80.

Anon. "Contre la chasse aux petits oiseaux". *MP,* 1851, pp. 35-6.

Anon. "Les Meilleurs atlas". *MP,* 1855, pp. 21-3, 173-5, 389.

Anon. "Documents sur la fondation de la ville de Napoléon-Vendée". *Revue des provinces de l'Ouest* (Nantes), 1856, pp. 170-79.

Anon. "Manière de lever la carte du pays que l'on habite". *MP,* 1856, pp. 355-8.

Anon. "Plombières et ses environs". *TM,* XV (1867), pp. 337-52.

Anon. "Le Tour du monde en 80 jours". *NAV,* CCIII (1869), p. 239.

Anon. "Le Musée ethnographique de Quimper". *MP,* 1886, pp. 216-18.

Arago, François. *Astronomie populaire.* I. 1864.

Arago, F. "Du danger de sonner les cloches pendant les orages". *MP*, 1851, pp. 206-7.

Arbellot, Guy. *Autour des routes de poste: les premières cartes routières de la France.* 1992.

Arbellot, G. "La Grande mutation des routes de France au milieu du XVIIIe siècle". *Annales,* XXVIII, 3 (1973), pp. 765-91.

OBRAS CITADAS

Ardouin-Dumazet, Victor-Eugène. *Voyage en France. XXXV. Rouergue et Albigeois.* 1904.

Ardouin-Dumazet, V.-E. "À travers l'Entre-deux-Mers et le Bazadais". *BSG commerciale de Bordeaux,* 1882, pp. 102-8.

Argenson, René-Louis, marquis d'. *Mémoires et journal inédit.* Vol. I. 1857.

Armaignac, H. "Les Cévennes et la région des Causses". *BSG commerciale de Bordeaux,* 1890, pp. 361-85.

Arnaud, J.-B.-E. *Mémoires d'un compagnon du tour de France.* Rochefort, 1859.

Arnaudin, Félix. *Contes populaires recueillis dans la Grande-Lande, le Born, les Petites-Landes et le Marensin.* Paris e Bordéus, 1887.

Arnauld, Charles. *Histoire de Maillezais.* 1840 (?).

Aron, Jean-Paul, P. Dumont e E. Le Roy Ladurie. *Anthropologie du conscrit français.* 1972.

Arripe, René. *Les Siffleurs d'Aas.* Pau, 1984.

Artigues, Baron F. d'. "Pierre, le métayer". In *Archives de Gascogne* (1993)*,* pp. 125-40.

Assemblée Nationale. *Archives parlementaires de 1787 à 1860.* Primeira série, 50 vols.

Audiganne, Armand. *Les Populations ouvrières et les industries de la France.* 2 vols. 2ª ed. 1860.

Audin, Jean-Marie-Vincent. *Le Véritable conducteur parisien, ou le plus complet, le plus nouveau et le meilleur guide des étrangers à Paris.* "Par Richard". 1828; 1970.

Aufauvre, Amédée. *Hyères et sa vallée: guide historique, médical, topographique.* 1861.

Augustins, Georges. "Mobilité résidentielle et alliance matrimoniale dans une commune du Morbihan". *EF,* 1981, 4, pp. 319-28.

Aynard, Théodore. *Voyages au temps jadis en France, en Angleterre [...].* Lião, 1888.

Babeau, Albert. *La Province sous l'Ancien Régime.* 2 vols. 1894.

Babeau, A. *La Vie rurale dans l'ancienne France.* 1883.

Babeau, A. *Le Village sous L'Ancien Régime.* 1878.

Babeau, A. *La Ville sous l'Ancien Régime.* 2 vols. 1884.

Bader, Clarisse. *Les Princes d'Orléans à La Trappe en 1788.* La Chapelle-Montligeon, 1895.

Baedeker, Karl. *Le Nord-Est de la France.* Leipzig e Paris, 1903.

Baedeker, K. *Le Sud-Est de la France,* 7ª ed. Leipzig e Paris, 1901.

Bailly, Dr. Émile. *Les Vacances d'un accoucheur. Trois semaines d'excursions en Velay et en Vivarais.* 1881.

Baker, Alan. *Fraternity among the French Peasantry.* Cambridge, 1999.

Balzac, Honoré de. *La Comédie Humaine.* 12 vols. 1976-81.

Bar, A. de (ilust.; texto anôn.). "Barèges (Hautes-Pyrénées)". *MP,* 1879, p. 124.

Barbault-Royer, Paul-François. *Voyage dans les départemens du Nord, de la Lys, de l'Escaut, etc.* 1800.

Barberet, Joseph. *Le Travail en France.* 7 vols. 1866-90.

454   A DESCOBERTA DA FRANÇA

Barbié du Bocage, A.-F., et al. "Rapport [sur la carte en relief de M. Sanis]". *BSG*, II, X (1838), pp. 280-88.

Baring-Gould, Sabine. *Cliff Castles and Cave Dwellings of Europe.* 1911.

Baring-Gould, S. *The Deserts of Southern France: An Introduction to the Limestone and Chalk Plateaux of Ancient Aquitaine.* I. 1894.

Baris, Michel. *Langue d'oïl contre langue d'oc.* Lião, 1978.

Barker, Edward Harrison. *Two Summers in Guyenne: a Chronicle of the Wayside and Waterside.* 1894.

Barker, E. H. *Wanderings by Southern Waters, Eastern Aquitaine.* 1893.

Barral, Pierre. "Depuis quand les paysans se sentent-ils français?" *Ruralia,* 3 (1998).

Barron, Louis. *La Garonne.* 1891.

Barron, L. *La Loire.* 1888.

Barron, L. *Le Rhône.* 1891.

Baudelaire, Charles. *Correspondance.* 2 vols. Ed. C. Pichois. 1973.

Baudelaire, Charles. *Oeuvres complètes.* 2 vols. Ed. C. Pichois. 1975-76.

Baugier, M. "Le Marais de la Sèvre, ses aspects, ses habitans". *Mémoires de la Société de statistique du département des Deux-Sèvres* (Niort), 1839-40, pp. 140-50.

Bayle-Mouillard, Élisabeth-Félicie. *Manuel des dames, ou L'Art de l'élégance.* 1833.

Beauchamp, Alphonse de. *Histoire des campagnes de 1814 et de 1815.* 4 vols. 1816.

Beauguitte, Ernest. "Au coeur de l'Argonne". *MP,* 1901, pp. 642-6.

Beauquier, C. "Vocabulaire étymologique des provincialismes usités dans le département du Doubs". *Mémoires de la Société d'émulation du Doubs* (Besançon), 1880, pp. 221-429.

Becker, J. J. "L'Appel de guerre en Dauphiné". *Le Mouvement social,* 49 (1964), pp. 32-44.

Bejarry, A. de. "Moeurs et usages du Bas-Poitou". *Bulletin de la Société archéologique de Nantes,* I (1859-61), pp. 529-36.

Bentham, George. *Catalogue des plantes indigènes des Pyrénées et du Bas Languedoc, avec des observations sur les espèces nouvelles ou peu connues.* 1826.

Bérenger-Féraud, Laurent-Jean-Baptiste. *Superstitions et survivances étudiées au point de vue de leur origine et de leur transformation.* 5 vols. 1896.

Berenson, Edward. *Populist Religion and Left-Wing Politics in France, 1830-1852.* Princeton, 1984.

Bernard, François. "Transhumance". In *Nouveau Dictionnaire d'économie politique,* II (1900), pp. 1050-51.

Bernard, Richard Boyle. *A Tour Through Some Parts of France, Switzerland, Savoy, Germany and Belgium.* 1815.

OBRAS CITADAS

Bernard, R.-J. "L'Alimentation paysanne en Gévaudan au XVIIIe siècle". *Annales,* XXIV (1969), pp. 1449-67.

Bernhard, Carl Gustaf. *Through France with Berzelius. Live Scholars and Dead Volcanoes.* 1989.

Bernhardt, Sarah. *Ma double vie: mémoires.* 1907.

Bernoulli, Jean. *Lettres sur différens sujets, écrites pendant le cours d'un voyage par l'Allemagne, la Suisse, la France méridionale et l'Italie.* 3 vols. Berlim, 1777-79.

Bertot, Jean. *La France en bicyclette: étapes d'un touriste.* 1894.

Best, Adolphe, et al. (ilust.; texto anôn.). "Landes de Gascogne" *MP,* 1835, pp. 353-4.

Betham-Edwards, M. *The Roof of France, or the Causses of the Lozère.* 1889.

Beylet. "Demi-sauvages de la Provence". *BSG,* II, VI (1836), pp. 56-60.

Biélawski, Jean-Baptiste-Maurice. *Récits d'un touriste auvergnat.* Yssoire, 1888.

Bilbrough, E. Ernest. *Twixt France and Spain, or A Spring in the Pyrenees.* 1883.

Birkbeck, Morris. *Notes on a Journey Through France.* 1815.

Bizeul, Louis-Jacques-Marie. "Voie romaine de Nantes vers Limoges". *Annales de la Société académique de Nantes,* 1844, pp. 258-308.

Black, Charles Bertram. *The South of France, East Half.* Edimburgo, 1885.

Black, Jeremy. *The British Abroad. The Grand Tour in the Eighteenth Century.* Stroud, 1992; 1997.

Blackburn, Henry. *The Pyrenees: a Description of Summer Life at French Watering Places.* 1881.

Blackburn, H. *Normandy Picturesque.* 1870.

Bladé, Jean-François. "Quatorze superstitions populaires de la Gascogne". *Revue de l'Agenais* (Agen), 1883.

Blanchard, Raoul. "L'Habitation en Queyras". *La Géographie,* XIX (1909), pp. 15-44.

Blanchet, Dr. "Plantes nouvellement découvertes dans les départements des Landes et des Basses-Pyrénées". *Bulletin de la Société de Borda à Dax,* VII (1882), pp. 61-7.

Blanqui, Adolphe. *Voyage à Madrid.* 1826.

Blerzy, H. "Études sur les travaux publics. Routes, chemins et tramways". *Revue des Deux Mondes,* 1º de junho de 1878, pp. 628-58.

Blondel, François-Adolphe. "Carte en relief de la France". *Société normande de géographie. Bulletin* (Ruão), 1882, pp. 387-9.

Boiraud, Henri. *Contribution a l'étude historique des congés et des vacances scolaires en France.* 1971.

Boissel, T. C. G. (Boissel de Monville). *Voyage pittoresque et navigation exécutée sur une partie du Rhône, réputée non navigable. Moyens de rendre ce trajet utile au commerce.* Ano III (1795).

456 A DESCOBERTA DA FRANÇA

Boissier de Sauvages, Pierre-Augustin. *Dictionnaire languedocien-français.* Nîmes, 1785.

Bonald, Jacques de. "En Morvan". *MP*, 1902, pp. 257-60.

Bonaparte, Louis-Napoléon. *Extinction du paupérisme.* 1848.

Bonnard, L. *Le Voyage en France à travers les siècles.* Touring-Club de France, 1927.

Bonnard, Sylvestre. "Le Culte de Saint Greluchon". *L'Intermédiaire des chercheurs et curieux*, 15 de março de 1933, pp. 221-6.

Bonnecase, Julien. "L'Institution de l''Héritière' dans le Béarn moderne". *Revue philomathique de Bordeaux et du Sud-Ouest,* 1920, pp. 1-6.

Bonnecaze, Jean. "Moeurs et génie des Béarnais (1786)". *Bulletin de la Société des sciences, lettres et arts de Pau*, 1910, p. 69-98.

Bonnemère, Eugène. *Histoire des paysans depuis la fin du Moyen âge jusqu'à nos jours.* II. 1856.

Bonnet, René. *Enfance limousine.* 1954.

Bouchard, Jean-Jacques. *Les Confessions de Jean-Jacques Bouchard, parisien.* 1881.

Boudin, Jean-Christian-Marc. *Traité de géographie et de statistique médicales.* 1857.

Boué de Villiers, Amaury-Louis-R. *Le Pèlerinage de la Fontaine Sainte-Clothilde aux Andelys.* Paris e Ruão, 1870.

Bourdieu, P. e M. C. "Le Paysan et la photographie", *Revue française de sociologie,* 1965.

Bourdiol, H. "Importance d'un nivellement général de la France". *BSG*, V, X (1865), pp. 177-96.

Bourguet, Marie-Noëlle. *Déchiffrer la France: la statistique départementale à l'époque napoléonienne.* 1988; 1989.

Bourrit, Marc-Théodore. *Itinéraire de Genève, Lausanne et Chamouni.* Genebra, 1791.

Bouvier, Jeanne. *Mes mémoires [...] 1876-1935.* 1983.

Braudel, Fernand. *L'Identité de la France.* 3 vols. 1986.

Bray, Anna Eliza (Sra. Charles Stothard). *Letters Written During a Tour Through Normandy, Britanny [sic], and Other Parts of France.* 1820.

Brehm, Alfred Edmund. *L'Homme et les animaux: description populaire des races humaines et du règne animal.* 2 vols. 1869-85.

Breton, Jules. *Oeuvres poétiques. Les Champs et la mer. Jeanne.* 1887.

Breval, John Durant. *Remarks on Several Parts of Europe, Relating Chiefly to Their Antiquities and History.* 1738.

Briand, Pierre-César. *Les Petits voyageurs en France, ou Description pittoresque de cette belle contrée.* 1834.

Briault, C. *Les Pyrénées et l'Auvergne à bicyclette.* Chartres, 1895.

Broca, Paul. *Instructions générales pour les recherches anthropologiques à faire sur le vivant.* 1879.

OBRAS CITADAS

Broca, P. "Recherches sur l'ethnologie de la France". *BSAP*, 1859-60, pp. 6-15.

Broca, P. "Sur les caractères des crânes des Basques". *BSAP*, 1862, pp. 579-91.

Brochet, Régis. *En bicyclette au bocage vendéen.* Fontenay-le-Comte, 1893.

Broudic, Fanch. "'Il est interdit de cracher par terre et de parler breton'". *Bulletin de la Société archéologique du Finistère*, 2001, pp. 363-70.

Bruchet, Max. *La Savoie d'après les anciens voyageurs.* Annecy, 1908.

Brun, Marie-Marguerite. *Essay d'un dictionnaire comtois-françois.* Besançon, 1753.

Brune, Guillaume-Marie-Anne. *Voyage pittoresque et sentimental dans plusieurs des provinces occidentales de la France.* Londres e Paris, 1788.

Brunhes, Jean. *La Géographie humaine.* 1956.

Bruno, G. (Augustine Bruno). *Le Tour de France par deux enfants: devoir et patrie.* 1877.

Buffault, Pierre. "Forêts et gaves du pays d'Aspe". *BSG commerciale de Bordeaux,* 1903, pp. 341-56, 361-71.

Burgaud Des Marets, Henri. *Glossaire du patois rochelais; suivi d'une Liste des expressions vicieuses usitées à La Rochelle.* 1861.

Burguburu, Charles. "Le Système métrique en Lot-et-Garonne". *Revue de l'Agenais* (Agen), 1927, pp. 302-5.

Busquet, Alfred. *Poésies.* 1884.

Cahiers de doléances de la paroisse du Rozel. Ed. C. Leroy. 1999. http://perso.orange.fr/ch.leroy/cahiers.htm

Cahiers de Doléances de la Sénéchaussée de Cahors pour les États-Généraux de 1789. Ed. V. Fourastié. Cahors, 1908.

Callet, Pierre-Moïse. *Glossaire vaudois.* Lausanne, 1861.

Calvez, Marcel. "Les Accusations de contagion comme argument d'exclusion: l'exemple des caqueux de Bretagne". *EF,* 1992, 1, pp. 56-60.

Cambry, Jacques. *Description du département de l'Oise.* 3 vols. Ano XI (1803); 2 vols, ed. J. Gury.

Cambry, J. *Voyage dans le Finistère, ou État de ce département en 1794 et 1795.* 3 vols. Ano VII (1798).

Campenon, Vincent. *Voyage à Chambéry.* 1797.

Capitan, Louis. "Dessins d'habitations dans le rocher". *BSAP*, 1892, pp. 581-2.

Capus, G. "Études sur la taupe". *MP,* 1884, pp. 303-6.

Carlier, Claude. *Traité des bêtes à laine, ou Méthode d'élever et de gouverner les troupeaux aux champs et à la bergerie.* 2 vols. 1770.

Caron, François. *Histoire des chemins de fer en France.* I. *1740-1883.* 1997.

Carr, John. *The Stranger in France.* 1803.

Carrier, J. "Folklore ou vieilles coutumes des habitants de la paroisse de Saint-Amand-de-Coly". *Bulletin de la Société historique et archéologique du Périgord* (Périgueux), 1893, pp. 396-404.

Cassini de Thury, César-François. *Avertissement ou Introduction à la Carte générale et particulière de la France.* 1750 (?).

Cassini de Thury, C.-F. *Introduction à la seconde feuille occidentale de la Carte de la France.* 1754.

Cavaillès, Henri. *La Route française, son histoire, sa fonction.* 1946.

Cavoleau, Jean-Alexandre. *Description abrégée du département de la Vendée.* Fontenay-le-Peuple, ano IX (1800).

Cazals, Rémy, ed. *Histoire de Castres, Mazamet, la Montagne.* Toulouse, 1992.

Céard, Henry. *Terrains à vendre au bord de la mer.* 1906.

Certeau, Michel de, D. Julia e J. Revel. *Une politique de la langue. La Révolution française et les patois: l'enquête de Grégoire.* 1975.

Cestre, A. "Les Vigies celto-romaines établies le long du Rhin pour la transmission des dépêches". *NAV,* CCVI (1870), pp. 131-40.

Chaix, Barthélemy. *Préoccupations statistiques, géographiques, pittoresques et synoptiques du département des Hautes-Alpes.* Grenoble, 1845.

Champney, Benjamin. *Sixty Years' Memories of Art and Artists.* 1899; 1977.

Charencey, Hyacinthe de. *Ethnographie euskarienne.* 1889.

Chateaubriand, François-René, Vicomte de. *Mémoires d'outre-tombe.* 2 vols. Ed. J.-C. Berchet. 1989-92.

Chausenque, Vincent de. *Les Pyrénées ou Voyages pédestres dans toutes les régions de ces montagnes.* 2 vols. Agen, 1854.

Chennevières, Philippe de. "Les Musées de province", *Gazette des Beaux-Arts,* fevereiro de 1865, pp. 118-31.

Chérot, A. "Circulation des voyageurs et des marchandises dans le Tunnel du Mont-Cenis". *Journal des économistes,* maio de 1875, pp. 322-4.

Chéruel, Adolphe. *Dictionnaire historique des institutions, moeurs et coutumes de la France.* I. 7ª ed. 1899.

Chesnel, Adolphe de. *Coutumes, mythes et traditions des provinces de France.* 1846.

Chevalier, Michel. *Des intérêts matériels en France: travaux publics, routes, canaux, chemins de fer.* 1838.

Chevalier, M. "La Vallée de l'Ariége et la Republique d'Andorre". *Revue des Deux Mondes,* 1º de dezembro de 1837, pp. 618-42.

Chevalier, Michel. *La Vie humaine dans les Pyrénées ariégoises.* 1956.

Chevallier, Émile. *De l'assistance dans les campagnes.* 1889.

OBRAS CITADAS

Chevallier, Pierre e M.-J. Couailhac. *L'Administration des Eaux et Forêts dans le département de l'Isère au XIXe siècle.* Grenoble, 1983.

Chorier, Nicolas. *Histoire générale de Dauphiné.* 1661-72; 2 vols. Valence, 1869-78.

Choules, John Overton. *Young Americans Abroad, or Vacation in Europe.* Boston, 1852.

Cleary, M. C. *Peasants, Politicians and Producers: the Organisation of Agriculture in France since 1918.* Cambridge, 1989.

Clément, Henry. *La Désertion des campagnes en pays limousin.* 1909.

Cobb, Richard. *The Police and the People. French Popular Protest, 1789-1820.* Oxford, 1970; 1972.

Cobb, R. *Paris and its Provinces, 1792-1802.* Oxford, 1975.

Cobb, R. *The French and Their Revolution.* Ed. D. Gilmour. 1998.

Collet, Vital. "Sobriquets caractérisant les habitants de villages lorrains". *Le Pays lorrain* (Nancy), 1908, pp. 442-49.

Constantine, Mary-Ann. *Breton Ballads.* Aberystwyth, 1996.

Consul, Sylva. *Les Petits touristes: premier voyage de vacances.* 1892.

Conty, Henri A. de. *Côtes de Normandie.* 1889.

Conty, H.A. de. *Les Pyrénées occidentales et centrales et le sud-ouest de la France.* 1899.

Cooper, James Fenimore. *A Residence in France.* 1836.

Coraboeuf, Colonel. "Levée de la carte de France". *BSG,* I, VIII (1827), pp. 239-40.

Corbin, Alain. *Les Cloches de la terre.* 1994. (Tr. M. Thom: *Village Bells,* 1999.)

Corbin, A. *Le Territoire du vide.* 1988. (Tr. J. Phelps: *The Lure of the Sea,* 1994.)

Corbin, A. *Le Village des cannibales.* 1990. (Tr. A. Goldhammer: *The Village of Cannibals,* 1992.)

Cosson, Jean-Michel, et al. *Les Mystères de l'Aveyron.* Clermont-Ferrand, 1999.

Costello, Louisa Stuart. *Béarn and the Pyrenees.* 2 vols. 1844.

Couderc, Jean-Mary. "Les Toponymes 'Saint-Martin' dans nos campagnes". *Mémoires de la Société archéologique de Touraine,* LXII (1997).

Couderc, Marie-Anne. *Bécassine inconnue.* 2000.

Coudon, Gilbert. "Quand Jean-Baptiste Delambre arpentait le Cantal". http://gilbert.coudon.chez-alice.fr/delambre.htm

Coulon, Louis. *Le Fidèle conducteur pour les voyages de France, d'Allemagne, d'Angleterre et d'Espagne: montrant exactement les raretez et choses remarquables qui se trouvent en chaque ville, et les distances d'icelles, avec un dénombrement des batailles qui s'y sont données.* Troyes e Paris, 1654.

Courtin, Antoine de. *Nouveau traité de la civilité qui se pratique en France parmi les honnestes gens.* 1728.

Courtois, Jacques. *Voyage de M*** en Périgord.* 1762.

460 A DESCOBERTA DA FRANÇA

Coutans, Dom Guillaume. *Description historique et topographique de la grande route de Paris à Reims.* 1775.

Coyer, Gabriel-François. *Voyages d'Italie et de Hollande.* 2 vols. 1775.

C. P. V. "Cagots". *L'Intermédiaire des chercheurs et curieux,* 10 de dezembro de 1901, pp. 845-6.

Cradock, Anna Francesca. *Journal de Mme Cradock: voyage en France.* 1896.

Creuzé-Latouche, Jacques-Antoine. *Description topographique du district de Chatelleraud.* Châtellerault, 1790.

Crignelle, Henri de. *Le Morvan, a District of France: its Wild Sports, Vineyards and Forests.* Tr. Cap. Jesse. 1851.

Crook, Malcolm, ed. *Revolutionary France, 1788-1880.* Oxford, 2002.

Curtel, Georges ("W. Quick"). *En bicyclette à travers l'Engadine, la Valteline, le Tyrol et l'Italie du Nord.* Saint-Étienne, 1893.

Dagalier (livreiro). *Guide des étrangers dans Toulouse et ses environs.* Toulouse, 1834.

Dainville, François de. *Cartes anciennes du Languedoc.* Montpellier, 1961.

Dally, Eugène. "Sur les cagots des Pyrénées". *BSAP,* 1867, pp. 111-14.

Dargenton, Michel. "Paris-Brest-Paris". www.memoire-du-cyclisme.net/pbp_livre

Darnton, Robert. *The Great Cat Massacre, and Other Episodes in French Cultural History.* 1984; 1985.

Dauzat, Albert. "Glossaire étymologique du patois de Vinzelles". *RLR,* LVI (1913), pp. 285-412.

Davis, I. B. *The Ancient and Modern History of Nice.* 1807.

Deferrière, Alexandre. *Archives statistiques de la France.* 1804-5.

Déguignet, Jean-Marie. *Mémoires d'un paysan bas-breton.* Ed. B. Rouz. Ar Releg-Kerhuon, 1998. (Tr. L. Asher: *Memoirs of a Breton Peasant.* 2004.)

Dejardin, Joseph e J. Stecher. *Dictionnaire des spots ou Proverbes wallons.* Liège, Paris e Londres, 1863.

Delambre, Jean-Baptiste e Pierre Méchain. *Base du système métrique décimal, ou Mesure de l'arc du méridien compris entre les parallèles de Dunkerque et Barcelone.* 3 vols. 1806-10.

Delattre, Charles. *Curiosités naturelles de la France.* Limoges e Paris, 1842 (?); também publicado como *Voyages en France.*

Delattre, C. *Le Jeune industriel, ou Voyages instructifs de Charles d'Hennery avec sa famille.* 1846.

Delisle, Fernand. "Sur les déformations artificielles du crâne dans les Deux Sévres et la Haute-Garonne". *BSAP,* 1889, pp. 649-59.

OBRAS CITADAS

Delisle, Guillaume. *Carte des comtéz de Haynaut, de Namur et de Cambrésis*. 1706.

Delvincourt, J. *Impressions sincères d'un touriste sur le pèlerinage de La Louvesc*. Montpellier, 1884.

Demolière, Hippolyte-Jules, et al. *De Paris à Bordeaux*. 1855.

Demolins, Edmond. *Les Français d'aujourd'hui: les types sociaux du Midi et du Centre*. 1898.

Dempster, Charlotte Louisa Hawkins. *The Maritime Alps and Their Seaboard*. 1885.

Denizot, Alain e J. Louis. *L'Énigme Alain-Fournier*. 2000.

Depping, Georges Bernard. *Merveilles et beautés de la nature en France*. 1811.

Depping, G. B. *Voyage de Paris à Neufchâtel en Suisse*. 1813.

Desarènes, Paul. *La Famille de Blanzac ou Promenades en Limousin*. Paris e Limoges, 1849. Ed. posterior atr. ao abade Jouhanneaud. 1856.

Descazeaux, René. *Les Cagots: histoire d'un secret*. Pau, 2002.

Desnoues, abbé. *Mon Émigration: journal inédit d'un voyage en Savoye (septembre 1792)*. Orleãs, 1899.

Devlin, Judith. *The Superstitious Mind. French Peasants and the Supernatural in the Nineteenth Century*. Yale, 1987.

Dhauteville, I. *Le Français alsacien: fautes de prononciation et germanismes*. Estrasburgo, 1852.

Dictionnaire encyclopédique des sciences médicales. 10 vols. 1869-89.

Dix, Edwin Asa. *A Midsummer Drive Through the Pyrenees*. 1890.

Domairon, Louis. *Le Voyageur françois, ou la Connoissance de l'ancien et du nouveau monde*. Vols. XXIX-XLII. 1788-95.

Dondel Du Faouëdic, Noémie. *Le Journal d'une pensionnaire en vacances*. Vannes, 1905.

Dorveaux, P. "Opinion de quelques médecins sur les rebouteurs du Val-d'Ajol". *Le Pays lorrain* (Nancy), 1911, pp. 562-7.

Dottin, Georges. "Notes sur le patois de Montjean (Mayenne)". *Revue des patois gallo-romans*, 1887, pp. 172-6.

Doussault, E. "Fontarabie (Espagne)". *TM*, XXIX (1875), pp. 97-112.

Drohojowska, Antoinette-Joséphine-Anne. *Une saison à Nice, Chambéry et Savoie*. 1860.

Du Boys, Albert. *Album du Vivarais*. Grenoble, 1842.

Duby, Georges, et al., eds. *Histoire de la France rurale*. 4 vols. 1976.

Du Camp, Maxime. *Souvenirs littéraires*. 1892; 1994.

Duchesne, Antoine-Nicolas. *Voyage de Antoine-Nicolas Duchesne au Havre et en Haute Normandie, 1762*. 1898.

Duchesne, A.-N. "Relation d'un voyage à Reims à l'occasion du Sacre de Louis XVI". 1775; *Travaux de l'Académie nationale de Reims*, 1902, pp. 21-140.

Duckett, William. *Dictionnaire de la conversation et de la lecture*. 27 vols. 2ª ed. 1853-8.

Duclos, Jean-Claude, et al. *Louis Mandrin*. Grenoble, 2005.

Dugied, Pierre-Henri. *Projet de boisement des Basses-Alpes présenté à S. E. le Ministre Secrétaire d'État de l'Intérieur*. 1819.

Dujardin, Victor. *Voyages aux Pyrénées. Souvenirs du Midi par un homme du nord*. Céret, 1890.

Dumas, Alexandre. *Impressions de voyage: de Paris à Cadix*. 1847; 1989.

Dumas, A. *Grand Dictionnaire de cuisine*. 1878.

Dumas, A. *Mes mémoires*. 10 vols. 1863-84.

Dumont, Arsène. "Étude sur la natalité dans le canton de Fouesnant". *BSAP,* 1890, pp 415-46.

Dumont, A. "Uchizy: une colonie de Sarrazins en Bourgogne". *BSAP,* 1894, pp. 444-9.

Dupain-Triel, Jean-Louis. *La France connue sous ses plus utiles rapports, ou Nouveau dictionnaire universel de la France, dressé d'après la Carte, en 180 feuilles, de Cassiny*. 1785.

Dupin, Charles. *Forces productives et commerciales de la France*. 1827.

Duplessis, Arthur. "Paris à Dieppe". In *Paris, ou Le Livre des Cent-et-Un*. XV (1834).

Durand, Joseph-Pierre. "Sur l'action des milieux géologiques dans l'Aveyron". *BSAP,* 1868, pp. 135-47.

Durand-Claye, Charles-Léon. *Cours de routes: professé a l'École des Ponts et Chaussées*. 1895.

Dureau de la Malle. "Fragmens d'un voyage en France". *NAV,* XXIX (1826), pp. 249-57.

Durier, Charles. *Le Mont Blanc*. 1877.

Duroux, Rose. *Les Auvergnats de Castille*. Clermont-Ferrand, 1992.

Dusaulx, Jean. *Voyage à Barège et dans les Hautes-Pyrénées*. 2 vols. 1796.

Dussieux, Louis. *Géographie historique de la France*. 1843.

Dutens, Louis. *Itinéraire des routes les plus fréquentées*. 4ª ed. 1783.

Duval, Amaury. *Souvenirs (1829-1830)*. 1885.

Duval, Jules. *"Sol agricole de la France"*, *MP,* 1867, p. 198.

Duval, Louis. *Gargantua en Normandie*. Alençon, 1880.

Edwards, William Frédéric. *Des caractères physiologiques des races humaines considérés dans leurs rapports avec l'histoire*. 1841.

Égron, A. "Des voyages en France". *NAV,* XLV (1830), pp. 5-29.

Égron, A. "Essai statistique sur une partie des départements de la Marne et des Ardennes". *NAV,* LII (1831), pp. 304-26.

OBRAS CITADAS

Égron, A. "Coup d'oeil général sur les chemins de fer en France". *NAV,* LXXIII (1837), pp. 223-31.

Ejnès, Gérard, et al. *Tour de France, 100 ans, 1903-2003.* 3 vols. L'Équipe, 2002.

État-major de l'armée de terre. *Aide-mémoire de l'officier d'état-major en campagne.* 1884.

Exposition universelle internationale de 1878, à Paris. Catalogue officiel. II. 1878.

Fabre, Daniel, J. Lacroix e G. Lanneau. "Des lieux où l'on 'cause'". *EF,* 1980, 1, pp. 7-26.

Fabry, Jean-Baptiste-Germain. *Itinéraire de Buonaparte, depuis son départ de Doulevent, le 29 mars, jusqu'à son embarquement à Fréjus.* 1815.

Fauchet, Joseph. *Description abrégée du département du Var.* Ano IX (1800).

Fauvelle, Charles. "Photographies de criminels". *BSAP,* 1890, pp. 957-9.

Favreau, Robert, ed. *Histoire de Poitiers.* Toulouse, 1985.

Fay, H.-M. *Lépreux et cagots du sud-ouest.* 1910.

Fel, André. "Petite culture, 1750-1850". In H. Clout, ed. *Themes in the Historical Geography of France,* 1977, pp. 215-45.

Ferrand, H. *L'Oisans et la région de la Meidje, du Pelvoux et de la Barre des Escrins.* Grenoble, 1903.

Ferrand, H. *Le Pays briançonnais, de Briançon au Viso.* Grenoble, 1909.

Ferrand, H. *Le Vercors, le Royannais et les quatre montagnes.* Grenoble, 1904.

Ferrand, H., ed. *Premiers voyages à Chamouni.* Lião, 1912.

La Feuille villageoise: adressée, chaque semaine, à tous les villages de France, pour instruire des loix, des évènements, des découvertes qui intéressent tout citoyen. 1790-95.

Flaubert, Gustave. *Par les champs et par les grèves. Voyages et carnets de voyages.* 1973.

Fleutelot, Jean-Baptiste. *Journal manuscrit d'un voyage de Dijon en Provence.* Marselha, 1905.

Flour de Saint-Genis, Victor. *Cahier de doléances du tiers-état de la paroisse de Saint-Beury [Beurizot] en Auxois.* 1901.

Fodéré, François Emmanuel. *Voyage aux Alpes Maritimes.* 2 vols. 1821.

Folin, Léopold-Alexandre-Guillaume de. "Une excursion à la forêt d'Iraty". *BSG commerciale de Bordeaux,* 1878, pp. 68-74.

Fontaine, Laurence. *Le Voyage et la mémoire: colporteurs de l'Oisans au XIXe siècle.* Lião, 1984.

Fontanges, François de. *La Fuite du Roi (20 juin 1791).* 1898.

Fontanges, Guillaume de. *Le Service géographique de l'Armée.* 1938.

Forester, Thomas. *Rambles in the Islands of Corsica and Sardinia.* 1858.

Forrest, Alan. *Napoleon's Men: The Soldiers of the Revolution and Empire.* 2002.

464 A DESCOBERTA DA FRANÇA

Forster, Robert. *The Nobility of Toulouse in the Eighteenth Century.* Johns Hopkins, 1960.

Fortis, François-Marie, comte de. *Amélie, ou Voyage à Aix-les-Bains et aux environs.* 2 vols. Turim e Lião, 1829.

Foville, Alfred de. *Enquête sur les conditions de l'habitation en France.* 2 vols. 1894.

Foville, A. de. *La France économique: statistique raisonnée et comparative.* 1890.

Les Français peints par eux-mêmes. Encyclopédie morale du dix-neuvième siècle. 10 vols. 1840-42.

Fréville, Anne-François-Joachim. *Histoire des chiens célèbres, entre-mêlée de notices curieuses sur l'histoire naturelle etc.* I. 1796.

Frieh-Vurpas, Geneviève. *Aix-les-Bains.* Grenoble, 1998.

Frossard, Émilien. *Tableau pittoresque, scientifique et moral de Nisme et de ses environs.* 2 vols. Nîmes, 1834-35.

Furet, François e W. Sachs. "La Croissance de l'alphabétisation en France". *Annales,* XXIX (1974), pp. 714-37.

Frye, William Edward. *After Waterloo, Reminiscences of European Travel, 1815-1819.* 1908.

G..., Capt. "Notice sur le village de Mandeure". *AV,* XXIII (1814), pp. 367-72.

Gabrielli, C.-F.-J.-B. de. *Manuel du provençal ou les Provençalismes corrigés.* Aix e Marselha, 1836.

Gaillard, Jeanne. "Les Migrants à Paris au XIXᵉ siècle". *EF,* 1980, 2, pp. 129-36.

Gallois, L. "L'Académie des Sciences et les origines de la Carte de Cassini". *Annales de géographie,* 1909, pp. 193-204, 289-310.

Garner, Alice. *A Shifting Shore: Locals, Outsiders, and the Transformation of a French Fishing Town.* Ithaca e Londres, 2005.

Gaskell, Elizabeth. "An Accursed Race". *Household Words,* XII (1855).

Gasparin, Valérie de. *Voyage d'une ignorante dans le midi de la France et l'Italie.* 2 vols. 1835.

Gauthier de Clagny, Prosper. *De Paris à Nice en quatre-vingts jours.* 1889.

Gautier, Henri. *Traité des ponts où il est parlé de ceux des Romains et de ceux des modernes.* 1716.

Gazier, A. "Lettres à Grégoire sur les patois de France". *Revue des langues romanes* (Montpellier), 1874-79.

Gélis, Jacques. "Refaire le corps. Les Déformations volontaires du corps de l'enfant à la naissance". *EF,* 1984, 1, pp. 7-28.

Gendry, E. *Sport vélocipédique. Les Champions français.* Angers, 1891.

Genlis, Mme de (Caroline-Stéphanie-Félicité Du Crest de Saint-Aubin). *Manuel du voyageur, ou Recueil de dialogues, de lettres etc.* Berlim, 1799.

OBRAS CITADAS

Gennep, Arnold van. *Manuel de folklore français contemporain.* 9 vols. 1937-58.

George, Jocelyne. "Les Varois de Paris: évolution et fonctions d'originaires". *EF,* 1986, 2.

Georgel, Chantal, ed. *La Jeunesse des musées.* 1994.

Gibson, Ralph. *A Social History of French Catholicism, 1789-1914.* 1989.

Gibson, Robert. *The End of Youth: The Life and Work of Alain-Fournier.* Exeter, 2005.

Gildea, Robert. *Education in Provincial France, 1800-1914. A Study of Three Departments.* Oxford, 1983.

Gilliéron, Jules e E. Edmont. *Atlas linguistique de la France.* 1902-10.

Girard, Maurice. *Les Abeilles: organes et fonctions.* 1887.

Girard de Rialle, Julien. *Les Peuples de l'Asie et de l'Europe: notions d'ethnologie.* 1881.

Girardin, J. *Souvenirs des Pyrénées.* Ruão, 1838.

Girardin, Paul. *"Voyage en France,* par Ardouin-Dumazet". *La Géographie,* IX (1904), pp. 445-9.

Girault de Saint-Fargeau, Eusèbe. *Guide pittoresque, portatif et complet du voyageur en France: contenant les relais de poste, dont la distance a été convertie en kilomètres.* 1842.

Giraut, Charles. *Carnets de route.* Châlons-sur-Marne, 1914.

Goubert, Pierre. *Beauvais et le Beauvaisis de 1600 à 1730.* 1960.

Gourdault, Jules. *La France pittoresque.* 1893.

Grad, Charles. *L'Alsace, le pays et ses habitants.* 1909.

Grandmaison, Marie de. *Le Tour de France.* 1893.

Grandsire, E. (ilust.; texto anôn.). "Les Bords de la Creuse". *MP,* 1858, pp. 67-70.

Grandsire, E. (ilust.; texto anôn.). "La Sologne". *MP,* 1863, pp. 3-6.

Grangent, Stanislas-Victor, et al. *Description abrégée du département du Gard.* Nîmes, ano VIII (1799).

Gratiot, Maurice. *Deux parisiens dans le Val d'Andorre.* 1890.

Greeley, Horace. *Glances at Europe, in a Series of Letters from Great Britain, France, Italy, Switzerland etc.* 1851.

Grégoire, Abbé Henri. "Rapport sur la nécessité et les moyens d'anéantir les patois et d'universaliser l'usage de la langue française". In Grazier (1879), pp. 193-217.

Grynberg, Anne. *Les Camps de la honte: les internés juifs.* 1999.

Guérin, Jean. "Les Nourissons". *MP,* 1890, pp. 131-4.

Guignet, Charles-Ernest, "À Travers les Landes". *MP,* 1889, pp. 140-3.

Guillaumin, Émile. *La Vie d'un simple.* 1904; 2001.

Gutton, Jean-Pierre. *Naissance du vieillard.* 1988.

Haan, Paul. "Pratiques empiriques des Flandres". *BSAP*, 1897, pp. 125-7.

Haillant, Nicolas e A. Virtel. "Choix de proverbes et dictons patois de Damas". *Annales de la Société d'émulation du département des Vosges* (Épinal), 1903, pp. 1-28.

Hallays, André. *En flânant à travers la France*. 9 vols. 1903-23.

Hamerton, Philip Gilbert. *Round My House, Notes of Rural Life in France in Peace and War*. 1876.

Hamy, Ernest-Théodore. *Les Origines du Musée d'ethnographie*. 1890.

Hare, Augustus J. C. *The Rivieras*. 1897.

Haristoy, abbé. "Les Paroisses du pays basque: Ciboure". I. *Études historiques et religieuses du Diocèse de Bayonne*, 1895, pp. 273-88.

Harlé, Édouard. "Le Pont de la Basilique de Lourdes". *Revue philomathique de Bordeaux et du Sud-Ouest*, 1922, pp. 145-55.

Harris, Ruth. *Lourdes: Body and Spirit in the Secular Age*. 1999; 2000.

Haussmann, Georges-Eugène. *Mémoires du Baron Haussmann*. I. *Avant l'Hôtel de Ville*. 1890.

Hazareesingh, Sudhir. *From Subject to Citizen: The Second Empire and the Emergence of Modern French Democracy*. Princeton, 1998.

Hazareesingh, S. *The Legend of Napoleon*. 2004.

Hazareesingh, S. *The Saint-Napoleon: Celebration of Sovereignty*. 2004.

Hécart, Gabriel-Antoine-Joseph. *Dictionnaire rouchi-français*. Valenciennes, 1834.

Hélias, Pierre-Jakez. *Le Cheval d'orgueil: mémoires d'un Breton du pays bigouden*. 1975. (Tr. J. Guicharnaud: *The Horse of Pride: Life in a Breton Village*. Yale, 1978.)

Hesseln, Robert de. *Dictionnaire universel de la France*. 6 vols. 1771.

Hirzel, Hans Caspar. *Le Socrate rustique, ou Description de la conduite économique et morale d'un paysan philosophe*. 2ª ed. Zurique, 1764.

H. L. "Cacous et cagots". *L'Intermédiaire des chercheurs et curieux*, 15 de agosto de 1899, pp. 267-8.

Holdsworth, J. H. *Memoranda on Tours and Touraine: Including Remarks on the Climate [...] also on the Wines and Mineral Waters of France*. Tours, 1842.

Home, Gordon. *Normandy, the Scenery and Romance of its Ancient Towns*. 1905.

Huard, Charles. *Paris, province, étranger: cent dessins*. 1906.

Hubscher, Ronald H. *L'Agriculture et la société rurale dans le Pas-de-Calais*. 2 vols. em um. Arras, 1979.

Huet de Coëtlizan, Jean-Baptiste (?). *Recherches économiques et statistiques sur le département de la Loire-Inférieure*. Nantes e Paris, ano XII (1803).

Hufton, Olwen H. *The Poor of Eighteenth-Century France*. Oxford, 1974.

Hughes, Rev. W. *A Tour Through Several of the Midland and Western Departments of France*. 1803.

OBRAS CITADAS

Hugo, Abel. *France pittoresque*. 2 vols. 1835.

Hugo, V. *Oeuvres complètes*. 15 vols. 1985-90.

Hurlbert, William Henry. *France and the Republic: A Record of Things Seen and Learned in the French Provinces During the "Centennial" Year 1889*. 1890.

Itard, Jean-Marc-Gaspard. *De l'éducation d'un homme sauvage*. 1801.

Jal, Auguste. *De Paris à Naples: études de moeurs, de marine et d'art*. 2 vols. 1836.

Jamerey-Duval, Valentin. *Mémoires. Enfance et éducation d'un paysan au XVIIIᵉ siècle*. Ed. J.-M. Goulemot. 1981.

James, Henry. *A Little Tour in France*. 1884; 1900.

Janin, Jules. "Le Marchand de chiens". In *Paris, ou le Livre des Cent-et-Un*. VIII (1832).

Jaubert, Hippolyte-François. *Glossaire du Centre de la France*. 2ª ed. 1864.

J. B. J. *Guide du voyageur aux bains de Bagnères, Barèges, St-Sauveur et Cauteretz*. 1819.

Joanne, A. *Dictionnaire géographique, administratif, postal, statistique, archéologique etc. de la France, de L'Algérie et des colonies*. 2 vols. 1864; 1869.

Joanne, Adolphe. *Atlas historique et statistique des chemins de fer francais*. 1859.

Joanne, A. *Géographie du département de [...]* (monografias separadas). 1874-93.

Joanne, A. *Itinéraire général de la France: Les Pyrénées*. 3ª ed. 1868.

Joanne, A. e É. Reclus. "Excursions dans le Dauphiné". *TM*, II (1860), pp. 369-418.

Joanne, Paul. *Dictionnaire géographique et administratif de la France et de ses colonies*. 7 vols. 1890-1905.

Joanne, P. *Vosges, Alsace et Ardennes*. 1883.

Jones, Colin. *The Great Nation: France from Louis XV to Napoleon*. 2002; 2003.

Jones, Mary Cadwalader. *European Travel for Women*. 1900.

Jones, Peter. *Liberty and Locality in Revolutionary France*. Cambridge, 2003.

Jones, P. *The Peasantry in the French Revolution*. Cambridge, 1988.

Jones, P. *Politics and Rural Society: the Southern Massif Central*. Cambridge, 1985.

Jordan, Claude. *Voyages historiques de l'Europe: qui comprend tout ce qu'il y a de plus curieux en France*. I. 1693.

Josse, H. "Construction, révision et vulgarisation de la Carte de France". *BSG commerciale de Bordeaux,* 1878, pp. 469-73.

Jouanne, P. "Maison rurale d'enfants, fondée a Ry". *La Science sociale. Journal de l'école sociétaire,* 16 de dezembro de 1867, pp. 298-300.

Joudou, Jean-Baptiste-Marie. *Guide des voyageurs a Bagnères-de-Bigorre et dans les environs*. Tarbes, 1818.

Jourdain, Dom. "Mémoire sur les voies romaines dans le pays des Séquanais". *NAV,* CLXXV (1862), pp. 174-210.

Jourdan, Justin. *Excursions dans Toulouse et le département de la Haute-Garonne.* Toulouse, 1858.

Jubinal, Achille. "Le Conducteur de coucou". In *Paris, ou Le Livre des Cent-et-Un.* XIV (1834).

Judt, Tony. *Socialism in Provence, 1871-1914.* Cambridge, 1979.

Julia, Dominique e D. Milo. "Une culture passante". In A. Burguière e J. Revel. *Histoire de la France. L'Espace français.* 1989.

Karr, Alphonse. *De loin et de près.* 1862.

Keane, A. H. "Cagots". *Encyclopaedia of Religion and Ethics.* III. Edimburgo e Nova York, 1910.

Kipling, Rudyard. *Souvenirs of France.* 1933.

Kipling, R. "Motoring Diaries". Ed. J. Barnes. *Areté,* 12 (outono de 2003), pp. 63-85.

Kock, Paul de. *La Grande Ville: nouveau tableau de Paris.* 2 vols. 1844.

Konvitz, Josef W. *Cartography in France, 1660-1848.* Chicago, 1987.

Labesse, Édouard Decaudin. *Notre pays de France: le Roi du biniou (Bretagne).* 1893.

Laboulinière, P. *Annuaire statistique du département des Hautes-Pyrénées.* Tarbes, 1807.

Labourasse, Henri-Adolphe. "Anciens us, coutumes, légendes, superstitions, préjugés etc. du département de la Meuse". *Mémoires de la Société des lettres, sciences et arts de Bar-le-Duc,* 1902, pp. 3-225.

Labroue, Émile. "À travers les Pyrénées: Aulus". *BSG commerciale de Bordeaux,* 1884, pp. 161-70.

La Condamine, Charles-Marie de. *Histoire d'une jeune fille sauvage, trouvée dans les bois à l'âge de dix ans.* 1755.

Ladoucette, Jean-Charles-François. *Histoire, topographie, antiquités, usages, dialectes des Hautes-Alpes.* 2ª ed. 1834.

Ladoucette, J.-C.-F. "Moeurs et usages des Hautes-Alpes". *BSG,* I, XX (1833), pp. 131-43.

Ladoucette, J.-C.-F. "Anecdotes sur Napoléon". In *Paris, ou Le Livre des Cent-et-Un.* XV (1834).

La Fontaine, Jean de, et al. *Voyages des poètes français (XVIIe et XVIIIe siècles).* 1888.

Lagarde, Prosper de. *Voyage dans le Pays Basque et aux bains de Biaritz.* 1835.

Lagardelle, Firmin. "Notes anthropologiques sur les colliberts, huttiers et nioleurs des marais mouillés de la Sèvre". *BSAP,* 1871, pp. 202-14.

OBRAS CITADAS

Lagarenne, Pierre. "Notice sur le patois saintongeais". *RLR,* VII (1875), pp. 134-44.

Lagneau, Gustave. "Les Gaëls et les Celtes". *BSAP,* 1859-60, pp. 514-19.

Lagneau, G. "Notice-questionnaire sur l'anthropologie de la France". *BSAP,* 1861, pp. 327-406.

Lagneau, G. "Sur l'incurvation lombo-sacrée comme caractère ethnique". *BSAP,* 1866, pp. 633-37.

Lagneau, G. "De l'anthropologie de la France". *BSAP,* 1867, pp. 389-99.

Lagneau, G. "Sur les habitants de l'Aveyron et les Sarrasins de France". *BSAP,* 1868, pp. 168-73.

Lagneau, G. "Sur les Gavaches". *BSAP,* 1876, pp. 38-39.

Lajard, J. e F. Regnault. *De l'existence de la lèpre atténuée chez les cagots des Pyrénées.* 1893.

Lallemand, Léon. *Histoire de la charité.* IV. 2 partes. *Les Temps modernes.* 1910-12.

Lamouche, Léon. "Note sur la classification des dialectes de la langue d'oc". *RLR,* XLIII (1900), pp. 351-63.

Lande, Lucien-Louis. "Les Cagots et leurs congénères". *Revue des Deux Mondes,* 15 de janeiro de 1878, pp. 426-50.

Landrin, Armand. "Écriture figurative et comptabilité en Bretagne". *Revue d'ethnographie,* 1882, pp. 369-80.

Lanoye, Ferdinand de "Voyage aux volcans de la France centrale". *TM,* XIV (1866), pp. 289-304.

Largillière, René. *Les Saints et l'organisation chrétienne primitive dans l'Armorique bretonne.* Rennes, 1925.

La Roche, Jean de. *Voyage d'un amateur des arts en Flandre, dans les Pays-Bas, en Hollande, en France, en Savoye, en Italie, en Suisse.* 4 vols. Amsterdã. 1783.

La Rochefoucauld d'Anville, Louis-Alexandre de. *Relation inédite d'un voyage aux glacières de Savoie en 1762.* Club Alpin français, 1894.

Larousse, Pierre. *Grand Dictionnaire universel du XIXe siècle.* 17 vols. 1866-79.

Lasserre, Bertrand. *Les Cent jours en Vendée.* 1906.

Laudet, Fernand. "Monsieur le maire". In *Archives de Gascogne* (1993), pp. 151-52.

Launay, Françoise. "La Dame de la Lune". *Pour la Science,* 307 (maio de 2003).

Lavallée, Joseph e Louis Brion de La Tour. *Voyage dans les départements de la France.* 5 vols. 1792-1802.

Laville, André, et al. Artigo de Jho Pale sobre Hoedic e Houat. *BSAP,* 1909, pp. 5-9.

Lavisse, Ernest. *Discours à des enfants.* 1907.

Lavisse, E. e François Picavet. *Instruction morale et civique.* 1888.

Lawlor, Denys Shyne. *Pilgrimages in the Pyrenees and Landes.* 1870.

470 A DESCOBERTA DA FRANÇA

L. D. M. *Itinéraire complet de la France, ou Tableau général de toutes les routes et chemins de traverse de ce royaume.* 2 vols. 1788.

Le Bas, Philippe. *France. Dictionnaire encyclopédique.* III. 1841.

Le Bras, Hervé e E. Todd. *L'Invention de la France. Atlas anthropologique et politique.* 1981.

Leca, Colonel. "La Loire navigable". *Société de géographie commerciale de Nantes* (1897), pp. 57-84, 161-213.

Leclercq, Jules. *Promenades dans les Pyrénées.* Paris e Tours, 1888.

Lecreulx, François-Michel. *Description abrégée du département de la Meurthe.* Ano VII (1799).

Leduc, Pierre-Étienne-Denis. *Maître Pierre ou Le Savant de village. Entretiens sur la Géographie de la France.* 1833.

Lefebvre, Georges. *La Grande Peur de 1789.* 1932.

Lefebvre d'Hellancourt, Antoine Marie. *Le Voyage de Dhellancourt en Oisans (1785).* Grenoble, 1892.

Legrand d'Aussy, Pierre Jean-Baptiste. *Voyage d'Auvergne.* 1788.

Lehning, James. *Peasant and French: Cultural Contact in Rural France During the Nineteenth Century.* Cambridge, 1995.

Lemps, Abbé de. *Panorama de la Corse.* 1844.

Lenthéric, Charles. *La Grèce & l'Orient en provence.* 1910.

Lepelletier, Almire. *Voyage en Bretagne [...] avec [...] l'iconographie des principaux types de forçats.* 1853.

Le Play, Frédéric. *Les Ouvriers des deux mondes.* I. 1857-85.

Lequinio, Joseph-Marie. *Voyage dans le Jura.* 2 vols. Ano IX (1800).

Leschevin, Philippe-Xavier. *Voyage à Genève et dans la vallée de Chamouni.* Paris e Genebra, 1812.

Letourneau, Charles. "Le Clan primitif". *BSAP,* 1889, pp. 265-73.

Levasseur, Émile. *La Population française: histoire de la population avant 1789.* 3 vols. 1889-92.

Lévêque, Louis. "Une famille de rebouteurs lorrains". *Le Pays lorrain* (Nancy), 1909, pp. 65-78.

Liodet, Louise. *La Corse à vol d'oiseau.* 1873.

Longfellow, Henry Wadsworth. *Outre-Mer: a Pilgrimage Beyond the Sea.* 1835; Boston, 1882.

Loubès, Gilbert. *L'Énigme des cagots: histoire d'une exclusion.* Bordéus, 1995.

Louette (impressor). *Itinéraire complet de la France.* 2 vols. 1788.

OBRAS CITADAS

Loux, Françoise e P. Richard. "Recettes françaises de médecine populaire". *EF,* 1981, 4, pp. 369-74.

Luçay, Jean-Baptiste-Charles Legendre. *Description du département du Cher.* Ano X (1801).

Lunemann. "Le Pays des Basques". *NAV,* XLIX (1831), pp. 30-71.

Lunier, Ludger. "Recherches sur quelques déformations du crâne". *Mémoires de la Société de statistique du département des Deux-Sèvres* (Niort), 1852, pp. 73-89.

Lunier, L. "Sur quelques déformations du crâne". *BSAP,* 1866, pp. 139-42.

MacCarthy, O. (ilust.; texto anôn.). "Productions gastronomiques de la France". *MP,* 1847, pp. 267-70.

Maclean, Charles. *An Excursion in France, and Other Parts of the Continent of Europe.* 1804.

McPhee, Peter. *Revolution and Environment in Southern France: Peasants, Lords and Murder in the Corbières, 1780-1830.* Oxford, 1999.

McPhee, P. *A Social History of France, 1780-1880.* 1992; 1993.

Magitot, Émile. "Moulages de doigts recueillis sur des cagots". *BSAP,* 1892, pp. 553-72.

Mahé de La Bourdonnais, A. *Voyage en Basse-Bretagne chez les Bigouden de Pont-l'Abbé [...] Affinités des Bigouden avec les Lapons, les Mongols-Kalkhas [...] et autres peuples d'origine mongolique des monts Himalaya et de l'Indo-Chine.* 1892.

Malepeyre, Léopold. *Code des ouvriers.* 1833.

Malte-Brun, Conrad. "Rapports sur deux voyages [...] par M. Decandolle, professeur de botanique". *AV,* VI (1810), pp. 240-50.

Malte-Brun, C. "Population du département de l'Aisne". *NAV,* XX (1823), pp. 266-73.

Malte-Brun, V. A. "Esquisse historique des grandes cartes topographiques". *BSG,* IV, XV (1858), pp. 182-93.

Malte-Brun, V.-A. "État d'avancement et réduction de prix de la Carte de France". *NAV,* CXCIX (1868), pp. 201-6.

Mangin, Arthur. *Le Désert et le monde sauvage.* Tours, 1866.

Manier, Guillaume. *Pèlerinage d'un paysan picard à Saint-Jacques de Compostelle.* Montdidier, 1890.

Marcadet, Jules. "Les Étapes de la bicyclette". *MP,* 1894, pp. 283-5.

Marchangy, Louis-Antoine-François de. *La Gaule poétique.* 8 vols. 1815-17; 2ª ed., 1819.

Marieton, Paul. *La Terre provençale.* 1894.

Marlin, François. *Voyages d'un français, depuis 1775 jusqu'à 1807.* 4 vols. 1817.

Marmier, Xavier. *Les Mémoires d'un orphelin.* 1890.

Marmontel, Jean-François. *Mémoires.* 1999.

470

Martel, Édouard-Alfred. *Les Abîmes.* 1894.

Martel, É.-A. "Le Gouffre du puits de Padirac". *TM,* LX (1890), pp. 401-6.

Martel, É.-A. *Les Cévennes et la région des Causses.* 1890.

Martel, É.-A. "Dans les cavernes des Causses (dixième campagne souterraine)". *TM,* n.s., IV (1898), pp. 301-12.

Martel, É.-A. "La France inconnue: Fontaine-l'Évêque et les avens de Canjuers; le grand cañon du Verdon". *La Géographie,* XIII (1906), pp. 473-5.

Martel, É.-A. e A. Janet. "L'Exploration du Grand Cañon du Verdon". *TM,* n.s., XII (1906), pp. 577-600.

Martel, Pierre, *ver* Windham.

Martin, Germain e P. Martenot. *Contribution à l'histoire des classes rurales en France au XIXe siècle: la Côte-d'Or.* Dijon e Paris, 1909.

Martin, Jean-Pierre. *La Traversée des Alpes.* Grenoble, 2000.

Massé-Isidore, Charles. *La Vendée poétique et pittoresque.* Nantes, 1829.

Masson de Saint-Amand, Amand-Narcisse. *Lettres d'un voyageur à l'embouchure de la Seine.* 1828.

Maupassant, Guy de. *Mont Oriol.* 1887.

Maupassant, G. de. "En Bretagne". *La Nouvelle Revue,* 1º de janeiro de 1884, pp. 70-86.

Maurin, E. "Une sorcière en Rouergue". *Revue du traditionnisme français et étranger,* 1911, pp. 187-9.

Mazade, Étienne-Laurent-Jean. *Itinéraire ou Passe-temps de Lyon a Macon, par la diligence d'eau.* Lião, 1812.

Mazon, Albin ("o Dr. Francus"). *Voyage autour de Privas.* Privas, 1882.

Mazon, A. *Voyage aux pays volcaniques du Vivarais.* Privas, 1878.

Mège, Francisque. *Souvenirs de la langue d'Auvergne.* 1861.

Melczer, William, ed. *The Pilgrim's Guide to Santiago de Compostela.* 1993. (Livro V do *Codex Calixtinus.*)

Ménétra, *Jacques-Louis. Journal de ma vie.* 1982.

Mercadier de Belesta, Jean-Baptiste. *Ébauche d'une description abrégée du département de l'Ariège.* Foix, ano IX (1800).

Mercier-Thoinnet, M. et Mme. *Souvenirs de voyage.* 1838.

Mérimée, Prosper. *Correspondance générale.* Ed. M. Parturier. 17 vols. 1941-64.

Mérimée, P. *Notes d'un voyage dans le Midi de la France.* 1835.

Mérimée, P. *Notes d'un voyage dans l'Ouest de la France.* 1836.

Mérimée, P. *Notes d'un voyage en Auvergne.* 1838.

Mérimée, P. *Notes d'un voyage en Corse.* 1840.

OBRAS CITADAS

Mérimée, P. "Des monuments dits celtiques ou druidiques". *L'Athenaeum français,* 11 (set. 1852), pp. 169-71.

Merriman, John M. *The Margins of City Life: Explorations of the French Urban Frontier.* Oxford, 1991.

Merson, Ernest. *Journal d'un journaliste en voyage.* 1865.

Michaud, Louis-Gabriel. *Biographie universelle.* 85 vols. 1811-62.

Michel, Francisque. *Histoire des races maudites de la France et de l'Espagne.* 2 vols. 1847.

Michel, Joseph-Étienne. *Statistique du département des Bouches du Rhône.* Ano XI (1802).

Michel, J.-F. *Dictionnaire des expressions vicieuses, usitées dans un grand nombre de départemens, et notamment dans la ci-devant province de Lorraine.* Nancy, Metz e Paris, 1807.

Michelet, Jules. *Le Peuple.* 1846.

Michot de La Cauw. *Voyage philosophique, politique et pittoresque, nouvellement fait en France.* Amsterdã, 1786.

Miller, William. *Wintering in the Riviera.* 1879.

Mirabeau, Victor Riqueti, marquis de. *L'Ami des hommes, ou Traité de la population.* Avignon, 1756.

Mistral, Frédéric. *Mes origines: mémoires et récits.* 1906.

Mistral, F. *Mirèio.* 1859; 1978.

Mistral, F. *Lou Pouèmo dóu Rose.* 1896; 1995.

Moch, Leslie Page. *Paths to the City: Regional Migration in Nineteenth Century France.* 1983.

Molard, Étienne. *Le Mauvais langage ou Recueil, par ordre alphabétique, d'expressions et de phrases vicieuses usitées en France, et notamment à Lyon.* 4ª ed. Lião e Paris, 1810.

Monlezun, Jean-Justin. *Histoire de la Gascogne depuis les temps les plus reculés jusqu'à nos jours.* I. Auch, 1846.

Monnet, Antoine-Grimoald. *Les Bains du Mont-Dore en 1786.* Clermont-Ferrand, 1887.

Montaran, Marie Constance Albertine. *Mes pensées en voyage: excursions dans les Pyrénées.* 1868.

Monteil, Amans-Alexis. *Description du département de l'Aveiron.* 2 vols. Rodez, ano X (1801).

Montémont, Albert. *Voyage aux Alpes et en Italie.* 2 vols. 1821.

Moore, John. *A View of Society and Manners in France, Switzerland, and Germany.* 2 vols. 1779; 1789.

Morris, William. *Letters Sent Home. France and the French, or How I Went to the Paris Exhibition, and What I Saw by the Way.* Swindon, 1870.

Mortemart de Boisse, François-Jérôme-Léonard de. *Voyage dans les Landes de Gascogne.* 1840.

474 A DESCOBERTA DA FRANÇA

Murray, John, et al. *A Handbook for Travellers in France.* 1854.
Museon Arlaten. *Restaurer la montagne.* 2004.

Nadaud, Martin. *Mémoires de Léonard, ancien garçon maçon.* Bourganeuf, 1895.
Nash, James. *The Guide to Nice. Historical, Descriptive and Hygienic.* 1884.
Nerval, Gérard de. *Oeuvres complètes.* 3 vols. Ed. J. Guillaume e C. Pichois. 1984-93.
Nettement, Alfred. *Mémoires historiques de S.A.R. Madame, duchesse de Berry.* 3 vols.
    1837.
Noah, Mordecai Manuel. *Travels in England, France, Spain and the Barbary States.* 1819.
Nodier, Charles, Baron Taylor e A. de Cailleux. *Voyages pittoresques et romantiques dans
    l'ancienne France.* 18 vols. 1820-78.
Nora, Pierre, ed. *Les Lieux de mémoire.* II. 1986.
Nordling, Wilhem de. "L'Unification des heures". *BSG,* VII, XI (1890), pp. 111-37.

Ogée, Jean. *Atlas itinéraire de Bretagne.* Nantes, 1769.
Ogier, Théodore. *Voyage de Lyon à Avignon par le chemin de fer et le Rhône.* Lião, 1854.
Orlov, Grigorii Vladimirovitch. *Voyage dans une partie de la France.* 3 vols. 1824.

Pacha, Béatrice e L. Miran. *Cartes et plans imprimés de 1564 à 1815.* 1996.
Pachoud. "Tournée en Provence en 1828". *NAV,* XLIII e XLIV (1829), pp. 147-73,
    295-322.
Papon, Jean-Pierre. *Voyage littéraire de Provence.* 1780.
Papon, S. *Voyage dans le département des Alpes Maritimes.* Ano XII (1804).
Pariset, Mme [M. Gacon-Dufour e É. Marie Bayle-Mouillard]. *Nouveau manuel complet
    de la maîtresse de maison, ou Lettres sur l'economie domestique.* 1852.
Paronnaud, Jean-Claude. "Les Cagots". http://cgpa64.free.fr/cagots/index.htm
Parry, M., et al., eds. *The Changing Voices of Europe.* Cardiff, 1994.
Peake, Richard Brinsley. *The Characteristic Costume of France; from Drawings Made on
    the Spot.* 1819.
Pelletier, Monique. *La Carte de Cassini.* Pont et Chaussées, 1990.
Pelletier, M. e H. Ozanne. *Portraits de la France: les Cartes, témoins de l'histoire.* 1995.
Perbosc, Antonin. "Le Langage des bêtes". *Revue du traditionnisme français et étranger,*
    1907, pp. 280-85.
Perdiguier, Agricol. *Mémoires d'un compagnon.* 1854; Ed. A. Faure. 1977.
Perdiguier, A. *Question vitale sur le compagnonnage et la classe ouvrière.* 1863.
Pérégrin. *Excursions pyrénéennes: une flânerie aux Pène-Taillade et Pourry.* Tarbes, 1886.
Perret, Paul. *Le Pays Basque et la Basse-Navarre.* Poitiers, 1882.

OBRAS CITADAS

Perret, P. *Les Pyrénées françaises*. I. *Lourdes, Argelès, Cauterets, Luz, Saint-Sauveur, Barèges*. Poitiers, 1881.

Perrin-Dulac, François. *Description générale du département de l'Isère*. 2 vols. Grenoble, 1806.

Perrot, Michelle, ed. *Histoire de la vie privée*. IV. *De la Révolution à la Grande Guerre*. 1987.

Peuchet, Jacques e P.-G. Chanlaire. *Description topographique et statistique de la France* 3 vols. 1807.

Peyrat, Napoléon. *Histoire des pasteurs du désert*. 2 vols. Paris e Valence, 1842.

Philipps, Dr. *Vacances en Limousin*. 1886.

Piédagnel, Alexandre. *Jadis, souvenirs et fantaisies*. 1886.

Piette, Édouard e J. Sacaze. "La Montagne d'Espiaup". *BSAP*, 1877, pp. 225-51.

Piganiol de La Force, Jean-Aymar. *Nouveau voyage de France, avec un itinéraire et des cartes faites exprès*. 2 vols. 1740.

Pigault-Lebrun e V. Augier. *Voyage dans le midi de la France*. 1827.

Pineau, Léon. "Les Remèdes populaires". In *Archives d'Auvergne* (1993), pp. 173-80.

Pinkney, Ninian. *Travels Through the South of France, and in the Interior of the Provinces of Provence and Languedoc [...] by a Route Never Before Performed*. 1809.

Pintard, Eugène. "Proverbes du Vexin". *Revue du traditionnisme français et étranger*, 1909, pp. 109-11.

Planhol, Xavier de. *Géographie historique de la France*. 1988. (Tr. J. Lloyd: *An Historical Geography of France*. Cambridge, 1994.)

Plante, Paul. "Les Matériels aratoires du Midi méditerranéen au XIXe siècle". Tese de doutorado. Montpellier, 1997.

Plazanet, Général. "Essai d'une carte des patois du Midi". *BSG commerciale de Bordeaux*, 1913, pp. 166-85, 208-27.

Ploux, François. *De bouche à oreille: naissance et propagation des rumeurs dans la France du XIXe siècle*. 2003.

Ploux, F. "Politique, rumeurs et solidarités territoriales". *Cahiers d'histoire*, 1999, 2, pp. 237-65.

Plumptre, Anne. *A Narrative of a Three Years' Residence in France*. 3 vols. 1810.

Pöllnitz, Karl Ludwig von. *The Memoirs of Charles-Lewis, Baron de Pollnitz*. 4 vols. 1738.

Pomier, Émile. *Manuel des locutions vicieuses les plus fréquentes dans le département de la Haute-Loire et la majeure partie du midi de la France*. Le Puy, 1835.

Pons, de l'Hérault. *Souvenirs et anecdotes de l'île d'Elbe*. 1897.

Porchat, Jacques. *Trois mois sous la neige: journal d'un jeune habitant du Jura*. 15ª ed. 1886.

Pradt, Dominique de. *Voyage agronomique en Auvergne*. 1828.

Préfecture du Calvados. *Livret de cantonnier*. Caen, 1842.

Price, Roger. *The Modernization of Rural France*. 1983.

Privat d'Anglemont, Alexandre. *Paris anecdote*. 1860.

Proudhon, Pierre-Joseph. *Mémoires sur ma vie*. Ed. B. Voyenne. 1983.

Proust, Henri. "Le Progrès agricole dans le Bocage". *Revue des Deux Mondes,* 15 de abril de 1861, pp. 1034-46.

Proust, Marcel. *À la recherche du temps perdu*. 4 vols. Ed. J.-Y. Tadié. 1987-89.

Quellien, Narcisse. "Quelques particularités de certains costumes bretons". *Revue d'ethnographie,* 1885, pp. 354-5.

Rabot, Charles. "Les Marais du Bas-Poitou". *La Géographie,* X (1904), pp. 377-85.

Raison-Jourde, Françoise. *La Colonie auvergnate de Paris au XIXe siècle*. 1976.

Raison-Jourde, F. "Endogamie et stratégie d'implantation professionnelle des migrants auvergnats à Paris au XIXe siècle". *EF,* 1980, 2.

Raitt, Alan. *Prosper Mérimée*. 1970.

Ramond, Louis. *Observations faites dans les Pyrénées*. 1789.

Raverat, Baron Achille . *À travers le Dauphiné*. Grenoble, 1861.

Rayeur, I.-A. "À travers l'Ardenne française". *TM,* LXVIII (1894), pp. 161-92.

Reclus, Élisée. *Nouvelle géographie universelle: la terre et les hommes*. II. *La France*. 1885.

Reclus, Onésime. *France, Algérie et colonies*. 1886.

Reclus, O. *Le Plus beau royaume sous le ciel*. 1899.

Reichard, Heinrich August Ottokar. *Guide des voyageurs en France*. Weimar, 1810.

Reinhard, Aimé. *Le Mont Sainte-Odile et ses environs*. Estrasburgo, 1888.

Renan, Ernest. *Souvenirs d'enfance et de jeunesse*. 1883; 1983.

Renard, Jules. *Journal, 1887-1910*. 1960.

Rességuier, Fernand, Comte de. *En wagon de Toulouse à Rome*. Toulouse, 1879.

Restif de la Bretonne, Nicolas-Edmé. *La Vie de mon père*. 1778. Ed. G. Rouger. 1970.

Reverdy, Georges. *Atlas historique des routes de France*. Ponts et Chaussées, 1986.

"Richard" *ver* Audin.

Richard, Ambroise e A. A. Lheureux. *Voyage de deux amis en Italie par le Midi de la France*. 1829.

Richard, Nicolas-François-Joseph. "Coutume de la Bresse". *BSG,* I, XVIII (1832), pp. 221-26.

Rion, J.-A. "Découverte du col de Severen". *NAV,* CIX (1845), pp. 106-12.

Roberts, Emma. *Notes of an Overland Journey Through France and Egypt to Bombay.* 1841.

OBRAS CITADAS

Robillard de Beaurepaire, Charles de. *Les Ponts-et-Chaussées dans la Généralité de Rouen.* Ruão, 1883.

Robischung, François-Antoine. *Mémoires d'un guide octogénaire, échos des vallées d'Alsace et de Lorraine.* Tours, 1886.

Rochas, V. de. *Les Parias de France et d'Espagne (Cagots et Bohémiens).* 1876.

Roland de La Platière, Jean-Marie. *Voyage en France, 1769.* Villefranche, 1913.

Rolland de Denus, André. *Dictionnaire des appellations ethniques de la France et de ses colonies.* 1889.

Ronjat, Jules. "Restitution de quelques noms de lieux dans l'Oisans". *RLR,* LI (1908), pp. 60-63.

Rosenstein, M. "Promenade sur les côtes du Golfe de Gascogne [...] par M. J. Thoré". *AV,* XVI (1811), pp. 346-54.

Rougelet, Albert. *Zigzags folâtres. Vers les rives du Bourget, raid cyclo-fantastique.* Lião, 1901.

Roujou, Anatole. "Sur quelques types humains trouvés en France". *BSAP,* 1872, pp. 768-82.

Roujou, A. "Sur quelques races ou sous-races locales observées en France". *BSAP,* 1874, pp. 249-55.

Roujou, A. "Quelques observations anthropologiques sur le département du Puy-de-Dôme". *BSAP,* 1876, pp. 330-50.

Rouquette, Jules. *Jean Cavalier, le héros des Cévennes.* 1892.

Rousseau, Jean-Jacques. *Les Confessions.* 2 vols. 1782; 1980.

Rousselot, Pierre-Jean. "Les Modifications phonétiques du langage etudiées dans le patois d'une famille de Cellefrouin". *Revue des patois gallo-romans,* 1892 (Suplemento), pp. 9-62.

Roux, Paul. "Les Riches colporteurs". In *Archives d'Auvergne* (1993), pp. 211-15.

Roux, Xavier. *Les Alpes, histoire et souvenirs.* 1877.

Russell, Henry. *Biarritz and Basque Countries.* 1873.

Sahlins, Peter. *Forest Rites: The War of the Demoiselles in Nineteenth-Century France.* Harvard, 1994.

Saint-Amans, Jean-Florimond Boudon de. *Description abrégée du département de Lot et Garonne.* Agen, Ano VIII (1799).

Saint-Amans, J.-F. B. de. *Fragmens d'un voyage sentimental et pittoresque dans les Pyrénées.* Metz, 1789.

Saint-Amans, J.-F. B de. "Voyage agricole, botanique et pittoresque, dans une partie des Landes". *AV,* XVIII (1812), pp. 5-220.

478   A DESCOBERTA DA FRANÇA

Saint-Félix, Armand-Joseph-Marie de. *Architecture rurale, théorique et pratique.* Toulouse, 1820.

Saint-Lager, Jean-Baptiste. *Études sur les causes du crétinisme et du goître endemique.* 1867.

Saint-Martin, Viven de. "Achèvement du tunnel du Mont Cenis", *L'Année géographique,* 1870-71, pp. 379-97.

Saint-Simon, Louis de Rouvroy, duc de. *Papiers inédits.* Ed. É. Drumont. 1880.

Salaberry, Charles-Marie d'Irumberry. *Mon voyage au Mont d'Or.* Ano X (1802).

Sand, George. *Histoire de ma vie.* 8 vols. 1856.

Sand, G. *Jeanne.* 1844; 1986.

Sand, G. *Légendes rustiques.* 1888; 1987.

Sand, G. *La Mare au diable.* 1846.

Sand, G. *Le Marquis de Villemer.* 1860; 1988.

Sand, G. *Nanon.* 1872; 1987.

Sand, G. *Promenades autour d'un village.* 1866.

Sarrieu, Bernard. "Le Parler de Bagnères-de-Luchon et de sa vallée". *RLR,* XLV (1902), pp. 385-446.

Saugrain, Claude-Marin. *Nouveau voyage de France, géographique, historique et curieux, disposé par différentes routes.* 1720.

Saurel, Ferdinand e A. Saurel. *Histoire de la ville de Malaucène et de son territoire.* 2 vols. Avignon e Marselha, 1882-83.

Saussure, Horace-Bénédict de. *Voyages dans les Alpes.* 4 vols. Neufchatel e Genebra, 1779-96.

Savant, Jean. *Les Préfets de Napoléon.* 1958.

Sébillot, Paul. *Coutumes populaires de la Haute-Bretagne.* 1886.

Sébillot, P. *Traditions et superstitions de la Haute-Bretagne.* 2 vols. 1882; 1967.

Segalen, Martine. *Mari et femme dans la société paysanne.* 1980.

Segalen, Victor. "Journal de voyage". *Oeuvres complètes.* I. Ed. H. Bouillier. Laffont, 1995.

Seguin de Pazzis, Maxime de. *Mémoire statistique sur le département de Vaucluse.* Carpentras, 1808.

Serbois, L. de. *Souvenirs de voyages en Bretagne et en Grèce.* 1864.

Siebecker, Édouard. *Physiologie des chemins de fer.* 1867.

Sigart, Joseph. *Glossaire etymologique montois ou Dictionnaire du wallon de Mons et de la plus grande partie du Hainaut.* Bruxelas e Paris, 1870.

Silhouette, Étienne de. *Voyages de France, d'Espagne, de Portugal et d'Italie.* 4 vols. 1770.

Simon, Jules. *L'Ouvrière.* 1861.

Singer, Barnett. *Village Notables in Nineteenth-Century France.* Albany, 1983.

Smollett, Tobias. *Travels through France and Italy.* 1766; Oxford, 1979.

OBRAS CITADAS

Sonnini de Manoncourt, Charles-Nicolas-Sigisbert. *Manuel des propriétaires ruraux et de tous les habitans de la campagne*. 1808.

Soudière, Martin de la. "Lieux dits: nommer, dé-nommer, re-nommer". *EF,* 2004, 1, pp. 67-77.

Soulange, Ernest. *Inventions et découvertes*. 12ª ed. Tours, 1880.

Souvestre, Émile. *En Bretagne*. 1867.

Specklin, Robert. "Études sur les origines de la France (fin)". *Acta geographica,* 50 (1982), pp. 37-43.

Speleus, Dr. (pseud.). *Çà et là dans les Pyrénées*. Toulouse, 1870.

Stendhal. *Voyages en France*. Ed. V. Del Litto. 1992.

Stevens, Mary. "Commemorative Fever? French Memorials to the Veterans of the Conflicts in North Africa". *French Studies Bulletin,* inverno de 2005, pp. 2-4.

Stevenson, Robert Louis. *An Inland Voyage*. 1878; 1904.

Stevenson, R. L. *Travels with a Donkey in the Cévennes*. 1879.

Strumingher, Laura. "Rural Parents, Children and Primary Schools; France 1830-1880". In *Popular Traditions and Learned Culture in France*. Ed. M. Bertrand. Stanford, 1985.

Sussman, George. *Selling Mother's Milk: The Wet-Nursing Business in France*. Illinois, 1982.

Sutton, Keith. "Reclamation of Wasteland During the 18th and 19th Centuries". In H. Clout, ed. *Themes in the Historical Geography of France*. 1977. Pp. 247-300.

Tackett, Timothy. *Priest and Parish in Eighteenth-Century France*. Princeton, 1977.

Tackett, T. *Religion, Revolution, and Regional Culture in Eighteenth-Century France*. Princeton, 1986.

Taine, Hippolyte. *Les Origines de la France contemporaine. L'Ancien Régime*. 2 vols; 1879; 1901-4.

Taine, H. *Voyage aux Pyrénées*. 1858.

Tastu, Amable. *Voyage en France*. Paris e Tours, 1846.

Tastu, A., et al. *Alpes et Pyrénées: arabesques littéraires*. 1842.

Taylor, J. Bayard. *Views A-Foot, or Europe Seen with Knapsack and Staff*. 1846.

Terracher, Adolphe-Louis. *Les Aires morphologiques dans les parlers populaires du nord-ouest de l'Angoumois*. 2 vols. 1912-14.

Thérond, Émile (ilust.; texto anôn.). "Bernay (Département de l'Eure)". *MP,* 1870, pp. 31-2.

Thévenin, Évariste. *En vacance: Alsace et Vosges*. 1865.

Thicknesse, P. *A Year's Journey Through France and Part of Spain*. 2 vols. Dublin, 1777.

Thiébault, Paul. *Mémoires*. 5 vols. 1893-5.

Thierry, Amédée. *Histoire des Gaulois: depuis les temps les plus reculés jusqu'à l'entière soumission de la Gaule à la domination romaine.* 3 vols. 1828.

Thiesse, Anne-Marie. *La Création des identités nationales.* 2001.

Thiesse, A.-M. *Ils apprenaient la France: l'Exaltation des régions dans le discours patriotique.* 1997.

Thuillier, Guy. *Pour une histoire du quotidien au XIXe siècle en Nivernais.* 1977.

Thuillier, G. "L'Alimentation en Nivernais au XIXe siècle". *Annales,* XX (1965), pp. 1163-84.

Tilloy, M., et al., orgs. *Histoire et clandestinité du Moyen-Age à la Première Guerre Mondiale.* Albi, 1979.

Tindall, Gillian. *The Journey of Martin Nadaud.* 1999; 2000.

Tombs, Robert. *France 1814-1914.* 1996.

Tonnelle, Alfred. *Trois mois dans les Pyrénées et dans le Midi.* Tours, 1859.

Topinard, Paul. *L'Homme dans la nature.* 1891.

Topinard, P. "Discussion sur les moyennes". *BSAP,* 1880, pp. 32-42.

Trévédy, Julien. *Voyages dans le département actuel des Côtes-du-Nord:* 1775-1785. Saint-Brieuc e Rennes, 1890.

Turner, Dawson. *Account of a Tour in Normandy.* 2 vols. 1820.

Valin, Pierre [Edmonde Travers]. *Le Vosgien.* 1889.

Vallin, Édouard. *Voyage en Bretagne. Finistère.* 1859.

Valori, François-Florent. *Précis historique du voyage entrepris par S. M. Louis XVI, le 21 juin 1791.* 1815.

Varennes, Claude de. *Le Voyage de France, dressé pour la commodité des françois et des estrangers.* Paris, 1687.

Verne, Julio. *Le Tour du monde en quatre-vingts jours.* 1873.

Veryard, Ellis. *An Account of Divers Choice Remarks [...] Taken in a Journey Through the Low-Countries, France, Italy and Part of Spain.* 1701.

Veuclin, Ernest. *Les Croix des grands chemins.* Bernay, 1889.

Viard, C. *Annuaire des postes pour* 1843, *ou Manuel du Service de la poste aux lettres.* Paris: Hôtel des postes, 1843.

Vidal de La Blache, Paul. *Tableau de la géographie de la France.* 2 vols. 1908.

Vigier, Philippe. "Diffusion d'une langue nationale et résistance des patois en France au XIXe siècle". *Romantisme,* 25-26 (1979), pp. 191-208.

Vignon, Eugène-Jean-Marie. *Études historiques sur l'administration des voies publiques en France.* III. 1862.

Vigny, Alfred de. *Les Destinées: poèmes philosophiques.* 1864.

OBRAS CITADAS

Vitu, Auguste. "Voyage en France. Le Puy-de-Dôme". *Musée des famillies,* 1851-52, pp. 233-9.

Volane, Jean. *En Vivarais.* I. Paris e Nancy, 1897.

Vuillier, Gaston. "Chez les magiciens et les sorciers de la Corrèze". *TM,* n.s., V (1899), pp. 505-40.

Wailly, Léon de. *Curiosités philologiques, géographiques et ethnologiques.* 1855.

Wairy, Constant. *Mémoires de Constant, premier valet de chambre de l'Empereur.* III. 1830.

Walckenaer, Charles-Athanase. "Sur les Vaudois, les Cagots et les chrétiens primitifs". *NAV,* LVIII (1833), pp. 320-36.

Walckenaer, C.-A. "Sur la diversité des races d'hommes qui habitent les Pyrénées". *NAV,* LX (1833), pp. 64-84.

Waldburg-Truchsess, Friedrich Ludwig von. *Nouvelle relation de l'itinéraire de Napoléon.* 1815.

Walsh, Joseph-Alexis. *Suite aux Lettres vendéennes, ou Relation du voyage de S. A. R. Madame, duchesse de Berry.* 1829.

Warenghem, Léon. *En Bretagne: Trébeurden, ses îles, ses grèves, son climat, ses légendes.* Lannion, 1899.

Warrell, Ian. *Turner on the Loire.* 1997.

Watteville Du Grabe, Oscar-Amédée, *Rapport adressé a M. le Ministre de l'Instruction Publique sur le Muséum ethnographique des missions scientifiques.* 1877.

Weber, Eugen. *Peasants into Frenchmen: the Modernization of Rural France, 1870-1914.* Stanford, 1976; 1988.

Webster, Wentworth. *Les Loisirs d'un étranger au pays basque.* Châlons-sur-Marne, 1901.

Webster, W., ed. *Basque Legends.* 1877.

Weld, Charles Richard. *Auvergne, Piedmont, and Savoy: a Summer Ramble.* 1850.

Weld, C. R. *Notes on Burgundy.* 1869.

Weld, C. R. *The Pyrenees, West and East.* 1859.

Whymper, Edward. *Escalades dans les Alpes de 1860 à 1869.* Tr. A. Joanne. 1873.

Wille, Johan Georg. *Mémoires et journal.* 2 vols. 1857.

Williams, Heather. "Writing to Paris: Poets, Nobles and Savages in Nineteenth-Century Brittany". *French Studies,* LVII, 4 (2003), pp. 475-90.

Windham, William e Pierre Martel. *An Account of the Glacieres [sic] or Ice Alps in Savoy.* 1744.

Windham, W. e P. Martel. *Relations de leurs deux voyages aux glaciers de Chamonix.* Genebra, 1879.

Wirth, Laurent. *Un équilibre perdu: évolution démographique, économique et sociale du monde paysan dans le Cantal au XIXe siècle.* Clermont-Ferrand, 1996.

482   A DESCOBERTA DA FRANÇA

Wraxall, Nathaniel William. *Voyage en France.* 2 vols. 1806.

Wright, Edward. *Some Observations Made in Travelling Through France, Italy etc.* 1764.

Young, Arthur. *Travels in France and Italy During the Years 1787, 1788 and 1789.* 1792; 1977.

Yvart, Victor. "Observations de l'embrasement spontané d'un tas de fumier". *Bibliothèque physico-économique instructive et amusante,* 1789, II, pp. 251-4.

Zintzerling, Justus ("Jodocus Sincerus"). *Voyage dans la vieille France.* Tr. T. Bernard. Paris e Lião, 1859.

Zola, Émile. *Correspondance.* 10 vols. Ed. B. H. Bakker. Montreal e Paris, 1978-95.

Índice Geral

NOTA: os números de página em negrito remetem a mapas, e os seguidos de "n", a notas de rodapé.

Aas, linguagem de assobios de, 88-9
abrigos de pastor (*burons*), 221
Academia de Ciências (Académie des Sciences), 232, 233
Academia Francesa (Académie Française), 50, 82, 83
Achard, Amédée, 352
Agathe. *Ver* Águeda, santa
agesinates cambolectros (tribo gálica), 66
agotac. Ver cagots
   agricultura, 95, 128, 129
   lavouras para comercialização, 313
   mão de obra, 103-6, 114-6, 129, 133-6, 182-3
   roçagem do terreno, 319
Águeda (Agathe), santa, 153
águias, 212-3
Aiguillon, Emmanuel-Armand de Richelieu, duque d', 269
Alain-Fournier (Henri Alban Fournier), 401, 404-5

albigenses, cruzadas, 71, 278, 334. *Ver tb.* cátaros, hereges
alemãs, tropas, 406-7
alimentos, escassez de, 111-2
Alison, Sir Archibald, 207
alistamento militar obrigatório, 93, 380
allobroge. Ver franco-provençal (língua)
alsaciano (*alsacien*) (língua), 78, 88, 93, 94
Amas de Leite, Repartição das (Paris), 193
amoreiras, 313
Ana (Anne), Sant', 153
Ana (deusa celta), 153
andouille, 345
Angeville, Adolphe d', 370
Aníbal, 270-1
animais, 203-19
   criação de, 207, 217, 218, 219
anjos, fazedoras de, 117
anticlericalismo, 163, 380
Antônio (Antoine), santo, 167
antropologia, 37, 39, 369-71
aquedutos, 276
árabes, 76, 278, 413-4
Arago, François, 242
argali, 212

484 A DESCOBERTA DA FRANÇA

Argenson, René-Louis de Voyer, marquês d', 100

arlesianas, 333, 373

Armand, Louis, 387, 390

Arnaudin, Félix, 318

arquitetônico, destruição do patrimônio, 336-9

arte, 235-6, 363
falseamento da realidade, 134-5

artesanais, indústrias, 106-7, 129-30

"artigos parisienses" (articles de Paris), 191

arvernos
dialetos (auvergnat), 79, 86, 93
tribos gálicas, 27, 177

Ascoli, Graziadio-Isaïa, 85n

asilos, 100

Assembleia Legislativa, 228

Assembleia Nacional, 142, 231

Átila, o Huno, 201

austríacas, tropas, 143, 228, 317

autogoverno, 58-60

automóveis, 210, 218, 400

Automóvel Clube do Dauphiné, 400

auvergnat. Ver arvernos

aves domésticas, 211

aves, 213-4

Aveyron, Victor do (o menino selvagem), 34, 239, 347-8

Aygulf, santo, 167

balneárias, cidades, 150, 358-61, 368

balsas, 283

Balzac, Honoré de, 19, 63, 84, 108-9, 176, 190, 191, 336, 411

Bande Noire (Bando Negro), 336-7

bandidos, 34

bardos, 64

barômetros, 242

Barou (ou Baron), família, 43

Barou, Nathalie, 43

Barry (cão), 217-8

basco
língua (basque). Ver euscaro
povo, 50, 66n, 187-8, 367, 371
terrorismo, 187-8

Bastilha, dia da, 63, 103, 401-2

Baudelaire, Charles-Pierre, 19, 206, 247, 295, 302, 310

Bauzon, capitães de (reis bandoleiros), 34

Bavard, são, 167

bearnês (béarnais) (dialeto), 72n, 88, 91, 146, 148, 343

Bécassine (personagem de quadrinhos), 379

Belenos (deus celta), 151

Belle Jardinière, La (loja de departamentos), 373

Bernadette, santa. Ver Soubirous, Bernadette

Berry, Caroline-Ferdinande-Louise, duquesa de, 296-300, 301, 302

Berry, Charles-Ferdinand de Bourbon, duque de, 176-7

Berthier, general Louis-Alexandre, 244

Bertot, Jean, 396

Betham-Edwards, Matilda, 386

Beyle, Henri (Stendhal), 30-1, 254, 281, 284, 306, 335

Bíblia, 378

bichos da seda, 313-4

bicicletas, 160, 381-93, 395, 400

bigouden, população, 138

Birkbeck, Morris, 334

Black, Charles Bertram, 389

Blackburn, Henry, 150

Blanqui, Adolphe, 173

Blondel, François-Adolphe, 375-6, 385n

Boissel de Monville, Thomas-Charles-Gaston, barão, 279

Boissier de Sauvages, Pierre-Augustin, 83

Bonitus, são, 151

Borda, Jean-Charles de, 229

ÍNDICE GERAL

Bordeaux-Paris, corrida de ciclismo, 393, 394

Boudou (agricultor), 240-1

Boudou, Marie-Jeanne, 242

Bourbon, dinastia de, 296, 300

Bourdaloue, Paul-Adrien, 255

"*boves*" (cavernas habitadas), 106

bretão
    língua (*breton*), 19, 50, 78, 82, 88, 91, 92, 93, 115, 379, 380
    nacionalismo, 380

bretões, 49, 49n, 335, 345, 349, 358, 359, 362, 363, 364, 365

Breton, Jules, 134

Breval, John Durant, 330

Briand, Pierre-César, 382

brigas, 195-6

Bringuier, Octavien, 251

britânica, marinha, 271

Brizeux, Auguste, 358

Broca, Pierre, 369, 370-1

Brochant de Villiers, André-Jean, 253

Brun, Marie-Marguerite, 83

Bruno, Augustine, 382

burhin, clã, 76

burle (vento), 25

burons. Ver abrigos de pastor

cabanons (casas), 306

cabras, 220-1

cabrito montês, 211-2

caçadores, 103-5, 193, 207-12

cacous/caqueux. Ver cagots

cães, 203-6, 209-10, 217-8, 221-2
    de tração, 206, 207
    rinhas de, 209
    selvagens, 232

cafés, 193-4

cagots, 56, 146, 357
    perseguição, 69-76, 69n, 71n, 412

Cahiers de Doléances, 109-12, 143

caló (língua), 88

Calonne, Charles-Alexandre de, 408

Camargue, touros de, 215

Cambry, Jacques, 38

camponesas, mulheres, 135-43
    direitos, 138-9
    no trabalho, 135-6, 137, 138
    status, 136-7
    vingança das, 139

camponeses, 36
    a vida dos, 99-118, 119-23, 126, 128-42
    camponesas, 135-43
    e turismo, 334-5, 364, 365-7
    e viagens, 175
    ignorância, 28
    indolência, 103-6, 133
    leis, 27-8
    mau presságio, 121-2
    morte, 100, 101
    ocupações, 130-3
    tédio, 107-8

camurça dos Pireneus, 212

camurça, 211-2, 214-5

canais, 194, 257, 258, 276, 278, 279-80, 285-6, 305, 310, 315

Candolle, Augustin Pyrame de, 251

cantoneiros (*cantonniers*), 271-2

cantoneiros, 271-2

Carlos Magno (Charlemagne), 29, 48, 72, 140, 244

Carlos VII, 63

Carlos VIII, 331

Carlos X, 296-7, 301

carnaval, 103

carpintaria, 70, 72

carvalhos, 155

carvão, 209, 310

carvão, negociantes de (*bougnats*), 194, 354

casamento, 56, 58, 59, 138

Cassini de Thury, César-François ("Cassini III"), 232-5, 232n, 236-8, 241-52, 254, 283, 310

Cassini, Jacques ("Cassini II"), 27-8, 29, 41, 230-1, 232, 232n, 239, 410, 411

Cassini, Jacques-Dominique, conde de ("Cassini IV"), 232n, 247

Cassini, Jean-Dominique ("Cassini I"), 232-3, 232n, 238

castores, 212

castração, 186

catalães, 50, 188

catalão (catalan) (língua), 78, 93, 345, 380, 402

cátaros, hereges, 71, 334, 410

Católica, Igreja, 49, 52-3, 58, 71, 162-7, 169, 336, 338, 340

  ascensão da, 153-4

  e a Virgem de Lourdes, 150

  e ensino, 375n

  e paganismo, 153-4, 159, 162-3

  e política, 357

  e protestantismo, 163-6

cavalo, montar a, 280-1

cavalos, 207, 209, 210, 219

  cossacos, 210

  selvagens, 216-7

cavernas, habitantes de, 105

celtas, 51, 88, 278, 370, 372, 377

Cem Anos, Guerra dos, 364

centralização, política de, 265-6, 267, **268**, 272-3

centro geográfico da França, 403-5

César, Júlio, 19-20, 29, 32, 53, 54, 63, 65, 98, 177, 265, 356

Cézanne, Paul, 307, 358

Chambrelent, Jules, 263

chaminé, limpadores de, 184-5, 398

Chamonix, população de, 326-8, 329

champenois , dialeto, 80, 142

Champollion, Jean-François, 58n

charivari, 60

Charlemagne. *Ver* Carlos Magno

Chateaubriand, François-René, visconde de, 120, 213

Chateaubriand, René-Auguste de, 120

Chevalier, Michel, 45, 285

chizerot, clã, 59, 76

chouans, sublevação dos, 164-5, 297

ciência, 369-72

ciganos, 316, 401, 412

citas, 66

Clair, são, 167

Clotilde, santa, 160

Clóvis I, 71

Club Alpin Français [Clube Alpino Francês], 385, 386

código civil (1804), 138

código penal (1811), 138

Colbert, Jean-Baptiste, 30, 265

cólera, 123

colliberts, clã dos, 65-7

colporteurs. *Ver* mascates

comércio, 180-1, 190, 277-8, 283, 285

Comité des Promenades, Gérardmer, 385

communes. *Ver* comunas

Compagnonnage du Devoir de Liberté, 195n

Compagnonnage du Devoir, 195n

comtois, dialeto, 83

Comuna de Paris (1871), 412

comunas, 36, 36n, 53, 55-6, 71, 80, **81**

Condorcet, Marie-Jean-Antoine Caritat, marquês de, 229

Constituição, juramento à (1790-91), 162, 163

Conti, Louis-François de Bourbon, príncipe de, 33

Continental, Sistema (1806-13), 188

contrabandistas, 34, 129, 180, 182, 185, 188-9, 203-4, 208, 399

ÍNDICE GERAL

contrabandistas, cães, 203-4, 208
Contrarreforma, 153
Conty, guia de viagem de, 363-4, 366
Convenção nacional, 77, 82, 124
Cooper, James Fenimore, 261
corso (*corse*) (língua), 88, 93, 369
corveia (na construção e conservação de estradas), 261-2, 266, 269
cossacos, 143, 209
cotidiano, 99-118, 119-42
cotidiano, museus do, 99-100, 138, 142, 221,
317
cottereaux (mercenários), 63
coucous (coches), 199
Courbet, Gustave, 134
Course de Côte de Laffrey (corrida automobi-
lística), 400
cozinha, 345-9
Cradock, Anna Francesca, 343
cretinos, 101
crianças, 140
abandonadas, 117-8
famintas, 112-3
migrantes, 183-5
Crimeia, Guerra da, 115, 403
cristianismo, 71, 72, 151-3. *Ver tb.* Católica,
Igreja; protestantes
cruzes à beira da estrada, 154
cultura "francesa", 357
Cuvier, Georges, 212

d'Arc, Joana (Jeanne), 48, 130, 149, 198, 377
Daumier, Honoré, 191
David, Jacques-Louis, 271
Decazes, Élie, duque, 312
Déguignet, Jean-Marie, 114-7, 130-1, 139
Delambre, Jean-Baptiste-Joseph, 229-32,
229n, 235, 238, 251, 401
Delaroche, Paul, 271
Delattre, Charles, 399
democracia, 57, 355-6

demoiselles (fadas), 114-6, 131, 165-6, 171,
363
Demoiselles, guerra das, 149
demônio, 122, 147, 388, 409
departamentos, 96-7, 244, 275. *Ver tb.* os departamentos específicos
Depping, George Bernard, 333, 342
descentralização, 380, 402
desejo de morrer, 100
Desgrange, Henri, 397, 398, 400
Deslongchamps. *Ver* Loiseleur-Deslongchamps
desmatamento, 319, 320-2
Deus, 157, 165-7, 169
dicionários, 82-4, 191
Diderot, Denis, 102
diligências (*vélociferes*), 279-80, 287-8, 292,
293-4
dinheiro, 107-8
dolmens, 156-9, 160, 241, 339
"Dr. Speleus", 362
Dreyfus, caso, 75, 398
Drouet, Juliette, 292, 293
druidas, 64, 146, 155, 158, 197, 202, 373
Ducrot, general Auguste-Alexandre, 256
Dufrénoy, Pierre-Armand, 252, 253
Dugied, Pierre-Henri, 320
Dumas, Alexandre (Dumas pai), 47, 176, 193,
294, 349, 352
Dupain-Montesson, 238
Dupin, Pierre-Charles-François, barão, 370
Dusaulx, Jean, 222, 328

Édito de Tolerância (1787), 163
Eiffel, Gustave, 21, 384
Élie de Beaumont, Jean-Baptiste, 252, 253
enchentes de 1856, 319
ensino, 190-1, 370-1, 375-84, 375n, 385
enterros, 43, 44
epítetos, 61-2
Eros, 153

488 A DESCOBERTA DA FRANÇA

Escola de Pontes e Calçadas (École des Ponts et Chaussées), 262-3
escravidão, 184
estações, 105-6
Estados gerais, 109, 109n
esterco, 206, 344
estradas de ferro, 257-8, 266, 268, 278, 293-4, 305, 309, 352-5, 360, 397
estradas, 31, 127, 179-81, 189, 246, 247, 257-8, 260-73, 268, 269n, 274, 360-1, 392
estratégicas", 301
inclinação, 263, 269-70
trânsito de animais, 220
Ver tb. romanas, estradas
etnologia, 21, 368
Eugênia, imperatriz (Eugenia María de Montijo Guzmàn), 215, 360
euscaro (basco), 74, 51, 83, 88, 95, 360, 369
exército francês, 54, 115, 232, 246
alistamento obrigatório, 367, 369
cavalaria montada em bicicletas, 397
diversidade linguística, 95
inaptidão por "enfermidade", 133
Infantaria Leve Africana, 300
mapas, 251, 254-5
memoriais ao, 405
expectativa de vida, 104-5
Exposição Universal, Paris
1878, 373
1889, 386
fadas, 149-50, 151, 166-7, 172, 362
Falloux, lei de ensino (1850), 375n
família, relações de, 116-7
Faure, Antoine, 399
Fauriel, Claude, 175
feira de mão de obra temporária, 183
feiras, 105-6, 132, 145, 160, 305-6
feitiçaria, 60, 113, 130
feitiços, 186
feriados, 132-3

férias, 307-8
ferrovias. Ver estradas de ferro
Ferry, Jules, leis de ensino (1881-82), 375n
fertilidade, ritos de, 155-6, 166-7
Fevereiro, Revolução de (1848), 356
filhos ilegítimos, 60, 117, 140
filoxera, epidemia de, 168, 314
flamengo (*flamand*) (língua), 47, 78, 88, 92, 93, 378-9, 380, 402
Flaubert, Gustave, 126-9, 214, 279, 282, 365
flora, 251
Florestal, Código (1827), 149
Florestal, Departamento, 321, 322
Focard (líder da Vendée), 38
fogueira, execuções na, 61, 62
fonolítica, rocha, 25
foratin, clã, 63
francês (*français*) (língua), 19, 27, 78, 79-88, 86-7, 91-7, 99
frâncico (*francique*) (língua), 88
franco-argelinos, 398, 413
franco-provençal (língua), 85, 85n, 93
Franco-prussiana, Guerra, 128, 373, 383
francos, 51, 95
freiras, 117
Freycinet, plano (1879), 353
Front National (Frente Nacional), partido do, 51
fugitivos, 33
Furetière, Antoine, 82

gafets/gahets. Ver *cagots*
gálicas, tribos, 64, 140, 406
Gargantua, 155, 166
Garin, Maurice, 398
gascão (*gascon*). Ver Landes, dialetos
Gasparin, Valérie, condessa de, 281
Gauguin, Paul, 367
gaulês (*gallo*, ou *gallot*), dialeto, 50
gauleses, 355, 369, 370, 406

ÍNDICE GERAL

Gaulle, Charles de, 54

gavaches, clã, 63

gavot alpino (língua), 355

généralités (províncias feudais), 29
   pays d'élection, 29, 265
   pays d'état, 29

Geneviève. *Ver* Genoveva, santa

Genlis, Stéphanie-Félicité Du Crest de Saint-Aubin, condessa de, 259, 282, 340-1

Gennep, Arnold van, 54

Genoveva (Geneviève), santa, 201

Gerbi, Giovanni, 399

germânicas, línguas, 88

germânicas, tribos, 55

Gévaudan, Fera do, 166, 166n, 245, 245n

godos, 66

golpe de Estado (1851), 356

Goust, barões de, 43

Grammont, lei (1850), 210-1

"Grand Départ", 308

Grand Tour, 325

Grande Medo, O (La Grande Peur, 1789), 177-8

Grandmaison, Marie de, 381

granizo, tempestades de, 113

Grégoire, abade Henri, 77-82, 89-91, 94-5, 98, 378

Greluchon, são, 167

greves, 313

Guarda Nacional, 228

Guerchy, Louis de Régnier, marquês de, 121

Guettard, Jean-Étienne, 252-3

guias de viagem, 27, 284, 286, 304, 328-34, 336, 337-8, 342, 343-4, 346, 352, 363, 379

guilhotina, 77

Guillaumin, Émile, 100, 349

Guizot, lei de ensino (1833), 375

habitação, 106-7, 112-3, 307-8, 338

Hare, Augustus, 400

Haussmann, Georges-Eugène, barão, 264

hautponnais, clã, 75

Hélias, Pierre-Jakez, 138, 380

Henrique II, rei da Inglaterra, 63n

Hércules, 145

Hesseln, Robert de, 330

hospedarias, 340-3

hotéis, 340-3

Hugo, Victor-Marie, 37-8, 249, 291-3, 295, 300, 309-10, 339, 342, 350, 368

huguenotes, 163n, 337

huttiers. Ver collibert, clã

Idade do Ferro, população da, 392

identidade nacional francesa, 44, 49, 50, 97

Imaculada Conceição, 148

Império Francês, 243-51, 271

impressionistas, 363

incantadas (anjos), 157

incêndios, 112-3

indústria, 309-12, 313

industrialização, 131-2, 189

Instituto Geográfico Nacional, 404

Instituto Nacional de Estatística, 54

inválidos, 100

inverno, 102-4

Iraty, selvagens da floresta de, 34, 347

Ísis, 167

italianos, imigrantes, 398

Ivo (Yves), santo, 168

Jal, Auguste, 174

James, Henry, 352

Janet, Armand, 390, 391

javali, 214

Jeanne d'Arc. *Ver* d'Arc, Joana.

Jesus Cristo, 157, 166, 338, 377, 410

Joanne, Adolphe, 385, 403

490 A DESCOBERTA DA FRANÇA

João Batista (Jean-Baptiste), são, 167
Jones, Mary Cadwalader, 397
José (Joseph), são, 168
Josefina de Beauharnais, imperatriz, 245, 256, 327
Josse, são, 166
Jouanne, P., 129
judeus, 64-5, 66, 147, 303, 316, 356
   letramento, 378
   língua, 88
   perseguição, 89, 412
Julho, monarquia de, 278

Kipling, Rudyard, 400

La Bruyère, Jean de, 39
La Fontaine, Jean de, 84
Labiche, Eugène, 356
lakad ar woaskeres (aplicar um pinçamento), 139
landais, dialetos, 90
Landes, lei de saneamento das (1857), 316-7
languedocianos, 49
latim, 79, 84, 91, 93
Lavallée, Joseph, 270, 333, 336
Lavisse, Ernest, 377
Lázaro (Lazare), são, tumba de, catedral de Autun, 337
Le Brás, Hervé, 50
Le Pen, Jean-Marie, 370
Leão X, papa, 71
Lefebvre, Georges, 177
Lefèvre, Géo, 397
leprosos, 71
letramento, 190, 370-1, 378
lieudit (lugar chamado), 67-8
lígures, tribos, 96
limusino (*limousin*), dialeto, 82, 83
lince, 212

língua/diversidade linguística, 26, 80-98, **81**, **86-7**, 343, 378-9, 380, 382-3
literatura de província, 358
litorâneas, estâncias, 363-6
lobisomens, 68, 166, 214
lobos, 31, 166n, 209, 214, 328, 346
Lobo, são, 61
locais, assembleias, 57
locais, leis, 27-8, 47, 57-60
Loiseleur-Deslongchamps, Jacques-François, 240-2
Longfellow, Henry Wadsworth, 335
Lop, Ferdinand, 266
lorrain, dialeto, 62n
Louisiana, venda da (1803), 243
Lua, 26, 239
lugarejos, 58, 73
Luís Filipe, 259, 297
Luís XIV, 21, 29, 30, 264, 265, 266, 302
Luís XV, 264, 265, 266
Luís XVI, 123, 124, 228, 229, 230, 238, 296, 407, 408
Luís XVII (o Delfim), 124, 208, 296
Luís XVIII, 124, 296
lyonnais, dialeto, 83
lyselar, clã, 75

magia, 105, 171, 327
Mandrin, Louis, 34
mapas, 237-41, 243-56
   Carte de l'état-major, 251, 254
   Carte géologique de la France (1841), 253
   Carte minéralogique (1846), 253
   da Primeira Guerra Mundial, 407
   de fronteira, 247
   do ensino, 379-80
   geológicos, 252-3
   primeiros completos/confiáveis, 26-7, 28
maraîchin, dialeto, 138n

ÍNDICE GERAL

Mard, são, 153

Maria Antonieta (Marie-Antoinette), 123, 407

Maria Luísa (Marie-Louise), 289

Maria Madalena, 196n, 410

Maria. *Ver* Virgem Maria

Mariéton, Paul, 221

Marlin, François, 49, 51, 52, 57, 60, 75, 269, 303, 330

marmotas, 103, 211, 346

marotins. Ver gavaches

Marte (deus romano), 153

Martel, Édouard-Alfred, 387-9, 390-1

Martinho (Martin), são, bispo de Tours, 151

Marx, Karl, 121

mascates (*colporteurs*), 174, 186

massilienses (tribo gálica), 145

Maurício (Maurice), são, 153

Máximo (Maximus), são, 392

Mazarin, Jules, cardeal, 302

McAdam, John Loudon, 262, 272

Méchain, Pierre-François-André, 229, 231, 232, 238, 242, 401, 410

mediterrânea, raça, 369

Melusina (fada), 166, 362

Memmie (menina selvagem), 348

mendicância, 109, 130, 131, 166, 205

Mercadier, Jean-Baptiste, 334

mercadorias, transporte de, 33-4, 257

Mérimée, Prosper, 175, 236, 248-9, 265, 338-40, 372

Merlin, o mago, 165

Méry, Joseph, 352

metro (m), 218, 229

Meuse-Argonne, Ofensiva (1918), 407

Michaud, 238

Michelin (empresa), 394, 408

migrantes, trabalhadores, 173, 174-9, 182-3, 189-97

Millet, Jean-François, 55, 134

Mills, George Pilkington, 393-4, 395

mineração, 304, 310

mineral, água, 362

Minerva (deusa), 153

Minerva (Minerve), santa, 153

Mirabeau, Victor Riqueti, marquês de, 264

missionários, 37, 128, 158, 164, 190, 316

mistral (vento), 20, 125, 145, 270

Mistral, Frédéric, 290, 306, 316

Mitterrand, François, 129

moda, 365-7

monarquistas, 33, 296-300, 357

montanhismo, 388

Montpensier, Antoine-Philippe d'Orléans, duque de, 340

Moore, John, 328

Moreux, abade Théophile, 403

morte, 100, 101, 141

Mortemart, Casimir-Louis-Victurnien de Rochechouart, duque de, 404

Murray, guia de viagem de, 27, 285, 287, 303, 343, 364

música, 207-8

nacionais, parques, 323

nacional, censo (1867), 32

nacionalismo francês, 377

Nadaud, Martin, 197-200

Napoleão I, 19, 55, 65, 101, 124, 130, 144, 177, 178, 238, 243-4, 270, 296, 297, 322, 356, 359, 389

chegada em Paris, 280

cinzas, 129

e a França ocidental, 302-3

e a rede de estradas, 30, 272, 328

e o Sistema Continental, 184

enviados de, 20, 173

estatísticas geradas por, 20, 48

exílio, 273

mapas, quanto a, 243-4, 253, 255-6

492 A DESCOBERTA DA FRANÇA

reformas antifeministas de, 139

travessia dos Alpes, 270, 271

Napoleão III (Luís Napoleão Bonaparte), 129, 215, 256, 302, 308, 315, 317

e a rede de estradas, 360

golpe de Estado (1851), 356

mitologia racial, 370

Napoleão, dia de são, 103

Napoléon (cavalo), 215-6

Natal, 103

naturais, catástrofes, 112-3

naufrágios, 364-5

nazistas, 88, 412

Neandertal, homem de, 34, 369

Nerval, Gerard de, 294

niçard, ou *nissard*, língua, 344

Nodier, Charles, 338

normando (*normand*), dialeto, 80, 82, 93, 97

normandos, 49, 49n, 188

normandos, invasores, 188

North American Native Rangers, 37

notícias, difusão das, 175-9, 282, 283, 405

oc, língua d'. *Ver* occitano

occitano (*occitan*) (língua d'oc), 78, 79, 85n, 85-8, **86**, 93, 95, 97, 392, 403

ofícios, 130

Ogée, Jean, 330

Ogier, Jean, 353

oïl, língua d', 85-9, 85n, **86**, 95-6, 251, 403

Omalius d'Halloy, Jean-Baptiste-Julien d', 253

Oportuna (Opportune), santa, 155

Ordnance Survey (Serviço Oficial de Topografia do Reino Unido), 251

Orry, Philibert, 266

ovelhas, 25, 219-22, 315, 317

padres, 27, 44, 52, 157-8, 161, 235-6

paganismo, 149-53, 161-2, 166-7, 169, 171-2, 340-1

pão, 345

Paris-Brest-Paris, corrida de ciclismo, 394, 395

Pariset, Madame, 348

parisiense, a França, 36, 39, 47

parisiense, dialeto, 19

parisienses, 359, 370, 373, 378, 382

Pasteur, Louis, 161, 314

pastores, 28, 88, 91, 130, 220-2, 288-9

patois, 77-9, **86**, 89, 92-3, 355, 378, 381, 383

patriotismo, 336, 379-83

local, 45, 53-6

nacional, 54

Payan, Ferdinand, 399

pays, 29, 53-7, 60-1, 98, 113, 133, 146, 158, 192, 240, 372, 394, 404, 406

pebrina, epidemia de, 314

"pedra pé de valsa", 157

pedra, marcos de, 154-8

pedreiros, 197-202

Pedro (Pierre), são, 155, 166

Peninsular, Guerra, 336

peões ferroviários, 353

Perdiguier, Agricol, 85n, 347

peregrinos, 73, 146, 147, 159-61, 171

pernas de pau, 288-9

Pétain, Henri-Philippe, marechal, 370

"peyre-hita", 157

Pic, Joseph, 356

picardo (*picard*), dialeto, 78, 80, 93, 379

pictavos (tribo gálica), 66

Pigault-Lebrun (Charles Pigault de l'Épinoy), 337

pignou (ou *pinçou*), clã, 58, 62

Pinkney, tenente Ninian, 37, 135

Pio IX, papa, 148

Pio VII, papa, 245

"*pique, la*", 187

Piquenique, O Incrível", 401-2

Pireneus, paz dos (1659), 247

Pissoux, são, 167

ÍNDICE GERAL

Plínio o Velho, 66, 145, 219, 238
Plouradou, são, 167
pobres, os, 128-9. *Ver tb.* camponeses
Pococke, Richard, 326
poitevin, dialeto, 83, 138n
polícia, 413-4
política, 355-6
polletais, clã, 46
Pompadour, Jeanne-Antoinette Poisson, marquesa de, 237
Pompidou, Georges, 94
população, 36-41, 40, 192
porcos, 207
Pothier, Lucien, 399
Powell, John Wesley, 390
prefeitos departamentais (*préfets*), 32, 89, 206, 276
Primeira Guerra Mundial, 84, 315, 321, 376, 378, 406-7
Príncipe Negro, Eduardo Plantageneta, o, 278
Privat d'Anglemont, Alexandre, 131
prostituição, 363
protestantes, 163n, 302
   e política, 357
   letramento, 378
   perseguição, 33, 39, 163-4, 239, 287, 300
Proudhon, Pierre-Joseph, 347
Proust, Marcel, 250, 368
provençal (língua), 19, 78, 85, 88, 92, 93
provérbios, 122, 136, 137
prussianos, 128-9, 143, 256, 337
públicas, diligências, 174-5, 192, 199, 260
   de alta velocidade, 279, 285

Quaresma, 103
queijo, 54, 126, 171, 189, 215, 233, 327, 346

Rabaut, Paul, 33
Racine, Jean, 84-5, 88
racismo, 41, 402

Rainha (Reine), santa, 161
Ramond de Carbonnières, Louis, 328
Reclus, Onésime, 321
regional, orgulho/identidade, 54, 380
Relações Exteriores, Ministério das, 188
relógios, fabricação de, 108
remédios, 109, 116, 169-71, 186, 208, 356-7
Renan, Ernest, 168
Renard, Jules, 104, 210n
republicanismo, 377
Resistência, 88, 188, 412
Restauração de Terras Montanhosas, serviço de, 321
Restauração, governo da, 138
Restif de la Bretonne, Nicolas-Edmé, 46, 102, 160
Revogação do Édito de Nantes (1685), 163, 239
Revolução (1789), 19, 28, 173, 257, 308
   e a descristianização da França, 154
   e a diversidade linguística, 80, 83, 91
   e a invasão da Bastilha, 142
   e a ordem civil, 126
   e o Grande Medo, 177
   e os *cagots*, 73
   e os departamentos, 96-7
   e os vilarejos autônomos, 57, 58
   legado, 356-7
   padres apóstatas, 31
   populações rurais, 36
Revolução (1830), 297, 301
Revolução (1848), 356
Richard, guia de viagem de, 344
Richelieu, Armand-Jean du Plessis, cardeal de, 302
Rimbaud, Arthur, 278, 358
rios, 275-86, 353-4
   sistema interoceânico, 278
   Ver tb. os rios específicos
Riquet, Pierre-Paul, 277

494 A DESCOBERTA DA FRANÇA

Robespierre, Maximilien de, 77, 228

romana, arquitetura, 190, 331, 332, 338, 390

romanas, estradas, 68, 96, 151, 199, 264, 306, 389, 392

românicas, línguas, 78

romanos, 26, 33, 58, 63, 95, 145, 197, 267, 278, 292
  e religião, 151, 153
  mercadores, 188
  suposta descendência dos, 63, 64, 66
  Ver tb. César, Júlio

Rougier de Labergerie, Jean-Baptiste, 319, 320

Rousseau, Jean-Jacques, 102

Roussillon, habitantes do (*roussillonnais*), 188

routiers (mercenários), 63

saboianos, migrantes, 185, 192

Saint-Hilaire, Madame, 245

sal, 209

Sand, George, 29, 56, 104, 147, 210, 222, 250, 359

saneamento, 314-7

Sanis, Jean-Lèon, 255

santos, 151-3, **152**, 158-60, 161, 164, 167-72

São Bartolomeu, noite de, 171

são-bernardos (raça canina), 217-8

sarracenos, 72, 76

Saturno, 26, 233

saúde precária, 134-5

Saussure, Horace-Bénédict de, 101, 211, 215

Savoie, casa real de, 64, 327

savoyards, dialetos, 92

Schneider, família, 313

secularismo, 169

Segunda Guerra Mundial, 21, 37, 93, 106, 315, 318, 329, 363, 406

"Segunda Revolução Francesa" (1792-3), 228

Segundo Império, 128, 302

selvagem, vida, 212, 215-6, 210n

selvagens, confins, 34-7, 59, 83

selvagens, gatos, 208

"selvagens", 34, 39-41, 347

Sequayre, são, 167

Sete Anos, Guerra dos, 231, 237

sexo
  e turismo, 367
  pré-marital, 138

Shelley, Percy Bysshe, 328

shuadit (judeo-provençal), língua, 88

silêncio, zona de, 31-2

simpatias curativas, 170-1

Simpson, Tom, 161

sinos de igreja, 55

Smollet, Tobias, 213, 343

Sociedade Contra a Vivissecção, 218

Sociedade de Antropologia de Paris, 369

Sociedade de Geografia, 255, 390

sociedade francesa, 123-4

Sociedade Geográfica de Bordeaux, 256

Sociedade Geográfica de Paris, 255, 390

Sociedade pela Proteção das Crianças, 210

Sociedade pela Proteção dos Animais, 210

solstício, 103, 157

Soubirous, Bernadette, 92, 147, 153, 169

Soumet, Alexandre, 294

Sourdeau, são, 167

Stendhal (Henri Beyle), 30-1, 254, 281, 306, 335

Stevenson, Robert Louis, 164, 180, 181, 285, 288, 292

Stothard, Charles, 236

Strabo, 145, 275, 278

Sucessão da Áustria, Guerra da, 233

superstição, 78, 116, 132, 146, 215

Taine, Hippolyte, 114, 326, 368

Tastu, Amable, 381

taxação, 57, 111, 117, 123, 209

Taylor, J. Bayard, 280

telégrafo, 298, 299, 301-2

templários, cavaleiros, 392

tempo de viagem, 33, 287, 291

Terça-feira Gorda (*Mardi Gras*), 156

Terceira República, 373, 378, 379, 380

Terront, Charles, 394

Terror branco, 33

Terror, 279, 328

TGV. *Ver* trem-bala

Thicknesse, Philip, 343

Thiébault, general Paul, 245-6

tireoide, problemas de, 101

Todd, Emmanuel, 50

Todos os Santos, dia de, 167

topônimos, 151, 220, 391

Tour de France (corrida de ciclismo), 156, 161, 178, 194, 290, 381, 395, 397, 398, 399, 402

Tour de France (viagem-estágio dos aprendizes), 194-5, 195n, 399

Touring Club dos Ciclistas (Reino Unido), 397

Touring-Club da França, 397

touristes, 325

Tourtoulon, Charles de, 251

transumância, 20, 219, 220, 302

trapistas, monges, 316

trem-bala (TGV), 181, 287

trenós, 289

Trésaguet, Pierre, 262, 267, 269, 272

triangulação, 229-31, 235, 241

tribal, França, 28, 29, 42-59, 60-80, 128

   lendas de ancestralidade, 61-5, 69

   Ver tb. as tribos específicas

trogloditas, 28, 106, 107, 308

Trudaine, Charles-Daniel, 266

Turgot, Anne-Robert-Jacques, 267, 269, 270, 272, 377

turismo, 226-34, 340-5, 349, 363, 367-72, 381

Turner, Joseph Mallord William, 335

Union Compagnonnique des Devoirs Unis, 195n

urbanas, populações, 35-7, 97. *Ver tb.* parisienses

urbanização, 191

Urbano (Urban), santo, 168

ursos, 193, 207, 216, 216n, 339

vacas, tocador de, 222-3

Vaissettes, Fera das, 245n

vapor, barcos a, 283-4

Vauban, Sébastien le Prestre de, 303, 377

Vendeia, guerra da, 38-9, 297, 300, 301-2, 303

Vénier, são, 153

Vênus (a deusa), 135

Vênus (o planeta), 238

verão, pico do, 103, 139-40

Vercingétorix, 377

Verdun, tratado de (843), 140

Vérin, são, 332

Verne, Julio, 231, 351, 387, 391

viagem, 257-72, 273-91, 292, 344, 350

Vianney, Jean-Marie, "o cura d'Ars", 162

Vichy, regime de, 412

Victor de l'Aveyron. Ver Aveyron, Victor do.

Vigny, Alfred de, 32, 258, 294

vikings, 128, 364

Villers-Cotterêts (Aisne), decreto de (1539), 80

vinho, 128, 136, 167, 180, 286, 329, 348

Virgem de Lourdes, 92, 149-51, 169, 388

Virgem Maria, 48, 52, 62, 146, 147, 158, 159, 160, 332, 356, 364, 377

Virgem Negra, 167

visigodos, 71, 278

Vítor Amadeu III, rei da Sardenha e duque de Savoia, 178

Volta da França. *Ver* Tour de France (corrida de ciclismo)

Walpole, Horace, 328

welche, clã/dialeto, 75

Wellington, Arthur Wellesley, duque de, 278

Wille, Johann Georg, 291

Windham, William "Boxing", 326-7, 328, 329, 351

Wordsworth, William, 308

Young, Arthur, 35, 119, 120, 121, 122, 126, 142, 267, 406

zarfático (judeo-francês) (língua), 88

Zeus, 145

Zidane, Zinédine, 398

ZNIEFF (Zone Naturelle d'Intérêt Écologique, Faunistique et Floristique), 323

Zola, Émile, 305, 358 398

Zola, François, 305

Índice Geográfico

NOTA: os números de página seguidos de "n" remetem a notas de rodapé.

Aachen. *Ver* Aix-la-Chapelle/Aachen
Aas (Hautes-Pyrénées), 88
Abriès (Hautes-Alpes), 406
Adour, rio, 46, 130
África, Norte da, 373, 384
Agen (Lot-et-Garonne), 278, 348
Agon-Coutainville (Manche), 364
Aigues-Mortes (Gard), 398
Aiguille, monte. *Ver* Inaccessible, monte
Aiguilles (Hautes-Alpes), 189, 406
Aiguillon (Lot-et-Garonne), 265
Aiguines (Var), 390
Aisne, rio, 189, 250
Aix-en-Provence (Bouches-du-Rhône), 191, 265, 305, 307, 348, 358
Aix-la-Chapelle/Aachen, 244
Aix-les-Bains (Savoie), 362
Ajol, vale d' (Val d'Ajol) (Vosges), 78
Alemanha, 191, 208, 252, 370, 377
  anexação da Alsácia-Lorena (1870), 380, 382
  Primeira Guerra Mundial, 406-7
Algérie (Argélia), 19, 115, 196, 301, 308, 314, 320, 380, 413

Algiers (Argel), 300-1
Aliermont (Seine-Maritime), 125
Alise-Sainte-Reine (Côte-d'Or), 160
Allier, rio, 194, 277n
Alpes, 25, 29-30, 32, 44, 151, 159, 178, 184, 211, 345-6, 384
  cotidiano, 103, 104, 107, 123, 129, 135
  cozinha, 345, 346
  criação de animais, 218-9
  desmatamento, 320, 321
  estradas, 270-2
  mapas, 234, 240, 245, 246, 255
  Primeira Guerra Mundial, 405-6
  rios, 275
  turistas, 325-6
  viagem, 288-9, 295, 304
Alpes da Provence, 91-2, 219-20
Alpes da Savoie, 76, 101, 328
Alpes mancelles (Sarthe), 384
Alsácia, província de, 62, 80, 92, 94, 100, 104, 125, 163, 163n, 190, 264, 267, 269, 289, 291, 305, 311, 373, 379, 404
Alsácia-Lorena, 377-8, 380, 381, 383
Alto Loire. *Ver* Haute-Loire
Alto Marne. *Ver* Haute-Marne

498 A DESCOBERTA DA FRANÇA

Alto Reno. *Ver* Haut-Rhin

Altos Alpes. *Ver* Hautes-Alpes

Alyscamps, Arles, 332, 338

Ambert (Puy-de-Dôme), 193

América do Norte, 243

América do Sul, 189, 208

Américas, 278, 309, 373

Amiens (Somme), 179, 229, 413

Amiens, catedral de, 402

Ancenis (Loire-Atlantique), 284

Andelys, Les (Eure), 160

Andorra, 45

Andrézieux (Loire), 309

Ange Gardien, passo do (Hautes-Alpes), 405

Angers (Maine-et-Loire), 54, 210, 332, 358

Anglo-Normandas, ilhas, 110, 188

Angoulême (Charente), 93, 96, 173, 294

Angoumois, província de, 195

Anjou, província de, 63, 69, 106, 346

Antibes (Alpes-Maritimes), 344

Antony (Hauts-de-Seine), 200

Aosta, vale d' (Val d'Aosta), 101, 398

Aquitaine (Aquitânia), 278

Aquitânia. *Ver* Aquitaine

Aramits (Pyrénées-Atlantiques), 70

Arc de Triomphe (Arco do Triunfo), Paris, 394

Arcachon (Gironde), 32, 265, 366

Arcachon, bacia de, 216, 365

Arco do Triunfo. *Ver* Arc de Triomphe

Arcueil (Val-de-Marne), 200

Ardèche, gargantas da, 384

Ardenas. *Ver* Ardennes

Ardennes (Ardenas), região de, 168, 205, 245, 310, 311, 384

Argel. *Ver* Algiers

Argelès-Gazost (Hautes-Pyrénées), 148, 150

Argélia. *Ver* Algérie

Argoat, Bretagne, 50

Argonne, região de, 123, 140-3, 176, 315, 384, 406, 407-8

Ariège, departamento de, 334

Arles (Bouches-du-Rhône), 36, 64, 91, 265, 331, 332, 338, 373

Armagnac, região de, 79, 161

Armand, Aven (Lozère), 387

Armor, Bretagne, 64

Armoricana, península, 64

Arpajon (Essonne), 199

Arras (Pas-de-Calais), 106, 124

Arreau (Hautes-Pyrénées), 412

Arromanches (Calvados), 364

Ars-sur-Formans (Ain), 161

Artois, província de, 30, 204

Art-sur-Meurthe (Meurthe-et-Moselle), 61-2

Arve, rio, 326

Arvieux (Hautes-Alpes), 406

Asnières-sur-Seine, Cemitério de Cães de (Hauts-de-Seine), 217, 218

atlântica, costa, 315, 317, 364-5, 378, 384

Atlântico, oceano, 29, 149, 285

Aubervilliers (Seine-Saint-Denis), 248, 413

Aubeterre-sur-Dronne (Charente), 96

Aubigny-sur-Nère (Cher), 63

Aubin (Aveyron), 311, 312

Aubisque, passo de (Pyrénées-Atlantiques), 88*

Aubrac, região de, 107, 219

Aubry-en-Exmes (Orne), 355

Auch (Gers), 49, 162

Audressein (Ariège), 356

Aulus-les-Bains (Ariège), 360

Aumont (Lozère), 171

Aunis, província de, 65

Autun (Saône-et-Loire), 331, 337

Autun, catedral de, 331, 337

Auvergne (Auvérnia), província de, 26, 34, 51, 54, 58, 64, 163, 166, 171, 177, 180, 187, 190, 277n, 307, 336, 346, 360, 366, 373, 384, 395, 413

cotidiano, 107, 108, 128, 133, 125, 136

cozinha, 234, 334

ÍNDICE GEOGRÁFICO

criação de animais, 219
curandeiros, 171
estâncias hidrominerais, 360
estradas, 265, 267
Fera do Gévaudan, 166n
mapas, 257
moda, 367
rios, 276
romanos, 64
turismo, 365, 385
Auvérnia. *Ver* Auvergne
Auxerre (Yonne), 280, 342
Auxois, região de, 176
Avesnes-sur-Helpe (Nord), 92
Aveyron, departamento de, 34, 52, 59, 75, 107, 132, 231, 311, 369
Avignon (Vaucluse), 92, 195, 279, 281, 284, 305, 339, 347, 353
Ayen, passo de (Alpes-de-Haute-Provence), 392
Azincourt, batalha de, 377

Bagnères-de-Bigorre (Hautes-Pyrénées), 360
Bagneux, dólmen (Maine-et-Loire), 156, 339
Baixo Poitou. *Ver* Bas-Poitou
Baixo Reno. *Ver* Bas-Rhin
Baixos Alpes. *Ver* Basses-Alpes
Bálcãs, 212
Barbonville (Meurthe-et-Moselle), 62
Barcelona, 229
Barcelonnette (Alpes-de-Haute-Provence), 189, 320
Barèges (Hautes-Pyrénées), 44, 104, 222, 360
Basco, País. *Ver* Pays Basque
Bas-Poitou (Baixo Poitou), província de, 66
Basque, Pays. *Ver* Pays Basque
Bas-Rhin (Baixo Reno), departamento de, 179
Basses-Alpes (Baixos Alpes), departamento de (hoje Alpes-de-Haute-Provence), 97, 163, 320

Bastide, La, próximo a Le Massegros (Lozère), 246
Bastilha (Bastille), Paris, 142, 175, 193, 228
Bastille. *Ver* Bastilha
Bauduen (Var), 390
Baumes-Fères, gargantas do Verdon, 392
Bauzon, floresta de (Ardèche), 34
Bayard, passo (Hautes-Alpes), 322
Bayeux (Calvados), 253
Bayonne (Pyrénées-Atlantiques), 32, 46, 90, 289, 318, 348, 367, 384, 399
Béarn, província de, 43, 343-4
Beaucaire (Gard), 105, 305-6
Beauce, região de, 125, 183, 199, 202, 308, 383
Beaufortain, Alpes de, 68
Beaujolais, região de, 179
Beaumont-en-Cambrésis (Nord), 60
Beauvais (Oise), 179, 193, 264
Bédoin (Vaucluse), 125, 287
Bélesta (Ariège), 334
Belfort (Territoire-de-Belfort), 303
Bélgica, 92, 244, 252, 253, 285, 310, 398
Belvedere, próximo a Saint-Amand-Montrond (Cher), 404
Berberia, costa da, 277
Berck-Plage (Pas-de-Calais), 363
Beresina, travessia do, 272
Berna, 218
Berneval (Seine-Maritime), 363
Bérou-la-Mulotière (Eure-et-Loir), 158
Berry, província de, 31, 63, 104, 167, 207, 235, 404
Berthouville (Eure), 355
Besançon (Doubs), 265, 347
Bétharram (Pyrénées-Atlantiques), 146-7, 150, 332
Béziers (Hérault), 176, 277, 279, 307
Biarritz (Pyrénées-Atlantiques), 69, 317, 367, 399

500   A DESCOBERTA DA FRANÇA

Bibliothèque Nationale (Biblioteca Nacional), Paris, 411

Bielle (Pyrénées-Atlantiques), 69n

Bièvres (Essonne), 309

Blanc, Mont. *Ver* Mont Blanc

Blaye (Gironde), 279, 299

Blois (Loir-et-Cher), 173, 279, 293, 294

bocage, 66, 303-4

Bois de Boulogne, Paris, 212, 394

Bonette, passo da (Alpes-de-Haute-Provence), 321

Borbonense. *Ver* Bourbonnais

Borce (Pyrénées-Atlantiques), 70

Bordeaux (Bordéus) (Gironde), 29, 32, 37, 91, 173, 317-8, 331, 353, 382

   cagots, 69, 70

   comércio, 276, 278, 279, 285

   corridas de ciclismo, 393

   estradas, 189-90, 246, 265

   língua, 96

   viagem, 278, 353

Bordelais, 163, 195

Bordessoule (Creuse), 197

Bordéus. *Ver* Bordeaux

Borgonha. *Ver* Bourgogne

Bort-les-Orgues (Corrèze), 231

Bouches-d'Elbe, departamento de, 243

Bouchet-Saint-Nicolas, Le (Haute-Loire), 181

Bouillon, ducado de, Bélgica, 243, 244

Boulogne (ex-Bourogne) (Alpes-de-Haute-Provence), 391

Boulogne-sur-Mer (Pas-de-Calais), 46, 47, 188, 245, 253, 301, 335, 363, 367

Bouquet, Le (Lozère), 245n

Bourbon-l'Archambault (Allier), 167

Bourbonnais (Borbonense), província de, 48, 113, 167, 178, 349, 401, 404

Bourbon-Vendée. *Ver* Roche-sur-Yon, La

Bourg d'Oisans (Isère), 83

Bourges (Cher), 30, 63, 231

Bourges, catedral de, 402

Bourget, lago (Savoie), 362

Bourg-la-Reine (Hauts-de-Seine), 200

Bourgogne (Borgonha), província de, 46, 57, 59, 76, 104, 160, 178, 183, 189, 193, 195, 286, 298, 413

   cotidiano, 104, 117, 135, 160

   cozinha, 346, 348

   estradas, 264

   vinhos, 286, 314

Bourgogne, canal de, 286

Braconne, floresta de (Charente), 96

Bramabiau, Abîme de (Gard), 387

Branco, monte. *Ver* Mont Blanc

Brande, região de, 31, 250

Bray, Pays de. *Ver* Pays de Bray

Brenne, região de, 32

Bresse, La (Vosges), 57-8

Brest (Finistère), 51, 70, 124, 175, 354, 364, 394

Bretagne, província de, 19, 25, 64, 153, 164, 349, 364, 365, 367, 379, 405, 413

   animais, 208, 209

   arte, 236

   charneca, 315

   contrabando, 188

   costa, 365, 384

   cotidiano, 107, 114, 116, 117, 120, 130, 133

   cozinha, 345, 349

   criação de animais, 206-7, 208

   estradas, 175, 176, 264, 265, 269

   florestas, 37-8

   leis, 57

   língua, 380

   mapas, 238, 255

   moda, 372-3

   santo padroeiro, 153

   trabalhadores migrantes, 193

ÍNDICE GEOGRÁFICO

tribos/população, 47, 50, 55, 64
turismo, 330, 335, 363, 367
Briançon (Hautes-Alpes), 91, 178, 332
Briançon, maná de, 332
Briare, canal de, 194
Brie, região de, 36, 54, 183, 308, 353
Brighton, 363
Brive-la-Gaillarde (Corrèze), 119
Broquiès (Aveyron), 239
Brouage (Charente-Maritime), 302-3
Brousse-le-Château (Aveyron), 239
Bruère-Allichamps (Cher), 403
Bruxelas, 294
Buenos Aires, 190
Bugarach (Aude), 410
Bugarach, Pech de, 410, 411
Buissoncourt-en-France (Meurthe-et-Moselle), 62
Burgnac (Haute-Vienne), 161

Cabília, 19, 398
Cabourg-les-Bains (Calvados), 363, 368
Cabrerets (Lot), 110
Caen (Calvados), 193
Cagots, Les, bairro de Hagetmau (Landes), 69n
Cahors (Lot), 110, 111
Cailhaou d'Arriba-Pardin, próximo a Poubeau (Haute-Garonne), 156-7
Calais (Pas-de-Calais), 188, 287, 291, 335, 336
Califórnia, 238
Californie (lieu-dit), 67
Calvados, departamento de, 162
Camargue, delta da, 36, 145, 215, 320, 332
Cambrai (Nord), 92
Campo de Março, Palácio do. Ver Palais du Champ de Mars
Canada (lieu-dit), 67
Canigou, monte, 316
Canjuers, Grand Plan de (Var), 391

Canjuers, zona militar de (Var), 391
Cannes (Alpes-Maritimes), 298, 400
Cantal, departamento de, 94, 97, 182, 189, 193, 384
Cantal, planalto de, 26, 182, 189, 193, 384
Cap Ferret (Gironde), 365
Capbreton (Landes), 318
Caraponne, canal de, 316
Carcassonne (Aude), 90, 93, 277, 337, 402
Carnac (Morbihan), 89, 155, 365
Carpentras (Vaucluse), 92
Carpentras, planície de, 316
"castanha, cinturão da", 121-2
Casteljaloux (Lot-et-Garonne), 71n
Castellane (Alpes-de-Haute-Provence), 320, 389
Castetbon (Pyrénées-Atlantiques), 71
Castres (Tarn), 237
Catalunha, 50, 88, 316, 379-80
Catus (Lot), 110-1
Causse Noir, 385-6
Causses, planaltos dos, 52, 219, 339, 400
Cauterets (Hautes-Pyrénées), 362
Caux, Pays de. Ver Pays de Caux
Cayenne (lieu-dit), 67
Caze, La, próximo a Aubin (Aveyron), 312
Cellefroiun (Charente), 93
Cemmenus. Ver Cévennes
Cenabum (Orléans romana), 177
Cenis, passo e túnel do monte (Savoie), 213, 271, 351, 353
Cercottes (Loiret), 199
Cerdagne (Cerdanha), região de, 93
Cerdanha. Ver Cerdagne
Cevenas. Ver Cévennes
Cévennes (Cevenas), maciços das, 26, 39-40, 145, 163, 180, 219, 267, 275, 288, 300, 305, 313
Chalindrey (Haute-Marne), 265

502   A DESCOBERTA DA FRANÇA

Châlons-en-Champagne (Châlons-sur-Marne) (Marne), 376

Chalon-sur-Saône (Saône-et-Loire), 279

Chalosse, região de, 46

Chambon, lago (Puy-de-Dôme), 384

Chambre d'Amour, Biarritz, 367

Chamonix ou Chamouni, vilarejo e vale de (Haute-Savoie), 210, 221, 234, 326-7, 367

   população de, 326-7

Champagne (Champanha, ou Champanhe), província e região de, 32, 54, 140, 178, 235, 265, 308, 348

Champagne pouilleuse, 54, 140

Champanha ou Champanhe. *Ver* Champagne

Champs-Élysées, Paris, 185, 332, 402

Chanteloup, pagode de, Amboise (Indre-et-Loire), 331

Chantilly (Oise), 35, 331

Chapelle-Saint-Ursin, La (Cher), 402-3

Charente, região de, 316

Charente, rio, 96, 173

Charité-sur-Loire, La (Nièvre), 30, 337

Charlieu (Loire), 179

Charolais, canal de, 286

Charost (Cher), 63

Chartres (Eure-et-Loir), 165, 199, 250, 393, 395

Châteauroux (Indre), 31

Château-Ville-Vieille (Hautes-Alpes), 406

Châtelet, Paris, 193

Chaudun (Hautes-Alpes), 322-3, 325

Chaudun, Cirque de, 322-3

Chaussée d'Antin, 294

Chaussée, La (topônimo), 265

"chemin de la duchesse Anne", 265

Chêne, Le, próximo a Saint-Philibert-de-Bouaine (Vendée), 301

Cher, departamento de, 59, 254

Cher, rio, 277n, 319

Cherbourg (Cherburgo) (Manche), 49, 51

Cherburgo. *Ver* Cherbourg

Cheylard-l'Évêque (Lozère), 181

Clermont d'Excideuil (Dordogne), 171

Clermont-Ferrand (Puy-de-Dôme), 27, 34, 96, 119, 151, 265, 307

Cloisters Museum, Manhattan, 337

Cluny, abadia de (Saône-et-Loire), 329, 338

Colmar (Haut-Rhin), 125, 289, 311

Colombey-les-Belles (Meurthe-et-Moselle), 61

Combourg (Ille-et-Vilaine), 120

Comédie Française, Paris, 411

Compostela. *Ver* Santiago de Compostela

Conches-en-Ouche (Eure), 355

Corbeil (Essonne), 258n

Corbières, montes, 316, 319, 410

Cordouan, farol de, 227

Corniche Sublime, gargantas do Verdon, 391

Cornualha, 188

Corrèze, departamento de, 357

Corse (Córsega), 80, 88, 93, 102, 135, 194, 244, 247, 251, 296, 313, 369, 379, 380, 403

Córsega. *Ver* Corse

Corte (Haute-Corse), 251

Côte d'Argent, 384

Côte d'Azur, 47, 89, 159, 332, 357, 384, 400

Côte Émeraude, 384

Côte Sauvage, 384

Cotentin, península de, 136, 151

Côtes-du-Nord, departamento de (hoje Côtes-d'Armor), 97

Couserans, região de (Ariège), 207-8

Couvin, Bélgica, 51

Cransac (Aveyron), 312

Crau, planície de, 145, 219, 316

Crescente, zona linguística do, 85, 95-6

Creuse, departamento de, 197, 201, 262

Creusot, Le (Saône-et-Loire), 310, 313, 381, 383

ÍNDICE GEOGRÁFICO

Croisset, próximo a Rouen (Seine-Maritime), 128

CUDL (Comunidade Urbana de Lille), 310

Cuq (Tarn), 237

Cure, rio, 46

Dammartin-en-Goële (Seine-et-Marne), 227, 229, 237

Dargilan, gruta de (Lozère), 387

Darnac (Haute-Vienne), 171

Dauphiné (Delfinado), província de, 91, 183, 184, 190, 331, 383

Dax (Landes), 319

Deauville (Calvados), 363

Decazeville (Aveyron), 310, 312-3

Découverte, Mine de la, Decazeville, 313

Delfinado. *Ver* Dauphiné

Deux Mers, Canal des (canal dos Dois Mares), 278

Dévoluy, maciço de, Alpes franceses, 322-3

Dgonen (Pyrénées-Atlantiques), 71

Diabo, Cidadela do. *Ver* Montpellier-le-Vieux

Dieppe (Seine-Maritime), 46, 47, 125, 296, 363, 366, 375

Digne-les-Bains (Alpes-de-Haute-Provence), 194, 219, 320

Dijon (Côte-d'Or), 119, 176, 194, 286, 327, 348, 358

Dive, rio, 66

Dois Mares, canal dos. *Ver* Deux Mers, Canal des

"Dólmen, Le", café-bar, 156

Dombasle-en-Argonne (Meuse), 140, 143, 406

Dombes, planalto de, 32, 178, 310, 315

Domrémy-la-Pucelle (Vosges), 150

Dordogne (Dordonha), departamento de, 32, 36, 97, 105, 276, 384

Dordogne (Dordonha), rio, 277n, 384, 399

Dordonha. *Ver* Dordogne

Dos du Loup, Le, monte (Ardennes), 244

Douai (Nord), 92

Double, região de, 32, 316

Dover, 188, 247

Doyenné, bairro de, Paris, 411

Drac, rio, 320

Dreux (Eure-et-Loir), 240, 294

Drôme, departamento de, 190

Dronne, rio, 96

Duhort (Landes), 69n

Dune de Pyla (duna de Pyla) (Gironde), 365

Dunkerque (Dunquerque) (Nord), 229, 402

Durance, rio, 219, 320, 389

Eaux-Bonnes (Pyrénées-Atlantiques), 326, 362

Eaux-Chaudes (Pyrénées-Atlantiques), 43, 44

Échourgnac (Dordogne), 316

École des Mines (Paris), 253

École des Ponts et Chaussées, 262

Écossais, Les (Allier), 63

Écrins, crista dos, Alpes franceses, 83

Eiffel, torre, 201, 314, 373, 384

Elba, ilha de, 270, 273, 298, 322

Entre-Deux-Mers, região de, 256

Ercé (Ariège), 208

Erdeven (Morbihan), 89, 340

Ergué-Gebéric (Finistère), 115

Escamps (Lot), 111

Escócia, 63, 180, 297

Escola de Minas de Paris. *Ver* École des Mines

Escola de Pontes e Calçadas. *Ver* École des Ponts et Chaussées

Eslovênia, 216n

Espanha, 44, 69, 182, 186, 187, 196, 219, 247, 252, 277, 360, 367, 413

Espère (Lot), 112

Estables, Les (Haute-Loire), 27, 28, 41, 232, 239

Estados Unidos da América, 387, 390

Estaque, serra de, 296

504 A DESCOBERTA DA FRANÇA

Esterel, maciço de (Var), 32
Estrasburgo. *Ver* Strasbourg
Étampes (Orne), 294
Étaples (Pas-de-Calais), 166
Étretat (Seine-Maritime), 364
Étroit de la Quille, gargantas do Verdon, 391
Eugénie-les-Bains (Landes), 359
Eure, rio, 277

Figeac (Lot), 110
Finistère, departamento de, 39, 105, 138, 179
Flandre (Flandres), província de, 30, 38, 80, 94, 104, 106, 122, 127, 233, 253, 267, 294, 310, 313, 321, 382
Flandres. *Ver* Flandre
Flavignac (Haute-Vienne), 53
Flers (Orne), 155
Florac (Lozère), 164
Florença, 325
Folie, La, próximo a Sausset-les-Pins (Bouches-du-Rhône), 297
Folie, La, próximo a Soissons (Aisne), 250
Font Vineuse, 331
Fontainebleau (Seine-et-Marne), 331, 399
Fontaine-de-Vaucluse (Vaucluse), 331, 332
Fontenay-le-Comte/Fontenay-le-Peuple (Vendée), 303
Forêts, departamento de (Luxemburgo), 97, 243, 244
Forez, região de, 26, 125, 179, 193
"França miniatura". *Ver* "France Miniature"
"France Miniature" ("França miniatura"), parque temático, 255
Franche-Comté (Franco-Condado), província de, 34, 83, 122, 178
Franco-Condado. *Ver* Franche-Comté
Frankfurt am Main, 291
Fréjus (Var), 215, 273
front ocidental, 321
Frumade (*lieu-dit*), 220

Gália. *Ver* Gallia
Gallia (Gália), 20, 21, 29, 33, 41, 51, 53, 71, 151, 153, 190, 207, 238, 257, 275, 292, 296
Gallia Narbonensis (Gália Narbonense), 220
Gap (Hautes-Alpes), 219, 298, 305, 322
Garabit, viaduto de (Cantal), 384
Gard, departamento de, 314
Gare du Nord, Paris, 47
Gare Montparnasse, Paris, 255
Garona. *Ver* Garonne
Garonne (Garona), rio, 32, 38, 178, 277, 277n, 329
Garonne, Canal Lateral ao, 278
gascão. *Ver gascon*
Gascogne (Gasconha), província da, 50, 69, 73, 137, 182, 213, 317, 371
gascon (gascão) (língua), 90
Gasconha. Ver Gascogne
Gâtebourse (*lieu-dit*), 68
Gâtefer (*lieu-dit*), 68
Gâtinais, região de Île-de-France, 183
Gâtine, região de Poitou, 128
Gavarnie, Cirque de (Hautes-Pyrénées), 331
Gave de Pau, rio, 146
Gelo, Mar de. *Ver* Mer de Glace
Genebra. *Ver* Genève
Genève (Genebra), 85n, 326, 327
Génissiat, barragem de (Ain), 279n
Gennevilliers (Hauts-de-Seine), 218
Gênova, 400
Gérardmer (Vosges), 385
Gerbier de Jonc, Le, monte, 25-6, 330, 409-10
Gergovie (Puy-de-Dôme), 355
Gers, departamento de, 337, 407
Gévaudan, região de, 136, 166n
Gier, vale do, 309
Gironda. *Ver* Gironde
Gironde (Gironda)
    departamento de, 63, 151, 317

ÍNDICE GEOGRÁFICO

estuário do, 85, 227, 299

península de, 76, 279

Glace, Mer de. *Ver* Mer de Glace

Gleize, passo de/passo de Chaudun (Hautes-Alpes), 323

Goust (Pyrénées-Atlantiques), 43-5, 47, 67

Grã-Bretanha, 105, 131, 191, 208, 245, 252-3, 309, 310, 334

Graçay (Cher), 235

Grand Ballon, monte, 62

Grand Canyon. *Ver* Verdon, gargantas do

Grand Chemin de France au Piémont", 246-7

"Grand Chemin, Le" (topônimo), 265

"Grand Saint Bernard (Grande São Bernardo), passo do, 212, 217, 271

Grande Crau, 145

Grande Lande, região de, 318

Grande São Bernardo. *Ver* Grand Saint Bernard

Granville (Manche), 136, 188

Grasse (Alpes-Maritimes), 89, 167, 194

Gravelines (Nord), 303

Grécia, 305

Greenwich, meridiano de, 402

Grenelle, Paris, 191

Grenoble (Isère), 85n, 150, 190, 249, 298, 322, 332

Grenoble, Universidade de, 405

Grévin, museu. *Ver* Musée Grévin

Grosses-Saules, 265

Guadalupe. *Ver* Guadeloupe

Guadeloupe (Guadalupe), 285

Guengat (Finistère), 114

Guéret (Creuse), 85, 197, 251

Guernsey, 110

Guiana. *Ver* Guyenne

Guingamp (Côtes-d'Armor), 394

Guyenne (Guiana), província de, 193

Hagetmau (Landes), 69, 70n

Halles, Les, Paris, 193, 348

Ham (Somme), 302

Hamburgo, 243

Hastings, 188

Haudiomont (Meuse), 168

Haute-Loire (Alto Loire), departamento de, 159, 264

Haute-Marne (Alto Marne), departamento de, 179, 193

Hautes-Alpes (Altos Alpes), departamento de, 271

Hautpon, subúrbio de Saint-Omer, 47

Haut-Rhin (Alto Reno), departamento de, 97

Havre, Le (Seine-Maritime), 128, 175, 283

Hennebont (Morbihan), 71

Hoedic, ilha de (Morbihan), 57, 400

Houat, ilha de (Morbihan), 57, 400

Houlgate (Calvados), 364

Hyères (Var), 307

Île-de-France, 80, 370

Ille-et-Vilaine, departamento de, 37-8

Illiers-Combray (Eure-et-Loir), 250

Inaccessible, monte (monte Aiguille), 331

Índias Ocidentais, 243

Indochina, 384

Indre, departamento de, 31, 132

Inglaterra, 252-3, 334, 349

Iraty, floresta de, 34, 347

Irlanda, 297, 387

Iseran, passo do (Savoie), 234

Isère, departamento de, 58n, 190

Isigny-sur-Mer (Calvados), 348

Issaux, floresta de (Pyrénées-Atlantiques), 34

Issoudun (Indre), 31, 63, 235, 237

Itália, 180, 187, 196, 252, 271, 277, 299, 325, 358, 398

Izoard, passo de (Hautes-Alpes), 406

Jardin des Plantes, Paris, 208, 258n

Jardin du Luxembourg, Paris, 402

506 A DESCOBERTA DA FRANÇA

Jemappes, departamento de, 243
Jemmapes. *Ver* Jemappes
Jersey, 110
Jordão, rio, 193
Jumièges, abadia de (Seine-Maritime), 214, 338
Jura, departamento de, 97
Jura, montanhas do, 26, 30, 78, 107, 112, 178, 205, 212, 213, 214, 219, 222, 233, 382
Jurvielle, rocha falante de (Haute-Garonne), 157

Kerfeunteun (Finistère), 115

L'Isle-Adam (Val-d' Oise), 33
Labouheyre (Landes), 318
Laffrey, monte (Isère), 270
Lafitte-sur-Lot (Lot-et-Garonne), 265
Lagast, monte (Aveyron), 240-2
Lamalou-les-Bains (Hérault), 359
landais, 195, 318, 329
Landas. *Ver* Landes
Landemer-Gréville (Manche), 364
Landes (Landas), departamento de, 317-8
Landes (Landas), região de, 32, 70, 178, 215, 252, 329, 399
    animais, 215-6
    cozinha, 346
    estradas, 263
    florestação, 316-8
    língua, 90
    mapas, 235, 238, 252
    pastores, 289
    trabalhadores migrantes, 219-20
Landrecies (Nord), 285
Langon (Ille-et-Vilaine), capela de santa Águeda, 153
Langres (Haute-Marne), 265, 327
Languedoc, província de, 33, 69, 178, 195, 371

cotidiano, 119, 137
língua do, 82, 83
criação de animais, 219, 220
mapas, 236
estradas, 264, 267
difusão das notícias, 178
viagens, 277-8, 291
Laon (Aisne), 348
Laon, catedral de, 154, 339
Lasalle (Gard), 90
Latin, Quartier. *Ver* Quartier Latin
Lauragais, região de, 93, 277, 278
Lautenbach (Haut-Rhin), 62
Laval (Mayenne), 188
Lavaur (Tarn), 237
Lavignac (Haute-Vienne), 53
Léman, lago, Genève, 327, 400
Lens (Pas-de-Calais), 398
Levante, 277, 326
Libournais, região de, 316
Libourne (Gironde), 195, 196, 276
Liège, Bélgica, 244-5
lieu-dit ("lugar dito"), 67
Lieusaint (Seine-et-Marne), 229n
Lille (Nord), 34, 37, 92, 106, 123, 310
Limagne, região de, 84
Limoges (Haute-Vienne), 85, 96, 112, 250, 265-6, 269
Limousin (Limusino), província de, 49, 53, 58n, 161, 163, 171, 194, 197, 202, 267, 384, 405
Limusino. *Ver* Limousin
Lion, golfo de, 145
Lodève (Hérault), 90
Loin-du-bruit (*lieu-dit*), 67
Loir, rio, 105-6
Loire Inferior. *Ver* Loire-Inférieure
Loire, Pays de la. *Ver* Pays de la Loire
Loire, rio, 25, 26, 85, 105, 195, 277, 277n, 279, 284-5, 291, 297, 302, 308, 319, 331

ÍNDICE GEOGRÁFICO

estuário do, 297

nascentes do, 409

Loire, vale do, 76, 105, 156, 195, 198, 199, 262, 284, 291, 297, 335

Loire-Inférieure (Loire Inferior), departamento de, 333

Loiret, departamento de, 100, 206

Loiret, rio, 277n

Loir-et-Cher, departamento de, 77

Londres, 253, 291, 301, 348

Longjumeau (Essonne), 200

Longpont, próximo a Mortagne-au-Perche (Orne), 186

Lorena, província de, 61, 92, 101, 117, 194, 253, 267, 289, 304, 313, 370, 377, 403

anexação da, 30, 80

Lot, departamento de, 53, 311-2

Lot, rio, 265, 276, 311-2, 384

Lotaríngia, 140

"Lou Clapas". *Ver* Montpellier-le-Vieux

Lou Puech que Ard (Aveyron), 311

Louisiana, 303

Loup-garou, Le (*lieu-dit*), 67

Lourdes (Hautes-Pyrénées), 92, 147-51, 153, 156, 362

Louvie, passo de, 212n

Louvre, Paris, 299, 344, 358, 411

Lozère, departamento de, 330

Ludres (Meurthe-et-Moselle), 62

Lupcourt (Meurthe-et-Moselle), 62

Lurbe (Landes), 70

Luxembourg (Luxemburgo), 97, 243, 294

Luxemburgo. *Ver* Luxembourg

Luz-Saint-Sauveur (Hautes-Pyrénées), 212

Lyon (Rhône), 26, 28, 30, 79, 96, 175, 177, 182, 184, 191, 284, 287, 292, 304

corridas de ciclismo, 397

enchentes de 1856, 319

indústria, 304

ordem civil, 123

orgulho da terra, 358

transporte, 266, 270, 279, 284, 292, 353

turismo, 325, 331

Lyonnais, província e morros de, 26, 49, 195, 307

Lys, departamento de, 92

Lysel, subúrbio de Saint-Omer, 47

macaréu, 399

Maciço Central. *Ver* Massif Central

Mâcon (Saône-et-Loire), 337

Maine, província de, 188, 209

Maintenon (Eure-et-Loir), 277

Maladetta, pico de, 212, 326

Malcontent (*lieu-dit*), 68

Malditos, montes. *Ver* Montagnes Maudites

Mancha, canal da, 30, 33, 38, 103, 151, 252-3, 296, 297, 363, 383

Mandeure (Doubs), 59, 63

Manhattan, 190, 337

Mans, Le (Sarthe), 34

Mans, Le, catedral de, 154

Marais Poitevin, 65, 288, 303, 332

Marche, La, província de, 95

Marly-le-Roi (Yvelines), 265, 277

Marne, rio, 189, 277n, 376

Marne-Rhin, canal, 376

Marquèze (Landes), 317

Marseille (Marselha) (Bouches-du-Rhône), 33, 173, 182, 266, 296, 305, 352, 358, 382, 389, 397

cabanons, 306-7

comércio, 305

corridas de ciclismo, 397

fábricas, 191

língua, 90, 91

ordem civil, 124

trabalhadores migrantes, 1b -2

viagem, 33, 173, 182, 351-2

Mars-la-Tour (Meurthe-et-Moselle), 126. 142

508 A DESCOBERTA DA FRANÇA

Martineiche (Creuse), 197

Massabielle, gruta de, Lourdes (Hautes-Pyrénées), 148

Massif Central (Maciço Central), 26, 85, 101, 162, 178, 180, 189, 195, 310, 315, 408

Matignon (Côtes-d'Armor), 133

Maubert (Aveyron), 386

Maubeuge (Nord), 303

Maugué, Le, gargantas do Verdon, 392

Mauléon-Licharre (Pyrénées-Atlantiques), 34

Mauvais-vent (*lieu-dit*), 68

Mayenne, departamento de, 381

Medalha Milagrosa, capela de Nossa Senhora da, Paris, 332

Mediterrâneo, 29, 123, 178, 180, 189, 255, 271, 303, 305, 370

mar, 189, 271, 291, 382, 389

portos do, 25, 33, 303, 305, 315

Melun (Seine-et-Marne), 229n

Mende (Lozère), 330

Menton (Alpes-Maritimes), 89

Mer de Glace (Mar de Gelo), 327-8, 329

Merdogne. *Ver* Gergovie

Mers-les-Bains (Somme), 364

metrô, Paris, 389, 413

Metz (Moselle), 75

Meurthe, rio, 62

Meuse (Mosa), rio, 141, 311

México, golfo do, 115, 285

Mézenc, maciço do, 26-8. *Ver tb.* Gerbier de Jonc

Midi, Canal du (canal do Midi), 277, 278, 285, 286, 331, 382

Milão, 184

Millau (Aveyron), 241, 245

Millau, viaduto, 404

Millevaches, planalto de, 178

Mimizan (Landes), 32, 318

Molac, floresta de (Morbihan), 38

Molines (Hautes-Alpes), 406

Monaco (Mônaco), 400

Monastier-sur-Gazeille, Le (Haute-Loire), 180, 288

Moncel-sur-Seille (Meurthe-et-Moselle), 61

Monein (Pyrénées-Atlantiques), 69n

Mons (Var), 89

Mons, Bélgica, 285

Mont Aiguille. *Ver* Inaccessible, monte

Mont Blanc (monte Branco), 25, 234, 329

Mont Blanc (Monte Branco), departamento de (Savoie), 97, 234

"Mont Maudite" (Mont Blanc), 234

Mont Terri (monte Terri), 243

Mont Ventoux (monte Ventoux), 25, 281, 287, 290, 321, 328

Montagne Noire (montanha Negra), 240, 277, 373

Montagne Sainte-Victoire (montanha Santa Vitória), 307

Montagne-au-Perche (Orne), 340, 394

Montagnes Maudites (montes Malditos), 326

Montauban (Tarn-et-Garonne), 79

Montbéliard (Doubs), 163, 163n

Montceau-les-Mines (Saône-et-Loire), 310

Montclar (Aveyron), 52

Mont-de-Marsan (Landes), 90, 318, 319

Mont-Dore, Le (Puy-de-Dôme), 193

Monte-Carlo (Monaco), 400

Montélimar (Drôme), 405

Montenvers, geleira de, 326, 327

Montereau-Fault-Yonne (Seine-et-Marne), 279

Montjay (Essonne), 230

Montjean (Mayenne), 381

Montjoie (Loiret), 199

Montjoux (Drôme), 405

Montluçon (Allier), 191, 401

Montmartre, Paris, 191, 227, 228, 229, 299, 411

Montmorency (Val-d'Oise), 348

Montpellier (Hérault), 163, 163n, 190, 193, 266, 279, 358

ÍNDICE GEOGRÁFICO

Montpellier-le-Vieux (Aveyron), 385-6

Montrouge (Hauts-de-Seine), 200

Mont-Sainte-Odile (Bas-Rhin), 265

Mont-Saint-Michel, Le (Manche), 160, 331, 338

Montségur (Ariège), 334

Mont-Terrible (Monte Terrível), departamento de (Jura suíço), 97, 243

Morbihan, departamento de, 38, 55, 340

Morlais (Finistère), 269

Morvan, região de, 193, 207, 265, 276, 346, 384

Mosa. *Ver* Meuse

Moscou, retirada de (1812), 30, 272

Moselle, departamento de, 88

Motte Tremblante, 331

Motte-de-Galaure (Drôme), 405

Moulins (Allier), 63, 124, 266, 398

Moumour (Pyrénées-Atlantiques), 70

Moustiers-de-Sainte-Marie (Alpes-de-Haute-Provence), 389

Mouzon (Ardennes), 168

Mulhouse (Haut-Rhin), 125

Mur de la Peste (Muro da Peste) (Vaucluse), 306

Musée d'Ethnographie (Museu de Etnografia), Paris, 373

Musée Grévin (Museu Grévin), Paris, 379

Musée National des Arts et Traditions Populaires (Museu Nacional das Artes e Tradições Populares), Paris, 220

Nancy (Meurthe-et-Moselle), 62, 113, 333, 358, 376

Nangis (Seine-et-Marne), 121

Nant (Aveyron), 241

Nantes (Loire-Atlantique), 33, 35, 37, 124, 195, 279, 285, 297, 299, 300, 358, 397

Napoléon, Napoléonville ou Napoléon-Vendée. *Ver* Roche-sur-Yon, La

Nápoles, 325

Narbonne (Aude), 314

Nasbinals (Lozère), 171

Navarra, 69, 402

Navarrenx (Pyrénées-Atlantiques), 69n, 70

Negra, montanha. *Ver Montagne Noire*

Nemours (Seine-et-Marne), 178

Nérac (Lot-et-Garonne), 264

Neuf-Brisach (Haut-Rhin), 303

Neufchâtel-en-Bray (Seine-Maritime), 125

Nevers (Nièvre), 124

Nez de Cyrano, Le, Montpellier-le-Vieux, 386-7

Nice (Alpes-Maritimes), 187, 213, 216, 219, 247, 314, 344, 352, 400, 403

Nièvre, departamento de, 104

Nilo, batalha do, 271

Nîmes (Gard), 33, 64, 84, 163, 163n, 192, 193, 216, 276, 307, 331, 343, 357, 399

Niort (Deux-Sèvres), 293

Nitry (Yonne), 46

Nizonne, rio, 78

Nogent-sur-Seine (Aube), 279, 282

Nonancourt (Eure), 294

Nord (Norte), departamento de, 58n, 60, 97, 179, 304

Normandie, província da, 155, 158, 167, 178, 186, 191, 193, 232n, 255, 303, 355

animais, 214

corridas de ciclismo, 394

cotidiano na, 104, 126, 135, 136, 352

estradas, 267

litoral, 303, 352, 355, 363

tribos/população, 47

Norte. *Ver* Nord

Notre-Dame de Paris, catedral de, 154n, 171, 245, 280

Notre-Dame des Cyclistes (Landes), 161

Notre-Dame-de-Brusc, próximo a Grasse (Alpes-Maritimes), 167

Notre-Dame-de-Héas (Hautes-Pyrénées), 159
Notre-Dame-de-la-Grande, Poitiers, 337
Nouveau Monde, Le (*lieu-dit*), 67
Nouvion-en-Thiérache, Le (Aisne), 377
Nova Caledônia, 373
Nova Orleãs, 285
Nuaz, La (*lieu-dit*), 68

Observatório, Paris, 200, 227, 233, 242, 247
Oisans, região de, 91, 190, 219
Oise, rio, 189, 285
Oléron, ilha de (Charente-Maritime), 292
Oloron-Sainte-Marie (Pyrénées-Atlantiques), 72n
Opéra, Paris, 185
Orange (Vaucluse), 64, 175, 331, 337, 338
Oriente Médio, 305
Orléans (Orleãs) (Loiret), 51, 177, 197-8, 200, 230, 258n, 279, 293, 294, 335, 413
Orne, departamento de, 193
Ossau, vale de, 368
Ostend, Oostende (Ostende), 365

Padirac, despenhadeiro de (Lot), 387
Paimpont, floresta de (Ille-et-Vilaine), 165
Pain-perdu (*lieu-dit*), 68
País Basco. *Ver* Pays Basque
Países Baixos, 206, 283-4
Palais des Papes (Palácio dos Papas), Avignon, 281, 338
Palais du Champ de Mars (Palácio do Campo de Março), Paris, 373
Panthéon (Panteão), Paris, 200-2
Panticosa, Espanha, 342
Papas, Palácio dos. *Ver* Palais des Papes
Parapluie (*lieu-dit*), 68
Paris, bacia de, 34, 182, 183, 278
Paris, 19, 20, 29, 31, 33, 39, 128, 173, 174, 178, 189, 197, 247, 298, 356, 376, 382, 383

"andorinhas do inverno", 182, 183
cães, 206-7, 209, 218-9
cidades satélites, 304
construção de, 275-7
corridas de ciclismo, 393-4, 398
cozinha, 348-9
crianças abandonadas, 117-8
departamento de, 97
desindustrialização, 309
diversidade linguística, 80, 83
Eiffel, Gustave, e, 21
estradas, 264, 265-6, 273, 352, 403
expansão, 189
expectativa de vida, 105
favelas, 412-3
"Grand Départ", 308
horário de, 354
ilegitimidade, 60
mapas, 227-30, 232-3, 237, 238, 252, 253-4
meridiano de, 402-3, 411-2, 414
migração popular, 193-4, 201-2
mobilidade social, 358
moda, 372-3
ordem civil, 124
população, 37, 38, 305
prestígio de, 358-9
profissões de, 131-2
propagação de notícias, 176, 178
Revolucionária, 122-3, 142, 143, 227-8
Saint-Merry, massacre de, 301
subúrbios, 19, 254-5, 304-5, 306, 411, 413
trânsito, 35
transporte, 258, 280-1, 283-4, 287, 290-1, 389
turismo, 329, 330, 331
Paris-Lyon, estrada, 292
Paris-Toulouse, estrada, 31
Pas-de-Calais, departamento de, 76, 105, 180, 304, 313
Pau (Pyrénées-Atlantiques), 336

ÍNDICE GEOGRÁFICO

Pays Basque (País Basco), 34, 66n, 68, 72, 107, 137, 180, 188, 213, 378-9

Pays de Bray, 53

Pays de Caux, 348, 372

Pays de la Loire, 53

Pecq, Le (Yvelines), 258n

Peira Dreita, passo da (Aude), 316

"Pequenas Regiões Agrícolas", 54

Pequeno São Bernardo. Ver Petit Saint-Bernard

Perche, região de, 186, 340

Périgord, província de, 49, 91, 163, 190, 348

Périgueux (Dordogne), 78

Péronne (Somme), 203

Perpignan (Pyrénées-Orientales), 229n, 231, 249, 316, 402

Perte du Rhône (Ain), 279, 279n, 331

Perte-de-temps (lieu-dit), 68

Pertre, Le, floresta (Ille-et-Vilaine), 37

Petit Saint-Bernard (Pequeno São Bernardo), passo do (Savoie), 93

Petrarca e Laura, casa de, 332

Peyrelade (Haute-Garonne), 157

Peyresourde, passo de (Haute-Garonne), 69, 156, 158

Phalsbourg (Moselle), 382

Picardie (Picardia), província de, 57, 178, 204, 209, 311, 321, 369, 377

Piedmont, 183, 184, 193, 219

Pied-Mouillé (lieu-dit), 68

Pierrelatte, canal de, 316

Pireneus (Pyrénées), 30, 32, 43, 44, 59, 69n, 147-50, 159, 181, 193, 351, 395, 399, 412

  canais, 277

  cotidiano, 103, 104, 107, 109

  cozinha, 347

  criação de animais, 221, 222, 224-5

  desmatamento, 321

  estações hidrominerais, 360, 361-2, 368

  estradas, 255, 360

  línguas, 88, 90, 93

  mapas, 241, 247, 255

  paz dos (1659), 247

  política, 356

  rios, 275

  turismo, 328, 329, 330, 331, 333, 336, 342, 347, 356

  ursos dos, 216n, 217

  viagem, 289

  vida selvagem, 212, 216n, 217

Plan (Isère), 405

Planès (Pyrénées-Orientales), 249

Plateau des Fossiles (Planalto dos Fósseis), gargantas do Verdon, 391

Plénée (Côtes-d'Armor), 133

Plombières-les-Bains (Vosges), 76

Pluguffan (Finistère), 115

Plymouth, 188

"Point-Zéro" ("Marco Zero"), Notre-Dame-de-Paris, 154n

Poissy (Yvelines), 283

Poitiers (Vienne), 173, 198, 264, 265, 294, 300, 337

Poitiers, batalha de, 377

Poitou, província de, 63, 64, 106, 128, 135, 163n, 182, 253, 265, 297, 302, 394. Ver tb. Marais poitevin

Pompey (Meurthe-et-Moselle), 113

Pont du Gard (ponte do Gard), 219, 276, 331

Pont Neuf (ponte Nova), Paris, 200

Pont Saint-Michel (ponte Saint-Michel), Paris, 413

Pontarion (Creuse), 197

Pontarlier (Doubs), 112

Pont-Aven (Finistère), 367

Pont-de-Beauvoisin, Le (Isére e Savoia), 187

Pont-de-Soleils (Alpes-de-Haute-Provence), 391

Pontoise (Val-d'Oise), 387

Pont-Saint-Esprit (Gard), 284

Port, Le (topônimo), 276

512 A DESCOBERTA DA FRANÇA

Porte de Mycènes, La, Montpellier-le-Vieux, 387

Porte de Saint-Cloud (porta de Saint-Cloud), Paris, 394

Portel, Le, subúrbio de Boulogne-sur-Mer, 46

Portugal, 196

Poubeau (Haute-Garonne), 156

Pradelles (Haute-Loire), 181

Prades (Pyrénées-Orientales), 337

Pré-alpes de Castellane, 389

Prends-toi-garde (*lieu-dit*), 68

Provence (Provença), província de, 19, 20, 25, 32, 160, 161, 163n, 168, 187, 195, 302, 313, 320, 369, 377, 384

  cotidiano, 123, 124, 135, 137, 138

  criação de animais, 219, 220, 221

  estradas, 180, 281

  mapas, 236

  notícias, 178

  população, 50, 57

  turismo, 329-30, 344, 364

  viagem, 93, 280-1, 282, 287

  vida selvagem, 213-4

Provins (Seine-et-Marne), 117, 191

Prússia, 256, 373

Puech Cani, próximo a Broquiès (Aveyron), 242

Puy Violent (Cantal), 231

Puy-en-Velay, Le (Haute-Loire), 26, 159, 167, 186

Pyla. *Ver* Dune de Pyla

Pyrénées. *Ver* Pireneus

Quartier Latin, Paris, 131, 184, 201

Quebec, 303

Quercy, província de, 79, 110, 111

Queyras, região de, 103, 107, 178, 406

Quiberon (Morbihan), 333

Quimper (Finistère), 69, 114, 176, 265, 373

Raffetot (Seine-Maritime), 375-7

Rambouillet (Yvelines), 237

Rambouillet, floresta de, 394

Regordane. *Ver* Voie Regordane

Reims (Marne), 248, 265, 338

Reims, catedral de, 338

Réméréville (Meurthe-et-Moselle), 61

Renânia, 38, 88, 107, 249

Rennes (Ille-et-Vilaine), 69, 70, 112, 117, 131, 210

Rennes-le-Château (Aude), 410

Rennes-les-Bains (Aude), 410

Reno (Rhin), rio, 30, 284, 289, 376

République, passo da (Loire), 399

Reventin, morro de (Isère), 270

Revercourt (Eure-et-Loir), 158

Reynier (Var), 159

Rheims. *Ver* Reims

Rhin. *Ver* Reno

Rhodanus (Ródano), 145

Rhône (Ródano), rio, 25, 219, 220, 277n, 278-9, 280, 284, 305, 306, 314, 320

  enchentes (1856), 319

Rhône (Ródano), vale do, 38, 174, 180, 182, 195, 212, 265, 270, 291, 305-6, 405

Ribiers (Hautes-Alpes), 163

Riquewihr (Haut-Rhin), 125

Ristolas (Hautes-Alpes), 406

Rive-de-Gier (Loire), 209, 310

Rivesaltes, zona militar de (Pyrénées-Orientales), 316

Riviera, 400

Rocamadour (Lot), 186

Rochefort (Charente-Maritime), 292-3, 331, 364

Rochefort-en-Valdaine (Drôme), 355

Rochelle, La (Charente-Maritime), 68, 163n, 279, 292, 300, 302-3

Roche-sur-Yon, La/Napoleón-Vendée (Vendée), 39, 303, 304n

ÍNDICE GEOGRÁFICO

Ródano. *Ver* Rhône
Rodez (Aveyron), 229
Rodez, catedral de, 231, 240
Roissy-Charles-de-Gaulle, aeroporto, 227
Roma, 151, 243, 325
Rome, Faubourg de, Issoudun, 63
Roncevaux (Ronceval, Roncesvalles), 72
Roquecezière, batalha de, 52, 59, 75
Roscoff (Finistère), 188, 210, 349
Rosières-aux-Salines (Meurthe-et-Moselle), 62
Rossilhão. *Ver* Roussillon
Rota da Sagração, Paris-Reims, 247-8, 265
Rota das Termas, Pyrénées, 360-1
Rota do *Grand Meaulnes* (Cher), 404
Rota dos Grandes Alpes, 400
Rota dos Vinhos, Alsace, 125
Rotas de Santiago, 73
Roubaix (Nord), 191, 310
Rouen (Seine-Maritime), 37, 127, 128-9, 173, 214, 283, 311, 371
Rouergue, província de, 220, 241
Rougon (Alpes-de-Haute-Provence), 390
Rousseland, próximo a Brécy (Cher), 30
Roussillon (Rossilhão), planície de, 316
Roussillon (Rossilhão), província de, 73, 80, 345
Royan (Charente-Maritime), 384
Rozel (Manche), 110
Rozier, Le (Lozère), 386
Rússia, 30, 212
Ry (Seine-Maritime), 127-9

Saara, deserto do, 320
Saarland. *Ver* Sarre
Sables-d'Olonne, Les (Vendée), 65
Sabres (Landes), 317
Sacy (Yonne), 46
Saint Gengoult, igreja de, Toul, 337
Saint-Amand-Montrond (Cher), 404
Saint-André (Morbihan), 55

Saint-Bénezet, ponte, Avignon, 281
Saint-Bernard (Savoie)
Saint-Bonnet (topônimo), 151
Saint-Brieuc (Côtes-d'Armor), 345
Saint-Cirice, próximo a Broquiès (Aveyron), 239, 242
Saint-Crépin (Aveyron), 52
Saint-Denis (Seine-Saint-Denis), 184, 185, 413
Saint-Denis, basílica de, 230, 337, 339
Sainte-Baume, maciço de (Bouches-du-Rhône e Var), 160, 196, 196n
Sainte-Croix, lago de (Alpes-de-Haute-Provence e Var), 390
Sainte-Marie-de-Campan (Hautes-Pyrénées), 342
Sainte-Menehould (Marne), 122-3
Saint-Emilion (Gironde), 256
Sainte-Opportune (Orne), 155
Sainte-Reine. *Ver* Alise-Sainte-Reine
Saintes (Charente-Maritime), 265, 279-80, 332
Saint-Etienne (Loire), 209, 304, 309, 399
Saint-Etienne-d'Orthe (Landes), 130
Saint-Forget (Yvelines), 111
Saint-Germain, feira de cães de, Paris, 209
Saint-Gilles (Gard), 180
Saint-Jean-du-Gard (Gard), 180, 288
Saint-Jean-Pied-de-Port (Pyrénées-Atlantiques), 56
Saint-Louis, ilha, Paris, 177
Saint-Malo (Ille-et-Vilaine), 97, 188
Saint-Malo-Genève, linha, 151-3, 233, 370
Saint-Martin-de-Carnac, próximo a Cuq (Tarn), 237, 240
Saint-Martin-du-Tertre (Val-d'Oise), 229
Saint-Maurice, gargantas do Verdon, 392
Saint-Maximin-la-Sainte-Baume (Var), 196n
Saint-Maymes (Alpes-de-Haute-Provence), 392

514 A DESCOBERTA DA FRANÇA

Saint-Merry, igreja de, Paris, 301
Saint-Michel-de-Cuxa, abadia de (Pyrénées-Orientales), 337
Saint-Nicolas-d'Aliermont. *Ver* Aliermont
Saint-Nicolas-de-Port (Meurthe-et-Moselle), 62
Saint-Omer (Pas-de-Calais), 46, 75
Saintonge, província de, 65
Saint-Oradoux-près-Crocq (Creuse), 193
Saint-Ouen (Seine-Saint-Denis), 413
Saint-Pé-de-Bigorre (Hautes-Pyrénées), 146
Saint-Raphaël (Var), 344
Saint-Remimont (Meurthe-et-Moselle), 61
Saint-Sauveur-sur-Tinée (Alpes-Maritimes), 355
Saint-Sernin-sur-Rance (Aveyron), 347-8
Saint-Sever (Seine-Maritime), 311
Saint-Tropez (Var), 400
Saint-Véran (Hautes-Alpes), 44, 47, 400, 406
Saint-Viâtre (Loir-et-Cher), 355
Salbris (Loir-et-Cher), 198
Salency (Oise), 57, 60
Salers (Cantal), 231
Salette-Fallavaux, La (Isère), 150
Salies-de-Béarn (Pyrénées-Atlantiques), 71
Salins-les-Bains (Jura), 79, 112
Salses-le-Château (Pyrénées-Orientales), 229n
Sambre, rio, 285
San Salvador. *Ver* Saint-Sauveur-sur-Tinée
San Sebastián, 66n
Santa Helena, ilha de, 178
Santa Vitória, montanha. *Ver* Montagne Sainte-Victoire
Santiago de Compostela, 72-3, 186, 329, 332
São Bernardo, passo do. *Ver* Grand Saint-Bernard; Petit
Saône, rio, 54, 59, 76, 178, 277n
Sarre (Saarland), 253
Sarrebourg (Moselle), 376
Sarthe, departamento de, 39

Saulzais-le-Potier (Cher), 403
Saumur (Maine-et-Loire), 156, 292-3, 300
Saverne, passo de (Bas-Rhin), 270, 291-2
Savoie (Savoia), 92, 138, 151, 183-5, 190, 215, 247, 279, 326, 327, 328, 331, 351, 369, 403, 413
Sceaux (Hauts-de-Seine), 200
Sebastopol, batalha de, 404
Sedan (Ardennes), 244-5
Sedan, batalha de, 256, 377
Seine, departamento de, 100, 263, 359n
Seine-Maritime (Sena Marítimo), departamento de, 241
Sena Marítimo. *Ver* Seine Maritime
Sena, rio e vale, 128, 160, 189, 200, 214, 277, 277n, 279, 283, 292, 308, 335
    nascente do rio, 331, 413
Sens (Yonne), 64, 199, 399
Sermoise (Aisne), 248
Sète (Hérault), 277, 278, 285
Sete Maravilhas do Dauphiné, 331, 333
Seuil de Naurouze, 277, 278
Severen, passo de, 212n
Sèvre, rio, 66
Sèvres (Hauts-de-Seine), 271
Sexey-les-Bois (Meurthe-et-Moselle), 111
Sibérie, La (*lieu-dit*), 68
Sicié, cabo (Var), 159
Signy-le-Petit (Ardennes), 332
Sigottier (Hautes-Alpes), 405
Simplon, passo do, 212
Six-Fours (Var), 158
Sixt (Haute-Savoie), 215
Soissons (Aisne), 248-9, 250
Soleis (Alpes-de-Haute-Provence), 391, 392
Solférino (Landes), 317
Sologne, região de, 31-2, 55, 178, 198, 308, 315
Somme, departamento de, 34
Songy (Marne), 348

ÍNDICE GEOGRÁFICO

Sorbonne, Paris, 200
Sotteville (Seine-Maritime), 311
Soulac-sur-Mer (Gironde), 251
Soule (Pays Basque), 66n
Souterraine, La (Creuse), 262
Souvigny-en-Sologne (Loir-et-Cher), 356
Sphynx, Le, Montpellier-le-Vieux, 386
Stevenson Trail (Rota de Stevenson), 180
Strasbourg (Estrasburgo) (Bas-Rhin), 142, 194, 289, 292, 311, 399, 349, 358, 376
Strasbourg, catedral de, 291, 339
Suez, canal de, 255, 314, 351
Suíça, 193, 243, 279, 321
Suíça. *Ver* Suisse
Suisse d'Alsace (Suíça alsaciana), 384
Suisse de Nice (Suíça niceense), 384
Suisse Normande (Suíça normanda), 384
Surjoux (Ain), 279

Tarare, monte (Rhône), 270
Tarn, departamento de, 64, 105, 237, 241
Tarn, gargantas do, 237-8, 384, 386
Tarn, rio, 237-8, 241, 276, 386
Temple, prisão de, Paris, 123
Tende, passo de (Alpes-Maritimes), 270
Terri. *Ver* Mont Terri
Texon (Haute-Vienne), 53
Thann (Haut-Rhin), 94
Thiérache, região de, 369, 377
Thiers (Puy-de-Dôme), 58, 302
Thivars (Eure-et-Loir), 393, 395
Thury-en-Valois (Oise), 232n
Tibre, departamento de, 243
Tirol, 321
Tonneins (Lot-et-Garonne), 246
Toul (Meurthe-et-Moselle), 337
Toulon (Var), 135n, 159, 175, 307, 331, 390
Toulouse (Haute-Garonne), 31, 35, 69, 73, 190, 285
  corridas de ciclismo, 397
  cozinha, 345, 347

  estradas, 262, 266, 267
  mapas, 246-7
  ordem civil, 123-4
  orgulho da terra, 358
  região de, 163, 277
  viagem por barco, 277, 278, 285
Toulven, próximo a Ergué-Gabéric (Finistère), 115
Touquet, Le (Pas-de-Calais), 363
Tour sans Venin, 332
Touraine, província de, 100, 109, 190, 336
Tourcoing (Nord), 310
Tourmalet, passo de (Hautes-Pyrénées), 360, 395
Tours (Indre-et-Loire), 119, 173, 279, 284, 294, 308, 319, 331, 335, 348
Tout-y-faut (*lieu-dit*), 68
Tranchée de Calonne (Meuse), 408
Trappe de Bonne-Espérance (Dordogne), 316
Traversette, passo de (Hautes-Alpes), 247
Tréguier (Côtes-d'Armor), 91, 168
Treignat (Allier), 402
Tremblevif. *Ver* Saint-Viâtre
Tréport, Le (Seine-Maritime), 366
Trocadéro, palácio do, Paris, 373
Trouville-sur-Mer (Calvados), 352, 363
Troyes (Aube), 178, 194
Tuileries (Tulherias), jardins e palácio das, Paris, 228, 245
Tulherias. *Ver* Tuileries
Turim, 184, 271, 351
Turquia, 305

Ubaye, região de, 178
Urdos (Pyrénées-Atlantiques), 216n
Usingen, Alemanha, 291
Uzès (Gard), 84, 88

Vachères-en-Quint (Drôme), 355
Val d'Ajol. *Ver* Ajol, vale d'

516   A DESCOBERTA DA FRANÇA

Val d'Aosta. *Ver* Aosta, vale d'
Valence (Drôme), 84-5
Valenciennes (Nord), 333
Valensole, planície de (Alpes-de-Haute-Provence), 389-90
Var, departamento de, 162, 390
Var, rio, 187, 219
Varangéville (Meurthe-et-Moselle), 62
Varennes-en-Argonne (Meuse), 123, 176, 177, 384
Vaucluse, departamento de, 88, 306
Vaugirard, Paris, 191
Vaumale, passo de (Var), 392
Vauxbuin (Aisne), 248
Velay, região de, 136
Vendée (Vendeia), departamento de, 38, 39, 66, 97, 138, 162, 178, 297, 298, 299-301, 303, 359, 384
Vendeia. *Ver* Vendée
Veneza, 325
Ventoux, monte, 25, 161, 219, 281, 287, 290, 321, 328
Ventoux. *Ver* Mont Ventoux
Vercors, maciço do (Isère-et-Drôme), 178, 194, 212, 384
Verdelot (Seine-et-Marne), 36
Verdon, gargantas do, 389-91, 393, 412
Verdon, rio, 389, 390
Verdun (Meuse), 140, 141, 407, 408
Verdun-sur-Garonne (Tarn-et-Garonne), 246
Vernet, Le, subúrbio de Perpignan, 229n
Vernet-les-Bains (Pyrénées-Orientales), 367
Versalhes, palácio de, 111, 277, 283, 331
Versalhes (Yvelines), 29, 30, 236, 258n, 265, 277, 340
Vesdun (Cher), 403
Vexin, região de, 136

Vézelay, basílica de, 236, 339
Via Agrippa, 96
Via Aurelia, 389
Via Domitia, 229n, 389
Vichy (Allier), 85, 362, 412
Vienne (Isère), 85n, 270, 276
Vienne, departamento de, 179
Vienne, rio, 96, 168, 270
Vigeant, Le (Vienne), 168
Vigneulles (Meurthe-et-Moselle), 62
Vilaine, rio, 153
Villard, próximo a Bourg-Saint-Maurice (Savoie), 92
Ville-Affranchie (Lyon), 124
Villemomble (Sena Saint-Denis), 200
Villequier (Seine-Maritime), 292
Villers-Cotterêts (Aisne), 47, 80, 176
Vitarel, Le (Aveyron), 241
Vitteaux (Côte-d'Or), 176
Vivarais, região de, 136, 272
Vizille (Isère), 249
Voie Regordane, 180
Vosges, cordilheira dos, 75, 97, 103, 181, 219, 222, 213, 255, 289, 311, 372, 385
Vosges, departamento de, 97, 122, 136
Voûte d'Emeraude, gargantas do Verdon, 391

Waterloo, batalha de, 176, 336, 377
Wesserling (Haut-Rhin), 372

Yeu, ilha de (Vendée), 247
Yeux du Blaireau, Les, Montpellier-le-Vieux, 387
Yonne, rio, 189, 281
Yonville-l'Abbaye (*Madame Bovary*), 126-8
Yssingeaux (Haute-Loire), 264

Este livro foi composto na tipologia AGaramond,
em corpo 11,5/16, e impresso em papel
off-set 75g/m² no Sistema Cameron da Divisão
Gráfica da Distribuidora Record.